한국 중세불교와 역사교육

한국 중세불교와 역사교육

황인규 지음

혜안

책머리에

  이 책은 우리의 중세 역사와 문화를 불교사적 시각에서 이해하고자 중세불교와 역사교육을 다룬 것이다. 제1부 고려 불교와 역사교육 편에서는 고려시대의 불교와 『중등국사』 고려 불교사 서술, 제2부 조선 불교와 의승 편에서는 조선 불교와 탄압과 조선 불교 의승, 제3부 한국 전통사회와 한국사 교육으로 구성되었다.

  한반도의 문화 사상을 주도한 불교는 서역 및 중국의 승려에 의해 전해졌지만 선종은 우리 승려의 자발적이고 주체적인 수용으로 이루어졌으며, 고려시대 산문을 중심으로 한 독자적 불교 사상 문화를 성립시켰다. 그 가운데 최대 종단인 조계종은 한국 불교사의 주류를 이루면서 불교계를 주도하였다. 선종 9산문 가운데 도의의 가지산문과 범일의 사굴산문이 고려중기까지 조계종을 주도하였다. 고려후기 지눌의 사굴산문계 수선사가 또 하나의 산문이 되어 불교를 주도하였다.

  내원당 감주는 국사와 왕사 다음의 지위에 있으면서 왕실불교를 주관하였다. 내원당 감주에는 교세가 가장 큰 종단 가운데 왕실과 밀접한 종파의 고승이 선정되었다. 국사와 왕사가 책봉된 후 지방의 하산소에 머물렀기 때문에 내원당 감주가 비구니 도량인 정업원과 더불어 궁궐 왕실의 불교를 주관하고 주도하였다.

  도선의 국가비보사상은 훈요10조를 통해 피력되었으며, 고려말까지 준수되어 운용되었다. 그러한 정신으로 거란과 몽고의 외침을 막기 위하여 승려 또는 수원승도가 대장경 조판사업을 전개하고 전쟁에 참여하였다. 승려와 수원승도가 국가적 차원에서 운용된 것이며, 불교계 승려가 봉기한 조선시대 불교 의승과 다른 것이다.

고려 불교는 고대에 이어 중국뿐만 아니라 인도와 일본 등 동아시아 불교계와의 국제적 교류를 통해 발전을 꾀해 나갔다. 그러한 가운데 인도와 중국, 일본 고승의 고려 참방은 고려 불교, 나아가 고려문화 사상의 국제적 면모를 읽을 수 있다. 중국 유교문화에 종속적인 성향이 많았던 조선시대와 일본 문화에 편향된 근대 문화와 단연 비교되고 있다.

제2장 『중등국사』 고려 불교사 서술 편에서는, 제2차 교육과정기의 검인정 『고등국사』의 서술 내용은 국가가 요구하는 이념적 부분에 해당하지 않기 때문인지 국가의 영향은 거의 없어 보인다. 종파 문제 등 학계의 연구 수준을 반영하여 바람직한 부분도 없지 않지만 승과와 승계 등 본문 서술에서 사라졌다. 획일화된 1종의 국가 주도의 국정 교과서의 서술 폐해이다. 집필자의 다양한 시각에서 서술된 내용이 대폭 축소되거나 퇴보한 내용도 보인다. 혹 미흡한 부분도 있으나, 적극 참조할 내용도 적지 않다. 현재 고려문화의 결정체인 세계유산인 『직지』나 불화 등 서술 내용도 강조되어야 한다.

1973년 국정화를 단행한 후 검인정 1종 교과서 체제로 변모하여 검인정 교과서로 발행되었지만 사실상 국정이었다. 사실상 국정화 『고등국사』의 불교사 서술은 제3·4차 『고등국사』가 내용이 거의 같고 제5·6차 『고등국사』도 서술 내용이 거의 같다. 이는 『중학국사』도 마찬가지이며, 정치사 중심의 서술 체제로 불교사 서술 내용이 없다. 다만 2002년 『고등국사』는 주제별 서술로 불교사 서술 내용이 대체로 많이 실려서 고무적이기도 하다. 고려전기의 현화사 중심의 법상종, 흥왕사 중심의 화엄종 부분, 무신집권과 조계종, 양대 결사운동, 향도 등 불교사적 흐름이나 내용을 충족시키고 있다. 하지만 해방 이후 교수요목기부터 제2차 교육과정기의 검인정 『고등국사』의 서술보다 우월하다고 할 수 없다. 5교 9산과 선교 양종 등 학계의 연구를 반영하여 서술 내용이 개선되어 갔지만 고려말 사원경제의 폐해를 지나치게 강조하거나 여말선초기 유불교체가 당연한 듯 기술하고 중요 고승에 관한 서술을 누락시켰다.

제7차 교육과정에서 최근의 교육과정인 2009개정의 『중학국사』에서는 불교사가 정치사와 관련하여 서술되어 있다. 『역사』 상·하에서 불교사와 불교문화로 독립 서술되었는데, 해방 이후 『국사』 교과서 간행 이후 처음이다. 대체로 『역사』 1·2도 『역사』 상·하의 서술 내용과 유사하다. 『역사』 1·2에서 불교사 서술 내용이 집중 이수제를 택하여 대부분 축소되거나 불교사 전문 연구자가 참여하지 않은 채 서술되었다. 특히 1종의 검인정 교과서(제7차)를 무비판적으로 수용하거나 자의적으로 누락시키는 경우가 적지 않다.

대부분의 사람들은 초·중등 교육과정에서 『국사』와 『역사』에서 배운 역사 지식으로 살아가고 있다. 불교사와 개설사의 범주를 넘어 국가와 민족의 삶과 문화라는 시각에서 역사교육을 강화할 필요가 있다.

제2부 조선 불교와 의승 편에서는, 조선 건국후 신유학인 성리학을 정착시키면서 종교 가운데 가장 유력했던 불교를 탄압하기 시작하였다. 특히 불교 의례를 중심으로 축소시켰으나 왕실의 능침 사찰과 유생들의 분암 등 불교문화는 지속되었다. 유교의 종교적 요소의 미흡을 불교가 보충한 것이기도 하지만 고대이래 오랫동안 지속된 불교의 전통적인 문화의 계승이라고 할 것이다.

왕사와 국사는 국가불교의 정신적 수장이었지만 여말선초 숭유억불시책으로 점차 사라지게 되었다. 고려말 마지막 국사와 왕사로 책봉된 선종계의 사굴산문 환암과 가지산문 찬영이었다. 조선 건국 직후 무학이 왕사로 책봉되고 천태종 공암 조구가 국사로 책봉되었다. 고려말 숭유억불운동이 전개되고 성리학을 국시로 건국한 조선왕조에서는 왕사와 국사의 위상이나 역할이 축소되어 갔다.

조선후기에 이르면서 억불시책은 더욱 강화되어 불교 본산이었던 봉은사와 봉선사와 도성내 비구니원 인수원과 자수원의 철훼 시도가 전개되었다. 백곡 처능은 장문의 논리 정연한 최장문의 상소를 올려 불교 호법과 불교계 수호를 적극 대응하였다.

더욱이 척불시책이 강화되자 환성 지안과 같은 고승들은 불교 호법과 불교계 수호를 위해 저항하다가 순교하였다. 환성 지안은 고려말 나옹 이후 조선초 행호, 조선중기 허응 보우로 이어진 조선의 3대 순교승이라 할 만하다.

조선시대 불교 의승에서는, 임진왜란의 참상과 최초의 서구인 신부와 흑인의 등장, 제국주의적 일본 불교의 침탈 등이 불교계에 문화적 충격으로 다가왔다. 이에 불교계의 의승이 봉기하여 유격전 등을 감행하였다. 임란시 처음으로 의승군으로 활동한 고승은 청허 휴정의 제자 기허 영규이다. 그는 중봉 조헌과 금산 전투에 참여하여 유격전을 펼치다가 장렬히 순교하였다. 문인 성해응이 남긴 기문이나 실록과 문집에 의하면 의승 20여 명이 찾아진다. 수많은 의승 가운데 그나마 일부만 밝혀진 것이다.

더욱이 충청 의승에 관한 연구는 거의 진척되지 않았다. 조정과 조익 형제의 문집인 『검간집』과 『가휴집』 등에 의하면 속리산 법주사 의승 초언 등 충청도 의승의 참전 기록을 확인할 수 있다. 향후 의승에 관한 기록이 종합 정리되기를 기대한다.

정부는 왜란을 겪으면서 산성의 중요성을 인식하게 되었으며, 한양도성의 수비를 강화하고자 남한산성의 축성론이 제기되었다. 이괄의 난 후 후금의 압박이 커지는 분위기 속에 정묘호란이 일어나기 전해인 1626년 봄에 벽암 각성(1574~1659)은 8도 도총섭의 직첩을 받고 의승군을 징발하여 남한산성을 쌓았으며 12개의 승영사찰을 운영하였다.

1702년(숙종 28) 신완과 이세백에 의해 북한산성의 축성 논의가 본격화되었으며, 1711년(숙종 37) 4월에 수축을 시작하여 그해 10월에 완공되었다. 화엄사의 고승 계파 성능은 8도 도총섭으로 북한산성 축성을 지휘하였다.

북한산성 축성후 산성내 지휘 사찰은 중흥사와 11사 2암이었다. 이렇듯 남·북한산성의 승영사찰이 조선후기 270년간 존치되어 국가 수호와 불교 수호를 하였다.

제3부 한국 전통사회와 한국사 편에서는, 고려시대까지 불교의 연기론적인 세계관이 크게 작용하였으며, 불교가 우리 고유의 문화를 포용하였음을 다루었다. 전통사회 속에서 우리 문화 특징을 주체성-정체성, 역동성-진취성, 개방성-통합성, 단일성-종속성으로 나누어 보았다. 그러한 가운데 도량-승가 공동체, 결사-신행 공동체, 향도-마을 공동체, 승도-생활 공동체를 이루면서 살았다. 우리는 '한 맺힌' 삶이 아니라 열정적이고 개방적이며 역동적으로 살아왔으며, '나'와 '우리'를 소중히 여기는 공동체 정신도 함께 해왔다.

한국사는 우리가 걸어온 삶의 모습이며 이야기다. 진정 어떻게 살아왔으며, 가장 소중히 여겨야 할 것은 무엇인가, 그것은 바로 우리의 역사이며, 역사는 오늘을 살고 있는 우리가 앞으로 어떻게 나아가야 할 것인가를 제시해야 한다. 역사는 현재와 과거와의 대화이며, 미래인 것이다. 쉬우면서 재밌게 그리고 진실이 담긴 우리 모두가 공감하는 이야기, 그것이 우리 모두의 역사다.

그런 면에서 4차 산업혁명시대 역사학과 미래 교육의 방향, 그리고 4차 산업혁명시대에 강조되어야 할 역사교육의 화두는 핵심역량과 핵심주제이다. 역사교육도 미래가 요구하는 교육 이념과 인간상을 바탕으로 미래 사회가 요구하는 핵심역량뿐만 아니라 지식기반의 전통적 주요 역사 사실인 핵심주제도 함께 역사교육의 대주제가 되어야 한다.

필자는 한국의 불교 역사문화와 역사교육을 공부하면서 나름대로 성과를 맺어 이 책을 세상에 내놓게 되었다. 최근 몇 년 사이에 건강의 적신호가 공업(共業)을 멈추게 하기도 하였지만 심기일전하여 발원하여 작은 노력의 열매가 이루어진 것이다.

이 책이 나오기까지 필자를 둘러싼 모든 공동체, 가족과 학교 학과 친우들에게 무한한 감사를 드린다. 이 책을 흔쾌히 출간해 준 도서출판 혜안 오일주 사장님, 김태규 님을 비롯한 관계자에게도 고마움을 전하는 바이다.

2025. 10. 15.
한국 중세불교와 역사교육의 정립을 기대하며
저자 두손 모음

글싣는 차례

책머리에 ··· 5

제1부 고려 불교와 역사교육

제1장 고려시대의 불교 ·· 15
Ⅰ. 고려시대 조계종의 역사 ··· 15
Ⅱ. 고려시대 내원당과 고승 ··· 35
Ⅲ. 고려시대 불교의 대외 항쟁 ·· 72
Ⅳ. 고려를 찾은 동아시아 고승 ······································ 102

제2장 『중등국사』 고려 불교사 서술 ································· 125
Ⅰ. 불교역사 교육의 중요성과 의의 ······························· 125
Ⅱ. 제2차 『고등국사』 고려 불교사 서술 ······················ 137
Ⅲ. 제3차~제7차 『고등국사』 고려 불교사 서술 ·········· 166
Ⅳ. 제7차~2009개정 『중학역사』 고려 불교사 서술 ····· 193

제2부 조선 불교와 의승

제3장 조선 불교와 탄압 ·········· 235
- Ⅰ. 조선시대 사상 문화의 탄압과 불교 ·········· 235
- Ⅱ. 여말선초 마지막 왕사와 국사 책봉 ·········· 260
- Ⅲ. 조선후기 백곡 처능의 불교계 수호 ·········· 287
- Ⅳ. 조선후기 환성 지안의 순교와 불교 ·········· 318

제4장 조선 불교 의승 ·········· 345
- Ⅰ. 임진왜란 의승군의 봉기와 충격 ·········· 345
- Ⅱ. 의승장 기허 영규와 의승의 봉기 ·········· 370
- Ⅲ. 임진왜란기 충청지역 의승의 참전 ·········· 390
- Ⅳ. 의승의 남·북한산성 축조와 승영사찰 ·········· 417

제3부 한국 전통사회와 한국사 교육

- Ⅰ. 한국 전통사회의 특성과 의의 ·········· 441
- Ⅱ. 한국 전통시대 불교 공동체 ·········· 465
- Ⅲ. 한국사 연구와 역사교육의 의미 ·········· 483
- Ⅳ. 4차 산업혁명시대의 한국사 교육 ·········· 506

찾아보기 ·········· 529
출 전 ·········· 537

제1부

고려 불교와 역사교육

제1장

고려시대의 불교

Ⅰ. 고려시대 조계종의 역사

1. 들어가는 말

 조계종은 화엄종·유가종(법상종)·천태종 등 11(12)종파 가운데 하나로 고려시대뿐만 아니라 현재 우리나라의 불교계를 대표하는 최대 종단이다. 하지만 그 기원이나 성립, 법통(법맥), 종조 등에 대해서는 아직 확실하게 설명되지 못하고 있다. 현재의 조계종의 종헌법에 의하면, 1941년에 성립된 조계종에 직접적인 연원을 두고 있으나 중천조 지눌과 중흥조 태고 보우, 나아가 선종을 실제적으로 처음으로 전래한 도의를 종조로 하고 있다.[1]
 하지만 각 종조나 중천조나 중흥조, 근대의 종조에 이르기까지 선종에서 중요시하는 사자상승(師資相承)의 사실을 뚜렷하게 제시하지 못하고 있다.[2]

---

1) 대한불교조계종 종단 종조 : http://www.buddhism.or.kr/bbs
2) 현재 조계종의 기원과 성립에 대하여 제견해가 있다. 즉, 고려초설(이지관, 성철, 허흥식), 의천이 천태종을 출발시킨 시기(김영수), 보조 지눌의 개창설(이능화, 이재열, 이종익) 등이다. 그리고 종조에 대해서도 가지산 도의 종조설(방한암, 권상로, 김영수), 사굴산 범일 종조설(임석진) 등이 있다. 길희성, 「한국불교 정체성

뿐만 아니라 조선중기 법통과 관련하여 다소 왜곡된 사실도 있으며, 사상적인 법통을 중국 고승에 부회하여 실제 한국 불교사의 전개와는 다르다.[3]

조계종뿐만 아니라 불교계의 종단이 없는 시기인 조선후기나 조선전기 선종 시기의 불교를 어떻게 이해하여야 할 것인지 하는 문제가 있다. 하지만 고려초부터 조선전기에는 조계종 계열 고승들이 불교계를 주도하였으며, 조선후기 무종단 산중불교 시대에도 조계종을 표방하였다. 이러한 점에서 조계종은 신라말 이후 현재에 이르기까지 불교계를 주도하였다고 할 수 있다.

본고는 위에서 제기한 문제를 유의하면서 다음과 같은 주제를 설정하여 논의하고자 한다. 특히 조계종은 가지산문을 개창한 도의와 더불어 사굴산문을 개창한 범일도 종조 범위에 이해하여야 하며, 고려초 9산문의 성립과 더불어 '국초'에 조계종이 성립하였다는 것이다. 사굴산문을 비롯한 조계종의 교세는 고려초 이후 전개되었으며, 한때 천태종의 창종으로 위기를 맞기도 하였으나 가지산문 학일과 사굴산문 담진과 그의 제자 대감국사 탄연과 그의 손제자 조응 등이 교세를 이어갔다. 이렇듯 조계종은 지눌에 의해 개창된 수선사 이전에도 사굴산문과 가지산문의 두 산문이 조계종의 주류로 떠올랐던 것이다. 하지만 무신집권기 초 지눌의 수선사는 조계종의 가장 큰 산문이 되어 선종이 대중화하는 데 큰 기여를 하였다.[4]

결국 선종 9산문 가운데 도의의 가지산문과 범일의 사굴산문이 고려중기

의 탐구-조계종의 역사와 사상을 중심으로 하여」, 『한국종교연구』 2, 서강대학교 종교연구소, 2000 ; 김상영, 「일제강점기 불교계의 종명 변화와 종조·법통 인식」, 『불교 근대화의 전개와 성격』, 조계종 출판사, 2006 ; 김상영, 「대한불교 조계종의 역사와 통합종단 출범의 의의」, 조계종, 통합종단 출범 50주년 기념 세미나 자료집, 2012.4.25.

3) 조선시대 위정자 및 유교 사림 지도자들의 역사의 흐름에 대한 무지로 인해 불교의 국가비보사상을 부정하기 시작하였다. 이는 불교계는 마찬가지였다. 우리가 중심이 아닌, 중국 중심의 중화사상에 매몰되는 현상을 가져왔다. 황인규, 「서산대사의 승군활동과 조선후기 추념사업」, 『불교사상과 문화』 1, 중앙승가대학교 불교학연구원, 2009 ; 황인규, 『조선시대 불교계 고승과 비구니』, 혜안, 2011.

4) 이는 수선사 결사운동을 지칭하는 것이다. 지눌의 제자 진각국사 혜심에 의해 확립된 간화선이 민중들에게까지 수용되었는지는 매우 의심스럽다.

까지 조계종을 주도하였으며, 고려중기 지눌의 사굴산문계 수선사가 또 하나의 산문이 되어 조계종을 대표하면서 주도하였던 것이다. 이에 필자는 고려후기 및 조선전기 불교사의 연구성과를 바탕으로 고려시대 조계종의 성립과 전개라는 시각에서 한국 불교사의 전개를 고찰하고자 한다.[5]

2. 9산문과 조계종의 성립

우리나라에 불교가 전래된 것은 372년 국가적인 공인 보다 1세기 앞선 3세기 후반이다. 우리나라 사람이 아닌 이국인의 전래를 선택적으로 수용한 것임에 반하여 선종의 경우, 당대 최고의 지식인 화엄종 고승들이 수용하여 화엄 사상을 바탕으로 선을 재해석한 문화의 주체성이 돋보인다. 선종의 전래후 이를 적극적으로 수용하여 지방의 산문을 개창하였으며,[6] 9산문을 중심으로 각 지역의 지도자라고 할 호족 세력의 후원과 포교를 통해 민중문화를 만들어 갔다.

9산문은 고려초에 이르러 성립되었다.[7] 그런데 9세기 후반 최치원이

---

5) 본고는 한국종학연구소 학술발표회 '한국불교와 조계종'(2012.4.28.(토), 다향관 세미나실)의 일부 원고를 정제한 것이다. 본고는 다음의 논고가 기본적 틀이 되었다. 황인규, 「선각국사 도선의 종풍계승 및 전개」, 『한국선학』 20, 2008 ; 황인규, 「목우자 지눌과 고려후기·조선초 불교계 고승」, 『보조사상』 19, 2003 ; 황인규, 「고려후기 수선사와 사굴산문-고승의 존재양상과 그 동향을 중심으로」, 『보조사상』 28, 2007.
6) 고려 건국초 당시에 성립되었을 7산문과 수미산문, 희양산문이 태조대에 성립되었으므로, 9산문은 이때 생긴 것으로 보아야 한다. 9산문은 선문의 통칭이었으며, 9산선문이 한국적 선문의 독특한 형태로 형성 정착되었기 때문에 불린 이름이다. 김영태, 「오교구산에 대하여」, 『불교학보』 16, 1979. 9산문의 승과에 관련한 최초의 기록은 『고려사』 권10, 선종세가 1년 1월 己巳, '普濟寺僧貞雙等奏 九山門僸學僧徒 請依進士例 三年一選 從之.'이다.
7) 쌍계사의 진감국사 慧昭와 희양산의 지증대사 도헌 등과 같이 예외는 있지만 9산선문이라는 관념의 전통에서는 국내에서 사법함이 없이 처음으로 선법을 전래하여 師資相承한 사람만을 개조로 인정하였다는 견해도 있다. 고익진, 「신라

지은「봉암사 지증대사 비문」에 의하면, 9산문 외에 14산문이었다고 한다.

> 신라로 돌아온 사람으로는 앞에서 서술한 북산의 도의와 남악의 홍척 등이 있고, 시대를 조금 내려와서는 대안사의 혜철과, 혜목산의 현욱과, 지력산의 □문과, 쌍계사의 혜소와, 신흥사의 충언과, 용암사의 각체와, 진구사의 각휴와, 쌍봉산의 혜운과, 굴산사의 범일과, 양조의 국사였던 성주사의 무염과, 보리사의 □종 등은 선종인으로 덕이 두터워 중생의 아버지가 되었으며, 또한 도가 높아 왕의 스승이 되었다.[8]

위의 산문을 봉암산문을 포함하여 14문이 성립하였다고 여기고 있으나,[9] 후대에 9산 문도회의 개최나 태고 보우의 9산문 통합 등의 사례를 보아 수용하기 쉽지 않다.[10] 9산문이 조계종으로 성립한 것은 고려 국초이다. 「선봉사 대각국사비」음기에 '국초에 조계·화엄·유가·궤범(율업) 등으로

하대의 선전래」,『한국불교 선문의 형성사적 연구』, 불교학회, 1986, 107~108쪽. 하지만 1084년 선종 1년에 처음으로 九山門이란 용어가 나타나므로, 이를 9산문의 성립 기점으로 삼아야 한다는 견해가 있지만, 이는 기록상 그렇게 나타났을 뿐이다. 그리고 희양산문은 道憲(824~882)에 의해 개창되었지만, 사실상 935년(태조 18) 兢讓(878~956)에 의하여 개창되었다는 견해도 있다. 김영태, 「오교구산에 대하여」, 『한국조계종의 성립사적 연구』, 민족사, 1986, 71쪽 ; 김영태, 「희양산선파의 성립과 그 法系에 對하여」,『한국불교선문의 형성사적 연구』, 민족사, 1986, 188쪽.

8) 「智證大師 塔碑」,『한국금석전문』, 258쪽. '東歸則前所叙北山義南岳陟而降大安徹國歸慧目育智力聞雙溪照新興彦涌岩體珍丘休雙峰雲孤山日 兩朝國師聖住染菩提宗德之厚爲父衆生道之尊爲師王者.' ; 이지관,『역대고승비문』, 가산문고, 1997, 306쪽.

9) 허흥식은 893년에 쓰여진「지증대사 비문」의 제 산문을 근거로 9세기말에 적어도 14문이 형성되었음을 보여준다고 하였다. 허흥식, 「선종 구산파설의 비판」,『고려불교사연구』, 일조각, 1986, 149쪽 ; 허흥식, 「14,5세기 조계종의 계승과 법통」, 『동방학지』 73, 1991, 9~10쪽. 기록으로 보았을 때, 9산문은 고려후기까지 선종계를 상징하는 개념으로 통용되기도 하였다는 견해도 있으며, 9산문이란 용어는 고려중기 천태종이 개창될 무렵부터 9산문이 쓰이기 시작하였으며, 지눌의 수선결사 이후에 구체적인 명칭이 나타난다.

10) 최근에 선종 24산문설을 주장한 논고도 있으나, 앞서 언급한 바와 같이 9산문 외에는 수용하기 쉽지 않으며, 승과와 같은 종단 외의 사실과 결부하는 것은 무리다.

더불어 같았으므로 세상에서 이를 일러 4대업이라 하였다.'11)라고 한 기록이 그것이다.12) 즉, 국초에 조계업·화엄업·유가업·율업이 크게 행하여졌다는 것이다.13)

「흥왕사 대각국사 묘지」에 의하면, 의천(1055~1101)이 새로운 천태종을 열기 전까지만 하여도 불교 종파는 계율종, 법상종, 열반종, 법성종, 원융종, 선적종을 6종으로 불렀다고 한다.14) 선적종을 제외한 5종을 5교로 간주하고, 조계종과 선적종을 양종으로 보면서 조계종은 재래의 9산문의 총칭인 선적종과 달리 지눌에 의해 개창 독립된 것이라는 주장도 있다.15) 하지만 선적종이 조계종인지는 확실하게 알 수 없다. 선적종은 의천의 비문에만 보이는 기록이기 때문이다.16) 더욱이 천태종 외에 계율종, 법상종, 법성종, 원융종

---

11) 林存,「선봉사 대각국사비」,『조선금석총람』상, '與先 國初大行 曹溪 華嚴 瑜伽 軌範 齊等 世爲之四大業也.'
12) 허흥식,「14,5세기 조계종의 계승과 법통」,『동방학지』73, 1991, 8쪽.
13) 「興王寺 大覺國師 墓誌」에 보이는 내용이 종파명이 아니라는 견해도 있다. 5교양종이라는 말이 처음 보이는 것은 1213년(강종 20) 왕이 지겸을 왕사로 삼을 때의 기록이다.『고려사』권21, 강종세가 2년 6월 ; 이규보,「화장사 정각국사 비명」,『동국이상국집』권35, '그를 추천한 최충헌의 말 가운데 '무릇 5교 양종에서 왕사의 대임을 맡을 만 한 자는 至謙밖에 없다.'는 것이 그것이다. 또한 1273년(원종 14) 5교양종의 승려들을 모아 왕이 賢聖寺에서 행차하고 이어서 5교양종의 승려를 모아서 南山宮에서 도량을 열게 하였다.『고려사』권27, 원종세가 14년 4월, '5교양종의 승도를 모아 남산궁에서 도량을 베풀어 평적을 빌었다.' 그리고 5교란 말은 996년(성종 15) 혜소국사 정현(972~1054)이 미륵사에서 5교 대선에 응시하였다는 것이다.「칠장사 혜소국사비」,『조선금석총람』상, 274쪽, '統和 14년에 彌勒寺의 五敎大選에 응시하였다.'
14) 朴浩,「興王寺 大覺國師 墓誌」,『조선금석총람』상, '而當世之學佛者 有戒律宗法相宗 涅槃宗法性宗圓融宗禪寂宗 於六宗 並究至極.'
15) 이능화,『조선불교통사』하, 신문관, 1918, 479쪽, '五敎兩宗祈禱平賊.'
16) 일연의 비문 제액 가운데 '曹溪宗 麟角寺 迦智山下.'나 고려말 가지산문 고승 無無謂公에 대한 기록인 이색,「麟角寺 無無堂記」,『목은문고』권1 ;『동문선』권72, 記, '曹溪都大禪師 謂公 新被寵命 領袖九山.' 하지만 양자가 다르다는 기록도 찾아진다. 즉, 이규보의 도우인 혜문은 1178년(명종 8) 무렵 출가 기록인 이규보,「文禪師哀詞」,『동국이상국집』권27, '落髮禪宗迦智山門.'에 보이듯이 曹溪宗迦智山門이라 하지 않았다. 이에 조계종과 구분하여 선적종이라고 한 견해도 있다. 김영수,「오교양종에 대하여」,『진단학보』8, 1937 ; 김영수,「조계선종에 대하여」,『진단학보』9,

은 종파로서 성립된 적이 없다. 아예 이를 완전히 부정하여 위의 종은 종파가 아니라 공부하던 '학불(學佛)'을 교학 사상으로 보아 위의 6종을 '학종(學宗)', 즉 여섯 전공 분야로 간주하고, 한국에서 종파가 성립된 것은 고려조에 들어와서 부터이며, 그것도 실제로 확실한 종명으로 교단적 종파가 성립된 것은 고려말이라고 한 견해도 있다.[17)

하지만 앞서 언급한 바와 같이 9산문의 성립후 국초에 조계종이 성립되었던 것은 다음과 같은 사실로 알 수 있다.

> 우리나라의 대업은 반드시 여러 부처의 힘을 입은 것이다. 그러므로 선교사원을 창건하고 주지를 차견하여 분수하게 하고 각각 그 종파(業)를 다스리도록 하여라.[18)

고려왕조를 건국한 태조는 훈요10조에서 '우리나라의 대업은 반드시 여러 부처의 힘을 입은 것이다. 고려는 해동천자이신 지금의 임금님, 부처님이 돕고 하느님이 도와 덕화를 펴셨도다.'[19)고 하여 해동천자, 즉 황제가 다스리는 황제국 지향 체제를 유지하였으면서도 불교를 중심으로 국가를 운용했다. 그러므로 '선교(禪敎)사원을 창건하고 주지를 차견하여 분수하게 하고 각각 그 종파(業)를 다스리도록 하여라.'라고 했으며, 각 종파의 사사가 서로 싸워 차지하는 것을 절대 금한다고 하였다. 이는 각 종파간의 운용의 원칙을 지키라는 것이다. 그것이 바로 태조의 훈요10조에 나타나는 비보사찰이다. 태조 때 개경을 중심으로 하여 전국에 걸쳐 대략 3,000사가 지정되었으며, 500 선종 사찰이 창건 또는 지정되었는데,[20) 500 선종 사찰은 바로

1938.
17) 김영태, 「한국종파사 이해」, 『한국불교사개설』, 경서원, 1986의 부록.
18) 『고려사』 권2, 태조세가 26년 4월, '其一曰 我國家大業 必資諸佛護衛之力 故創禪敎寺院 差遣住持焚修 使各治其業 後世 姦臣執政 徇僧請謁 各業寺社 爭相換奪 切宜禁之.'
19) 『고려사』 권71, 악지2 속악.
20) 이규보, 「龍潭寺 叢林會牓」, 『동국이상국집』 권25.

조계종에 소속되었을 것이다.

사실 10세기 선승의 비문에는 선종이라는 용어가 쓰였지만 '조계'란 용어도 적지않이 찾아진다. 즉, 선사의 비문에 '조계의 현손(玄孫),[21] 남악은 조계의 적장자[冢子]'[22] 등 당시 조계란 육조 혜능을 의미하였지만, 차츰 남종선을 계승한 고려의 선종 종파, 즉 조계종을 의미하였던 것이다.[23] 9산문은 대체로 개산조부터 3~5대에 걸친 전법 사실이 확인된다. 그리고 고려 중·후기에 걸쳐 전승 관계를 확인할 수 있는 선문은 사굴산문, 가지산문, 희양산문 등 3개 산문에 불과하며,[24] 고려후기까지 그 존속을 확인할 수 있는 산문은 5개 정도에 불과하다. 그나마 사굴산문·가지산문을 제외한 나머지 산문은 존재조차 잘 알 수 없을 정도다. 이 두 개의 산문은 고려시대 전 기간에 걸쳐 그 존속이 확인되고 있지만, 나머지 산문의 활동은 거의 찾아보기 어렵다. 다만 희양산문은 원진국사 승형(1171~1221)에서,[25] 수미

---

21) 최치원, 「쌍계사 진감선사비」, 『조선금석총람』 상, 69쪽.
22) 幸期, 「봉림사 진경대사비」, 『조선금석총람』 상, 98쪽.
23) 이능화, 『조선불교통사』 하, 384쪽. '是知崛山 雙峰 陽山 皆可列於九山 然則九山之中 已知其六 所未知者 唯三山焉 而崔致遠撰智證國師碑中所云 南岳陟 大安徹 雙溪昭 新興彦 湧巖體 珍丘休 等師之法脈不斷者 則可相當 而未得確證 姑竢後考.' 이미 널리 알려진 바와 같이, 조계라는 명칭은 중국 廣東城 韶州府 雙峯山에 있던 지명이다. 667년 慧能(638~713)이 이곳에 寶林寺를 짓고 선풍을 선양하게 되면서 혜능을 조계대사라 부르고 혜능선을 조계선이라 불렀다. 하지만 중국에서는 조계종이라 부른 적이 없다. 조계종의 이름이 처음 보이는 것은 1158년(의종 12)에 입적한 후 1172년(명종 2)에 건립된 大鑑國師 坦然의 비문 제액에 '曹溪宗 崛山下 斷俗寺'라는 기록이라고 보고, 이를 조계종의 성립과 결부시킨 견해가 있으나 재고해야 할 것이다.
24) 이규보, 「談禪會須彌山衆學等謁 祖師眞文」, 『동국이상국집』 후집, 권12, '傳心日祖 嗣脈者孫 白月朗然 遺影宛存於紈素 高山仰止 群共造於庭階 第 勤拜之誠 荷恩靈之庇.' ; 이규보, 「同前聖住山衆學等拜祖師文」, 『동국이상국집』 후집, 권12, '拂三事衲 出從雲水堀中 拈一瓣香 來拜丹靑影下 仰惟道鑑 曲護山門.' ; 이규보, 「同前迦智山拜祖師文」, 『동국이상국집』 후집, 권12, '邈離雲 方跖玉京 足重而來 未息倦遊之步 首再至日稽 共勤敬拜之誠 庶令 第一山門 先被無邊法蔭 飛騰選爾 耀宗乘.' 고려후기에 국사를 배출한 산문은 사굴산문, 희양산문, 가지산문뿐이다. 허흥식, 「14,5세기 조계종의 계승과 법통」, 『동방학지』 73, 1991, 14쪽.
25) 李公老, 「寶鏡寺 圓眞國師碑」, 『한국금석전문』 중세 하, 995쪽 ; 천책, 「游四佛山記」,

산문과 성주산문은 이규보의 담선 법회와 관련한 글에서 그 존재만 확인할 수 있을 뿐이다.26) 따라서 조계종은 대체로 사굴산문과 가지산문의 두 산문을 축으로 전개되었다고 하겠다.

3. 조계종 가지산문과 사굴산문

조계종의 9산문은 고려초 광종대 무렵까지 흥성했으나 고려중기 가지산문의 학일과 사굴산문의 혜조국사 담진이 등장할 때까지 침체를 거듭하였다는 것이 그간의 정설인 듯하다. 이는 고려 건국초 법안종계 선승들의 활약이 있었으나 광종대 균여를 중심으로 화엄종이 흥성하였으며, 현종대 현화사를 중심으로 유가종이, 문종대 흥왕사를 중심으로 화엄종이 불교계를 주도했기 때문이라는 것이다. 당시 왕실과 문벌귀족의 후원으로 교종이 불교계를 주도하였지만 무신집권기 초 무렵까지 조계종의 활동이 계속되었다. 즉, 선종계 동리산문계인 도선과 그의 문도 여철이 개경과 남경 일대에서 활동하면서 사굴산문계 대감국사 탄연과 문손 조응이 산청 단속사와 예천 용문사 일대를 중심으로 활동하였다. 이렇듯 고려전기 사굴산문은 침체에 있었던 것이 아니라 왕실과 긴밀한 관계를 가지면서 개경과 근기지방인 남경을 중심으로 활동하였던 것이다.27)

그런데 조계종은 천태종의 창립으로 한때 위기를 맞기도 하였다. 고려초 조계종 선종계를 주도하였던 6산문의 후손들이 대각국사 의천(1055~1101)의 천태종 창립에 참여하였기 때문이다.28)

『호산록』 권4, '曹溪圓眞國師.'
26) 이규보, 「龍潭寺 叢林會膀」, 『동국이상국집』 권25.
27) 황인규, 「선각국사 도선의 종풍계승 및 전개」, 『한국선학』 20, 2008 ; 『고려시대 불교계와 불교문화』, 국학자료원, 2011.
28) 林存, 「僊鳳寺 大覺國師碑」 陰記, 『조선금석총람』 상, '還本國首唱眞宗 德不孤而有隣 珠無茈而自至 故居頓神□靈嚴高達智谷五法眷名公學徒因 命會合其外直投大覺門下

그 무렵 사굴산문계의 혜조국사 담진과 제자 대감국사 탄연과 더불어 가지산문계의 학일(1052~1144)이 등장하여 선종을 부흥하였다.

가지산문의 고승 학일은 대각국사 의천이 천태종을 개창하면서 동참할 것을 거부하였지만, 선종의 사세를 진작시키기 위해 노력하였으며, 1129년(인종 7) 불교계를 대표하는 왕사에 책봉되었다.

하지만 학일의 입적후 얼마 지나지 않아 가지산문은 다시 사세가 침체했던 듯하다. 당시 대표적인 문벌귀족이었던 이자겸에 의해 위축된 듯하다. 학일의 문도 가관은 인종이 즉위하면서 한안인 파가 유배를 갔는데,[29] 대감국사 탄연의 제자였던 단속사 주지 효순의 아버지인 윤언이도 역시 유배를 갔었다.[30] 그리고 가지산문 운문사의 사세는 1193년(명종 23)에 일어났던 김사미의 난으로 크게 위축되었던 듯하다.[31] 그 후 가지산문은 원 간섭기 일연이 부상할 때까지 별 활동을 찾아볼 수 없을 만큼 침체되었다.

한편 사굴산문은 혜소국사 담진과 대감국사 탄연이 왕사나 국사로 책봉되는 등 그 사세를 진작시켰다. 담진은 대각국사 의천과 함께 두 차례 이상 입송하여 임제(?~867)의 7대손이었던 송의 절강성의 고승 정인 도진(1014~1093)의 선풍을 수용하는 등 선종을 부흥시켰다.[32]

담진의 문도 대감국사 탄연(1070~1159)도 절강성 항주 아육왕산 광리사의 육왕 개심에게 서면을 통한 인가를 받았으며, 도응·응수·행밀·계환·자앙 등 송나라 고승들에게 흠모를 받았다. 탄연은 말년인 1148년(의종 2)부터 입적할 때까지 단속사에 주석하면서 조계종을 중흥시키고자 하였던 듯하다.

스님은 그 천성이 선행을 좋아하여 학인 가르치기를 게을리하지 아니하므

諸山名公學徒三百餘人 與前五門學徒 無慮一千人.'
29) 史偉, 「문공유 묘지명」, 金龍善, 『고려묘지명집성』(제3판), 한림대학교 아시아문화연구소, 2001.
30) 김상영, 「고려 예종대 선종의 부흥과 불교계의 변화」, 『청계사학』 5, 1988.
31) 김광식, 「운문사와 김사미난」, 『한국학보』 54, 1989, 157쪽.
32) 冲止, 「慧炤國師祭文」, 『圓鑑錄』, 아세아출판사, 1988.

로, 현학하는 무리들이 구름처럼 모여들고 물과 같이 찾아와서 항상 회하의 대중이 수백명이나 되었다. 그들이 승당하여 입실하고 심인을 전해받으며 골수를 얻어 당시 대종장이 된 스님이 또한 상당수에 이르렀다. 드디어 <u>종풍을 크게 떨치며 조도를 광양하여 동국의 선종을 중흥하였으니</u>, 실로 스님의 법력에 의한 것이다. 이와 같은 스님의 업적이 사람들의 입을 통하여 사방으로 유전하였다.[33]

탄연이 입적하자 예를 갖추어 대감이라는 시호를 추증하였으며, 1172년 (명종 2) 비가 세워졌다. 비의 제액에 '고려국 조계종 굴산하 단속사 대감국사'라고 쓰여 있는데,[34] 기록상 선종계에서 처음으로 사굴산문이 조계종으로 소속된 글귀이다.[35] 비문에 '국사의 소속 종파를 상고해 보건대, 스님은 임제의 9대 법손이다.'라고 하였으나 진명국사 홍원의 비문에 의하면, '혜조국사 담진, 대감국사 탄연, 진각국사 혜심이 서로 잇달아 드러냈다.'라고 하여[36] 대감국사 탄연(1070~1159)이 혜조국사 담진을 계승하여 조계종을 중흥시켰다고 하겠다.

---

33) 李之茂, 「曹溪宗 崛山下 斷俗寺 大鑑國師之 碑銘 幷序」, 『조선금석총람』상, '其天性好善誨人不倦故玄學之徒雲臻輻湊所至不減數百人其升堂入室傳心得髓爲時宗匠者亦多矣遂以大振宗風光揚祖道重興東國之禪門師有實力焉在人口流傳四方.'
34) 단속사에 비가 세워졌는데, 碑의 題額은 그의 문도 普賢寺 住持 重大師 大悟 機俊이 썼다. 기준은 1172년(명종 2)에 「玉龍寺 先覺國師碑」를 세우기도 하였다. 여기서 보현사는 사굴산문 범일의 제자 개청이 주석하였던 지장신원이다.
35) 당시 사굴산문 중에서 탄연의 시호가 慧能(638~713)의 시호인 大鑑과 같음을 계기로 하여 해동 조계종 창설 운동을 벌였으나 국가의 공인을 얻지 못하고 실패로 돌아갔다고 한다. 그리고 1172년(명종 2) 즉 무신의 난을 계기로 조계종이라는 명칭을 사용하는 비를 세웠지만 결국 그 후에도 공인을 얻지 못하였다고 한다. 따라서 조계종이라는 말이 일시적으로 그의 비문에 사용되기는 했으나, 이는 지눌이 창시하여 국가의 공인을 받은 조계종과는 별개의 것이다. 하지만 이에 대해 실증적 검토를 요한다. 참고로 1189년(명종 19) '조계대선사 益藏이 금강산 유점사에 來住하였다.'고 하여 조계종의 대선사라는 종단명을 사용하였던 기록을 찾을 수 있다. 閔漬, 「金剛山 楡岾寺 蹟記」, 『유점사 본말사지』, 48쪽.
36) 金坵, 「臥龍山慈雲寺王師 眞明國師 碑銘」, 『동문선』 권117, '惟炤鑑覺 相繼大闡.'

그 후 탄연의 문도 가운데 효돈·연담·회량·처단은 단속사에서, 영보와 그의 제자 조응 등은 예천 용문사에서 활동하였다.37) 효돈은 윤언이의 4남으로, 1143년(인종 21) 대선에 상품으로 급제하였던 조계종 중대사였다.38) 조응은 14세에 혜조국사 담진의 문하인 영보에게 출가하여 1125년(인종 3) 조계종의 선발 시험인 조계종 승과에 합격하였다. 조응은 1179년(명종 9) 용문사에서 그의 제자 자엄대사와 주지 중대사 사수39) 등과 함께 사찰을 중수하고 조계종 9산문의 학도 5백 인을 모아 50일 동안 담선 법회를 열었다.40) 그리고 1180년(명종 10)부터 2년간 베풀어진 강경 법회에는 사굴산문계 단속사 효돈선사를 초청하여 산문의 사세를 크게 드날렸다.

그 후 이자현의 문도인 사굴산문 조원이 활동하였으며,41) 원진국사 승형(1171~1221)으로 이어지게 된다. 지눌이 1162년(의종 16) 범일의 운손 종휘에게 출가한 후 1197년 몇 사람과 함께 지리산 상무주암을 수행할 때였다.42) 지눌은 범일의 운손 종휘에게 출가하였으며,43) 그가 개창한 수선사 역대 사주들도 역시 사굴산문계였다.44)

---

37) 1185년(명종 15)에 세워진 「醴泉 龍門寺 重修碑」에는 '大禪師 祖膺… 乙巳年 曹溪選中格.', 「醴泉 龍門寺重修碑」, 『조선금석총람』 상, 140쪽.
38) 金子儀, 「尹彦頤 墓誌銘」, 김용선 편, 『고려묘지명집성』(3판), 한림대 아시아문화연구소, 2001.
39) 李知命, 「龍門寺 重修碑」, 『조선금석총람』 상.
40) 李知命, 「龍門寺 重修碑」, 『조선금석총람』 상, '己亥年 創寺工畢 會九山門學徒五百人 設五十日談禪會 請 斷俗寺禪師孝惇敎 習傳燈錄楞嚴經仁岳集雪竇拈頌以落成 癸巳年 國朝多亂 大禪師發願設三萬僧齋 又別置輸大藏二座 及堂三間作七日法會 聚學者三百餘人 請開泰寺僧統潁緇 講演以落之 以救國難焉.'
41) 청평거사 이자현(1061~1125)은 혜조국사 담진과 그 제자 대감국사 탄연을 그의 문하에 두었다고 할 정도로 사굴산문과 인연이 깊었다. 李資玄, 「眞樂公 文殊院記」, 『조선금석총람』 상.
42) 김군수, 「순천 송광사 불일보조국사비」, 『조선금석총람』 하 ; 『동문선』 권117.
43) 위와 같음.
44) 황인규, 「고려후기 수선사와 사굴산문-고승의 존재양상과 그 동향을 중심으로」, 『보조사상』 28, 보조사상연구원, 2007 ; 황인규, 『고려시대 불교계와 불교문화』, 국학자료원, 2011.

이상에서 살펴보았듯이 고려전기 조계종의 성립 이후 9산선문 가운데 가지산문과 사굴산문이 선종계를 주도하였다. 가지산문은 고려초와 고려 중기에 불교계를 주도한 것에 비하여 사굴산문은 고려초 이후 중기까지 선종계와 불교계를 주도하였다. 특히 사굴산문은 후술하는 바와 같이 무신 집권기 초 보조국사 지눌에 의해 선종을 대표하는 산문을 이루면서 불교계를 주도하였던 것이다.

4. 조계종 수선사와 가지산문

널리 알려진 바와 같이 수선사는 사굴산문계 지눌(1158~1210)이 개창하였다. 하지만 기존의 산문이나 종파를 뛰어넘어 신라말 산문의 개창자처럼 중국 선승의 가르침을 받는 등 산문의 개창자라고 할 만하다.[45] 즉, 1162년 (의종 16) 무렵에 활동한 종휘가 범일 이후 그 당대까지 사굴산문 전통을 이었을 것이나 종휘의 제자 지눌은 정혜결사운동을 전개하면서 새로운 산문을 성립시켰던 것이다. 1205년(희종 1) 교지를 받아 송광산 길상사를 조계산 수선사로 고쳤고 송광산에서 조계산으로 산명을 바꾸면서[46] 지눌 이후 사굴산문 수선사는 외형상 산문으로서의 위상을 갖추게 되었다.[47] 나아가 '수선정사는 보조성사로부터 창립되었으며, 이는 소방(小邦)의 선불

---

45) 지눌은 일정한 스승을 두시 않았시만, 한편으로는 六祖 慧能을 계승하고 楊岐派 圓悟 克勤(1063~1135)의 제자인 大慧 宗杲(1089~1163)를 벗으로 삼았다.
46) 김군수, 「순천 송광사 불일 보조국사비」, 『조선금석총람』 하 ; 『동문선』 권117.
47) 이종익, 「한국불교 제종파 성립의 역사적 고찰」, 『한국 조계종의 성립사연구』, 민족사, 1989, 242쪽 ; 「조계종명의 연원에 대한 고찰」, 『한국선학』 7, 170~171쪽 ; 김상영, 「고려 중·후기 선종계의 선문인식」, 『한국선학』 9, 155쪽. 이능화는 조계종은 수선사가 창설하면서 성립되었거나, 1205년 송광산 정혜사를 조계산 수선사로 개칭하는 사액을 왕으로부터 받았고, 강종이 지눌의 입적 4년 후인 1214년 조계종으로 독립시키는 윤지를 내렸다. 즉, 조계종의 성립과 관련하여 수선사의 개창과 더불어 주장된 바 있다. 지눌이 수선사를 창설하면서 성립된 것이다. 이능화, 『조선불교통사』 하, 336쪽.

장으로 선류(禪流)가 수 천명에서도 줄어들지 않습니다.'라 하여 수선사에서 독립된 승과를 시행하였을 가능성이 많다.48) 그리고 『선문조사예참문』에 보이듯이 9산문의 개산조와 더불어 지눌이 독립 설정되기에 이른다.49)

이러한 수선사는 지눌의 수제자 진각국사 혜심(1178~1244)50)대에 이르러 기존의 사굴산문과는 다른 차별성과 독립성을 더 갖게 된 듯하다. 혜심은 사굴산문의 정신이라고 할 선교합일 보다는 선우위의 사상과 간화선 일문의 입장을 견지하였는데,51) 사굴산문의 전통과는 다른 면모이다. 특히 결사운동을 통해 선종이 대중화하는데 큰 기여를 했으며, 향후 조계종 산문 가운데 가장 큰 산문이 되어 갔다고 생각된다.52) 이는 '품일선사가 처음 창도하고 개보대사가 열쇠를 감추었다. 혜조국사·대감국사·진각국사가 잇달아 크게 드러내었다.'53)는 기록에서 단적으로 알 수 있다. 그리하여 수선사만이 지닌 선풍을 정립시켰다.

---

48) 冲止, 『圓鑑國師 歌頌』. 이재열은 1214년 9山禪門을 통칭한 九山禪選과 曹溪禪選으로 구분되어 僧科가 실시된 것은 수선사가 하나의 산문이었음을 입증하는 것이다. 이재열, 「오교양종과 조계종통에 관한 고찰」, 『불교사상』 1·2·3·4·5·6, 1973.11 ; 『한국 조계종의 성립사연구』, 민족사, 1989, 242쪽. 이는 이능화가 구산문을 선적종으로 보조 지눌의 수선사 산문을 조계종으로 본 견해가 인정될 때 가능한 설명이다. 李能和, 「五敎兩宗祈禱平賊」 ; 「普照後始設曹溪宗」, 『조선불교통사』, 481, 336쪽.
49) 이색, 「彰聖寺 眞覺國師 大覺圓照 塔碑」, 『조선금석총람』 상. 선종은 모두 신라말의 조사로부터 기원하였으며, 9산문 조사의 구체적인 명칭이 실린 최초의 서명은 『선문조사예참의』가 아닌가 한다. 여기에는 중흥조로 지눌을 싣고 있다. 허흥식, 「선종구산문과 선문예참문의 문제점」, 『한국불교선문의 형성사적 연구』, 158쪽 ; 허흥식, 「14,5세기 조계종의 계승과 법통」, 『동방학지』 73, 1991, 10쪽.
50) 김군수, 「순천 송광사 불일 보조국사비」, 『조선금석총람』 하, 949~953쪽 ; 『동문선』 권117.
51) 권기종, 「혜심의 선사상연구-지눌의 선사상과 비교하면서」, 『불교학보』 19, 1982, 12쪽.
52) 황인규, 「고려후기 수선사와 사굴산문-고승의 존재양상과 그 동향을 중심으로」, 『보조사상』 28, 보조사상연구원, 2007 ; 황인규, 『고려시대 불교계와 불교문화』, 국학자료원, 2011.
53) 김구, 「와룡산 자운사 증시 진명국사비명」, 『동문선』 권117 ; 황인규, 「목우자 지눌과 고려후기 조선초 불교계 고승」, 『보조사상』 19, 2003.

이는 수선사 제4세인 진명국사 혼원에게서 더욱 두드러진다. 혼원(1190~1271)은 사굴산문의 개조 범일(품일)의 운손 종헌54)에게 출가하였다.55) 그는 수선사 제4세 사주가 되어 새로 창건된 강화도 선원사의 사주가 되었으며, 지눌의 선풍을 더욱 진작시켰다. 그는 1259년부터 1271년까지 왕사로 책봉되어 불교계를 주도하였다. 그 때문에 다른 산문인 사굴산문으로 적을 옮기는 일이 있기도 하였다.56) 이처럼 사굴산문 조계종이 산문을 대표하여 선종계를 주도하였던 것이다.

그 후 혼원의 법을 받은 수선사 5세 사주 원오국사 천영(1215~1286)은 1251년(고종 38) 당시 실권자 최항이 보제사 별원을 짓고 조계종 9산문의 선사를 초청하였을 때 주맹하였다. 이처럼 천영은 조계종 9산문이 문도회를 개최하여 조계종을 중심으로 사굴산문의 전통이 더욱 부상하게 하였다.

그러나 수선사는 최씨 정권이 몰락한 1258년(고종 45) 이후인 천영 말년부터 퇴락하기 시작했다.57) 수선사의 사세가 그 후 다시 회복된 것은 혜감국사 만항(1249~1319)대와 수선사계 선원사 승려였던 원명국사 충감(1274~1338)을 거쳐 각진국사 복구(1270~1356) 때이다. 그런데 만항의 문도 정음은 '조계종 혜감국사'의 문도가 되어 대선사가 되었으며, 혜감국사 만항이 머물렀던 수선사를 조계종이라고 지칭하였다.58) 이와 같이 사굴산문 수선사가 조계종을 대표하였는데, 진명국사 혼원과 그의 문도 천영의 제자 신화와 신정도 '조계종'이라는 명칭을 사용한 관교를 받는 등 59) 조계종이

---

54) 張自牧,「金閱甫 墓誌銘」, 김용선 편,『고려묘지명집성』(3판), 한림대 아시아문화연구소, 2001.
55) 김구,「와룡산 자운사 증시 진명국사비명」,『동문선』권117.
56) 즉, 圓靜國師 鏡智는 왕의 교지를 받아 산문을 조계종 사굴산문으로 옮겨 斷俗寺의 주지가 되어 혼원을 섬겼다. 김구,「와룡산 자운사 증시 진명국사 비명」,『동문선』권117.
57) 채상식,「일연의 생애와 단월의 성격」,『고려후기 불교사 연구』, 일조각, 1991, 39~47쪽.
58) 安軸,「安于器墓誌銘」; 김용선 편,『고려묘지명집성』(3판), 한림대 아시아문화연구소, 2001.

국가적 공인을 받았던 사실을 알 수 있다.

그 후 천태종 묘련사 파가 등장하면서 일연(1206~1289)이 불교계의 전면에 등장하였다. 그는 1249년(고종 36) 남해 정림사에 전국 불교계가 참여했던 재조대장경 불사에 참여하였다. 그러면서 1216년(원종 2) 선원사(선월사)에 머물면서 지눌의 법을 이었다고 하였다.60) 그 후 가지산문을 부흥하기 위하여 원응국사 학일이 주석하였던 운문사 일대에서 조계종을 선양하였다. 1283년(충렬왕 9) 국존으로 책봉되었는데, 그의 국사(국존) 책봉은 인종대 학일이 왕사로 책봉된 이후 처음이다. 그는 국존으로 책봉된 후 인각사를 하산소로 삼고 9산 문도회를 두 차례나 개최하였는데, 당시 조계종의 통합을 주도하고자 한 것으로 생각된다. 고려중기 이래 9산 문도회의 개최는 수선사 법주 원오국사 천영이 1251년(고종 38) 강화도의 신축된 보제사의 별원에서 조계종 9산문 문도회를 개최한 이래 처음이다.61) 비문에 의하면 당시 '총림의 성황이 근고에 비길 데 없었다.'62)고 한다.

일연의 문도 혼구(1250~1322)는 1289년 무렵 운문사 주지가 되었으며, 1293년 무렵 내원당과 연곡사 주지로, 1295년 대선사로서 내원당 주지와 보경사 주지에 있었다. 충선왕이 즉위하자 양가 도증통, 충숙왕 때인 1313년 왕사로 책봉되었다.

그 후 각진국사 복구대에 이르러 수선사의 사세가 다시 크게 진작되었다. 1320년 수선사 제13세 주지로 취임하여 1350년까지 재임하였다. 그는 사굴산문 수선사계 출신으로 혼원에 이어 생존시 왕사에 책봉되었다.63) 그의

---

59) 崔滋, 「曹溪宗 禪師 混元爲大禪師 敎書」, 『동문선』 권27, 制誥 ; 「官誥」, 『동문선』 권27, 制誥 ; 「曹溪宗 三重神化爲禪師 官誥」, 『동문선』 권27, 制誥 ; 「曹溪宗 三重神定爲禪師官誥」, 『동문선』 권27, 制誥.
60) 민지, 「군위 인각사 보각국존 정조탑비」, 『조선금석총람』 상, 469~473쪽.
61) 이익배, 「승주 불대사 자진 원오국사비」, 『조선금석총람』 하.
62) 민지, 「군위 인각사 보각국존 정조탑비」, 음기, 『한국금석전문』 중세 하, 1170~1177쪽.
63) 황인규, 「목우자 지눌과 고려후기·조선초 불교계 고승」, 『보조사상』 19, 2003 ; 『고려후기·조선초 불교사연구』, 혜안, 2003.

제자 정행은 수선사의 제5조인 원오국사 천영에게 출가하여 조계종 사굴산 문에서 승려가 되었다[64]고 하는데 조계종의 사굴산문의 전통이 강화되었던 것이다.

원 간섭기 후반 고려말에 걸쳐 고려전기의 4대 종파가 부상하였으나[65] 사굴산문계 수선사와 가지산문이 주도하는 조계종이 불교계를 주도하였다. 그 대표적인 고승이 가지산문의 태고 보우와 사굴산문의 나옹 혜근이다.

보우는 중국에서 귀국후 1366년(공민왕 5)에 왕사로 책봉되어 원융부에서 9산문을 통합하여 조계종으로 결속을 공고히 하고자 하였으나 실현시키지 못하였다. 보우의 이러한 시도는 이미 조계종 가지산문 고승들에 의해 지방에서 도 시도되고 있었다. 예컨대 1362년 공민왕의 총애를 입었던 가지산문의 조계 도대선사 서공은 경산 인각사 무무당 낙성식 총림 법회를 개최하는 등 9산문의 영수가 되어 불교계를 주도하였다.[66] 현재 남아 있는 기록에 의하는 한, 무신집권기 가지산 담선 법회 개최,[67] 일연의 9산 문도회 개최[68] 이후 처음 있는 일이며, 가지산문의 조계종 통합 운동이었다고 생각된다.

보우의 문도 구곡 각운은 1368년 무렵 내원당에 초빙되어 판조계종사에 올랐다. 각운은 1372년(공민왕 21) 『전등록』을 중간하였다. 이는 총림법회 의 개최에 이은 조계종단의 위상을 바로잡기 위한 것이었다고 생각된다.

보우 이후의 여말선초 시기에는 사굴산문의 나옹과 그의 문도인 무학 자초가 주도하게 된다. 나옹은 1371년 8월 26일 왕사로 책봉되어 송광사에 머물렀다. 당시 송광사는 동방 제일도량으로서 가지산문과 사굴산문의

---

64) 「李尊庇 墓誌銘」, 김용선 편, 『고려묘지명집성』(3판), 한림대 아시아문화연구소, 2001.
65) 황인규, 「여말선초 화엄종승의 동향」, 『불교학연구』 1, 2000 ; 황인규, 「여말선초 유가종승과 불교계의 동향」, 『동국사학』 39, 2003 ; 황인규, 「여말선초 선승들과 불교계의 동향」, 『백련불교논집』 9, 1999 ; 황인규, 「여말선초 천태종승의 동향」, 『천태학연구』 11, 대한불교천태종 총무원 원각불교사상연구원, 2008.
66) 이색, 「麟角寺 無無堂記」, 『목은문고』 ; 『동문선』 권72, 기.
67) 이규보, 「가지산 담선법회」, 『동국이상국집』 속집.
68) 민지, 「군위 인각사 보각국존비」, 『한국금석전문』 중세 하.

고승들이 서로 계승하면서 주지를 하였다.69) 특히 환암 혼수의 스승 식영암 (식영 연감)은 졸암 연온의 외숙인 각엄국사 복구의 문도이며 구곡 각운이 그의 제자였다.70) 식영 연감의 제자 묘경은 조계종 '4선(四選) 굴산' 아래에서 선발되어 수석을 차지하였다고 한다.71) 환암 혼수는 나옹이 개최한 공부선 에서 유일하게 합격하여 그의 합격증이 조계종 사굴산문에 보관되기도 하였으며,72) 나옹에 이어 송광사 주지에 취임하기도 하였다.73)

이렇듯 고려말에 이르러 가지산문과 사굴산문의 조계종 통합이 이루어지 고 있었으며, 나아가 산문간의 융합이 이루어져 조계종으로 통합화되어 간 것이 아닌가 한다. 이는 조선 세종대 종파 통합의 빌미를 주었지만, 한편으로는 포용성이 강한 조계종의 특징을 성립시켰다.

이상에서 살펴본 바와 같이 신라말에 수용된 선종은 고려초에 9산문을 이루었으며, 국초에 조계종으로 성립되었던 것이다.74) 조계종의 9산문은 9산 문도회 등을 개최하며 조계종의 연합적인 성격을 강화하였으나 9산문이 각기 산문 중심의 원칙을 가지고 고려말에 이르기까지 존속하였다.

공민왕대 태고 보우는 원융부라는 승정 기구를 통해 9산문을 통합하고자

---

69) 즉, 송광사 주지는 수선사 15세로 비정된 弘眞國師 이후 사굴산문계 懶翁 惠勤과 그의 문도인 無學 自超와 高峰 法藏, 幻庵 混修가, 가지산문계 太古 普愚의 문도인 南田 夫目(夫牧), 釋宏, 慧庵 尙聰이 서로 계승했다. 황인규,「목우자 지눌과 고려후기 ·조선초 불교계 고승」,『보조사상』19, 2003 ; 황인규,『고려후기·조선초 불교사연 구』, 혜안, 2003.
70) 이재열,「오교양종과 조계종통에 관한 고찰」,『불교사상』1·2·3·4, 1973~ ;『한국 조계종의 성립사 연구』, 민족사, 1986, 260~262쪽.
71) 鄭誧,「贈妙瓊上人 詩序」,『雪谷集』下 序 ;『동문선』권85 序. 혼수는 太古 普愚와 懶翁 惠勤의 법을 사사받았고, 그의 스승인 식영 연감은 조계종 사굴산문 妙瓊과 가지산문 龜谷 覺雲의 스승이기도 하였다.
72) 권근,「청룡사 보각국사 환암 정혜원융 탑비」,『조선금석총람』하, 719~725쪽.
73) 황인규,「환암혼수의 생애와 불교사적 위치」,『경주사학』18. 1999.
74) 이규보,「甲午年 談禪日齋䟽」,『동국이상국집』권41, '昔達磨得師子比丘之默傳 耀佛 燈於中土 我藝祖因祉大士之密諗 輾禪軌於三韓 有國綿遠而式克至今 以予忖度則靡 不由此 洪延後代,益暢眞風 … 肆傾私帑 寔蔵熏科 彼九山濟濟之衲流 皆五葉承承之的嗣 交騰槌棒互辨風幡.'

하였지만, 실패에 그친 것도 산문 중심의 원칙이 강인하게 지켜졌기 때문이다.

그 가운데 고려시대, 특히 고려후기 조계종뿐만 아니라 불교계를 주도했던 것은 사굴산문 수선사계와 가지산문이었으므로 가지산문의 도의뿐만 아니라 사굴산문의 범일도 종조의 위상을 지니고 있다고 하겠다.75) 그리고 이 두 산문계가 고려시대뿐만 아니라 조선전기 불교계를 주도했으며, 그것을 이어받은 청허 휴정과 문도들이 조선후기 산중불교와, 일제 강점기의 조선 불교의 조계종을 거쳐 오늘에 이르기 때문이다.

5. 나가는 말

이상으로 고려시대 불교종단 가운데 대표적인 조계종의 성립과 전개에 대하여 살펴보았는데, 요약하면 다음과 같다. 신라말에 시작된 조계종의 역사는 한국 불교사를 주도하였지만 불교사의 흐름에서 공백이나 왜곡 등 불확실한 부분이 없지 않다. 본고는 그러한 부분을 복원하고자 하였으며, 조계종이 한국 불교사의 주류를 이루면서 불교계를 주도하였음을 강조하였다.

신라말 선종의 수용 이후 9산문이 주도하였으나 실제 선종계를 주도한 것은 가지산문과 사굴산문이었다. 따라서 선종계의 총합인 조계종의 출발 선상에 있는 가지산문의 개조 도의뿐만 아니라 사굴산문의 개조 범일도 종조 범주에 포함시켜야 할 것이다.

조계종의 성립은 제 논의가 있으나 9산문이 확정된 고려초로 보아야 할 것이다. 9산문 가운데 실제 활동 사실을 알 수 있는 것은 몇 산문에 지나지 않으며, 사굴산문과 가지산문이 조계종을 주도하였다.

---

75) 고려초 이래 산문 중심의 조계종 9산문은 고려말이후 문도 중심으로 그 사법 관계가 바뀌게 된다. 황인규, 「환암혼수의 생애와 불교사적 위치」, 『경주사학』 18, 1999 ; 황인규, 앞의 책 ; 황인규, 「고려후기 선종산문과 원나라 선풍」, 『중앙사론』 23, 한국중앙사학회, 2006 ; 최현각, 「조선시대의 선법」, 『한국선학』 12, 2005.

광종대 승과가 실시되는 시기로 보는 견해도 있으나 종단 외적인 부분을 중요시한 것일 뿐, 종단의 성립 자체와는 무관하다. 그리고 천태종의 창종이나 지눌의 수선사 개창과 연관되어 보기도 하지만 9산문 자체가 고려말에 이르기까지 연합적인 성격이 다분히 있었기 때문에 9산문이 성립되는 고려 초로 보아야 할 것이다.

가지산문의 원응국사 학일과 사굴산문의 대감국사 탄연이 등장할 무렵까지 교세가 계속되었으며, 두 산문의 고승들에 의해 조계종이 부흥했다. 특히 원응국사 학일은 천태종의 창종으로 여러 산문이 천태종에 흡수되는 상황 속에서도 협조를 거부하고 청도 운문사 일대에서 교세를 진작시켰다. 뿐만 아니라 사굴산문은 혜조국사 담진의 문도 대감국사 탄연과 손제자 조응 등이 산청 단속사, 예천 용문사에 의하여 지방에서 교세를 떨쳤으나 무신집권기 초에 쇠퇴될 때까지 교세를 유지하는데, 향후 사굴산문과 가지산문이 조계종을 주도하게 이르는 것이다.

그 무렵 사굴산문의 지눌이 수선사를 창건하여 결사운동을 전개하여 선종의 대중화를 꾀하였다. 수선사는 지눌 자신의 의도와는 달리 또 하나의 산문이 되어 조계종을 대표하는 가장 큰 산문이 되어 갔던 것이다. 따라서 고려전기의 선종계를 주도하였던 조계종의 가지산문과 사굴산문과 고려후기 수선사는 조계종을 대표하면서 불교계를 주도하였던 것이다.

즉 수선사의 진명국사 혼원은 개경으로 진출하여 왕사에 책봉되는 등 불교계를 주도하였다. 무신집권기 9산 문도회의 개최나 9산 문도가 참여한 총림이 몇 차례 개최되어 조계종단이 결속되기도 하였다.

원 간섭기에 수선사의 사세는 쇠퇴하였으나 가지산문의 일연이 등장하여 지눌을 원사(遠嗣)했다면서 사굴산문과의 통합성을 보여주고 있다. 일연은 운문사에서 조계종 9산 문도회를 개최하는 등 교세를 떨쳤으며, 그의 문도 보감국사 혼구와 더불어 국사와 왕사에 재임하며 불교계를 주도하였다.

가지산문의 보감국사 혼구와 수선사의 혜감국사 만항은 중국의 몽산선풍을 수용하며 교세를 떨치게 된다. 조계종 사굴산문 수선사 제13세 사주 각엄존자 복구대에 이르러 왕사로 책봉되어 불교계를 주도하였는데, 그 무렵 가지산문도 혼구의 문도인 충탄, 여찬, 연진, 종정 등이 활동하였으며, 태고 보우가 등장한다. 일연이후 태고 보우까지 가지산문의 사자상승을 알 수 있다.

 보우는 양주 회암사에 주석한 적이 있으며, 나옹 혜근도 역시 회암사의 광지선사에게 출가하였다. 그들은 고려말 조계종의 양대 산맥인 가지산문과 사굴산문을 주도하게 되며, 그들의 문도가 조선전기 불교계를 주도하게 된다. 인각사 무무 서공의 9산 문도회의 개최, 태고 보우의 9산문 통합 시도는 조계종 통합 운동이었다. 보우가 9산문을 통합하려 하였지만 실패로 그친 반면에 수선사 제15국사의 맥을 잇고 있다고 할 나옹 혜근은 당시 천태종 고승 신조, 화엄종 고승 설산국사 천희 등 전 불교계가 참여한 가운데 공부선을 실시하였다. 이러한 나옹 혜근의 공부선의 개최는 조계종이 이끈 전국 불교계 모임이었던 것이다.

 그런데 신라말 이래 선종은 산문을 중심으로 전개되었는데 고려말에 이르러 이러한 원칙이 점차 무너지고 문도 중심으로 바뀌어 갔다. 고려후기 15국사를 배출하였던 송광사 주지는 사굴산문과 가지산문계에서 상호 교체 재임하였다. 모두 나옹 혜근과 태고 보우의 문도들이다. 조계종으로 통합하는 모습이었으나 조선 건국초 종단간 통합의 빌미를 주었다.

 결국 신라말에 수용된 선종은 고려초에 9산문을 이루었으며, 국초에 조계종으로 성립되었던 것이다. 조계종의 9산문은 9산 문도회 등을 개최하며 조계종의 연합적인 성격을 강화하였으나 9산문이 각기 산문 중심의 원칙을 가지고 고려말에 이르기까지 존속하였다.

 고려시대, 특히 고려후기 조계종뿐만 아니라 불교계를 주도했던 것은 사굴산문 수선사계와 가지산문이었으므로 가지산문의 도의뿐만 아니라 사굴산문의 범일도 종조의 위상을 지니고 있다고 하겠다.

Ⅱ. 고려시대 내원당과 고승

1. 들어가는 말

　고려시대 국사와 왕사는 불교계를 대표하는 민중의 정신적인 지도자였다. 또한 선대 왕의 추념 도량인 진전사원을 창건 또는 지정하여 운용하였다. 궁궐내에 왕실 불교도량인 내원당을 설치하여 비구니 도량인 정업원과 짝을 이루어 왕실의 불교 신행을 담당하였을 것이나 그 실상이 제대로 밝혀진 바 없다. 1991년 편찬된 국내의 대표적 사전의 정의에 의하면 내원당은 다음과 같이 알려져 있을 뿐이다. 즉 내원당은 '왕실에서 부처에게 공양하고 불도를 수행하기 위하여 마련하였던 불당이며, 고려시대에는 역대 왕들이 다투어서 건립하고 각종 도량을 열었으며, 충숙왕은 1313년에 이곳으로 행차하여 계송에게 시를 짓도록 하였다'[1]는 기록이다. 그 후 조선시대 내원당에 대한 논고가 발표되면서 고려시대 내원당에 대한 간략한 언급이 있었다.[2] 그런데 내원당에 대한 비교적 자세한 언급은 사전류에서 이미 언급된 바 있다. 즉 내원당은 중국에서 기원하며, 내원당이 내도량 내사 등으로 불렸다고 한다.[3]
　현재 내원당에 관련한 기록은 불교가 융성했던 고려시대의 관련 기록은 거의 남아 있지 않으나, 불교가 억압을 받는 조선전기에 그 치폐가 거듭되면서 적지 않다.

---

1) 한국정신문화연구원, 「내원당」, 『한국민족문화대백과사전』, 1991.
2) 이기운, 「조선시대 내원당의 설치와 치폐」, 『한국불교학』 29, 2001, 255~257쪽, '내원당의 기원과 고려왕실의 내원당'.
3) 가산불교문화연구원, 『가산불교대사림』, 내도량·내사·내원당.

내원당은 궁궐 내에 위치하여 왕실 불교를 주관하였으므로, 국가 불교 시책에 큰 영향을 끼쳤을 것이다. 내원당을 이끌었을 내원당 주지(전주, 감주, 총통)는 국사와 왕사 다음의 위치에 있었던 불교계 고승이라고 생각된다. 때문에 그 실상을 살펴보는 것은 고려의 불교와 역사의 큰 틀을 이해하는 데 매우 중요하다. 본고는 내원당을 내도량, 내불당 등과 같은 것으로 간주하고, 이에 대한 제기록을 종합 검토하여 그 실상과 그 의의를 추적 검토해 보고자 한다.

2. 내도량과 내원당의 운용

1) 내원당의 기원과 용례 검토

내원당[4]은 궁궐의 안에 설치된 도량이라는 의미인 듯하다. 그 이름은 내사, 내원, 내원당, 내도량, 내불당, 내원당 등으로 불렸다.[5] 내도량은 내사라고 하며, 궁중에서 불사를 수행하기 위하여 설치한 도량이다. 즉 『진서』제기에 의하면, 동진 효무제가 381년(태원 6) 궁전안에 정사를 건립하고 승려들을 초빙하여 불사를 하였다[6]고 한다.

내도량은 『불조통기』권37에 다음과 같은 기록을 찾을 수 있다.

---

4) 본고에서 원전류의 사용 외에는 내원, 내사, 내원당, 내불당 등은 내원당으로, 내도량, 내원당의 주지 등도 감주로 통칭하기로 한다. 아마도 내원, 내사, 내원당, 내불당은 大內, 즉 궁궐안의 의미가 강하며, 그보다 종교성이 강한 內願堂이 보다 적당하다고 생각되기 때문이다.

5) 이러한 내용은 이미 중국의 대표적인 검색 엔진인 『바이두(百度)百科사전』에 비교적 소개하고 있다.(http://baike.baidu.com)

6) 『晉書』帝紀 卷9, 孝武帝, '(태원 6년(381) 봄 정월에 효무제가 처음으로 불법을 받들어 궁궐 안에 정사를 세우고 여러 사문을 끌어들여 그곳에 살게 하였다(太元六年 春正月 帝初奉佛法 立精舍於殿內 引諸沙門以居之).'

517년(천감 16) 양나라 무제는 칙령을 내려 사문 혜초를 수광전 학사로 임명하고 많은 승려들을 초빙하여 불경을 모으고 강론을 하며 경문을 주석하게 하면서 모두 대궐에 머물게 하였다.(이것이 내도량의 시초이다) … 궁전 안에서 승려들의 행사가 있을 경우 내도량이라고 하였다.[7]

양 무제가 승려 혜초를 수광전 학사로 임명하고 궁궐에서 많은 승려들과 함께 불경의 수집 강론 주석을 하게 하였는데, 이것이 내도량의 시초라는 것이다. 또한 북송시대 궁전 중 불상과 경전을 봉안하여 내사(內寺)라고 불렀다고 한다.[8] 내도량은 내원당이라고도 하였다.[9] 성 밖 근처에는 원당을 두고 중요한 때 법회에 참석하였고 궁안에는 내원당을 두어 왕과 왕비 등 왕실의 불교 신행을 담당했다. 내불당은 궁궐안에 설치되었던 불당을 통칭하여 이르는 말로, 시기에 따라 내도량, 내원, 내원당 등으로 불렀다.[10] 이와 같이 내원당은 앞서 언급한 바와 같이 내사·내원[11]·내원당·내도량·내불당·내원당이라고 불리었던 것이다.

---

[7] 『佛祖統紀』卷37, '梁天監十六年 武帝敕沙門慧超爲壽光殿學士 召衆僧居禁中講論法集 注解經文 其下注云 此爲內道場之始.'

[8] 『僧史略』권중(대정장 54 247b8), '內道場 內道場起於後魏 而得名在乎隋朝何邪 煬帝 以我爲古 變革事多 改僧寺爲道場 改道觀爲方壇 若內中僧事 則謂之內道場也 今朝茲福 等殿安佛像經藏 立利聲鐘 呼爲內寺是也.' 小野勝年은 내도량에 대하여 다음과같이 설명하였다. 즉, 내도량은 궁전에 있던 佛事修法의 장소로, 內寺라고도 한다. 유교, 불교, 도교 등 3교의 대표자가 천자의 앞에서 자기가 믿는 종교의 우열을 강론했던 일은 일찍이 북위시대부터 있었고, 당대에도 고조대부터 시작되었다 小野勝年, 『入唐求法巡禮行記の硏究』 卷3, 鈴木學術財團, 1967, 319쪽.

[9] 『가산불교대사림』 내도량.

[10] 위의 책, 내원당 조. 그리고 芮院은 香草가 번성하다는 의미에서 仙宮을 藥宮이라 칭하는 데서 온 말로, 전하여 寺院을 가리키지만 내원당을 지칭하기도 하였다. 이색, 「同安政堂 韓簽書 訪藥院龜谷大禪師 歸途謁慈恩祐世君 至十字街 分馬而歸」, 『牧隱詩藁』 卷26, 詩.

[11] 內院은 도솔천을 의미하기도 한다. 즉, 『大藏法數』에 의하면, 불교에서 欲界六天의 하나인 兜率天에 內院과 外院이 있어, 내원은 바로 彌勒菩薩의 淨土이고, 외원은 천상의 중생들이 사는 곳이라고 한다.

2) 고려의 내원당의 기원과 발전

불교 전래후 왕실에서 불교를 복 받는 가르침이라고 하여 백성들에게 권장하면서 공인하였으므로, 불교 공인 직후 궁 안에 내원당을 설치하였을 것이다. 하지만 내원당과 관련한 최초의 기록은 비처왕(또는 소지왕) 10년 '내전 분수승'의 내전에 수행승이 있었다는 것이다.[12] 내원당은 『신증동국여지승람』에 의하면, 월성 서북쪽에 천주사가 있었으며,[13] 『매월당시집』에 의하면, 신라왕의 내불당이었다고 한다.[14] 그리고 경덕왕대에 2건의 내원 관련기사가 찾아지고 있다.[15] 신라 하대에도 낭공 행적(832~916)이 '건녕(894~897)초년 왕성에 가 머물면서 담복향을 내불당에 분향하였다.'[16]는 등의 기사에서 경주 왕성에 내불당이 있었다는 사실을 알 수 있다. 이와 같이 내원당은 신라시대에 이어 고려시대에도 있었다.[17]

허후가 말하였다. '전조 때에 불법을 몹시 숭상하여 이미 내원당을 세우고

---

12) 『삼국유사』권1, 기이편 사금갑 ; 李學逵(1770~1835), 「怛忉歌」, 『洛下生集』 冊6, [嶺南樂府], '書曰射琴匣 王還宮 見琴匣射之 飮羽血濺 乃內殿焚修僧 與王妃潛通者也 妃與僧伏誅.'
13) 『신증동국여지승람』 권21, 경상도 경주부 불우, '天柱寺 : 月城의 서북쪽에 있다. 세간에 전하기를, "炤智王이 거문고의 匣을 쏘아 넘어뜨렸더니 그 속에 있던 자는 바로 이 절의 중이었다." 한다. 그 북쪽에 雁鴨池가 있다.'; 『세종실록』 권121, 30년(1448) 7월 21일 을사, '許詡는 말하기를, … 또 눈물을 흘리며 말하기를, "…전조 말엽에 난을 가져온 일이 모두 內願堂에서 나왔고, 新羅 때에 琴匣에 쏜 일이 있는데, 역시 내원당에서 나왔습니다."'
14) 김시습, 「天柱寺看花 卽新羅王內佛堂也 今帝釋院也 國人歲植名花于庭 以獻祈福 近時僧盡掘」, 『梅月堂詩集』 卷12, 詩 遊金鰲錄, '春半庭花落又開 看花猶自費吟來 東風可是無情物 狼藉嬌紅點綠苔.'
15) 『삼국유사』 권5, 감통 7 월명사도솔가. 경덕왕 19년(760) 4월 1일에 '王甚異之使人追之童入內院塔中'이라는 기사가 보인다. 『삼국유사』 권3, 탑상4 사불산 掘佛山 萬佛山, '四月八日詔兩街僧徒於內道場禮万佛山.' 후자의 경우 당나라 內院이다.
16) 崔仁渷, 「新羅國 故兩朝國師 教諡朗空大師 白月栖雲之塔碑銘」, 『조선금석총람』 상.
17) 『단종실록』 권10, 2년(1454) 1월 9일(신유), '신라·고려에서도 모두 내불당이 있었다.'

항상 정전에 도량을 베풀어 승도를 많이 모이게 하여 끄떡하면 천명 만명에 이르렀고, 당시 궁중의 금령이 엄하지 못하여 나인(內人)이 서로 섞이어 한계가 없었으며, 궁인이 좋아하여 발을 드리우고 나와 보아서 의례의 일로 여겼습니다.'18)

전 왕조인 고려시대에 불법을 숭상하여 내원당을 세우고 정전에서 승도들을 모이게 하여 도량을 베풀었는데 천명에서 만명에 이르렀다는 것이다. 고려시대 내원당에 관련된 최초의 기록은 922년(태조 5) 왕순식의 아버지 허월이 승려가 되어 내원에 있다는 것이다.19) 그리고 내도량의 최초의 기록은 균여가 내도량에 주석하였다는 것이다. 또한 내원당에 관련한 기록은 『고려사』 1228년(고종 15)의 기록일 것이며,20) 내불당은 1356년(공민왕 5) 『고려사』 기사인 듯하다.21) 이와 같이 『고려사』와 문집류, 비문류 등에서 내원당 관련 제 기록을 시기순으로 취합하여 열거하면 다음과 같다.

내원당 관련기사
922년(태조 5) : 허월이 내원에 머무름.
958년(광종 9) : 균여가 내도량 주지에 재임함.
963년(광종 14) : 탄문이 내도량 주지에 재임함.
　　　　　　광종이 탄문을 내도량에 초빙하고 왕사를 삼음.
982년(성종 2) : 최승로가 상소문에서 내도량의 보시행위를 비판함.
인종대 : 인종이 종린을 내도량에 청하여 강론케 함.
　　　　분황종 광천이 내도량에 머무름.
　　　　승통 천기가 내도량 전주로 활동함.

---

18) 『세종실록』 권121, 30년(1448) 7월 23일(정미).
19) 『고려사절요』 권1, 5년(922) 7월.
20) 『고려사』 권53, 五行志 1 水 고종 15년(1228) 7월 7일.
21) 『고려사』 권39, 공민왕세가 5년(1356) 2월 25일, '王飯僧普愚于內佛堂, 普愚卽普虛.'

돈유가 왕명으로 내도량에 머물다가 서백사로 돌아옴.
혜수좌가 산호전 내도량에 머물다가 방장으로 활동함.
1208년(희종 4) : 지겸이 내도량 주지로 초빙되어 기우제를 베풀게 함.
지겸의 제자 확운이 내도량 주지에 재임함.
1208년(고종 15) 7월 : 내원당의 나무가 지진을 당함.
1269년(원종 10) 12월 : 왕이 내원당에서 관정도량을 베풂.
1293년(충렬왕 19) 11월 : 진정 대선사 천책이 내원당에 주석함.
1294년(충렬왕 20) : 태암이 내원당 주지 겸 연곡사 주지에 재임함.
1295년(충렬왕 21) 8월 : 청분(혼구)이 내원당 주지에 재임함.
1314년(충숙왕 1) : 왕이 내원당에 행차하여 계송과 시를 나눔.
1318년(충숙왕 5) 11월 : 왕이 내원당에서 영보도량을 베풂.
1319년(충숙왕 6) 9월 : 왕이 내원당에 행차함.
1325년 이전 : 홍혜국사 중긍이 내원당 감주에 재임함.
1344년(충목왕 즉위) 10월 : 왕이 내원에 행차하여 영보 도량을 베풂.
1355년(공민왕 4) 6월 : 내원당 승려 선근이 왕의 총애를 받아 석방 받음.
공민왕대 공민왕이 내불당 법석에서 스님을 스승을 삼아 예의를 삼음.
1372년(공민왕 21) 봄 : 찬영이 내원당 감주로 재임함.
1373년(공민왕 22) : 천호가 내원당 감주로 재임함.
1374년(공민왕 23) : 혼수가 1년간 내원당 감주로 재임함.
1383년(우왕 9) : 각운이 내원당 감주로 재임함.
1385년(우왕 11) 무렵 : 조이와 원규가 내원당에 재임함.
1388년(우왕 14) : 현린과 현기 등이 내원당에 주석함.
1392년 5월 무렵 : 선진이 내원당 감주로 재임함.
고려말 성민과 삼여소안이 내원당 감주에 재임함.

앞서 언급한 바와 같이, 고려시대 내원당에 관련한 최초의 기록은 922년 허월이 내원에 머무른 것이 최초이다. 이러한 내원당은 조선중기 무렵까지 치폐를 거듭하면서 존속하여22) 왕실의 불교 신행의 중심 도량이 되었다. 특히 국사와 왕사를 비롯한 고승 대덕들이 주재하는 가운데 내원당에서 왕의 즉위식이나 태자의 책봉식에서, 그리고 대개 6월 15일 보살계를 받았다. 왕이 스스로 불제자임을 다짐하고 널리 선언하는 의식이었다.23)

그 후 균여가 958년(광종 9) 내도량에 부임한 이후 1208년(희종 4) 지겸의 제자 확운이 활동할 무렵까지 내도량으로 불리다가 1228년(고종 15) 무렵부터 내원당 기사가 간혹 보이기 시작한다. 내원 외에는 내원당이라는 이름을 대부분 사용되었던 듯하다. 즉, 고려전기에 내도량으로 불리다가 고종대 무렵부터 내원당이라고 흔히 불렸던 듯하다.

내원당의 고승은 교세가 가장 큰 종단 가운데 왕실과 밀접한 종파의 고승이 선정되어 입원하였다. 특히 고려전기 교종 화엄종과 고려후기 선종계 고승이 대부분 내원당 감주로 입원하였다. 예컨대 고려전기 균여와 탄문, 천기, 그리고 원 간섭기 혼구, 고려말 보우의 문도인 찬영과 원규, 각운, 경한의 문도 천호, 찬영의 문도 선진, 혼수와 문도 삼여 소안 등이 그 대표적인 인물이다. 현재 남아 있는 기록에 의하는 한, 고려전기에는 화엄종 등 교종계 고승이, 고려후기에는 조계종 등 선종계 고승이 내원당 감주에 재임하였다. 대체로 내원당 감주를 거쳐 왕사로 책봉된 탄문, 혼구, 찬영, 혼수 등을 미루어 볼 때, 내원당 감주는 국사와 왕사 다음의 위상에 있는 고승의 위상을 지니고 있다고 하겠다. 불교계를 주도했던 종단에서 국사와 왕사가 책봉된 것과 같은 맥락이다.24) 더욱이 국사와 왕사가 책봉된

---

22) 내원당의 폐지는 1551년(명종 6) 허응 보우의 선교양종 부흥시 설치된 전국의 내원당과는 다른 것이다. 도성 궁궐의 내원당은 그 이전인 중종대 무렵으로 보아야 할 것이다.『중종실록』권28, 12년(1517) 7월 13일(정해)에 '內願堂奴婢의 일은 아뢴 대로 하라'한 기사를 보아 철폐된 듯하다.
23) 二宮啓任,「高麗朝の恒例法會」,『조선학보』13, 日本天理大學, 1965, 22~24쪽.
24) 허흥식,「고려시대의 국사·왕사제도와 그 기능」,『역사학보』67, 1975 ; 한기문,「고려 역대 국사, 왕사의 하산소의 존재양상과 그 기능」,『고려사원의 구조와 기능』, 민족사, 1998 ; 박윤진,『고려시대 왕사 국사 연구』, 경인문화사, 2006.

후 지방의 하산소에 머물렀기 때문에 비구니 도량인 정업원과 더불어 도성 왕실의 불교를 주관하고 주도했던 것으로 보인다.

내원당에 입원한 승계 및 승직은 삼중대사(탄문), 승통(천기), 수좌(혜) 대선사(혼구, 확운) 국일도대선사(원규, 선진) 등이었다. 아마도 대략 교종의 경우 승통이상, 선종의 경우 대선사급에서 내원당 감주에 임명된 듯하다. 내원당의 최고 책임자는 대도량 전주(천기), 내원당의 주지 또는 감주(각운), 총통(찬영) 등이었으며, 조정의 승관 내불당 제조[25] 등이 있었다. 제조는 원 간섭기 이후 들어온 중국관제로, 첨설직이었는데 관아를 감독하고 각 관원을 통솔하였다.[26] 승정을 담당하는 승록사사[27]가 있었음에도 별도 내불당 제조를 둔 것은 그만큼 내원당의 위상이 컸다는 것을 알 수 있으며, 공민왕대 유명한 사류(士類)라고 불렸던 이달충이 제조 내불당이었다.[28]

내원당에서는 설법, 강론, 불사 등이 이루어졌는데, 특히 관정도량과 영보도량이 베풀어진 것은 주목된다. 관정도량은 임금이나 부처가 될 자의 정수리에 물을 부으면서 『관정경』을 외우고 병과 재해에서 벗어나게 기원하는 도량이다. 임금의 즉위식이나 태자를 책봉할 때 개설한 사례가 찾아진다.[29] 그리고 도교 의례인 영보도량은 내원당에서 『영보경』의 독송을 주로

---

25) 『고려사』 권122, 이달충 열전, '李達衷 慶州人 父蒨登第 官至僉議叅理 封月城君 達衷 忠肅朝登第 累官成均祭酒 恭愍元年 拜典理判書 轉監察大夫 八年 遷戶部尙書 八關會有司設盥洗幕于僕射廳南 堅樊限內外 達衷與刑部尙書李挺 坐廳上 令撤其樊. 王在儀鳳樓 見之大怒 命繫獄 左右請之 止囚家奴 御史臺又劾之 挺嘗提調內佛堂 特原之 十五年 工以達衷名儒 擢爲密直提學 時辛旽方用事 達衷嘗於廣坐.'; 이달충, 「本傳」, 『霽亭集』 卷4, 附錄.
26) 이광린, 「提調 制度硏究」, 『동방학지』 8, 1967, 69쪽.
27) 공민왕대 불교계와 정권을 6년간 집권했던 신돈의 관직이 '守正履順論變理保世功 臣壁上三韓二重大匡領都僉議使司事判重房監察司事鷲城府院君提調僧錄司事兼判書 雲觀事.'라고 하여 提調僧錄司였다. 『고려사』 권132, 반역 6 신돈 열전.
28) 『고려사』 권122, 이달충 열전.
29) 1260년·1274년·1308년의 관정도량은 왕이 受戒儀式을 겸하여 사해를 장악하는 聖君이 될 것을 맹세하는 성격을 지닌 것이었다. 『고려사』 권33, 충선왕세가 즉위년 8월 갑인, '王服紫袍 設灌頂道場于康安殿 詣景靈殿 告嗣位 遂乘輿 至壽寧宮卽 位 受群臣朝賀.'

하는 의식이다. 이는 불교뿐만 아니라 도교 의례도 실시하여 왕실과 국가의 재난을 극복하기 위한 것이었다.30) 이와 같이 내원당 감주는 국사와 왕사를 대신해 궁궐내 왕실 불교를 실질적으로 주관했다.

3. 고려전기 내도량과 교종

1) 고려초기

고려시대 내원당은 언제 설치되었을까? 내원당에 대한 기록은 『고려사』나 송의 서긍이 지은 견문기인 『고려도경』 등을 비롯한 어떤 저술류에서도 찾아지지 않는다. 하지만 '내원당'의 기록이 엄연히 찾아지므로, 궁궐내 내전이라 표현된 전각을 지칭한다고도 볼 수 있으나,31) 왕이 내원당에 행차하였다는 등의 기록으로 보아 독립된 건물이 있었을 것이다. 이와 관련하여 '산호정 내원당', '연경궁 근처' '예원 부송만(薬院 負松巒)'32)이라는 기록 등으로 미루어 보아 내원당은 연경궁과 산호정 근처에 송악산을 등지고 있었던 듯하다.

고려 건국후 내원당에 관련된 기록은 앞서 언급했듯이, 다음에 소개하는 922년(태조 5) 무렵 내원이다.

---

30) 이규보,「福源宮에서 천변이 그치기를 비는 靈寶道場 兼設醮禮文」,『동국이상국전집』 권39, 醮疏 ; 이규보,「神格殿에서 천변이 그치기를 비는 靈寶道場兼醮禮文」,『동국이상국전집』 권39, 醮疏 ; 權近,「靈寶道場靑詞」,『동문선』 권115 ; 이능화, 이종은 역,『조선도교사』, 보성문화사, 1977 ; 양은용,「고려 도교사상의 연구」,『원광대학교논문집』 19, 1985.
31) 앞으로 정밀하게 검토해 보아야 하겠지만, 불사가 행해진 궁궐 전각도 넓은 의미의 내원당이라고 하겠다.
32) 이색,「同安政堂 韓簽書 訪薬院龜谷大禪師 歸途謁慈恩祐世君 至十字街 分馬而歸」,『牧隱詩藁』 卷26, 詩, '薬院負松巒.'

가을 7월 명주의 장군 순식이 항복하였다. 예전에 왕이 순식이 항복하지 않음을 근심하니 시랑 권열이 말하였다. '아버지가 아들에게 명령하고 형이 아우에게 훈계하는 것은 천리입니다. 순식의 아비인 허월이 지금 승려가 되어 내원에 있으니, 마땅히 그를 보내어 타이르게 하십시요.' 왕이 권열의 말을 따랐고 왕순식이 드디어 맏아들 수원을 보내어 귀순하였으며, 왕씨의 성을 내려주고 전택을 내려주었다.[33]

명주의 대호족인 김순식의 아버지 허월이 승려가 되어 내원에 머물고 있었으며, 아들 순식을 왕건에게 귀부케 하였다는 것이다. 내원당 승려의 정치적 활동을 엿볼 수 있다.[34]

이미 널리 알려져 있듯이, 태조 왕건은 철원에서 송악으로 수도를 옮긴 919년(태조 2) 10대 사찰을 창건하였다.[35] 태조는 자신의 집을 사찰로 만들어 광명사라고 하였으며, 역대 왕의 위패를 봉안한 진전사원이 운용되었지만,[36] 왕실의 일상생활 공간인 궁궐내 불사도량인 내원당이 필요하였을 것이다.

내원당의 설치는 궁궐도량이므로 10대 사찰이 설치될 무렵인 송악으로 수도를 옮긴 태조 2년 경 설치되었다고 생각된다. 서경 성안에도 태조대에 비구니 도량이라고 대서원과 소서원이 설치되었기 때문이다.[37]

태조 왕건은 선종계 선각국사 도선과 문도인 여철의 국가비보사상이나 천태종의 행군법사 능긍의 회삼귀일의 사상을 받아 고려를 건국하고 삼국을

---

33) 『고려사절요』 권1, 태조 5년(922) 7월 ; 『고려사』 권92, 왕순식 열전.
34) 고려가 후백제와의 전투에서 승리의 기선을 잡게 된 것은 명주 호족 김순식을 참여시키면서였다. 이를 유도한 인물이 바로 김순식의 아버지 내원당 허월이었다. 『고려사』 권92, 왕순식 열전.
35) 이병도, 『고려시대의 연구』, 을유문화사, 1947, 97쪽.
36) 『고려사』 권83, 병지3 圍宿軍 ; 허흥식, 「불교와 융합된 왕실의 조상숭배」, 『고려불교사 연구』, 일조각, 1986, 68~93쪽.
37) 『고려사』 권88, 후비 열전 1 신혜왕후 유씨.

통합하였다.38) 왕건은 선종과 교종을 아우르고자 하였다. 특히 후백제의 공략시 연산에 가서 개태사를 창건하고 낙성 화엄법회를 열었을 때 친히 화엄소를 짓는 등39) 화엄종에도 각별한 관심을 갖고 있었다. 태조는 별화상이라 존경하였던 탄문에게 후비 신명순성왕태후 유씨가 잉태하자 안산을 위하여 기원하게 하여 광종을 낳게 하였다.40)

광종은 신라말이래 관혜의 남악파와 희랑의 북악파로 분열된 화엄종단을 통합하고자 하였다. 이러한 일을 국사 겸신의 천거를 받은 균여(923~973)를 통해 해결하고자 했다. 균여는 제자 인유와 함께 큰 사찰의 승려를 찾아가 설득하는 등 화엄종단을 통합하였다.41) 균여는 963년(광종 14) 탄문에 앞서 내도량에 머물면서 958년(광종 9) 승과의 시관이 되어 불교계를 주관하였다.

> 대사께서 내도량에 부임하신 날 밤에 뻗쳐 오르는 빛이 방안에서 바깥으로 쓰여 마치 무지개 빛이 사라지기 직전과 같았다.42)

---

38) 『고려사』 권93, 최승로열전 ; 이규보, 「大安寺 同前牓」, 『동국이상국집』 권25, 牓文 ; 이규보, 「龍潭寺 叢林會牓」, 『동국이상국집』 권25, 방문 ; 眞淨國師 天頙, 『湖山錄』, 答藝壹亞監 閔昊書, '昔聖祖初創之際 行營福田能兢親傳道佉 聖訣 以三乘會一 三觀在一心 甚深妙法令我會三之國' ; 閔漬, 「國淸寺 金堂主佛 釋迦如來舍利 靈異記」, 『동문선』 권68 ; 황인규, 「선각국사 도선의 종풍계승 및 전개」, 『한국선학』 20, 2008 ; 황인규, 「여말선초 천태종승의 동향」, 『천태학연구』 11, 대한불교천태종 원각불교사상연구원, 2008.

39) 최자, 『보한집』 중 ; 『신증동국여지승람』 권18, 충청도 연산현 불우, '고려 태조 19년에 백제를 정벌하여 큰 승리를 거두어, 河內의 30여 郡과 渤海國 사람들이 모두 귀순하였다. 드디어 司에게 명하여 개태사를 창건하고, 친히 願文을 지어 손수 이를 썼다' ; 이규보, 「開泰寺에서 太祖前에 올리는 축원문(開泰寺祖前願文)」, 『동국이상국집』 권38, 도량재(道場齋) 醮·疏 祭文.

40) 金廷彦, 「迦耶山 普願寺 故國師 制贈諡法印 三重大師 비(題額)」, 『조선금석총람』 상 ; 『고려사』 卷88, 후비열전 神明順成王太后劉氏, '神明順成王太后劉氏 忠州人 贈太師 內史令 兢達之女 生太子孝 定宗 光宗 文元大王貞 證通國師 樂浪 興芳二公主 薨謚神明順聖太后.' ; 황인규, 「한국 전근대 비구니 도량의 존재양상과 전개-문헌에 나타난 제 기록을 중심으로」, 『한국 비구니승가의 역사와 활동』, 한국비구니연구소, 2010.

41) 위의 책 ; 『균여전』 4, 「立義定宗分者」 ; 김두진, 「균여의 성상융회 사상」, 『역사학보』 90, 역사학회, 1981.

956년(광종 7) 이후 개혁 정책이 실시되는 가운데 958년(광종 9) 무렵 대화엄 수좌 원통양중대사 균여를 내원당으로 초빙하여 시관을 맡겨 승과를 실시케 하였던 것이다. 963년(광종 14) 귀법사에서 주지로 머물렀다.

그 무렵 법인국사 탄문(900~975)도 963년(광종 14) 내도량에 머물렀다.

> 대왕이 높은 스님과 중신의 사신을 보내서 내도량으로 영입하여 융숭하게 대하는 예우가 더욱 돋보이고, 부처님과 같이 공경하였다. … 그리하여 이에 태상인 김준암 등으로 하여금 휘호를 받들게 하여 왕사 홍도 삼중대사 라 하고, 다음 날 대왕이 몸소 내도량에 나아가서 절하고 왕사로 삼았다.[43]

탄문은 태조와 광종의 존경을 받아 963년(광종 14) 내도량에 주석하였으며, 그해 9월 창건된 귀법사에 머물다가 968년(광종 19) 처음으로 국사·왕사 제도가 실시되자 혜거가 국사로 책봉될 때 내도량에서 왕사로 책봉되었다.[44] 내도량이 왕사 책봉의 장이 되었음을 알 수 있다. 그런데 도량은 성종대 최승로의 상소문에서 비판의 대상이 되기도 하였다.

> 비로자나의 참회법을 설치하기도 하고, 승려를 구정(毬庭, 격구장)에 모아 공양하기도 하며, 귀법사에 무차 수륙회를 설치하여 매양 부처에게 재를 올리는 날이 되면 반드시 걸식하는 승려에게 밥을 먹이기도 하고, 내도량의 떡과 과일을 걸인에게 내어 주기도 하며, … 또 승려 선회를 시켜 그 보시를 주관케 하였는데, 그 승려가 떡과 쌀을 함부로 다른 데에 허비하였습니다.[45]

---

42) 『균여전』 6, 「感通神異分者」, '師赴內道場 夜半有逸光 自房內射外 如流虹之滅者 上亡其光.'
43) 金廷彥, 「迦耶山 普願寺 故國師 制贈諡法印 三重大師 碑」, 『조선금석총람』 상.
44) 『동사강목』 제6상, 갑술년 광종 25년(974) 중 혜거가 죽자, 탄문을 국사로 삼았다 ; 『錦南集』 卷2, 東國通鑑論.
45) 『고려사』 권93, 최승로 열전, 최승로 상서문 제8조.

위의 기문은 최승로의 상서문 제2조의 내용이다. 내도량에서 떡과 과일을 걸인에게 내어주는 등 보시를 하였는데 선회가 주관하였다. 선회는 내도량에 주석하였던 화엄종계 승려였던 듯하다. 후대 실록에서 지적한 바와 같이, 내원당에서는 '불법을 몹시 숭상하여 이미 내원당을 세우고 항상 정전에 도량을 베풀어 승도를 많이 모이게 하여 끄떡하면 천명 만명에 이르렀고, 당시 궁중의 금령이 엄하지 못하여 나인이 서로 섞이어 한계가 없었다.'46)고 하는 등 불사가 빈번하고 매우 크게 이루어졌던 듯하다. 한편으로는 광종대 개혁 정책 및 대호족의 숙청은 화엄종의 균여의 사상을 바탕으로 진행되었기 때문에 지적된 것이기도 하다.47)

인종대 화엄종계 고승 현오국사로 추증되는 종린(1127~1179)이 내도량에 주석하였다.

> 나이 겨우 13세 때, 교 (결락) 원에서 간청하여 득도하고 법문이 되었다. 인종께서 일찍부터 대각의 여풍을 계승 발전시킬 사람이 없을까 염려하다가, 이때에 이르러 기꺼이 원명국사에게 명하여 … 15살 때, 불일사에 나아가서 비구계를 받았으니, 신유년 12월이었다. 인묘께서 항상 내도량에 스님을 청하여 강론하였는데, 청중이 날마다 경청하고 조금도 게을리 하는 이가 없었다.48)

---

46) 『세종실록』 권121, 30년(1448) 7월 23일(정미).
47) 金杜珍, 「고려 광종대의 전제왕권과 호족」, 『한국학보』 15, 일지사, 1979. 유가종의 慧德王師 韶顯(1038~1096)이 內院에서 법석을 베푼 것은(『대각국사문집』 권20, 悼慧德王師, '福慧二嚴全 刻心在講宣 澆千載教 弘護一生緣 內院因初滿 南洲報已遷 何當撥雲霧 坐見道安天道(安法師得天眼通遙見兜率天).' 내원당이 아니라 도솔천의 내원으로, 내원당과는 성격을 달리하는 것이다. 다만 송나라 사신의 무사 귀국을 위해 '내전에서 법석을 베풀었던' 내전은 내원당일 가능성이 있다. 「慧德王師 韶顯 碑」, 『조선금석총람』 상, '師 太康五年秋 上命有司於 內殿大張法席 請師充說主者 爲大宋回使利涉大洋故也仍加普利二字爾後累加一十六字爲法號者皆所以旌其德行也 是年.'
48) 李知命, 「贈諡 玄悟國師 碑銘」, 『조선금석총람』 상, '仁廟常於內道場請☒師講論日具聽之不倦.'

종린은 13세 때 아버지 인종(1109~1146)에게 간청하여 내원, 즉 내원당에서 출가하였다. 종린의 스승인 징엄도 1097년(숙종 2) 흥왕사의 대각국사에게 의탁하였고, 1098년(숙종 3) 명경전에서 출가하여 의천의 여풍을 계승하기를 바랐다. 징엄이 개경에 머물면서 왕자 출신 승려 의천처럼 유가종 등 불교계나 문벌귀족의 세력에 대항하고자 하였기 때문이 아닐까 한다. 다음과 같은 비문의 내용에서 그러한 상황을 엿볼 수 있다.

> 종친인 까닭에 특별히 개경에 머무르게 되었으므로 다만 먼 곳을 바라보기만 할 뿐이었다. 이에 이르러 외척이 권력을 마음대로 휘두르며 왕실을 위태롭게 하려고 하자, 초연히 세간에서 벗어날 뜻이 있어 글을 올려 물러나기를 청하였다. … 신해년(인종 9, 1131) 임금이 이윽고 화란을 평정하고 국정을 □ 회복하자, 중사를 보내어 서울로 불러와 흥왕사에 머물게 하였다. 대략 10여 년 동안 국사를 □ 숙부로 존경하여 예우가 더욱 두터웠다.49)

인종은 아들 종린을 숙부이자 숙종의 넷째 아들인 왕징엄(?~1141)에게 사사케 하였다. 특히 징엄은 8살 때 흥왕사의 대각국사 의천에게 사사하였고, 불일사에서 계를 받았다. 종린도 역시 1141년(인조 19) 불일사에서 수계하였던 것이다. 이와 같이 인종은 아들 종린을 내원당에서 설법을 하게 하는 등 왕실을 후원했던 화엄종의 세력을 통해 왕실의 안정을 도모한 것으로 생각된다. 하지만 문벌귀족과 후원 유가종의 세력의 견제 속에 화엄종은 종린이 마지막 국사로 추증되는 등 사세가 기울었다.50) 하지만 다음 장에서 살펴보듯이, 무신집권기 초반까지는 왕실 내원당에는 화엄종을 중심하는 교종의 고승들이 내원당에 입원하면서 왕실 불사를 주관하였던 듯하다.51)

---

49) 권적, 「興王寺 圓明國師 墓誌銘」, 『고려묘지명집성』(3판).
50) 의천이 해인사에 퇴거했던 것은 대표적인 문벌귀족 경원 이씨 가문 출신의 유가종 혜덕왕사 소현 등의 세력 때문이었다.

4. 고려후기 내원당과 선종

1) 무신집권기

무신정변으로 문벌귀족과 후원 종단인 화엄종의 사세는 퇴조하고 지방의 결사운동이 전개되었다. 유가종의 진억의 수정사 결사를 시작으로 지눌의 수선사 결사운동, 요세의 백련사 결사운동 등이 전개되었으나, 유독 화엄종계는 원 간섭기 체원의 반룡사 결사 등을 제외하고 그러한 동향을 찾아보기 힘들다. 이는 아마도 화엄종이 왕실의 불사를 주관하는 내원당을 중심으로 왕실과 유대가 이루어졌기 때문이 아닌가 한다.

그런데 다음의 기사를 통해 내도량에서도 무신집권기 유생뿐만 아니라 교종승의 소극적 저항하는 모습이 아닐까 한다.

> 분황종의 광천사는 (천성이) 이광(夷曠)해서 자잘한 행동은 돌보지 않았다. 일찍이 내도량에 들어가서 대취하여 멍하니 앉아 졸면서 콧물이 흘러 앞 옷깃을 적셨다. 유사가 규탄하여 마침내 족암이 이걸 듣고 말하길, '천종은 성인이고 백합 또한 현인인데 술찌꺼기를 쌓아 무더기를 이루더라도 진인에 해로울 것 없는데 하물며 부도인들은 유희를 제멋대로 하는 것이다. 진실로 궁극한 데까지 이르지 못할 것이냐.' 하고 게를 지었다.[52]

내도량 광천사,[53] 분황종[54]의 왕륜사[55]의 광천사가 내도량에 들어가

---

51) 학계의 통설과는 달리 무신정변 직후에도 수원 김씨 고승 영소 등 화엄종 고승들이 한동안 교세를 유지했다. 황인규, 「수원최씨·김씨 가문과 고려중기 불교계」, 『수원문화사연구』 5, 2001 ; 황인규, 『고려후기·조선초 불교사연구』, 혜안, 2003.
52) 李仁老(1152~1220), 『파한집』 중.
53) 이규보, 「訪足庵 聆首座」, 『동국이상국전집』 권2, 古律詩 ; 이규보, 「奉寄張學士自牧, 襄天院湍 兼簡足庵聆首座 幷序」, 『동국이상국전집』 권2, 古律詩 ; 이규보, 「訪聆首座 夜臥方丈 次聆公韻 2수」, 『동국이상국전집』 권2, 古律詩 ; 이규보, 「小性居士贊 幷序」, 『동국이상국전집』 권19, 贊(내가 聆首座 足庵에서 小性居士의 상을 보고 삼가

유희를 일삼았다고 하는데 분황종 승려라는 사실도 주목되거니와, 무신정변 후 신준이나 오생처럼 무신정권에 저항하여 산속에 은둔하거나 내원당에서 망연자실하는 모습인 듯하다.56) 무신집권기 정각국사 지겸(1145~1229)이 1208년 무렵 내원당 주지로 활동하였다.

<u>태화 무진년(1208)에 한발이 심하자, 임금이 스님을 내도량으로 받아들여 설법하게 하였다.</u> 5일이 되어도 비가 내리지 않으니, 국사는 분발하여 부처에게 빌기를, '불법은 저절로 행해지는 것이 아니고 국왕의 힘을 입어서 행해지는 것이다. 그런데 이제 만약 비를 내리지 않는다면 영험이 어디에 있습니까? 하자, 얼마 후에 비가 쏟아졌다. 당시 그 비를 화상우라고 불렀다.57)

정각국사 지겸(학돈, 1145~1229)은 희종과 강종, 고종의 총애를 받았고 집권자 최충헌의 아들을 제자로 삼게 하였다. 중앙과 지방에서 선회를 열 때 주관하였고, 지겸은 기운이 뛰어나고 기봉이 예민하여 어느 총석에

두 번 절하고 나서 贊을 짓는다.) ; 林椿,「足庵記」,『西河集』卷5, 記 ;『동문선』 권65, 記 ; 임춘,「九月五日 與友人遊龍興寺海雲房 確師求詩 分韻得閣字」,『西河集』 卷2, 古律詩 63.
54) 고려시대 芬皇宗에 대한 기록은 內道場 光闡師의 기록과 더불어 '曉 公濟芬皇曉公은 芬皇宗의 敎海를 파내었으니, 十方世界에 흘러 퍼지고'(崔洪胤,「大藏經道場疏」,『동문선』권110, 疏)라는 원효의 분황종의 포교 기록이 유일하다시피 하다.
55) 林椿,「足庵記」,『西河集』卷5, 記 ;『동문선』권65, 記.
56) 이제현(1287~1367),『櫟翁稗說 前集』1, '毅王 말년에 무인의 변란이 일어나 순식간에 薰蕕가 그 냄새를 같이하고 옥석이 함께 타는 것처럼 선악의 구별이 없었습니다. 그중에서 겨우 범의 입에서 벗어난 것처럼 화를 피한 자는 깊은 산 속으로 도망가서, 의관을 벗어버리고 가사를 입고서 남은 생애를 보냈으니, 神駿·悟生 같은 儒가 바로 그들입니다' ; 이인로,『파한집』권하 ; 황인규,「고려후기 유생의 사찰독서」,『한국불교학』45, 2006 ; 황인규,「고려시대 유생의 서재와 그 문화」,『한국교육사학』28-2, 한국교육사학회, 2006 ; 황인규,『고려시대 불교계와 불교문화』, 국학자료원, 2010.
57) 이규보,「故 華藏寺住持 王師定印 大禪師 追封 靜覺國師 碑銘」,『동국이상국전집』 권35, 碑銘·墓誌.

가더라도 비록 유명한 무리들도 풍모를 바라보고 굴복하지 않는 자가 없으며, 법계 가운데 가장 뛰어난 사람이었다고 한다.58) 1211년(강종 즉위년) 최충헌에 의하여 왕사로 봉숭된 후,59) 국사로 책봉되었다. 무신정변이 일어난 지 40여년 후인 1208년(희종 4) 심한 가뭄이 들자 왕실의 내도량서 기우제를 베풀어 비를 내리게 하여 화상우라고 하였다고 한다. 선종계 승려로 처음으로 내도량 고승으로 나타나며, 향후 고려후기 내도량은 대개 선종계 고승들이 주도하게 된다.60)

지겸을 이어 제자 확운61)도 내원당에 주석하였다.

> 이규보(1168~1241), 「최학사 종수가 먼저 시에 화답하고 찾아옴을 차운하다(이 시는 내원당의 곽운대선사가 맨 처음 창하였으며 공이 두 수를 화답하였다. 나는 선사의 방장에서 이 시를 보고는 한 수를 화답하여 공에게 주었다. 이 때문에 공은 세 수를 화답하여 나를 찾아왔기에 나는 다시 세 수를 차운하였으니 때는 오월이다.)」,『동국이상국후집』권1, 고율시 1백 5수.

이규보가 최종재와 내원당 확운 등과 시 모임을 하였는데, 확운은 스승 지겸이 1229년(고종 14) 입적하자 비를 세울 것을 왕에게 청한 제자였다. 당시 확운이 지겸에 이어 내원당 감주에 있었음을 알 수 있다. 그 무렵부터 『고려사』에 내원당의 기사가 보이기 시작한다.62)

---

58) 林椿, 「送志謙上人 赴中原 廣修院法會 序」, 『西河集』卷5, 序 ; 『동문선』권83, 序.
59) 『고려사』에는 至謙으로 나오며 1213년(강종 2) 6월 15일 내전에서 왕사로 책봉되었다고 하였다. 『고려사』권21, 강종세가 2년(1213) 6월 15일, '甲申 王受菩薩戒於內殿, 以僧至謙爲王師.'
60) 지겸은 문인 이규보와 임춘과도 교유했던 듯하다. 이규보, 「謙上人의 觀虛軒」, 『동국이상국후집』권1, 古律詩 1백 5수 ; 임춘, 「寄茶餉謙上人」, 『西河集』, 『西河集』卷2, 古律詩 63 ; 임춘, 「戲書謙上人方丈」, 『西河集』卷2, 古律詩 63 ; 임춘, 「送志謙上人 赴 中原廣修院法會 序」, 『西河集』卷5, 序.
61) 이규보, 「故 화장사주지 왕사 정인대선사 추봉 정각국사 비명」, 『동국이상국전집』권35, 碑銘·墓誌.

그 후 내원당은 이규보의 시문집63)에 나타나는 내원당 전주였던 천기와 돈유, 혜수좌 등 화엄종 고승 등을 통해서 그 일면을 엿볼 수 있다.

이규보,「여러분이 지은 '산호정 목란' 시에 차운하다 병서」,『동국이상국후집』권3, 고율시 1백 1수, 내전의 산호정에 모란이 한창 피면 이를 읊는 사람이 많아 거의 1백 수에 이른다. (한때의 이름난 사대부들이 모두 이를 읊었다.) 나 또한 이를 듣고 화답하여 아홉 수를 이루었기에 내도량의 전주인 천기 승통께 받들어 부친다.

위의 시제에 의하면, 승통 천기는 내도량의 전주였다. 해동 화엄종의 비조인 의상과, 균여의 사상을 잇는 화엄종 고승으로, 후에 몽골의 침략에 맞서 실시된 국가적인 대장경판 사업에 참여하였다. 즉 내원당에서 해인사 주지로 옮긴 승통 천기가 『화엄일승법계도』 교정본을 다시 출판하였다. 개태사 승통 5교 도승통 수기(수진)64)와 함께 수집·교정하여 1247년(고종 34)『고려국신조대장 교정별록』 30권을 저술하게 된다.65)

그리고 그 후 천기가 해인사 주지로 내려간 후 내도량의 주지는 혜수좌였을 것이다.

---

62)『고려사』권53, 五行志1 고종 15년(1228) 7월 7일, '震內願堂槐樹.'
63) 이규보의 시는 보통의 경우처럼 창작 시기순으로 배열되었으므로 천기, 혜수좌, 돈유 순으로 내원당에 재임했을 것이다.
64)『高麗國新雕大藏 校正 別錄』30卷(俊·密函)의 各卷 제1장, '沙門 守其等奉 勅校勘';『補閑集』卷下, '開泰寺僧統守眞 開泰寺僧統守眞 學博識精 奉勅勘大藏經正錯 如素所親譯.'
65) 內道場 殿主였던 僧統 天其와 그 제자들은 '大藏'에 편제된 전체 경전의 校勘 총책임자 開泰寺의 僧統인 守其(守眞)와 함께 '外藏'에 입장된 均如 저술의 4종 경전의 수집과 교정 및 간행 담당자를 맡으면서 불교계를 주도하였다. 이와 같이 天其는 義相·均如·守其로 이어지는 화엄종 계통은 무신란 이전 문벌 세력과 연결되어 있던 화엄종의 원효에서 의천으로 이어지는 것과 계보를 달리하고 있었다. 대장경판 각성사업에 대해서는 다음의 논고를 참조하기 바란다. 최영호, 「화엄종계열 승려의『강화경판 고려대장경』각성사업 참여」,『부산사학』29, 1995.

이규보,「산호전 내도량의 주지 혜수좌를 찾아가 자모란을 부하다」,『동국이상국전집』권13, 고율시.66)

내원당이 연경궁 산호전67)에 위치해 있었던 듯하며, 혜수좌는 문인 임춘과 교유했던 요혜가 아닐까 한다.68)

또한 이규보(1168~1241)의 문집에 의하면, 최치원의 10세 내손69)인 서백사 주지 노장 돈유도 내원당에 주석하였다.

서백사 주지 노장 돈유사가 보낸 시에 차운함 2수 심부름 꾼이 문 앞에 서서 독촉하므로 서둘러 써서 화답하였다. … (돈유 스님이 왕명을 받고 항상 내도량 있다가 이제 본사로 돌아왔으므로 이렇게 말한 것이다.)70)

---

66)『동국이상국전집』권13, 古律詩 山呼殿 訪內道場惠首座方丈 賦紫牡丹,'頑紅未合近宮闈 却學中人身上衣 色厚全欺雞髻淺 香濃應笑麝臍微 貪承萬乘鍾情賞 年年主上來賞 故待千花入眼稀 舊譜曾聞紫中貴 才凡未識是耶非.'

67)『신증동국여지승람』권5, 개성부 하 고적,'山呼亭 모두 연경궁 後苑에 있다.'『고려사절요』권8, 예종 15년(1120) 5월,'부처 사리를 궁궐 안에 맞아들였다. 이전에 왕자지가 사신으로 갔다가 돌아올 적에 송나라 황제가 금으로 만든 함에 부처의 어금니와 머리 사리를 담아서 주었는데, 外帝釋院에 두었다가 이때 와서 궁궐 안 山呼亭에 두었다';『고려사절요』권11, 의종 23년(1169) 3월,'왕이 서경 순행과 관련하여 친히 疏를 짓고 羅漢齋를 山呼亭에서 베풀었다.'

68) 임춘,「謝了惠首座 惠糧」,『西河集』卷3, 古律詩 50,'玉川先生居洛城 赤脚長鬚數間屋 意嫌長物擾天眞 文字五千空柱腹 平生嗜酒喜吟詩 不患擧家唯食粥 到骨窮寒幾欲死 豐年之食貴於玉 吾師大勝監河侯 獨歎莊周貧貸粟 今朝打門驚周公 乞與長腰盈數斛 急呼爨婦甑洗塵 厚埋飯甕炊刀熟 緩帶甘飧若塡壑 七椀香茶飮更足 習習淸風兩腋生 乘此朝眞謝塵俗.'

69) 이규보,「또 따로 한 수를 지어 초를 보내준 데 대해 사례함」,『동국이상국전집』권17, 古律詩 ; 이규보,「敦裕師가 首座를 배수하였으므로 이를 賀禮함」,『동국이상국전집』권17, 古律詩 ; 이규보,「三重禪師 敦裕가 首座를 사은하는 표」,『동국이상국전집』권30, 私代撰表章 ;『동문선』권36, 表箋,「敦裕三重謝首座表」; 이규보,「敦裕首座에게 답하는 편지」,『동국이상국후집』권12, 書.

70) 이규보,「次韻和西伯寺住老敦裕師見寄 二首 使者立門督促 亦筆和寄」,『東國李相國全集』卷17, 古律詩,'不是皇恩雨露疏 煙霞高想自耽幽 (師被命常在內道場 今舍歸本寺故云) 須知紫闥催徵召 休戀靑山久滯留 適世眞人甘屛迹 趣時新進競昂頭 來詩 (有及後進皆升僧門高品 故云) 象王他日來騰踏 狐鼠餘腥掃地收 莫怪長安鯉信疏 俗音那到水雲幽

위의 시제에 의하면, 1221년(고종 8) 무렵[71] 돈유는 왕명을 받고 내도량에 머물다가 본사인 서백사로 돌아왔다는 것이다.

2) 원 간섭기

원 간섭기가 막 시작될 무렵인 1269년(원종 10) 내원당에서 관정도량이 베풀어졌으나,[72] 내원당 감주에 대해서는 알 수 없다. 다만 원 간섭기 불교계를 주도했던 보각국존 일연(1206~1289)의 문도 보감국사 혼구 (1250~1322)가 1293년 무렵 내원당과 연곡사 주지로, 1295년(충렬왕 21) 대선사로서 내원당 주지와 보경사 주지에 있었다.[73]

국사는 무릇 일곱 차례 품계가 오르고 여섯 차례 호를 받았으며, 아홉 차례 이름난 절을 순례하고 두 차례나 내원에서 지냈으며, 온 나라 불교의

巖堂煙月棲身穩 京輦風塵戀祿留 道韻想君氷入骨 宦遊憐我雪蒙頭 掛冠何日攀高蹋 六尺殘骸老可收.'

71) 이규보, 「또 따로 한 수를 지어 초를 보내 준 데 대해 사례함」, 『동국이상국전집』 권17, 古律詩, '신사년(1221, 고종 8) 11월 15일에 西伯寺의 香火를 맡은 노승은 跋한다' ; 이규보, 『동국이상국집』 부록 『白雲小說』, '西伯寺 住持 敦裕禪師가 시 두 수를 부쳐왔다. 使者가 문에 이르러 독촉하므로 走筆로 다음과 같이 화답해 부쳤다.'

72) 『고려사』 권26, 원종세가 10년(1269) 12월 8일(기묘), '又設灌頂道場于內願堂.'

73) 眞靜大禪師 天頙이 1293년(충렬왕 19) 11월 내원당 주지였다. 즉, 『선문보장록』 발문 '海東沙門內願堂眞靜大禪師天頙 蒙且 序 至元卅年癸巳十一月日也.' 『禪門寶藏錄』 권하 ; 『한국불교전서』 6, 68쪽이라는 기록의 해석에 대하여 고익진, 채상식, 허흥식 등의 선학의 여러 논의가 있으나 아직 합일을 보지 못하고 있다. 고익진, 「백련사의 사상전통과 천책의 저술문제」, 『불교학보』 16, 1979 ; 『고려후기 불교전 개사 연구』, 민족사, 200~206쪽 ; 채상식, 「보각국존 일연에 대한 연구」, 『한국사연구』 26, 40~42쪽 ; 허흥식, 『진정국사와 호산록』, 민족사, 1995, 55~57쪽. 즉 『선문보장록』의 저자문제 등이 있으나 본고에서는 내원당 眞靜大禪師를 혼구로 보고자 한다. 천책이 만년인 84세에 내원당 주지를 하였다고 볼 수도 있으나, 본고에서는 천책이 백련사 결사에 참여한 이후 개경에서 활동한 사실이 없기에 따라서 혼구가 내원당 주지를 하였다고 본다.

우두머리가 되어 두 왕의 스승 대우를 받되 이론하는 사람이 없이 모두 당연하게 여겼으니, 이른바 복과 지가 둘 다 존엄한 이가 아니면 어찌 능히 이와 같이 되겠는가? 글을 지어 돌에 새겨 후세에 전하더라도, 신은 부끄러움이 없으리라. 아래와 같이 명한다.74)

원정 원년 을미(1295년 충렬왕 21) 8월에 문인 사문 죽허가 왕명을 받들어 진의 우군이었던 왕희지의 글씨를 집자하고, 문인 내원당 겸 주지 통오 진정대선사 청분은 비석을 세우다.75)

(1296년) 겨울에 고려의 만수 상인이 와서 말하였다. '고려국 내원당 대선사 혼구·정녕원 공주 왕씨 묘지·명순원 공주 왕씨 묘혜·전도원수 상낙공 김방경·시중 한강·재상 염승익 … 등 여러분이 재삼 편지를 보내서 다음과 같이 부탁하였다.'76)

혼구는 내원당 감주로서 궁궐 왕실 불교를 주도했으며, 수선사 사주 원감국사 충지와도 교유하였다.77) 심지어 1296년 왕실 인물들과 몽산과 직접 교유하기 위해 중국을 유력하기도 했다.78) 그 무렵 1294년 '금 내원당 연곡주로 태암 대선옹'이라 하여 태암이 내원당 주지였으나79) 태암에 대하여 알려진 바 없다. 다만 혼구와 같이 연곡사 주지를 겸했고 『선문보장록』을

---

74) 이제현,「有元 高麗國曹溪宗 慈氏山 瑩源寺 寶鑑國師 碑銘 幷序」,『익재난고』 권7, 비명 ;『동문선』 권118, 비명.
75) 閔漬,「麟角寺 普覺國師 靜照塔碑」 陰記 ;『조선금석총람』 상.
76) 남권희,「필사본 제경촬요에 수록된 몽산덕이와 고려 인물들의 교류」,『도서관학』 21, 1994 부록『法門景致』 재인용.
77) 충지,「寄眞靜通奧大禪書」,『曹溪宓庵和尙雜著』.
78) 『고려사절요』 권23, 충선왕 5년(1313) 11월, '八關會에 왕이 儀鳳樓로 나아갔다. 상왕은 王師 丁午·混丘와 더불어 누의 서쪽에 있었다.'
79) 이혼,「발문」,『禪門寶藏錄』 卷下 ;『한국불교전서』 6, 68쪽, '今內願堂鷰谷住老 呆庵 大禪翁.'

간행하는데 참여했으므로, 아마도 혼구와 도반일 것으로 추정된다.

그 후 혼구는 1313년 왕사로 책봉되고 충탄과 여찬 등도 중국을 유력하며 몽산 선풍을 수용하면서 선종계를 주도하며 왕실과 개경의 불교계를 주도하였다.[80]

그리고 환암 혼수의 스승으로 추정되는 계송도 몽산을 방문했던 10송 가운데 한 인물이었는데, 1314년(충숙왕 1) 3월 내원당에 주석하였다.[81] 그 후 『고려사』에 1318년(충숙왕 5)과 1319년(충숙왕 6), 1344년(충목왕 즉위) 내원당에서 영보도량을 베풀거나 왕이 행차한 기록을 찾을 수 있다.

문집류에 의하면, 가지산문계 고승 홍혜국사 중긍은 내원당 감주로 주석하였다.[82] 중긍은 남원 승련사 중창을 시작한 1325년(충숙왕 12) 직전에 입적하였는데, 그의 문하에 졸암 연온과 연온의 제자 구곡 각운이 있었다. 특히 각운은 공민왕대 이후 내원당에 입원하게 되는 등 가지산문계 고승들이 개경 왕실의 불교계를 주도하게 된다.[83]

3) 고려말

공민왕대 내원당에는 왕이 총애하였다는 선근이 1355년(공민왕 4) 머물렀는데[84] 왕사로 책봉된 수선사 제15사주 홍진 선현[85]과 도반이었을 가능성이

---

80) 황인규, 「고려후기·조선초 가지산문계 고승의 동향」, 『구산논집』 8, 2003 ; 황인규, 『고려말·조선전기 불교계와 고승연구』, 혜안, 2005 ; 황인규, 「고려후기 사굴산문 수선사 고승과 중국불교계-제기록 검토와 그 실상을 중심으로」, 『불교학보』 47. 2007.
81) 『고려사』 권34, 충숙왕세가 원년(1314) 3월 29일, '幸內願堂, 次板上詩, 命尹碩僧戒松, 及大小文臣·生徒·釋子和進' ; 허흥식, 「고려에 남긴 철산경의 행적」, 『한국학보』 39, 일지사, 1985.
82) 이색, 「勝蓮寺記」, 『목은문고』 권1, 기.
83) 참고로 고려말 廣福君 宗頂은 兩街都摠攝이었고 竹菴 旋軺은 兩街大師 曹溪宗 演福寺 주지였으며, 內願堂大禪師 구곡 각운은 大曹溪宗師로서 禪敎都摠攝이었다. 찬영의 제자 大師 尙柔는 1393년(태조 2) 兩街都僧錄이었고 1404년 2월 무렵 懶菴은 양가도 승록이었다.

많다. 이러한 구도는 고려말 선종계의 거목 가지산문계 태고 보우와 사굴산 문계 나옹 혜근과 그들의 문도들에게 계승된다. 가지산문계의 태고 보우가 1356년(공민왕 5) 내불당에서 왕에게 반승을 받고,86) 사굴산문계 나옹이 내원에서 설법한 것도 기록을 찾을 수 있다.87) 공민왕대 이후 고려말 내원당 감주의 활동 사실을 열거하면 다음과 같다.

   1368년 : 각운, 내원당 감주
   1372년 봄 : 찬영, 내원당 감주
   1373년 무렵 : 천호, 내원당 감주
   1374~1375년 : 혼수, 내원당 감주
   1383년 : 각운, 내원당 감주로 재임함.
   1385년 무렵 : 묘엄존자 조이와 국일도대선사 원규, 내원당에 재임함.
   1388년 : 현린, 내원당 감주에 재임함.
   1392년 5월 중순 : 선진 내원당 감주에서 물러나와 억정사로 퇴거
   1392년 6월 하순 : 흥법사 당두가 내원당 감주 입원.
   고려말 : 성민과 삼여 소안이 내원당 감주에 재임함.

공민왕대 이후 고려말 내원당에 입원한 고승은 대부분 가지산문계 고승이었다. 고려말 불교계는 화엄종계의 신돈과 설산국사 천희를 제외하고 흔히 여말 삼사 가운데 태고 보우와 나옹 혜근의 제자가 주류를 이루었는데, 특히 왕실과 개경의 불교계는 가지산문계가 주도했다.

---

84) 『고려사』 권38, 공민왕세가 4년 6월 11일, '召臺官諭曰 僧禪近所犯 不須窮治 禪近內願堂僧也 素有寵於王 至是 通士人妻 爲憲府所鞫 故王命釋之 時 僧徒恣淫 慈恩宗僧英旭 通宦官金不花妻 臺官鉤致 欲罪之 旭曰 若欲罪我 須罷宗門 今宗門僧 誰非我乎.'
85) 『고려사』 권41, 공민왕세가 16년 8월 ; 『고려사』 권132, 신돈 열전.
86) 『고려사』 권39, 공민왕세가 5년(1356) 2월 25일, '王飯僧普愚于內佛堂, 普愚卽普虛' ; 『고려사절요』 권26, 공민왕 5년(1356) 2월.
87) 나옹, 「入內普說」, 『나옹화상 어록』 ; 『한국불교전서』 6, 45~45쪽.

구곡 각운(1318?~1383?)의 스승인 졸암 연온은 유경(1211~1289)의 증손이자 유정의 아우이며, 이존비(?~1287)의 외손이었다.[88] 졸암은 홍혜국사의 문도들에 추앙받는 등 불도가 높았다고 한다. 각운은 담양 이예의 2남으로 그의 외숙이 되는 연온에게 출가하여 법을 사사받았다.[89] 판조계종사 구곡 각운(龜谷 覺雲)[90]은 광명사 주지 경예, 개천사 주지 극문, 굴산사 주지 혜식, 복암사 탄의 등과 더불어 선학의 지침서인 『전등록』을 간행하여 궁궐에서 이를 강론하고 내원, 즉 내원당에 입원하였다.[91] 이듬해인 1369년 각운은 '대조계종사 선교총섭승 신진승근수지도 도대선사'라는 사호를 받고 내원당 겸 판조계종사에 임명되었다. 각운의 내원당의 재임 시절의 모습을 다음의 시를 통해 엿볼 수 있다.

적막한 예원은 송악산을 등지고 있는데,
거듭 온 구곡은 기력이 아직도 왕성하네.

---

88) 이색(1328~1396), 「勝蓮寺記」, 『목은문고』 권1, 기 ; 이숭인, 「內願堂大禪師 龜谷雲公 蒙賜御筆普賢 達磨肖像二卷 龜谷覺雲四大字 以詩爲賀 三首」, 『陶隱詩集』 卷3, 詩, '稽首善男子 粲然騎六牙 問他蘆葉上 趣味亦同耶 右二肖像 普賢騎象 達磨乘蘆 卷舒自無心.' ; 이색, 「內願堂以廣平侍中書 邀僕山水屛風詩 因吟 三首」, 『牧隱詩藁』 卷28, 詩, '昨日沙彌芮院來 眼中一笑粲然開 廣平山水屛風好 筆法詩聯照上台 朝來盥櫛思飄然 欲向松山訪老禪 當世丹靑無顧陸 不知他日有誰傳 病後高游每自誇 靑山到處梵王家 曹溪一滴眞難得 欲問龜翁共喫茶.'
89) 태고 법통설에서 覺雲의 법사라고 하는 幻庵 混修(1330~1392)는 覺雲보다 年下의 인물이며, 龜谷 覺雲의 師叔인 조계종 息影에게 출가하고 보우에게 사사받았다. 따라서 환암 혼수가 보우의 법맥을 잇고 구곡 각운에게 법사하였다는 설은 사실과 다르다. 이러한 법통은 재고의 여지가 있는 것이다. 한편 成俔의 『慵齋叢話』에 실린 나옹 법통설은 보우보다 나옹을 적통으로 보았으나, 그의 계승자로 환암 혼수→ 천봉 만우를 내세웠다. 성현, 『용재총화』 권6, 釋混修號幻庵.
90) 한 가지 유의할 것은 혜근의 문도 가운데 雲岳 覺雲이 있으므로 혼동치 말아야 한다. 설악 각운에 대해서는 이색, 「負喧堂記」, 『목은문고』 권6 ; 李崇仁, 「題雲上人雪岳詩卷」, 『도은집』 ; 金容九, 「送雪岳雲上人」, 『惕若齋學吟集』 권근, 「送雪岳上人」, 『양촌집』 권15, 서 ; 권근, 「五臺山 獅子庵 重創記」, 『양촌집』 권13, 기 등에 기록이 보인다.
91) 이색, 「傳燈錄序」, 『목은문고』 권7 ; 『동문선』 권86, 序.

만금대 위에는 소나무 바람이 차가운데,
땅 쓸고 앉아 진귀한 음식 차리려 할 제.
여기 높다랗게 우뚝 솟은 경령 원묘가,
자리 밑에 있는 것 같아 마음이 불안해서.
문득 방장을 쓸고 두 다리 개고 앉으니,
굴신하기가 도리어 천지같이 넓었는데.
푸른산 백련사에서 웅변들을 토로할 제,
나는 듣자마자 잊어버려 쓰기가 어렵구나.
문을 나서매 푸른 산색은 건조한 듯하고,
잡목들은 서리를 띠어 가을이 깊어 갔었지.
늘그막엔 실컷 놀아 즐길 일이 적었더니.
다행히도 훌륭한 풍채와 나란히 말 타고.
자은사에서 또 함께 배회하게 되었는데,
아손의 글 읽는 모습은 더욱 볼 만하였네.
당두는 손님 좋아해 조관들을 모았는데,
더구나 우리 동지가 단란하게 만났음에랴.
앉아서 좋은 차 마셔 창자를 맑게 씻고,
십자가에서 말 머리 돌려 서로 헤어졌네.[92]

이색이 안정당(안종원, 1324~1394), 한첨서(한수, 1333~1384)와 함께 예원, 즉 내원당의 구곡 대선사를 방문하고 돌아오는 길에 자은사의 우세군

---

92) 이색, 「同安政堂 韓簽書 訪藥院龜谷大禪師 歸途謁慈恩祐世君 至十字街 分馬而歸」, 『牧隱詩藁』 卷26, 詩, '寥寥芮院負松欝 龜谷重來猶壯顔 萬金臺上松風寒 掃地欲坐羅珍飡 景靈原廟高巀屼 如在席下心不安 却掃方丈兩脚盤 卷舒還同天地寬 白蓮枕碧談翻瀾 入耳輒忘下筆難 出門山色翠如乾 雜木帶霜秋欲殘 老來游衍少成歡 何幸玉樹能聯鞍 慈恩寺裏又盤桓 兒孫讀書尤可觀 堂頭愛客談朝冠 況我同志仍團圞 坐啜佳茗清心肝 十字街上分馬還 人生聚散顧盼間 頹然就寢心自閑 夢裏握手重游山 游山樂哉是天慳 猿鳥林壑方斕斑.'

종림을 알현하고 십자가에서 헤어져 돌아왔다는 내용이다.

각운은 1372년(공민왕 21)에는 공민왕으로부터 달마 절려도강도와 동자 보현육아 백상도, 그리고 '구곡 각운' 네 자를 큰 글씨로 쓴 두루마리 네 폭을 받았다.[93] 1373년(공민왕 22) 내원당에서 퇴거하여 백련사 주지로 갔다.[94]

그 후 태고 보우의 수제자인 찬영이 1372년 봄 내원당 감주로 재임하였다.[95]

> 임자년(1372년, 공민왕 21) 봄 공민왕이 내원으로 맞아들여 '정지원명 무애국일선사'라는 호를 올렸고 금란 비단으로 만든 가사와 바리때 및 묘필과 관음대사상 등을 선사하여 지극한 정성을 보였다.[96]

찬영은 이미 1350년 승과에서 우수한 성적으로 합격하여 두각을 나타냈고 당시 고승 국일 지엄존자가 찬영이 왕사가 될 것이라고 했었다.[97] 스승 보우가 머물렀던 양근현의 소설산에 들어가 견성을 이루고자 하였고, 1356

---

93) 이숭인, 「內願堂大禪師龜雲公蒙賜御筆普賢 達磨肖像二卷 龜谷覺雲四大字 以詩爲賀 三首」, 『陶隱詩集』 卷3, 詩, '稽首善男子 粲然騎六牙 問他蘆葉上 趣味亦同耶 右二肖像 普賢騎象 達磨乘蘆 卷舒自無心.' ; 이색, 「內願堂以廣平侍中書 邀僕山水屛風詩 因吟三首」, 『牧隱詩藁』 卷28, 詩, '昨日沙彌芮院來 眼中一笑粲然開 廣平山水屛風好 筆法詩聯照上台 朝來盥櫛思飄然 欲向松山訪老禪 當世丹靑無顧陸 不知他日有誰傳 病後高游 每自誇 靑山到處梵王家 曹溪一滴眞難得 欲問龜翁共喫茶.' ; 李仁復, 「題曹溪龜谷覺雲禪師御書畫詩卷」, 『동문선』 권15, 七言律詩.
94) 이색, 「前內願堂雲龜谷在白蓮社 與普門社主 將重營黃岳山直指寺 書報老人 求緣化文」, 『牧隱詩藁』 卷21, 詩, '稽首善男子 粲然騎六牙 問他蘆葉上 趣味亦同耶 右二肖像 普賢騎象 達磨乘蘆 卷舒自無心 吐納安汝止 何須此爲名 師道固應爾 右四大字 師號也 經筵足暇日 宸翰灑餘淸 圖畫四軸妙 餠錫一生榮 右.'
95) 참고로 고려말 廣福君 宗頂은 兩街都摠攝이었고 竹菴 旋軫은 兩街大師 曹溪宗 演福寺 주지였으며, 內願堂大禪師 구곡 각운은 大曹溪宗師로서 禪敎都摠攝이었다. 찬영의 제자 大師 尙柔는 1393년(태조 2) 兩街都僧錄였고 1404년 2월 무렵 懶菴은 양가도승록이었다.
96) 박의중, 「억정사 대지국사비」, 『조선금석총람』 하.
97) 위와 같음.

년(공민왕 5) 보우가 왕사로 책봉되어 9산선문을 통합하고자 원융부를 설치했을 때 원융부 시랑으로서 동참하였다. 또한 그 후 1359년 승록사의 양가 도승록으로 수년간 재임하였다.98) 찬영은 국사인 태고 보우와 더불어 불교계를 주도하였다고 할 수 있다. 찬영은 스승 보우가 입적하자 1383년(창왕 즉위) 왕사로 책봉된다.99)

찬영은 예원100) 감주시 백운 경한에게 선교 총통으로 불리었는데,101) 경한의 제자인 천호도 내원당 주지로 입원하였다. 이는 경한이 남긴 「기내불당 감주 장로 천호 서」라는 글귀로서 알 수 있는데 그 내용을 소개하면 다음과 같다.

> 임진년(1352, 공민왕 1) 성각사에서 하직한 뒤로 해는 바뀐 지 20년이요. … 요즈음 듣건대 장로께서는 조서를 받고 궁중에 들어가 천안을 뵙고 조사의 맑은 바람을 드날려 문명의 성화를 돕는다고 하니 참으로 운수가 좋습니다. … 만일 장로께서 이 공안을 깨치지 못하시겠거든 아랫사람에게 묻는다고 부끄럽게 생각말고 한 번 찾아주시면 종문의 앞잡이의 승려로서 조사선을 잡도록 이 노승은 눈썹을 아끼지 않고 장로를 위해서 한번 결단을 짓겠습니다.102)

---

98) 위와 같음.
99) 『고려사절요』 권3, 우왕 9년(1383) 2월조 ; 황인규, 「충주의 고승 환암혼수와 목암찬영」, 『충주의 인물(V) 충주의 큰 스님-법경대사 홍법국사 대지국사』, 예성문화연구회, 충주시, 2006.
100) 이색, 「內願堂監主 判曹溪宗事英公 號古樗 所居曰松月軒 於予同庚故人也 請題故賦此」, 『목은시고』 권6, 詩.
101) 경한, 芮院禪教 都摠統 璨英『백운화상어록』;『한국불교전서』 6, 124쪽, '奉別尊顔輕屈指 光陰倏忽已三年 雖然三界獨尊 貴 爭似長蘆一味禪.' ; 경한, 「答芮院禪教摠統璨英書」, 『백운화상어록』, 『한국불교전서』 6, 135쪽 ; 이구, 「백운화상어록 서문」, 『백운화상어록』;『한국불교전서』 6, 9쪽, '吾契友禪教都摠統芮院英公 以師之語錄見示.'
102) 경한, 「寄內佛堂監主長老天浩書」, 『백운화상어록』, 『한국불교전서』 6, 142쪽, '歲在壬辰 於性覺寺 辭違已來 星霜已換於卄秋 岐路俄隔於千里 各在天涯 久阻音問 日去月諸 往往望風 遙心眷想 時復成勞 近聞長老詔入天庭 利覩天顔 擧揚祖師之淸風 以助文明

천호는 경한과 1352년 성각사에서 조우한 20여 년 후인 1372년 무렵 임금의 명을 받고 궁중에 들어가 천안을 뵙고 조사의 맑은 바람을 드날려 문명의 성화를 돕는다고 했다. 천호가 내원당 감주를 맡은 사실을 지칭하는 듯하다.103) 그 후 환암 혼수가 1373년부터 이듬해인 1374년 무렵까지 내원당 감주에 재임해 있었다.

> (홍무) 5년 임자(1372, 공민왕 21)에는 왕명을 거역하지 못하여 불호사에 머물렀었고, 이듬해에는 왕명으로 내불당에 불려 들어갔으나, 선사께서는 깊은 밤을 이용하여 남몰래 빠져나와 곧바로 평해 서산으로 갔다. 조정에서 팔도에 칙명을 내려 찾기를 그치지 않았으므로 이에 나아가서 명을 따라 부득이 갑인년(1374, 공민왕 23) 정월에 비로소 내원에 들어갔다. 왕이 자주 법요를 물었고 왕대비가 더욱 존경하였다.104)

환암은 공부선에 참석하여 두각을 나타낸 후 1373년(공민왕 22) 왕이 내불당에 입원하고자 요청하였으나, 나옹의 고향인 영덕의 평해로 은거하였다. 이러한 사실을 이색은 다음과 같은 시로 남기고 있다.

> 현릉이 공의 풍도를 흠모하여 두 번이나 큰 사찰의 주지로 있어 주기를 청하였으나 공은 모두 사양하였다. 그리고 간청에 못 이겨 내원에 들어가는 일이 있어도 얼마 지나지 않아서 버리고 떠났으니, 이는 대개 세상을 마치 허깨비처럼 여겨 온 지가 오래되었기 때문이었다.105)

聖化 好生命快命快 予老僧不勝珍感 然意洞照休罪休罪 頌.'
103) 황인규, 「백운경한과 고려말 선종계」, 『한국선학』 9. 한국선학회, 2004 ; 황인규, 『고려말·조선전기 불교계와 고승연구』, 혜안, 2005.
104) 권근, 「普覺國師碑銘 幷序」, 『양촌집』 권37, 碑銘類, '上勅攸司制入格文 留宗門 師知上欲命住院 不告出城 隱於圍鳳山 五年壬子 壓於上命 住佛護寺 越明年 有 旨徵入內佛堂 師用夜半潛出 直往平海之西山 勅諸道搜之不已 乃出應命甲寅正月 始入院 上屢咨法要 王大妃尤加敬重.'
105) 이색, 「幻菴記」, 『牧隱文藁』 卷4, 記, '玄陵歆公之風 再請住持大寺 公皆辭之 雖逼迫入院

하지만 조정에서는 혼수를 내원당에 입원시키고자 전국을 수소문하자 이듬해인 1374년(공민왕 23) 1월 입원하여 1385년(우왕 11) 송광사 주지로 갈 때까지 내원당 감주에 재임하였다. 이렇듯 혼수는 1383년(우왕 9)을 전후해서 조선 건국 직전까지 약 10여 년간 국사로 있으면서 왕사 찬영과 더불어 당시의 고려말 불교계를 주도하였다.[106]

그런데 1385년 무렵 내원당의 고승들이 국사 혼수와 왕사 찬영과 더불어 태고 보우의 비문 건립사업에 참여했다.

국사 지웅존자 혼수, 왕사 원응존자 찬영, 내원당 묘엄존자 조이, 내원당 국일도대선사 원규, 도대선사 광화군 현엄, 대선사 수서 조굉 자소 선진 일녕 정유 상총 혜렴 혜심 경돈 등 90인[107]

내원당 고승들이 비문 건립에 참여한 것은 기록상 초유의 일이다. 여기에 내원당 묘엄존자 조이와 내원당 국일 도대선사 원규가 찾아진다. 묘엄존자 조이에 대해서는 알려진 바 없으나, 그가 지은 시가 『동문선』에 전한다.[108] 조계종 운감선사와 교유했으며, 존자라는 칭호를 받은 것으로 보아 당대 최고의 고승이었다.[109]

국일 도대선사 원규는 찬성사로 치사하고 진주군으로 책봉되었던 하즙

不久棄去 蓋視世如幻久矣 …戊午(1378, 우왕 4) 夏五月二十又六日 記.'
106) 황인규, 「환암 혼수의 생애와 불교사적 위치」, 『경주사학』 18, 1999 ; 황인규, 「충주의 고승 환암 혼수와 목암 찬영」, 『충주의 인물(V) 충주의 큰 스님-법경대사 홍법국사 대지국사』, 예성문화연구회, 충주시, 2006.
107) 이색, 「태고사 원증국사탑비」, 『한국금석전문』 중세 하, 1233쪽, '國師 智雄尊者 混修, 王師 圓應尊者 粲英, 內願堂 妙嚴尊者 祖異, 內願堂 國一都大禪師 元珪, 都大禪師 廣化君 玄嚴, 大禪師 守西 祖宏 慈紹 旋軫 一寧 定柔 尙聰 惠廉 慧深 慶敦 等 九十人.'
108) 釋祖異, 「僧曹溪禪師 云鑑 得無字」, 『동문선』 권10.
109) 수선사 제11세인 慈圓國師의 이름도 묘엄존자였는데, 이규보가 「묘엄선사에게 보내는 수서」라는 시문에서도 묘엄이라는 승려를 볼 수 있다. 그리고 묘엄이라는 이름은 무학 자초가 1392년 왕사로 책봉될 때 받은 봉호이다.

과 철성군 부인 이씨의 아들이었다. 그리고 각엄존자 복구가 입적한 5년 되던 해(1361년) 왕에게 비를 세울 것을 청한 인물이나 보우의 문도이기도 하다.110)

그런데 앞서 언급한 구곡 각운이 1383년(우왕 9) 왕사, 국사의 책봉을 거절하고 다시 백련사로 하산한 후 내원당에 다시 주석하였다. 이는 1383년 지어진 「신륵사 대장각기」에서 알 수 있다.111)

> 비구, 국사, 왕사, 내원당 각운, 판천태□ … □승, 도승통 혜징, 도승통 종림, 봉국군 신조, 대선사 소원, 대선사 상총, 대선사□□, 청계사 자초, 청계사□□, 선사 굉여, 부석사 경남.112)

안양사가 낙성된 지 2년 후인 1383년 대문인 목은 이색이 주도한 여주 신륵사 대장각의 건립 불사에는 당시 불교계 각 종파의 영수급 고승들이 참여하였다. 즉 국사 혼수와 왕사 찬영은 물론이고 내원당의 각운·대선사 소원·대선사 상총·대선사 굉여·청계사 자초와 그의 문도 도승통 혜징, 그리고 천태종의 봉국군 신조·화엄종의 부석사 경남 등과 더불어 도승통 종림이 참여하였다.113) 이는 1383년 신왕조의 창업 종용과 관련하여 모종의

---

110) 李達衷, 「覺儼尊者 贈諡 覺眞國師 碑銘」, 『霽亭集』 卷3, 墓誌銘, 『동문선』 권118 ; 묘법연화경』 권7(호림박물관, 『묘법연화경』 전7권(1377년 작), '特爲 先妃鐵城郡夫人李氏 靈魂初生極樂世界 面奉彌 親受記 證一切智 又願 父重大匡晉城君河氏 寶體延壽 保安當生淨土.'

111) 각운은 1383년 무렵 입적한 듯하다. 한수(1333~1384), 「覺雲內願堂挽詞」, 『柳巷先生詩集』 詩, '衣冠世胄法中王 物望重爲內願堂 濁世紛紛非所屑 未登壽城示無常 心傳佛印利天人 遊戱斯文藝絶倫 問法求詩吾有望 無緣更見夢中身.' ; 이색, 「哭內院監主龜谷大禪師」, 『목은시고』 권30, 詩, '龜谷衣冠胄 去爲臨濟孫 貌淸心自寂 言簡道彌尊 蓮社風吹座 松山月滿園 無從見隻履 老淚洒秋原.' ; 이재열, 「오교양종과 조계종통에 관한 고찰」, 『불교사상』 1·2·3·4·5·6호, 1973·1974 ; 『한국조계종의 성립사 연구』, 민족사, 1986. 263~269쪽.

112) 李崇仁, 「神勒寺 大藏閣記」, 『한국금석전문』 중세 하, 1217쪽, 『도은집』 권4, 문, '比丘 國師王師 內願堂 覺雲 判天台□… □僧 都僧統 惠澄 都僧統 宗林 奉國君 神照 大禪師 紹元 大禪師 尙聰 大禪師□□淸溪寺 自超 淸溪寺□□禪師 宏如 浮石寺 敬南.'

대응을 하기 위한 움직임이라 추정된다.114)

그런데 1388년 무렵 현린과 현기 등이 내원당에 머물렀다.

> 신창이 왕으로 되자 다시 최영을 잡아다가 순군에 가두고 왕안덕·정지·유만수·정몽주·성석린·조준에게 명령해 최영 및 내원당 승려 현린 등을 신문케 하였다. 현린은 시초에 최영과 공모해 승병을 징발하였고 회군하자 최영과 함께 항거해 싸운 자이다. 마침내 최영을 충주로 귀양보냈다.115)

> 조민수가 흑대기를 세우고 영의서 다리(송경 북부 보은동 어귀에 있다)에 이르니, 최영이 내원당 승려 현기 등과 항거하므로, 태조가 황룡대기를 세우고 선죽교(송경 동부에 있다)로부터 남산(북부에 있다)에 오르자, 먼지가 하늘에 가득하고 북소리가 땅을 진동하였다. 평리 안소가 정병을 거느리고 먼저 남산을 점거하고 있다가 기를 바라보자 패하여 달아나니, 최영이 사세가 궁박함을 알고 화원으로 도망하였는데, 몹시 분하여 창으로 수문인을 뚫고 들어왔다.116)

위의 글에 내원당 승려 현린, 현기 등이 보이고 있다. 현린은 태고 보우의 비문 음기에 보이는 '도대선사 광화군 현린'과 동일 인물이라 추정된다.117) 최영의 군참모로서 위화도 회군 후 최영과 함께 심문을 당하는 내용이다. 이는 곧 왕조 창업의 분위기가 형성되어 가던 시기에 왕실 불교를 주도했던

---

113) 황인규, 「여말선초 화엄종승의 동향」, 『불교학연구』 1, 2000 ; 황인규, 『고려후기·조선초 불교사연구』, 혜안, 2003.
114) 황인규, 『무학대사연구-여말선초 불교계의 혁신과 대응』, 혜안, 1999 ; 황인규, 「고려말 이성계의 불교계 세력기반」, 『한국불교학』 28, 2001.
115) 『고려사』 권130, 최영 열전, '辛昌立 復執瑩囚巡軍 令王安德 鄭地 柳曼殊 鄭夢周 成石璘 趙浚 鞫瑩及內願堂僧玄麟等 玄麟始與瑩謀發僧兵 及回軍 又與瑩拒戰者 遂流瑩于忠州 杖流趙珪于角山.'
116) 『동사강목』 권16, 무진년 전폐왕 우 14년(1388) 6월.
117) 이색, 「태고사 원증국사비」, 『조선금석총람』 상.

고승이 반대편 이성계의 혁명 세력과 대항하다가 제거된 사례라고 하겠다.

앞서 언급했듯이 억불론자들은 연복사 불사와 더불어 내불당의 불사에 대하여 억불 운동의 표적으로 삼았지만[118] 고려말 불교계는 태고 보우와 나옹 혜근의 문도들인 환암과 찬영의 제자들이 내불당의 감주로 재임하면서 왕실 및 개경의 불교를 주도하였다. 대표적으로 환암의 문도 등계 삼여 소안, 찬영의 문도인 죽암 선진과 성민 등이다.

환암의 문도[119]인 등계(삼여 소안)도 내원당에 머물렀다.

> 천고의 삼한의 선불장에서 지금에 이르러서도 용상대덕들이 이렇게 드날렸네. 얼마나 많은 사람이 등계했는지 알 수 없으나 내원당에 등계를 하는 경우가 많았네.[120]

유항 한수(1333~1384)는 등계의 내원당 입원 사실을 시로 남겼다. 한수가 1384년 무렵 죽었으므로 그 이전의 일이다. 아마도 환암이 1375년 송광사 주지로 갈 때 등계가 내원당에 입원했을 것이다.

> 조계의 안상인이 황려의 강가로 나를 찾아와서는 평심당의 기문을 지어 달라고 청하면서 말하기를, '나의 스승이신 환암선사께서 명하신 바이니, 선생께서 이에 대한 뜻을 부연해 주시면 다행이겠습니다.' 하였다. … 상인은 범상한 인물이 아니다. 그리하여 동유보다 훨씬 뛰어나서 더불어 어깨를 견줄 자가 없기 때문에, 환암의 선불장에서도 계위에 올랐다는 인가를 얻게 된 것이라고 하겠다.[121]

---

118) 황인규, 「여말선초 연복사 탑의 중영과 낙성」, 『역사와 교육』 7·8, 1999.
119) 권근, 「送三與師遊方 紹安」, 『양촌집』 권16, 서.
120) 韓脩(1333~1384), 「賀新登階」, 『柳巷詩集』 詩, '千古三韓選佛場 至今龍象此飛揚 不知幾箇登階者 得遇登階內願堂.'
121) 이색, 「平心堂記」, 『목은문고』 권6, 記.

조계종 사문 안 삼여는 지혜가 출중한데, 환암에게서 배워 입실한 사람이다. 선과를 보아 벼슬에 오르니 명성이 매우 자자하였으나, 계율 지키기를 더욱 조심스럽게 하므로 내가 일찍부터 사귀며 중하게 여겨 왔다. 홍무 임신년(1392, 태조 1) 겨울에 환로(환암)가 세상을 떠나자, 그 이듬해 봄에 그의 적덕한 사적을 기록하여 주문하니, 나에게 명하여 그 비문을 짓도록 하여 두 차례나 우리 집에 오게 되었다.[122]

등계는 호가 삼여, 당호를 평심당이라 하였는데 혼수의 유서를 받들고 임금께 보고하였으며, 동료들 중에서 뛰어나서 그와 어깨를 나란히 하고 설 자가 없으므로, 선불하는 것을 당하여 등계라는 칭호를 얻은 인물이다.[123] 이처럼 그의 호를 등계라고도 하고 『해동불조원류』에 혼수의 제자로 등계가 나오고 있기 때문에, 그가 바로 벽계 정심일 가능성도 없지 않다.[124]

그리고 찬영의 문도 선진도 내원당 주지였다. 선진은 연복사의 주지였으며,[125] 「원증국사태고비」 음기[126]에 '전 내원당 판조계종사 선교 도총섭 자흥혜조 국일 도대선사 겸 판승록사사 신 선진'이라고 보이고 있으며, 스승 찬영의 비문 글씨를 쓴 인물이다.[127] 아마도 스승 찬영이 왕사 재임시

---

122) 권근, 「送三與師遊方 紹安」, 『양촌집』 권16, 서.
123) 李穡 「平心堂記」, 『牧隱文藁』 卷6, 記 ; 「三與銘并序」 卷12.
124) 위와 같음. 삼여가 정심과 동일 인물이라면 역시 보우의 문도들이 정치사회 및 불교계에서의 입지가 약해지자 정심도 하산하여 황악산 일대에 머물렀다고 할 수 있다. 황인규, 「고려후기·조선초 가지산문계 고승의 동향」, 『구산논집』 8, 2003 ; 황인규, 『고려말·조선전기 불교계와 고승연구』, 혜안, 2005.
125) 이색, 「鄭氏家傳」, 『목은문고』 권20.
126) 이색, 「圓證國師 太古碑」, 『한국금석전문』 중세 하, '前內願堂 判曹溪宗事 禪敎都摠攝 慈興慧照 國一都大禪師 겸 判僧錄司事 臣 旋軫.'
127) 朴宜中, 「億政寺 大智國師碑」, 『조선금석총람』 하 음기, '前內願堂 判曹溪宗事 禪敎都摠攝 慈興慧照 國一都大禪師 겸 判僧錄司事 臣 旋軫이 王命을 받들어 碑文과 篆額을 썼다. 洪武 26년(1393) 癸酉 10월 일에 門人 大禪師 中允은 碑를 세우고 惠公은 글자를 새기다'; 이색, 「衿州吟」, 『목은시고』 권35, '竹菴을 초청해서 변변찮은

선진도 내원당에 입원했으리라 추정되는데, 찬영이 왕사 책봉을 받으러 개경 숭인문에 왔다가 성리학계의 억불론자들의 반대로 무산되자[128] 제자 선진도 내원당에서 퇴거하였던 듯하다. 아래의 시는 그러한 분위기를 담고 있는 내용이다.

> 판조계사인 죽암 진공이 내원에서 물러나와 주석하고 있는 억정사로 돌아갈 적에 암곶에 머물면서 반야탕과 소채오성(蔬菜五星)을 가지고 와서 나의 삼출(三黜)을 위로해 주었는데, 이때 마침 나의 새 집이 이루어졌으므로 해그림자가 옮겨갈 때까지 함께 앉아 있다가 떠났다.[129]

그리고 찬영의 제자 성민도 내원당 감주였다. 이러한 사실은 권근이 내원당의 성민에게 부채에 적어 보낸 시를 통해 알 수 있다.

> 속세에 사는 몸 꺼리는 게 더워러니, 부채를 보내 주니 그 정이 고맙구려.
> 옷소매 흔들릴 때 둥근달 움직이니, 서늘한 바람이 가슴에 가득하네.
> 계수나무 그림자 손으로 휘어잡고, 귓가엔 솔바람이 들리는 듯하구나.
> 가을이면 팽개침을 탓하지 말라, 순환하는 이치가 그러하거니.[130]

위의 시에서 당시 억불 분위기를 엿볼 수 있다. 성민이 1392년 6월 하순

음식이나마 대접하고 있던 자에, 朴判書와 姜判事와 ㅗ判書가 마침 왔기에, 함께 담소하며 한껏 즐기다가 자리를 파하였다. 이에 앞 시의 운을 써서 시를 짓다.(鍊丹 未必得爲仙 面壁安能學坐禪 只要眼前幽事足 何須身後令名傳 嘉賓邂逅眞爲幸 美景森 羅不亦全 向晚解携騎馬去 片雲孤鳥夕陽天).'
128) 『고려사절요』 권34, 공양왕 2년(1390) 2월 ;『고려사』 권120, 윤소종 열전.
129) 이색, 「衿州吟」,『목은시고』 권35, (判曹溪事竹菴軫公 退院歸住所億政寺留岩串 以船 若湯蔬菜五星 來慰吾三黜也 新亭適成 共坐移日而去), '公生閱閱樂金凸 勘破曹溪一味 禪 領袖萬僧如壁立 規模六祖止衣傳 閻浮世上聲名極 般若湯中氣味全 回首萬金臺有月 相隨夜夜掛靑天.'
130) 권근,「次內願堂 惠扇詩韻 省敏」,『양촌집』 권10, '詩趣塵常憚暑 得扇荷深情 翻袖月輪 轉 滿襟風氣淸 手堪攀桂影 耳似聽松聲 莫怨秋來棄 循環理必生.'

무렵 내원당에 입원한 듯하다.

> 흥법사의 당두가 장차 내원당으로 들어갈 즈음에 벽사를 찾아왔기에, 내가 고경 늙은이를 데리고 그와 함께 배를 띄우고서 군지에서 연꽃을 감상하였다.131)

위의 시제는 이색이 1392년(공양왕 4) 6월 무렵 유배시 금주 일대에 머물면서 흥법사의 당두가 장차 내원당에 입원한다고 찾아오자 고경 석희와 함께 노닐었다는 내용이다. 성민(생몰 연대 미상)은 호가 계정으로 『계정집』이라는 시문집이 있었다고 하나 전하지 않는다. 1411년(태종 11) 6월 태종의 불교계 탄압 시책에 반대하여 수백 명의 승도를 이끌고 신문고를 치고132) 1412년(태종 12) 개경의 개경사 주지를 하면서 계림 백률사의 전단상 관음상을 개경사에 옮겼던 인물이다.133)

하지만 앞서 언급했듯이 내불당도 성리학자의 억불론자들에 의하여 주표적이 되었다.

> 공민왕은 이것을 보고 아주 존경하고 신용해 주었습니다. 그리하여 내불당의 법석, 연복사의 문수회, 불경 강의, 중들에게 음식 공급 등을 진행하였으며 존엄한 임금으로서 무릎을 굽혀 중 놈을 스승으로 삼고 친히 제자로서의 예절을 지켰습니다.134)

---

131) 이색,「驪興吟」,『목은시고』권35. 여흥음은 이색이 江外從便되었다가 여흥에 유배된 1392년(공양왕 4) 6월 7일부터 7월 15일경까지 지어진 시 20제로 되어 있다.
132) 『태종실록』권11, 6년 2월 26일.
133) 『태종실록』권24, 12년 10월 18일 ; 황인규,『고려말·조선전기 불교계와 고승연구』, 혜안, 2005.
134) 『고려사』권120, 김자수 열전, '玄陵見之, 深加敬信. 於是, 內佛堂之法席, 演福寺之文殊會, 講經飯僧. 至屈千乘之尊, 拜髡爲師, 親執弟子之禮.'

고려말 최고의 억불론자 김자수의 상소 가운데 일부분의 내용이다. 억불운동의 효시가 되었던 연복사 불사와 더불어 내불당의 불사도 역시 억불운동의 주요 표적 가운데 하나가 될 만큼 내불당을 중심으로 불사가 활발히 진행되었던 듯하다. 국사와 왕사제와 더불어 왕실 불교를 주도했던 내원당과 고승들이 그 표적이 되었지만 국사 왕사와 더불어 내원당도 조선초까지 설치 및 운용되었다.

5. 나가는 말

이상으로 고려시대 국사와 왕사 다음의 지위에 있었던 내원당 감주와 고승들에 대하여 살펴보았다. 그동안 내원당 고승들에 대한 천착은 제대로 이루어진 적이 없다. 이는 기록의 영세성 때문이기도 하지만 관심의 미흡함 때문이다. 이미 사전류에서는 내도량, 내사, 내원당, 내불당이 같은 것으로 정의를 내리고 있다. 본고에서도 내원당이 내도량, 내사, 내불당 등과 같은 것으로 간주하고『고려사』와 문집류, 비문류 등의 제기록을 종합 검토하여 고려시대 내원당과 고승을 불교사의 흐름 속에서 이해하고자 시도하였다. 한정된 기록과, 이에 따른 해석으로 고려시대 내원당의 불교사적 의의를 간략하게 제시하면 다음과 같다.

내원당은 중국에서 기원하며 신라시대 이래 존재하였고, 고려 건국 초부터 궁궐내에 설치되었다. 958년(광종 9) 균여가 내도량에 부임 이후 1208년(희종 4) 지겸의 제자 확운 무렵까지 내도량으로 불리다가 1228년(고종 15) 무렵부터 내원당 기사가 간혹 보이기 시작하여 내원 외에는 내원당이라는 이름을 대부분 사용했던 듯하다.

내원당 고승은 교세가 가장 큰 종단 가운데 왕실과 밀접한 종파의 고승이 선정되어 입원하였다. 이는 고려전기에는 화엄종 등 교종계 고승이, 고려후기에는 조계종 등 선종계 고승이 내원당 감주에 재임하였던 데서 알 수 있다. 대체로 탄문, 혼구, 찬영, 환암 등 도량 주지를 거쳐 왕사로 책봉된 사례에서 알 수 있듯이, 내원당 감주 고승은 국사와 왕사 다음의 위상에 있는 고승의 위상을 지니고 있다. 불교계를 주도했던 종단에서 국사와 왕사가 책봉된 것과 같은 맥락이다. 더욱이 국사와 왕사가 책봉된 후 지방의 하산소에 머물렀기 때문에 비구니 도량인 정업원과 더불어 궁궐 왕실의 불교를 주관하고 주도했던 것으로 보여진다.

내원당에 입원한 승계 및 승직은 삼중대사(탄문), 승통(천기), 수좌(혜) 대선사(혼구, 확운) 국일 도대선사(원규, 선진) 등이었으므로, 대략 교종의 경우 승통 이상, 선종의 경우 대선사급에서 내원당 주지에 임명된 듯하다. 내원당의 최고 책임자는 대도량 전주(천기), 내원당의 주지 또는 감주(각운), 총통(찬영) 등이었으며, 조정의 승관 내불당 제조 등이 있었다. 승정을 담당하는 승록사사가 있었음에도 별도 내불당 제조를 둔 것은 그만큼 내원당의 위상이 컸다는 것을 알 수 있다. 내원당에서는 설법, 강론, 불사 등이 이루어지며, 국사와 왕사를 대신해 궁궐내 왕실 불교를 주관하며 불교 시책에 적지않은 영향을 끼쳤을 것이다.

Ⅲ. 고려시대 불교의 대외 항쟁

1. 들어가는 말

고려왕조를 건국한 태조 왕건은 선각국사 도선의 가르침을 받아들여 불교를 국시로 하여 건국하였다. 신라의 황룡사 9층목탑의 건립을 본받아 개경과 서경에 각기 7층과 9층 탑을 건립하였다. 세시풍속 가운데 가장 큰 행사는 국가적으로 운용했던 연등회와 팔관회였으며, 국사와 왕사제, 진전사원제, 국가비보사찰을 국가적 시책으로 운용하였다. 도선의 국가비보사상은 훈요10조를 통해 피력되었으며, 고려말까지 준수되어 운용되었다. 즉, 고려말 내원당 고승 현린과 천태종 고승 신조는 행군법사로 도선의 제자 능긍의 선례에서 보듯이 국가불교 사상을 발현시켰다.[1]

국초 이래 『대장경』은 국가와 백성의 중요 가르침으로 자리를 잡았다. 이와 관련된 도량 법회가 자주 설행되었으며, 국가적 위기 때에도 적극적으로 활용되었다. 답선 법회나 신중 도량 등도 그 대표적인 사례이다. 특히 거란과 몽고의 외침시 이를 막기 위하여 대장경 조판사업을 전개하였다. 아울러 국가적 위기인 외침시 승려 및 승도들은 직접 나아가 전투에 참여하였다. 별무반 항마군의 여진 정벌, 승려 김윤후와 처인성 전투, 대원사 우본의 충주성 전투, 황령사 홍지의 상주산성 전투 등이 바로 그것이다.

본고에서는 고려시대 불교계의 국가 불교[2]의 전개에 대하여 검토해보고,

---

1) 황인규, 「선각국사 도선의 종풍계승 및 전개」, 『한국선학』 20, 2008 ; 황인규, 「불교계의 국가비보사찰설」, 원각불교사상 연구원, 『수행과 깨달음의 세계』, 대한불교천태종 출판부, 2010.
2) 고려시대 불교는 국가적 차원에서 운용되어 제분야에서 그 역할을 다하였다. 따라서 호국불교라는 용어보다는 '국가불교'라는 용어가 적합하다. 다만 숭유억불

외침시 승려 및 승도들의 대외항쟁에 대하여 살펴보고자 한다.3)

2. 불교계와 국가불교

1) 불교계 고승의 국가비보의 전개

고려시대는 불교의 가르침으로 건국되었으며, 국가의 운용도 불교의 가르침에 따랐다. 다음의 기록에 볼 수 있는 바와 같이 해동천자, 즉 황제가 다스리는 황제국 지향 체제를 지향하면서도 불교를 중심으로 국가를 운용했다.

해동 천자이신 지금의 임금님, 부처님이 돕고 하느님이 도와 덕화를 펴셨도다. 은혜로 백성을 어루만지시니, 고금 천지에 드문 선정이라 외국 사람들 자진해서 귀순해 오도다. 사방이 태평하므로 무기가 쓸데없으니, 거룩하신 그 덕이요, 임금과 탕 임금인들 이에 비할쏜가.4)

이러한 불교국가 운용은 왕사와 국사제를 실시한 데서 잘 알 수 있다. 수선사 제13세 사주 각진국사 복구 비문에 의하면 불교계는 훈요10조의 첫째 조항을 더욱 적극적으로 해석하여 3보를 존경하고 신앙하라고 하였으며, 왕사와 국사 제도를 운영하였다.5) 그리하여 고려 건국 이래 고려말

시대의 불교는 고려시대와는 달리 '호국불교'라는 용어를 사용해야 할 듯하다. 이에 대한 보다 심도가 있는 논의가 있어야 할 것이다.
3) 본고는 불교사회연구소 호국불교연구 2차 학술세미나 '고려시대의 호국불교'(불기 2556(2012). 11. 29(목) 오후 2시, 한국불교 역사문화기념관 2층 회의실)에서 발표한 원고를 정제한 것이다.
4) 『고려사』 권71, 악지2 속악. 조선의 風入松은 '해동천자'라는 글귀가 빠지는 등 고려의 기상이 사라진 모습으로 전해지고 있다. 허균, 「風入松」, 『惺所覆瓿藁』 권2, 부록 蛟山臆記詩 ; 이유원, 「風入松」, 『林下筆記』 권38, 海東樂府.

마지막 국사인 선종계의 고승 환암 혼수와 왕사 목암 찬영에 이르기까지 국사 왕사 제도를 운용했던 것이다.[6] 뿐만 아니라 불교계 고승에 대한 국가적 추념 사업을 전개하기도 하였다. 즉, 고려왕조는 전시대의 인물인 원효는 대성 화쟁국사로, 의상은 대성 원교국사로 추증하였다. 그 후 인종도 원효와 의상과 더불어 도선에 대하여 봉작을 추증하였다.[7] 대개의 경우 국가적 위기에서 덕행이 높은 고승을 추증하였고[8] 원 간섭기 충렬왕대에도 한재가 계속되자 최치원과 설총과 더불어 도선에게 봉작을 추가하였다.[9] 이에 앞서 명종시 진표의 비가 세워지는 추념 사업을 전개하는 등[10] 신라의 고승 원효·의상·진표·도선을 4대 성인으로 국가적 추념을 하였다.[11] 이러한 국가 불교적 차원의 국가 운용은 태조의 훈요10조 제1·2조에서도 뚜렷하게 알 수 있다. 태조는 고려왕조가 여러 부처의 힘을 입어 창업되었음을 밝히고, 도선의 설에 따라 산수의 순역을 추점하여 사찰을 개창하였다고 한다.[12] 비보사탑설은 단순히 풍수지리 사상에 의해서만 주장된 것은 아니라 불교계의 선종과 밀교, 천태종 등에서도 흥행하였다.[13] 도선은 밀교승으로 밀교

---

5) 이달충, 「覺眞國師 碑銘」, 「동문선」 권118.
6) 황인규, 「한국의 마지막 왕사·국사 책봉과 의의」, 『상월조사 탄신백주년 기념논총』, 2011.
7) 『고려사』 권11, 숙종세가 6년(1101), 8월 계사.
8) 『고려사』 권15, 인종세가 6년(1128), 4월 을묘.
9) 『고려사』 권29, 충렬왕세가 8년(1282) 5월 경신.
10) 瑩岑, 「關東 楓岳山 鉢淵藪 開創祖 眞表律師 眞身骨藏立石碑銘」; 李智冠, 『校勘譯註 歷代高僧碑文』(고려편4), 伽山文庫, 1997.
11) 경암 관식, 「鰲山記」, 『鏡巖集』 卷下, 『한국불교전서』 10, 441쪽; 황인규, 「서산대사의 승군활동과 조선후기 추념사업」, 『불교사상과 문화』 1, 중앙승가대 불교학연구원, 2009.
12) 『고려사』 권2, 태조세가 26년 4월, '其一曰 我國家大業 必資諸佛護衛之力 故創禪敎寺院 差遣住持焚修 使各治其業'; 『고려사』 권2, 태조세가 26년 4월, '其二曰 諸寺院 皆道詵推占山水順逆 以開創 道詵云 吾所占定外 妄加創造則損薄也 德祚業不永.' 이러한 사실은 숭유억불 시책이 강화되어 갔던 조선 성종대에도 찾을 수 있다. 『성종실록』 권52, 6년 2월 8일(정해).
13) 閔漬, 「國淸寺 金堂主佛 釋迦如來舍利 靈異記」, 『동문선』 권68; 허흥식, 「천태종의 형성과정과 소속사원」, 『고려 불교사 연구』, 일조각, 1986, 260쪽.

사상의 법용에 따라서 전체 국토를 하나의 만다라(mandala)로 보고 위치나 방위 또는 산천의 지세에 따라 알맞은 곳을 택하여 사·탑·불·부도를 세우고, 그곳에서 여러 보살에게 기원함으로써 본지불인 대일여래와 그 밖의 여러 보살의 보살핌을 얻고자 하였다.[14] 태조 이후 역대 왕은 개경이나 그 주변에 창건한 왕실의 진전사원이나,[15] '무릇 사원은 조정과 주현에 비보로 설치되지 않은 것은 없다.'[16]라고 하여 지방에도 역시 비보사찰이 창건되어 전국에 3,000소 내외에 달하였다.[17] 바로 불교계의 재편성이었으며,[18] 지방통치 체제의 일환이었다.[19] 이러한 국가의 불교 운용은 도선의 가르침인 비보사찰설에 전개되게 된다.

우리 태조대왕이 여철 스님의 비요(秘要)에 따라 종문을 높이 믿어서 이에 5백 선우를 크게 열어서 심법(心法)을 천양하였다. 그런 후 북병이 스스로 물러가 다시는 국경을 침범하지 않았다.[20]

---

14) 서윤길, 「도선국사의 생애와 사상」, 『한국불교학』 1, 1975 ; 김지견 외, 『도선연구』, 민족사, 1999, 35쪽.
15) 『고려사』 권82, 병지 宿衛條 ; 허흥식, 『고려 불교사 연구』, 일조각, 1986, 75쪽 ; 『세종실록』 권23, 6년 3월 12일(무자) ; 『태종실록』 권3, 2년 4월 22일(갑술).
16) 慧諶, 「常住寶記」, 『무의자시집』 ; 『한국불교전서』 6, '凡寺院者 無非爲國朝及州縣 裨補所置也.'
17) 『성종실록』 권174, 16년 1월 무자, '道詵說三千裨補之說' ; 性聰, 「湖南 潭陽 法雲山玉泉寺 事蹟」, 『栢庵集』 권하, 『한국불교전서』 8 ; 이병희, 「조선초기 사사전의 정리와 운영」, 『전남사학』 7, 1992, 362~365쪽.
18) 양은용, 「도선국사 비보사탑설 연구」, 『선각국사도선의 신연구』, 영암군, 1988.
19) 황인규, 「고려 비보사사의 설정과 寺莊 운영」, 『역사와 교육』 6, 1998 ; 황인규, 『고려후기·조선초 불교사연구』, 혜안, 2003.
20) 이규보, 「大安寺 同前牓」, 『동국이상국집』 권25, 牓文, '我太祖大王 因哲師秘要 崇信宗門 乃闢五百禪宇 闡揚心法 然後北兵自却 無復寇邊.' ; 이규보, 「龍潭寺叢林會牓」, 『동국이상국집』 권25, 방문, '我太祖肇基王業 篤崇禪法 於是 創五百禪宇於中外 以處衲于 間歲設談禪大會京師 所以鎭北兵也.' ; 『儒釋質疑論』 下, 『한국불교전서』 7, 277~278쪽, '粤有前朝王氏之統合也 幸承聖母道詵之遺囑 甘受洞中 如哲之指揮 假以佛法爲艾 … 裨補之設 至於三千 禪院之作 盈於五百.'

태조가 여철의 비요에 따라 종문을 높이 받들어 5백 선우를 크게 열어 심법을 찬양하는데 오랑캐 군사가 물러갔다고 한다.[21]

무신집권 초 수선사 제2세 사주 진각국사 혜심도 1226년 수선사에서 쓴 『선문염송』 서문에서 다음과 같이 말한 바 있다. 즉 '본조의 조성(祖聖)님이 3국을 통일한 뒤로는 선으로써 국가의 운수를 늘이고 지론으로써 이웃 나라의 군사를 진압하였으니, 종지를 깨우치고 도를 의논할 자료로써 이보다 급한 것이 없다.'고 하였다.[22] 실제로 혜심은 진병도량을 주관하다가 대중에게 '정성 모아 진병에 힘써 애군 우국(愛君憂國)에 마음 목타듯 하라.'[23]고 하였다.

혜심은 도선의 국가비보사상뿐만 아니라 스승 지눌의 국가불교의 사상도 영향을 받은 듯하다. 즉, 지눌은 비록 중국에 가지 않았지만 항주 임안현 경산 경산사[興盛萬壽禪寺]의 고승 대혜 종고(1089~1163)의 불서를 통해 간화선을 수용하였다.[24] 지눌은 늘 제자들에게 '나는 대혜 보각선사의 서장을 도우로 삼는다.'고 하였으며, 1198년 몇 명의 도반과 함께 지리산 상무주암으로 가서 참선하는 중에 『대혜보각선사 어록』[25]을 보다가 깨침을 얻었다고 한다.[26] 지눌이 교유한 대혜 종고는 국가가 외침으로 위기에

---

21) 이규보, 「甲午年 談禪日齋疏」, 『東國李相國集』卷41, '昔達磨得師子比丘之默傳 耀佛燈 於中土 我藝祖因如哲大士之密諗 輾禪軌於三韓 有國綿遠而式克至今 以予忖度則靡不 由此 洪延後代 益暢眞風 … 肆傾私帑 寔葳薰科 彼九山濟濟之衲流 皆五葉承承之的嗣 交騰槌棒互辨風幡.'
22) 혜심, 「重刊 拈頌說話 序」, 『拈頌說話』, '本朝自祖聖會三已後, 以禪道延國祚, 智論鎭隣 兵, 而悟宗論道之資, 莫斯爲急.'
23) 혜심, 「鎭兵道場을 행하다가 偈를 지어 대중에게 고함」, 『무의자시집』 권상. 혜심은 수차례의 진병 법회를 개설하였던 사실이 『진각국사 어록』에 남아 있다. 「鎭兵上堂」, 「中使孫元裔請鎭兵 上堂五則」, 「七月 自河東還本社慧修棟梁設鎭兵法會上堂二則 三三」, 「鎭兵」, 「中使孫元裔 請鎭兵」, 「七月 自河東還本社 慧修棟梁 設鎭兵法會」).
24) 「松廣寺 普照國師碑」, 『조선금석총람』 상,
25) 「示妙證居士」, 『大慧普覺禪師 語錄』 卷19.
26) 황인규, 「抗州 天目山·徑山 佛教與 高麗高僧」, 『紀念徑山禪寺開山1270周年暨徑山与

처하자 선으로써 사대부를 지도하여 국가 위기를 극복하고자 했었다. 이러한 사상은 수선사의 개창조 지눌을 거쳐 혜심에게 전해졌으며, 조선초 태조대 흥천사 감주였던 가지산문계 태고 보우의 문도 상총에게도 전해졌다. 즉, 조선초 태고 보우의 상수제자 상총은 수선사 진각국사 혜심이 주창한 '선도(禪道)는 국운을 연장시키고, 『지론(智論)』은 이웃나라의 병란을 진압한다'.27)를 따랐다. 고려시대 불교의 국가비보사상에 의해 운용되었던 것이다. 도선의 국가비보사상은 사굴산문과 더불어 천태종에도 계승되었다. 태조의 4대 법사인 능긍 등은 글을 올려 천태 지자의 일심삼관에 의하여 삼한을 합하여 한 나라로 이룬 것과 풍토가 서로 합하였다고 하였다.28) 천태종 고승 능긍은 성조인 태조가 국가를 세우기 시작할 무렵에 도선의 성스러운 비결로서 가능하다고 한 것이다. 또한 의천이 천태종 본산으로 개창한 국청사를 중창하면서 다시 강조하였다.29) 그리고 천태종계를 주도하였던 무외국통 정오가 1309년(충선왕 1) 국청사에서 주불을 봉안하였다. 그 후 1318년(충숙왕 5) 용암사로 이주하여 중창을 마무리하는 낙성식에서 용암사가 도선이 창건한 선암사와 더불어 삼암사였다는 사실을 강조하였다.30) 천태종계에서도 진정국사 천책과 무외국통 정오대에 이르기까지 도선의 국가비보사상을 강조하고 있는 것이다.31) 반원 정책과 자주화의 기치를 내세웠던 공민왕의 측근 승려였던 신조가 천태종계를 대표하고 있었다. 신조(생몰년 미상)는 1376년에 해주전장에 참여하여 참모로서

中國禪宗文化國際學術硏討會論文集, 杭州徑山万壽禪寺, 2012.8.20·21.

27) 『태조실록』 권14, 7년(1398) 5월 13일(기미), '興天寺監主尙聰上書日 … 前朝之季 禪與教 利名是饕 爭占名利 其修禪衍教處 僅存一二 豈國家創立裨補之本意乎 祖師眞覺 有言曰…禪道延國祚 智論鎭隣兵 夫豈無徵而欺我哉.'
28) 眞淨國師 天頙, 「答芸壹亞監閔昊書」, 『湖山錄』; 허흥식, 『진정국사와 호산록』, 민족사, 1995, 310쪽, '何者 昔聖祖初刱之際 行營福田能兢 親傳道侁訣 聖訣 以三乘會一乘 三觀在一心 甚深妙法 合我會之三之國 上奏天聰故.'
29) 閔漬, 「國淸寺 金堂主佛 釋迦如來舍利 靈異記」, 『동문선』 권68, 기.
30) 朴全之, 「靈鳳山 龍岩寺 重創記」, 『동문선』 권68, 기.
31) 위와 같음.

활동하였으며, 1388년(우왕 14)에 이성계를 따라 요동 정벌에 참여하여 위화도에서 회군 대책을 논의하기도 하였다.32)

> 홍무 무진년(1388, 창왕 14)에 병화가 일어나서 국가의 안위가 급박할 때 신조는 완산 이시중의 막하에 있으면서 장상들과 함께 국가의 대책을 정하여, 의병을 일으키고 회군하여 종묘와 사직을 편안하게 하여 오늘의 국가 중흥의 왕업을 열게 하였다.33)

이와 같이 천태종계를 주도하였던 신조가 고려초 태조 왕건의 행군법사 능긍과 같은 위상에 있었다고 할 수 있으며, 능긍의 회삼귀일의 통합 내지 창업 정신을 계승했다고 볼 수 있다. 신조는 조선왕조 건국시 승려로서는 유일하게 '봉국군'으로 책봉을 받았다.34)

신조뿐만 아니라 국사와 왕사 다음의 서열에 있었다고 할 내원당 승려 현린도 신조와 같은 위상에 있었던 승려였다.

> 신창이 왕으로 되자 다시 최영을 잡아다가 순군에 가두고 왕안덕, 정지, 유만수, 정몽주, 성석린, 조준에게 명령해 최영 및 내원당 승려 현린 등을 신문케 하였다. 현린은 시초에 최영과 공모해 승병을 징발하였고, 회군하자 최영과 함께 항거해 싸운 자이다. 마침내 최영을 충주로 귀양을 보냈다.35)

---

32) 『고려사』 권114, 지용기 열선 ; 『고려사』 권115, 이색 열전 ; 『고려사』 권131, 洪倫列傳 ; 『고려사』 권45, 공양왕세가 2년 11월 임인 ; 『태조실록』 권1, 총서 ; 權近, 「李穡行狀」, 『陽村集』 卷40, 行狀 ; 權近, 「水原萬義寺祝上華嚴法會目記」, 『陽村集』 卷12, 記 ; 『동문선』 권78, 기.
33) 權近, 「水原 萬義寺 祝上 華嚴法會 目記」, 『陽村集』 卷12, 記 ; 『동문선』 卷78, 記 ; 權近, 「李穡行狀」, 『陽村集』 권40, 행장, '洪武戊辰 師旅方興 國家安危 變在呼吸 時照公在完山李侍中麾下 能與將相共定大策 擧義回軍 以安宗社 以開今日 中興之業.'
34) 神照는 승려로서는 유일하게 鄭津 原從功臣 錄券功臣名單에 찾아진다. 박천식, 「조선 건국의 정치세력연구」, 하, 『전북사학』 9, 1985, 75쪽 ; 황인규, 「조인규가문과 수원 만의사」, 『수원문화사 연구』 2, 1998 ; 황인규, 「여말선초 천태종승의 동향」, 『천태학연구』 11, 대한불교천태종 총무원 원각불교사상연구원, 2008.

이렇듯 현린이나 신조는 고려 태조 왕건에게 사굴산문계 여철과 행군법사 천태종승 능긍과 같은 위상을 지닌 고승이었다. 그들이 도선의 국가비보사상을 간직했음은 다음의 기록에서도 알 수 있다.

> 또 전국의 승도를 징발해 군대에 편입하였다. … 어떤 승려가 도선의 예언이라 하면서 말하기를 '문수회를 베풀면 적병이 저절로 굴복할 것이다.'라고 하였다. 최영이 그 말을 믿고 동굴 속에서 문수회를 차렸다.36)

고려말 불교계에서도 사굴산문의 굉연이나 무학 자초와 행군법사 신조가 도선의 국가비보사상을 천양한 사실이 확인된다.37) 그렇지만 고려초 최승로가 사굴산문 여철을 국도 궁궐에서 출척했던 것처럼, 조선 건국초 유자들도 불교에 연원을 두고 있는 국가비보사상을 배척하였다. 고려시대는 도선의 국가비보사상이 국가나 불교 운용의 큰 틀이 되었지만, 조선초 유자들은 성리학으로 국가불교를 배척하고자 하였다. 조선초 숭유억불 분위기가 가속화되는 가운데 불교계는 『현정론』이나 『유석질의론』으로 대응하고자 하였으며, 국가역할론을 강조했던 것이다.38)

---

35) 『고려사』 권113, 최영 열전, '辛昌立 復執瑩囚巡軍 令王安德 鄭地 柳曼殊 鄭夢周 成石璘 趙浚 鞫瑩及內願堂僧玄麟等 玄麟始與瑩謀發僧兵 及回軍 又與瑩拒戰者 遂流瑩 于忠州.'
36) 『고려사』 권113, 최영 열전, '又發中外僧徒爲兵 於是 加瑩八道都統使 敏修爲左軍都統使 太祖右軍都統使 與諸將發平壤瑩曰 今大軍在途 若淹旬月 大事不成 臣請往督 禑曰 卿行則誰與爲政 瑩固請 禑曰 卿往寡人亦往矣 有人自泥城來告 遼東兵悉赴征胡 城中但有一指揮耳 若大軍至 不戰而下 瑩大喜厚賜其人 有僧稱道詵讖曰 設文殊會則 敵兵自屈 瑩信之乃 設會于穴洞 瑩再三請曰 殿下還京 老臣在此 指揮諸將 禑曰 先王遇害 以卿南征也 予何敢一日 不與卿共處乎 師次威化島.'
37) 황인규, 「선각국사 도선의 종풍계승 및 전개」, 『한국선학』 20, 2008 ; 황인규, 『고려시대 불교계와 불교문화』, 국학자료원, 2011.
38) 위와 같음.

2) 국가 불사 도량과 대장경의 조판

국가불교 사상은 국초 이래 개설된 담선 법회, 외침시 대장경 조판사업이나, 신중도량과 같은 법회 도량의 개설 등으로 전개되었다.[39] 담선 법회는 이미 태조대부터 국가불교적 행사로 시작되어 개경에서 격년제로 개최되었다.

> 9산의 승려들이 이 대회가 있기 1년 전에 각기 그 산문으로 지방의 절들을 점단하고는 법회를 열어 겨울을 지냈는데, 이것을 총림이라 이른다.[40]

9산선문에 소속된 선승들은 담선 법회가 개최되기 1년 전부터 산문별로 함께 모여 법회를 열었으며, 이것을 '총림회'로 칭하게 되었다는 것이다.

> 우리 태조대왕이 건국할 때에 선법을 독실히 존숭한 나머지 이에 500선우를 서울과 지방에 창건하여 승려들을 거처시키고 한 해씩 걸러서 담선 대회를 서울에서 개최하였으니, 이것은 북쪽 거란 군사를 진압하기 위한 것이었다. 9산의 승려들이 이 대회가 있기 1년 전에 각기 그 산문으로 지방의 절들을 점단하고는 법회를 열어 겨울을 지냈는데, 이것을 총림이라 이른다.[41]

---

39) 고려 불교의 호국적 전개에 대한 종합적 연구는 이미 1977년 진행된 바 있다. 홍정식, 「고려 불교 사상의 호국적 전개(1)-전반기(태종-예종대)-」, 『불교학보』 14, 동국대학교 불교문화연구소, 1977 ; 高翊晋, 「고려불교사상의 호국적 전개(2)-후반기(인종-공양왕대)-」, 『불교학보』 14, 1977 ; 서윤길, 「고려시대 승려들의 호국활동」, 『불교학보』 14, 1977 ; 서윤길, 「고려의 호국법회와 도량」, 『불교학보』 14, 1977. 그리고 다음의 논고도 참조된다. 윤용혁, 「고려 대몽항쟁기의 불교의례」, 『역사교육논집』 13·14, 1990.

40) 이규보, 「龍潭寺 叢林會榜」, 『동국이상국전집』 권25, 榜文, '九山釋子 先其會一年 各以其山門 占斷外方之伽藍 而開法會涉冬節 是之謂叢林.'

41) 이규보, 「龍潭寺 叢林會牓」, 『동국이상국집』 권25, '及我太祖肇基王業 篤崇禪法 於是 五百禪宇於中外 以處衲子 間歲設談禪大會於京師 所以鎭北兵也 九山釋子 先其會一年 各以其山門 占斷外方之伽藍 而開法會涉冬節 是之謂叢林.'

담선 법회는 최씨 정권의 적극적인 후원으로 다시 활성화되기 시작하였다.[42] 특히 1226년 개최된 용담사 총림회는 가지산문 화악사 주지 대선사 혜문의 제자 담이의 주재 하에[43] 선승들이 모여 매우 엄격하게 진행된 듯하다.[44] 그런데 개경 보제사에서도 담선 법회가 시행되었다.

> 본조에서 3년에 한 번씩 담선 대회를 보제사에서 실시하는 것은 또한 성조의 끼친 법이다. 진실로 사직에 이로움이 이와 같다면 비록 별도로 담석을 열어서 더욱 진원을 넓히는 것도 가능한 일인데, 어찌 반드시 3년을 기다려야 하며 또 어찌 보제사에서만 행해야 하는가 생각하고 마침내 이것을 임금에게 아뢰니, 임금도 기꺼이 받아들이고 곧 유사에게 명하여 그 경비를 마련해서 대회를 3대 선우에서 열게 하였으니, 3대 선우는 곧 보제사, 광명사, 그리고 이 절(서보통사)이 하나를 차지한다.[45]

담선 법회는 3년에 한 번씩 개경 보제사에서 정기적으로 시행되었다. 그 후 좀 더 빈번하게 개최되고, 그 장소도 3대 선우를 비롯해 전국의 사찰에서 설행되었던 듯하다.[46] 즉, 『동국이상국집』의 「수미산에서 담선회

---

42) 이규보, 「「龍潭寺 叢林會牓」, 『동국이상국집』 권25, '於是會也 長老輩相與磨志行 覃心學 申之整頓宗門規繩 凜凜乎不可犯也 是大莊嚴論所云 如是衆僧 乃衆智之叢林 一切善門 集其中者是已 然叢林所嚮 其主人所以應接供奉 繁浩大 似不堪支 故凡住其寺者皆難之 況迦智於九山爲大 而衲子之輩林會霧集 濟濟如也哉 若東道之禮 有不如法 則年少沙彌輩 呵責萬端 有不可言者 由是益難之.'
43) 이규보, 「康先輩의 丈大禪師에 대한 弔詩에 차운함 幷序」, 『동국이상국전집』 권18, 古律詩.
44) 이규보, 「龍潭寺 叢林會牓」, 『동국이상국집』 권25.
45) 이규보, 「西普通寺 行同前牓」, 『동국이상국집』 권25, '本朝所以開三載設談禪大會於普濟寺 亦聖祖之貽範也 苟利社稷如此 則雖別開譚席 滋暢眞源 可也 何必待三年 而又何獨普濟寺而已耶 遂以是聞于上 上亦悅而肯之 尋勑有司 畫其經費 敞大會于三大禪宇 曰普濟 曰廣明 此寺預其一焉.'
46) 이는 『동국이상국집』에는 서보통사 이외에 창복사, 대안사의 담선 법회 내용을 전하는 牓文이 수록되어 있는 사실에서 알 수 있다. 담선 법회에 대한 연구는 다음의 논고가 대표적이다. 김상영, 「고려중후기 선종계와 선문인식」, 『한국선학』

를 열 때에 참석한 학인들이 조사의 진영을 뵙는 데 대한 문」,47) 「성주산에서 담선회를 열 때에 참석한 학인들이 조사를 뵙는 데 대한 문」,48) 「가지산에서 담선회를 열 때 조사를 뵙는 데 대한 문」49) 등의 기사에서 알 수 있듯이 수미산문·성주산문·가지산문 등의 승려들이 담선 법회를 개최하였음을 알 수 있다. 이와 같이 담선 법회는 국초 이래 실시되었지만 다음의 기록에서 보듯이 국가적 위기인 외침시 국가 불교적 행사로 설행되었던 것이다.

> 정미년(고종 34, 1247) 금성(경주)에 출진(出鎭), 선승들을 불러 모으고 서용선로(瑞龍禪老) 연공(連公)을 청하여 법회를 주관하여 몽고를 물리쳤다.50)

그리고 대장경 조판사업과 관련 행사도 국가불교적 행사로 설행되었다. 대장경은 부처의 가르침뿐만 아니라 동아시아 문화의 총결집체이다. 불교를 국시로 했던 고려는 종묘사직의 편안과 나라의 영구한 태평을 위하거나51) 백성의 은성을 위하여 수입하거나52) 제작하여 국가적으로 도량을 개설하였

---

9. 2005 ; 이만, 「담선법회에 관한 연구」, 『한국불교학』 10, 1985.
47) 이규보, 「談禪會 須彌山 叅學等謁祖師 眞文」, 『동국이상국집』 후집, 권12, '傳心曰祖 嗣脈者孫 白月朗然 遺影宛存於爇素 高山仰止 群共造於庭階 第勤拜之誠 荷恩靈之庇.'
48) 이규보, 「「同前 聖住山 叅學等拜祖師文」, 위의 책, '拂三事衲 出從雲水堀中 拈一瓣香 來拜丹靑影下 仰惟道鑑 曲護山門.'
49) 이규보, 「同前 迦智山拜祖師文」, 위의 책, '邈離雲 力蹈玉京 足重而來 未息倦遊之步 首再至日稽 共勤敬拜之誠 庶令第一山門 先被無邊法蔭 飛騰選席 耀宗乘.'
50) 『고려대장경』 권45(보유), 「南明泉和尙頌證道歌事實 後書」, '越丁未 出鎭金城 衰集禪 侶 請瑞龍禪老 主法示以攘蒙寇.'
51) 鄭知常, 「又」, 『동문선』 권110, 疏, '특히 종묘사직의 편안과 나라의 영구한 태평을 위하여, 공손히 옛 법을 좇아 天成殿에서 이달 10일의 저녁을 시작으로 하여, 약 6주야 동안 대장경을 讀經하는 도량을 개설합니다.'
52) 金富軾, 「轉大藏經道場疏」, 『동문선』 권110, 疏, '특히 사직의 靈長과 백성의 殷盛을 위하여 삼가 전례에 좇아 궐내 會慶殿에서 이달 某日부터 시작하여, 대략 몇 날 몇 밤 동안 장엄한 도량을 개설하여, 本尊 석가여래 부처님을 우두머리로 하고, 한자리에 모인 성현들을 공양하고, 겸하여 이름 있는 스님을 초청하여

다. 이러한 도량을 통하여 '재앙의 싹이 아예 트지 않고 복덩어리가 더욱 깊으며, 무기를 감추어 버려 안팎으로 풍진의 경고가 끊어지고 조정이 화목하여 장군과 재상이 수유의 화합처럼 될 것.'53)이라 하였다. 그리하여 국가를 튼튼히 하려면 반드시 불법의 가피를 기대하였으며, 내란이 있을 징조가 보이면 사찰에 도량을 베풀었다.54) 예컨대 불정 소재도량을 설치하고 『인왕경』을 읽어 재앙을 물리치게 하였다.55)

> 진성이 목성을 범하니 태사가 아뢰기를, '내란이 있을까 염려되오니, 청컨대 광암사·총지사 두 절에 불정 소재도량을 설치하고 명인전에서 인왕경을 읽어 재앙을 물리치소서.' 하였다.56)

특히 고려의 왕은 외침시 '하나의 경전이 백만 군사보다 매우 나으니, 마군·외도가 제 감히 엿보지 못한다.'57)고 하면서 불교의 경전에 의지했던 것이다.58) 예컨대 거란 침입시 사람들의 꾀를 모았으나 대책을 세우지

大藏經의 특별한 공덕을 轉讀하는 것입니다.'
53) 이규보,「大藏經道場疏」,『동국이상국전집』권40, 釋道·疏·祭祝 翰林院과 誥院에서 아울러 지었다. '伏願災萌不朕 福聚增深 兵革韜藏 中外絶風塵之警 朝廷輯睦 將相如水乳之和.'
54) 權近,「演福寺行大藏經披覽疏」,『양촌집』권28, 疏語類;『동문선』권113, 疏, '부처님이 一音으로 말씀하셨으나, 대장경은 1만 軸이나 많으며, 모든 정치가 번거로우매 小子는 하루의 여가가 없습니다. <u>국가를 튼튼히 하려면 반드시 불법의 가피를 기대야 하겠기에,</u> 이에 신하들과 함께 서원을 세워서 다섯 층의 塔殿을 이루어 옛터를 빛나게 하였고, <u>1천 函의 장경을 출판해서</u> 새로운 경전을 이룩하였습니다. 이미 책장을 만들어 봉안하였으니 이제는 열람하고 읽어야 하겠습니다.'
55) 이규보,「대장경 도량소」,『동국이상국전집』권40, 釋道·疏·祭祝 翰林院과 誥院에서 아울러 지었다. '지난번 胡寇의 침입을 당하여 거의 邦基가 흔들릴 지경이었는데, 우러러 하늘의 많은 도움을 힘입어 곧 앉아서 강한 적을 후퇴시켰습니다. … 가장 수승한 인연을 빌어야 미래의 환란을 막을 수 있습니다.'
56)『고려사절요』권13, 명종 16년(1186) 9월 신유, '鎭星犯歲 太史奏 恐有內亂 請於光嵒摠持兩寺 設佛頂消灾道場 又於明仁殿 講仁王經 以禳之.'
57) 金坵,「宣慶殿行大藏經道場音讚詩」,『동문선』권14, 七言律詩, '一藏全勝百萬師 故應魔外不容窺.'

못했다가 불력에 의해 이를 물리치고자 하였다.

> 지난번 거란 군사에 여러 차례 침범을 당해 이보다 더한 분노가 없어서 비록 사람의 꾀를 모아 널리 의논했으나 어쩔 계획이 없었습니다. 생각한 나머지 한 번 범력의 신통에 의지한다면, 사납고 날랜 강한 군사보다 만 배나 낫겠거든, 하물며 경왕은 세상을 구제하는 양약이고 불모(불법)는 곧 나라를 보호하는 수승한 문이라 어찌 참된 근원을 창달하여 저 추악한 종족을 앉아서 소멸하지 않으리까.[59]

이 법회에서 재앙의 싹이 아예 나지 않고, 좋은 상서가 잇달아 이르며, 오랑캐들이 기회를 엿보지 못하게 하여 국가가 유구한 터전을 누리도록 기원하였다.[60]

> 이제 국가에서 범력을 힘입어 앉아서 흉한 오랑캐를 굴복시키기 위해, 훌륭한 법사를 명산에 모셔와 법회 자리를 복지에 베풀고, 참된 신중들의 위호를 외면서 네 가지 공양을 장엄하게 하오니, 정성도 지극하고 보시가 적지 않습니다.[61]

---

58) 이규보, 「大藏經道場 音讚詩」, 『동국이상국전집』 제18권 古律詩. 王命에 응하여 『大藏經』과 消災道場을 音讚하는 詩 正言에서 三品官에 이르기까지의 지은 것을 모두 붙였다.
59) 이규보, 「仁王經·金剛經 法會疏」, 『동국이상국전집』 권41, 釋道疏, '頃遭丹寇之屢侵 憤莫如此 雖集人謀而博議 計無奈何 謂一憑梵力之神通 卽萬倍强兵之猛銳 況經王是救世之良藥 而佛母乃護國之勝門 盍暢眞源 坐消醜種.'
60) 위와 같음. 최씨정권은 거란 군사를 물리치기 위해 觀音像을 그려 점안하는 疏를 베풀어 적을 물리치고자 하였다. 이규보, 「崔相國擯丹兵 畵觀音點眼疏」, 『東國李相國全集』 卷41, 釋道疏, '聖智를 바라기는 어려운지라 으레 중생은 의지하여 살기 마련이니, 만약 千手千眼의 방편으로써 梵의 위엄을 보이신다면, 비록 1만의 말에다 1만의 精强한 군사일지라도 곧 우리에게 사로잡힐 것입니다.'
61) 이규보, 「王輪寺에서 神衆을 위하는 法席의 날에 재를 올리는 疏」, 『동국이상국전집』 권41, 釋道疏, '今國家仔蒙梵力 坐服凶胡 召高士於名山 敵法筵於福地 念衆眞之威號 嚴四事之熏科 勤亦至焉 施不細矣.'

이러한 법회를 설행하면서 사졸의 용기를 북돋우게 하며 나아가 '쑥대풀이 큰불 속에 들어가듯.' 오랑캐 종자가 저절로 사라지게 하며, 나라에 해로운 것은 없애도록 기원하였던 것이다.[62] 그리하여 거란의 침입시 초조대장경을 조판하여 외침을 물리치고자 하였다.

　현종 2년에 거란 임금이 크게 군사를 일으켜 와서 정벌하자 현종은 남쪽으로 피난하였는데, 거란 군사는 오히려 송악성에 주둔하고 물러가지 않았습니다. 그러나 현종은 이에 여러 신하들과 함께 더할 수 없는 큰 서원을 발하여 대장경 판본을 판각해 이룬 뒤에 거란 군사가 스스로 물러갔습니다.[63]

　이러한 초조대장경은 팔공산 부인사에 봉안되었지만 몽고의 침입시 불타버리자 '나라의 큰 보배가 상실되었다.'고 인식하였다.[64] 그리하여 거란의 침입을 물리쳤을 때처럼 몽고의 침략시 16년간 대장경 조판사업을 전개하였다. 여기에는 국왕과 태자·공·후·백·재추·문무백관 등이 목욕 계하고 허공계, 시방의 한량없는 제불 보살과 천제석 등 33천의 호법 영관에게 기원하였던 것이다.[65]

　진실로 지성으로 하는 바가 전조에 부끄러워할 것이 없으니, 원하건대 제불 성현 33천은 간곡하게 비는 것을 양찰하셔서 신통한 힘을 빌려주어 완악한 오랑캐로 하여금 멀리 도망하여 다시는 우리 국토를 밟는 일이

---

62) 위와 같음.
63) 이규보, 「大藏經을 판각할 때 君臣의 祈告文 정유년에 행하였다」, 『동국이상국전집』 권25, 雜著, '顯宗二年 契丹主大擧兵來征 顯祖南行避難 丹兵猶屯松岳城不退 於是乃與群臣 發無上大願 誓刻成大藏經板本 然後丹兵自退.'
64) 윤용혁, 「몽고 침입과 부인사 대장경의 소실」, 『한국중세사 연구』 28, 2010 ; 김성수, 「고려대장경 조조의 동기 및 배경에 관한 연구」, 『불교연구』 32, 2010.
65) 이규보, 「大藏經을 판각할 때 君臣의 祈告文 정유년에 행하였다」, 『동국이상국전집』 권25, 雜著.

없게 하여, 전쟁이 그치고 중외가 편안하며 모후와 저군이 무강한 수를 누리고 나라의 국운이 만세토록 유지되게 해주신다면, 제자 등은 마땅히 노력하여 더욱 법문을 보호하고 부처의 은혜를 만분의 일이라도 갚으려고 합니다.[66]

이와 같이 대장경은 능히 외침도 물리칠 수 있다고 믿었던 나라의 보배였으며, 대장경 조판사업을 전개하여 국가불교적 운용을 하였던 것이다.[67]

3. 불교계의 대외 항쟁

1) 별무반 항마군의 여진 정벌

앞서 살펴본 바와 같이 고려는 국가적인 위기인 외침시 국가불교 차원에서 승도로 군대를 편성하거나 불교계가 주체적으로 전개하였다. 그 대표적인 사례를 윤관의 항마군의 편성에서 단적으로 엿볼 수 있다. 항마군은 숙종 때 여진을 정벌하기 위해 편성된 별무반에 편성된 승군이다.

마군(mārasainya)은 마구니의 군대라는 뜻이다. 군대라고 한 것은 마구니 무리의 세력이 그와 같이 큰 것을 비유한 것이다.[68] 심신에서 생기는 장애를 내마라고 하며 외계로부터 가해지는 장애를 외마라고 한다.

무상의 지혜를 갖추어 마군을 항복시키는 신통력을 지녔다는 500나한존

---

66) 위와 같음, '苟至誠所發 無愧前朝 則伏願諸佛聖賢三十三天 諒懇迫之祈 借神通之力 使頑戎醜俗 斂蹤遠遁 無復蹈我封疆 干戈載戢 中外晏如 母后儲君 享壽無疆 三韓國祚 永永萬世 則弟子等當更努力 益護法門 粗報佛恩之萬一耳.'
67) 민현구, 「고려의 대몽항쟁과 대장경」, 『한국학논총』1, 국민대 한국학연구소, 1979. 대장경에 대한 연구성과는 다음의 논고에 잘 정리되어 있다. 최영호, 「강화경판 고려대장경의 조성사업에 대한 근대 100년의 연구사 쟁점」, 『석당논총』44, 동아대학교 석당학술원, 2009.
68) 가산불교문화원, 『가산불교대사림』 권5, 669쪽.

자는 항마군 존자(大樂金剛, 大樂不空菩薩)라고도 한다. 마군을 항복시켜 욕계, 색계, 무색계에서 최고의 성취를 이루어 유정에서 중생을 벗어나도록 한다고 한다.69)

고려시대의 경우 국가가 외적의 침입시 나한재가 빈번히 개설되었다. 신종은 보제사에 가서 500 나한재를 올리고 적을 물리쳐 달라는 기도를 하였으며,70) 500 나한도를 제작하여 '인병속멸(隣兵速滅)'하기도 하였다.71) 이러한 유사한 사례는 천태 법화 신앙의 발현인 「법화서탑도」를 제작하여 '인병영침(隣兵永侵)'을 기원한 것에서도 찾아진다.72)

한국 불교사에서 마군이라는 말이 사용된 사례를 들어보면 다음과 같다. 조선중기 선교 양종을 복립한 허응 보우는 청평산 청평사에 머물 때 양종의 판사나 장무 스님들에게 불교 교단을 해치는 마군과 외도들에 대한 경계를 늦추지 말라고 하였던 바 있다.73) 여기서 외도는 성리학자를, 마군은 불교를

---

69) 정병삼, 「고려와 조선시대의 나한신앙」, 『나한』, 국립춘천박물관, 2003, 154~165쪽. 조선 영조 때의 譯官으로 詩書에 능했던 松穆館 李彦瑱의 詩句 가운데 항마존자라는 말을 사용한 사례가 찾아진다. 李彦瑱(1740~1766), 「失題」, 『松穆舘燼餘稿』(江陽李彦瑱虞裳著) 六言絶句, '神通到底平平 自稱降魔尊者.'
70) 『고려사』권21, 신종세가 6년(1203) 2월 임술.
71) 「圓上周尊者圖」畫記, '伏惟 隣兵速滅 中外咸 聖壽等 令壽齊北 已身延壽 室內得椿齡 之願都兵馬錄事李奕瞻 乙未十月日棟隊正金義仁.' 圓上周尊者圖는 1235~1236년에 제작된 오백 폭 〈오백나한도〉 역시 무신들이 주축이 되어 발원한 작품이다. 柳麻理, 「高麗時代 五百羅漢圖의 硏究」, 『韓國佛敎美術史論』, 민족사, 1987, 249~287쪽 ; 鄭于澤, 「高麗時代の羅漢畵像」, 『大和文華』92, 大和文華館, 1994, 35~49쪽.
72) 『東寺國寶展』, 朝日新聞社, 1995, '宗室新安公及寫經 此丘□□同堅願(?), 轄(?) 以□絹 爲□, 金銀爲 坭, 成多寶佛塔, 永 充養義尋行(?)奉 讀七軸靈銓 … □□伏願十一方諸佛□ □□□ 使 我聖上億載統臨, 與天齋壽, 千祥競 至, 刀禍爭消, 諸齡 地久, 國藏康寧, 隣兵永侵, 國泰民安, 時和歲稔, 法界含 靈, 等資饒□□ 虛空-盡此願 不盡 己酉(1249)十 二月 日 誌 神孝寺典香道人□□' 이 발원문은 현재 일본 경도 진언종 본산인 東寺에서 소장하고 있는데, 神孝寺의 典香道人 □□가 쓴 글이다. 宗室인 新安公 王佺(?~1261, 河源公 璹의 아들이자 元宗의 妃인 慶昌宮主의 아버지)이 왕의 천수와 국태민안을 기원하며 1249년 2월에 발원하였던 것이다. 권희경, 『高麗寫經의 硏究』, 미진사, 1986, 381~383쪽.
73) 허응 보우, 「교종판사가 찾아왔기에」, 「찾아온 선종판사에게」, 「양종의 장무에게」, 『허응당집』권하. 참고로 지증대사비문에는 魔賊이라는 말을 사용된 사례도 있다.

해하는 불교도를 지칭하는 듯하다. 거란의 침입시 다음의 기록에서 보듯이 마군으로 물리치고자 하였다.

> 부처님의 감응은 밝은 달이 하늘에 있는 것 같아서 멀리 세계를 통하시고, 신의 위력은 마치 태산이 계란을 누르는 것 같아서 마군을 부숴 굴복시키나이다.[74]

우리 역사에서 항마군이라는 이름은 윤관의 별무반 설치시 처음으로 사용되었으며, 조선후기에도 사용된 사례를 찾을 수 있다. 하지만 숭유억불 시책이 전개된 조선왕조의 항마군이나 의승군은 불교계의 자구책으로 이루어진, 국가불교가 아닌 호국적 불교 성격이 짙다. 조선중기 임진왜란이 발발하자 청허 휴정은 '석장 세우고 한 소리 외치니 마귀의 군졸 흩어졌다.'[75]고 하였다. 그의 제자 사명 유정은 '임진년(1592, 선조 25) 겨울에 사가 의도를 규합하여 국난을 막을 때, 그 사부를 대신하여 도중을 거느리고 여러 차례 마군을 꺾었다.'[76]고 하여 외국 침략군을 마군으로 보았다. 그리고 벽암 각성(1575~1660)은 1636년(인조 14) 병자 호란시 승군 3,000명으로 편성하여 항마군이라고 이름하였다.[77]

즉, '남들은 혹 멀리 유학하여 고생하며 돌아왔지만 나는 가만히 앉아 魔賊을 힝복받을 수 있었다오(彼或遠學來匍匐 我能靜坐降魔賊).' 최치원, 「智證和尙碑銘竝序」, 『고운집』 권3, 비 ; 황인규, 「나암보우와 조선불교계의 고승」, 『보조사상』 24, 2005 ; 『조선시대 불교계 고승과 비구니』, 혜안, 2011.
74) 이규보, 「同前願神衆法席一七日疏」, 『東國李相國全集』 卷41, 釋道疏, '佛應如朗月之在天 炤通世界 神威若大山之壓卵 摧伏魔軍.'
75) 정조, 「西山大師 畵像堂銘 幷序(甲寅年, 1794)」, 『홍재전서』 권53, '卓錫一喝 魔軍離披.'
76) 허균, 「四溟集序」, 『惺所覆瓿藁』 권26, 부록 2 序.
77) 각성은 호남의 관군과 함께 남한산성으로 향하였으나 가는 도중에 전쟁이 끝나 항마군을 해산하고 지리산으로 들어갔다. 申晸, 「白谷處能師碑銘」, 『汾厓遺稿』 卷10, 碑銘.

병자년(1636년) 겨울에 청의 군대가 갑자기 들이닥치자 선사는 의승 3천을 모집하여 항마군이라 이름하고 관군과 함께 군대를 나누어 진격하였다. 인조가 이를 듣고 더욱 가상히 여겼다.[78]

벽암 각성은 지리산에 머물 때 인조가 청의 침략으로 남한산성에 피난을 갔다는 말을 듣고 북을 치고 눈물을 흘리며 대중을 깨우쳐 다음과 같이 말하였다. '우리 승려들도 임금의 백성인데 하물며 널리 구제하는 것을 근본으로 삼음에야! 나랏일이 시급하니 차마 앉아서 관망할 수 없구나.' 라고 하면서 군복을 입고 궐기하였다. 격문을 돌려 수천 명을 모아 항마군으로 편성하여 봉기하였던 것이다.[79]

부처님의 감응은 밝은 달이 하늘에 있는 것 같아서 멀리 세계를 통하시고, 신의 위력은 마치 태산이 계란을 누르는 것 같아서 마군을 부숴 굴복시키나이다. … 엎드려 원하건대, 8부의 위력을 빌어 3군의 사기를 도우사, 비린내 나는 적의 무리들을 하찮은 벌 독을 제거하듯 다 무찌르고, 또한 부역한 국민들로 하여금 못된 적에게 붙었던 마음을 버리고서 돌아와 순종하게 하소서.[80]

이러한 항마군은 앞서 언급했듯이 고려 국가불교의 전통을 계승한 호국불교의 전개였다. 즉, 항마군은 이미 고려시대 여진의 침략을 대비하기 위해 국가불교 시책의 측면에서 윤관의 건의로 편성되었던 것이다.

---

78) 백곡 처능, 「賜報恩闡敎圓照 國一都大禪師 行狀」, 『白谷集』 권2, 『한국불교전서』 8, 330쪽, '丙子變 募義僧三千 號降魔軍 師爲僧大將 與湖南官軍 爲掎角之勢 仗義助援 仁祖聞而嘉之.'
79) 李景奭, 「求禮 華嚴寺 碧巖大師碑」, 『조선금석총람』 하, '國事急矣 其忍坐視 卽衣戎衣 而起檄召南僧來 赴者數千相率.'
80) 이규보, 「앞서와 같이 神衆을 원하는 법회의 첫 七日疏」, 『동국이상국전집』 권41, 釋道疏, '佛應如朗月之在天 烱通世界 神威若大山之壓卵 摧伏魔軍 … 伏願借八部之威 助三軍之氣 俾虜敵腥羶之類 蜂毒以殲夷 及國民附染之徒 變鴉音而服順.'

선종 9년 12월에 윤관이 아뢰었다. '별무반을 두고 문무 산관 서리들로부터 장사꾼과 노복 및 주, 부, 현에 이르기까지 말을 가진 자는 기군(騎軍)으로 하고 말이 없는 자는 신보, 도탕, 경궁, 정노, 발화군 등으로 할 것이며, 연령이 20세 이상으로서 과거에 급제하지 못한 자는 모두 신보에 배속시키고 양반과 모든 진 부 군인은 사철 계속 훈련시키며 또 승도들을 뽑아서 항마군을 조직해야 할 것입니다.'라고 하였다.[81]

윤관은 1107년(예종 2) 12월 이후 여진과의 전투에서 숙종에게 패전의 원인을 설명하고 별무반이라는 새로운 군사 조직을 편성하게 되었다. 여진 군의 주력이 기병이었던 데에 반해 고려군은 주로 보병이었던 데다가 중앙의 상비군이었던 6위가 약화되어 있었기 때문이었다. 별무반은 기병인 신기군과 보병인 신보군, 승병으로 구성된 항마군, 그리고 도탕·경궁·정노·발화군 등의 특수군으로 구성되었다. 이렇듯 항마군은 국가불교의 시책으로 전국 사찰의 수원승도를 징발하여 편성하였다.[82]

고려초기에는 중앙과 지방의 사찰에 모두 수원승도가 있어서 부역을 군현 주민들과 늘 같이 하고 생활이 안정된 자가 천여 명에 달하였다. 매번 국가에서 군사를 모집할 때면 서울과 지방 사원의 수원승도를 징발하여 각 군대에 나누어 소속시켰다.[83]

---

81) 『고려사』 권81, 병지 1 병제, '肅宗 九年 十二月 尹瓘奏 始置別武班 自文武散官吏胥 至于商賈僕隸及州府郡縣 凡有馬者 爲神騎 無馬者 爲神步 跳盪 梗弓 精弩 發火等軍 年二十以上者 非擧子 皆屬神步 兩班與諸鎭府軍人 四時訓鍊 又選僧徒爲降魔軍 國初內外寺院 皆有隨院僧徒 常執勞役 如郡縣之居 民有恒産者 多至千百 每國家興師 亦發內外諸寺 隨院僧徒分屬諸軍.'
82) 이승한, 「고려 숙종대 항마군 조직의 정치적 배경」, 『역사학보』 137, 1993 ; 이홍두, 「고려시대 군제와 승군-수원승도의 정규군 편성을 중심으로」, 『백산학보』 72, 2005.
83) 『고려사』 권81, 병지 1 병제, '肅宗 九年 十二月 尹瓘奏 始置別武班 自文武散官吏胥 至于商賈僕隸及州府郡縣 凡有馬者 爲神騎 無馬者 爲神步 跳盪 梗弓 精弩 發火等軍 年二十以上者 非擧子 皆屬神步 兩班與諸鎭府軍人 四時訓鍊 又選僧徒爲降魔軍 國初內

수행승은 관단에서 계를 받고 승과에 응시하여 승계를 받았음에 비해 수원승도84)는 『고려도경』에 기록되어 있는 재가화상과 같은 비승비속인 부류이다.85) 비승비속인은 조선초 유생들이 법을 알고 계를 지키는 승도들과는 달리 환속의 대상으로 삼았던 도중과 같은 부류였다고 생각된다.86) 도중은 고려시대 재가화상이나 수원승도와 같은 부류이며, 조선왕조 내내 문제가 되고 있었던 거사나, 도사에 비교되는 비승비속인인 사장87)의 부류이다.88) 이렇듯 전근대 시대의 승려는 모두 우리가 알고 있는 수행 및 교화승으로 간주하기는 무리다. 수원승도는 경을 외우고 계를 지키는 수행승과는 다른, 대부분 국가의 직역을 피해 출가하였거나 천민과 같은 낮은 신분이었고 재승 또는 연화승과 같은 부류였다.89) 그들은 민간에 뒤섞여

外寺院 皆有隨院僧徒 常執勞役 如郡縣之居 民有恒産者 多至千百 每國家興師 亦發內外諸寺 隨院僧徒分屬諸軍.'
84) 隨院僧徒에 대해서는 다음과 같은 견해가 있다. 사회경제적 입장에서 수원승도를 파악한 견해가 있다. 백남운은 農奴的 존재로(백남운, 『조선봉건사회경제사』, 개조사, 1933, 838쪽) 이상선은 수원승도를 佃戶的 軍事的 성격으로 비정하였다(李相宣, 「고려시대 수원승도에 대한 고찰」, 『숭실사학』 2, 1984). 『통도사지』에 게재된 通度寺의 一千僧衆 三千大德도 수원승도였다. 이인재, 「『通度寺誌』四之山川裨補篇의 분석」, 『역사와 현실』 8, 1992.
85) 서긍, 「在家和尙」, 『고려도경』 권18, 釋氏, '在家和尙 不服袈裟 不持戒律 白紵窄衣 束腰皁帛 徒跣以行 間有穿履者 自爲居室 娶婦鞠子 其於公上 負載器用 掃除道路 開治溝洫 修築城室 悉以從事 邊陲有警 則團結而出 雖不閑於馳逐 然頗壯勇 其趣軍旅之事 則人自裹糧 故國用不費 而能戰也 聞中間契丹 爲麗人所敗 正賴此輩 其實刑餘之役人 夷人 以其髡削鬚髮 而名和尙耳.' 수원승도와 유사한 부류도 지리산 일대에도 있었음이 고려사 지리지에서 찾아진다. 『고려사』 권57, 지리지 2, 경상도, '又號晉陽. 有花開·薩川兩部曲(其長皆剃頭, 稱爲僧首).'
86) 『태종실록』 권1, 1년 윤3월 신해.
87) 『예종실록』 권6, 1년 6월 신사 ; 『세종실록』 권122, 30년 12월 정사.
88) 社長에 대해서는 세종 30년에 처음 보이며(『세종실록』 권122, 30년 12월 정사), 이능화가 조선전기의 사장이 조선후기에 이르러 사당(捨堂·社堂·寺堂)이라 규정한 이래(『朝鮮解語花史』) 사당패의 무리라고 보는 설이 우세하나(송석하, 「社堂考」, 『한국민속고』, 일신사, 1960 ; 진나라, 「조선전기 社長의 성격과 기능: 불교신앙활동을 중심으로」, 『한국사상사학』 22, 2004), 필자의 생각에는 고려시대 사회문제가 되었던 연화승 부류나 향도·재가화상·수원승도와 같은 부류로 보아야 할 것이다.
89) 조선초에 위정자들은 승려를 修行僧·敎化僧·齋僧(緣化僧) 세 부류로 나누어 이해하

살면서 아내와 자식을 두고, 심지어는 간음하는 등 여러 사회 문제는 물론 국가의 역의 회피로 인한 호구 대책 문제까지 야기시켰을 뿐만 아니라 경제 활동을 통해 경제적인 부도 축적하였다.[90] 그들을 승려라고 부르기보다는 속인의 뜻이 담겨있는 승도라고 할 것이다. 그들은 고려 국초 이래 개경과 지방의 사원에 소속되어 있는 승도, 즉 수원승도와 같은 부류이다. 서울인 개경은 물론이고 지방의 사원에 분속되어 있었다. 윤관의 별무반 설치시 항마군으로 편성되기도 하였으며, 1109년(예종 4) 7월에 9성의 환부를 결정하고 주둔했던 군사와 백성들을 철수시키면서 별무반은 해체되었다. 이때 항마군도 해체되었으나 여전히 승도로서 남아 있었으며, 전란시 동원되었다. 즉, 별무반은 여진과의 강화가 성립됨에 따라 해체되고 말았다. 하지만 신기군의 경우 1177년(명종 7) 무렵까지 그 존재가 확인되고 있는 것으로 보아[91] 별무반 해체 이후 얼마간 활동하였다. 항마군도 그 후 얼마간 지속했을 가능성이 있으며, 수원승도는 고려말까지 그 역할을 다하였다.[92] 그러한 사례를 들어보면 다음과 같다. 즉 1174년(명종 4) 1월 이의방이 난을 일으켰을 때 중광사·홍호사·귀법사·홍화사 등 여러 사찰의 승도 2천여 명[93]은 바로 수원승도와 같은 부류이다.[94] 묘청의 난을 진압하는 데 적지않

고 있다. 『태조실록』 권7, 4년(1395) 2월 19일(계미). 조선시대뿐만 아니라 전근대 시대 승도와 승려는 구별하여 이해가 되어야 한다. 예컨대 『조선왕조실록』이나 『고려사』에 나타난 승려의 비행 기사는 바로 비승비속인인 승도와 관련된 것이라고 보아야 할 것이다.

90) 황인규, 「한국불교사에 있어서 度牒制의 시행과 그 의미」, 『보조사상』 22. 2004 ; 황인규, 『고려후기·조선초 불교사연구』, 혜안, 2003.

91) 『고려사』 권19, 명종세가 7년(1177) 6월 신사, '금나라 사신이 올 때에 나라에서는 혹시 서경의 반란군들이 길을 막을까 염려하여 사신에게 핑계하기를 이 지방은 전투 끝에 연로에는 전염병이 대단히 돌기 때문에 다른 길로 안내하게 되었다고 하는 동시에 戶部郎中 朴紹와 중랑장 牙應時를 시켜 관군과 神騎軍 80명을 데리고 가서 만일의 사고를 방지하게 하였다.'

92) 항마군은 기존에 알려진 것처럼 별무반 해체시 소멸된 것이 아니다. 언제까지 활동했는지는 좀 더 깊은 연구가 필요하다.

93) 『고려사』 권128, 이의방 열전.

94) 『고려사』 권19, 명종세가 4년(1174) 12월 신미, '鄭筠이 비밀리에 從軍하는 僧

은 역할을 했던 승도 관선과 상승95)이나 1176년(명종 6) 공주에서 망이와 망소이가 난을 일으켰을 때 참여한 승도,96) 1182년 죽동의 반란을 진압한 승려97)도 바로 승군이라기보다 수원승도였다고 생각된다.98) 1359년(공민왕 8) 12월에 홍건적이 침입하자 전국의 사원에서 말을 군용으로 징발시키고99) 수원승도가 전투에 참여하였다.100) 1378년 3월, 왜구가 수도 개경을 공략하자 수천 명의 승군이 병선의 제조와 전투에 참여하기도 하였다.

최영은 병선을 건조하기 위해 각 도의 군인을 징발하고 또 승도를 모집하였다. 이때 승록을 불러 말하기를 '승도도 외적을 방어하려 하는가.' 하니 대답하기를 '승려들이 편안한 것은 나라에 우환이 없기 때문입니다. 나라에 변고가 있는데 승려만이 어찌 편안할 수 있겠습니까.'라고 하였다. 최영이 말하기를 '내가 이전에 6도 도통사로 있으면서 대대적으로 큰 병선 8백여 척을 건조해 해적을 깨끗이 소탕하려 하였었다.'101)

宗臣 등을 유인하여 李義方을 처단하고 그 도당들을 잡아 죽였다. 승려들은 그 길로 普濟寺에 둔취하였다.'
95) 『고려사』 권98, 김부식열전.
96) 『고려사』 권19, 명종세가 6년(1176) 1월 23일.
97) 『고려사』 권20, 명종세가 12년(1182) 3월.
98) 이러한 전투에 참여한 인물이 각 사원에 분속된 수원 승도인지 수행승인 승려인지 좀 더 깊은 천착이 필요하다. 본고에서는 승도로 보았다.
99) 『고려사』 권82, 병지 마정, '공민왕 3년 6월에 모든 관리들이 낸 말은 국가에서 종이돈으로 사서 高郵에 출정한 군사에게 주었는바 3품 이상, 여러 왕족, 재추 이하는 말 세 필을 내고 6품 이상 4품 이하는 말 한 필을 내고 승도들은 살고 있는 절의 등급에 따라 말을 내게 하였다. 8년 12월에 承宣 이상은 말 한 필을 내게 하고 또 禪敎의 각 절 승도들의 말을 모아 군용에 보충하였다. 10년·10월에 각 도로 하여금 승도의 절에서 戰馬를 모아 차등 있게 내게 하였다. 신우 원년 9월에 모든 절 住持들이 전마를 각각 한 필씩 내게 하였다.'
100) 『고려사』 권39, 공민왕세가 8년(1359) 12월 무자, '호부상서 朱思忠을 파견하여 가는 포와 말안장과 굴레 그리고 술과 고기를 가지고 적의 괴수에게 주면서 그 군사 虛實을 탐지하였다. 이암의 마음이 약하여 군사를 통솔할 수 없었으므로 평장사 李承慶을 파견하여 대체케 하고 전 첨의찬성사 權適에게 명하여 僧兵을 거느리고 전방으로 나가게 하였다.'

최영은 농사철에 백성을 동원할 수 없으므로 승도를 징발해 격퇴하였다.[102] 그리고 1377년(우왕 3) 10월에 화통도감을 세우고[103] 화약 제조술을 중국에서 도입하였을 때, 1급의 비밀에 속한 기술 요원은 승도에서 충당하였고, 화통을 쏘는 포군은 서울과 각 지방의 사찰에 인원 수를 할당하여 조직하였다.

개경 밖의 각 사원에 화통 방사군을 배치하되 큰 사원에는 3명, 중간 사원에는 2명, 작은 사원에는 1명으로 정하였다.[104]

1378년(우왕 4) 3월에는 대마도의 왜구와 강화도 인근의 왜구가 개경의 함락을 목적으로 대거 침략하게 되자 조정에서는 경상도와 양광도에서 1,000인의 승군과 교주·서해·평안도에서 각 500인의 승도를 차출하여 병선을 제조하고 화약 병기를 사용하여 적을 물리치게 하였으며, 1388년 4월 승군들이 왜구의 침략을 막았다.

(3월) 왜적이 서부 변경 지방을 침공하였다. 해주 수미사는 일본과의 맥이 통한다고 하여 그 절에 문수도량을 차리고 재난을 예방하는 불공을 드렸다. … 경기 도통사 이인임의 지휘를 받게 하였으며 각 도의 승도들을 징모하여 전함을 건조하는데 경산에서 3백 명 양광도에서 천 명, 교주, 서해, 평양 등 각 도에서 5백 명씩 징모하였다. 명령을 내린 다음 만약 기피하는 승도들이 있으면 군법으로 처벌한다고 하였다.[105]

---

101) 『고려사』 권113, 최영 열전, '瑩欲造戰艦 發諸道軍 又募僧徒 召語僧錄曰 僧亦欲禦侮乎 曰僧所以安 以國家無虞也 國有變 僧何獨安 瑩曰 吾昔爲六道都統使 大作戰艦八百餘艘 欲掃淸海寇.'
102) 위와 같음.
103) 『고려사』 권133, 신우 열전 3년(1377) 10월 ; 『고려사』 권81, 병지 병제사.
104) 『고려사』 권81, 병지 병제사 우왕 4년 4월, '定火桶放射軍於京外各寺 大寺三名 中寺二 小寺一.'

전국의 사찰에 분속된 수원승도들을 징발하여 군대에 편입하였고 경기도 병정은 떼어내어 동강과 서강에 주둔시켜 왜적을 방비케 하였다.106) 이와 같이 고려는 외침시 국가 불교적 차원에서 각 사원에 분속된 수원승도를 항마군과 같은 정규 군대로 편성하여 외침시 대응하기도 하였던 것이다.

2) 불교계 고승의 대외 항쟁

앞서 서술한 바와 같이 각 사원에 분속된 수원승도 외에 승려도 외침시 승군으로 참여하여 활동하였다.107) 국가불교 사상의 적극적 발현이다. 『고려사』에 의하면 1010년(현종 1)에 거란이 수도인 서경을 침략할 때 승려 법언(?~1010)은 9천명의 승병을 이끌고 거란군과 싸워 승리하였다.

> 탁사정은 성 안으로 돌아가고 지채문은 이원과 함께 자혜사에 나가 주둔하였다. 거란 임금은 다시 을름을 보내 서경을 공격하게 하였다. 지채문은 '적군이 안정역에 와서 머물고 있는데 그 수가 대단히 많다.'는 순라병의 정찰 보고를 받고 이것을 탁사정에게 급보하고 드디어 탁사정 및 승 법언과 함께 병사 9천 명을 거느리고 임원역 남쪽에서 적군을 요격하여 3천여 명을 죽였으며 법언은 전사하였다.108)

승려 법언이 전사하자 수좌를 추증하였다.109) 1217년(고종 4) 5월 거란의

---

105) 『고려사』 권133, 신우 열전 3년(1377) 3월.
106) 『고려사』 권137, 신우 열전 14년(1388) 4월 정미.
107) 승도와 승군의 엄격한 구별은 쉽지 않다. 제 기록에 나타난 승도는 승려와 신도 또는 수원승도로 볼 수 있기 때문이다. 본고에서 다룬 승도와 승군의 구별도 애매한 경우도 없지 않다. 앞으로 좀 더 정밀한 천착이 필요하다.
108) 『고려사』 권94, 지채문 열전, '思政以蔡文爲先鋒 出與乙凜戰 乙凜 保佑敗走 於是 城中人心稍安 思政還入城 蔡文與李元 出屯慈惠寺 契丹主復遣乙凜擊之 邏卒報 敵兵來 屯安定驛 勢甚盛 蔡文馳告思政 遂與思政及僧法言 率兵九千 迎擊于林原驛南 斬首三千 餘級 法言死.'

침략시에도 승군이 참여하였다.110) 몽고가 1231년(고종 18)부터 1273년(원종 14) 삼별초군에 이르는 40여 년이란 오랜 기간 동안 전개되었다. 1225년(고종 12) 몽고 사신 저고여의 피살 사건을 계기로 국교가 단절된 뒤, 몽고는 1231년(고종 18) 조공 거절 및 저고여 피살에 대한 보복으로 제1차 침입을 시작으로 1254년까지 8차에 걸쳐 전국을 유린하였다.111)

이러한 상황속에 승려가 직접 전투에 참여하여 몽고군을 막아냈던 사실이 찾아진다. 1231년(고종 18) 12월 몽고가 충주 지방에 침입하자 승려 우본과 충주의 노군 및 잡류의 하층민들이 이를 막아냈다. 충주부사 우종주는 양반 별초를 거느리고 충주판관 유홍익은 노군·잡류별초를 거느리면서 대비하고 있었다.

> 당초에 충주부사 우종주가 문서 처리에 있어서 판관 유홍익과 의견 충돌이 생겼는데 몽고병이 온다는 소식을 듣고 성을 수비하는 문제를 토의할 때에도 또 의견을 달리하였다. 그래서 우종주는 양반 별초를 영솔하고 유홍익은 노예와 잡류로 편성된 별초를 통솔하게 되었으면서도 서로 시기하고 있었다. 그러다가 몽고병이 침공하게 되자 우종주, 유홍익과 양반 별초들은 모두 성을 버리고 도망갔으나 오직 노군과 잡류 별초가 합력하여 적을 격퇴하였다.112)

---

109) 『고려사』 권4, 현종세가 2년(1011) 7월 임진, '다음과 같은 교서를 내렸다. "지난해 거란이 서경을 포위하였을 때에 法言이라는 승려가 정의를 위하여 용감성을 발휘하였으며 나라를 위하여 생명을 바쳤으니 그에게 首座의 관직을 추증하여야 하겠다."'
110) 『고려사』 권22, 고종세가 4년(1217) 5월 갑신, '대장군 池允深을 양광, 楊廣忠淸道 방어사로 임명하여 도내 군사가 僧軍을 거느리고 거란적을 방어하게 하였다.'
111) 본고에서 다룬 불교계 승려의 대몽항쟁기 연구 성과는 윤용혁 교수의 연구성과에 힘입은 바 크다. 윤용혁, 『고려 대몽항쟁사연구』, 일지사, 1991. 불교학 내지 불교사 시각에서 좀 더 깊은 천착을 시도하고자 하였으나 아쉽게도 관련 사료의 영성함 때문에 더 이상 진척된 연구는 현재로서는 어려운 실정이다.
112) 『고려사』 권103, 이자성 열전, '初 忠州副使 于宗柱 每簿書間 與判官 庾洪翼有隙 聞蒙古兵將至 議城守 有異同 宗柱領兩班別抄 洪翼領奴軍 雜類別抄.'

몽고군이 충주에 들이닥치자 우종주·유홍익, 양반 별초는 모두 달아나고 노군과 잡류 별초[113]만이 남아 몽고군을 물리쳤는데 승려 우본도 참전하였다. 충주 노군의 괴수 영사 지광수와 승 우본이 왔으므로 표창하고 상 주었다. 지광수에게는 교위를 주고 우본을 충주 대원사[114] 사주로 삼고 삼중 벼슬을 주었다.[115] 하지만 얼마 후 우본과 노군 등은 오히려 난적으로 몰려 죽음을 당하였다.[116]

1232년(고종 19) 몽고의 제2차 침략시 승려 김윤후는 용인 백현원에서 활동하다가 승군으로 활동하였다.

김윤후는 고종 때 사람으로서 일찍이 승려로 되어 백현원에 있었는데 몽고병이 오자 김윤후는 처인성으로 피난 가서 있었다. 몽고 원수 살례탑이 그곳을 공격하여 왔을 때에 김윤후가 그를 격살하였다. 왕이 그의 공을 기특히 여겨 상장군의 직을 수여하였더니 김윤후가 그 공을 다른 사람에게 사양하면서 말하기를 '전투할 때에 나는 활이나 화살도 갖지 않았는데 어찌 감히 귀중한 상만 받겠느냐?'라고 하며 굳이 받지 않으므로 다시

---

113) 奴軍은 관청에서 사역하는 공노비를 주축으로 임시 무장시킨 부대로 생각되며, 雜類는 관청에서 잡역에 종사하는 지방민이라고 생각된다.
114) 발굴조사보고서에서도 대원사의 존재를 확인할 수 있다. '明昌三年金堂改盖□□□ 大院寺主持大師□瓦立俾 □□□□□□.'(충청북도 『彌勒里寺址발굴 조사 보고서』 1978, 74쪽.
115) 『고려사절요』 권16, 고종 19년(1232) 1월, '안무별감 朴文秀는 충주에서 돌아오고, 김공정은 고을에 머물러 平定되기를 기다리고, 奴軍都領 令史 池光守와 승려 牛本 등이 경성으로 달려가니, 최우가 크게 포상을 하여 광수를 校尉에 補하고, 우본을 충주 大院寺 주지로 삼았다.' 『청장관전서』 권57, 盎葉記 4, 新羅·高句麗·百濟·高麗의 기이한 姓 僧氏 '씨족서'에 '僧牛本은 高宗 때에 都領令史였다.' 하였다. 그러나 우본은 반란군의 괴수로 몰려 죽음을 당하였다(『고려사』 권103, 이자성 열전). '明昌 3年 大院寺'라는 글자가 새겨진 기와가 출토되었다. 명창 3년은 고려 명종 22년(1192)에 해당되며 당시 대원사란 이름으로 불린 듯하다.
116) 『고려사』 권129, 최충헌 열전 ; 『고려사』 권23, 고종 19년(1232) 1월 정미, '안무별감 박문수는 충주로부터 돌아오고 김공정은 충주에 머물러 있으면서 폭동이 평정되기를 기다렸다. 관노군 都令인 令史 池光守와 승려 牛本 등이 서울로 왔다.' 『고려사』 권103, 이자성 열전.

섭랑장 벼슬로 고쳐 주었다.117)

승려 김윤후는 백현원에 머물다가 1232년(고종19) 제2차 여몽 전쟁 당시 처인성에서 하층민 부곡민들을 지휘해 몽골 원수 사르타크(살례탑, Sartag)를 사살함으로서 승려가 조정의 아무런 지원 없이 자발적으로 외침을 물리친 것이다. 불교계 고승의 국가불교적 차원에서 이루어진 값진 행위이다.

그 후 1253년(고종 40) 10월 김윤후는 충주산성 방호별감으로 임명되어 몽고군을 방어하였다.118)

후에 충주산성 방호별감으로 임명되었는데 몽고 병이 침입하여 성을 포위 공격한 지 무려 70여 일이 되어 성내에는 식량도 거의 다 먹었을 때였다. 김윤후가 병사들을 격려하여 말하기를, '누구든지 힘을 다 바쳐 싸우는 사람이라면 귀천의 차별이 없이 모두 벼슬과 작위를 주겠다. 너희들은 내 말을 의심하지 말라.'고 하고 드디어 관노를 등록한 장부를 불에 태워버렸으며 또 노획한 소와 말을 나누어 주었다. 그리하여 사람들이 모두 있는 힘을 다하여 적을 공격하였으므로 몽고군의 기세가 적이 좌절되어 드디어 남으로 향하지 못하였다. 이런 공으로 김윤후는 감문위상장군으로 승진되고 기타 군공이 있은 사람들에게는 관노와 백정에 이르기까지 모두 공에 따라서 차등 있게 관직을 주었다.119)

---

117) 『고려사』 권103, 김윤후 열전, '金允侯 高宗時人 嘗爲僧 住白峴院 蒙古兵至 允侯避亂于處仁城 蒙古元帥 撒禮塔來攻城 允侯射殺之 王嘉其功 授上將軍 允侯讓功于人曰 當戰時 吾無弓箭 豈敢虛受重賞 固辭不受 乃改攝郞將.'
118) 『고려사』 권103, 김윤후 열전 ; 『고려사』 권129, 최충헌 열전. 김윤후의 환속 문제와 충주성 전투에 대해서는 후에 다시 정밀하게 천착하기로 한다.
119) 『고려사』 권103, 김윤후 열전, '後爲忠州山城防護別監 蒙古兵來圍州城 凡七十餘日 糧儲幾盡 允侯諭勵士卒曰 若能效力 無貴賤悉除官爵 爾無不信 遂取官奴簿籍焚之 又分與所獲牛馬 人皆效死赴敵 蒙古兵稍挫 遂不復南 以功拜監門衛上將軍 其餘有軍功者 至官奴 白丁 亦賜爵有差.'

1253년(고종 40) 10월 몽고군은 곧바로 충주를 포위·공격하자 충주산성 방호별감 낭장 김윤후의 지휘에 따라 충주산성에서 적의 공격을 방어하였던 것이다.[120] 방호별감 낭장 김윤후는 군사들을 타일러 '만일 죽음을 다하여 싸운다면 신분의 귀천 없이 모두 관직을 주겠다.'고 하며 관노의 문서를 불태웠으며, 노획한 말과 소를 나누어 주자, 사람들이 모두 죽기를 맹세하여 싸웠다. 이렇듯 충주 민이 70여 일간이나 몽고군 야굴의 주력 부대를 방어한 것은 김윤후의 뛰어난 지도와 노비들의 신분해방에 기대로 처절하게 싸운 결실이었다. 충주산성 전투의 승리로 몽고군은 더 이상 남쪽으로 진격하지 못했다.[121]

김윤후는 이와 같은 승리의 공으로 다음 해인 1254년(고종 41) 2월 감문위 상장군에, 후에 동북면 병마사, 추밀원 부사, 수사공 우복야에 올랐다.[122] 전공이 있는 관료와 백정도 차등 있게 벼슬을 주었으며, 같은 해 4월에 충주를 승격하여 국원경으로 승격시켰다.[123]

그로부터 1년 후인 1254년(고종 41) 5차 몽고의 고려에 대한 침공을 감행한 차라다이(차라대, Charadai)는 9월 충주에 당도해 충주산성을 공격했으나 충주인의 반격으로 이를 포기하고 남하했다.[124] 이후 상주에서 승려 홍지가 이끄는 전투가 전개되었다.

> 차라대가 상주산성을 치거늘 황령사의 승 홍지가 제4관인을 사살하였다. 사졸의 죽은 자도 과반수나 되매 드디어 포위를 풀고 퇴거하였다.[125]

---

120) 윤용혁, 「13세기 몽고의 호서지방민의 항전」, 『호서문화연구』 4, 1984.
121) 윤용혁, 『고려 대몽항쟁사연구』, 일지사, 1991.
122) 『고려사』 권24, 고종 46년 1월 무오 ; 『고려사』 권25, 원종 3년 12월 정축 ; 『고려사』 권25, 원종 4년 12월 병인.
123) 『고려사절요』 권17, 고종 41년(1254) 4월.
124) 윤용혁, 『고려 대몽항쟁사연구』, 일지사, 1991.
125) 『고려사』 권24, 고종세가 41년(1254) 10월 19일(무자), '車羅大攻尙州山城 黃嶺寺僧 洪之 射殺第四官人 士卒死者過半 遂解圍而退.'

승려 홍지는 승도들을 중심으로 상주민을 모아 항전하였다. 이 전투에서 몽고군의 지휘관 제4관인이 사살당하였으며, 몽고군 군사 가운데 절반이상을 사살했다는 것이다. 승려 홍지는 경상도의 초입부 상주시의 북쪽 은척면 황령리의 황령사126)에서 몽고군이 충주로부터 대원령을 넘어 남하하자 상주산성에서 항전하여 차라대의 주력군이 충주에서 물러나게 하였다.127) 이와 같이 승려 홍지가 참여한 상주산성 전투는 경상도민의 유일한 항전이었으며, 1232년의 처인성 전투에 이어 승려가 지휘하여 지역 하층민들과 함께 물리친 전쟁이다.128) 이와 같이 승려들은 국가적 위기인 외침시 승군으로 직접 전투에 참전하였는데, 이는 국가불교의 전통에서 발현된 것이었다.

4. 나가는 말

이상으로 고려시대 국가불교와 대외 항쟁이라는 주제로 살펴보았다. 고려는 불교의 이념으로 건국되었으며, 국초 이래 국사·왕사제, 진전사원제, 국가비보 사탑설 등이 그 대표적인 사례이다. 특히 도선의 불교 국가비보사상으로 운용되었다. 태조의 훈요10조 제1·2조에 명시되어 고려말까지 대체로 준수되었다. 도선의 국가비보사상은 선종계와 천태종계를 중심으로 전 불교계에 전개되었다. 도선뿐만 아니라 제자 선종 승려 여철이나 천태종 승려 능긍에게 뚜렷하게 전해지고 있다. 무신집권기초 수선사 제2사주 진각국사 혜심은 '선도로 국가의 운수를 늘이고 『지론』으로써 이웃나라의

---

126) 『신증동국여지승람』 권29, 경상도 함창현 佛宇, '黃嶺寺 현의 서쪽 황령산에 있다.'
127) 그 후 몽고군은 각지를 유린하고 이듬해 돌아갔다. 1254년 몽고군에 사로잡힌 남녀가 무려 20만 6,800명이요, 살육된 자도 헤아릴 수 없었으며 몽고군이 지나가는 州郡마다 잿더미가 되었다고 한다. 『高麗史節要』 卷17, 高宗 41年, '是歲蒙兵所虜男女無慮二十萬六千八百餘人 殺戮者不可勝計 所經州郡 皆爲煨燼 自有蒙兵之亂 未有甚於此也.'
128) 윤용혁, 「몽고의 경상도 침입과 1254년 상주산성의 승첩」, 『진단학보』 68, 1989 ; 윤용혁, 『대몽항쟁사 연구』, 일지사, 1991.

군사를 진압하였으니 종지를 깨우치고 도를 의논할 자료로써 이보다 급한 것이 없다.'고 하였다. 고려말 최영 장군과 함께 출정한 내원당 고승 현린이나 천태종 고승 신조도 국가불교 시대의 고승이었다.

이러한 국가불교 사상은 특히 불사 도량과 대장경 조판으로 전개되었다. 담선 법회는 건국초 이래의 선종계 9산문 고승들이 사찰에 모여 선을 논의하였으며, 거란과 같은 외침시의 법회는 국가불교적 법회의 성격이 더욱 짙었다. 그 외에 신중 도량과 같은 법회에서도 국가불교 도량이 개설되었다.

또한 국가불교 사상은 외침으로 국가의 위기가 닥쳤을 때 승려 또는 수원 승도가 직접 전투에 참전하였다. 국가적 차원에서 정규 군대로 편성되어 승도가 참전한 것은 바로 윤관이 별무반을 설치시 항마군으로 편성된 수원승도가 처음이다. 수원승도는 국초 이래 중앙과 지방의 사원에 분속된 승도로 『고려도경』의 재가화상과 같은 부류였다. 뿐만 아니라 직접 전투에 참전한 것은 대몽항쟁기에 뚜렷하다. 승려 김윤후의 처인성 전투, 대원사 우본의 충주성 전투, 황령사 홍지의 상주산성 전투 등이 그 대표적인 사례이다.

이와 같이 고려시대 승도의 항마군과 같은 정규 군대 편성이나 승려의 외침시 직접 전투는 국가불교적 전개였으며, 제분야에 걸친 불교계의 역할 가운데 하나였다. 이는 숭유억불시대인 조선왕조의 불교계 의승군의 호국적 행위와는 그 위상이나 성격이 다른 것이다.[129]

---

129) 전 근대 불교계의 승도(수원 승도 포함)와 승려에 대한 구체적이고 정밀한 천착이 필요하다. 아울러 고려시대와 조선시대의 국가 불교 및 호국 불교에 대한 개념 및 전개에 대한 한국 불교사 및 불교 사상사적 연구가 장기적·체계적으로 이루어져야 할 것이다.

IV. 고려를 찾은 동아시아 고승

1. 들어가는 말

불교의 전래는 인도에서 서역과 중국, 혹은 남방 해양을 통해 이루어지기도 하였으나, 대부분 중국 북방 육로를 통해서였다.[1] 특히 삼국통일기 이후 신라의 승려들은 선종을 주체적으로 수용하였으며, 신라말이래 고려의 불교계를 주도하였다. 그 가운데 고려중기 북송의 임제종의 전래와 원 간섭기 몽산 선풍의 확산, 고려말 새로운 임제선의 수용 등이 대표적이다. 이렇듯 고려 불교는 고대 이래 대체로 중국 불교와의 교류 속에 발전을 꾀하여 왔던 것이다.[2]

한편 한국 불교는 일본 불교의 성립에 적지않은 영향을 끼쳤으나 고려시대

---

1) 동아시아 불교 교류 연구는 한중일을 중심으로 관련 자료집성과 연구 저술류도 이루어지고 있어서 매우 고무적이다. 자료 집성은 김영태, 『韓國佛敎史料-海外文獻抄集』, 동국대학교 불교문화연구원 1981 ; 동국대 불교문화연구원, 『동아시아 한국 불교 사료』1~2, 2015 ; 張東翼, 『元代 麗史資料集錄』, 서울대출판부, 1997 ; 張東翼, 『宋代 麗史資料集錄』, 서울대출판부, 2000 ; 李根明 外 엮음, 『宋元時代의 高麗史史料』1·2, 신서원, 2010 ; 張東翼, 『日本古中世 高麗資料 硏究』, 서울대출판부, 2004 ; 金基燮 外, 『日本古中世文獻 속의 韓日關係史料集成』, 혜안, 2005. 그리고 중국 불교학계에서도 불교 교류사 관련 저술류도 집적되었다. 陳景富·黃有福, 『中朝佛敎文化交流史』, 北京:中國社會科學出版社, 1993 ; 陳景富·黃有福, 『海東 入華求法 高僧傳』, 北京:中國社會科學出版社, 1994 ; 陳景富, 『中韓佛敎關系一千年』, 北京: 宗敎文化出版社, 1999.
2) 황인규, 「석옥청공과 여말삼사의 불교계 활동」, 『고인쇄문화』13, 청주고인쇄박물관, 2006 ; 황인규, 「고려후기 선종산문과 원나라 선풍」, 『중앙사론』23, 한국중앙사학회, 2006 ; 황인규, 「고려후기 교종승의 원나라 유력과 불교계」, 『불교연구』27, 2007 ; 황인규, 「고려후기 사굴산문 수선사 고승과 중국불교계」, 『불교학보』47, 2007.

이후 일본과의 외교적 단절적 상황과 일본의 직접적인 중국 구법 때문에 불교 교류가 거의 이루어지지 못하였다.3)

그동안 동아시아 불교교류사에 관한 연구4)는 대부분 중국을 중심으로 한반도의 불교 전래와 구법 및 유력을 중심으로 이루어졌다. 그러한 가운데 인도와 일본 등 동아시아 고승들이 한반도의 불교에 관심을 가지고 직접 참방하기도 하였으나, 지금까지 이러한 사실에 크게 주목하지 못하여 정밀하게 천착되지 못하였다.5) 이에 본고는 고려시기 동아시아 인도와 중국, 일본의 승려들의 한반도 구법 및 유력 기록들을 취합 검토하여 그들의 고려 불교계에 끼친 영향과 의의를 밝혀 보고자 한다.

2. 인도 승려의 고려 참방

불교의 전래 이후 중국 불교와의 교류가 비교적 활발히 이루어졌으며, 특히 신라의 승려 혜초(704~787)처럼 인도 및 서역에 구법한 승려들도 적지 않았다. 혜초는 인도와 중앙아시아 일대인 5천축국을 여행한 후 『왕오천축국전』을 남겼다.6) 신라 공주와 페르시아 왕자와의 결혼 이야기가 이슬

---

3) 장동익, 「불전의 유통을 통해 본 고려시대의 한·일관계」, 『석당논총』 58, 동아대석당학술원, 2014, 125~126쪽.
4) 이주형, 남동신, 『동아시아 구법승과 인도의 불교유적』, 사회평론, 2009 ; 심재관, 「인도 동남아시아의 해양실크로드와 7~9세기 밀교의 확산」, 『아시아리뷰』 16. 2019.
5) 그동안 동아시아 불교교류사라는 차원에서 고려시기 한반도에 참방한 승려들에 대한 연구는 앞의 논저류처럼 부분적이거나 대략적인 천착만이 있었을 뿐이며(허흥식, 「Ⅲ. 2.고려 최충의 사상과 남전불교의 영향」, 한국학술정보, 2014, 642~644쪽 ; 허흥식, 「Ⅲ. 최충의 사상과 남전불교의 영향」, 한국학술정보, 2013, 287~296쪽 ; 허흥식, 「Ⅲ. 고려를 찾은 남전불교의 고승」, 혜안, 110~117쪽 ; 김성순, 「한국에 온 호승들-Ⅲ. 한국불교사의 대표적 호승 : 지공」, 『불교학보』 84, 2018, 131~135쪽 ; 박용진, 「고려시대 동아시아 한문불교문화권의 해상 불교 교류」, 『한국학논총』 51, 국민대 한국학연구소, 2019. 본고에서 처음으로 본격적으로 다룬 것이 아닐까 한다.

람 문화권인 페르시아에서 지어진 『쿠쉬나메(Kushnameh)』도 이러한 배경에서 출현한 것이 아닌가 한다. 고려의 진각국사 혜심(1178~1234)이 천축국뿐만 아니라 파사, 즉 페르시아를 언급한 사실7)에서 보듯이 한반도의 승려들은 인도뿐만 아니라 서역에 대한 세계관을 지니고 있었다. 혜심 보다 100년 전에 태어난 문인 윤포(1063~1154)가 제작한 '오천축국도'가 그것을 단적으로 표징한다. 오천축도는 불교적인 세계관을 바탕으로 하고 있어서 중화의식으로 중국에 종속되다시피한 조선시기의 지식인과는 달리 고려인의 폭넓은 세계 인식 정도를 짐작케 한다.8) 하지만 고려시기에는 인도와 서역에 직접 구법한 기록은 찾아지지 않으며, 오히려 인도 출신 고승들이 고려에 참방하였는데, 고려초의 마후라(摩睺羅)와 실리바일라(喞哩嚩日羅), 고려말의 순야디샤(蘇那的沙野, 指空)과 달마싯(達摩悉)9) 등이 있어서 주목되고 있다.

1) 질리부일라 홍범과 지종

『고려사』에 의하면 후삼국 통합을 전후하여 인도의 두 승려가 고려에 참방하였다. 929년(태조 12) 6월 16일 삼장법사 마후라가 고려에 도착하자10) 태조가 의장을 갖추고 맞이하였으며, 그 이듬해에 개경 구산사에서 입적하

---

6) 『往五天竺國傳』, '又從吐火羅國 西行一月 至波斯國.'
7) 慧諶, 「示衆」, 『眞覺國師語錄』, '道有道無俱是謗 或談或默惣非眞 近來便得曹溪信 南海波斯賣手巾要會麽.'
8) 5천축은 대지의 대부분을 차지하고 동쪽 끝에 중국을 지칭하는 震旦國과 大唐國이 있고 서쪽으로는 페르시아, 중앙아시아의 여러 나라를 나타내고 있다. 노정식, 「한국 고세계 지도의 특색과 이에 대한 외래적 영향에 관한 연구」, 『대구교육대학논문집』 18, 1982 ; 김철웅, 「고려의 오천축국도와 세계관」, 『동양학』 56, 단국대 동양학연구소, 2014, 43쪽.
9) 인도 승려 이름의 음은 지역과 시기에 따라 다를 수 있지만 인도 불교 연구학자 이태승 교수의 교시를 받아 사용하였다. 지면을 통하여 감사드린다. 향후 보다 정확한 고증이 필요하다.
10) 『삼국사기』 권12, 신라본기 경순왕 3년 6월, '天竺國三藏摩睺羅抵高麗.'

였다고 한다.11)

 구산사는 929년 송악산 소격전 동쪽에 창건된 사찰12)로 마후라를 위해 창건된 사찰인 듯하며 '나한 삼장이 주석하여 불법이 처음으로 일어난 곳'13)이라고 한다. 이에 나한 삼장이 삼장법사 마후라를 지칭하는 것이 아닐까 하며, 마후라가 구산사 개산조로 받들어졌을 가능성도 크다.14) 마후라는 개경의 구산사를 중심으로 교화를 폈던 듯하며 선각국사 도선의 문도인 듯한 여철이 마후라의 교화를 받을 개연성도 적지 않다.15) 후술하는 바와 같이 인도 승려 실리바일라도 구산사에서 주석하였으며, 고려 승려 지종은 그에게 출가하였다. 그런 후 지종은 구산사 주지를 역임한 체관을 중국에서 만난 듯하며, 지종과 함께 중국에 유력한 진관 석초도 구산사 주지를 하게 되는 등 천태종과 친밀하였다. 고려 태조의 후삼국 통합시 도선의 국가비보사상과 더불어 천태종의 고승 능긍의 회삼귀일 정신도 건국초 이래 국가비보사상으로 전개되고 있었다.16) 이러한 상황 하에 후삼

---

11) 『고려사』 권1, 태조세가 12년 6월 16일(계축), '天竺國三藏法師摩㬋羅來 王備儀迎之 明年死于龜山寺'; 『고려사절요』 권1, 태조 12년 6월.
12) 『신증동국여지승람』 권4, 개성부 상 불우 龜山寺.
13) 『해동역사』 권32, 釋志 寺刹, 龜山寺, '傳云 羅漢三藏行化至此…國人以佛法始興之地.'
14) 허흥식, 앞의 책, 2017, 112쪽.
15) 「三角山 重修 僧伽崛記」에 의하면 숙종대 구산사의 주지 領賢이 삼각산 신혈사에 머물면서 승가사 중수를 주관하였는데, 승가굴에 모신 승가는 唐의 시기 서역의 河氏이며, 관음보살의 화신이라고 한다. 승가굴의 주지가 도선의 문도인 如哲이었는데, 여철은 구산사 영현의 조사라고 하였다. 李預, 「三角山 重修 僧伽崛記」, 『동문선』 권54, 기, '唐僧伽大師獨步矣 大師俗姓何氏 西域何國人也…伽大師何人耶 萬回曰 是觀音化身也. … 特命龜山寺住持禪師領賢 權住神穴寺 專掌重修之務 賢公擇工也… 賢師 是新羅代窟主禪師如哲所創 神穴寺先祖.' 여철이 구산사에 머물면서 인도 승려 三藏法師 摩㬋羅의 가르침을 받았을 개연성도 있지 않을까 추정해 본다. 고려의 僧伽 大師의 像에 대하여는 다음 논고를 참조하기 바람. 남동신, 「북한산 승가대사상과 승가사상」, 『서울학연구』 14, 서울시립대 서울학연구소, 2000, 23~29쪽.
16) 閔漬, 「國淸寺 金堂主佛 釋迦如來舍利 靈異記」, 『동문선』 권68, '我太祖 創業之時 行軍福田能兢等上書云 聞大唐國 有會三歸一妙法 法華經及天台智者一心三觀禪法 與聖君 合三韓成一國 風土相合若求是法 流行則 後嗣龍孫 壽命延長 王業不絶 常爲一家矣.'; 眞淨國師 天頙, 『湖山錄』, 答藝壹亞監閔昊書, '昔聖祖初創之際 行營福田能兢親傳

국 통합 직전인 929년에 '서천축의 마후라 삼장법사가 초청하지 않았으나 스스로 찾아왔다.'17)고 이해된다.

그로부터 8년 후 인도의 승려가 다시 고려를 참방하였다.18) 『고려사』에 의하면 마갈국 대법륜 보리사19)의 승려 홍범대사 실리바일라가 938년(태조 21) 3월 개경에 오자 태조가 위의와 법가(法駕)를 성대히 갖추어 맞이하였다20)고 한다. 중국 정사인 『구오대사』에는 좀 더 구체적으로 인도 마갈타 사위국 출신 실리박라이며 대보리사 삼장 아사리의 사문으로 홍범대사로 책봉하였다고 한다.21)

실리바일라는 오대의 후진에 있다가 고려를 방문하였는데 『자치통감』 등의 기록에 의하면22) 그는 조선후기 실학자 안정복이 비정했던 것처럼 홍범대사 실리바일라가 말라와 같은 인물이다.23) 말라는 화복을 잘하는 승려로 알려져 있었으며, 후진에 그리 오래 있지 않다가 고려에 왔다. 말라가 후진 고조에게 고려와 발해가 혼인한 사이24)이므로 발해를 멸망시킨

道俉 聖訣 以三乘會一 三觀在一心 甚深妙法令我會三之國.' ; 황인규, 앞의 책, 국학자료원, 2011, 50~52쪽.

17) 林存,「僊鳳寺 大覺國師碑」,『한국금석전문』중세 상, '洎我太祖創萬世之業, 西天竺國 三藏摩㬃羅.'

18) 『고려사』권2, 태조세가 21년(938) 3월, '西天竺僧弘梵大師㗚哩嚩日羅來 本摩竭陁國 大法輪菩提寺沙門也 王大備兩街威儀法駕 迎之.'

19) 보리사는 기원전 250년경 아쇼카왕이 석가모니의 깨우침을 얻은 곳에 창건한 사찰이며 5세기경 굽타왕조 때 摩訶 菩提寺(大覺寺, 大菩提寺, 摩訶菩提僧伽耶)라고 고쳐 세워졌다. 5세기에서 7세기 중국의 法顯과 唯識의 대표적인 논사였던 護法, 삼장법사 玄奘 등과, 신라의 승려 현각, 혜업, 현태, 혜초 등이 머물기도 하였다. 陳景富, 앞의 책, 1999, 宗敎文化出版社, 54~55쪽. 그러므로 실리바일라도 보리사를 방문한 신라의 승려들에 대하여 전해 들었을 것이다.

20) 『大覺國師 外集』卷13, '洎我太祖 創萬世之業 西天竺國 三藏摩㬃羅 不召自來 於是知大 法之將興.' ; 서윤길, 앞의 글, 1977, 2~4쪽 ; 이능화, 앞의 책, 1918, 161쪽.

21) 『舊五代史』卷76, 晉書 高麗紀 天福 2년 1월 병인, '(高祖)詔曰是日 詔曰 西天中印土 摩竭陁舍衛國 大菩提寺 三藏阿闍梨 沙門室利縛羅 宜賜號弘梵大師.' ; 『冊府元龜』卷2.

22) 『資治通鑑』卷285, 後晉紀 開運 2년(945).

23) 안정복,『동사강목』6상, 태조 21년 3월.『동사강목』권6상, 혜종 2년조와『해동역사』 권12, 世紀 12에도 『자치통감』과 『속통전』의 기사를 그대로 소개하였다.

거란을 협공하자는 제안을 하는 등25) 외교적 활동도 수행하였다. 실리바일라는『갈마단경』을 가지고 고려에 왔던 사실26)에서 알 수 있듯이 고려 밀교 의식의 발전에 많은 영향을 끼쳤으며, 개경의 10대 사찰인 사나사에 머물다가 귀국하였다. 실리바일라의 고려 체류 기간 관련 행적으로 알려진 것은 지종(930~1018)을 사사하였다는 사실 뿐이다.

지종은 8세에 사나사에서 출가하여 실리바일라에게 불교 경전을 배웠으나,27) 그 해에 실리바일라가 인도로 돌아가게 되자 더 이상 함께 하지 못하였다. 지종은 959년 입송하여 절강의 영은사와 영명사에서 주석한 연수에게 2년간(959~961) 수학한 후 국청사 정광으로부터 천태 교관을 전수받았다. 970년(광종 21)에 귀국하여28) 선교일치를 주장하는 법안선을 진작시키는 등 중국의 법안종이 천태 교관과 밀접한 관련을 갖고 있었기 때문에 지종과, 앞서 언급했듯이 앞서 참방한 인도 승려 마후라와 관계된 진관 석초를 비롯한 고려 선승들에 의한 법안선의 수용은 곧 천태학에

---

24) 이제현,『역옹패설』1, '通鑑 在我朝太祖因 胡僧襪囉言語 晉高祖日 渤海我婚姻也 其王爲契丹所虜 請與朝廷攻擊 取之 高祖不報.' 조선후기『정조실록』에도 이러한 사실을 언급하였다.『弘齋全書』卷119, 經史講義 56 綱目 10.

25) 이용범,「호승 襪囉의 고려왕복」,『역사학보』75·76, 1977 ; 임상선,「고려와 발해의 관계-고려 태조의 발해인식을 중심으로-」,『소헌 남도영박사고희기념 역사학논총』, 민족문화사, 1993, 128~129쪽.

26) 이능화,『조선불교통사』권하, 1918, 眞言宗, '麗祖初年 天竺沙門弘梵室哩縛日羅 齋至梵經';『조선불교통사』권하, 惠通印訣眞言宗, '麗朝時 天竺沙門弘梵室哩縛日羅 齋至羯磨壇經.' 161쪽.

27) 崔冲,「居頓寺 圓空國師勝妙 塔碑」,『한국금석전문』중세 상, '會弘梵三藏 來寓舍那寺 遂踵門而詫乞 主善爲師 便合投針 容令落髮 方依隅座 未換籥灰 及梵尋泛大洋 却歸中印 旣弗同舟而濟固 當送往事 居轉 奉廣化寺景哲和尙.'

28) 중국 天台宗僧 子麟이 935년(태조 18) 일본 등지를 순방하며 傳敎하다가 고려에 들어와 天台敎法을 전하고 귀국시 使臣 李仁日과 동행하였다.『佛祖統紀』卷23, 法師子麟條 ; 이봉춘, 앞의 논문, 1990, 57쪽. 그리고 원 간섭기인 元貞(1295~1296) 年間 이후 강남 상천축사 승려 月溪 姓澄(性澄, 1265~1342)이 고려에 불법을 구하러 참방하려고 하였다. 黃溍,「上天竺湛堂法師塔銘」,『金華先生文集』卷41, 塔銘, '師諱姓澄因其字以爲湛堂 家本越之會稽 故又以月溪爲別號… 師欲東遊高句麗 求天台遺書';『杭州上天竺講寺志』卷4, 列傳, '性澄 號湛堂會稽孫氏子.'

대한 이해를 증대시켜 주었다.29) 그리하여 진관은 의천의 천태종 5산문에 속하게 되는 등30) 의천에게 영향을 주어 분열적 교단 및 사상 문화를 통합하는데 일조하였다.

2) 소나적사야 지공과 나옹·경한

지공은 1326년(충숙왕 13)부터 1328년 9월 무렵까지 2년 7개월간(1326. 3~1328. 9) 고려에 유력 교화하였다. 그의 출가후 이름은 제납박타(Dhyāna-bhadra), 한자로 번역하면 선현이고, 호는 소나적사야(Śūnyādiśyā, 한자로는 지공)이다.31) 그의 선조는 석가의 숙부인 인도 마갈타국 왕의 셋째 아들이며 108대 후손이다. 지공은 8세에 출가하여 인도의 전역을 돌며 수행하였다. 즉, 나란다(nālandā)에서 10여 년간 경률 및 북인도의 사상을 수학하였으며, 스리랑카(Sri Lanka, 斯里蘭卡)에서 참선 수학하였다. 티베트(吐蕃)를 거쳐 수 년간 사천과 운남의 조변사와 용천사, 정속사에 머물렀으며, 양자강과 대운하를 거쳐 연도로 들어가 머물렀다. 지공은 고려에 도착하여 개경의 감로사와 천화사, 유점사 등 금강산, 개경 숭수사, 인천 건동사, 양산 통도사, 개경 연복사, 장단 화장사, 예천 대곡사, 영산 보림사, 전주 화암사 등지를 유력하며 교화하였다. 그런 후 원의 연도로 다시 돌아가 교화하다가 입적하였다.32)

---

29) 김상현, 「고려초기의 천태학과 그 사적 의의」, 『한국천태사상연구』, 동국대학교 출판부, 1983, 108~114쪽.
30) 황인규, 「고려초기의 천태학과 그 사적 의의」, 『한국천태사상연구』, 동국대학교 출판부, 2007 ; 황인규, 『고려시대 불교계와 불교문화』, 국학자료원, 2011, 17, 50~52, 70~71쪽.
31) 지공에 관련 주요 연구는 다음과 같다. 허흥식, 『고려로 옮긴 인도의 등불-指空禪賢』, 일조각, 1997 ; 祁慶富, 「指空游滇建正續寺考」, 『韓國學論文集』 4, 北京大學, 1995 ; 祁慶富, 指空의 中國遊歷考」, 『伽山學報』 5, 伽山學會, 1996 ; 楊學政, 「指空弘揚中國西南禪學考」, 『雲南社會科學』 1996-2, 1996 ; 殷玉明, 『指空』, 중국: 四川出版集團 巴蜀書社, 2007.
32) 지공의 고려 유력에 대한 여정은 다음의 논저를 참고 바람. 허흥식, 앞의 책,

지공이 개경에 도착하자 고려인들은 '석존이 다시 태어나 먼 곳으로부터 이곳에 도착하였으니 어찌 찾아 뵙지 않겠는가?'라고 하며, 이른 새벽부터 성 안의 남녀 노소들이 몰려들어 길이 혼잡해지고, 그가 머물렀던 사원의 문 앞은 저자 거리와도 같았다. 지공은 석가모니의 환생으로 불렸을 뿐 아니라 달마대사가 왔다고 여길 정도로 대단한 환영을 받았다. 이러한 환영 인파는 좀처럼 사라지지 않다가 20일 후에 지공이 금강산으로 떠남으로써 비로소 그쳤다[33]고 한다. 이처럼 지공은 석가의 환생이라 불려졌으며, 달마대사가 온 것[34]으로 간주하는 등 고려 사람들에게 영향을 적지 않게 미쳤다. 『고려사』에 의하면 '호승 지공이 연복정에서 계율을 설법하자 남녀가 다투어 달려가서 들었다. 계림부의 사록 이광순 역시 무생계를 받고 임지에 갔는데, (경주) 사람들에게 명령하여 성황에 제사지낼 때 고기를 쓰지 못하고 하고, 백성들이 돼지를 기르는 것을 매우 엄격하게 금지하였으므로 주민들이 하루만에 그 돼지를 모두 죽여버렸다.'[35]고 한다. 지공은 고려의 승속에게 수계하였는데[36] 여신도였다가 뒤에 출가한 묘덕은 지공이 고려에 온 지 2개월 후인 1326년 5월에 계첩을 받았으며,[37] 8세의 나옹은 금강산에서 지공에게 계첩을 받았다고 한다. 특히 불교계 승려들도 지공을 추종하였다. 대선사 석호는 금강산에 있을 때 지공이 오자 참례하였다.[38]

1997, 45~55쪽.
33) 閔漬,「佛祖傳心 西天宗派 指要序」,『西天百八代祖師指空和尙禪要錄』, '城中士女咸日 釋尊復出 遠來至此 盍往觀乎 莫不奔走往來 道路如織 寺門市者.'
34) 李齊賢,「送大禪師瑚公之定慧社詩序 釋瑚」,『益齋亂藁』卷5, 序, '時有西域指空師者 岸然以菩提達磨自比 國人奔走爭執弟子之禮.'
35) 『고려사』권35, 충숙왕세가 15년 7월 30일(경인), '胡僧指空 說戒於延福亭 士女奔走以 聽 鷄林府司錄李光順亦受無生戒 之任 令州民 祭城隍 不得用肉 禁民畜豚甚嚴 州人一日 盡殺其豚.'
36) 『고려사』권35, 충숙왕세가 15년 7월 경인.
37) 紺紙金銀泥文殊最上乘無生戒法(妙德戒牒, 대구광역시 유형문화재 제78호)
38) 李齊賢,「送大禪師瑚公之定慧社詩序 釋瑚」,『益齋亂稿』권5, 서 ;『동문선』권85, 서 ; 李德懋,「瑚公」,『靑莊館全書』卷60, 盎葉記 7, '我國人遍遊中國者 當以高麗僧瑚公爲巨擘.'

송월헌 옥전 달온은 지공이 고려에 오자 출가하고 지공과 함께 하다가 원에 동행하였으며 지공이 번역한 『문수사리보살 최상승 무생계경』의 서문을 짓게 하였다.39) 거제도 우두산 견암을 중수한 동암 달순40)과 무학과 함께 대표적인 법사가 되었던 본적 달공41) 등이 지공을 섬겼다.

특히 고려말 불교계를 주도하였던 여말삼사 나옹 혜근과 문도인 무학 자초와 축원 지천 그리고 백운 경한 등이 추종하였다. 그 가운데 지공의 영향을 가장 많이 받은 승려는 나옹과 그의 대표적 계승자 무학이다. 나옹과 무학은 원의 연도 법원사에서 지공과 나옹에게 도를 인가받고 지공, 나옹, 무학으로 이어지는 삼화상의 연을 맺은 바 있으며,42) 나옹은 귀국시 지공에게서 삼산 양수기를 갖고 돌아와 제자 무학과 함께 하였다.43) 지공이 내린 수기는 삼산 양수의 땅인 양주 회암사를 인도의 나란다사 터로 지정하여44) 중창 불사를 하게 되면 불법이 크게 일어날 것이라고 하였다.45) 지공은

---

39) 李崇仁, 「題玉田禪師松月軒 有揭文安公曼碩歐陽文公原功 諸先生 題詠」, 『陶隱集』 卷2 ; 李穡, 「松月軒記」, 『牧隱文藁』 권4, 기 ; 『동문선』 권74, 기, '泰定間 西天指空師至東國 予以夙因見而悅之 遂從之 薙髮受戒.' ; 祇林寺塑造毘盧舍那 佛腹藏 田籍.

40) 李穡, 「珠上人爲順同菴請記見菴」, 『牧隱詩稿』 권17, 시, '順公承事指空公' ; 이색, 「巨濟縣牛頭山見菴禪寺重修之記」, 『牧隱文藁』 권5, 기, '重修巨濟牛頭山見菴.'

41) 權近, 「達空首座 問答法語序」, 『陽村集』 권17, 서류, '山門之老有曰達空 號本寂 初事指空 後參諸方 道高行峻 操止益堅…適及翁示寂 嗣爲衆衲所歸 與無學超公並稱.'

42) 卞季良, 「妙嚴尊者 塔銘」, 『조선금석총람』 하 ; 李瀷, 「人事門」, 『星湖僿說』 卷9, '普濟嘗再入中國 遍遊江淛學道於指空 指空者西天迦葉百八傳尊者也 普濟之在燕也 妙嚴尊者 無學亦遊燕 先謁指空見許.' ; 『東師列傳』 권2, 泗溟尊者傳, '金剛山白華菴 建酬忠閣 指空懶翁無學三和尙.'

43) 卞季良, 「妙嚴尊者 塔銘」, 『조선금석총람』 하, '師既還 懶翁亦以指空三山兩水授記 還國住千聖山元曉庵 己亥夏 師往見. 翁以拂子與之.'

44) 李穡, 「西天提納薄陁尊者 浮圖銘 幷序」, 『牧隱文藁』 卷14, 碑銘 ; 『동문선』 卷119, 碑銘 ; 金守溫 「檜巖寺 重創記」, 『拭疣集』 卷2, '昔天曆間 西天薄伽提納尊者 見此寺址以爲酷寺西天阿蘭陀寺 且曰迦葉佛時爲大道場 於是 執繩量之 以定其位 時得劫前礎砌 當時暫庇屋宇 以識其最而已 有玄陵王師普濟尊者 授指空三山兩水之記 遂來居此.'

45) 「大谷寺 創建前後 事蹟記」, 『東溪集』 卷3, '時我國懶翁和尙 入元求道 承指空之玄旨 東還之日 求其演化之地 則指點三山二水之間 盖今之楊州檜岩寺是也 三山以三角之山 在其南二水 即楊花毛津兩水 在其北也 懶翁後得其地 欲建大伽藍 再入元朝 奉指空大師而來 恭愍亦拜爲師 命懶翁建檜嚴寺 指空大師 旋入西天 摸畫舍衛國羅蘭陀寺制而還

운남 정속사에서처럼 중흥 불사를 하지 못하고 원 황제의 명으로 귀국하였지만, 그가 지정한 회암사 터에 수제자 나옹과 무학이 중창하였던 것이다.[46] 그로부터 20년이 지날 무렵에 회암사는 지공과 나옹, 무학의 탑과 부도가 세워지는 삼화상 도량이 되어 50여 년만에 삼화상의 인연이 결실을 맺게 된다.[47] 조선초 무학의 제자인 진산과 기화 등과 그의 문손들이 조선전기 불교계를 주도하게 되며, 조선초 이후 현재까지 그들 삼화상은 불교계 최고의 증명법사로 존숭되고 있다.[48] 조선의 유자들 사이에서조차 지공, 나옹, 무학 삼화상이 가장 '참다운 선사'로 추앙되기도 하였다.[49]

그리고 나옹과 더불어 여말삼사로 받들어지고 있는 백운 경한도 지공의 영향을 받았다. 필자가 이미 제시했듯이 경한은 보우와 더불어 석옥 청공에게 법을 사사받았으나 지공의 선사상에 더 경도되었다. 이구의 『백운화상어록』 서문에서 '도를 구하고자 하무산 석옥에게 법을 이어받았으며 인도의 지공에게 의심되는 것을 물어 밝혔다.'[50]라는 사실에 단적으로 알 수 있다. 경한은 천하에 지공만한 스승이 드물다[51]고 하면서 '종을 뛰어넘고 격식을 벗어나 활구를 온전히 준'[52] 지공을 스승으로 섬겼다. 이와 같이 경한은

    盖其寺八十餘房 大廡脩廊 疎敞洞谺 無相隔碍 東望而西 南觀而北 如坐一室之內 洞開四 戶也 寺大成 衆大集 指空留懶翁爲其住持 大揚祖化 遊歷于此.'
46) 황인규, 『고려후기·조선초 불교사연구』, 혜안, 2003, 597~598쪽.
47) 『東師列傳』 권1, 無學王師傳, '丁亥 藏靈骨于檜岩寺 庚寅作塔銘 建指空懶翁無學 三尊者.'
48) 『作法疑鑑』 下, 佛像時唱佛, '至心歸命禮 西天國百八代祖師 證明位指空大和尙 恭愍王 師普濟尊者 證明位懶翁大和尙 太祖王師妙嚴尊者 證明位無學大和尙 唯願慈悲 爲作證 明 成就佛事.'
49) 李宜顯, 「正方山城(在黃州)」, 『陶谷集』 卷1, 詩, '眞禪有指空 懶翁與無學 惟玆三老師 修道曾手植 頗亦著靈異 虫蟻不敢逼.'; 황인규, 앞의 논문, 2017 참조.
50) 李玖, 「白雲和尙 語錄 序」, 『白雲和尙 語錄』, '力學求道 嗣法於霞霧石屋 質疑於西 天指空.'
51) 「寄大古和 尙書」, 『백운화상어록』 상 ; 『한국불교전서』 6, '在今天下 除是指空一人 如先師和尙者 甚爲希有.'
52) 「甲午三月日 在安國寺上 指空和尙」, 『白雲和尙語錄』 下, '弟子焚香百拜 弟子宿熏種勝 值師出世 得覯和尙 超宗越格 全提活句 不勝珎感之至 下得一兩句 呈似大和尙法座下

그를 인가했던 석옥보다 지공에게 경도되었으며, 보우보다는 지공의 수제자인 나옹과 더욱 친하였다. 그리하여 경한은 고려말 불교계를 주도하였던 양대 산맥이라고 할 평산 처림의 법을 인가받은 나옹과 석옥의 법을 인가받은 보우 계통의 고승들 사이에서 양자 중도적 입장에서 지공의 선사상을 펼쳐 보우와 나옹의 문도들이 조선전기 불교계를 상호 주도하게 하여 한국불교의 주류가 되는데 일조하였다.[53]

3. 중국 승려의 고려 참방

삼국통일기 선종은 신라 승려가 중국 지역에 직접 가서 수용하였다. 신라 하대·고려초에 선종 산문이 9산문을 중심으로 확산되었으며, 그 후 송과 원을 중심으로 한 불교 교류는 비교적 활발히 이루어졌다. 그러한 가운데 원의 강남의 고승이 고려에 참방하였는데 바로 철산 소경이다. 철산 외에도 행산 박전지(1250~1325)의 초상화를 그렸다는 소림 장로[54]와 1302년 변한국 부인 진혜대사 성효가 되는 허씨가 법요를 청해 들었다는 강회의 고승 무선사[55] 등이 고려를 찾았으나 더 이상 자세한 사실은 알 수 없다.

1) 철산과 제자 무문·허곡과 충감

철산 소경은 몽산 덕이의 제자이며 1304년(충렬왕 30) 가을 고려를 참방하

伏望尊慈 賜覽一哂.'
53) 황인규, 『고려말·조선전기 불교계와 고승연구』, 혜안, 2005, 400~404쪽.
54) 朴孝修, 「朴全之墓誌銘」, 『竹山朴氏派譜』, 宜川, 1938 ; 金龍善, 『高麗墓誌銘集成(第3版)』, 翰林大 아시아문화연구소, 2001, '公禀性溫深和雅 待人以禮 見之者莫不欣敬 故中朝小林長老 一見奇之寫影傳眞 南嶽鐵山讚之 則可知高 風爽氣感激 達人之襟懷也 自號爲杏山蒙泉無垢居士 常頌金剛般若 無話尤切 聞樂喞盃 未嘗不擧無字.'
그가 만났던 중국의 小林長老에 대해서는 문헌기록에 더 이상 찾아지지 않는다.
55) 無선사는 철산의 제자 무문일 개연성이 있으나 확실하지 않다.

여 3년간 머물렀다.56) 철산은 중국 호남성 상담 출신으로 원의 고승으로 널리 알려져 있지만 '고려 철산 경선사'라는 기록으로 미루어 보아 고려인일 가능성도 있다.57) 철산은 고봉 원묘와 급암 종신의 스승인 설암 조흠의 제자로서 석가여래의 큰아들이라는 평을 받았다.58) 문인 행산 몽천 무구거사 박전지는 1279년(충렬왕 5) 원의 조정에 입시시 철산으로부터 찬문을 받았다.

철산은 고려의 산수가 아름답다는 소문을 듣고 유력하고자 하였는데,59) 1304년 무렵 선원사의 고승 설봉 원명국사 충감(1274~1338)이 초빙하여 함께 고려를 참방하였다.60) 여기에는 철산뿐만 아니라 그의 제자 향엄 무문 사총61)과 도반인 불감 허곡 희릉(1247~1322)도 함께 하였다. 허곡은 고봉 원묘과 급암 종신 등과 함께 설암 조흠의 사법 문도이며 절강성 항주 경산사 주지에 있었으며 평산 처림의 스승이기도 하였다.62) 무문은 향산인으로 독봉을 섬겼으나 후에 철산의 문도63)가 되어 함께 고려를

---

56) 철산소경에 관한 주요연구는 다음과 같다. 허흥식, 「1306年 高麗國 大藏移安記」, 『고려불교사연구』, 일조각, 1986 참조,
57) 「高麗 鐵山瓊禪師」, 『增集續 傳燈錄』 卷5.
58) 許興植, 「1306年 高麗國 大藏移安記」, 『고려 불교사 연구』, 일조각, 1986.
59) 『天下同文集』 7, 記, 「高麗國 大藏移安記」, '南嶽鐵山和尙 稔聞海東山水之勝 欲一觀覽 而本國道俗想望 其高風者有年.'
60) 危素, 「高麗 林州 大普光禪寺 碑」, 『한국금석전문』 중세 하, 1984 ; 『신증동국여지승람』 권17, 충청도 임천군 불우 보광사, '拂玆遊諸方 宿留吳楚聞鐵山瓊禪師 道行甚高 迎之東還 師執侍三載 瓊公甚期待之 及瓊公辭歸.'
61) 이색의 기문에 의하면 나옹(1320~1376)은 無聞에게 자신이 그린 산수화를 주는 등 교유하였다. 李穡, 「題聰無聞卷 卷首有懶翁山水」, 『목은시고』 권15, 詩, '萬樹長松 雲滿天 蒼崖深處掛飛泉 平生自厭生三耳 何日相從學坐禪.' 무문은 그의 도반 虛谷 (1274~1322)의 생몰 연대로 미루어 볼 때 나옹 이전의 승려이며 동명이인으로 보아야 한다.
62) 『雪巖和尙語錄』 卷1, 雪巖和尙住潭州龍興禪寺語錄, 「嗣法門人 昭如 希陵 等編」 ; 『雪巖和尙語錄』 卷50, 南嶽下第二十一世 仰山欽禪師法嗣, 「杭州徑山西白虛谷希陵禪師」 ; 「杭州淨慈平山處林禪師」, 『續指月錄』 卷7, '平山處林禪師…往依虛谷陵於仰山' ; 李能和, 『朝鮮佛敎通史』 中篇, 三寶源流, 1918.
63) 『五燈會元 續略』 卷2, 下, 鐵山瓊禪師法嗣, 「汝州香山無聞聰禪師」 ; 『續指月錄』 卷7,

유력하였다.[64]

철산과 그의 제자 무문과 허곡 등이 고려를 참방하자 충렬왕은 만항의 문도 대선사 정음[65]의 부친인 승지 안우기를 보내 영접하게 하였다.[66] 충렬왕은 숙창원비와 함께 철산으로부터 보살계를 받았고,[67] 당시 대표적인 문인 권단(1228~1311)은 철산이 고려를 방문하자 개성 동쪽 장단군의 선흥사에 출가하여 야운이라고 하였다.[68]

철산과 제자 일행의 3년간 유력한 곳은 강화 보문사, 금강산, 양주 회암사 등이었다. 이와 같이 철산은 고려의 불교계 및 신도들에게도 큰 영향을 끼쳤다. 「고려국대장이안기」에 따르면, '부처님을 맞이한 듯 온 나라가 철산을 부처님 모시듯 존숭하고, 머무는 곳마다 사부 대중이 구름처럼 모였다'[69]고 한다. 심지어 원의 대표적인 임제종 고봉의 제자 중봉 명본의 제자 천암 원장은 '철산 화상은 고려의 스승이 되었다.'[70]고 하였던 것이다. 김변(1249~1301)의 처 허씨는 1304년 철산에게 계를 받았으며, 여찬은 천목산에 가서 중봉 명본을 참례하였던 듯하다.[71] 김변의 4남이자 보감국사 혼구의 제자인 여찬은 어려서 선종계 가지산문에 출가하여 네 번이나 수좌에 뽑혔고 승과의 상상과에 합격하여 수행하다가 중봉 명본이 머물렀던

「汝州香嚴無聞思聰禪師」;『繼燈錄』卷5, 鐵山瓊禪師法嗣,「汝州香山無聞聰禪師」.
64) 超永 編輯,「汝州香嚴無聞思聰禪師」,『五燈全書』, 慈化瓊禪師法嗣, '適值鐵山從高麗回至石霜.'
65) 安軸,『謹齋集』;「安于器墓誌銘」.
66) 『고려사절요』권22, 충렬왕 30년 8월, '江南僧紹瓊來 遣承旨安于器 迎于郊 王率群臣 具禮服 邀至壽寧宮 聽說禪.'
67) 『고려사절요』권23, 충렬왕 31년 4월, '召僧紹瓊于宮中 王與淑昌院妃受菩薩戒.'
68) 『고려사』卷107, 權㫜列傳；李瑱,「權㫜墓誌銘」,『海東金石苑』附錄 上；『高麗墓誌銘集成』(第3版), '南嶽鐵山和尚航海而來 公知其見性落髮 而師之道號野雲.';『고려사』卷107, 權㫜列傳, '夢菴居士. 江南僧紹瓊, 泛海而來, 㫜欲出家師事之, 恐爲子溥所沮未果. 會溥不在, 逌入禪興社剃髮, 溥馳至大哭.'
69) 『天下同文集』卷7, 記,「高麗國大藏移安記」, '越大德八年甲辰秋 因受諸公之請 浮杯而至 闔國尊崇 如見佛日 瓶錫所止 四乘如雲 隨根適器 咸蒙茲澤 若非古佛權現 疇克爾耶.'
70) 『八十八祖傳贊』卷4,「鐵山瓊禪師傳(補)」.
71) 金㫜,「金賆墓誌銘」；金開物,「金賆妻許氏墓誌銘」.

천목산에 갔다가 왔다.

앞서 언급했듯이 1302년 무선사가 강회에서 오자 법요를 들었던 김변의 처 허씨는 1304년 철산이 고려에 참방했을 때 계를 받았으며,[72] 후에 고려시대에 유일하게 비구니로서 대사라는 승계를 받아 진혜대사 성효라고 하였다.

철산 일행은 1306년(충렬왕 32) 원으로 귀국시 진혜대사 성효의 조카인 허평(허공의 아들)과 부인 염씨 부부가 강화 보문사에 봉안한『대장경』 3본 가운데 1본을 가지고 강서 의춘현의 대앙산으로 옮겼다.[73] 여기에는 고려의 금강산 성불암의 승려 일목도 동행하였다.[74]

이렇듯 철산은 앞서 언급한 석가모니의 후신이나 달마대사와 같다고 한 인도의 승려 지공의 고려 참방과 더불어 고려의 불교계에 가장 큰 영향을 끼친 동아시아의 고승이었다.

2) 무극·고담과 보우·나옹

고려후기에 원의 임제종 고승 무극과 고담 등이 고려를 참방하였다.[75] 무극은 '항해로 고려에 왔는데 뛰어난 재주와 능숙한 변재로 많은 선지식의 속을 다 뽑아 본 사람이었다.'[76]고 한다. 이러한 평을 한 고려 공민왕대 고승 보우(1301~1382)는 39세인 1339년(충숙왕 복위 8) 소요산 백운암으로

---

72) 金開物,「追封 卞韓國夫人 眞慧大師 行陽川郡夫人 許氏墓誌銘 幷序」, '壬寅無禪師自江淮航而來 夫人慕見始聞法要 甲辰鐵山南來施化 次受大乘戒.'
73)『天下同文集』7 記,「高麗國 大藏移安記」, '宣授江西道遠州路宣春縣大仰山 當代住持傳法 虛谷大禪師希陵.'
74) 閔漬(閔漬),「高麗國 大藏移安記」,『天下同文』(前甲集) 卷7 '高麗囯金剛山成佛菴若護送大藏經白室沙門釋一牧立石.'; 허흥식, 앞의 책, 1986, 710쪽.
75) 필자는 철산의 제자 無極 導가 보우, 나옹과 교유했다고 보았는데(황인규, 앞의 논문, 2007) 無極 導(1268~1332)는 1332년에 입적한 승려였으므로 잘못 비정한 것이므로 여기서 바로잡는다.
76) 維昌,「圓證 行狀」,『태고화상어록』, '有唐僧無極 杭海而至 宏才博辯.'

들어가 칩거하면서 「백운암가」를 지었는데, 이를 본 무극은 탄복을 하고 소요산으로 가 보우를 만나 자신이 원에서 조우한 임제종 고승 석옥 청공(1272~1352)에 관해 이야기를 하면서 원으로 가 석옥을 참례하여 인가받을 것을 종용하였다.[77] 이에 보우가 무극에게 준 게송을 주었으며,[78] 결국 보우는 46세인 1346년(충목왕 2) 원으로 들어가 유력하였다.

무극은 참방한 지 1년 후 양주 회암사에 머물렀다.[79] 이러한 사실은 원의 승려 불일 보소혜변선사 초석 범기(1296~1370)[80]가 고려의 회암사에 머물고 있는 무극에게 보낸 게송을 통해 알 수 있다.[81] 이에 의하면 무극은 개성 오관산과 강릉 오대산, 언양 통도사 등에 유력한 듯하나 확실하지 않다. 보우는 무극에게 게송을 주었으며[82] 나옹도 무문에게 게송을 주는 등 교유한 듯하다.[83]

---

77) 維昌,「圓證 行狀」,『태고화상어록』, '己卯春辭庭闈 往逍遙山白雲菴 高閑疎野 自樂天常 作白雲歌一篇 有唐僧無極 杭海而至 宏才博辯 勘破諸方 一日 與師偶話 肅然心服曰某甲 所見止此耳 烏可企也 南朝有臨濟正脉不斷 可往印可 其某與某爲唱道師 其某與某爲本 分作家 在某山 待其人久矣 其所謂作家者 盖指臨濟直下雪巖嫡孫 石屋珙等數人也 師聞 而悅之.'
78) 維昌,「太古和尙行狀」,「寄無極和尙 江南人」,『太古和尙語錄』 하,『韓國佛敎全書』 6, '西來一曲沒人知 雖有伯牙無子期 獨坐寥寥向深夜 透簾殘月徹禪衣.' ; 허흥식, 앞의 책, 1997, 170~171쪽.
79) 楚石 梵琦(1296~1370),「寄高麗檜巖 至無極長老」,『佛日普照慧辯楚石禪師語錄』 卷19, 偈頌, '当年自說游高麗 近日人伝住檜巖.'
80) 楚石 梵琦(1296~1370)는 임제종 大鑑下 제21세 元叟行端(1255~1341)의 法嗣로 大慧宗杲派에 해당한다. 범기는 明州 象山縣人으로 嘉興府 秀水縣의 本覺寺와 海鹽縣의 天寧寺에서 도화를 폈다.
81) 楚石 梵琦(1296~1370),「寄高麗檜巖 至無極長老」,『佛日普照慧辯楚石禪師語錄』 卷19, 偈頌, '當年自說游高麗 近日人傳住檜巖 會下不知多少衆 前三三與後三三 五冠山上看飛 瀑 下有寒潭萬丈海 見說神龍降已久 全身入鉢大如鍼 眞身舍利無方所 東國西天共一家 不見彥陽通度寺 神光長繞佛袈裟 聞道江陵有五臺 放光石寄一枝來 文殊大士分明現 莫道迷雲掃不開 鳴沙灘上試揚鞭 無數琵琶自動絃 一色玫瑰三百里 渾將錦繡裹山川 金剛一萬二千峯 遠近高低各不同 那箇峯頭堪着我 他年縛屋隱其中 千重暗室萬年氷 喚作瑠璃是假名 不隔弟兄相見眼 扶桑夜半日輪明.' 박용진, 앞의 논문, 2019, 126쪽.
82)『太古和尙語錄』 下,「寄日本石翁長老」, '吾以恁麽寄 師亦恁麽通 吾誠無得失 師豈有無 功 海東山嶽秀 扶桑一點紅 可憐立雪子 幾乎喪家風.'

그런데 이미 무극의 제자가 그 이전에 고려를 참방한 기록이 찾아진다. 이는 가정 이곡(1298~1351)의 시제「무극(無極) 스님의 시에 차운(次韻)하여 그의 문도인 경초(景楚)가 전당(錢塘)으로 돌아가는 것을 전송하며」를 통해 알 수 있다.[84] 이에 의하면 '그대도 잘 알다시피 무극이 자운 골짜기에서 노년을 보내고 있다.'고 하였다.[85] 그런데 그 제자 경초가 전당, 즉 항주로 돌아간다는 것이다. 하지만 경초에 관련한 사실은 더 이상 찾아지지 않아 매우 아쉽다.

그 무렵 원의 임제종 고승 고담도 고려를 방문하였다.[86] 그는 적조 현명으로 철인이었다.[87] 고담은 1360년 무렵 나옹이 오대산 상두암에서 머물 때 양평 용문산을 왕래하면서 서신으로 교유하였다.[88] 나옹이 고담에게 준 게송이 『나옹화상어록』에 전하고 있다.[89]

그 후 보우가 중국을 유력하고 귀국 후 고려에 유력한 임제종 고승 고담과도 교유하였다.[90] 고담은 1367년 미원현 은성사에 왔다가 「태고암가」

---

83) 『懶翁和尙歌頌』, 無聞, '眼耳元來自沒蹤 箇中誰得悟圓通空非相處翻身轉 驢鳴盡豁通.'
84) 「次無極師韻 送其徒景楚歸錢塘」. 필자는 景楚를 고려 승려로 본 적이 있는데 무극의 제자로 원의 승려로 보는 것이 타당할 듯하다.
85) 李穀(1298~1351),「次無極師韻 送其徒景楚歸錢塘」,『稼亭集』卷14, 古詩, '無極師送老慈雲谷.' 자운곡은 元末 시인 成廷珪(1289?~1362)가 지은 시에 찾아지고 있다. 成廷珪,「寄安國長老 慈雲谷」,『居竹軒詩集』, 五言律詩, '慈公卓錫處 臺殿舊經行 惡竹何多俗 孤松只自淸 步回春雨作 定起夜潮生 我亦逃禪者, 山林老弟兄.' ;『四庫全書』; https://sou-yun.cn/
86) 維昌,「太古和尙 行狀」,『태고화상어록』,『한국불교전서』 6.
87) 維昌,「諡圓證國師 行狀」,『태고화상어록』, '時有古潭寂照玄明禪師哲人也.'
88) 覺宏,「懶翁和尙 行狀」,『나옹화상어록』, '至庚子秋 入臺山象頭菴居焉 時浙僧古潭 來住龍門山 通信書 師以頌答曰 臨濟一宗當落地 空中突出古潭翁 把將三尺吹毛劒 斬盡精靈永沒蹤 潭以白紙一丈答之 外封書君子千里 同風六字 師受之 笑而擲之 侍者開坼 乃空紙也 師以筆墨二物答之.'
89) 『懶翁和尙歌頌』, '春去秋來知幾年 澄深無底劫空先 每經淘汰常如此 湛湛溶溶一體全.'
90) 維昌,「諡圓證國師 行狀」,『太古和尙語錄』, '師抽身入小雪山 玄陵知師志 送法服印章于師所 時有古潭寂照玄明禪師哲人也 客迷原隱聖寺 看太古歌 頂戴而加嘆 叅訪小雪 師方重腿 古潭熟視曰 師豈不是勞療也 師曰是 潭曰請放下勿慮 師曰諾 乃命侍者 過金襴禪棒 來 附之曰 野狐兒便打殺 師子兒則長養 潭跪受披衣 拈棒鵂立 喝一喝 齊聲作打勢 師曰天

를 읽고 보우를 만나고자 양평 소설산으로 가서 교유하였다.[91] 고담은 보우보다 먼저 나옹과 교유하였다.

이와 같이 고려후기 몽산 선풍의 오후 인가의 전통에 따라 고려 승려들은 적지않이 원에 구법하였는데 원의 임제종 고승 무극과 고담이 고려에 참방하여 고려말 불교계를 주도하였던 보우나 나옹과 교유하여 중국 불교도 고려 불교계를 주목할 만큼 그 위상이 높았던 것이다.

4. 일본 승려의 고려 참방

한반도의 불교는 일본 불교에 영향을 끼쳤으나 신라 하대인 9세기 후반 이후 고려시기에는 일본과 공식적인 외교 관계는 없었으며, 상인과 구법승의 왕래나 표류민의 쇄환 등만이 있었을 뿐이다.[92] 고려후기에 이르러 일본 승려는 대개 한반도가 아닌 중국으로의 구법 유력이 전개되었다. 그 과정에서 남해 보주[93]와 여문[94]처럼 고려에 표착하여 참방한 경우가 대부분이다.

그러한 가운데 일본의 일부 승려는 고려 승려를 찾아 구법하거나 참방하기도 하였다.[95]『고려사』에 의하면 고종대 일본 승려가 불법을 공부하러

　　然有哉 潭禮拜而退 已而師疾愈.'
91) 허흥식, 『고려로 옮긴 인도의 등불－指空禪賢』, 일조각, 1997, 170~171쪽.
92) 장동익, 불전의 유통을 통해 본 고려시대의 한·일관계」,『석당논총』58, 동아대석당학술원, 2014, 125쪽.
93)『扶桑禪林 僧寶傳』7, 東福寺南海洲禪師傳 ;『本朝高僧傳』33, 京兆東福南海寶洲禪師.
94) 「刊古林和尙拾遺偈頌緖」; 고림 淸茂(くりんせいむ, 1262~1329),『古林淸茂禪師語錄』6 古林和尙偈頌拾遺 序文(竺仙梵僊 作) 여문은 일본으로 귀국시 고려인으로부터 古林 淸茂(1262~1329)의 어록을 베껴갔다고 한다.
95) 고려시기 일본 불교와의 교류에 대해서는 다음 논저에 잘 정리되어 있다. 장동익,『日本古中世 高麗資料 硏究』, 서울대출판부, 2004, 48~64쪽. 그리고 한중일 불교 교류를 다룬 다음 논고도 개괄적으로 정리되어 있다. 박용진, 앞의 논문 참조.

왔다는 기록뿐이다.96) 그 외에 문집류에 의하면 일본 승려가 거제도 승려 홍변과 여말삼사 태고와 나옹과 교유하며 구법한 사례가 찾아지고 있어서 매우 주목된다.

1) 일본승과 거제도 고승 홍변

1259년(원종 즉위년, 정원 1) 거제도 거제현에 기거하였던 고려 승려 홍변에게 일본의 한 승려가 『법화경』을 구하고자 참방하였다. 홍변은 '순창 조씨의 아들이다. 출가하여 조계종 승과에 합격하였는데, 거삼(巨滲)의 산중 암자로 들어갔다.'고 한다.97) 홍변은 아마도 거제도의 유명 사찰인 우두산 견암사의 승려일 가능성이 있으나 확실하지 않다. 홍변은 그 암자에서 『법화경』을 사경하고 조석으로 공경하는 등 법화 신행으로 정진하였다.98) 그 무렵 일본의 승려가 그 암자의 홍변을 참방하고는 『대장경』을 구하고자 하여 주었으며, 일본으로 귀국하여 일본 복강현 횡악산 대재부 선종사찰인 숭복사(そうふくじ)99)에 소장하였으며100) 거제의 승려 법행은 1259년 숭복사를 찾기도 하였다.101)

이와 같이 고려승 홍변과 일본승의 거제도에서 교류 사실을 알 수 있으나 더 이상은 알 수 없다. 후술하는 석옹과 더불어 고려시대 일본승이 고려에 구법한 사례로 고대에 일본의 선신이 백제에 구법하여 일본의 최초의 비구니가 된 사례102)와 더불어 고려 불교계의 위상이 그만큼 컸음을 말해주

---

96) 『고려사』 권22, 고종세가 3년 2월 6일(기축), '日本國僧來求其法.'
97) 『法華 靈驗傳』 卷下, '山人洪嬪 淳昌趙氏子 出家于曹溪中高科 住入巨滲山菴.'
98) 『法華 靈驗傳』 卷下, '精進持戒 一字一拜 書法華經一部 極盡莊嚴 朝夕禮拜供養.'
99) 崇福寺는 臨濟宗大德寺派이다. 仁治 1年(1240) 湛慧가 大宰府 橫岳에 創建하였으며, 그 이듬해 宋에서 귀국한 聖一國師 円爾 弁円을 초빙하여 開堂 說法하였다. 文永 9年(1272) 大應國師 南浦 紹明이 주석하였다.
100) 了圓, 『法華 靈驗傳』 卷下.
101) 이러한 내용은 『해동불조원류』와 『조계고승전』에도 다시 실렸다. 『서역 중화 해동 불조원류』; 『曹溪高僧傳』 卷1, 「曹溪宗師洪嬪禪師傳」.

는 것이 아닌가 한다.

2) 중암·석옹과 보우·나옹

고려말에 이르러 중국 강남을 유력한 고려 고승 가운데 일본을 유력한 승려들도 적지 않았다.[103] 1359년(공민왕 8, 연문 4) 일본 승려 중암 수윤 (1333~?)이 중국에 들어가려다가 풍랑에 의해 고려에 도착하여[104] 개경에 머물면서 이행, 이색, 이집, 권근 등의 당대 고려 문인과 교유하였다.[105] 수윤은 원에 들어가 중봉 명본에게서 불법을 배워 1350년(충정왕 2, 관응 1) 일본으로 돌아온 용산 덕견의 제자였다.[106] 수윤은 용산 도장로였는데 항주 천목산의 중봉을 스승으로 섬겨 도를 얻고, 강남 도솔사의 주지로 있다가 바로 일본으로 돌아왔다.[107] 수윤은 영은사와 증산사,[108] 안화사[109]

---

[102] 『日本書紀』卷21, 泊瀨部天皇(하츠세베노스메라미코토) 崇峻天皇 원년;『日本書紀』卷21, 泊瀨部天皇 崇峻天皇 3년(590) 3월, '三年 春三月 學問尼善信等 自百濟還 住櫻井寺.'

[103] 李穡,「送曹溪大選自休遊日本 因往江南求法」,『牧隱詩藁』9, 詩;鄭夢周,「送自休上人日本」,『圃隱集』2, 詩. 자세한 사실은 장동익, 앞의 책, 2014, 125~126쪽 참고.

[104] 守允(壽允)이 高麗에 漂着했던 것을 倭寇가 禮成江에 侵入해 오다가 擊破되었다. 『고려사』권39, 공민왕세가 8년 5월 8일(기해), '倭寇禮成江';李穡,「跋黃蘗語錄」,『牧隱文藁』권12, 跋;『동문선』卷102, 跋, '年二十五 以歲己亥 携是錄航海 西學中原 爲風所搖 遂來王京.'

[105] 李穡,「道村來過云 將與陶隱 守歲靈隱寺 中菴所居也」,『牧隱詩稿』卷3, 詩;李穡,「跋黃蘗語錄」,『牧隱文藁』卷12, 跋;李穡,「雪梅軒小賦 爲日本釋允中菴作 號息牧叟」,『牧隱詩藁』卷1, 辭;李穡,「息牧叟讚」,『牧隱文藁』卷12, 讚;權近,「中庵所畵李周道行騎牛圖 中庵日本釋壽允」,『陽村集』卷2, 詩;「中庵壽允」,「息牧叟」,「雪海軒」;『太古和尙語錄』上.

[106] 洞院 公賢,『圓太曆』, 觀應 1年 4月 14日 來朝宋僧交名事.

[107] 李穡,「跋黃蘗 語錄」,『牧隱文藁』권12, 跋;『동문선』권102, 발, '其師見龍山與道長老同師 中峯有得 住持江南兜率寺 旣而歸國.'

[108] 李集,「訪中菴於甑山寺不遇」,『道村雜詠』七言絶句.

[109] 李集,「用安和寺壁上鄭狀元韻題中菴 二首」,『道村雜詠』五言四韻律, '首藤航一葦 桑海遠浮空 畵絶蘭牕雨 心傳柏樹風 種花依砌下 買竹養盆中 自愧汚淸淨 題詩面發紅 再過安和寺 閑徵往事空 仙郞非俗類 長老有禪風 花木淸明後 樓臺縹渺中 高吟子眞句 躑躅滿山紅.'

등의 사찰에 머물면서 보우 등 고려 불교 승려들과도 교유하였다.110)

불교문헌에 의하면 고려말 불교계를 주도하였던 보우와 나옹이 고려를 참방한 일본 승려 석옹과의 교유사실을 찾을 수 있다. 나옹은 출가 초기에 주석하였던 양주 회암사에 머물고 있었던 일본 고승 석옹과 교유하였다. 나옹은 1344년 양주 회암사에서 주석시 일본의 승려 석옹과 게송을 주며 교유하였다.111) 보우도 「일본 석옹 장로에게」라는 다음과 같은 게송을 남기고 있다.112) 보우는 석옹뿐만 아니라 일본 승려 지성, 웅선인과 교유하면서 역시 시문을 남기고 있다.113)

그리고 일본 승려 영무는 1390년(공양왕 2, 명덕 1) 개성 석방사114)에서 2년간 머물렀는데 도가 높은 승려였으며 아마도 나옹의 문도가 오대산 불교를 중흥시켰으므로115) 나옹의 문도를 스승으로 삼았던 듯하다.116)

---

110) 太古 普愚, 「中菴(壽允)」, 『太古和尙語錄』下, 偈頌, '日本允禪人 以其號求頌 余時年七十六 目暗放筆久矣 其請勤勤 强下老筆云 千重碧山裏 萬丈蒼崖邊 回溪流泉細嗚咽 深林雜樹空芉綿 中有小菴若無有 朝晡但見祝君煙 花落花開鳥不到 白雲時復訪門前 誰識主人日用事 長年不夢塵間緣 寂滅境中伴寂滅 綠蘿松上淸風月.' ; 태고 보우, 「息牧叟」, 『太古和尙語錄』 卷下, '去年牧牛坡上坐 溪邊芳草雨霏霏 今年放牛坡上臥 緣陽陰下暑氣微 牛老不知東西牧 放下繩頭閑唱無生歌一曲 回首遠山夕陽紅 春盡山中處處落花風.' ; 太古 普愚, 「雪梅軒」, 『太古和尙語錄』 卷下. '臘雪滿空來 寒梅花正開 片片片片片 散入梅花眞不辨 倚欄終日看不足 命使畫工親筆硯 移數枝於屛風上 六月火雲間 令人神氣爽.'
111) 覺宏 錄, 「懶翁和尙行狀」, 『懶翁和尙語錄』, '至正十四年甲申 到檜巖寺 宴處 一 室 晝夜長坐 時日木石翁和尙 寓妓寺 一日下僧堂 擊禪床云 大衆還聞麽 大衆無語 師呈偈云 選佛場中坐 惺惺着眼看見聞非他物 元是舊主人.'
112) 太古 普愚, 「寄日本 石翁長老」, 『太古和尙語錄』 卷下, 偈頌, '吾以恁麼耆 師亦恁麼通 吾誠無得失 師豈有 無功海東山嶽秀 扶桑一點紅可憐立雪子 幾乎喪家風.'
113) 太古 普愚, 「示日本志性禪人」, 『太古和尙語錄』 上, 法語, '白日出扶桑 請君須見當 返觀明明了 脚下卽是菩提場.' ; 太古 普愚, 「送日本雄禪人遊江南」, 『太古和尙語錄』 卷下, '日本松風爽 新羅月色多 若遇南方三伏節 爲人何唱武陵詞.'
114) 李穡, 「石房寺 夜聞泉聲」, 『牧隱詩稿』 卷30, 詩. 석방사는 개성 남산에 있는 嵒房寺(鄭夢周, 「贈嵒房日本僧永茂 二絶」, 『圃隱集』 卷2, 詩) 즉, 龍巖寺인 듯하다. 南孝溫, 「松京錄」, 『秋江集』 卷6, 雜著, '俄上龍巖寺寺一名巖房.' ; 李齊賢, 「松都八景」, 『益齋亂藁』 卷10, 巫山一段雲, '紫洞尋僧-傍石過淸淺 穿林上翠微 逢人何更問僧扉 午梵出煙霏 草露霑芒履 松花點葛衣 鬢絲禪榻坐忘機 山鳥謾催歸.'
115) 황인규, 「여말선초 나옹문도의 오대산 중흥불사」, 『불교연구』 36, 2012, 263~267쪽.

이와 같이 고려시기 일본 승려의 한반도 참방은 표착이나 사절 등으로 이루어졌지만 석옹이나 수윤처럼 구법 유력하는 경우도 있어 고려 불교계의 위상이 컸음을 알 수 있다.

5. 나가는 말

현존 문헌기록에 의하면 동아시아 고승의 고려 참방에 관련한 기록은 매우 소수에 지나지 않고 인도와 중국, 일본에 국한되며 관련 정보도 매우 빈약하다.

고려시기 불교의 발상지 인도에서 온 승려는 고려초의 삼장법사 마후라와 홍범대사 실리바일라, 고려후기의 소나적사야 지공과 고려말의 달마실 등 4인 정도에 불과하지만 고려말까지 지속되었다.

고려시대 불교계의 세계관을 담보한 「오천축국도」나 혜심의 서역관에서 볼 수 있듯이 인도 승려의 고려 참방은 인도 및 서역을 포함한 국제적인 불교 교류의 단면을 엿볼 수 있는 것이 아닌가 하며, 고려 불교의 국제적 위상을 읽을 수 있다.

중국에서 고려를 참방한 승려는 고려후기 원의 강남 임제종 고승 몽산의 제자 철산 소경과 문도 무문 사총과 허곡 희릉 등과, 고려말의 무극과 제자 경초, 고담 등이다. 고려에서 중국에 구법 및 유력한 경우에 비해 상대적으로 매우 적지만 고려 불교계 주요 고승과의 교유 사실을 통해 고려 불교가 중국 불교 못지않게 위상이 높았음을 알 수 있다.

일본 고승의 고려 참방은 고려와 일본의 외교적 단절 상황으로 인해

---

116) 鄭道傳, 「次韻題日本茂上人 詩卷 庚午 公使還居開京時(按時日本僧永茂來住石房寺)」, 『三峯集』卷2, 七言律詩, '一葉扁舟萬里行 石房二載住開城 人來問法揚眉見 客至敲門合掌迎[念起心源還自寂 道高骨格不勝淸 五臺何處尋師去 認聽鐘聲半夜鳴(按永茂欲遊五臺山).'

소수에 지나지 않는다. 고려후기 거제도 고승 홍변에게 구법한 일본 승려와, 고려말 양주 회암사에 구법한 일본 승려 석옹 등이다. 그 외에 고려후기 중국 강남을 구법하다가 고려에 표착한 일본 승려인 중암 수윤과 영무 등은 고려 불교계를 주도하였던 태고 보우와 나옹 혜근 등과 교유하였다. 고려 승려가 일본에 참방한 사례도 없지 않지만 일본 승려의 고려 참방은 고대불교에 이어 한국불교의 위상이 컸음을 말해주고 있다.

 이렇듯 고려시기 한반도를 참방한 동아시아 고승은 인도와 중국, 일본에 국한되지만, 그 가운데 가장 큰 영향을 준 고승은 고려후기 중국 강남 고승 철산 소경과 인도의 지공 선현이었다. 두 인물은 14세기 초반 고려를 3년여 간 체류하면서 고려 사람들에게 당대 석가의 후신이나 달마로 간주되는 등 고려 승속의 열렬한 추앙을 받았다. 고려인일 개연성도 있는 철산은 한국 불교의 주류인 선종의 주요 사상인 몽산 선풍을 더욱 확산하는데 기여하였다. 석가의 108대 후손인 지공은 인도의 남전불교의 순수성을 강조하였으며, 그의 제자 나옹과 무학 등 고려 불교 승려들에게 큰 영향을 끼쳤다. 특히 그의 대표적 계승자 나옹과 그의 제자 무학과 더불어 조선시기 이후 최고 삼화상으로 추앙되고 있다.

 잘 알려져 있듯이 한반도의 문화 사상을 주도한 불교는 서역 및 중국의 승려에 의해 전해졌지만 삼국통일기 이후 선종의 수용은 신라 승려의 자발적이고 주체적인 노력에 의해 이루어졌으며, 고려시대 산문을 중심으로 한 독자적 불교 사상 문화를 성립시켰다. 아울러 고려 불교는 고대에 이어 중국뿐만 아니라 인도와 일본 등 동아시아 불교계와의 국제적 교류를 통해 발전을 꾀해 나갔다. 그러한 가운데 인도와 중국, 일본의 고려 불교계의 참방은 고려 불교, 나아가 고려 문화 사상의 국제적 면모를 읽을 수 있는데, 중국 유교 문화에 종속적인 성향이 많았던 조선시대와 일본 문화에 편향된 근대 문화와 단연 비교되고 있다.

제2장
『중등국사』 고려 불교사 서술

Ⅰ. 불교역사 교육의 중요성과 의의

1. 역사와 역사교육

'역사는 무엇인가'라는 질의는 '역사를 왜 배우는가'라는 명제와 다르지 않다. 역사는 무엇인가 하는 정의는 간단 명료하게 설명될 수 없지만 우리가 살아왔던 지나온 삶의 모습이 아닐까 한다. 그러한 삶의 모습을 알 수 있게 해주는 증거(기록 유물 등)를 통하여 역사가가 살고 있는 시대와 공간에 대한 문제의식(역사의식)을 갖고 이를 재해석하여 역사를 서술하는 것이다. 따라서 역사는 역사가가 바라보는 관점(사관)에 따라 남겨진 증거를 이해하고 설명한 기록[1]이므로 미진하고 불충분할 경우가 있을 수 있으며, 다양한 서술이 이루어질 수 있다는 개연성을 인정해야 한다. 그런 의미에서 역사는 진술 자체와는 차이가 있는 가공, 또는 창조된 사실이라고 하겠다.

---

1) 역사학과 역사교육간의 소통을 위한 사례는 1970년대 이후 독일의 역사학계와 역사교육계에서 '다원적 관점(Multiperspecktive)'을 중시한 것에서 찾아 볼 수 있다. 이병련, 「역사교육에서의 다원론적 관점이론」, 『사총』 84, 2015, 190~197쪽.

역사를 이해하고 설명하기 위해서는 문화의 속성 가운데 하나인 학습을 통해 이루어져야 하는데 그것이 바로 역사교육이다. 역사를 배우는 것은 학교뿐만 아니라 대중서, 매체 등 여러 곳에서도 가능하겠으나 가장 보편적인 역사교육이 이루어지는 곳은 학교현장이다. 학교현장에서 역사 교수학습의 가장 중요한 것은 역사 교과서, 역사 교사, 학생이며, 그 가운데 역사가가 연구한 성과는 검증을 통해 정설로 굳어지고 대부분의 연구 결과가 개설서나 교과서에 투영되기에 이른다.

하지만 사료가 일부만 남아 있는 경우가 대부분이고 역사 연구 자체가 주관적일 수 있기 때문에 역사교육에 객관화 일반화하기 쉽지 않으며,[2] 교과서에 모두 반영되는 것도 아니다.[3] 그런 점에서 교과서는 집필자인 역사가의 시각이 담긴 서술로서 자료집에 불과하다는 시각이 필요하다.[4] 더욱이 교과서는 학생들이 배워야 할 교육 학습 목표에 준거하여 내용이 담기게 되므로 또 하나의 재해석된 역사 서술이 이루어지는 셈이며, 그것을 교사나 학생이 수용하는 이른바 '역사 한다'는 것이다. 그러므로 역사와 역사교육은 그러한 측면에서 모두가 '역사를 하는' 것이라고 할 수 있으며, 역사와 교사 교육은 공유점을 지니고 있다.[5]

2. 공동체와 홍익인간

역사는 기본적으로 인간을 중심으로 생물, 무생물의 모두를 위한 공동체

---

2) 정선영, 「역사교육에서의 일반화 문제 연구」, 『역사교육』 35, 1984 참조.
3) 양호환, 「'역사교과학'의 성과와 과제」, 『역사교육』 57, 1995, 116쪽 ; 양호환, 「역사교과서의 서술양식 학생의 역사이해」, 『역사교육』 59, 1996, 10~11쪽.
4) 송상헌, 「역사교육에서 역사교과서의 성격 규정문제」, 『사회과교육』 51(2), 2012, 36쪽.
5) 역사와 역사교육의 공유점의 가능성은 다음의 이론에서 엿볼 수 있다. 김창성, 「역사학과 역사교육-W.H. Burston의 관점으로 다시보기」, 『역사와 역사교육』 19, 2009.

의 삶을 다루는 학문이라고 생각한다. 바로 홍익인간 정신과 그 뜻이 같다고 할 수 있다. 그것은 유래가 불교 경전에 있지만 중생을 위한 것은 불교뿐만 아니라 모든 종교와 교육에서도 궁극적인 목표로 삼고 있다.

이 땅에서 태어나 살아가는 우리는 조상의 삶을 거울삼아 보다 나은 미래를 향해 나아간다. 이때 우리가 지향하는 목표와 범주는 교육이라는 가르침을 통해 실현된다. 역사교육의 일반적인 정의에 따르면, '역사교육은 역사를 소재로 하여 인간을 교육하는 활동이다. 즉, 인간의 과거에 관한 지식을 가르치고 이를 기초로 역사적 사고력과 통찰력을 신장시키며, 바람직한 역사적 가치관과 태도를 함양하기 위한 교육 활동이다.'[6] 이러한 활동을 통하여 미래 세계의 변화에 좀 더 합리적이고 능동적으로 대처할 수 있을 것이다.

이렇듯 역사교육이 역사를 소재로 하며, 인간을 교육하는 활동이므로, 역사란 무엇인가라는 명제를 우선시해야 한다. 또한 이를 바탕으로 역사를 어떻게 가르칠 것인가에 대하여 고민해야 할 것이다. 역사를 어떻게 연구할 것인가의 기본 동인은 오늘을 살아가는 문제와 직결된 것이며, 역사교육도 그러한 의식과 범주 내에서 이루어져야 한다. 특히 국가 제도권이 규정한 목표와 범주 안에서 이루어지는 학교 내의 역사교육은 공동체라는 틀과 제약 속에서 시행될 수밖에 없다.

이러한 공동체의 일원으로 살고 있는 우리는 우리만의 방식으로 살아온 고유성 주체성을 포함한 정체성을 알아야 한다.[7] 그런데 정체성을 상실할 때 식민지 혹은 식민지와 유사한 상황에 처하게 된다는 것을 우리는 지난

---

[6] 정선영 외, 『역사교육의 이해』, 삼지원, 2001, 19쪽.
[7] 정체성 담론에 대하여 필자는 다음과 견해에 공감하는 입장이다. 즉, 역사적 전통을 부정하는 견해도 있으나(탁석산, 『한국의 정체성』, 책세상, 1999) '나와 다른 남', 또는 '달라진 나'를 한편으로 하고 '여전히 살아가야 할' 나를 이 양자관계에서, 그 '나'에게 조성된 위기에 대응하여, '나를 계속 나로 살게 하는 힘'의 원천을 '나의 정신' 안에서 특정 형태로 재창출하는 것이라는 것이다. 홍윤기, 「지구화 조건안에서 본 문화 정체성과 주체성」, 『사회와 철학』 1, 2001, 62쪽.

역사를 통해 이미 경험했다. 큰 것을 섬기고 작은 것을 경시하는 이른바 '사대'는 바로 우리가 정체성을 상실했기 때문이다. 여기서 말하고자 하는 정체성은 단순히 국가나 민족만을 위한 그것을 의미하지 않으며, 세계와 우주의 주인공으로서의 정체성을 의미한다.[8] 후술하는 바와 같이 우리나라의 건국 이념이자 교육 이념인 홍익인간의 정신이 바로 그것이라고 강조하고자 한다. 역사는 개인의 삶보다 나와 우리 모두의 생명 무생물이 집단을 이룬 공동체의 삶을 다루는 학문이다.

오늘을 살아가는 데 가장 중요한 것은 '나'다. 내가 없으면 국가도 세계도 우주도 없다. 우주의 주인공인 나는 누구일까? 철학적인 질의에서 답이 내려질 수 있지만 역사학에서는 우리가 살아온 삶의 정수로서 우리의 고유성, 주체성이라 할 수 있다.[9]

무엇보다도 해방 이후 우리나라의 건국 이념이자 교육 이념으로 채택된 홍익인간의 정신은 역사학계에서 나름대로 연구를 진척시키고 있으나 그 유래와 기원에 관해서는 제대로 조명되지 못한 듯하다. 국가 이념으로 채택되는 과정에서 일부 학자들의 부정적인 견해가 있어서 진통을 겪었던 바 있으며,[10] 그러한 부정적이거나 회의적인 견해가 아직도 있는 듯하다. 홍익인간이라는 말은 일연의 『삼국유사』 기이편 고조선조에 나오고 있지만 『유마경』이나 『증일아함경』 등 초기 불교 경전에서 유래하며, '홍익인간'이라는 귀절이 처음으로 등장한 것은 당의 고승 도선(道宣, 596~668)이 찬술한

---

[8] 과거 한 때 '정체성'은 국가와 민족을 위한 이데올로기 화하는 등 부정적인 연구나 서술이 이루어진 경우도 적지 않았으나 긍정적인 시각에서 논의된 견해도 주목해야 할 것이다. 윤세철, 「자국사, 그 당위의 실제」, 『역사교육』 69, 1999 ; 김돈, 「한국사연구와 국사교육의 방향」, 『역사교육』 76, 2000 ; 김돈, 「한국사학과 역사교육의 관계 재정립」, 『한국사론』 31, 국사편찬위원회 ; 서의식, 「한국사 인식과 국사교육의 목표」, 『역사교육』 76.

[9] 정선영, 「역사교육의 최종목표와 역사적 통찰력」, 『역사교육』 108, 2008, 8쪽.

[10] 민영규, 『용재선생과 홍익인간의 문제』(백낙준전집 10 찬하와 추모), 연세대출판부 1995, 109, 110쪽 ; 정영훈, 「홍익인간 이념의 유래와 현대적 의의」, 『정신문화연구』 22-1, 1999 참조.

『속고승전』의 「승옹전」에서다. 어찌된 일인지 이러한 사실에 대한 연구를 하지 않은 연유는 자세하게 알 수 없지만 불교 관련 지식이 미흡하거나 무시하는데서 비롯된 편협성에 기인하는 것이 아닐까 한다. 아울러 역사학계의 역사교육 영역에 대한 무관심도 한 몫을 했을 것으로 짐작되며, 역사교육계도 방관하고 있지 않았나 싶다.

그 결과 이는 역사학자와 역사교육계의 합작품이라고 할 수 있는 역사교과서를 통해 여실하게 드러난다. 특히 2015년 국가 교육 과정에서 추구하는 인간상은 '홍익인간 이념에 바탕한 창의적 인재.'[11]였다. 그러나 실제 교과서에 단군의 고조선 건국 사실과 더불어 '홍익인간의 건국이념이 우리 민족이 어려움을 당할 때마다 자긍심을 일깨워 주는 원동력이 되었다.'[12]거나 '교육 이념으로는 홍익인간이 채택되었으며, 민주 시민의 양성을 교육 목표로 확립하였다.'[13]고만 서술하였다. 이러한 서술은 현행 역사 교과서에서도 그대로 답습하고 있어서 아쉽기만 하다. 홍익인간의 뜻을 자구적 해석 그대로 '인간을 널리 이롭게 한다'는 풀이와, 어려운 일이 생겼을 때마다 자긍심을 일깨워 주고 민족을 통합하는 원동력이 되었다거나[14] 새로운 사회 질서를 형성하는 데 도움을 주고 있다.'[15]고 서술하고 있으나, 홍익인간의 이념의 유래와 그 정신이 좀 더 구체적으로 설명되어야 할 것이다. 역사와 교육적인 측면에서 기실 홍익인간 정신이야말로 우리의 정체성을 표징할 수 있는 것으로 간주할 만하며, 그 이유는 모든 분야에 두루 상통할 수 있는 정신이기 때문이다. 홍익인간의 정신은 인간뿐만 아니라 생물, 무생물 모두를 이롭게 한다는 의미를 지니고 있으므로 지구뿐

---

11) 한국교육 평가원, 『2009 개정 교육과정에 따른 초·중학교 역사과 핵심성취 개발연구』, 연구보고 CRC 2013-7 ; 양정현, 「2015 역사과 교육과정의 논리와 구성」, 『역사비평』 113, 2015 겨울, 266쪽.
12) 제7차 『중학 국사』, 국사편찬위원회, 10쪽.
13) 제7차 『고등국사』, 국사편찬위원회, 329쪽.
14) 중학교 『역사』 1, 두산동아, 30쪽.
15) 고등학교 『한국사』, 미래엔, 16쪽.

만 아니라 나아가 우주 만물 공존의 정신이기도 한 것임을 알아야 할 것이다.

앞서 언급한 바와 같이 우리는 나와 남 즉, 우리가 함께 어울리면서 역동적인 삶을 살아왔고 우리 공동체 또한 소중히 하였다. 2015 교육 과정 핵심역량에서도 사회 공동체 구성원으로서의 역할을 수행하기 위한 능력이 강조된 바 있다.[16] 마르크(Mark)가 지적했듯이 역사에 대한 인식을 통해서만 공동체의 과거의 관계를 이해하고, 다른 공동체 및 사회와의 관계를 알 수 있다.[17] 즉, 역사란 나와 남, 우리를 둘러싸고 있는 모두가 어떻게 살아왔는가를 살펴서 현재를 사는 우리의 삶을 바람직한 향방으로 나아가도록 하는 것이다. 우리는 그러한 정체성을 가지고 역동성을 지닌 삶을 살아왔던 것이다.

3. 한국 역사와 불교 문화

고구려 소수림왕 2년(372) 전진에서 승려 순도가 불상과 불경을 전한 그 이듬해 초문사와 이불란사가 창건된 후[18] 이 땅에 수많은 사찰들이 건립되었다. 중국 사서에 '절들은 별처럼 자리잡고 탑들은 기러기 날 듯하네(寺寺星張 塔塔雁行).'라고 하였다.

한국 불교는 독특한 사찰 문화를 형성하여 갔다. 사찰 입구의 장승이나

---

16) 진재관 외, 『2015 역사과 교육과정 시안 개발 연구』, 한국교육과정 평가원 연구보고 CRC 2015-12, 11쪽.
17) Williams, Mark, Ratte, Lou, Andrian, Robert K., 『Exploring World History : Ideas for Teachers』, Portsmouth, NH : Heinemann Publishing, 2001.9, 119쪽. 본 발제지에서는 민족의 틀을 넘어선 지구 및 우주상의 공동체의 일원이라는 세계관을 견지하고 있다. 예컨대 한성의 하루를 시작하는 파루(罷漏)는 불교의 33천을 의미하는 것에서 33번 종을 울렸는데, 이는 우리의 세계관이 33천의 우주적 사고였음을 알게 해주고 있다.
18) 『삼국유사』 권3, 흥법 제3 順道肇麗.

돌무더기, 명부전, 시왕전, 산신각, 칠성각, 가람배치, 사찰연기 설화, 연등회, 팔관회, 탱화 등에서 그러한 모습을 찾아볼 수 있다. 특히 가람배치상 산신각이 상위, 불당이 중위, 장승이 하위에 위치하는 3중 구조를 이루고 있다. 이는 상당으로 관념되는 산신당, 중당으로 관념되는 서낭당, 하당으로 관념되는 장승과 솟대 동제당의 3중 구조와 상호 관련이 되어 있다고 한다.[19]

이렇듯 불교는 기존의 사회와 그 문화를 배척하거나 파멸시키지 않고 포용하였다.[20] 「선도성모 수희불사(仙桃聖母隨喜佛事)」도 그러한 사례 가운데 하나이다. 진흥왕대 비구니 지혜가 선도산 성모의 도움을 받아 안흥사를 중창하였다.[21]

신라중대 의상이 세운 화엄 10찰도 신라의 5악 신앙을 수용하여 건립하였고 신라말 9산문도 화엄 10찰을 배경으로 개산되었다고 생각된다. 이들 도량이야말로 당시 사회에 있어서 최고의 문화센터였다.

신라이래 고려시대에는 국사와 왕사를 비롯해 많은 고승들이 왕실과 백성들의 존경을 받았다. 고려 사회는 흔히 문벌 사회라 부르며, 승려 역시 대부분 문벌귀족의 자제였다. 즉 왕사나 국사로 책봉되거나 추증된 승려들이나,[22] 열전이나 묘지명을 보게 되면 승려로 출가한 인물을 쉽게 접할 수 있다.[23]

승려는 당시 공동체 사회의 국가의 지도자로서 왕사와 국사를 비롯해 내원당 감주, 각 사찰의 고승 등이 각급 공동체의 정신적 수장으로서 활동했다. 그들은 사원의 세력과 경제력이 커지면서 그것을 담당할 인물인 승도들

---

19) 최광식, 「무속신앙이 한국불교에 끼친 영향-산신각과 장생을 중심으로-」, 『백산학보』 26. 백산학회, 1981.
20) 허흥식, 「제2장 불교사회사에서 본 중세의 범위」, 「제3장 중세의 불교와 사회사상」, 『한국중세불교사연구』, 일조각, 1994.
21) 『삼국유사』 5, 감통7, 선도성모수희불사.
22) 허흥식, 「고려시대 국사 왕사제도와 그 기능」, 『역사학보』 67, 1975.
23) 이에 대해서는 『고려사』 열전 및 『고려묘지명집성』을 참조바람.

의 숫자도 증가해갔다. 불교가 사회에서 무엇을 했는가 하는 문제에 관련해 수행승인 스님과 더불어 승도들도 사회 속에 광범위하게 존재하고 각 사회 분야에서 역할을 다하였다.

동양 사회에서 공동체 정신으로 널리 알려진 것은 결사 문화이다. 그 가운데 우리의 교과서에 실린 것은 신앙결사인 수선결사와 백련결사이다. 역사와 역사교육에서 결사는 공동체 정신의 소산이라는 측면보다 개혁이라는 측면에서만 다룬 듯한 느낌이 짙다. 사실 우리의 공동체 정신을 두레에서 찾는 경우도 있지만[24] 필자의 생각으로는 불교의 결사에서 유래된 것으로 간주한다. 결사란 여러 사람이 공동의 목적을 이루기 위해서 사회적인 결합 관계를 맺는 것 또는 그 단체를 의미하며, 사회이다.[25] 널리 알려진 바와 같이 4세기말 중국 남북조시대 동진의 혜원(334~416)이 백련결사를 결성한 것에서 유래하며, 중국은 물론 우리나라에서도 가장 전형적이고 이상적인 결사로 표방하였다.

우리나라에 불교가 수용된 후 6세기 동사 주(東寺 主) 경이라는 승려들과 신도 40인이 모여 '연가 7년명 금동여래상'을 조성하고자 모인 것이 최초의 결사이다.[26] 그 후 신라 강주의 아간 귀진을 비롯한 선사 수십 인이 1만일을 기약하고 염불하여 극락왕생을 기원하였다. 귀족들뿐만 아니라 천민도, 천민 여성도 참여하여 성불하였다고 하는데,[27] 이러한 결사에서 우리 불교 사회의 개방성을 엿볼 수 있는 대목이다. 무신집권기 지방의 산장이나 서재에 모여 독서하거나 교육 학습하였으며, 신앙결사운동에 참여하면서

---

24) 이병도, 「두레와 그 어원에 관한 연구」, 『가람 이병기박사 송수논문집』, 삼화출판사, 1966 ; 이태진, 「17·18세기 향도조직의 분화와 두레 발생」, 『진단학보』 67, 1989 참조.
25) 정병삼, 「9세기 신라 불교 결사」, 『한국학보』 85, 1996 ; 한보광, 「신앙결사의 유형과 그 역할」, 『불교학보』 30, 1993 참조.
26) 「延嘉七年銘 金銅如來立像」 ; 『역주 한국고대금석문』 I , 1992.
27) 『삼국유사』 권5, 감통 7, 郁面婢念佛西昇 ; 신종원, 「삼국유사 욱면비 염불서승조에 대한 일고찰」, 『사총』 26, 1982. 욱면이라는 여성 노비가 성불할 수 있었던 것은 현재의 학계 수준으로는 이해하기 어려운 사실이다.

새로운 문화를 만들어갔다.28) 뿐만 아니라 한국 최초의 독서 모임이라고 할 해동기로회를 결성하여 서재를 독서 공간으로 활용하였다.29) 숭유억불의 분위기가 한층 더해가는 조선시대에도 문인 사가정 서거정은 동진의 혜원이 결성한 백련결사를 본받은 것이나,30) 영조 때 문신 강좌 권만(1688~1749)이 개최한 연사 기로회도 그러한 사례이다.31)

또한 마을 공동체의 중심인 향도의 역할을 17세기 이후 두레가 담당하게 되어 향도는 상장의 일만을 수행하는 상두꾼으로 잔존하게 되었지만,32) 고대이래 결사와 향도는 불교 정신을 바탕으로 공동체 질서를 담당했었다.33) 이와 같이 우리의 정체성과 개방성은 모두 개인적 차원이 아니라 개인을 중심으로 한 공동체의 삶을 위한 것이었다. 이 부분에 대해서는 비교적 풍부하게 역사 교과서에서 다루고 있다. '두레, 계, 향도와 같은 공동체 조직이 발달하는 등 우리 민족의 특수성이 나타났다.'34)는 서술이다. 그 가운데 두레와 향도를 다음과 같이 설명하고 있다. 즉,

> 촌락의 농민 조직으로 두레와 향도가 있었다. 두레는 공동 노동의 작업 공동체였다. 향도는 불교와 민간신앙 등의 신앙적 기반과 동계 조직 같은 공동체 조직의 성격을 모두 띠었다. 주로 상을 당하였을 때에나 어려운 일이 생겼을 때에 서로 돕는 역할을 하였다. 상여를 메는 사람인 상두꾼도 향도에서 유래하였다.35)

---

28) 이제현(1287~1367), 『櫟翁稗說 前集』 1.
29) 황인규, 앞의 논문, 『종교교육학연구』 22, 2006 ; 황인규, 앞의 논문, 『한국불교학』 45, 2006 ; 황인규, 앞의 논문, 『한국교육사학』 28-2, 2006.
30) 徐居正(1420~1488), 「雨中寄一菴萬德兩上人」, 『四佳詩集』 시집 권20, 詩類.
31) 南公轍(1760~1815), 「次蓮社諸少年韻」, 『金陵集』 卷3.
32) 李瀷(1681~1763), 「香徒」, 『성호사설』 권12, 人事門.
33) 이태진, 앞의 논문 참조.
34) 제7차 『고등국사』, 국사편찬위원회, 12쪽.
35) 제7차 『고등국사』, 국사편찬위원회, 218쪽.

또한 이러한 공동체 정신을 선양하기 위하여 성현을 추념하였다. 공자를 비롯한 유학자의 위패와 초상화가 국자감과 향교의 문묘에 봉안되었지만 부처와 고승은 소상이나 영정으로 조성되어 사원에 적지 않이 안치되었다.[36] 예컨대 983년(성종 2) 공자와 그의 제자 72현이 문묘에 종사된 이래 1022년(현종 13) 1월 설총이 홍유후로, 그 이듬해에 최치원을 문창후로 추봉하였다.[37] 그리고 고승의 경우 숙종조에 원효와 의상을 추증하고 추념사업을 전개하였던 사실이 주목된다. 이렇듯 전 시대의 인물인 원효를 화쟁국사로, 의상은 원교국사로 추증하여 대성인으로 받들어 존경해 마지 않았다.[38] 원 간섭기 충렬왕대에도 한재가 계속되자 최치원과 설총과 더불어 도선에게 봉작을 추가하였다.[39] 이에 앞서 명종시 진표의 비가 세워지는 등 추념사업을 전개하여[40] 고려중기 원효·의상·진표·도선을 4대 성인으로 추념하였다.[41] 조선시대에도 국가에서 성현을 추념하였다. 청허 휴정의 공을 인정하여 국가에서 사당을 짓도록 하였는데 그것이 바로 해남의 표충사, 갑사 표충원, 영변 보현사의 수충사 그리고 밀양의 표충사이다.[42] 아울러 표충사와 수충사의 사례에 따라 조선건국의 개국 원훈인 무학 자초가 머물렀던 석왕사에도 사당을 지어 춘추로 제향하였다.[43] 그럼에도

---

36) 허흥식, 「고려중기 四聖의 追念과 선각국사비의 건립」, 『도선연구』, 민족사, 1999. 191쪽.
37) 『고려사』 권5, 현종세가 14년(1023) 2월 병오 ; 『고려사』 권4, 현종세가, 13년(1022), 정월 갑오,
38) 『고려사』 권11, 숙종세가 6년(1101) 8월 계사, '元曉義相 東方聖人也 無碑記 諡號 厥德不暴 朕甚悼之. 其贈元曉大聖和靜國師 義相大聖圓敎國師 有司卽所住處 立石紀德 以垂無窮.'
39) 『고려사』 권29, 충렬왕세가 8년(1282) 5월 경신.
40) 瑩岑, 「關東 楓岳山 鉢淵藪 開創祖 眞表律師 眞身骨藏立石碑銘」, 李智冠, 『校勘譯註 歷代高僧碑文』(고려편4), 伽山文庫, 1997.
41) 경암 관식, 「鰲山記」, 『鏡巖集』 卷下, 『한국불교전서』 10, 441쪽 ; 황인규, 앞의 논문, 『불교사상과 문화』 1, 2009.
42) 李德守, 「有明 朝鮮國 嶺南密州 靈鷲山 表忠祠 事蹟碑」 ; 李德壽, 「表忠祠事蹟記」, 『西堂私載』 卷4, 記 ; 李雨臣(1670~744), 「밀양 표충사 西山大師碑銘」, 『조선불교통사』 상.

관우를 사당(관왕묘)으로 배향⁴⁴⁾한 것은 사대주의 정신의 소산이라는 사실을 한국 사학계와 역사교육계가 바로 알아야 한다.

4. 불교 교육과 역사 교과서

앞서 살펴본 바와 같이 한국의 불교 역사와 불교 문화가 국가와 민족문화에 기여한 바 매우 크며, 현재 문화유산에서도 차지하는 비중이 매우 높다. 이러한 국민 대다수가 『국사』(『역사』) 교과서를 통해서 불교사를 배우게 되므로 교과서의 불교사와 불교 문화에 대한 서술은 전문적·체계적으로 이루어져야 할 것이다.

그런데 이러한 사실보다 우선적으로 해결되어야 할 것은 다음과 같은 사실들이 아닐까 한다. 즉, 우리의 민족문화를 주도한 불교사를 이해하고 연구할 때 불교사관에 의하지 않고 기독교사관이 담긴 서양의 사관에 의한다는 것이다. 이는 곧 불교 역사교육의 부재 때문이다. 이를 위하여 불교 역사학과 불교 역사교육 연구는 물론이거니와 불교문학과 불교미술 등 불교와 깊은 인접 학문의 연구가 심층적·체계적으로 이루어져야 할 것이다. 아울러 교과서 서술에 대한 근본적인 불교학이나 불교사학에서 근본적 학술적 연구와 함께 일반인들이 쉽게 읽을 수 있는 개설서의 간행 보급이 중요하다.

---

43) 『정조실록』 권34, 16년(1792) 윤4월 24일(임진) ; 『정조실록』 권34, 16년 윤4월 24일(임진) ; 황인규, 『무학대사연구-여말선초 불교계의 혁신과 대응』, 혜안, 1999, 134쪽.

44) 임진왜란 때 명의 군사들에 의해 關王廟가 건립되어 제사도 지냈다. 1598년(선조 31) 한성 숭례문 밖에 남관왕묘가 건립되었고 동관왕묘와 북관왕묘가 세워졌으며, 지방에도 관왕묘가 건립되었다. 『고종실록』 권42, 39년(1902) 10월 4일 ; 장장식, 「서울의 관왕묘 건치와 관우신앙의 양상」, 『민속학연구』 14, 2004 ; 이유나, 「조선후기 관우신앙 연구」, 『동학연구』 20, 2006 ; 앞의 논문, 『불교사상과 문화』 1, 2009 참조.

『국사』 교과서가 새로 집필되면서 이전의 교과서, 특히 1종의 검인정 교과서(제7차)를 무비판적으로 수용하거나 자의적으로 누락시키는 경우가 적지 않다. 교과서 검정위원회에서 교과서 집필 원칙에 의거하여 나름대로 검증 절차를 거치고 있으나, 교과서 집필자들 가운데 불교학자나 불교사학자가 거의 참여하지 않은 상황하에서 불교사와 불교 문화를 제대로 이해하지 못한 채 집필되는 경우가 없지 않은 듯하다.

이러한 현실에서 불교 서술이 어떻게 되었는지 비판을 하기보다 우리의 불교계와 불교학계에서 무엇을 해야 할 것인가 스스로 되돌아보는 것이 먼저가 아닐까 한다. 모두가 아시다시피 『국사』(『역사』) 교과서가 국가 미래를 짊어지고 갈 청소년들이 배운다는 측면에서 사실의 바름이나 적정성, 나아가 역사적 사고와 역사의식을 심어줘야 함은 물론이다. 혹 종교계가 나서서 교과서 서술에 대한 내용을 호교적인 입장에서 문제화시키는 것은 결코 바람직하지 않다. 역사 교과서는 불교사 개설사의 범주를 넘어 국가와 민족의 삶과 문화이기 때문이다.[45]

---

45) 본고는 필자가 그간 발표한 논저들 가운데 일부를 재정리하여 게재하였음을 밝혀둔다. 「고려유생의 하과와 사찰」, 『종교교육학연구』 22, 한국종교교육학회, 2006 ; 「고려시대 유생의 서재와 그 문화」, 『한국교육사학』 28-2, 한국교육사학회, 2006 ; 「한국전통사회의 특성-우리는 전통사회에서 어떻게 살았을까?」, 『경주사학』 27, 2008 ; 「서산대사의 승군활동과 조선후기 추념사업」, 『불교사상과 문화』 1, 중앙승가대학교 불교학연구원, 2009 ; 「한국의 공동체 결사와 향도」, 원각불교사상연구원 편, 『불교의 새로운 지평』, 대한불교천태종 출판부, 2011 ; 「중학교 『역사』(한국사) 교과서에 나타난 불교사 서술 체재와 내용-제7차 교육과정에서 현행 교육과정까지」, 『전법학연구』 4, 2013 ; 「정체성과 역동성 공동체 정신 함양을 위한 한국사연구와 역사교육」, 『역사교육』 138, 역사교육연구회, 2016 ; 『고려시대 불교계와 불교문화』, 국학자료원, 2011 ; 『조선시대 불교계 고승과 비구니』, 혜안, 2011.

Ⅱ. 제2차 『고등국사』 고려 불교사 서술

1. 들어가는 말

　해방 이후 교과과정은 검인정 교과서 제도하에서 운용되었다. 제2차 교육과정기의 검인정『고등국사』의 경우 교수요목기『고등국사』가 6종, 제1차 교육 과정기의『고등국사』가 8종인데 비하여 무려 11종에 달하였다.[1] 각기 다른 집필자의 사관에 의해서 국사 교과서가 나름대로 서술 체재와 내용을 이루고 있다.[2] 하지만 60년대 이후 국가 주도의 역사교육의 미명하에, 특히 군부 독재 정권의 국적 있는 교육과 민족 문화의 육성이라는 시각에서 단행된 교과서의 국정화 체제가 1973년 제3차 교육과정의 시행과 더불어 국사 교과서도 1종의 국정화로 편찬되었다.[3]

　그 이후 제3차 교육 과정기의 국사 교과서는 검인정 1종 교과서 체제로 변모하여 검인정 교과서로 발행되어 사실상 국정이었다.[4] 2002년『고등국

---

[1] 본고에서는 인문계 11종의『고등국사』교과서를 대상으로 하였다. 실업계 고등학교 고등국사는 제외하였는데(문교부, 문교부,『실업계 고등학교 국사』, 대한교과서, 1968) 다른 검인정 교과서의 서술내용과 거의 비슷하다. 고등국사는 통칭『고등국사』로 통칭한다.

[2] 제2차 교육과정기의 검인정 국사 교과서에 관한 연구는 다음과 같다. 조성운, 「제2차 교육과정의 제정과 국사교과서의 편찬」,『한국사학보』66, 고려사학회, 2017 ; 허은철, 「제2차 교육과정기 고등학교 국사교과서의 발행과 서술 변화」, 『역사와 교육』24, 2017 ; 조건, 「제2차 교육과정기 민족주체성 교육의 시행과 국사교과서 근현대사 서술내용 분석」,『역사와 교육』24, 2017 ; 박진동, 「제2차 교육과정기 '사회2'에 적용된 중학교 역사의 통합 방식과 검정 교과서의 내용 구성」,『역사와 교육』24, 2017.

[3]『경향신문』1973년 6월 23일, 「국사교과서 국정으로 검정제 폐지 국적있는 교육 강화」 ; 황인규, 「제3차 교육과정 국정『고교국사』의 편찬과 중세사 서술」,『역사와 교육』27. 2018 참조.

사』는 주제별 서술로 처음으로 편찬되었고『한국근·현대사』가 검인정 6종으로 편찬되다가 2011년 2009개정 교육과정『한국사』로 편찬되어 현재에 이르고 있다. 그런데 2015년 처음 국정화를 단행하였던 박정희의 딸인 박근혜 정부에서 국사 교과서의 국정화가 다시 시도되기도 하였다. 박근혜 정부가 추진한 국정『고등학교 한국사』는 '4-1 사상과 종교'라는 항목에 1면의 반도 채 안되는 분량으로 간략히 불교사를 서술했으며,5)『중학교 역사』의 경우는 본문에는 서술 자체가 없고 학습자료란에 세계적인 문화유산에 8만대장경을 그림과 더불어 소개하였을 뿐이다.6) 이렇듯 교과서를 국정화할 경우 획일화의 위험을 배제하기 어려우며 교과서의 전면 국정화는 교육적으로도 큰 마이너스 효과를 가져올 우려가 있다.7) 이와 같이 국사 교과서의 국정화에서 발생하는 폐단은 교육의 획일화라는 측면뿐만 아니라 국가 주도의 국사 교육의 강화에서 오는 역사교육의 편협성을 가져올 것은 당연하다.8)

 본고는 이러한 문제 제기의 틀 속에 고려시대 불교사9) 부분을 대상으로

---

4) 한국교과서 연구재단,『한국 편수사 연구』1, 2000, 455~499쪽.
5) 국사편찬위원회,『고등학교 한국사』, 교육부, 2017, 101쪽.
6) 국사편찬위원회,『중학교 역사 1』(검토본), 교육부, 2015, 121쪽.
7)『동아일보』1976년 8월 28일,「피해야 할 교육의 획일화」: https://newslibrary. naver.com/search
8)『동아일보』1974년 6월 18일,「(사설) 국사교과서의 문제점」: https://newslibrary. naver.com/search
9) 그동안 제2차 교육과정기의 검인정 국사의 고려시대 불교사 서술에 대한 연구는 이루어진 적이 없다. 그동안 국사 교과서의 불교사 연구성과를 소개하면 다음과 같다. 황인규,「중등 국사교과서에 나타난 고려후기 불교사의 서술과 문제점」,『역사와 교육』9, 2000 ; 황인규,『고려후기·조선초 불교사연구』, 혜안, 2003 ; 박미선,「고등학교『한국사』교과서의 고대 '불교사' 서술 검토」,『한국사상과 문화』5, 한국사상문화학회, 2011 ; 신선혜,「고등학교 국사 교과서의 신라 불교사 서술 획일화 과정」,『신라사학보』41, 2017 ; 한상길,「한국 근대불교 연구와 국사교과서의 근대불교 서술」,『선문화연구』10, 2011 ; 황인규,「중학교『역사』(한국사) 교과서에 나타난 불교사 서술 체재와 내용-제7차 교육과정에서 현행 교육과정까지」,『전법학연구』4, 2013. 그리고 사상사 입장에 부분적으로 언급한 논고들이 있다.

하여 제2차 교육과정기 11종의 검인정 『고등국사』의 서술 내용을 비교 분석하고자 한다.10) 아울러 국가 주도하에 시행된 제3차~제7차 교육과정기의 국정 『고등국사』의 서술 내용과도 비교 검토하여 서술 내용을 살펴보고자 한다.

2. 고려초기 불교제도의 확립

1) 고려 불교의 성격

제2차 교육과정기 검인정 『고등국사』의 고려시대 불교사 관련 대단원은 대부분 '고려시대의 생활'이라고 설정하였다. 『중학 국사』와 달리 서술 내용의 중복성을 피하기 위하여 사회 문화사의 서술을 중심으로 한 제목을 사용한 것으로 생각된다.

중단원은 '고려의 문화'나 '고려의 유학과 불교', '고려의 불교문화' 등을 표제로 삼았다. 필자의 소견으로는 '고려시대 생활'이라고 하였으므로 '고려의 불교문화' 정도로 했었으면 한다. 소단원은 대단원이 '고려시대의 생활'이므로 고려시대 불교 복지나 장학금 등 불교 사회 내용도 추가되었어야 한다. 그러한 의미로 '불교중심의 (종교)생활'이나 '고려불교의 사회 활동'처럼 사용하는 것이 바람직하지 않을까 한다.

소단원 가운데 '불교의 개화', '불교의 융성11)'이나 '불교의 발달이나 발

---

10) 제2차 교육과정기 11종의 검인정 『고등국사』를 소개하면 다음과 같다. 김상기, 『국사』, 장왕사, 1968 ; 민영규·정형우, 『최신 국사』, 양문사, 1968 ; 변태섭, 『국사』, 법문사, 1968 ; 신석호, 『국사(인문계)』, 광명출판사, 1968 ; 윤세철·신형식, 『새로운 국사』, 정음사, 1968 ; 이병도, 『국사』, 일조각, 1968 ; 이상옥·차문섭, 『국사』, 문호사, 1968 ; 이원순, 『국사』, 교학사, 1968 ; 이현희, 『국사』, 실학사, 1968 ; 이홍직, 『국사(인문계)』, 동아출판사, 1968 ; 한우근, 『국사』, 을유문화사, 1968. 본고에서는 『고등국사』로 통일 약술하였음을 밝혀둔다.
11) 민영규·정형우, 『고등국사』 ; 한우근, 『고등국사』 ; 이상옥·차문섭, 『고등국사』.

전12)', '불교의 변천' 등의 용어의 사용은 지양되어야 할 것이다. 불교의 개화, 융성, 발달, 변천이라는 개념은 막연할 뿐만 아니라 그에 상응하는 서술이 이루어지지 않았기 때문이다.

아울러 고려의 불교의 성격을 호국 불교와 귀족 불교, 현세 불교로 규정하였다.13) 또한 고려시대 불교를 현세 불교나 현세 구복14)적이거나, 특히 귀족 종교15)라고 서술한 것도 역시 지나치다. 불교를 현세 구복 종교로 간주하는 것은 불교가 고등 종교라는 사실을 염두에 두지 않은 것이며, 고려시대 불교를 귀족 종교라고 간주하는 것도 귀족이하 대부분의 기층민의 불교 신앙을 무시한 것으로 사실과 다르기 때문이다.

특히 호국 불교는 불교의 국가적인 역할을 강조한 것이며, 현재도 일부 사용되고 있지만 불교와 권력이라는 측면이 강조되어 불교의 세속성이 부각되므로 '국가 불교'라는 용어를 사용해야 할 것이다.16) 그렇다고 고려불교를 국교로 간주하는 것도 역시 지나치다. 고려 불교가 국교였다17)거나 '사실상 불교적 시대'18)라고 간주하는 것은 사실과 다르며, 제3차 교육과정기의 국정 『고등국사』에서도 마찬가지로 답습하였다. 제4차 교육과정기의 『고등국사』에서 '국가의 보호를 받으며' 정도로 수정되었으나 현재도 일부의 교과서에서 사용되고 있다.19) '호국 불교'라는 용어 대신 '국가 불교'라는

---

12) 신석호, 『고등국사』 ; 이현희, 『고등국사』 ; 이병도, 『고등국사』.
13) 이병도, 『고등국사』.
14) 이병도, 『고등국사』 ; 이원순, 『고등국사』.
15) 변태섭, 『고등국사』 ; 이병도, 『고등국사』 ; 이홍직, 『고등국사』.
16) 김종명, 「호국불교 개념의 재검토-고려 인왕회의 경우-」, 『불교연구』 17, 2000, 146~147쪽. 하지만 아직도 호국불교라는 용어를 사용하는 사례가 적지 않다. 김용태, 「한국불교사의 호국 사례와 호국불교 인식」, 『대각사상』 17, 2012 ; 고영섭, 「국가불교의 '호법'과 참여불교의 '호국'-호국불교의 전개와 의미」, 『불교학보』 64, 2013 참조.
17) 변태섭, 『고등국사』.
18) 이원순, 『고등국사』.
19) 국사편찬위원회, 『고등국사』, 대한교과서, 1974 ; 국사편찬위원회, 『고등국사』, 두산, 2002.

용어를 사용하는 것이 좋을 듯하다. 고려시대는 성종대 최승로 상소문에서 '이국(理國)은 유교, 수신은 불교'20)였다는 기록에서 단적으로 알 수 있듯이 고려시대는 불교뿐만 아니라 유교 등이 공존하는 사회였다. 이러한 서술 내용은 제7차 교육과정기의 1종『고등국사』에서 '정치이념으로 삼았던 유교와 신앙인 불교를 서로 배치되는 것으로 생각하지 않았다.'고 시정되었다.21)

고려시대 불교의 위상을 '정신계의 지도적 역할을 담당하고 국가 사회를 비익(裨益)하며 문화를 향상시킨 바가 적지 않았다.'22)고 하거나 사상계의 지도적 위치에 있었다23)는 정도의 서술 내용은 잘 규정하였다. 이러한 측면에서 '불교는 국가나 개인을 보호하여 준다는 신앙심으로 역대 왕이 불교의 보호와 육성에 노력한 결과 많은 사원이 비보사찰로 각처에 세워졌다.'24)는 서술은 대체로 무난하지만 다른 검인정『고등국사』10종이나 제3차 교육과정기의 국정『고등국사』나 그 후의 개설서에서는 다루어지지 않았다. 필자가 이미 제시한 바와 같이, 고려왕조는 신라의 불교 정신을 계승 발전시켜 전국의 사찰을 국가 비보사찰설로 재배치하여 국가 불교적인 면모가 찾아진다.25) 비보 사사는 진전사원의 존재와 국사·왕사제와 더불어 고려왕조가 불교 시대였다는 것을 단적으로 표징하는 것이다.26)

이와 아울러 고려 불교의 사회 문화 활동을 다음과 같이 긍정적으로

---

20) 『고려사』 최승로 열전.
21) 국사편찬위원회, 『고등국사』, 두산, 2002.
22) 변태섭, 『고등국사』.
23) 민영규·정형우, 『고등국사』; 이홍직, 『고등국사』.
24) 이홍직, 『고등국사』.
25) 이에 대해서는 다음의 논저들이 참조된다. 황인규, 「선각국사 도선과 비보사찰」, 『선각국사 도선』, 영암군 월출산 도갑사 도선국사연구소, 2007; 황인규, 「고려시대 사찰과 불교문화- 비보사사와 그 문화를 중심으로」, 『역사와 교육』12, 역사와 교육학회, 2011; 황인규, 『고려 불교계와 불교문화 연구』, 국학자료원, 2011.
26) 허흥식, 『고려 불교사 연구』, 일조각, 1986, 60쪽; 황인규, 「고려시대 사찰과 불교문화-비보사사와 그 문화를 중심으로」, 『역사와 교육』12, 역사와 교육학회, 2011 참조.

서술된 것은 바람직하다.

> 고려 불교가 이처럼 성함에 따라 그 영향도 사회 각 방면에 미쳤다. 첫째로 사회 교화에 큰 역할을 하였다. 상·하를 막론하고 불교에 귀의(歸依)하였기 때문에 불교적 예술이 널리 일반화 하였다.
> 문화적으로는 세계적 자랑인 대장경을 조판했을 뿐만 아니라 대각국사나 대감국사(大鑑國師)와 같이 한문과 서예에 능한 승려가 나타났으며, 균여(均如)의 향가, 일연의 삼국유사 등은 우리 문화에 큰 공헌을 남겼고, 또한 불교 예술의 발달을 뒷받침하였으며, 대륙과의 문물 교류에도 이바지한 공이 크다.
> 또 한편, 질병자의 수용과 치료, 행려자(行旅者)의 보호 등 사회 사업을 베풀어 편익을 도모하였고, 축성(築城)·건축 등 각종 토목공사나 군사 작전에도 승병으로 활약한 바 크다.27)

위의 서술처럼 불교의 사회 교화와 사회 사업 부문 내용은 필히 강조되어야 한다. 이와 아울러 대감국사 탄연(1070~1159), 균여(923~973)의 향가, 일연(1206~1289)의 『삼국유사』 등이 고려 문화에 기여하였다는 서술도 역시 중요하게 다루어져야 한다.

2) 불교시책과 제도

태조의 훈요10조 가운데 불교 조항은 다른 항목과 마찬가지로 국가의 시책으로 행하여지기 때문에 매우 중요하다. 후대의 『중등국사』에서도 그 중요성을 인식하고 그 조항을 대부분 학습 자료로서 소개하였지만 제2차 교육과정기의 검인정 『고등국사』처럼 본문에 서술하지 않았다. 제2차

---

27) 이원순, 『고등국사』.

교육과정기의 검인정 『고등국사』 가운데 교과서 본문에서 다음과 같이 서술한 것은 매우 고무적이다.

> 고려시대에는 불교를 믿으면 국가가 번영한다는 사상이 있고, 태조도 불교에 귀의(歸依)하여 그의 만년(晚年)에 자손에게 훈계한 훈요 십조(訓要十條)에서 국가의 대업(大業)이 불교의 도움을 받아 이룩되었다고 하였으므로, 그 후의 역대 왕은 모두 열심히 불교를 믿고 그의 보호와 장려에 노력하였던 것이다.28)

태조 왕건의 유언인 훈요10조에서 '국가의 대업은 반드시 부처의 호위에 의하는 것.'29)이며 역대 왕실에서 대개 준수하려고 하였다. 이러한 것은 고려말 수선사 제13세 법주 각진국사 복구(1270~1355)의 비문30)에도 강조되어 실려있는 데서 알 수 있듯이 고려시대 국가의 중요 지침이었던 것이다.

그리고 태조대 불교 시책으로 개경 도성에 10대 사찰을 지은 사실을 서술하였다.31)

> 태조 이후로 역대의 군주는 대개 불교를 크게 숭상하여 법왕사(法王寺) 왕륜사(王倫寺) 등 도성(都城)의 10사(寺)를 비롯하여 지방에도 개태사(開泰寺) 등 많은 절을 창건하였으며32)

---

28) 변태섭, 『고등국사』.
29) 김상기, 『고등국사』 ; 신석호, 『고등국사』 ; 이병도, 『고등국사』 ; 이홍직, 『고등국사』 ; 『고려사』 권2, 태조세가 2, 26년 하4월.
30) 이달충, 「覺眞國師碑銘」, 「동문선」 권118, '오히려 뒷날 혹은 게을러질까 염려하여 信誓 10조를 만들어서 조서로 반포하였다.' : http://db.itkc.or.kr/
31) 『고려사』 권1, 태조세가 2년 3월, '創法王王輪等十寺于都內 兩京塔廟 肯像之廢缺者 並令修葺.' ; 『삼국유사』 王曆 1, '太祖卽位于鐵原京 己卯移都松岳郡 是年創法王慈雲 王輪內帝釋舍那 又創天禪院 卽普膺新興文殊通地藏□…□前十大寺皆是年所創.' : http://www.history.go.kr/
32) 김상기, 『고등국사』.

태조가 국도 개경에 10대 사찰을 건립하고 연산에 개태사를 건립한 사실[33]은 위의 교과서가 유일한데, 훈요10조와 더불어 매우 중요하다. 개경 10대사의 건립이후 개경에만 300여 사가 건립되었다고 한다.[34] 그 가운데 대표적인 사찰로 흥왕사를 꼽고 있다.[35] 즉, '문종이 거찰 흥왕사를 지었다'[36]는 것이나 '불교가 널리 성행함에 따라 각지에 많은 사찰이 세워졌는데 문종 때에 세운 2,800간의 흥왕사 등으로도 그의 성황을 추측할 수가 있다.'[37]는 것이다. 흥왕사는 화엄종의 본산이 설치된 사찰이며, 앞서 언급한 개경의 10대 사찰과 더불어 제3차 교육과정기의 『고등국사』이후 대부분 사라지게 되지만, 고려시대의 중요 사찰이라는 점에서 좀 더 부각되어 서술될 필요가 있다.

고려시대 국가의 성격을 두드러지게 알 수 있는 중요한 표징은 국사와 왕사제와 승과의 실시 등이다.

> 승려를 우대하여 학식과 덕망이 높은 중[38]을 뽑아 국사(國師)·왕사(王師)에 봉하여 왕실의 고문을 삼았으며, 또 승려의 법계(法階)를 제정하고 승과(僧科)를 설치하여, 승과에 급제한 자에게 법계를 주어 출세의 길을 열어주었다. 그러므로 왕자와 양반 중에서 중이 되는 자가 많아 승려의 사회적 지위는 매우 높았으며, 모든 사람의 존경을 받았다.[39]

---

33) 『고려사』 권2, 태조세가 23년 12월, '開泰寺成 設落成華嚴法會 親製疏文'; 『신증동국여지승람』 권18, 連山縣 佛宇 開泰寺.
34) 車天輅, 「五山說林草稿」, 『대동야승』 권5, '高麗王氏 事佛甚謹 城中名刹三百 演福寺最大 五層殿高出天 有若靈光歸然獨存.'
35) 변태섭, 『고등국사』.
36) 민영규·정형우, 『고등국사』.
37) 김상기, 『고등국사』; 한우근, 『고등국사』; 『고려사』 권8, 문종세가 21년 1월 11일(경신), '興王寺成 凡二千八百閒 十二年而功畢 王欲設齋以落之 諸方緇流 坌集無算 命兵部尚書金陽 右街僧錄道元等 擇有戒行者一千赴會 仍令常住.'
38) '중'이라는 용어는 비하하는 느낌이 있으므로, '승려'라고 칭해야 할 것이다.
39) 신석호, 『고등국사』. 다음의 교과서에서도 이런 내용을 서술하였다. 이병도, 『고등국사』.

위의 서술과 같이 고려시대 불교의 특징이라고 할 수 있는 국사와 왕사제의 실시, 승려의 법계 제정,[40] 승과의 실시에 대하여 대부분의 제2차 교육과정기의 검인정 『고등국사』교과서에 비교적 자세히 다루고 있다. 이는 제3차 교육과정기의 국정 『고등국사』에서 다음과 같이 간략하게 서술되어 비교가 된다.

> 불교는 고려시대에 와서도 국교로서 크게 발달하였다. 사원은 사원전 외에 왕실과 귀족의 희사로 토지와 노비가 증가하였고, 광종 때에는 승과제도를 마련하여 승려에게 법계를 주었으며, 문종 때에는 별사전이라 하여 승려 개인에게까지 토지를 주었다.[41]

위의 서술에서 보듯이 광종대 승과와 법계에 대해서만 서술했을 뿐이며, 그 후의 국사 교과서에서도 대부분 그렇듯 서술하고 있다. 승과를 구체적으로 '교종선과 선종선으로 나뉘어,[42] 전자는 왕륜사에서, 후자는 광명사에서 각각 시험을 치르게 된다. 승과의 합격자는 대선(大選)이 되어 교과는 승통, 선과는 대선사까지 승진되었다.'[43]라고 서술하고 광종대 혜거와 탄문을 부기한 것이나 문종대 승려에게 별사전을 지급한 사실도 서술[44]한

---

40) 신석호는 법계도를 본문에, 이병도는 각주에 아래처럼 제시하여 이해를 돕고자 한 것도 고무적이다.

교종시 선종시	대선	대덕	대사	중대사	삼중대사	수좌 선사	승통 대선사

41) 국사편찬위원회, 『고등국사』, 대한교과서, 1974.
42) 승과를 교종선과 선종선으로 나누어 실시하였다는 서술 내용은 제7차 교육과정기의 『고등국사』(국사편찬위원회, 『고등국사』, 두산, 2002)이후 본문에서 사라졌는데 아쉬운 부분이다. 그동안 승려의 法階도 제7차 교육과정기의 『고등국사』에서도 僧階라고 서술되기 시작한다.
43) 윤세철·신형식, 『고등국사』; 허흥식, 「고려시대의 승과제도와 그 기능」, 『역사교육』 19, 역사교육연구회 1976 참조.
44) 다만 문종대 승려에 별사전이라는 토지를 지급한 것은 새롭게 추가된 것이다. 『고려』 권78, 식화지 전시과, '地理業僧人 別賜田. 四十結·柴十結 大德 田三十五結,

것 역시 고려 불교뿐만 아니라 고려사를 이해하는 데 중요하다.

국사는 신라 시대에 국통이나 국존이라 하여 있었던 제도이지만 왕사제는 고려시대에 존재했던 것으로 특기해야 할 것이다. 국사나 왕사가 왕실로부터 존경받았다거나[45] 왕실의 고문처럼 떠받쳤다[46]는 서술은 국사의 특징이 드러나지 않으므로, '덕망이 있는 승려는 국사나 왕사로 국가와 왕실로부터 존경을 받았다.'[47]라는 식으로 바꾸어야 할 것이다. 좀 더 바람직한 서술은 '덕이 특별히 뛰어난 승려는 국가와 왕실의 고문의 자격을 가진 국사나 왕사에게 왕도 그들에게 예경할 정도였다.'이다.[48] 후대의 국사 교과서에서도 그 중요성에 비추어 이런 정도의 서술이 이루어져야 할 것이다.

그리고 학식과 덕망이 있는 승려[49] 가운데 왕사와 국사가 책봉되었으며, 그 가운데 의천이 대표적으로 사례를 들어 서술하면서 '왕족이나 귀족의 자제로서 출가하여 중이 되는 자도 많았다.'[50]고 한 것은 무난하지만 승려를 최고의 귀족으로 규정하거나 승관으로 출세하는 승려가 많았다[51]는 서술은 세속적인 측면을 강조하게 되는 듯하므로 개선해야 할 듯하다.

그리고 제3차 교육과정기의 국정『고등국사』에서는 '그의 저서인 원종문류나 석원 사림도 그러한 목적에서 나온 것이었다.'[52]라는 사실을 추가했는데 바람직하다. 하지만 제5차 교육과정기의『고등국사』부터 이런 내용은 사라지게 되어 아쉽다.[53]

　　柴八結大通　田三十結　副通　田二十五結.'
45) 신석호,『고등국사』.
46) 김상기,『고등국사』.
47) 민연규,『고등국사』.
48) 허흥식,「고려시대의 국사·왕사제도와 그 기능」,『역사학보』67 역사학회 1974 참조.
49) 이홍직,『고등국사』.
50) 이병도,『고등국사』.
51) 이현희,『고등국사』.
52) 위와 같음.

검인정 국사 교과서 가운데 사원경제 부분에서 윤관의 항마군 설치에 대하여 다음과 같이 서술한 것은 고무적이다.

> 사원은 그들의 경제적인 지위를 옹호하기 위하여 승병(僧兵)을 길렀는데, 이들은 때로는 항마군(降魔軍)이라 불리워 전쟁에 나가 공을 세우기도 하였다.[54]

하지만 항마군은 윤관의 별무반 설치 즈음하여 설치한 것이며,[55] 그 이후의 시기에 있어서 그 운용 여부는 밝혀진 바 없다. 참고로 조선중기 병자호란시 고승 부휴 선수(1543~1615)의 제자 벽암 각성(1575~1660)이 항마군이라고 사용한 사례는 있기는 하다.[56] 하지만 항마군을 서술하면서 다음과 같은 서술은 지양해야 한다.

> 그러므로 승려들의 정치 참여와 사회적·경제적인 진출은 점차로 불교의 타락을 가져왔으며, 광범한 토지의 점유(占有)와 그를 유지하기 위한 막대한 승병(僧兵)을 양성을 보았으니 항마군(降魔軍) 따위가 그것이다.[57]

다른 교과서에서도 '사원은 이러한 경제적 부를 보호하기 위하여 막대한 승병(僧兵)을 양성하였는데, 이들 승병은 때로는 항마군으로 전쟁에 출정하여 국가에 충성을 바치기도 하였다. 그러나, 승려는 때때로 정치에도 간섭하여 사원은 점차 정치·경제에 관여하고 세속하게 되었다.'[58]고 서술하

---

53) 국사편찬위원회, 『고등국사』, 대한교과서, 1990.
54) 민영규·정형우, 『고등국사』.
55) 『고려사』 권81, 兵志 兵制 숙종 9년(1104) 12월, '尹瓘奏 始置別武班 … 又選僧徒 爲降魔軍.'
56) 白谷處能(1617~1680), 「賜報恩闡教圓照國一都大禪師行狀」, 『大覺登階集』 卷2, '丙子變 募義僧三千 號降魔軍 師爲僧大將.' : http://kabc.dongguk.edu/
57) 윤세철·신형식, 『고등국사』.

였는데 마찬가지로 지양해야 할 사실이다.

3) 불교 행사와 천태종

고려시대 국가적인 행사인 연등회와 팔관회에 대해서는 일부 교과서에서만 크게 다루고 있다.

> 불교를 중심으로 하는 각종 행사는 계속되어 연등회(燃燈會)와 팔관회(八關會)로 다채롭게 행하여졌다. 연등회는 부처를 높이는 행사로 궁중은 물론 전국 방방곡곡에서 등불을 밝히고 노래와 춤으로 즐겼다. 팔관회는 천령(天靈)·명산(名山)·대천(大川) 등 토속신(土俗神)을 위한 제전으로 11월에는 개경에서, 10월에는 서경에서 개최하는 바, 이 날은 각 지방의 지방관과 외국 사신들이 다투어 왕에게 예물을 바치었다.[59]

위의 연등회와 팔관회 내용은 상세하면서도 잘 서술된 것이라고 하겠다. 하지만 불교행사 표제하에 '왕의 생일마다 열리는 기복도량을 비롯하여 팔관회와 연등회 같은 국가적인 행사가 있었고,'[60]라는 서술은 다소 문제가 있어 보인다. 연등회와 팔관회를 불교계 행사로 국한하고 왕실의 생일에 열리는 기복도량이 불교 행사 가운데 대표적 행사로 오인할 수 있기 때문이다. 연등회와 팔관회는 고려시대 속절 가운데 가장 대표적인 국가행사이자 국가적 행사[61]였다. '연등회와 같은 국가적 행사.'[62]라고만 기술한 것은 자칫 팔관회의 중요성을 누락시킬 가능성이 있으므로 지양해야

---

58) 변태섭, 『고등국사』.
59) 윤세철·신형식, 『고등국사』.
60) 민영규·정형우, 『고등국사』.
61) 이상옥·차문섭, 『고등국사』.
62) 이상옥·차문섭, 『고등국사』.

할 것이다.

　연등회와 팔관회를 2대 연중 행사로, 국왕이 스스로 봉은사와 법왕사에 행향하였다63)고 하여 구체적인 사실도 추가하는 것이 좋겠다. 그 외에 불교 행사로 2종의 교과서64)만 다음과 같이 서술하였다. 즉, '승려들에게 식사를 대접하여 복을 비는 반승, 법복을 입은 승려들이 독경하면서 시가를 걸어 다니는 경행이 있었다.'65)고 서술하였지만 고려시대 불교 행사로 인왕회와 무차대회, 반승, 경행을 언급한 것은 좋으나 이에 대한 보충 설명이 필요하다. 제2차 교육과정기의 검인정 『고등국사』 교과서 이후 현재까지 대부분 교과서에서 이러한 내용을 서술되지 않고 있다. 그런데 이러한 불교 행사를 호국 불교라고 규정하면서도 '민리 민복(民利民福)이라는 이름으로 국가 경제를 좀먹고 경제적 출혈을 강요하는 폐해와 혼란을 조장하였다.'66)는 서술은 불교사에 대한 몰이해이다. '반승의 무차대회'라고 한 것은 아마도 최승로 시무상소 가운데 '혹은 중을 구정(毬庭)에 모아 공양하기도 하고 혹은 무차 수륙회를 귀법사에서 베풀었다.'67)는 것을 잘못 해석한 것 같다. 무차 대회는 승려나 속인을 구별하지 않고, 또 남녀를 가리지 않을 뿐만 아니라 귀천의 차별없이 다같이 평등하게 널리 대중을 대상으로 하여 잔치를 베풀며 또는 물품을 나누어 주는 법회이므로68) 우리와 더불어 사는 동·식물까지도 평등성을 지닌 법회이므로, 서술 내용에

---

63) 그 외에 각주에서 '국가적 불교행사의 대표적인 것은 연등회와 팔관회이고, 그 밖에 기복도량(祈福道場)·기신도량(己辰道場)·불탄일 법회(佛誕日法會)·보살계도량(菩薩戒道場)·우란분 도량(盂蘭盆道場)·제야 도량(除夜道場)·경행(徑行) 등이 있었다.'고 첨부하였다. 이원순, 『고등국사』. 구체적으로 불교도량과 법회를 언급한 것은 좋으나 기복도량이나 기신도량등 구체적인 설명이 없어서 학습자의 이해에 부담이 된다고 생각된다.
64) 민영규·정형우, 『고등국사』; 윤세철·신형식, 『고등국사』.
65) 민영규·정형우, 『고등국사』.
66) 윤세철·신형식, 『고등국사』.
67) 『고려사』 권93, 최승로 열전.
68) 국사편찬위원회, 『한국사』 6. 「불교의 발달-항례적인 불교행사」: http://db.history.go.kr/.

포함시켜야 할 것이다.

고려의 천태종을 창종한 대각국사 이전의 시기에 천태종을 서술한 제2차 교육과정기의 검인정 교과서는 없으나 제3차 교육과정기의 국정『고등국사』의 교과서에서 다음과 같이 서술한 것은 불교사의 흐름을 이해하는데 중요하다.

> 교·선의 교리와 사상을 절충한 중국의 천태종을 국초부터 받아들여 연구하였으며, 광종 때 고려승 의통과 체관이 오월에 건너가 오히려 중국의 천태종을 부흥시키는 데 큰 공을 세웠다.
> 즉, 의통은 중국 천태종의 13대 교조가 되어 그 곳 교세를 떨치게 하였고, 체관은 천태사교의라는 명저를 남겼다. 이것은 천태종의 기본 교리를 정리한 것으로, 천태종 발달에 주요한 공헌을 하였고, 오늘날까지 교과서로 사용되고 있다.[69]

이와 같이 고려 건국초부터 천태종을 중국으로부터 수용하여 연구하였으며 광종대의 의통(927~988)과 체관(?~970)이 중국의 오월에 가서 중국의 천태종을 부흥시켰다는 서술 내용은 향후 국사 교과서에서 보강 서술되어야 할 것이다.[70] 하지만 제3차 교육과정기의 국정『고등국사』부터 이러한 서술은 사라지게 되며, 그 바로 뒤에 의천의 천태종 창종을 서술하였다.

> 이와 같이 천태종의 사상은 깊이 연구되었으나, 초기에는 종파로서는 성립되지 못하고 있더니, 후에 대각국사 의천이 중국에 건너가서 송의 불교계를 시찰하고 천태 사상을 더 연구하여 해동의 천태종을 창설하였다.[71]

---

69) 국사편찬위원회,『고등국사』, 대한교과서, 1974.
70) 허흥식,「고려전기 불교계와 천태종의 형성과정」,『한국학보』11, 일지사, 1978 ;『고려불교사연구』, 일조각, 1986, 261쪽 ; 이영자,「『천태사교의』의 성립 배경과 특징」,『한국 천태사상의 전개』, 민족사, 1988, 100~113쪽.
71) 국사편찬위원회,『고등국사』, 대한교과서, 1974.

II. 제2차 『고등국사』 고려 불교사 서술 151

널리 알려진 바와 같이 왕족 출신 의천의 서술은 '의천은 문종의 넷째 아들로 일찍이 출가하여 중이 되었는데, 1085년에는 몰래 중국에 건너가 천태종과 화엄종의 교리를 듣고 돌아왔다.'72)는 서술도 무난하지만 송에서 천태종과 화엄종을 수용한 사실도 유의해야 한다. 의천이 화엄종 출신 승려는 맞지만 천태종이 아닌 화엄종을 지나치게 부각한 듯해 보이기 때문이다.73)

제2차 교육과정기의 한 검인정 『고등국사』에서는 '새 종파의 성립' 부분에서 의천에 대해서 다음과 같이 매우 상세하게 서술하였다.

> 이러한 불교의 숭상에 따라서 왕족과 귀족들 중에 승려가 되는 사람도 많아졌고, 학식과 덕행(德行)이 높은 승려들도 많이 나오게 되었다.
> 문종(文宗)의 아들로써 중이 된 대각 국사(大覺國師) 의천(義天)은 불교만이 아니라 유학(儒學)에도 뛰어난 학승(學僧)이었다. 그는 송에 가서 더욱 불교의 학문적 경지를 넓혔는데 자변 대사(慈辯大師)로부터 천태(天台)를 정원 대사(淨源大師)로부터 화엄(華嚴)을 배우고 귀국한 뒤에 교종(敎宗)과 선종(禪宗)의 일치(一致)를 주장하고 지관(止觀)을 중시하는 천태종(天台宗)을 폈다.74)

그리고 지관을 '잡념을 멎게 하고 바른 지로써 대상을 보는 것을 말함'이라고 하여 각주에 풀이해준 것은 바람직하다.75)

하지만 제3차 교육과정기의 국정 『고등국사』에서는 다음과 같이 축약 서술하였다.

---

72) 이병도, 『고등국사』.
73) 『고려사』 권90, 종실 열전 문종 왕자 大覺國師 王煦.
74) 이홍직, 『고등국사』.
75) 위와 같음.

이와 같이 천태종의 사상은 깊이 연구되었으나, 초기에는 종파로서는 성립되지 못하고 있더니, 후에 대각국사 의천이 중국에 건너가서 송의 불교계를 시찰하고 천태 사상을 더 연구하여 해동의 천태종을 창설하였다.76)

위의 이러한 서술은 앞의 서술 맥락과 이어진 부분이지만, 제2차 교육과정기의 검인정 『고등국사』에서는 천태종의 창종보다 5교 9산이 5교 양종으로 확립되었다는 서술이 대부분이다.77) 이러한 사실은 제 3차 교육과정기의 『고등국사』부터는 사라지게 되어 바람직하다고 하겠다. 다만 제3·4차 교육과정기의 『고등국사』에서 '신라 말부터 시작된 5교 9산의 사상적 대립은 그대로 계속되고 있었다.'고 하여 5교 9산의 사상적 대립을 강조하였으나 제6차 교육과정기의 『고등국사』이후 더 이상 서술되지 않았다.

3. 고려중기 초조 대장경 조판

1) 초조 대장경의 조판

고려시대 불교사 서술 가운데 가장 많은 분량으로, 강조한 부분이 초조 대장경의 조판과 『속장경』의 서술이다. 『대장경』이 무엇인지 다음과 같이 구체적으로 설명을 할 필요가 있다. 즉 '불교를 지극히 신봉하던 고려인이

---

76) 문교부, 『고등국사』, 대한교과서, 1974.
77) 5교 9산이 5교 양종으로 확립되었다는 것은 일제 강점기 김영수의 설이다(「五敎兩宗에 대하여」, 진단학보』 8, 1937 ; 김영수, 「曹溪禪宗에 就하야」, 『진단학보』 9, 1938). 이에 대한 비판이 크게 두 가지로 대두되고 있다. 하나는 종파의 존재를 전면적으로 부정하는 것이고, 다른 하나는 종파의 존재를 인정하되 5교 9산은 수정되어야 한다는 것이다. 허흥식, 고려전기 불교계와 천태종의 형성과정」, 『한국학보』 11, 1978 ; 「교종 5종파설의 비판」, 「선종 9산설의 비판」, 『고려불교사연구』, 일조각, 1986, 108~111쪽.

우리 민족의 문화적 솜씨를 세계에 빛내 준 고귀한 문화재는 고려 대장경이다.'라고 하면서 각주이지만 '대장경이란 경(불설의 집성), 율(불교단의 법칙), 논(후세의 불교 연구론)의 3장(三藏)을 말하며, 일체경, 해장이라고도 한다.'[78]고 한 것은 적절해 보인다.

    그러므로 고려의 불교는 개인적 신앙 이외에 호국 불교(護國佛敎)로 발전하여 왕과 신하가 불전에 나아가 국운의 장구를 기원하고, 어려운 일에 부딪칠 경우에는 항상 부처의 힘을 빌어 해결하려고 하였다. 1010년(현종(顯宗) 원년)에 거란군이 침입하였을 때, 현종이 백관을 거느리고 불전에 나아가 대장경판(大藏經板)을 새길 것을 맹세하고, 부처의 힘으로 거란군을 물리쳐 줄 것을 발원(發願)한 것도 이러한 신념에서 나온 것이다.
    거란군이 물러난 뒤, 현종은 대장경을 새기기 시작하여 문종 때에 이르기까지 60여 년의 세월을 들여 6천여 권의 대장경을 완성하였으니, 이것을 고려 대장경(高麗大藏經)이라 한다.[79]

현종대 거란의 침입을 물리치기 위하여 『대장경』을 조판하기 시작하였으며 세계사적 위상도 설명하면서 고려 불교의 흥성의 토대를 마련하였다고 하였다. 구체적으로 '그 뒤 60여 년 간에 6,000여 권의 대장경판을 완성하여[80] 불교 문화 사상에 금자탑을 이루었다.'[81] 하였지만 '문종 때 완성된 것이 초조 대장경이었다.'[82]고 초조 대장경이라는 용어를 명확히 사용하고 그

---

78) 이원순, 『고등국사』.
79) 신석호, 『고등국사』.
80) 이병도도 이러한 내용을 서술하고 있다. 이병도, 『고등국사』. 대장경의 성격에 대하여 '현종 때부터 시작하여 문종 때 완성된 이 6,000여 권의 정장(正藏)은 대구 부인사(符仁寺)에서 고종 19년(1232)에 몽고의 난으로 타버렸다.'고 서술한 것도 고무적이다. 윤세철·신형식, 『고등국사』.
81) 김상기, 『고등국사』.
82) 이원순, 『고등국사』.

완성한 시기를 부기하는 것이 좋을 듯하다. 하지만 제3차 교육과정기의 국정 『고등국사』에서는 '불교가 발달함에 따라 고려는 사상의 통일과 지도를 위하여, 현종 때부터 조판을 시작하여 문종 때에 와서 제1차로 6000여 권으로 된 고려 대장경의 간행을 완성하였다.'[83]고 축약 서술하여 아쉬움이 크다.

2) 교장의 편찬과 간행

대부분의 제2차 교육과정기 『고등국사』에서 초조 대장경의 조판 이후 대각국사 의천은 『속장경』을 편찬 간행하였다고 기술하였다.[84]

> 대각국사는 문종의 넷째 아들로서 어려서 출가(出家)하여 불교뿐만 아니라 유학(儒學)도 깊이 연구하였다. 선종(宣宗 : 1083~1094) 때에 송에 건너가 천태종 등의 교리를 닦고 돌아올 때에 3,000여 권의 불서(佛書)를 가지고 왔으며 다시 요와 일본에서 불서를 사들여 4,700여 권을 조판(彫板)하였다. 이것이 유명한 의천의 속장경(續藏經)이거니와 이 속장경판을 앞서 된 대장경판과 더불어 세계 불전(佛典) 판본 중에서 가장 방대한 것이며 가장 완전한 것이다. 이 속장경판도 대구 부인사에서 대장경판과 더불어 몽고(蒙古)의 병화(兵火)로 타버린 듯하다.[85]

그런데 의천의 『속장경』 서술 부분은 일제 강점기 일인 학자의 설에 따른 내용이다.[86] '부족한 것을 보충한다는 뜻[87]'에서 『속장경』[88]이 아닌

---

83) 제3차 교육과정기 국정 『고등국사』.
84) 신석호, 『고등국사』.
85) 김상기, 『고등국사』.
86) 의천의 續藏經 서술 부분은 일제 강점기 일인 학자의 설에 따른 내용이다. 小野玄妙 「高麗祐世僧統義天の大藏經板雕造の事蹟」, 『東洋哲學』 18編2(明治44년 1월).
87) 이병도, 『고등국사』.

것이다. 1975년 무렵에 한국 학자들에 의해 수정된 것이나 최근까지 반영되지 않은 부분이다. 즉, 『속장경』이 아니라 『교장』으로 수정되어야 하며 최근의 교과서에서야 비로소 제대로 실린 사항이다.[89]

의천이 수집한 범서는 송뿐만 아니라 요와 일본 등도 포함한 것이므로 '송나라에 건너가 불법을 구하고 불서 3천여 권을 가져왔으며 다시 요·일본으로부터도 불서를 사들여 속장경 4760여 권을 간행하였다.'[90]고 서술해야 할 것이다. 그리고 간행한 기구인 교정도감도 흥왕사 설치에 대한 사실도 부기하여야 할 것이다.[91]

대부분의 제2차 교육과정기의 검인정 교과서가 '대장경과 속장경의 경판은 대구 부인사에 보관하였으나, 고종 때 몽고 병화(兵火)에 의하여 다 타버렸다.'[92]고만 기술하였으나 '송으로부터 얻어 온 많은 불경과 요본 등지에서 진본 희서를 모아 속장경을 완성했으나, 역시 몽고의 난으로 불타버리고, 현재 일본과 송광사에 그 일부가 남아 있을 뿐이다.'[93]라고 하였다. 『교장』의 완성 시기도 문종대[94]라고 하였지만 현재까지 알려진 고려 교장 도감판 번각본에 실린 마지막 조판 연대는 길장이 찬술한 『법화현론』 제3·4권 영본의 '건통 2년 임오 고려 흥왕사 개판'의 간기에서 볼 수 있는 의천의

---

88) 이병도, 『고등국사』.
89) 1975년 무렵에 한국 학자들에 의해 수정된 것이나 최근까지 반영되지 않은 부분이다. 즉, 속장경이 아니라 敎藏으로 수정되어야 하며 최근의 교과서인 제7차 교육과정기의 『고등국사』에서부터 바로 잡혀 실리기 시작하였다. 속장경은 교장이라고 하여야 하지만 당시 교과서 표현 그대로 사용하였다.
90) 변태섭, 『고등국사』; 신석호, 『고등국사』, '귀국 후 다시 요·송·일본 등지에 사람을 보내어 1천여 권을 수집한 다음, 4천 7백 여 권의 속장경(續藏經)을 새겼다'; 의천, 「新編諸宗敎藏總錄序」, 『大覺國師文集』 卷1 : http://kabc.dongguk.edu／
91) 이원순, 『고등국사』, '대각국사 의천이 널리 아시아 일대에서 불전을 수집하여 교장도감(敎藏都監)으로 하여금 4,700여 권에 이른 속장경(續藏經)을 간행(刊行)케 한 바 있었다.'
92) 신석호, 『고등국사』.
93) 윤세철·신형식, 『고등국사』.
94) 한우근, 『고등국사』.

입적시 무렵인 숙종 7년(1102)이므로 재고를 요하는 부분이다.[95]

제3차 교육과정기의 국정 『고등국사』에서는 다음과 같이 축약하여 서술했을 뿐이다.

> 그 뒤, 대각국사는 송, 요, 일본 등지에서, 대장경에 빠진 불경을 수집하여, 먼저 신편제종교장총록이라는 불서 목록을 만들고, 이에 의하여 4700여 권을 다시 출판하였는데, 이를 속장경이라 한다.
> 이 속장경에는 불경도 포함되어 있으나, 불교 연구서인 논(論), 소(疏), 초(抄) 등도 모은 것을 보면, 대각국사가 불교 사상 정리에 얼마나 노력하였는지를 짐작할 수 있다.[96]

3) 불교 종파의 확립과 전개

고려의 불교계는 의천의 천태종과 선종의 조계종 창종 등으로 5교9산에서 5교 양종으로 전개되었다. 이와 관련 제2차 교육과정기의 검인정 『고등국사』의 서술에 대하여 살펴보기로 한다. 대부분의 제2차 교육과정기의 검인정 『고등국사』에서 '신라의 뒤를 이어 5교 9산(五敎九山)이 병립되어 있었는데 의천의 천태종을 창종하였다.'[97]고 한 것처럼 '천태종을 재창'[98] 하였다는 서술은 문제가 있어 보인다. 그리고 '천태종을 국청사에서 열었다.'[99]고 하여 국청사의 서술도 보충되어야 할 것이다. 의천이 국청사를 창건하였다는 서술은 제7차 교육과정기의 『고등국사』에서 비로서 서술되기에 이른다.[100]

---

95) 국사편찬위원회, 『신편 한국사』 16, 2) 속장의 조판 (2) 장소 수집 및 조판 경위 : http://db.history.go.kr
96) 국사편찬위원회, 『고등국사』, 대한교과서, 1974.
97) 신석호, 『고등국사』.
98) 이현희, 『고등국사』.
99) 윤세철·신형식, 『고등국사』.

의천이 '선교상의(禪敎相依)'를 주장하였다거나, '선교 합장'101), '교종과 선종의 융합'102)이나 '교종과 선종의 합일'103)이라는 것보다는 '교·선 일치'104)나 '교선 일치를 주장하여 교관겸수'105)를 주장하였다고 하여야 할 것이다.

그리고 대부분의 제2차 교육과정기의 검인정 교과서가 '신라 말 이래 불교에 5교·9산의 종파가 있어 서로 대립'106)을 강조하였다.

> 당시의 불교는 신라 때에 발생한 교종(敎宗)의 5파와 선종(禪宗)의 9파가 서로 대립하여 분쟁을 일으키고 있었다. 의천은 천태종을 개창한 후, 선교합작(禪敎合作)을 주장하였으나 성공하지 못하였다. 그러나, 얼마 후 9산(九山)이 합하여 조계종(曹溪宗)을 이루어 선종은 조계종과 천태종의 양종(兩宗)으로 나누어졌다. 이후 고려의 불교는 5교 양종(五敎兩宗)으로 나누어지게 되었다.107)

혹은 '이에 자극받아 선종 구산은 단결하여 조계종을 성립시켜'108)라고 이해되고 있다. '그 뒤 선종은 9산을 합쳐 조계종이 되어 천태종과 함께 양종을 이룬 결과 고려의 불교를 오교 양종이라 부르게 되었다. 이리하여 불교의 종파는 종래의 5교 9산에서 오교 양종으로 통합되었다.'109)

그 후 '이에 자극된 선종은 보조국사 지눌에 의하여 조계종으로 통합되어

---

100) 국사편찬위원회, 『고등국사』, 두산, 2002.
101) 이병도, 『고등국사』.
102) 변태섭, 『고등국사』.
103) 변태섭, 『고등국사』.
104) 민영규·정형우, 『고등국사』.
105) 윤세철·신형식, 『고등국사』.
106) 이병도, 『고등국사』.
107) 신석호, 『고등국사』.
108) 이홍직, 『고등국사』 ; 이병도, 『고등국사』.
109) 김상기, 『고등국사』. 허흥식의 앞의 책 참조.

… 갔다.'110)고 하였다.

 무신 정권 시대를 전후하여 종래의 선종(禪宗) 9산이 조계종(曹溪宗)으로 통일되더니, 지눌(知訥)에 의하여, 그 교리가 더욱 정리되어 마침내 고려 불교의 종파는 5교 양종(五敎兩宗)으로 나뉘게 되었다.111)

 제2차 교육과정기의 검인정 교과서에 '이렇게 불교의 여러 종파가 대립하여 발전하는 사이에 어느 정도 불교 자체의 진전을 보았고, 또 여러 가지 사회 사업과 문화 사업에도 이바지한 바가 많았다.'112)고 그 의의를 부각시켰으나 제3차 교육과정기의 국정 『고등국사』에서는 '신라 말부터 시작된 5교 9산의 사상적 대립은 그대로 계속되고 있었다.113)고 하여 사실과 다르게 서술하고 있다.

 그리고 9산이 조계종으로 통합된 사실은 그 후 제6차 교육과정기의 『고등국사』에서도 서술되고 있는데 재고를 요한다.114) 필자는 9산문이 조계종으로 성립한 것은 고려 국초라고 보고 있다. 「선봉사 대각국사비」 음기에 '국초에 조계·화엄·유가·궤범(율업) 등으로 더불어 같았으므로 세상에서 이를 일러 4대업이라 하였다.'115)라고 한 기록이 그것이다.116) 즉, 국초에 조계업·화엄업·유가업·율업이 크게 행하여졌다고 보고 있기 때문이다.117)

---

110) 윤세철·신형식, 『고등국사』.
111) 이원순, 『고등국사』.
112) 이병도, 『고등국사』.
113) 국사편찬위원회, 『고등국사』, 대한교과서, 1974.
114) 국사편찬위원회, 『고등국사』, 대한교과서, 1996.
115) 林存, 「선봉사 대각국사비」, 『조선금석총람』 상, '與先 國初大行 曹溪 華嚴 瑜伽 軌範 齊等 世爲之四大業也.'
116) 허흥식, 「14,5세기 조계종의 계승과 법통」, 『동방학지』 73, 1991, 8쪽.
117) 황인규, 「고려시대 조계종의 성립과 전개」, 『역사와교육』 17, 2013 참조.

4. 고려후기 재조 대장경과 사원경제

1) 결사와 재조 대장경의 조판

고려후기에 대한 불교사 서술의 기본적인 기조는 다음의 서술로 이루어진 것이 대부분이다.

> 대각 국사 의천 때 극히 융성하였던 불교는 무신 집권시대인 신종 때 보조국사(普照國師) 지눌(知訥)이 나와 선(禪)으로서 교(敎)를 겸수하여야 한다고 하니, 다시 조계종(曹溪宗)의 종풍(宗風)이 크게 떨치어 고려 불교는 새로운 활기를 띠게 되었다. 그러나, 고려후기의 불교는 점차 타락하고 그의 폐해가 심하여 국민의 배척을 받게 되었다.[118]

위의 서술은 대체적으로 고려후기 불교사의 흐름을 비교적 잘 서술하였다고 생각된다. 고려후기의 문화 부분을 서술하면서 '고려후기의 문화는 거듭된 무신 귀족의 동요와 수차에 걸친 외란으로 근본적인 면에서 심각하게 반성하는 경향이 나타나, 옛것을 비판하고 새로운 경지를 모색하려는 풍조가 짙게 보였다.'는 서술도 마찬가지다.[119]

> 무신 정권 시대를 전후한 불교의 새로운 경향은 조계종이 크게 떨친 점이다. 여기에 이바지한 승려는 보조 국사(普照國師) 지눌(知訥)이며, 그는 의천과는 달리 선(禪)을 주로 하는 정혜 겸수(定慧兼修)를 주장하고 정혜사(定慧社)「지금 송광사(松廣寺)」를 창설하여 천태종에 비하여 미약했던 조계종의 교세를 떨치게 하였다.[120]

---

118) 변태섭, 『고등국사』.
119) 이현희, 『고등국사』.
120) 이홍직, 『고등국사』.

하지만 '이 시기의 유명한 승려로는 의천 외에 무신 정권 때 지눌(知訥 ; 보조국사)이 나와 업적을 남겼으며,'121)라는 서술은 의천이 고려후기가 아닌 고려전기의 인물이므로 수정해야 할 것이다. 무신정권 시대를 전후한 시기에 조계종이 크게 떨쳤다는 사실도 재고의 여지가 있다. '순천 송광산에 정혜사를 열어 정혜겸수에 힘썼다.'122)라는 서술도 맞다. 지눌이 '선을 주로 하는 선교겸수를 주장하여 화엄교와 천태종에 눌려 있던 조계종을 크게 융성시켰다.'123)라는 서술도 지나치며 '지눌은 선종의 입장에 서서 화엄종의 교리를 포섭할 것을 주장하였다.'124)로 정도로 수정되면 좋을 듯하다.125)

지눌의 결사운동에 대한 서술은 제2차 교육과정기 검인정 국사 교과서와 제3차 교육과정기의 국정 『고등국사』에서 보강되었어야 하며, 천태종의 강진 백련결사운동도 부기되었어야 한다. 실제 백련결사는 제7차 교육과정기의 『고등국사』에서 비로소 처음으로 서술되기에 이른다.126)

재조 대장경에 대한 서술은 다음의 교과서 서술이 무난해 보인다.

고려인의 불교에 대한 신앙은 사회적 동요가 심한 후기에도 조금도 변하지 아니하였다. 몽고군이 침입하여 부인사에 있는 대장경판을 태워버리자, 당시의 집정자 최우는 강화도에서 피난 생활을 하고 있음에도 불구하고 부처의 힘으로 몽고군을 물리친다는 신념에서 불전에 발원한 다음, 강화도

---

121) 이현희, 『고등국사』.
122) 김상기, 『고등국사』 ; 知訥, 「勸修定慧結社文」, 『普照全書』, 普照思想研究院, 1989 ; 『한국불교전서』 5 : http://kabc.dongguk.edu/
123) 신석호, 『고등국사』.
124) 이병도, 『고등국사』.
125) 황인규, 「목우자 지눌과 고려후기·조선초 불교계의 고승들」, 『보조사상』 19, 2003 ; 황인규, 『고려후기·조선초 불교사연구』, 혜안, 2003 참조.
126) 국사편찬위원회, 『고등국사』, 두산, 2002. 필자가 수선결사와 더불어 양대 결사인 백련결사를 교과서에 포함시킬 것을 처음으로 주장한 바 있다. 황인규, 「중등국사교과서에 나타난 고려후기 불교사의 서술과 문제점」, 『역사와 교육』 9, 2000.

에서 대장도감(大藏都監), 진주(晉州)에 분사(分司)를 설치하고, 1237년(고종 24년)부터 1251년까지 15년 동안 8만여 장의 대장경판을 새겼다. 이것이 오늘날 해인사(海印寺)에 남아 있는 팔만대장경(八萬大藏經)으로서 우리가 세계에 자랑하고 있는 국보의 하나이다.[127)]

이러한 대장경 조판 사업에 있어서 16년이 아닌 '15년 만인 고종 38년에 완성'[128)]하였다는 서술은 16년으로 정정해야 한다. 그리고 3차로『대장경』을 간행하였다[129)]는 것은 재고의 여지가 있다, 아마도 의천의『교장』을『속장경』으로 보았기 때문에 3차로 본 듯한데 이는 오류이다.

대장경판의 조성의 목적이 호국 불교 신앙에서 '거란과 몽고 등의 외적을 불력으로 막아내려는데 그 목적'[130)]이었지만 좀 더 현실감이 있게 '온 국민이 합심하여 팔만대장경을 만들었다.'[131)]는 사실을 강조해야 한다. 대장경 조판의 의의는 '오늘날 남아 있는 것 중에 세계에서 가장 오래 되고, 가장 훌륭한 경판'[132)]뿐만 아니라 '대장경의 조판은 인도·중국 또는 일본에도 있었지만, 우리나라의 것이 가장 내용이 충실하여 세계적으로 유명하다.'[133)]는 평가도 중요하다.

2) 고려후기 사원경제의 확대

대부분의 제2차 교육과정기의 검인정 교과서에 서술되었듯이 '불교가

---

127) 신석호,『고등국사』.
128) 윤세철·신형식,『고등국사』.
129) 이병도 '고려전기에는 2차에 걸친 대장경 조판의 간행이 있었으나, 1236년(고종 23년) 몽고의 병화로 모두 불타버렸다.'라고 하여 같은 인식하에 있다. 이병도,『고등국사』.
130) 이상옥·차문섭,『고등국사』; 민영규·정형우,『고등국사』.
131) 이현희,『고등국사』; 李奎報,「大藏刻板君臣祈告文」,『東國李相國集』卷25 雜著.
132) 이병도,『고등국사』.
133) 이원순,『고등국사』.

국가적으로 숭상되자 사원은 정신적인 지도를 담당하였을 뿐 아니라, 또한 광대한 토지와 노비를 소유하여 경제력도 매우 강대하였다. 사원은 국가에서 많은 사원전을 받았고 또 왕실 귀족 및 일반 평민에게도 막대한 토지의 기진을 받아 고려의 대지주가 되었다.'134)

'그리하여 불교의 발전은 승려의 지위를 상승시켰고, 국가에서 지급한 사원전의 혜택과 면세·면역의 특권을 얻어 국가 정치와 경제에 커다란 영향을 끼쳤다.135) 즉, '당시 사원은 왕실과 신도의 시사에 의하여 많은 토지와 노비를 가졌으며, 대곡업 등 영리 사업도 하여 부유한 경제력을 가졌다.'136) 그리하여 사원을 중심으로 상업, 목축, 고리 대금 등 사원경제가 형성되었다.'137)는 것이다.

이러한 사원의 경제의 비대화로 인한 폐해를 강조하였는데138) 이후 현행 『고등국사』에서도 대동소이하다. 고려후기 불교 사원에 대한 부정적인 시각은 유불 교체로 이어지고 있다. 즉, '승려는 조세와 부역을 면하는 특권이 있었으므로 평민들이 다투어 승려가 되어 국가의 재정은 점차 곤란함을 면치 못하게 되었다.'139) 그리하여 '같은 특권 의식은 뒤에 방종으로 흘러 고리대란 방식으로 사리 사욕을 채우며, 면세하려는 자는 자연히 사원으로 몰려 승려가 되고, 재산을 사원에 도피시킨 자도 늘어 국가 재정의 파탄을 초래하였으니, 이에 환멸을 느낀 유학자들은 척불론을 강력히 주장하였다.'140) 결국 '영리를 일삼게 된 불교 사회는 그 자체 내의 부패가 심하였다. 이제현·이색 등은 불교의 교리는 인정하되, 승려들의 비행과 사원의 폐단을 배격하였고, 정몽주·정도전 등 극단적인 불교 배척론자는 불교 자체를

---
134) 변태섭, 『고등국사』.
135) 윤세철·신형식, 『고등국사』; 민영규·정형우, 『고등국사』.
136) 신석호, 『고등국사』.
137) 이상옥·차문섭, 『고등국사』; 김상기, 『고등국사』.
138) 이원순, 『고등국사』.
139) 변태섭, 『고등국사』; 한우근, 『고등국사』.
140) 이현희, 『고등국사』.

맹렬히 공격하여, 그것이 인륜을 멸하고 국가를 해치는 종교'라고까지 하였다.[141] 이는 정도전 등 신진사류들이 당시 숭유억불을 위한 인식 수준에 머문 것에 지나지 않는 것이므로,[142] 고려말 불교사의 이해를 유불 교체가 마치 당연한 사실처럼 인식한 학계의 수준을 반영한 것에 지나지 않는다. 현재도 고려말 불교 사원경제에 대한 올바른 이해가 필요하다.

3) 불교계의 보수화와 쇠락

앞서 살펴본 바와 같이 고려후기 사원경제의 폐해뿐만 아니라 고려말 고승의 비리도 부각시켰다.

> 특히 장생고(長生庫)를 비롯한 고리 대금 활동은 불교계의 세속화를 격렬히 조장시켰으며, 여말 신돈(辛旽)의 정치 활동에서도 승려의 탈선 행위는 두드러지게 나타났다.[143]

고려말 공민왕대 매골승 출신 신돈의 개혁 정치는 의미가 있는 것으로 적극적으로 평가할 필요가 있다.[144] 다행스럽게도 고려말기의 태고, 나옹 등 조계종의 명승들을 부각시켜 긍정적으로 서술하였다.[145]

> 공민왕 때에 태고(太古)·나옹(懶翁)의 두 화상(和尙)이 나타나 더욱 이것을 발전시켜, 마침내 조계종이 우리나라 불교계를 지배하게 되었다.[146].

---

141) 이병도, 『고등국사』.
142) 정도전, 「佛氏雜辨」, 『삼봉집』 권5.
143) 윤세철·신형식, 『고등국사』.
144) 『고려사』 권1213, 신돈 열전 ; 李達衷, 「辛旽」, 『霽亭集』 卷1, 詩 ; 황인규, 「편조신돈의 불교계 행적과 활동」, 『만해학보』 6, 2003 ; 황인규, 『고려말·조선전기 불교계와 고승연구』, 혜안, 2005 참조.
145) 이홍직, 이상옥, 이현희『고등국사』.

즉, '고려말에 태고·나옹 두 선사가 나와 조계종의 선풍을 널리 퍼뜨렸다.'[147] 하지만 '고려말기에는 태고·나옹 등 명승이 나왔으나 점차 현실 세계와 유리되어 갔으며 불교 자체가 저지른 사회적 폐단으로 말미암아 사회와의 거리가 멀어갔다.[148] 태고·나옹과 그 제자 자초(무학)가 나와 이를 조선에 전하여 주었다.'[149]고 하여 여말선초 불교계의 사실을 서술한 것은 고무적이다.[150] 나옹 혜근(1320~1376)은 태고 보우(1301~1382), 백운 경한(1299~1375)과 더불어 여말 삼사로 불린다. 특히 나옹과 무학 자초를 비롯한 일부 불교계의 선각자들은 고려말 불교계의 혁신을 위해 노력[151]하였을 뿐만 아니라 조선전기 불교계를 주도하였고, 조선시대 이후 현재까지 그의 스승 지공과 제자 무학과 더불어 불교계 최고의 증명법사로 존경받고 있기 때문이다.[152] 하지만 제5차 교육과정기의 『고등국사』부터 지공에 대한 서술은 사라졌으며,[153] 태고와 나옹 부분도 마찬가지다.[154]

5. 나가는 말

이상으로 제2차 교육과정기의 검인정 『고등국사』의 고려시대사 불교사

---

146) 신석호, 『고등국사』.
147) 김상기, 『고등국사』 ; 윤세철·신형식, 『고등국사』.
148) 이원순, 『고등국사』.
149) 이병도, 『고등국사』.
150) 이에 대해서는 다음의 논고가 참조된다. 황인규, 『무학대사연구 · 여말선초 불교계의 혁신과 대응』, 혜안, 1999.
151) 위의 책 ; 황인규, 「여말선초 선승들과 불교계의 동향」, 『백련불교논집』 9, 1999 ; 황인규, 『고려후기·조선초 불교사연구』, 혜안, 2003 ; 황인규, 『고려말·조선전기 불교계와 고승연구』, 혜안, 2005 참조.
152) 황인규, 「여말선초 三和尙(指空·懶翁·無學)의 선사상」, 『정토학연구』 27, 2017 참조.
153) 국사편찬위원회, 『고등국사』, 대한교과서, 1990.
154) 다만 제7차 교육과정기의 『고등국사』에서 보우에 관한 서술이 매우 간략하게 실려 있을 뿐이다. 국사편찬위원회, 『고등국사』, 두산, 2002.

서술 내용에 대하여 검토하여 보았다. 특히 제2차 교육과정기 11종의 국사 교과서 서술 내용을 제3차 교육과정기의 국정『고등국사』와 이후 제7차 교육과정기의『고등국사』의 서술 내용과 비교하였다.

　제2차 교육과정기의 11종의 검인정『고등국사』교과서에 실린 고려시대 불교사의 서술 내용은 국가가 요구하는 이념적 부분에 해당하지 않기 때문인지 그러한 영향은 거의 없어 보인다.

　제2차 교육과정기의 11종의 검인정『고등국사』의 서술 내용을 제3차 교육과정기의 국정『고등국사』이후 제7차 교육과정기의『고등국사』의 서술 내용과 비교했을 때 종파 문제 등 학계의 연구 수준을 반영하여 바람직한 부분도 없지 않지만 승과와 승계 등 불교사에 있어서 중요한 내용이 본문 서술에서 사라지게 되었다. 무엇보다도 적지 않은 집필자의 다양한 시각에서 서술된 내용이 대폭 축소되거나 퇴보한 내용을 어렵지 않게 찾을 수 있었다. 획일화된 1종의 국가 주도의 국정 교과서의 서술 폐해이다.

　하지만 제2차 교육과정기의 검인정『고등국사』교과서에 실린 교과서 서술 내용은 당시의 학계의 수준을 반영한 것이라서 미흡한 구석도 없지 않으나, 적지 않은 서술이 현재도 적극 참조할 내용이 많다.『중등국사』가 정치사 중심으로 서술된다고 할 때,『고등국사』는 문화사 중심의 서술 내용을 담는 것이 좋을 듯하다. 예컨대 세계 유산인『직지심체요절』이나 고려 문화의 결정체인 불화에 대한 서술도 강조되어야 할 것이다.

III. 제3차~제7차 『고등국사』 고려 불교사 서술

1. 들어가는 말

　제3차 『고등국사』는 『중학국사』와 더불어 한국 역사상 처음으로 국정화가 되어 1996년 제6차 『고등국사』가 편찬될 때까지 국사편찬위원회와 1종도서 연구개발위원회가 편찬하였으며, 주제사로 편찬된 제7차 『고등국사』는 국사편찬위원회와 국정도서편찬위원회에 의해 편찬된 사실상 국정 교과서이다.[1] 필자는 그동안 고려시대를 중심으로 한국 중세불교사를 연구해 오면서[2] 역사교육과 역사 교과서에 관심을 갖고 국사 교과서에 관한 천착을

---

1) 제3차에서 제7차 교육 과정기에 걸쳐 편찬된 『고등국사』를 소개하면 다음과 같다. 제3차 : 문교부, 『고등국사』, 대한교과서, 1974 ; 문교부, 『(인문계 고등학교) 국사』, 1977 ; 문교부, 『(실업계 고등학교) 국사』, 1977 ; 국사편찬위원회, 『국사』, 문교부, 1979, 제4차 : 국사편찬위원회, 문교부, 『국사』 (상) (하), 1983 ; 제5차 : 국사편찬위원회, 문교부, 『국사』, 1990, 제6차 : 국사편찬위원회, 교육부, 『국사』, 1996, 제7차 : 국사편찬위원회, 교육인적자원부, 『국사』, 2002 그리고 제7차 교육과정에서 한국 근현대사 국사 교과서가 다음과 같이 편찬되었다. 제3차-7차 교육 과정기 『중학 국사』의 경우도 『고등국사』에 비해 쉽게 서술했을 뿐 내용은 거의 유사하다. 국사편찬위원회, 제3차-제7차 중학국사 : http://contents.history.go.kr/ 참조. 아울러 『고등국사』와 같이 제3·4차 『중학 국사』와 제5·6차 『중학 국사』의 서술 내용은 같거나 거의 같다. 다만 7차 『중학 국사』는 정치사 서술로 인하여 태조대와 대장경 등의 부분만 간단히 실려 있을 뿐이다. 박근혜 정부가 추진한 국정 『고등학교 한국사』는 4-1 사상과 종교라는 항목에 1면의 반도 채 안되는 분량으로 간략히 불교사를 서술했으며(국사편찬위원회, 『고등학교 한국사』, 교육부, 2017, 101쪽), 중학교 역사의 경우는 본문에는 서술 자체가 없고 학습 자료란에 세계적인 문화유산에 팔만대장경을 그림과 더불어 소개하였을 뿐이다. 국사편찬위원회, 『중학교 역사 1』(검토본), 교육부, 2015, 121쪽.
2) 그동안 필자의 불교사 주요 저술을 소개하면 다음과 같다. 『무학대사연구 · 여말선초 불교계의 혁신과 대응』, 혜안, 1999 ; 『고려후기 · 조선초 불교사연구』, 혜안, 2003 ; 『고려말 · 조선전기 불교계와 고승연구』, 혜안, 2005 ; 『고려시대 불교계와

한 바 있다.3)

한국의 불교 역사와 불교 문화가 국가와 민족문화에 기여한 바 매우 크며, 현재 문화 유산에서도 차지하는 비중이 매우 높다. 이러한 국민 대다수가 『국사』(『역사』) 교과서를 통해서 불교사를 배우게 되므로 교과서의 불교사와 불교 문화에 대한 서술은 전문적·체계적으로 이루어져야 할 것이다.

모두가 아시다시피 역사 교과서가 국가 미래를 짊어지고 갈 청소년들이 배운다는 측면에서 사실의 바름이나 적정성, 나아가 역사적 사고와 역사의식을 심어줘야 함은 물론이다. 역사 교과서는 불교사 개설사의 범주를 넘어 국가와 민족의 삶과 문화이기 때문이다.4)

필자는 최근에 제2차 검인정 11종 『고등국사』의 고려시대 불교사 서술을 분석한 바 있는데,5) 본고에서는 제3차 교육과정기부터 제7차 교육과정기 1종의 『고등국사』의 고려시대 불교사 서술을 비교 검토하여 바람직한 서술

불교문화』, 국학자료원, 2011 ; 『조선시대 불교계 고승과 비구니』, 혜안, 2011 등이다.
3) 참고로 필자의 역사교육 관련 졸고를 소개하면 다음과 같다. 황인규, 「정체성과 역동성 공동체 정신 함양을 위한 한국사연구와 역사교육」, 『역사교육』 138, 역사교육연구회, 2016 ; 황인규, 「제3차 교육과정 국정 고등국사의 편찬과 중세사 서술」, 『역사와교육』 27. 역사와교육학회, 2018.
4) 황인규, 「(기조발표) 역사교과서 불교관련 중요성」, 조계종 불교사회연구소, '중등학교 불교사 서술의 검토와 방향', 2018.12. 5(수), 국회 세미나실.
5) 황인규, 「제2차 교육과정기 『고등국사』의 고려시대 불교사 서술-제3차-7차 『고등국사』와의 비교를 중심으로」, 『역사와교육』 29 간행 예정. 그동안 국사 교과서의 불교사 연구성과를 소개하면 다음과 같다. 황인규, 「중등 국사교과서에 나타난 고려후기 불교사의 서술과 문제점」, 『역사와 교육』 9, 2000 ; 황인규, 『고려후기·조선초 불교사연구』, 혜안, 2003 ; 박미선, 「고등학교 『한국사』 교과서의 고대 '불교사' 서술 검토」, 『한국사상과 문화』 5, 한국사상문화학회, 2011 ; 신선혜, 「고등학교 국사 교과서의 신라 불교사 서술 획일화 과정」, 『신라사학보』 41, 2017 ; 한상길, 「한국 근대불교 연구와 국사교과서의 근대불교 서술」, 『선문화연구』 10, 2011 ; 황인규, 「중학교 『역사』(한국사) 교과서에 나타난 불교사 서술 체재와 내용- 제7차 교육 과정에서 현행 교육과정까지」, 『전법학연구』 4, 2013. 그리고 사상사 입장에 부분적으로 언급한 논고들이 있다. 제3차-7차 교육과정기 『고등국사』의 고려시대 불교사 검토는 본고가 처음이다.

을 제안하고자 한다. 이러한 졸고가 향후『중등국사』교과서를 통한 고려시대 불교사 교육에 도움이 되기를 바라며, 나아가 교과서 편찬시 일조하기를 바라마지 않는다.

2. 고려전기 불교 정책과 종파

1) 불교 정책과 불교 제도

고려시대 불교의 성격에 대해서 해방이후 제6차 교육과정기까지『고등국사』는 대부분 '삼국시대 이래로 불교는 현세 구복적이며 호국적 성격을 띠고 있었다.'고 서술하고 있다.[6] 불교를 현세 불교나 현세 구복[7]적이거나, 특히 귀족 종교[8]라고 서술한 것도 역시 사실과 부합되지 않는 내용이다. 특히 호국 불교는 불교의 국가적인 역할을 강조한 것이겠지만, 불교와 권력이라는 측면이 강조되어 왔다고 생각된다. 해방 직후 발행된『국사교본』에서도 '불교의 호국사상을 믿어 극력으로 그것을 보호하고 장려'[9]하였다거나 제1차『고등국사』에서도 '불교는 대개 전통적인 고유 사상과 융합되어 호국적인 사상을 가지고 발달하여'[10]라고 하였다. 제3·4차와 제7차 교육과정에서는 호국 불교 관련 내용이 삭제되었다. 불교의 세속성이

---

6) 국사편찬위원회,『고등국사』, 대한교과서, 1990. 본고에서는 고등학교 국사 교과서를『고등국사』로 통칭하며, 불교사 서술 부분이 몇면에 불과하여 일일이 면수를 밝히는 것이 별의미가 없을 듯하다. 인용한 교과서의 면수는 참고 문헌을 참조하기 바란다.
7) 이병도,『국사』, 일조각, 1968 ; 이원순,『국사』, 교학사, 1968.
8) 변태섭,『국사』, 법문사, 1968 ; 이병도,『국사』, 일조각, 1968 ; 이홍직,『국사(인문계)』, 동아출판사, 1968.
9) 진단학회,「제1장 고려의 창업과 경영 1. 초기의 경영」,『국사교본』, 1946.
10) 홍이섭,「제Ⅴ장 고려의 문화 3. 학술과 문화의 발달『우리나라 문화사(고등국사)』, 정음사, 1957.

부각되므로 '국가 불교'라는 용어를 사용해야 할 것이다.11) 그렇다고 고려 불교를 국교로 간주하는 것도 지나치다. 고려 불교가 국교였다12)라고 간주하는 것은 사실과 다르며, 제3차 국정 『고등국사』에서도 마찬가지로 답습하고 있다. 제4차 교육과정 『고등국사』에서 '국가의 보호를 받으며' 정도로 수정되었으나 현재도 일부 교과서에서 사용되고 있다.13) '호국 불교'라는 용어 대신 '국가 불교'라는 용어를 사용하는 것이 좋을 듯하다. 더군다나 고려시대 불교가 국교였다.14)는 서술은 사실과 다르다.15)

고려의 불교 정책에 대해서 제3차와 제4차 『고등국사』에서는 다음과 같이 서술하고 있다. 즉, '사원은 사원전 외에 왕실과 귀족의 희사로 토지와 노비가 증가하였고, 광종 때에는 승과 제도를 마련하여 승려에게 법계를 주었으며, 문종 때에는 별사전이라 하여 승려 개인에게까지 토지를 주었다.'16)고 하였다. 광종대의 승과와 법계와 문종대의 별사전을 서술하였는데 그보다 앞서 제5차 『고등국사』의 경우처럼 태조대의 불교시책에 대한 서술이 이루어져야 할 것이다.

고려 태조는 훈요 10조에서, 사원을 세워 불교를 숭상할 것과 연등회와 팔관회의 개최를 당부하여 불교 국가로의 방향을 제시하였다. 광종 때에는 승과 제도를 채용하여 교종선과 선종선을 두고, 급제자에게는 법계를 주어 권위를 높였다. 또, 국사와 왕사 제도를 두어 왕실의 고문 역할을

---

11) 김종명, 「호국불교 개념의 재검토-고려 인왕회의 경우-」, 『불교연구』 17, 2000, 146~147쪽.
12) 변태섭, 『국사』, 법문사, 1968.
13) 국사편찬위원회, 『고등국사』 상, 대한교과서, 1974 ; 국사편찬위원회, 『고등국사』, 대한교과서, 2002.
14) 국사편찬위원회, 『고등국사』 상, 대한교과서, 1974.
15) 제3·4차 교육과정기 『중학 국사』에서 '불교 왕국의 모습'(문교부, 『국사』, 대한교과서, 1974 ; 국사편찬위원회, 문교부, 『국사』 상, 1983)운운한 것도 지나친 서술이다.
16) 국사편찬위원회, 『고등국사』 상, 대한교과서, 1974 ; 국사편찬위원회, 『고등국사』 상, 대한교과서, 1983.

담당하게 하였으며,17)

　　이미 연구된 바와 같이 태조의 훈요 10조는 태조의 정치 사상을 엿볼 수 있는 것으로, 위의 인용한 서술처럼 '사원을 세워 불교를 숭상할 것과 연등회와 팔관회를 개최하였다. 그리고 승과를 실시하고 법계를 주어 권위를 높였으며, 국사와 왕사 제도를 두어 왕실의 고문 역할을 담당'하게 하였던 것이다. 이러한 서술 내용은 제6차『고등국사』도 답습하였다. 제7차『고등국사』에서는 좀 더 바람직하게 다음과 같이 서술하였다. 즉, '또, 국사와 왕사 제도를 둠으로써 불교의 권위가 상징적으로나마 왕권 위에 존재하게 되어 불교가 국교의 권위를 가지게 되었다.'18)고 하였다. 그러한 배경으로서 고려초의 불교 정책을 다음과 같이 서술하였다.

　　　고려초기부터 불교는 국가의 지원을 받으며 발전하였다. 태조는 불교를 적극 지원하는 한편, 유교 이념과 전통 문화도 함께 존중하였다. 그는 개경에 여러 사원을 세웠고, 훈요 10조에서 불교를 숭상하고 연등회와 팔관회 등 불교 행사를 성대하게 개최할 것을 당부하여 불교에 대한 국가의 지침을 제시하였다.19)

　　제7차『고등국사』에서는 훈요10조의 내용에서 나오듯이20) 고려가 불교뿐만 아니라 유교 이념과 전통 문화도 존중하였다고 하여 고려의 사상 문화에 대하여 잘 설명하였다. 그러면서 다음과 같이 서술하고 있다.

　　　귀족도 불교에 큰 관심을 보였는데, 이들은 정치 이념으로 삼았던 유교와

---

17) 국사편찬위원회,『고등국사』상, 대한교과서, 1991.
18) 국사편찬위원회,『고등국사』, 두산, 2002.
19) 위와 같음.
20)『고려사』권2, 태조세가 26년 4월. 훈요10조에는 불교뿐만 아니라 유교 및 풍수도참 사상 등 전통 문화도 담겨있다.

신앙인 불교를 서로 배치되는 것으로 생각하지 않았다. 일반인도 현세적인 기복 신앙으로서 불교를 널리 신봉하였다. 지방의 신앙 공동체였던 향도에는 불교와 함께 토속 신앙의 면모도 보이며, 불교와 풍수지리설이 융합된 모습도 보인다.[21]

귀족들도 불교에 큰 관심을 보였는데 이들의 정치 이념으로 삼았던 유교와 신앙인 불교를 서로 배치되는 것으로 생각하지 않았다는 것이다. 성종대 최승로 상소문에서 '이국(理國)은 유교, 수신은 불교'[22]였다는 기록에서 단적으로 알 수 있듯이 고려시대는 불교뿐만 아니라 유교, 불교와 풍수지리설이 융합된 모습도 보이는 등 여러 사상이 공존하는 사회였다. 제3차 『고등국사』에서는 귀족의 노불 문화에 대해서 서술되었다. 즉, '한편, 귀족 문화가 크게 성함에 따라 일부 지식층에는, 지나치게 사치스러운 귀족 문화에 대하여 반성하는 성격을 가진 노장 사상이나 도교 사상이 불교와 혼합되어 유행하게 되었다. 이자현이나 곽여 같은 이는 그러한 경향의 중심 인물이었다.'[23]라고 하였다. 고려시대는 고대에 이어 동양 사상의 기본 요소라고 할 유불선이 유행하였다. 그런 점에서 동산처사 곽여(1058~1130)나 청평거사 이자현(1061~1125) 관련 내용을 서술하였다. 하지만 불교가 지나치게 사치스러운 귀족 문화를 반성하는 성격이 바로 노장 사상이나 도교라고 보기 힘들다. 곽여나 이자현은 유불선을 보유한 인물이며,[24] 특히 이자현은 고려중기 선종을 부흥시킨 인물로 특기된다.[25]

앞서 인용한 제7차 『고등국사』에서 처음으로 등장한 것이 향도이다.

---

21) 국사편찬위원회, 『고등국사』, 두산, 2002.
22) 『고려사』 최승로 열전.
23) 국사편찬위원회, 『고등국사』 상, 대한교과서, 1974.
24) 『고려사』 권97, 곽상 열전, 여 ; 황인규, 「고려후기 유생의 사찰독서」, 『한국불교학』 45, 2006 ; 황인규, 『고려시대 불교계와 불교문화』, 국학자료원, 2011 참조.
25) 최병헌, 「고려중기 이자현의 선과 거사불교의 성격」, 『김철준박사 화갑기념 사학논총』, 1983 참조.

향도는 신라시대 이래 마을 또는 군현을 단위로 지역민들을 포괄하거나 지역 마을내 유력민들로 구성되어 공동체를 이루어갔으며, 고려시대로 계승되었다. 예컨대 개심사의 향도의 경우 1010년(현종 1) 2월 1일 시작되어, 이듬해인 1011년 4월 8일 마쳤다. 호장가가 동량으로서 석탑조성을 주도하면서 광군 조직까지 동원하였고, 미륵 향도·치 향도 등의 조직을 중심으로 군현민 1만인이 참여한 대규모의 공동체였다.[26] 이처럼 고려전기에 있어서 향도는 군현 또는 마을 규모로 지방의 사회에 참여하였던 것이며, 지방뿐만 아니라 개경을 포함한 공동체였으므로[27] 서술 내용을 수정할 필요가 있다.

그리고 제3·4차 『고등국사』에 서술된 승려 개인에게 지급한 별사전은 문종 20년 갱정전시과에서 설정된 토지 제도[28]로 승려의 경제적 기반을 보장한 것이다. 그 이후의 교과서에서는 서술되지 않았는데 재고될 필요가 있다.

광종대 불교에 대하여 다음과 같은 서술도 눈에 띈다.

> 광종 때 고려승 의통과 체관이 오월에 건너가 오히려 중국의 천태종을 부흥시키는 데 큰 공을 세웠다. 즉, 의통은 중국 천태종의 13대 교조가 되어 그 곳 교세를 떨치게 하였고, 체관은 천태사교의라는 명저를 남겼다. 이것은 천태종의 기본 교리를 정리한 것으로, 천태종 발달에 주요한 공헌을 하였고, 오늘날까지 교과서로 사용되고 있다.[29]

알려진 바와 같이 오월은 첫 왕인 전류부터 마지막 왕 전홍숙까지 불교를 깊이 신봉하였다. 북송대에 이르러 천태종은 의적의 제자이자 고려 출신

---

26) 「開心寺址 五層 石塔」, 『한국금석전문』 중세 상편, 1984. '四弘爲身心 上報之佛恩 爲國正功德 普及於一切' ; 이태진, 「예천 개심사석탑기의 분석」, 『역사학보』 53·54, 1972.
27) 황인규, 「한국의 공동체 결사와 향도」, 원각불교사상연구원 편, 『불교의 새로운 지평』, 대한불교천태종 출판부, 2011.
28) 『고려사』 권78, 식화지, 전제 전시과 更定兩班田柴科.
29) 국사편찬위원회, 『고등국사』, 대한교과서, 1974.

고승 천태종 제16조사인 보운 의통(927~988)과 그 문하 제17조사로 추존되는 사명 지례(960~1028)의 문도들이 송대에 융성하여 천태종의 주류가 되었다.30) 그런데 당시 중국 불교계가 소장하고 있었던 불교 전적이 전란중에 사라지자 천태종의 경전을 고려에서부터 구해오게 하였는데,31) 이 일을 담당한 인물이 바로 고려의 고승 체관(?~970)이었다. 체관은 960년 고려 광종의 명을 받고 중국으로 건너가 천태산 나계 전교원의 나계 의적을 찾아가 가르침을 청하고 10여 년간 함께 천태학을 연구하였다. 그가 남긴 『천태사 교의』는 방대한 천태학의 교리를 축약한 천태학 입문서였다. 이 불서는 송대 이후 중국은 물론이고 일본 등 동아 불교권에서 2백여 종의 주석서가 간행되었다.32) 하지만 제7차 『고등국사』부터 이러한 내용은 더 이상 서술되지 않았는데 광종대의 불교나 한중 문화 교류라는 측면에서 포함되어야 할 것이다.

『고등국사』의 서술에서 주목되는 사실 가운데 하나는 '귀법사를 창건하여 화엄종의 본찰로 삼으면서 분열된 종파를 수습하려는 노력을 기울였다.'는 서술이다. 제5차 『고등국사』에 등장하여 제6차 『고등국사』에도 서술되고 그 후에 제외되었다. 『고려사』에 의하면 귀법사는 963년(광종 14)에 창건되었으며,33) 화엄종 승려 탄문이 968년(광종 19)에 주석한 후 화엄사상의 입장에서 선종사상을 융합하고자 하였다.34) 특히 균여는 963년(광종 14)에 귀법사가 창건되자 그곳에 머물렀다. 균여는 광종의 전제 정치를 이념적으로 뒷받침할 성상융회 사상을 펴면서 신라말에 북악과 남악으로 분열된

---

30) 원각불교사상 연구원, 「雨堂題銘」, 『天台歷代祖師傳』 上(中國篇), 대한불교천태종, 2013.
31) 『景德傳燈錄』 卷25, 天台山 德韶大師.
32) 李永子, 「天台四敎儀に關する問題」, 『인도학 불교학』 35, 1969.
33) 『고려사』 권2, 광종세가 14년 7월, '創歸法寺.'
34) 김용선, 「광종의 개혁과 귀법사」, 『고려광종연구』, 일조각, 1981, 106쪽 ; 金杜珍, 「玄暉(879~941)와 坦文(900~975)의 불교사상-고려초의 교선융합사조와 관련하여-」, 『고병익선생회갑기념사학논총』, 1984, 397쪽.

화엄종을 통합하였다. 하지만 제7차『고등국사』에는 '고려초기에는 화엄사상을 정비하고 보살의 실천행을 폈던 균여의 화엄종이 성행하였고, 선종에 대한 관심도 높았다.'35)라고 하여 균여가 화엄종 통합의 근거지였던 귀법사를 언급하지 않았으나, 화엄사상을 정비하였다고 막연하게 기술하면서 화엄종이 성행하고 선종에 대한 관심도 높았다고 하였다. 나말여초 화엄종이 균여에 의해 귀법사를 중심으로 화엄종을 진작시켰다는 내용이 부각되어야 할 것이다.

성종대 및 현종대와 그 이후의 불교계의 동향을 제5·6차『고등국사』에서 다음과 같이 서술하였다.

> 한편, 성종 때에는 최승로 등의 유학자가 등용되어 유교 정치사상이 고무되면서, 연등회와 팔관회 등이 폐지되기도 하였다. 그러나 현종 이후에는 불교가 국가의 보호를 받아 계속 융성하였으며, 현화사와 흥왕사 등의 사찰이 건립되었다.36)

성종은 대종 욱의 아들로 유교적 소양을 갖춘 인물로, 즉위하자마자 팔관회의 잡기들이 떳떳지 못하고 번잡스럽다고 하여 이를 폐지했으며,37) 987년(성종 6) 10월에는 양경(개경과 서경)의 팔관회 자체를 아예 폐지하기까지 하였다.38) 하지만 팔관회는 1011년(현종 1) 11월에 다시 열리게 된다.39) 『고등국사』에서는 그 후에 현화사와 흥왕사 등의 사찰이 건립되었다고 서술하였다. 현화사는 1018년(현종 9)에 현종 부모의 명복을 위해 창건된 휘신 도량이었다.40) 흥왕사는 1056년(문종 10)에 착공하여41) 12년만인

---

35) 국사편찬위원회,『고등국사』, 두산, 2002.
36) 국사편찬위원회,『고등국사』상, 대한교과서, 1991 ; 국사편찬위원회,『고등국사』상, 대한교과서, 1996.
37)『고려사』권3, 성종세가 즉위년 11월, '是月 王以八關會雜技不經且煩擾 悉罷之.'
38)『고려사』권3, 성종세가 6년 10월, '命停兩京八關會.'
39)『고려사』권4, 현종세가 元年 11월, '復八關會 王御威鳳樓 觀樂.'

1067년(문종 21)에 완공된 2800여 칸의 대찰이었다.[42]

　그런데 제7차『고등국사』에서는 '개경에 흥왕사나 현화사 같은 왕실과 귀족의 지원을 받는 큰 사원이 세워져 불교가 번창하였다. 그리고 이들의 지원을 받아 화엄종과 법상종(유가종)이 나란히 융성하였다.'[43]라고 하여 법상종의 본산인 개경의 현화사와 화엄종의 본산인 개경의 흥왕사를 언급하였는데, 그 내용이 충실해졌다고 할 수 있다.[44] 바로 전의 제6차 『고등국사』에서는 이와는 달리 '문벌 귀족 사회가 무르익던 11세기 전후에는 보수적이고 귀족적인 법상종이 화엄종과 더불어 발달함으로써 선종은 위축되었다.'[45]라고 하였다. 법상종과 화엄종이 융성하였다고 서술한 것은 사실과 맞으나,[46] 이 두 종파가 보수적이고 귀족적이라고 규정한 것은 지나친 서술이다. 아마도 왕실과 귀족이 화엄종과 법상종을 후원하였고 무신정권초 선종과 대비시켜 서술한 것이겠지만 재고를 요하는 내용이다. 제7차『고등국사』에서는 '개경에 흥왕사나 현화사 같은 왕실과 귀족의 지원을 받는 큰 사원이 세워져 불교가 번창하였다. 그리고 이들의 지원을 받아 화엄종과 법상종이 나란히 융성하였다.'[47]라고 하여 좀 더 바람직한 서술이 이루어졌다.

---

40) 『고려사』권4, 현종세가 9년 6월 17(무신), '始創大慈恩玄化寺 以資考妣冥福.' ;『고려사』권5, 덕종세가 원년 5월 정유(27일), '王以皇考諱道場 如玄化寺.' ;『고려사』권7, 문종세가 원년 5월 25일(기해), '王以顯宗諱晨道場 如玄化寺.'
41) 『고려사』권7, 문종세가 10년 2월 21일(계묘), '始創興王寺于德水縣.'
42) 『고려사』권8, 문종세가 21년 1월 11일(경신), '興王寺成, 凡二千八百閒, 十二年而功畢.'
43) 국사편찬위원회,『고등국사』, 두산, 2002.
44) 허흥식,「유가종의 계승과 소속사원」,『고려불교사연구』, 일조각, 1986, 216쪽 ; 김두진,「고려초의 법상종과 그 사상」,『한우근박사정년기념 사학논총』, 1981, 218~219쪽 ; 허흥식,「화엄종의 계승과 소속사원」,『고려불교사연구』, 일조각, 1986, 195쪽.
45) 국사편찬위원회,『고등국사』상, 대한교과서, 1996.
46) 최병헌,「고려중기 현화사의 창건과 법상종의 융성」,『한우근박사 정년기념사학논총』, 1981.
47) 국사편찬위원회,『고등국사』, 두산, 2002.

2) 불교 통합 운동과 천태종, 속장경

　제3·4차 『고등국사』에서는 '신라 말부터 시작된 5교 9산의 사상적 대립은 그대로 계속되고 있었다.'[48]고 하여 5교 9산의 사상적 대립을 강조하여 의천의 천태종을 창종한 것으로 연결시키고 있다. 제2차 검정 『고등국사』 이전부터 천태종의 창종보다 5교 9산이 5교 양종으로 확립되었다는 서술이 대부분이었으나,[49] 제3차 『고등국사』부터 사라지게 되어 바람직하다고 하겠다. 다만 제3·4차 『고등국사』에서 '신라 말부터 시작된 5교 9산의 사상적 대립은 그대로 계속되고 있었다.'[50]고 하여 5교 9산의 사상적 대립을 강조하였으나 제6차 『고등국사』이후 더 이상 서술되지 않고 있다

　제3·4차 『고등국사』에서는 의천의 천태종 개창에 대하여 다음과 같이 서술하였다.

　　그리하여, 교·선의 교리와 사상을 절충한 중국의 천태종을 국초부터 받아들여 연구하였으며, 이와 같이 천태종의 사상은 깊이 연구되었으나, 초기에는 종파로서는 성립되지 못하고 있더니, 후에 대각국사 의천이 중국에 건너가서 송의 불교계를 시찰하고 천태 사상을 더 연구하여 해동의 천태종을 창설하였다.[51]

---

48) 국사편찬위원회, 『고등국사』 상, 대한교과서, 1974 ; 국사편찬위원회, 『고등국사』 상, 대한교과서, 1983.
49) 5교 9산이 5교양종으로 확립되었다는 것은 일제강점기 김영수의 설이다. (「五敎兩宗에 대하여」, 『진단학보』 8, 1937 ; 김영수, 「曹溪禪宗에 就하야」, 『진단학보』 9, 1938) 최근에는 이에 대한 비판이 크게 두 가지로 대두되고 있다. 하나는 종파의 존재를 전면적으로 부정하는 것이고, 다른 하나는 종파의 존재를 인정하되 5교 9산은 수정되어야 한다는 것이다. 허흥식, 「고려전기 불교계와 천태종의 형성과정」, 『한국학보』 11, 1978 ; 「교종 5종파설의 비판」, 「선종 9산설의 비판」, 『고려불교사연구』, 일조각, 1986, 108~111쪽.
50) 국사편찬위원회, 『고등국사』 상, 대한교과서, 1974 ; 국사편찬위원회, 『고등국사』 상, 대한교과서, 1983.
51) 국사편찬위원회, 『고등국사』 상, 대한교과서, 1974 ; 국사편찬위원회, 『고등국사』

위의 서술은 대체로 무난한 서술이라고 생각되지만 제5·6차『고등국사』에는 의천의 활동을 강조하여 '문종의 넷째 아들인 대각국사 의천은 송에 유학하고 돌아온 후, 귀족들의 호화로운 불교 의식의 폐단을 개선하려고 하였다. 그는 새로 준공된 흥왕사의 주지가 되어, 이 절을 화엄종의 본찰로 삼아 교세를 크게 진작시켰다.'52)고 하였으나 의천이 화엄종 고승으로서 화엄종의 본찰인 흥왕사를 중심으로 화엄종의 교세를 크게 진작시켰다53)는 사실은 지나친 내용이다. 의천은 다음의 서술과 같이 천태종을 창종하여 천태종을 종단으로 만들었기 때문이다.

> 또, 의천은 화엄종의 입장에서 선종을 통합하기 위해 해동 천태종을 창시하였다. 그는 특히 이론과 실천의 양면을 강조하는 교관겸수를 제창하고, 원효의 화쟁 사상을 중시하였다. 이후, 의천의 문하에 많은 승려들이 모여들어 천태종의 융성기를 맞이하게 되었다. 그러나 의천의 교종, 선종의 통합은 불완전한 것이어서, 그의 사후에 선종은 다시 독립하게 되었다.54)

위의 서술에서 보듯이 의천은 화엄종의 입장에서 선종을 통합하기 위해 해동 천태종을 창시하였다. 그는 특히 이론과 실천의 양면을 강조하는 교관겸수를 제창하였다. 그 후 의천의 문하에 많은 승려들이 모여들어 천태종의 융성기를 맞이하게 되었다. 그러나 의천의 교종, 선종의 통합은 불완전한 것이어서, 그의 사후에 선종은 다시 독립하게 되었다는 것이다. 당시 불교사의 연구 성과를 잘 반영하였다고 생각된다. 즉, 의천은 화엄종 출신이지만 그가 지향한 불교는 전통적 종파 관념에 의한 것이 아니고,

---

상, 대한교과서, 1983.
52) 국사편찬위원회,『고등국사』상, 대한교과서, 1991 ; 국사편찬위원회,『고등국사』 상, 대한교과서, 1996.
53) 최병헌,「대각국사 의천의 화엄사상 연구」,『한국사학』 11, 한국정신문화연구원, 1990 참조.
54) 국사편찬위원회,『고등국사』상, 대한교과서, 1991.

통합적 불교를 지향하였다. 송에서도 그를 가리켜 '천태·현수·남산·자은·조계·서천의 범학을 일시에 전해 터득한 대 보살행자.'라고 하였던 사실에서 단적으로 알 수 있다.[55]

특히 의천이 원효의 화쟁 사상을 중시하였다고 하는 내용이 새롭게 『고등국사』에 등장하게 된다. 원효의 통불교 사상의 요체인 '화쟁'이라는 용어도 그의 『십문화쟁론』에서 의천이 끄집어냈으며, 1101년(숙종 6) 원효를 '대성 화쟁국사'라고 추증[56]되게 하였다.[57] 그런데 어찌된 일인지 제6차 『고등국사』에서는 '원효의 화쟁 사상을 중시하였다.'는 서술이 누락되고 이후 교과서에 찾아볼 수 없게 되어 아쉽기 그지없다. 그런데 제7차 『고등국사』에서는 국청사 창건에 관한 사실과 더불어 새로운 서술 내용으로 교체되었다.

> 또 선종을 통합하기 위하여 국청사를 창건하여 천태종을 창시하였다. 이를 뒷받침할 사상적 바탕으로 의천은 이론의 연마와 실천을 아울러 강조하는 교관겸수를 제창하였다. 이러한 교단 통합 운동은 천태종에 많은 승려가 모이는 등 새로운 교단 분위기를 형성하는 일정한 성과를 거두었다. 그러나 사회·경제적으로 문제가 되고 있던 불교의 폐단을 적극적으로 시정하는 대책이 뒤따르지 않아, 의천이 죽은 후에 교단은 다시 분열되고 귀족 중심의 불교가 지속되었다.[58]

매우 진전된 서술 내용이라고 생각되면서 의천이 내세운 교관 겸수도 '교학과 선을 함께 수행하되, 교학의 수련을 중심으로 선을 포용하려는

---

55) 「僊鳳寺 天台始祖 大覺國師 碑銘」, 『大覺國師文·外集』 13.
56) 『고려사』 卷11, 숙종세가 6년 8월 4일(계사), '詔曰 元曉義相 東方聖人也 無碑記諡號 厥德不暴 朕甚悼之 其贈元曉大聖和靜國師 義相大聖圓敎國師 有司卽所住處 立石紀德 以垂無窮.'
57) 조명기, 『고려 대각국사와 천태사상』, 동국출판사, 1964. 44쪽.
58) 국사편찬위원회, 『고등국사』, 두산, 2002.

통합 이론'이라고 친절히 부기하여 설명하고 있다.

고려 불교사 서술 가운데 국사 교과서에서 빠지지 않고 실린 것 가운데 하나는 『대장경』에 관한 내용이다. 제3·4차 『고등국사』에서 초조 대장경에 관한 서술은 다음과 같다. 즉, '불교가 발달함에 따라 고려는 사상의 통일과 지도를 위하여, 현종 때부터 조판을 시작하여 문종 때에 와서 제1차로 6000여 권으로 된 고려 대장경의 간행을 완성하였다.'[59]고 하였다. 이러한 내용은 제5차 『고등국사』에서는 '초조 대장경은 현종 때 부처님의 힘을 빌려 거란을 퇴치하려는 염원에서 조판이 시작되었으며, 여기에는 불교의 교리를 정리하려는 뜻도 내포되었다.'[60]고 하여 그 조성 동기와 의의를 밝혔다. 아울러 '대구 부인사에 판본이 소장되어 있던 중, 몽고의 침입으로 소실되었다. 현재 그 인본의 일부가 일본에 비장되어 있으며, 우리나라에서도 그 일부가 수습되어 귀중한 문화재가 되고 있다.'[61]고 하여 초조 대장경의 소실과 일부 남아 있는 사실도 부기하였다.[62] 제6차 『고등국사』에서는 제5차 『고등국사』와 내용이 비슷하지만 '부처님의 힘을 빌려 거란을 물리치려는 염원에서 조판이 시작되어, 70여 년의 각고 끝에 완성되었다.'[63]고 구체화하면서도 '현재 그 인쇄본의 일부가 남아 있다.'고 막연하게 서술하였다. 제7차 『고등국사』는 제6차 『고등국사』의 서술을 답습하였다.

그에 앞서 『대장경』에 대한 설명이 학습자를 위해 반드시 필요하다. 제5·6차 『고등국사』에 이르러서야 이러한 서술이 이루어지고 있다. 즉, '대장경이란, 경, 율, 논 등 삼장의 불교 경전을 총칭하는 말인데, 대장경의 조판이 활발했던 것은 고려의 불교가 호국 불교, 현세 이익 불교로서의

---

59) 국사편찬위원회, 『고등국사』 상, 대한교과서, 1974 ; 국사편찬위원회, 『고등국사』 상, 대한교과서, 1983.
60) 국사편찬위원회, 『고등국사』 상, 대한교과서, 1991.
61) 국사편찬위원회, 『고등국사』 상, 대한교과서, 1991.
62) 천혜봉, 「초조대장경의 현존본과 그 특성」, 『한국서지학연구』, 삼성출판사, 1991, 430~433쪽.
63) 국사편찬위원회, 『고등국사』 상, 대한교과서, 1996.

성격을 지녔기 때문이었다.'64)라고 설명한 것은 적절하다. 제7차『고등국사』에서는 '불교 사상에 대한 이해 체계가 정비되면서 불교에 관련된 서적을 모두 모아 체계화하는 대장경이 편찬되었다. 경·율·논의 삼장으로 구성된 대장경은 불교 경전을 집대성한 것으로서, 교리 체계에 대한 정리가 선행되어야만 이루어질 수 있는 문화적 의의가 높은 유산이다.'65)라고 하여 대체적인 이해를 도모하였다.

의천의 속장경의 간행과 불교 문집의 간행에 대해서는 다음과 같이 서술하였다.

> 그 뒤, 대각국사는 송, 요, 일본 등지에서, 대장경에 빠진 불경을 수집하여, 먼저 신편 제종 교장 총록이라는 불서 목록을 만들고, 이에 의하여 4700여 권을 다시 출판하였는데, 이를 속장경이라 한다. 이 속장경에는 불경도 포함되어 있으나, 불교 연구서인 논(論), 소(疏), 초(抄) 등도 모은 것을 보면, 대각국사가 불교 사상 정리에 얼마나 노력하였는지를 짐작할 수 있다. 그의 저서인 원종문류나 석원사림도 그러한 목적에서 나온 것이었다.66)

의천의『속장경』서술 부분은 일제 강점기 일인 학자의 설에 따른 내용이다.67) '부족한 것을 보충한다는 뜻'에서『속장경』68)이 아닌 것이다. 1975년 무렵에 한국 학자들에 의해 수정된 것이나 최근까지 반영되지 않은 부분이

---

64) 국사편찬위원회,『고등국사』상, 대한교과서, 1991 ; 국사편찬위원회,『고등국사』 상, 대한교과서, 1996.
65) 국사편찬위원회,『고등국사』, 두산, 2002.
66) 국사편찬위원회,『고등국사』, 두산, 2002.
67) 의천의 續藏經 서술 부분은 일제강점기 일인 학자의 설에 따른 것이다. 小野玄妙,「高麗祐世僧統義天の大藏經板雕造の事蹟」,『東洋哲學』18編2(明治44년 1월). 1975년 무렵에 한국 학자들에 의해 수정된 것이나 최근까지 반영되지 않은 부분이다. 즉, 속장경이 아니라 敎藏으로 수정되어야 하며 최근의 교과서에서 이르러 제대로 실린 사항이다.
68) 이병도,『국사』, 일조각, 1968.

다. 즉, 『속장경』이 아니라 『교장』으로 수정되어야 하며 최근의 교과서에서 야 비로소 제대로 실린 사항이다. 그러한 의미에서 교장에 불경도 포함되어 있다는 서술은 오류라고 하겠으며, 의천의 저서인 『원종문류』나 『석원사림』 은 5차 『고등국사』 이후 더 이상 서술되지 않아서 유감이다. 그리고 제5차 『고등국사』에는 교장에 대하여 다음과 같이 서술되어 있다.

> <u>초조 대장경이 완간된 얼마 후에 의천은 흥왕사에 교장도감을 설치하 고, 국내의 것은 물론 송, 요, 일본 등에서 모아 온 대장경의 주석서인 장·소들을 간행하였는데, 이것이 이른바 속장경이다. 그는 먼저 불서 목록인 신편제종교장총록을 작성하고, 10년에 걸쳐 4760여 권을 간행하였 다.</u> 그러나 이 속장경도 몽고군의 침입으로 인하여 소실되었으며, 그 인본의 일부가 일본에 보관되어 있고, 우리나라에는 조선초에 중수, 간행된 불서 목록이 송광사에 전해 오고 있다.69)

의천이 흥왕사에 교장도감을 설치하고 국내의 것은 물론 송, 요, 일본 등에서 수집한 것을 강조한 대목이 눈에 띄며, 구체적으로 그 일부가 남아 있는 곳이 '그 인본의 일부가 일본에 보관되어 있고, 우리나라에는 조선초에 중수, 간행된 불서 목록이 송광사에 전해 오고 있다.'고 서술하였다. 하지만 제6차 『고등국사』에서 '그 인쇄본의 일부가 국내외에 남아 있을 뿐이다70)'고 하였으나 제7차 『고등국사』에서는 밑줄 친 부분만 서술하였다.71)

---

69) 국사편찬위원회, 『고등국사』 상, 대한교과서, 1991.
70) 국사편찬위원회, 『고등국사』 상, 대한교과서, 1996.
71) 초조 대장경은 국내에도 전래되어 성암 고서박물관, 호림박물관, 호암미술관과 개인 등이 약 300여 권을 나누어 가지고 있다. 그리고 일본의 교토 난젠지(南禪寺)와 일본의 壹岐島 安國寺와 對馬島 長松寺 등에서 상당량의 초조 대장경이 보존되고 있는데, 전체 전래되고 있는 권수가 약 2,000여 권 이상으로 추정된다. 천혜봉, 『고려대장경과 교장의 연구』, 범우, 2013, 42~122쪽. 이러한 사실은 교과서에 실려야 할 것이다.

3. 고려후기 조계종과 대장경

1) 결사운동과 조계종

제3·4차 『고등국사』에서는 무신 정권과 조계종의 관계를 다음과 같이 서술하였다.

> 왕실과 귀족의 보호를 받으면서 성장하던 불교 사원은, 무신의 난 후에는 문신들의 피난처가 되는 한편, 무신 정권과는 여러 차례 충돌을 일으켰다. 그러나 이 무렵, 불교 교단 내에서는 변동이 일어나기 시작하였다. 무신의 난 이후 조계종이 교리상 발전을 보게 되자, 최씨 무신 정권은 하나의 정책으로서 조계종을 후원하였다.[72]

당시까지의 학계의 연구 성과가 반영된 듯하지만[73] 제5차 『고등국사』에서는 더욱 정제되었다.

> 무신 정변 이후, 불교계에는 선종의 부흥과 신앙결사운동의 새로운 움직임이 일어나기 시작하였다. 이는, 지금까지 왕실 및 문신 귀족의 비호 아래 성장해 온 교종 중심의 불교계가 최씨 정권의 탄압을 받았고, 그 대신에 선종 계통의 불교가 후원을 받았기 때문이었다. <u>이리하여 선종을 중심으로 교종을 통합하려는 조계종이 융성하게 되었다.</u>[74]

제6차 『고등국사』의 서술도 답습하였으나 밑줄 친 부분은 제거하였다.

---

72) 국사편찬위원회, 『고등국사』 상, 대한교과서, 1974 ; 국사편찬위원회, 『고등국사』 상, 대한교과서, 1983.
73) 민현구, 「월남사지 진각국사비의 음기에 대한 일고찰-고려 무신정권과 조계종-」, 『진단학보』 36, 진단학회 1973 참조.
74) 국사편찬위원회, 『고등국사』 상, 대한교과서, 1991.

아마도 학설상 문제가 있기 때문이 아닌가 한다. 즉, 필자는 9산문이 조계종으로 성립한 것은 고려 국초라고 보고 있다. 「선봉사 대각국사비」 음기에 '국초에 조계·화엄·유가·궤범(율업) 등으로 더불어 같았으므로 세상에서 이를 일러 4대 업이라 하였다'[75]라고 한 기록이 그것이다.[76] 즉, 국초에 조계업·화엄업·유가업·율업이 크게 행하여졌다고 보고 있다.[77]

아예 제7차 『고등국사』에서는 '무신 집권 이후의 사회 변동기를 지나며 불교계에서도 본연의 자세 확립을 주창하는 새로운 종교 운동인 결사운동이 일어났다.'[78]라고 간략하면서도 결사운동을 확대 강조하였다.

하지만 지눌 부분은 제3·4·5차 『고등국사』에서는 다음과 같이 간략히 서술하였다. 즉, '명종 때 조계종의 지눌(보조국사)은 정혜쌍수를 주장하였는데, 이것은 선종 사상에 중점을 두면서 선종과 교종의 교리상의 상호 보충과 통합을 도모한 것이었다.'[79]고 하였다. 하지만 제6차 『고등국사』에서는 다음과 같이 확대 서술하였다.

> 거기에다 보조국사 지눌 같은 뛰어난 선승이 나와 선종을 부흥시키고 불교계를 정화하려는 신앙결사운동을 전개한 결과였다. 이리하여 조계종을 중심으로 한 선종과 교종의 통합 운동이 나타나게 되었다. 송광사에 머무르고 있던 지눌은 당시 불교계의 타락을 비판하면서, 불교 수행의 중심을 이루는 두 요소인 참선과 지혜를 아울러 닦자는 정혜쌍수(定慧雙修)를 내세웠다. 그리고 승려 본연의 자세로 돌아가 예불 독경과 함께 참선 및 노동에 힘쓰자는 개혁 운동을 전개하였다. 이것은 개혁된 선종을 바탕으

---

75) 林存, 「선봉사 대각국사비」, 『조선금석총람』 상, '與先 國初大行 曹溪 華嚴 瑜伽 軌範 齊等 世爲之四大業也.'
76) 허흥식, 「14,5세기 조계종의 계승과 법통」, 『동방학지』 73, 1991, 8쪽.
77) 황인규, 「고려시대 조계종의 성립과 전개」, 『역사와교육』 17, 2013 참조.
78) 국사편찬위원회, 『고등국사』, 두산, 2002.
79) 국사편찬위원회, 『고등국사』 상, 대한교과서, 1974 ; 국사편찬위원회, 『고등국사』 상, 대한교과서, 1983 ; 국사편찬위원회, 『고등국사』 상, 대한교과서, 1991.

로 교종의 장점을 취하여 수행에 정진하자는 것으로, 선·교 통합을 지향한 것이기도 하였다.

지눌은 또, 정혜쌍수와 함께 그것의 바탕이 되는 이론으로 돈오점수(頓悟漸修)를 수행 방법으로 제시하였다. 돈오는 인간의 마음이 곧 부처의 마음임을 깨닫는 것이며, 점수는 깨달은 뒤에도 꾸준히 수행해야 해탈에 이를 수 있다는 주장이다. 지눌은 의천과는 달리 참선을 주로 하는 선종을 중심으로 교종과의 조화를 주장하였다. 이로써 고려 불교는 드디어 선·교 일치의 완성된 철학 체계를 이루게 되었다.80)

지눌이 송광사에 머물렀다는 표현보다는 수선사, 즉 수선결사운동을 강조하면 더 좋을 듯하다. 결사 정신이라 할 정혜쌍수와 돈오점수를 서술한 것은 적절하며, 지눌은 의천과는 달리 참선을 주로 하는 선종을 중심으로 교종과의 조화를 주장하였다.81) 이로써 고려 불교는 드디어 선·교 일치의 완성된 철학 체계를 이루게 되었다는 서술도 바람직하다고 하겠다. 이러한 서술은 제7차 『고등국사』에서는 조금은 간략화 하여 다음과 같이 서술하였다.

지눌은 선과 교학이 근본에 있어 둘이 아니라는 사상 체계인 정혜쌍수를 사상적 바탕으로 철저한 수행을 선도하였다. 또, 지눌은 내가 곧 부처라는 깨달음을 위한 노력과 함께, 꾸준한 수행으로 깨달음의 확인을 아울러 강조한 돈오점수를 주장하였다. 선종을 중심으로 교종을 포용하여 교와 선의 대립을 극복하고자 한 지눌의 논리는 고려 불교가 지향하던 선교 일치 사상을 완성한 것이었다.82)

---

80) 국사편찬위원회, 『고등국사』 상, 대한교과서, 1996.
81) 진성규, 「고려후기 수선사의 결사운동」, 『한국학보』 36, 1984 ; 최병헌, 「수선결사의 사상사적 의의」, 『보조사상』 창간호, 1987.
82) 국사편찬위원회, 『고등국사』, 두산, 2002.

특히 제5·6차『고등국사』에서는 지눌의 후예와 사상사적인 의의를 다음과 같이 서술하였다.

> 조계종은 지눌 이후 뛰어난 계승자들에 의해 계속 발전하였는데, 유·불 사상의 일치설을 내세워 유교와 불교의 타협을 기도한 혜심이 그 대표적 인물이다. 이처럼, 조계종은 왕실 및 문신 귀족과 결탁한 세속적인 불교를 배척하는 한편, 교리상으로도 커다란 발전을 이룩했던 것이다.
> 이와 같은 성격을 지닌 조계종은, 무신 정권의 정책적인 후원을 받으면서 독자적인 세계를 개척해 나갔을 뿐 아니라, 좌선 등 심성의 도야를 강조하여 <u>불교에서 성리학으로 넘어가는 과도기적 역할도 수행하였다</u>.[83]

보조국사 지눌의 결사운동은 그의 제자이자 수선사 제2세 사주인 진각국사 혜심 이후 조선초 수선사 제16사주 고봉 법장에 이르기까지 계승되기에 이른다.[84] 혜심이 유불 일치 사상은 '부처님 말씀에 내가 두 명의 성인을 보내서 동쪽에 가서 교화를 베풀라고 하였다. 하나는 노자니, 가섭 보살이요, 둘은 공자니 유동 보살이라고 하였다. 이것에 근거하면 유도의 근본은 불법에 있으니 방편은 다르나 실제는 같은 것입니다.'[85]라는 기록에 단적으로 나타난다. 조계종의 혜심뿐만 아니라 백련사계 진정국사 천책의 경우도 찾을 수 있으므로[86] 향후 이 부분도 언급되면 좋을 듯하다.

---

83) 국사편찬위원회,『고등국사』상, 대한교과서, 1991 ; 국사편찬위원회,『고등국사』상, 대한교과서, 1996.
84) 황인규,「목우자 지눌과 고려후기 조선초 불교계의 고승들」,『보조사상』19, 2003 ; 황인규,『고려후기·조선초 불교사연구』, 혜안, 2003 참조.
85) 慧諶(1178~1234),「答崔滋政洪胤」,『진각국사어록』. '起世界經云 佛言 我遣二聖 往震旦行化 一者 老子 是迦葉菩薩 二者 孔子 是儒童菩薩 據此則儒道之宗 宗於佛法而權別實同者乎.'
86) 天頙,「答芸臺亞監閔昊書」,『湖山錄』,『韓國佛敎全書』6, 210쪽, '然世尊有言 我遣三人化彼震旦 故李舟曰 釋迦生中國 設敎如周孔 周孔生西方 設敎如釋迦 李商隱亦曰 尼師老聃 聃師牟尼 稽首 正覺吾師 吾師則何三敎之異.'

제6차 『고등국사』에서는 제5차 『고등국사』를 그대로 답습하면서 밑줄 친 부분을 '심성의 도야를 강조함으로써 장차 성리학을 받아들일 수 있는 사상적 터전을 마련하였다.'[87]고 하였으며 이 부분은 제7차 『고등국사』에서도 그대로 답습하면서도 읽기자료로 지눌의 정혜결사문과 정혜쌍수와 돈오점수를 추가하였다.

그런데 제7차 『고등국사』에서 처음 실린 것은 백련결사 부분이다.[88]

> 비슷한 시기에 요세는 백성의 신앙적 욕구를 고려하여 강진 만덕사(백련사)에서 백련 결사를 제창하였다. 자신의 행동을 진정으로 참회하는 법화신앙에 중점을 둔 백련 결사 역시 지방민의 적극적인 호응을 얻었고, 수선사와 양립하며 고려후기 불교계를 이끌었다.[89]

필자가 수선결사와 더불어 양대 결사인 백련결사를 교과서에 포함시킬 것을 처음으로 주장한 바 있다.[90]

그리고 제3·4차 『고등국사』에서 '고종 때 화엄종의 대가였던 각훈이 우리나라 불교의 역사를 살피는 입장에서 『해동고승전』을 저술하였는데, 현재 그 일부가 전해 오고 있다.'[91]라고 실린 서술은 그 뒤의 『고등국사』에서는 제외되었는데 서술되어야 할 것이다.

---

87) 국사편찬위원회, 『고등국사』 상, 대한교과서, 1996.
88) 고익진, 「백련사의 사상전통과 천책의 저술문제」, 『불교학보』 16, 1979 ; 채상식, 「고려후기 천태종의 백련사 결사」, 『한국사론』 5, 서울대 국사학과, 1979.
89) 국사편찬위원회, 『고등국사』, 두산, 2002.
90) 황인규, 「중등 국사교과서에 나타난 고려후기 불교사의 서술과 문제점」, 『역사와 교육』 9, 2000.
91) 국사편찬위원회, 『고등국사』 상, 대한교과서, 1974 ; 국사편찬위원회, 『고등국사』 상, 대한교과서, 1983.

2) 재조 대장경과 고려말 불교

재조 대장경에 대해서 제3·4차 『고등국사』에서는 다음과 같이 서술하였다. 즉, '몽고의 침입으로, 불교 발전의 토대요 상징이었던 대장경과 속장경의 판목이 불타버리자, 불력에 의하여 외적을 물리친다는 종교적 염원에서 다시 대장경의 조판을 시작하여 16년 만에 완성을 보았다(1251). 이 고려대장경 판목은 오늘날까지 해인사에 보관되어 오는데, 그 경문 교정이 정확하여 학술적 가치가 대단히 높다.'92)고 하였다. 그런데 고려 대장경 판고에 대하여 서술하면서 '몽고 침략을 불력으로 막기 위해 고종 때 강화도에서 조판하였다.'라고 한 것은 오류이다.93) 이미 제2차 『고등국사』에서 '강화도에서 대장도감, 진주에 분사를 설치하고, 1237년(고종 24)부터 1251년까지 15년 동안 8만여 장의 대장경판을 새겼다'94)라는 서술이 실린 바 있는데 잘못된 서술이다.

제5차 『고등국사』에서는 다음과 재조 대장경의 역사적 의의를 서술하였다.

> 몽고의 침입 때 조판된 재조 대장경은 강화의 피난처에서 만든 것으로, 현재 합천 해인사에 보관되어 있는 팔만대장경이다. 팔만대장경은 내용의 정확함과 자체의 아름다움, 목판 제작의 정교함이 동양의 대장경 중에서 가장 으뜸 가는 것이다. 전란기임에도 불구하고, 세계 불교 사상 유례가 드문 우수한 대장경을 조판할 수 있었던 것은, 고려 불교의 높은 수준과 문화 의식이 바탕이 되었기 때문에 가능했던 것이다.95)

---

92) 국사편찬위원회, 『고등국사』 상, 대한교과서, 1974 ; 국사편찬위원회, 『고등국사』 상, 대한교과서, 1983.
93) 박상국, 「대장도감의 판각성격과 선원사 문제」, 『가산 이지관스님 화갑기념 논총 한국불교 문화사상사』 상, 1992 참조.
94) 신석호, 『국사(인문계)』, 광명출판사, 1968.
95) 국사편찬위원회, 『고등국사』 상, 대한교과서, 1991.

위의 서술내용은 제6차 『고등국사』에서도 내용은 대동소이 하지만 '현존하는 팔만대장경도 몽고의 침입 때 부처님의 힘으로 국난을 극복하고자 만든 것이다. 고종 때 강화도에 대장도감을 설치하고 조판에 착수하여 15년 만에 완성한 팔만대장경은 현재 합천 해인사에 그 목판이 보존되어 있다.[96] 팔만대장경은 그 내용이 방대하면서도 조판이 정교한데다가 오자나 탈자가 거의 없어, 동양 제일의 대장경으로 꼽히고 있다.'[97]고 하였다. 제7차 『고등국사』에서도 '몽골 침략으로 소실된 초조대장경을 대신하여 고종 때에는 대장경을 다시 만들었다. 대장도감을 설치하여 16년 만에 이룩한 재조 대장경은 현재 합천 해인사에 보존되어 있다. 8만 장이 넘는 목판이므로 8만대장경이라고 부른다. 팔만대장경은 방대한 내용을 담았으면서도 잘못된 글자나 빠진 글자가 거의 없는 제작의 정밀성과 글씨의 아름다움 등으로 세계에서 가장 우수한 대장경으로 꼽힌다.'[98]고 하였다. 그러면서 경·율·논 항목을 학습 자료로 부기하여 '경은 부처가 설한 근본 교리이고, 율은 교단에서 지켜야 할 윤리 조항과 생활 규범이며, 논은 경과 율에 대한 승려나 학자의 의론과 해석을 일컫는다.'[99]고 하였는데 적절한 사항으로 설명될 필요가 있다.

다음은 고려말 불교 서술 내용을 보기로 한다. 제3·4차 『고등국사』에서는 '몽고의 간섭을 받으면서부터 미신적인 면이 강한 라마 불교가 들어와서 폐해가 많았다. 또한, 공민왕 때에는 인도 승려 지공이 인도의 선종을 전하고, 보우가 중국에서 선종의 일파인 임제종을 받아들였다.[100]'고 하였다. 원 간섭기 라마 불교의 영향이 없지 않았으나 공민왕대 인도승 지공의 선사상[101]과 보우의 새 임제종 수용은 매우 중요한 사실이다. 하지만 제5·6

---

96) 재조대장경 판각 기간은 뒤에 언급한 것처럼 16년으로 바로 잡아야 할 것이다.
97) 국사편찬위원회, 『고등국사』 상, 대한교과서, 1996.
98) 국사편찬위원회, 『고등국사』, 두산, 2002.
99) 국사편찬위원회, 『고등국사』, 두산, 2002.
100) 국사편찬위원회, 『고등국사』 상, 대한교과서, 1974 ; 국사편찬위원회, 『고등국사』 상, 대한교과서, 1983.

차 『고등국사』에서는 '그러나 원의 간섭기에 접어들면서 불교계의 혁신 운동은 단절되었으며.'102)라고 축약하였으며, 제7차 『고등국사』에서도 '그런데 원 간섭기에 이르러 개혁 운동의 의지가 퇴색하고 귀족 세력과 연결되어 불교계는 다시 폐단을 드러내었다.'103)라고 하여 불교계의 혁신적인 측면이 도외시되고 불교의 폐해만 강조한 것은 수정될 사항이다. 심지어 제7차 『고등국사』에서는 보우104)를 특기하면서 '보우(普愚)는 교단을 통합, 정리하는 것이 불교계의 폐단을 바로잡는 우선 과제라고 생각하였다. 그러나 교단과 정치적 상황이 얽혀 이런 개혁을 지속적으로 추진할 수 없었다.'105)고 하여 부정적인 시각을 일관하고 있다. 제1차 『고등국사』에서 다음과 같은 서술은 매우 모범적인 서술이라고 생각된다.

> 원과 관계가 깊어지매 중국의 임제종(臨濟宗)이 들어왔고, 마가타국(摩揭陀國, Magadha)의 선승(禪僧) 지공(指空) 화상이 원나라에서 개성으로 와서 선을 전함에, 그에게서 배운 나옹혜근(懶翁惠勤)과 무학자초(無學自超)가 있다. 나옹은 중국 강남(江南)의 순 임제선(臨濟禪)을 받아들이니, 무학은 다시 나옹에게서 배우고 조선시대에는 태조 이성계(李成桂)의 귀의를 받고, 왕사의 책(冊)을 받았다. 그리하여 임제선백(臨濟禪伯)이 교계(敎界)를 흔들어도 고려말에 있어 사회와 함께 부패 타락함은 어찌할 수 없었다. 106)

제2차 『고등국사』에서 태고, 나옹 등은 조계종의 명승들을 부각시켜

---

101) 허흥식, 「고려로 옮긴 인도의 등불-지공선현」, 일조각, 1997 참조.
102) 국사편찬위원회, 『고등국사』 상, 대한교과서, 1991 ; 국사편찬위원회, 『고등국사』 상, 대한교과서, 1996.
103) 국사편찬위원회, 『고등국사』, 두산, 2002.
104) 최병헌, 「태고보우의 불교사적 위치」, 『한국문화』 7, 1986 참조.
105) 국사편찬위원회, 『고등국사』, 두산, 2002.
106) 홍이섭, 「제Ⅴ장 고려의 문화 3. 학술과 문화의 발달」, 『우리나라 문화사(고등국사)』, 정음사, 1957.

긍정적으로 서술107)하였지만 그 다음 과정의 교과서에서 반영치 못한 것은 적절하지 않다.

　　공민왕 때에 태고(太古)·나옹(懶翁)의 두 화상(和尙)이 나타나 더욱 이것을 발전시켜, 마침내 조계종이 우리나라 불교계를 지배하게 되었다.108)

즉, '고려말에 태고·나옹 두 선사가 나와 조계종의 선풍을 널리 퍼뜨렸다.'109) 뿐만 아니라 '태고·나옹과 그 제자 자초(무학)가 나와 이를 조선에 전하여 주었다.'110)고 하여 여말선초 불교계의 사실을 서술한 것111)과 비교가 되며, 퇴행적 서술에 머물고 말았다.

더욱이 해방 이후 거의 모든 국사 교과서가 고려후기 이래의 사원경제를 논하면서 그 폐해만 강조하는 것은 재고할 부분이다. 제3·4차 『고등국사』에서 다음과 같이 서술하였다.

　　그러나, 당시 사원은 많은 토지를 차지하고 고리대업과 상업에까지 손을 대었을 뿐 아니라, 군역의 의무를 피하는 무리들의 소굴로까지 변하는 등 부패가 심하였다.112)

제5·6차와 7차 『고등국사』 서술도 같은 시각이다. 즉, '이후의 불교는 다시 세속화되어 폐단이 많았다. 당시의 불교 사원은 권문세족의 후원을

---

107) 신석호, 『국사(인문계)』, 광명출판사, 1968 ; 이병도, 『국사』, 일조각, 1968 ; 『고등국사』.
108) 신석호, 『국사(인문계)』, 광명출판사, 1968.
109) 김상기, 『국사』, 장왕사, 1968 ; 윤세철, 신형식, 『새로운 국사』, 정음사, 1968.
110) 이병도, 『국사』, 일조각, 1968.
111) 황인규, 『무학대사연구-여말선초 불교계의 혁신과 대응』, 혜안, 1999 참조.
112) 국사편찬위원회, 『고등국사』 상, 대한교과서, 1974 ; 국사편찬위원회, 『고등국사』 상, 대한교과서, 1983.

받으면서 막대한 토지와 노비를 소유하였고, 고리대업과 상업에도 손을 대어 부패가 심하였다.'113)고 하거나 '사원은 막대한 토지를 소유하고 상업에도 관여하여 부패가 심하였다. 이에 교단을 정비하려는 보우 등의 노력이 있었으나, 성과를 거두지 못하였다.'114)는 것이다. 이러한 서술은 제5차 『고등국사』이후 유불 교체로 이어지고 있다.

> 고려말의 불교는 성리학을 수용한 신진 사대부들로부터 비판을 받게 되었다.115)
> 성리학을 사상적 배경으로 대두한 신진 사대부는 이와 같은 불교계의 사회·경제적인 폐단을 크게 비판하였다.116)

하지만 필자가 이미 주장하는 바와 같이 고려말에는 새로운 개혁 세력이 등장하여 새로운 국가의 건설 및 신 사회의 창조를 이룩하였다. 여기에는 신진 성리학자들뿐만 아니라 불교계의 개혁 세력도 참여하여 참신한 선사상을 수용하여 불교계뿐만 아니라 사회의 개혁을 시도하였다고 보아야 할 것이다.117)

4. 나가는 말

1973년 국정화를 단행한 이후 검인정 1종 교과서 체제로 변모하여 검인정

---

113) 국사편찬위원회, 『고등국사』 상, 대한교과서, 1991 ; 국사편찬위원회, 『고등국사』 상, 대한교과서, 1996 ; 국사편찬위원회, 『고등국사』, 두산, 2002.
114) 국사편찬위원회, 『고등국사』, 두산, 2002.
115) 국사편찬위원회, 『고등국사』 상, 대한교과서, 1991 ; 국사편찬위원회, 『고등국사』 상, 대한교과서, 1996.
116) 국사편찬위원회, 『고등국사』, 두산, 2002.
117) 황인규, 앞의 책, 1999, 책머리 참조.

교과서로 발행되었지만 사실상 국정이었다. 사실상 국정화『고등국사』의 불교사 서술은 제3·4차『고등국사』가 내용이 거의 같고 제5·6차『고등국사』도 서술 내용이 거의 같다. 이는『중학 국사』도 마찬가지다. 다만 2002년 『고등국사』는 주제별 서술로 처음으로 편찬되어서인지 그 당시까지의 서술 내용으로 보았을 때 가장 정제 세련되었다고 하겠으나『중학 국사』는 정치사 중심으로 서술되어서인지 본문에 고려 불교사 서술 자체가 없다. 고려전기의 현화사 중심의 법상종, 흥왕사 중심의 화엄종 부분, 무신 집권과 조계종, 양대 결사운동, 향도 등 좀 더 불교사적 흐름이나 내용을 충족시킨 서술은 매우 고무적이다.

하지만 해방이후 교수 요목기부터 제2차 교육과정기의 검인정『고등국사』의 서술 내용보다 우월하다고 할 수 없다. 5교 9산과 선교 양종 등의 학계의 연구 성과를 반영하는 등 개선이 되어 갔지만 고려말 사원경제를 지나치게 강조하면서 유불 교체가 마치 당연한 듯 기술하고 고려말의 중요 고승에 관한 서술을 누락시킨 것은 부적절해 보인다. 본고에서 검토된 사항이 교과서 고려시대 불교사 교육 이해에 도움이 되고 향후 교과서 편찬에 일조가 되었으면 한다.

Ⅳ. 제7차~2009개정 『중학역사』 고려 불교사 서술

1. 들어가는 말

『국사』교과서는 학생들의 기본적인 역사 사실을 배우게 할 뿐만 아니라 모든 국민이 알아야 할 역사 지식의 표준을 제시한다고 할 수 있다. 일제 강점기 총독부의 국정 교과서 제도가 시행된 바 있으며, 광복후 자생적인 교과서 자유 발행제가 시행되었다. 그 후 1950년 4월 29일 '국정 교과용도서 편찬 규정'과 '교과용 도서 검인정 규정'이 공포된 바 있으며, 6.25전쟁 후 제1차 교육 과정이 본격적으로 시행되었다가 국정제와 검·인정제를 병용하는 체제를 유지하였다.[1] 최근에 제7차 교육과정, 2007 개정교육과정, 그리고 현재의 2009 개정교육과정 체제인 개정교육과정에 이르고 있다.[2] 최근의 국사 교육 과정에서 편찬된 교과서는 『중학국사』, 『역사』 상·하, 『역사』 1·2가 있다. 이를 소개하면 다음과 같다.

중학 교과서 『역사』상·하/『역사』1·2 (대표 저자 순)[3]

김덕수 외	천재교과서	무	무	①	②
김형종 외	금성출판사	무	무	①	②
신영범 외	교학사	상	하	①	②
양호환 외	교학사	상	하	①	②
이문기 외	두산동아	상	하	①	②

---

1) 이병희, 「중·고등학교 국사교육 편제와 내용의 계열화」, 『한국사론』 31, 국사편찬위원회, 2001.
2) 즉, 초·중등 교육법 제23조 제2항에 의거하여 초·중등 학교 교육 과정(교육과학기술부 제2009-41호, 2009.12.23) 가운데 별책 7 사회과 교육 과정'을 개정한 바 있다. 「2010년 5월 12일 교육과학 기술부장관, 역사교육 과정 개정(교육과학기술부 고시 제2010-24호, 2010.5.12.)」.

정선영 외	미래앤컬쳐	상	하	①	②
정재정 외	지학사	상	하	①	②
조승래 외	대교	상	하	무	무
조한욱 외	비상교육	상	하	①	②
주진오 외	천재교육	상	하	①	②
한철호 외	신사고	무	무	①	②

『역사』 상·하의 경우 총 8종, 『역사』 1·2가 총 9종에 달하고 있다. 올바른 역사의식을 정립하고 역사적 사고력으로 국가 건설과 사회와 문화의 정체성의 정립을 위하여 이전보다 많은 교과서들이 편찬되었다.

이렇듯 많은 교과서의 존재는 다양한 역사적 관점을 제시할 수 있지만 제대로 검증되지 않은 채 학생들에게 노출될 개연성도 없지 않다. 흔히 제기되는 교과서의 오류나 제대로 서술되지 못할 개연성이 많아지고 있는 것이다.[4]

하지만 『역사』 상·하의 경우 그 사용기간이 3년에 불과하여 '백년지대계(百年之大計)'라는 교육이 제대로 이루어지고 있는지 매우 의구심을 갖게 한다.[5]

주지하다시피 현대 한국에는 불교·기독교·천주교 등 종교가 우리 사회와 문화에 적지 않은 기여를 해오고 있다. 그 가운데 불교는 지금부터 1700여년전 이 땅에 들어온 이래 국가의 정신 이념과 문화 형성에 매우 큰 역할을 해왔으며, 현재도 국가 문화재의 상당수가 불교 관련 문화유산이다. 특히 해인사 장경판전(1995), 직지심체요절(2001), 고려대장판 및 제경판(2007)이 세계유산이나 기록유산으로 지정되어 있다. 우리의 초·중등 교육 과정에

---

3) 본고에서는 교과서를 다음과 같이 약칭한다. 『중학교 국사』(제7차)→『중학 국사』(제7차), 『고등학교 국사』(제7차)→『고등국사』(제7차) ; 양호환 외, 『역사』 상, 교학사→ 영호환 『역사』상 식으로 축약하기로 한다.
4) 본고는 역사 교과서에 나타난 불교사 서술의 전체 모습을 그리면서 대체적인 문제를 짚어보는 정도에서 그치고자 한다. 시대별·주제별 심화 천착은 다음 기회로 미루기로 한다.
5) 이러한 단기간의 국사 교과서의 사용은 학문적인 차원이 아닌, 위정자의 정권을 뒷받침하거나 작위적으로 이루어졌기 때문이라는 오해를 불식시킬 수 없다.

서 불교를 배울 기회는 종립학교 외에는 거의 없으며, 대부분 『국사』(『역사』) 과목에서 배우고 있는 실정이며, 그 배운 지식으로 살아가고 있다. 세계사 및 동아시아사 영역은 선택적 학습 교육으로 세계사를 제대로 알지 못하는 사람들이 늘고 있다. 더욱이 입시 위주의 정책으로 역사적 사고력이나 역사의식을 충실하게 배우지 못하고 암기나 단순한 이해 수준에서 학습이 이루어지기도 한다. 교사조차 불교에 대한 지식의 미흡으로 불교사와 불교문화에 대한 교육이 흡족하게 이루어지지 못하고 있는 현실이다.

본고는 이러한 학교현장 교육이나 교과서 발행체제 등 역사교육적 측면의 천착은 뒤로 미루기로 하고[6] 불교사와 불교 문화에 대한 서술이 적합하게 이루어졌는지 살펴보고자 한다. 구체적으로 앞서 제시한 제7차 교육과정의 『국사』(1종 1책) 그리고 2007 개정 교육과정의 『역사』 상·하(8종 16책), 2009 개정 교육과정의 『역사』 1·2(9종 18책)의 가운데 한국사에 나타난 불교에 대한 서술 체재와 내용[7]을 전체적으로 조망하고자 한다.[8]

---

[6] 본고에서는 역사가 무엇인가에 초점을 맞추기보다 어떻게 가르칠 것인가 더 중요하다는 역사교육보다 전자에 대한 학습이 중요하게 간주되어야 한다는 입장에 있다.

[7] 본고에서는 역사 교과서의 한국사 서술 부분을 대상으로 하였으며, 그 서술 내용 가운데 불교문화 부분은 제외하였다. 불교문화도 포함시키고자 하였으나 분량이 방대할 뿐만 아니라 미술 분야에서 별도로 천착이 이루어지기 때문이다. 아울러 교과서 탐구 자료를 제외한 본문 서술을 그 주 대상으로 하였다.

[8] 교과서에 나타난 불교사 연구는 다음 논고가 전부이다. 황인규, 「중등 국사교과서에 나타난 고려후기 불교사의 서술과 문제점」, 『역사와 교육』 9, 2000 ; 황인규, 『고려후기·조선초 불교사연구』, 혜안, 2003 ; 고진호, 「7차 교육과정과 종교교육 : 제7차 교육과정과 중등 불교교육의 방향」, 『종교교육학연구』 13, 종교교육학회, 2001 ; 안지원, 「한국 불교사 교육의 문제점과 그 개선 방안 -중·고교<국사>교과서의 불교관계 서술을 중심으로」, 『역사교육』 83, 역사교육연구회, 2002 ; 김복순, 「제7차 교육과정 중고등학교 국사교과서의 고대문화 관련 서술 검토」, 『한국고대사연구』 29, 한국고대사학회, 2003 ; 박미선, 「고등학교 『한국사』 교과서의 고대 '불교사' 서술 검토」, 『한국사상과 문화』 5, 한국사상문화학회, 2011 ; 한상길, 「한국 근대불교 연구와 국사교과서의 근대불교 서술」, 『선문화연구』 10, 한국불교선리연구원, 2011 ; 김형중, 「초중등학교 도덕 윤리 국사 철학 교과서에 나타난 불교 관련 내용의 오류」, 『교육연구』 42, 교육문제연구소, 2007 ; 황인규, 「한국 근현대 한국불교사의 서술과 고승」, 『한국불교사연구』 1, 2012. 중학 『역사』 교과서에

2. 서술 체재와 고려 불교

1) 『국사』의 서술 체재와 내용

제7차 교육과정의 중학교 2·3학년(8·9학년) 『국사』는 사건 또는 주제에 따른 구체적인 활동상을 주체적으로 이해하고, 우리 민족이 가꾸어온 삶의 모습을 보다 발전적으로 파악하고자 하였다.

『중학국사』의 주요 목차

Ⅰ. 우리나라 역사의 시작	Ⅶ. 개화와 자주운동
1. 선사 시대의 생활	1. 흥선 대원군의 정치
2. 국가의 성립	2. 개항과 개화 운동
Ⅱ. 삼국의 성립과 발전	3. 동학 농민 운동과 갑오개혁
1. 삼국의 형성	Ⅷ. 주권 수호 운동의 전개
2. 삼국의 발전	1. 독립 협회와 대한 제국
3. 신라의 삼국 통일	2. 일제의 침략과 의병 전쟁
Ⅲ 통일 신라와 발해	3. 애국 계몽 운동
1. 통일 신라와 발해의 발전	Ⅸ. 민족의 독립 운동
2. 신라의 동요와 후삼국의 형성	1. 민족의 수난
Ⅳ. 고려의 성립과 발전	2. 3.1운동
1. 고려의 발전	3. 독립 전쟁의 전개
2. 무신 정권의 성립	4. 국내의 민족 운동
3. 몽골과의 전쟁과 자주성의 회복	Ⅹ. 대한 민국의 발전
Ⅴ. 조선의 성립과 발전	1. 대한 민국 정부의 수립
1. 조선의 성립	2. 민주주의의 시련과 경제 개발

나타난 불교사에 대한 본격 검토는 금번이 처음이 아닌가 한다.
그리고 사상사 입장에 부분적으로 언급한 논고들이 다음과 같이 있을 뿐이다. 이병희, 「조선전기 유교사상. 불교사상의 연구동향과 '국사'교과서의 기술」, 『역사교육』 42, 역사교육연구회, 1987 ; 이범직, 「조선전기 유교사상, 불교사상의 연구동향과 「국사」 교과서의 서술」, 『역사교육』 42, 역사교육연구회, 1987 ; 김용곤, 「고려시기 사상사 연구동향과 국사교과서의 서술」, 『역사교육』 44, 역사교육연구회, 1988 ; 김용곤, 「고려시기 사상사 연구동향과 「국사」 교과서의 서술」, 『역사교육』 44, 역사교육학회, 1988 ; 채상식, 「고대·중세초 사상연구의 동향과 「국사」교과서의 서술」, 『역사교육』 45, 역사교육연구회, 1989 ; 서인원, 「『한국문화사』 수업 전개에 대한 고찰 : 유교와 불교를 중심으로」, 『역사와실학』 39, 2009.

2. 사림 세력의 성장 3. 왜란과 호란의 극복 Ⅵ. 조선 사회의 변동 1. 붕당 정치와 탕평책 2. 세도정치와 농민의 저항	3. 민주화 운동과 통일을 위한 노력 부록 1. 역대 왕조 계보 2. 국사 연표 3. 찾아보기 4. 사진 재료 및 인용문헌

위의 주요 목차에서 보듯이 『중학 국사』는 정치사 중심으로 서술되었으므로 문화 정신 영역 가운데 중요한 불교 서술이 적을 수밖에 없다. 그 이후 교육과정도 주제 중심으로 서술되었으므로 양자의 체제를 비교한다는 자체가 의미가 거의 없다고 할 정도이다. 그 서술 내용은 정치와 관련되어 왕권을 강화한다든지 중앙 집권화의 시책으로 불교가 그 역할을 하였다는 식의 서술 내용이 주를 이루고 있다.

고려 태조는 불교·유교·도교·풍수지리설 등 다른 사상이 공존하게 하는 정책을 펼쳤다고 전제[9]하면서 태조의 훈요10조[10]와 최승로의 시무상서[11]에 대한 사료를 소개하고 있다. 태조의 훈요10조는 태조뿐만 아니라 고려 정치의 기본 방향을 이루고 있으므로, 이에 대한 설명이 필요하다. 성종대 최승로의 상서문은 정치는 유교로, 정신 생활은 불교로 하라는 것과, 지방 통치책의 강화에 있다는 사실도 강조되어야 할 것이다.

승과도 과거제의 도표로 제시하고 '그 밖에 기술관을 뽑는 잡과와 승직자를 뽑기 위한 승과도 있었다.'[12]라고 간략한 서술만 이루어지고 있는데, 그 의미를 알기 쉽게 설명이 되어야 할 것이다.

---

9) 『중학 국사』(제7차) Ⅳ. 고려의 성립과 발전 1. 고려의 발전 「1. 고려의 건국과 후삼국 통일의 역사적 의의는?」
10) *「훈요10조」 불교의 힘으로 나라를 세웠으므로, 사찰을 세우고 주지를 파견하여 불도를 닦도록 할 것.·도선의 풍수 사상에 따라 사찰을 세우고, 함부로 짓지 말 것.… 연등회와 팔관회를 성실하게 열 것 ; 『고려사』 권2, 태조세가 26년 4월.
11) 정치 제도의 정비 * 읽기자료 「최승로의 개혁안」(시무 28조의 일부 요약) (13조)(20조) ; 『고려사』 권93, 최승로 열전.
12) 『중학 국사』(제7차), 교육과 과거제도.

그리고 윤관의 건의에 의해 설치된 별무반에 편성된 항마군[13]도 당시 국가불교적 요소로 중요함에도 아무런 설명이 없다. 묘청에 대한 서술도 승려로서의 모습이 아닌 술승[14]으로서 서술되어 있을 뿐이다. 몽고 침입시 승려 김윤후의 항전사실을 서술하였지만 그가 승려인지 알 수 없다.[15] 그리고 초조 대장경판에 대해서는 몽골 침입시 소실된 사실만 간략히 서술되어 있으며, 재조 대장경판에만 초점이 맞추어져 상술되었다.[16]

고려는 대구 부인사에 보관하고 있던 대장경의 판목과 경주의 황룡사 9층탑 등이 몽골군에 의해 불타는 피해를 입었다. 이에 최씨정권은 민심을 모으고 부처의 힘으로 몽골군을 물리치기 위해 강화도에서 팔만대장경 조성 사업을 시작하였다. 이 사업은 16년간의 대역사 끝에 완성되었다. 팔만대장경판은 대몽 항쟁의 산물이며, 우리가 자랑하는 문화 유산의 하나이다.

「팔만대장경의 조판」 고종 23년(1236)에 대장도감을 설치하고 제작하기 시작하여 고종 38년(1251)에 완성하였다. 부처의 가르침을 8만여 장의

---

13) 『중학 국사』(제7차), (3. 고려의 북진 정책이 거둔 성과는?) 「별무반」 여진족과의 충돌에서 보병 부대 중심의 고려군은 기병인 여진군에게 번번이 패하였다. 이에 윤관의 건의에 따라 기병부대인 신기군 보병 부대인 신보군, 승병 부대인 항마군으로 구성된 별무반을 편성하였다 ; 『고려사』 권81, 병지 병제.
14) *묘청 : 묘청은 서경 길지설을 내세우며 서경에 대화궁을 짓고 수도를 서경으로 옮길 것을 주장했으나, 뜻대로 되지 않자 난을 일으켰다 ; 『고려사』 권127, 묘청 열전.
15) 다음의 교과서의 서술내용에서 보는 바와 같이 김윤후가 승려인지 알 수 없다. 「3. 몽골과의 전쟁과 자주성의 회복」 같은 해에 몽골군이 다시 침입했으나, 광주 주민들은 이에 맞서 몽골군을 격퇴했으며, 특히 처인성전투에서는 김윤후와 처인 부곡민이 몽골군 사령관 살리타를 사살하였다 ; 『고려사』 권103, 김윤후 열전. 승려 김윤후가 적장 살례탑을 사살하였다고 잘못 알려진 경우가 적지 않다. 황인규, 「고려시대 국가불교와 대외항쟁」, 『한국의 호국불교』, 조계종출판사, 2012.
16) 황인규, 「중등 국사교과서에 나타난 고려후기 불교사의 서술과 문제점」, 『역사와 교육』 9, 2000.

나무판에 새겨 넣어서 팔만대장경판이라 한다. 팔만대장경판이 보존되어 있는 해인사 장경판전은 1995년에 석굴암과 불국사, 종묘와 함께 세계 문화유산으로 지정되었다.[17]

8만대장경 조판이 대몽 항쟁이라는 호국 불교 시각에서 세계 문화유산이라는 측면만 부각시키고 있다.[18] 하지만 대장경이 갖는 불교사적 의미와, 나아가 동아시아 문화사의 위상 및 그 의의에 대해서도 부기해야 할 것이다.
그리고 고려후기 공민왕의 개혁 정치의 주역이기도 하였던 신돈에 대해서 서술하면서[19] 앞서 언급한 도선이나 김윤후 등과 마찬가지로 승려로서의 모습은 전혀 알 수 없다.[20]
이상에서 살펴본 바와 같이 『중학 국사』(제7차)는 정치사 시각에서 서술되었기 때문에 불교사의 서술 내용이 적을 수밖에 없지만 내용적으로 매우 불충분하다. 이는 후술하는 바와 같이 『역사』상이나 『역사』1에서도 별로 달라진 바 없는 듯하다.

2) 『역사』(한국사) 상·하의 체재

중학 『역사』 상·하는 우리나라와 세계의 역사를 종합적이고 체계적으로 이해하기 위해 과거 사실에 대한 폭넓은 지식을 바탕으로 비판적 사고력과

---

17) 『중학 국사』(제7차) 3. 몽골과의 전쟁과 자주성의 회복
18) 『중학 국사』(제7차) 탐구자료에서 이규보, 「大藏刻板君臣祈告文」,(『東國李相國全集』 卷25, 雜著)의 일부를 다음과 같이 소개하고 있다. 즉, * 읽기자료 「대장경의 판각」.
19) 황인규, 「편조 신돈의 불교계 행적과 활동」, 『만해학보』 6, 2003 ; 황인규, 『고려말·조선전기 불교계와 고승연구』, 혜안, 2005.
20) 궁예, 도선, 묘청, 신돈 등은 한국 불교사에 있어서 가장 왜곡이 심한 인물이다. 이는 『고려사』 등의 정사류에서 유교 사관에 의하여 서술되었기 때문이다. 이에 대해서는 다음의 논저를 참조하기 바란다. 황인규, 『다시보는 한국의 고승』, 민창, 2005.

합리적 판단력을 향상시키도록 하고 있다. 학생 스스로 다양한 역사적 자료를 활용하여 학습할 수 있도록 함으로써 과거에 대한 서로 다른 해석과 시각이 존재할 수 있음을 인식하고, 이를 통해 역사에 대한 통찰력을 기르도록 한다는 취지에서 서술되었다.[21] '역사'라는 명칭에서 알 수 있듯이 한국사와 세계사를 통합한 것만이 아니라 내용적으로도 한국사와 세계사를 유기적으로 연계하도록 하고 있다. 『역사』 과목을 우리나라와 세계를 서로 고립된 별개의 주체로 파악하는 시각을 지양하고 서로 연관시켜 체계적이고 입체적으로 이해할 수 있도록 구성하였다. 하지만 3년 동안만 학습현장에서 교육된 단명의 교과서가 되고 말았다. 곧바로 거의 유사한 서술내용의 『역사』 1·2가 편찬되어 각 학급별로 단계적으로 역사교육이 되고 있기 때문이다.

중학 『역사』 상·하의 주요 영역

『역사』 상	『역사』 하
Ⅰ. 문명의 형성과 고조선의 성립 Ⅱ. 삼국의 성립과 발전 Ⅲ. 통일 신라와 발해 Ⅳ. 고려의 성립과 발전 Ⅴ. 고려 사회의 변천 Ⅵ. 조선의 성립과 발전 Ⅶ. 통일 제국의 형성과 세계 종교의 등장 Ⅷ. 다양한 문화권의 형성 Ⅸ. 교류의 확대와 전통사회의 발전	Ⅰ. 근대 국가 수립 운동과 국권 수호 운동 Ⅱ. 민족 운동의 전개 Ⅲ. 대한민국의 발전 Ⅳ. 산업화와 국민 국가의 형성 Ⅴ. 아시아·아프리카 민족 운동과 근대 국가 수립 운동 Ⅵ. 현대 세계의 전개 부록

『역사』 상·하는 한국사와 세계사에 대한 통사 학습이 한 번 이루어질 수 있도록 구성되어 있으면서 한국사와 세계사를 연계시켜 이해할 수 있도록 배려하고 있다. 한국사 영역은 중학교 과정을 전근대 중심으로, 고등학교 과정을 근현대사 중심으로 구성하여 중복 학습이 되지 않도록

---

21) 『초·중등학교 교육 과정』(교육과학기술부 제2009-41호, 2007.2.28) 별책 7 『사회과 교육과정』.

계열성을 확보하였다고 한다.22)

우리나라 선사시대는 세계사와 연대 교육을 중요하게 간주하여 세계사와 연관해서 『역사』상에서는 문명의 형성이라는 내용으로 포함되어 다루므로, 우리 역사의 서장은 선사시대가 감추어졌다는 느낌이 짙다. 대단원 목차로 보았을 경우, 그 다음 삼국시대부터 우리의 역사가 시작되어 조선의 성립과 발전이라는 제목으로 조선전기까지다. 『역사』하에서 조선후기 이후 개항기, 일제 강점기, 광복 이후 현대까지 다루고 있다. 즉, 『역사』상은 조선중기 임란까지를, 『역사』하는 그 이후까지 다루고 있다. 그리고 세계사의 영역은 '껴묻기'를 한 듯 편입하였다. '아시아'와 '아프리카' 외에는 동양사, 서양사 어느 지역이 서술되었는가는 잘 알 수 없다. 더욱이 동아시아 교과서가 편찬되어 그와 계열성 확보가 이루어졌는지 자못 의구심이 들기도 한다.

이전의 『국사』교과서처럼 숭유억불의 산중불교 시대라고 하는 조선이후에 불교에 대한 서술은 거의 없는 실정이다. 따라서 『역사』상에서 대부분 불교 수용후 고려말까지 불교사 서술이 이루어지고 있다. 『중학 국사』(제7차)에 비하면 후술하는 바와 같이 불교 관련 항목이 설정되어 서술된 것이 특징적이다. 교과서 『역사』는 『고등국사』(제7차)의 민족문화 부분에서 불교 항목이 들어간 이후 처음이 아닌가 한다. 그 가운데 불교나 불교관련 제목하에 서술된 사례 가운데 매우 불교적인 표제나 구체적인 항목을 열거하면 다음과 같다.

   불교 서술의 극미(極美) (『역사』상)
   불교로 꽃 피운 문화, 불교를 향한 믿음이 담긴 건축과 그림23)
   불교 미술을 꽃 피우다. 불교가 국교로 자리잡다24)

---

22) 고등학교 과정은 근 현대사를 중심으로 세계사의 흐름 위에서 한국사를 주체적으로 파악할 수 있도록 구성하였다.
23) 교학사, 『역사』상.

부처님의 나라를 만들다[25]
불교로 수행하다, 깨달았으면 수행하라[26]
백성들도 부처를 알게 되다, 불교의 나라 고려, 화려한 불교미술[27]

불교의 구체적인 표현
지눌, 선종중심의 불교개혁운동을 일으키다[28]
천태종의 성립[29]
결사운동의 전개[30]

 대체적으로 『역사』 상·하에서 매우 불교적인 표현을 사용하였는데, 이는 기존의 불교사 관련 개설서에서 찾아보기가 힘들 정도다. 예컨대 '불교로 꽃 피운 문화, 불교를 향한 믿음이 담긴 건축과 그림, 부처님의 나라를 만들다, 불교로 수행하다, 깨달았으면 수행하라, 백성들도 부처를 알게 되다, 불교의 나라 고려' 등이다. 불교의 구체적인 표현도 『역사』 상에서 '지눌, 선종중심의 불교 개혁 운동을 일으키다, 천태종의 성립, 결사운동의 전개' 등이 사용되어 주목된다.

 본고의 서술 체재에서는 『역사』 상·하와 후술하는 『역사』 1·2를 내고 있는 6종을 대상으로 집중적으로 분석하고자 한다. 불교라는 제목이 들어가거나 그 내용을 담은 것을 선정하였다. 고대 불교의 초전과 마찬가지로 선종의 초전 및 수용 부분은 한국 불교에서 매우 중요함에도 별도의 항목을 설정하지 않고 소단원에서 다룬 것은 이해가 선뜻 가지 않는다. 아마도

---

24) 두산, 『역사』 상.
25) 미래, 『역사』 상.
26) 지학사, 『역사』 상.
27) 천재교육, 『역사』 상.
28) 교학사, 『역사』 상.
29) 미래, 『역사』 상.
30) 지학사, 『역사』상.

『중학 국사』(제7차)를 무비판적으로 수용하여 무비판적으로 서술했기 때문이라고 생각된다. 대부분 신라 하대 '새로운 사상'이라고 하는 풍수지리설과 함께 다루고 있다. 하지만 본고에서는 신라 하대 선종의 경우는 중요도에 비추어 항목을 설정하였다.

3) 『역사』 1·2의 체재

중학 『역사』 1·2는 2007 개정 교육과정에 의해 개발된 역사과 교육과정의 근간은 유지하되, 중학교의 한국사 영역의 근현대사 내용을 보완하고자 다시 서술되었다.31) 세계사 영역의 전근대와 근현대사는 균형을 이루고 있었으나 한국사 영역의 근현대사 내용이 소략하기 때문이다. 즉, 2009 교육 과정 중학교 『역사』는 초등학교에서 학습한 한국사에 대한 기초적 이해를 바탕으로 과거와 현재, 우리나라와 세계를 연관시켜 체계적으로 이해하는데 주안점을 두었다. 특히, 정치사와 문화사를 중심으로 내용을 구성하여 역사 학습에 대한 흥미를 유발하고 문화적 창조 능력을 키울 수 있도록 하였다. 나아가 학생 스스로 다양한 역사적 자료를 활용하여 능동적으로 학습하게 함으로써 과거에 대한 다양한 해석과 시각이 존재할 수 있음을 인식하게 하며, 역사에 대한 통찰력을 바탕으로 국가와 세계의 구성원으로서 민주적이고 평화적인 가치를 존중하는 자세를 기른다는 것이다.32) 이러한 취지하에 서술된 『역사』 1·2의 주요 영역을 소개하면 다음과 같다.

『역사』 1·2는 『역사』 상·하와 그 목차는 같지만 『역사』 상·하와 다르게

---

31) 고등학교의 경우 근현대사 내용을 축소하며, 전근대사의 내용을 보완하는 것을 주요 골자로 하고 있다. 즉, 고등한국사의 경우 근현대사 중심으로 내용적으로 세계사와 연계시켰던 것을 전근대와 근현대까지 한국사 전체를 균형 있게 재구조화 한다는 것이다.
32) 『2009 개정 교육 과정』(교육과학기술부 고시 제 2012-14호, 2009. 12.23) 별책 7 『사회과 교육 과정』.

『역사』 1·2의 주요 영역

『역사』 1	『역사』 2
Ⅰ. 문명의 형성과 고조선의 성립	Ⅰ. 근대 국가 수립 운동과 국권 수호 운동
Ⅱ. 삼국의 성립과 발전	Ⅱ. 대한민국의 발전
Ⅲ. 통일 신라와 발해의 발전	Ⅲ. 산업 사회와 국민 국가의 형성
Ⅳ. 고려의 성립과 발전	Ⅳ. 아시아 아프리카 세계의 변화와 민족운동
Ⅴ. 조선의 성립과 발전	Ⅴ. 현대 세계의 전개
Ⅵ. 조선 사회의 변동	부록
Ⅶ. 통일 제국의 등장	

1은 조선후기까지,『역사』 2는 개항이후를 다루고 있으며, 집중 이수제 방식으로 전반적으로 단원이 통합 축소되어 서술되었다. 본고에서는 앞서 언급한바『역사』 상·하에 이어『역사』 1·2를 펴낸 6종을 그 대상으로 하였다. 이전의 서술 체재를 비교하면서 그 특징을 살펴보기로 한다. 『역사』 상과 마찬가지로 선종 부분이 독립 서술되어야 한다는 전제하에 포함하였다. 문화가 아닌 정치사 범주에서 새로운 사상이라는 제목하에 간략히 서술되고 있기 때문이다.『역사』 1에서 불교 서술의 극미(極美)는 다음과 같다.

    불교 서술의 극미 (『역사』 1)
    백성들 사이에 불교가 널리 퍼지다, 불교가 국교로 자리잡다[33]
    불교예술의 꽃을 피우다, 불교의 이상세계를 꿈꾸어 예술의 꽃을 피우다[34]

이렇듯『역사』 1에서는 '백성들 사이에 불교가 널리 퍼지다, 불교가 국교로 자리잡다, 불교예술의 꽃을 피우다, 불교의 이상세계를 꿈꾸어 예술의 꽃을 피우다' 정도만 남고 대부분 일반적인 제목으로 바뀌었다.

---

33) 교학사,『역사』 1.
34) 지학사,『역사』 1.

3. 서술 내용과 한국 불교사

1) 고려 불교의 전개와 흥성

(1) 고려전기 국가 불교와 불교 사상 문화

『중학 국사』(제7차)에서는 '태조는 불교, 유교 도교 풍수지리설 등 다양한 사상이 공존하게 하는 정책을 펼치고자 하였다.'라고 하여 고려시대의 기본 사상 시책에 대하여 잘 정리하였다. 하지만 정치사 중심의 서술에서 문화 편에 주제별 서술은 『역사』상과 『역사』1에서 이루어지고 있다.

예컨대 『역사』상에서는 고려시대를 전기와 후기로 나뉘어 서술하였으며, 집중 이수제를 택한 『역사』1에서는 『역사』상의 내용을 대체로 요약 서술한 교과서가 대부분이다.

고려시대 불교에 대하여 『역사』에서 모범적 서술 내용을 예시하면 다음과 같다.

> 「불교의 나라, 고려」 고려 시대에는 왕실로부터 일반 백성에 이르기까지 널리 불교를 믿었다. 그리하여 각종 행사가 국가적인 규모로 이루어졌다. 승과를 설치하여 학식과 수양이 뛰어난 승려를 선발하였고 국사와 왕사제도를 두어 승려를 나라와 임금의 스승으로 삼았다.[35] 연등회 등의 불교행사를 매년 성대하게 열었으며, 거란이 침입하였을 때에는 부처의 힘을 빌려 극복하고자 대장경을 간행하였다.
>
> 왕자나 귀족 가문의 자제가 승려가 되는 일이 일반적이었으며 국왕이나 귀족들은 자신의 소원이나 조상의 명복을 빌기 위해 큰 사찰을 세웠다. 이들의 지원 아래 화엄종이나 법상종과 같은 불교가 발전하였다.

---

35) 황인규, 「한국의 마지막 왕사·국사 책봉과 의의」, 상월조사 탄신 100주년 기념논총, 2011.

고려 중기에는 불교 종파 간에 대립이 심화되었다. 이에 의천은 교단 통합 운동을 벌여 화엄종을 중심으로 교종을 통합하였다. 이어서 선종을 통합하기 위해 천태종을 창시하였다. 천태종의 사상적 바탕은 이론 연구와 실천을 아울러 강조하는 교관겸수였다. 의천의 노력으로 많은 제자가 모여들어 천태종이 크게 발달하였다. 그러나 의천이 죽은 뒤 교단은 다시 분열되었다. 이후 귀족 중심의 불교가 계속되었다.[36]

「결사운동의 전개」 무신정권기 사회가 혼란을 겪으면서 지방의 사원에서는 불교를 정화하려는 결사운동이 활발하게 전개되었다. 선종 승려인 지눌은 불교의 세속화를 비판하며 수선사를 조직하였다. 그는 승려 본연의 자세로 돌아가 독경과 선 수행, 노동에 고루 힘쓰자는 개혁운동을 펼쳤다. 그의 사상은 정혜쌍수와 돈오점수로 정리되는데 이는 선종을 중심으로 교종을 포용한 것으로 당시 불교계가 지향한 선교 일치를 완성한 것이었다. 지눌 이후에는 수선사 결사운동은 계속되어 조계종이 융성하였다.

비슷한 시기에 천태종의 요세는 자신의 행동을 진정으로 뉘우치고 불경을 외우면 극락왕생을 할 수 있다고 주장하며 백련사를 결성하였다. 이러한 결사운동은 많은 지방민들의 적극적인 호응을 받았다.

그러나 원간섭기에는 불교계의 개혁적인 성향이 크게 약화되었다. 사원들은 국왕, 귀족세력과 연결되어 토지와 노비를 확대해 나갔으며, 승려들은 수행을 게을리 하고 후원자의 장수와 명복을 비는 데 열중하였다. 한편, 이 시기에 보우와 혜근 등의 승려는 원에 유학하여 새로운 불교를 수용하였다. 이들은 세속화된 불교를 바로잡기 위해 노력하였으나 성과를 거두지는 못하였다.[37]

「불교의 발달」 고려시대에는 왕실로부터 일반 백성에 이르기까지 널리 불교를 믿었다. 고려는 국사와 왕사 제도를 두었으며, 연등회 등의 불교

---

36) 비상교육, 『역사』 상, 1.종교와 학문의 발달.
37) 비상교육, 『역사』 상, 1.불교계의 변화와 성리학의 전래.

행사를 매년 성대하게 열었다. 또한 부처의 힘으로 외적을 물리치고자 대장경을 간행하였다. 고려 중기에는 불교의 여러 종파간 대립이 심화되었다. 이에 의천은 화엄종을 중심으로 교종을 통합하고자 하였고, 이어 선종을 통합하기 위해 해동 천태종을 창시하였다. 그러나 그가 죽은 뒤 교단은 다시 분열하였다. 무신 집권기에 지눌은 불교의 세속화를 비판하고, 승려가 본연의 자세로 돌아갈 것을 주장하며 개혁운동을 펼쳤다. 또한 선종을 중심으로 교종을 포용하여 선교 일치를 이루고자 하였다. 그러나 원 간섭기에 이르러 불교계의 개혁 의지는 점차 사라졌고, 불교는 권문세족과 연결되어 여러 폐단을 드러냈다.[38]

위의 인용한 글에서 보듯이 『역사』상에서 「불교의 나라, 고려」와 「결사운동의 전개」라는 두 주제로 고려 전기와 후기의 불교의 주요 사실을 대체로 잘 설명하고 있다. 하지만 『역사』1에서는 「불교의 발달」이라는 단일 주제로 통합하여 그 내용을 대폭 축소 서술되었다.

『역사』상의 고려시대 불교의 주요 서술 내용을 살펴보면 다음과 같다. 즉, 통일신라 불교의 대중화에 이어 고려시대에 이르러 왕실에서 백성에 이르기까지 불교 신행을 하였으며, 국가적인 규모로 불교적인 조직이나 행사가 시행되었다는 것이다. 그 구체적인 사실로 승과의 실시와 국사 왕사제도의 실시와,[39] 국가적인 행사로 연등회를 들고 있다. 그리고 거란의 침입시 불력으로 침입을 막아내기 위해 대장경을 간행하였다는 등등 국가 불교적인 사실을 서술하였다. 또한 왕실과 귀족의 불교신행으로 왕실 귀족의 출가 사실과 왕실과 귀족의 사원 원당화, 이들의 후원아래 불교 종파로 화엄종과 법상종이 발전하였다고 서술하고 있다. 이러한 사실을 『역사』1에서는 앞서 언급한 바와 같이 다음과 같이 간략 서술하고 있다.

---

38) 비상교육, 『역사』1.
39) 황인규, 「고려 비보사사의 설정과 사장 운영」, 『역사와 교육』6, 1998 ; 황인규, 『고려후기·조선초 불교사연구』, 혜안, 2003.

고려시대에는 왕실로부터 일반 백성에 이르기 까지 널리 불교를 믿었다. 고려는 국사와 왕사 제도를 두었으며, 연등회 등의 불교 행사를 매년 성대하게 열었다. 또한 부처의 힘으로 외적을 물리치고자 대장경을 간행하였다.

『역사』 1에서는 왕실과 귀족의 불교 신행으로 왕실 귀족의 출가 사실과 왕실과 귀족의 사원 원당화, 이들의 후원한 불교 종파인 화엄종과 법상종40)에 대한 사실은 누락시키고 있다. 대체로 고려시대의 불교가 국가비호와 국민들의 불교 신행에 대한 내용이 서술되었다.41)

고려시대에 불교는 국가의 보호를 받아 크게 발전하였다.42)
고려의 불교는 왕실의 보호를 받으며 융성하였다.43)
고려시대에는 불교는 국가와 왕실을 지켜주고, 복을 가져다주는 종교로 인식되어 국가의 지원을 받았다.44)

그런데 전근대 역사를 기술할 때 국가와 왕실이 미분화 상태로 국가와 왕실이 같은 개념으로 사용되는 경우가 적지 않다. '국사와 왕사'가 있듯이 국가와 왕실을 구분하여 서술될 필요가 있을 듯하다.

---

40) 일부 학자들이 법상종이라는 용어를 사용하고 있으나 한국 불교에서 법상종을 사용한 사례가 없다. 유가종이라는 종파명을 사용하여야 할 것이다.
41) 이러한 내용은 『고등국사』(제7차)에서 서술된 내용이다. 즉, '<u>고려초기부터 불교는 국가의 지원을 받으며 발전하였다.</u> … 귀족도 불교에 큰 관심을 보였는데, 이들은 정치 이념으로 삼았던 유교와 신앙인 불교를 서로 배치되는 것으로 생각하지 않았다. <u>일반인도 현세적인 기복 신앙으로서 불교를 널리 신봉하였다.</u>'
42) 미래, 『역사』 1 ; 교학사 상&1 ; 양호환, 천재교육, 『역사』 상 ; 지학사, 『역사』 상 ; 교학사, 『역사』 상 ; 대교, 『역사』 상 ; 신사고, 『역사』 1.
43) 두산, 『역사』 상.
44) 두산, 『역사』 1.

왕실은 물론 귀족과 백성도 널리 믿었다.[45)]
고려시대에는 귀족에서 천민에 이르기까지 일상생활에 불교가 깊이 뿌리
내려 있었다. 이에 따라 불교문화가 크게 발달하여 불교예술이 꽃을 피웠
고, 새로운 종파가 나타나 사상의 깊이를 더하였다.[46)]

　대체로 불교 신행 계층을 왕실, 귀족, 백성으로 서술하였는데 천민까지
명시한 내용이 특이하다. 고려왕조의 성조인 태조 왕건의 시책은 매우
중요하다.

태조는 훈요10조에서 불교를 숭상하고 연등회와 팔관회 등 불교행사를
성대하게 열 것을 당부하였다.[47)]

　태조가 유훈으로 남긴 훈요10조[48)] 가운데 불교를 숭상하고 연등회와
팔관회가 성대하게 열 것을 당부한 것이다.[49)] 연등회와 팔관회는 대부분
탐구 자료실에서도 비교적 잘 설명하고 있지만[50)] 고려시대 9속절 가운데
가장 큰 국가 민중 행사였으며,[51)] 서양의 부활절과 추수감사절에 비유될

---

45) 미래,『역사』1 ; 천재교육,『역사』상 ; 대교,『역사』상.
46) 신사고,『역사』1.
47) 교학사(양),『역사』상 ; 두산,『역사』상 &1 ; 천재교육, 상 ; 지학사,『역사』상 ; 교학
사(신),『역사』상 ; 신사고,『역사』1.
48)『고려사』권2, 태조세가 26 4월 ;『고려사절요』권1, 태조 26년 4월.
49) 이러한 내용도『고등국사』(제7차), '불교 정책.'에서 이미 서술된 내용이다. 즉,
고려초기부터 불교는 국가의 지원을 받으며 발전하였다. 태조는 불교를 적극
지원하는 한편, 유교 이념과 전통 문화도 함께 존중하였다. 그는 개경에 여러
사원을 세웠고, 훈요 10 조에서 불교를 숭상하고 연등회와 팔관회 등 불교 행사를
성대하게 개최할 것을 당부하여 불교에 대한 국가의 지침을 제시하였다.
50) 두산,『역사』상, 역사자료실.
51) 황인규,「고려시대 사찰과 불교문화-비보사찰과 그 문화를 중심으로」,『역사와
교육』12, 역사와 교육학회, 2011 ; 황인규,『고려시대 불교계와 불교문화』, 국학자
료원, 2011.

정도이기 때문이다.52) 교과서 본문에서 다음과 같이 상술되어야 할 것이다.

> 연등회는 부처님을 위해 등을 달아 불을 밝히는 불교 행사이며, 팔관회는 불교에 토속신앙이 결합된 종합적인 문화 행사였다. 특히 팔관회 때는 송과 여진의 상인이 와서 선물을 바치고 무역을 하기도 하였다. 이처럼 연등회와 팔관회는 모든 계층이 참여하는 축제와 같은 행사로 태조는 이를 통해서 사회통합을 꾀하고 민심을 수습하고자 하였다.53)

특히 『고등국사』(제7차)에서 서술된 바와 같이 '국가적으로 이름난 명산대천에 제사 지내는 팔관회는 도교와 민간신앙 및 불교가 어우러진 행사였다.'54)

그리고 태조가 개경에 국도를 삼고 개경에 여러 사원을 세웠다는 사실은 개경 10사를 의미하지만 몇 종의 교과서에서만 서술되었다.55) 기왕에 사원의 창건 사실을 언급한다면 태조의 훈요10조에도 나오는 바, 전국의 사원의 창건과 운용에 대해서도 서술되어야 할 것이다. 이것이 바로 필자가 강조하는 국가비보사찰의 운용이기 때문이다.56)

국가비보사찰과 더불어 국사와 왕사제의 실시가 바로 고려 국가 불교의 단적인 표징이다.57) 앞서 인용한 바와 같이 '국사와 왕사 제도를 두어

---

52) 허흥식, 「불교 사회사에서 본 중세의 범위」, 『고려 사회사 연구』, 아세아문화사, 1981 ; 『동양문화연구』 10, 1983 ; 『고려 불교사 연구』, 일조각, 1986 ; 『한국 중세 불교사 연구』, 일조각, 1994.
53) 교학사(신), 『역사』 상.
54) 『고등국사』(제7차).
55) 교학사(양), 『역사』 상 ; 신사고, 『역사』 1.
56) 이에 대해서는 황인규, 위의 논저를 참조바람. 『고등국사』(제7차), 「승려의 상공업 활동」에서도 이러한 사실을 다음과 같이 사료로서만 예시하고 있다. 즉, '① 고려는 도선비기에 의거하여 국가의 비보사찰을 정하여 국가와 왕실의 안녕을 기원하도록 하고, 그 절에는 사원전과 노비를 지급하였다. 그리고 귀족도 자기 가문의 절을 짓고 토지와 노비를 기증하는 것이 일반화되었다. 국가적으로 연등회와 팔관회를 개최하고, 국립 여관의 구실을 하던 원을 절에서 관리하게 하였다.'

승려를 나라와 임금의 스승으로 삼았다.'58)는 단순한 서술보다도 '(유명한 명망이 높은 승려에게는) 국사와 왕사 제도를 두어 국가와 왕실의 고문 역할「스승」을 담당하여「존경」하게 하였다.'59) 수준의 서술은 되어야 할 것이다.

그런데 고려시대 국가의 정신적인 지도자라고 할 왕사와 국사60)에 대하여 우리는 얼마나 알고 있을까? 예컨대 앞서 언급한 지눌, 혜심, 보우와 혜근이 왕사 또는 국사였다는 사실을 아는 학생이 몇이나 될까?

앞서 위의 인용한 교과서(비상『역사』상)의 '승과를 설치하여 학식과 뛰어난 승려를 선발하였고'라는 서술 내용은 『역사』1에서는 누락되었다. 제7차 교육과정 『국사』에서 일반 과거와 음서를 다루면서 본문에서 다루지 않고 탐구자료의 '과거제' 부분에서 도표로 제시한 경우가 대부분이기 때문에 잘 알 수 없다. 2007 개정 교육과정 이후 대부분 교과서에서 '광종 때에는 과거시험에 승과제도를 설치하고(마련하고)'61)라고 하거나 '광종 때에는 승과제도를 실시하여 합격한 자에게 법계「품계」를 주고 승려의 권위를 높였고'62)라고 서술하고 있다. 하지만 '(광종 때에) 승과제도를 실시하여 승려의 지위를 보장하고 역을 면제해 주었으며, 사원에 토지를 지급하였다.'63)는 내용은 승과의 합격자에게 면역과 사원전을 지급해 준 것처럼 오해를 불러일으킬 수 있으므로 주의를 요한다.64) '사원에는 토지를

---

57) 이러한 사실도 『고등국사』(제7차)에서 서술되었다. 즉, 국사와 왕사 제도를 둠으로써 불교의 권위가 상징적으로나마 왕권 위에 존재하게 되어 불교가 국교의 권위를 가지게 되었다. 사원에는 토지를 지급하고, 승려들에게 면역의 혜택을 주었다.
58) 미래, 『역사』 1.
59) 미래, 『역사』 상 ; 교학사, 『역사』 상 &1 ; 두산, 『역사』 상 ; 신사고, 『역사』 1.
60) 『고등국사』(제7차) *「심화과정」② 승려 혜거로 국사를 삼고, 탄문으로 왕사를 삼았다 ; 『고려사』 권2, 원종세가 19년, '以僧惠居爲國師, 坦文爲王師.'
61) 미래, 『역사』 1 ; 교학사(양), 『역사』 상 &1 ; 두산, 『역사』 상 &1 ; 지학사, 『역사』 상.
62) 미래, 『역사』 상 ; 대교, 『역사』 상.
63) 교학사(신), 『역사』 상.
64) 승과의 실시에 대해서는 다음의 논저를 참조된다. 허흥식, 「고려시대의 승과제도와 그 기능」, 『역사교육』 19, 역사교육연구회, 1976 ; 허흥식, 『고려불교사연구』,

지급하고 세금을 면제하였다'.⁶⁵⁾라고 분리해서 서술되어야 할 것이다.

그리고 '왕자나 귀족 가문의 자제가 승려가 되는 일이 일반적이었으며, 국왕이나 귀족들은 자신의 소원이나 조상의 명복을 빌기 위해 큰 사찰을 세웠다.'라는 서술 내용은 지양해야 할 것이다. 그리고 의천과 같이 왕자 등 왕실 자제의 출가나 왕의 원당인 진전사원이나 귀족의 원당 건립은 태조가 훈요10조에서 귀족의 사원 남설을 경계해 마지않았지만⁶⁶⁾ 고려시대 내내 계속 남설되었다. 이는 고려시대가 불교가 성행하였음을 방증하는 것이지만, 고려말 신진 사대부의 표적이 되기에 이른다.⁶⁷⁾

다음은 의천의 불교 개혁 운동에 대한 서술 내용에 대해 살펴보기로 한다.

> 이들의 지원 아래 화엄종이나 법상종과 같은 불교가 발전하였다. <u>고려 중기에는 불교 종파 간에 대립이 심화되었다. 이에 의천은 교단 통합 운동을 벌여 화엄종을 중심으로 교종을 통합하였다. 이어서 선종을 통합하기 위해 천태종을 창시하였다.</u> 천태종의 사상적 바탕은 이론 연구와 실천을 아울러 강조하는 교관겸수였다. 의천의 노력으로 많은 제자가 모여들어 천태종이 크게 발달하였다. <u>그러나 의천이 죽은 뒤 교단은 다시 분열되었다.</u> 이후 귀족 중심의 불교가 계속되었다.⁶⁸⁾
>
> 고려 중기에는 불교의 여러 종파간 대립이 심화되었다. 이에 의천은 화엄종을 중심으로 교종을 통합하고자 하였고, 이어 선종을 통합하기 위해 해동 천태종을 창시하였다. 그러나 그가 죽은 뒤 교단은 다시 분열하였다.⁶⁹⁾

일조각, 1986.
65) 교학사(양),『역사』상.
66) 『고려사』권2, 태조세가 26년 4월.
67) 황인규,「여말선초 연복사 탑의 중영과 낙성」,『역사와 교육』7·8, 1999 ; 황인규,『고려후기·조선초 불교사연구』, 혜안, 2003.
68) 비상교육,『역사』상, '1.종교와 학문의 발달.'
69) 비상,『역사』1, '불교의 발달.'

위의 『역사』 상과 『역사』 1의 두 교과서의 서술을 비교해 보면 『역사』 1에서는 의천의 사상을 제외시켰으며, 내용상 문장까지 같다.

「천태종의 성립」 고려 건국 직후에는 호족의 지원을 받은 선종의 영향력이 커졌으나, 차츰 문벌귀족이 권력을 잡으면서 화엄종과 법상종 등 교종이 발달하고 선종은 위축되었다. 11세기에 이르러 대각국사 의천은 화엄종을 중심으로 교종을 통합하려고 하였다. 또한 <u>의천은 교종의 입장에서 선종을 통합하기 위해 해동천태종을 창시하였다</u>. 이후 의천의 문하에 승려들이 모여들어 천태종의 융성기를 맞이하였다. 그러나 의천의 불교 통합 운동은 불교의 폐단을 시정하는 적극적인 대책이 따르지 못하여 결국 선종을 통합하는 데에는 실패하였다.[70]

한편, 불교 종파 간의 대립이 점차 커지자 대각국사 의천은 불교계의 갈등을 해결하기 위하여 교종을 중심으로 선종을 통합하여 해동 천태종을 창시하였다.[71]

『역사』 상에서는 의천의 교종 통합 운동을 위해 그 배경과 과정, 그 영향에 대하여 서술되었으나 『역사』 1에서는 간략하게 중요 사실만 나열한 느낌이 짙다. 이러한 서술은 다른 『역사』 1 교과서에서도 마찬가지이다.[72] 이렇듯 선교 대립과 통합 운동으로서의 천태종 창시가 그 핵심 내용으로 하고 있다.[73] 하지만 의천의 서술 내용에서 가장 중요한 사실인 선교 일치 및 교단 통합과 천태종 창시, 경전 연구 등은 필히 포함되어야 할 사항이다.

---

70) 미래, 『역사』 상.
71) 미래, 『역사』 1.
72) 고려전기의 불교계는 교종과 선종이 대립하고 있었다. 이에 의천은 교종을 중심으로 선종을 융합시키려 하였다. 이러한 통합 운동에 따라 의천은 해동 천태종을 창시하였다. 교학사(양), 『역사』 상 &1
73) 천재교육, 『역사』상 ; 지학사, 역사 1 ; 신사고, 『역사』 1.

고려초기 불교계는 교종과 선종이 양립하였다. 교종은 왕실과 귀족의 지지를 받으며 교세를 확장하였다. 이에 비해 선종은 교종의 기세에 눌려 발전하지 못하였다. 이러한 상황에서 불교계의 통합 운동에 나선 사람이 대각국사 의천이었다. 왕자의 신분으로 승려가 된 의천은 송으로 건너가 불교를 연구하였고, 귀국후 교종을 중심으로 선종을 통합하기 위하여 해동 천태종을 개창하였다. 또한 송 요 일본 등지에서 불교 경전을 모아 '속장경'을 간행하여 불교의 교리를 정리하였다.[74]

고려초기에는 선종이 지방의 호족의 후원을 받으며 유행하였다. 그러나 귀족 사회가 안정되며 점차 교종이 발전하여 선종과 대립하였다. 이에 의천은 교종을 중심으로 선종을 통합하기 위해 천태종을 열고, 경전의 연구와 깨달음을 위한 수행과 함께 해 나갈 것을 주장하였다. 또한 송 요 일본 등지에서 불교 경전을 모아 교장을 펴냈다.[75]

위의 교과서 서술 내용과는 좀 더 구체적인 서술을 한 교과서도 다음과같이 찾아진다. 즉, '그는 숙종의 후원을 받아 천태종을 개창하고 교관 겸수를 주장하였다.'[76]는 내용을 포함시켰던 것이다.

「의천, 불교 종파의 통합을 꾀하다」 11세기말, 문종의 왕자로서 승려가 된 의천은 통일신라 시대 승려인 원효의 사상을 본받아 불교계를 하나로 묶으려고 하였다. 그는 중국에서 천태종을 들여와 해동 천태종을 창립하고, 불교경전에 대한 공부와 참선을 통한 수행을 하여야 한다는 교관겸수를 강조하였다. 이를 바탕으로 의천은 교종을 중심으로 선종을 통합하였다. 의천은 숙종의 지원을 받아 국청사를 세우고 천태종 교리를 강의하였다. 이러한 노력이 결실을 맺어 여러 종파의 승려들이 천태종으로 모여들었다.

---

74) 두산, 『역사』 상.
75) 두산, 『역사』 1.
76) 교학사(신), 『역사』 상.

그러나 의천의 불교계 통합은 자신의 권위를 이용한 것이어서 실질적인 내용의 통합을 이루지는 못하였다. 그러한 까닭에 의천이 죽은 뒤 불교계는 다시 흩어졌다.77)

위의 서술된 내용 가운데 밑줄 친 내용이 주목되는 사실이다. 특히 원효의 사상을 본받았다는 사상의 계승성을 강조하고 숙종의 지원을 받아 본산인 국청사를 세웠다. 그리고 그의 사상의 핵심이라고 교관 겸수를 강조하고, 그의 불교계의 통합은 자신의 권위에 이용(?)해서 실질적인 내용의 통합을 이루지 못했다는 것이다. 대체적으로 인과적 설명이 충실하지만 중학교 학생의 수준에는 어려운 내용일 것이다.

그런데 대부분의 『역사』교과서가 고려전기 불교계의 상황에 대해서 선교 대립이라는 사실만 강조하고 있다. 마치 고려전기 불교계의 갈등 부분만 강조한 느낌이 짙으며, 이를 해결하기 위해 의천의 교선 통합 시도가 있었다는 것이다. 그나마 앞에서 인용한 교과서 『역사』상에서는 교선 통합의 배경으로 서술되었지만 당시 불교계 상황을 서술한 것은 고무적이다.

고려시대에는 불교가 매우 융성하였으나 내부적으로는 여러 종파가 서로 대립하고 있었다. 고려가 귀족 중심의 사회로 발전함에 따라 교종이 다시 유행하는 대신 지방 호족의 지원을 받던 선종이 위축되면서 교종과 선종이 대립하였다. 교종 안에서도 각기 자기 종파만 강조하여 갈등을 겪었다.78)

고려전기 불교계가 융성하였으나 여러 종파가 대립하고 있었고 선종이 위축되면서 교종과 대립하였으며, 교종 안에서도 종파만 강조하였다는 것이다. 귀족 중심의 사회가 발전함에 따라 교종이 유행하였다고 하여 '교종=귀족', '선종=지방 호족' 등의 도식적인 서술을 하였다. 고려초 종파의

---

77) 대교, 『역사』상.
78) 대교, 『역사』상.

성립 문제는 별도로 치더라도 여러 종파의 성립과 그 독창성의 의의가 강조되어야 하며, 고려말 선종의 절대화로 불교 사상이 오히려 축소 보수화 되었던 것이다.

> 고려초기부터 불교는 국가의 후원을 받으면서 발전하였다. 고려 건국 직후에는 선종이 성행하였으나 점차 귀족들의 후원을 받으면서 교종이 번성하였다. 왕실과 귀족의 지원으로 개경에 흥왕사와 현화사 등 규모가 큰 절이 세워졌다.[79)]
>
> 고려초기 불교계는 교종과 선종이 양립하였다. 교종은 왕실과 귀족의 지지를 받으며 교세를 확장하였다. 이에 비해 선종은 교종의 기세에 눌려 발전하지 못하였다.[80)]

고려 건국 직후 선종이 흥성하다가 점차 교종의 번성하였으며, 교종의 대표적인 화엄종단의 본산 흥왕사와 유가종(법상종)의 본산인 현화사를 강조한 것은 그나마 고무적이다. '광종대 균여의 화엄종이 성행하였다.'[81)]거나 '고려 건국 직후에는 호족의 지원을 받은 선종의 영향력이 커졌으나, 차츰 문벌 귀족이 권력을 잡으면서 화엄종과 법상종 등 교종이 발달하고 선종은 위축되었다.'고 하여 화엄종과 법상종을 구체적으로 제시한 교과서도 찾아진다. 하지만 화엄종과 법상종뿐만 아니라 고려전기 교단의 상황을 간략하게나마 서술되어야 할 것이다.[82)]

---

79) 교학사, 『역사』 상.
80) 두산, 『역사』 상.
81) 교학사(신), 『역사』 상.
82) 하지만 이러한 내용도 『고등국사』(제7차)에서 이미 서술된 내용이다. 즉, 「불교 통합 운동과 천태종」 고려초기에는 화엄 사상을 정비하고 보살의 실천행을 폈던 균여의 화엄종이 성행하였고, 선종에 대한 관심도 높았다. 그 후, 개경에 흥왕사나 현화사 같은 왕실과 귀족의 지원을 받는 큰 사원이 세워져 불교가 번창하였다. 그리고 이들의 지원을 받아 화엄종과 법상종이 나란히 융성하였다.
　11세기에 이미 종파적 분열상을 보인 고려 불교계에 문종의 왕자로서 승려가

(2) 고려후기 지방결사 불교와 불교 문화

앞서 언급한 의천의 불교계 통합 운동에 이어 지눌의 결사운동 부분도 역시『고등국사』(제7차)의 내용을 표본으로 삼은 듯하다. 이에 대한 중학『역사』서술내용의 대표적인 예시를 들어보기로 한다.

> 「결사운동의 전개」 무신정권기 사회가 혼란을 겪으면서 지방의 사원에서는 불교를 정화하려는 결사운동이 활발하게 전개되었다. 선종 승려인 지눌은 불교의 세속화를 비판하며 수선사를 조직하였다. 그는 승려 본연의 자세로 돌아가 독경과 선 수행, 노동에 고루 힘쓰자는 개혁운동을 펼쳤다. 그의 사상은 정혜쌍수와 돈오점수로 정리되는데 이는 선종을 중심으로 교종을 포용한 것으로 당시 불교계가 지향한 선교 일치를 완성한 것이었다. 지눌 이후에는 수선사 결사운동은 계속되어 조계종이 융성하였다. <u>비슷한 시기에 천태종의 요세는 자신의 행동을 진정으로 뉘우치고 불경을 외우면 극락왕생을 할 수 있다고 주장하며 백련사를 결성하였다. 이러한 결사운동은 많은 지방민들의 적극적인 호응을 받았다.</u>[83]
>
> 「불교의 발달」 무신집권기에 지눌은 불교의 세속화를 비판하고, 승려가 본연의 자세로 돌아갈 것을 주장하며 개혁운동을 펼쳤다. 또한 선종을 중심으로 교종을 포용하여 선교 일치를 이루고자 하였다.[84]

된 의천은 교단 통합 운동을 펼쳤다. 그는 흥왕사를 근거지로 삼아 화엄종을 중심으로 교종을 통합하려 하였으며, 또 선종을 통합하기 위하여 국청사를 창건하여 천태종을 창시하였다. 이를 뒷받침할 사상적 바탕으로 의천은 이론의 연마와 실천을 아울러 강조하는 교관겸수를 제창하였다.

이러한 교단 통합 운동은 천태종에 많은 승려가 모이는 등 새로운 교단 분위기를 형성하는 일정한 성과를 거두었다. 그러나 사회·경제적으로 문제가 되고 있던 불교의 폐단을 적극적으로 시정하는 대책이 뒤따르지 않아, 의천이 죽은 후에 교단은 다시 분열되고 귀족 중심의 불교가 지속되었다.

83) 비상,『역사』상 1, '불교계의 변화와 성리학의 전래.'
84) 비상,『역사』1, '불교의 발달.'

위의 인용한 교과서 서술 내용은 대체적으로 양호한 편이다. 특히 양대 결사운동인 백련사 결사운동까지 포함하였으나 『역사』 1에서는 개혁 운동과 선교 일치 사실만을 간략히 서술되었다. 그 외 대부분 『역사』 상과 『역사』 1에서는 이러한 백련사 결사운동에 대하여 서술 내용을 누락시키고 있다.85) 결사운동의 전개라는 차원뿐만 아니라 고려후기 불교계를 주도한 세력이 수선사계와 백련사계였으며, 나아가 지방 문화의 발전이라는 일반사 입장에서 반드시 포함하여야 할 것이다.

「지눌, 선종 중심의 불교 개혁 운동을 일으키다」 왕실과 귀족의 보호를 받으며 발전해 왔던 교종은 무신정권이 들어서자 무신정권에 저항하였다. 교종세력의 공격을 받은 무신정권은 선종을 후원하였고, 이에 따라 불교계의 중심은 교종에서 선종으로 바뀌게 되었다.
선종 승려들은 그동안 불교가 정치에 지나치게 개입하고 부패한 것을 비판하였다. 특히 보조국사 지눌은 승려들이 원래의 자세로 돌아가 경전을 읽고 참선을 하며 노동에 힘쓸 것을 강조하면서, 선종을 중심으로 교종을 통합하려고 하였다. 지눌은 인간의 마음이 곧 부처라는 사실을 먼저 깨닫고, 깨달은 뒤에는 꾸준히 수행해야 해탈에 이룰 수 있다고 주장하였다.
조계종은 지눌 이후에도 계속 발전하였다. 지눌을 이은 혜심은 불교와 유교가 심성 수양이란 면에서 본래 차이가 없기 때문에 하나로 보아야 한다고 강조하였다. 이는 장차 성리학을 수용할 수 있는 사상적 토대가 되었다.86)

---

85) 필자는 『고등국사』에 백련사 결사의 내용이 실려야 한다고 제언을 한 바 있으며,(황인규, 「중등 국사교과서에 나타난 고려후기 불교사의 서술과 문제점」, 『역사와 교육』 9, 2000.) 제7차 교육 과정에 반영된 바 있으나 최근의 교육 과정의 교과서에 실리지 않은 경우가 대부분이다.
86) 교학사(양), 『역사』 상.

위의 인용한 교과서처럼 지눌이 선종 중심의 불교 개혁 운동을 서술했을 뿐이며, 『역사』1에서 『역사』상과 같은 내용을 그대로 전재하였다.87) 그런데 지눌의 결사운동과 조계종의 성립을 연관시켜 서술한 교과서가 대부분이다.

> 「고려후기 불교계의 변화」 무신 집권 이후 불교계에서는 문벌 귀족과 연결된 교종의 타락을 비판하고 올바른 수행을 추구하는 종교 운동인 결사운동이 일어났다. 특히 지눌이 제창한 수선사 결사운동은 개혁을 추구하는 승려들과 지방민들의 적극적인 호응을 얻어 활발하게 전개되었다. 또한, 지눌은 선종과 교종의 통합을 이루어 조계종이 번창하는데 크게 기여하였다. 그리하여 조계종은 고려후기에 이르러서는 불교계의 중심적인 종파가 되어 많은 승려를 배출하였다.88)
>
> 「불교계의 변화」 무신 집권이후 불교계는 문벌 귀족과 연결된 교종의 타락을 비판하고 올바른 수행을 위한 개혁 운동이 일어났다. 특히 지눌은 수선사(송광사)를 중심으로 불교 개혁 운동을 전개하면서 조계종을 창시하였고, 선종과 교종의 통합을 시도하였다. 이후 조계종은 불교계의 중심적인 종파가 되어 많은 승려를 배출하였다.89)

위의 서술 내용처럼 조계종의 성립을 지눌의 수선사 결사와 연계시켜 설명하고 있는데, 이는 학계의 논란이 되고 있는 사항이다. 필자는 대감국사 탄연 비문에 조계종이 성립된 기록이 찾아지므로,90) 그 무렵 조계종이 성립되었으며, 지눌의 수선사 결사시 더욱 강화되었다고 보고 있다.91)

---

87) 교학사(양), 『역사』 1.
88) 미래, 『역사』 상.
89) 미래, 『역사』 1.
90) 탄연이 입적하자 예를 갖추어 大鑑이라는 시호를 추증하였으며, 1172년(명종 2) 비가 세워졌다. 碑의 題額에 '高麗國 曹溪宗崛山下 斷俗寺大鑑國師.'라고 쓰여 있다. 李之茂, 「曹溪宗崛山下斷俗寺大鑑國師之碑銘幷序」, 『조선금석총람』 상.

후술하는 교과서처럼 결사 과정에서 성립되었다거나 영향을 끼쳤는지는 좀 더 두고 볼 일이다. 다음 교과서는 지눌의 결사운동에 대하여 비교적 상세하게 서술되었다.

「깨달았으면 꾸준히 수행하라」 고려전기에 교종은 왕실과 귀족의 후원을 받아 막대한 부를 차지하여 세속적으로 변하였다. 따라서 무신 정권기에 하층민은 자신들을 수탈하던 사원을 공격하기도 하였다. 무신 정변 이후 문벌 귀족 사회가 무너지면서 교종은 쇠퇴하였다. 교종 승려들은 무신 정권에 반기를 들었으나 실패하고 오히려 심한 탄압을 받으며 성장하였다. 지눌을 중심으로 하는 선종 승려들은 불교계의 타락한 모습을 비판하며 불교 본연의 참모습을 회복하기 위한 수선사 결사운동을 전개하였다. 지눌은 선종을 중심으로 교종을 포용하여 교와 선의 대립을 극복하고자 하였다. 그는 수행 방법으로 먼저 자신의 본 마음인 불성을 깨닫고, 이를 유지하기 위해 번뇌를 없애는 수행 노력이 뒤따라야 한다고 하였다(돈오점수). 또 참선은 물론 불경을 익히는 것도 중요하다고 주장하였다. 지눌이 수선사를 열면서 개혁적인 승려들과 지방민의 호응을 얻어 조계종이 크게 일어났으며, 송광사가 중심 사찰이 되어 많은 승려를 배출하였다.

지눌의 제자였던 혜심은 원래 유학을 공부하여 과거에도 합격하였던 유학자였다. 혜심은 유교와 불교의 진리가 같다는 유불일치설을 주장하여 장차 성리학을 수용할 수 있는 토대를 마련하였다.[92]

「불교 사상이 발전하다」 무신 정변 이후 문벌 귀족의 후원을 받던 교종이 쇠퇴하고, 그동안 침체되었던 선종이 무신 정권의 후원을 받으며 성장하였

---

91) 황인규, 「고려시대 조계종의 성립과 전개」, 종학연구소 학술발표회 '한국불교와 조계종'(2012.4.28) ; 황인규, 「목우자 지눌과 고려후기 조선초 불교계 고승」, 『보조사상』 19, 2003 ; 황인규, 「수선사 16국사의 위상과 추념 : 송광사의 승보종찰 설정과 관련하여 試攷함」, 『보조사상』 34, 2010 ; 황인규, 『조선시대 불교계 고승과 비구니』, 혜안, 2011.11.
92) 지학사, 『역사』 상.

다. 지눌은 선종을 중심으로 교종을 포용하고자 하였다. 그리하여 고려후기 송광사를 중심으로 조계종이 크게 일어났다.[93]

위의 인용한 교과서의 내용에서 보듯이 『역사』 상에서의 서술내용은 『역사』 1에서 대폭 축소되었다. 하지만 고려전기와 무신 정권기의 불교의 사세의 변화를 서술하고 지눌의 결사운동에 대하여 비교적 잘 서술하였다.

「불교계가 변화하다」 무신 정변 이후 불교계에서는 문벌 귀족들과 연결되어 있던 교종이 쇠퇴하고, 그동안 침체되어 있던 선종이 무신들의 후원을 받아 교세를 떨쳤다. 보조국사 지눌은 당시 불교계의 폐단을 비판하고 불교 개혁 운동을 전개하였다. 지눌은 선종을 중심으로 교종을 통합하고자 하였는데, 이러한 과정에서 조계종이 성립되었다.[94]
「불교가 융성하다」 무신 정변 이후 불교계에서는 문벌 귀족들과 연결되어 있던 교종이 쇠퇴하고, 무신의 후원을 받은 선종이 성장하였다. 지눌을 중심으로 한 선종 승려는 세속적으로 변한 불교를 개혁하려는 운동을 펼쳤다.
또한 지눌은 선종을 중심으로 교종을 통합하려 하였다. 그는 인간의 마음이 곧 부처라는 사실을 깨닫고 꾸준히 수행하여야 해탈에 이를 수 있다고 주장하였다. 이러한 지눌의 사상은 조계종의 발전에 영향을 끼쳤다.[95]

위 교과서의 서술 내용에서 보듯이 대부분의 『역사』 교과서가 축소하는 추세에 있는데 반하여 '인간의 마음이 곧 부처라는 사실을 깨닫고 꾸준히 수행하여야 해탈에 이를 수 있다.'는 내용을 추가 강조하여 서술한 교과서도 찾아진다.

---

93) 지학사, 『역사』 1.
94) 두산, 『역사』 상.
95) 두산, 『역사』 1.

「지눌, 불교통합 운동을 전개하다」 무신정변 이후 사회가 혼란해지면서 불교계에서도 새로운 움직임이 나타났다. 지눌은 당시 불교계가 행한 타락상을 비판하면서 신앙 결사인 수선사를 조직하여 불교 개혁 운동을 전개하였다. 그는 승려의 올바른 자세로 불경 읽기, 참선 수행, 노동 등에 힘쓰자는 운동을 펼쳤다. 특히 지눌은 고려전기에 의천이 교종의 입장에서 선종을 통합하는 운동을 폈던 것에 비해, 선종을 중심으로 교종을 통합하여 조계종을 발전시켰다. 이러한 불교통합으로 고려 불교의 수준은 이전에 비하여 크게 높아졌다.96)

대체로 『역사』 1에서 수선사 결사를 운동 차원에서 지방민의 호응을 받았다고 보는 듯하며, 지눌의 결사 정신의 핵심이라고 할 돈오점수와 정혜쌍수를 언급하거나97) 지눌의 수제자 수선사 사주 2세 혜심으로 계승되었다. 그 후 송광사를 중심으로 전개되었으며,98) 그로 인해 조계종이 크게 일어났다는 등의 상세한 설명은 고무적이다. 이와 같이 『역사』상에서는 비교적 상세하게 서술되었다. 그러나 『역사』 1에서는 매우 간략히 서술되었으며, 심지어 항목 자체를 설정하지 않은 교과서도 찾아진다.

「불교계의 변화」 무신 집권이전의 불교계는 귀족을 후원자로 하여 화려한 사찰을 짓고 재산을 쌓아 갔다. 일부 승려는 궁궐에 출빙하여 정치에 참여하고 사회적 특권을 누리기도 하였다. 이에 승려 지눌은 불교계가 세상의 이익을 추구하는 것을 비판하였다.
지금의 불교계를 보면, 아침저녁으로 하는 일들이 비록 부처의 법에 의지하였다고 하나, 자신을 내세우고 이익을 구하는데 열중하여 세속의 일에

---

96) 교학사(신), 『역사』 상.
97) 대교, 『역사』 상, 불교계를 통합한 수선사 결사, 새 시대를 여는 성리학 ; 신사고, 『역사』 1, 고려후기, 불교계에 혁신 운동이 일어나다.
98) 황인규, 「목우자 지눌과 고려후기 조선초 불교계 고승」, 『보조사상』 19, 2003 ; 황인규, 『고려후기·조선초 불교사연구』, 혜안, 2003.

골몰한다. 도덕을 닦지 않고 옷과 밥만 허비하니, 비록 출가하였다고 하나 무슨 덕이 있겠는가? -지눌, 정혜결사문-

지눌은 승려들에게 명예와 이익을 버리고 산속에 수양하여 세속에 물들지 말 것을 주장하였다. 그리고 먼저 자기 자신의 마음이 부처라는 것을 깨닫고, 꾸준히 실천해야 한다고 하였다. 나아가 지혜를 같이 닦아야 한다고 하였다. 지눌의 주장은 선종을 중심으로 교종의 가르침까지 받아들이려는 것이었다. 지눌은 순천의 송광사를 중심으로 불교 개혁운동을 추진하였다. 이후 그의 뜻은 조계종으로 발전하면서 제자들에 의해 크게 번성하였다.[99]

위에서 인용한 교과서처럼 지눌의 수선사 결사문인 정혜결사문[100]을 본문에 인용한 경우도 있다.[101] 불교사 측면에서는 바람직하다고 할 수

---

99) 천재교육, 『역사』 상.
100) 지눌, 「勸修定慧結社文」, 『보조국사집』.
101) 이러한 중학역사의 서술 내용은 누차 언급한 바이지만 『고등국사』(제7차)의 서술 내용을 표준으로 하여 서술한 듯하다. 즉, '결사 운동과 조계종', '무신 집권 이후의 사회 변동기를 지나며 불교계에서도 본연의 자세 확립을 주장하는 새로운 종교 운동인 결사 운동이 일어났다. 지눌은 명리에 집착하는 당시 불교계의 타락상을 비판하였다. 그는 승려 본연의 자세로 돌아가 독경과 선 수행, 노동에 고루 힘쓰자는 개혁 운동인 수선사 결사를 제창하였다. 송광사에 중심을 둔 수선사 결사 운동은 개혁적인 승려들과 지방민의 적극적인 호응을 얻어 활발하게 전개되었다. 이처럼 조계종은 지눌이 수선사를 열면서부터 매우 흥성하였다. 그리하여 고려후기에 이르러서는 불교계의 중심적인 종파가 되어 많은 승려를 배출하였다.
지눌은 선과 교학이 근본에 있어 둘이 아니라는 사상 체계인 정혜쌍수를 사상적 바탕으로 철저한 수행을 선도하였다. 또, 지눌은 내가 곧 부처라는 깨달음을 위한 노력과 함께, 꾸준한 수행으로 깨달음의 확인을 아울러 강조한 돈오점수를 주장하였다. 선종을 중심으로 교종을 포용하여 교와 선의 대립을 극복하고자 한 지눌의 논리는 고려 불교가 지향하던 선교 일치 사상을 완성한 것이었다. 지눌의 결사 운동은 지눌 이후에도 지속적으로 발전하였다. 혜심은 유불일치설을 주장하며 심성의 도야를 강조하여 장차 성리학을 수용할 수 있는 사상적 토대를 마련하기도 하였다.
비슷한 시기에 요세는 백성의 신앙적 욕구를 고려하여 강진 만덕사(백련사)에서 백련 결사를 제창하였다. 자신의 행동을 진정으로 참회하는 법화 신앙에 중점을

있겠지만 학교현장에서 제대로 학습 교육이 이루어질지 다소 의문이다.[102]

결사와 더불어 불교 정신이 우리 역사와 문화에 잘 녹아 있는 것이 바로 향도이다. 향도야말로 우리나라 공동체 정신 가운데 가장 대표적인 결사이다. 중학『역사』에 이러한 향도에 대해서 그 성격이 변질된 매향신앙으로 치부하고 있는데 바로 잡아야 할 것이다.[103] '향도 : 매향 활동을 하는 무리'로 보는 것은 원 간섭기 이후로, 향도에 대한 기본적인 설명이 아니다. 교과서 대부분 이러한 사실을 간과하고 있어서 매우 아쉽다.

주지하다시피 중국 동진의 혜원의 동림사(백련사) 결사 정신이 수용되어 전개된 것이 결사이며, 이것이 신앙 결사와 마을 결사인 향도로 분화되었으며, 불교 금융공체라고 할 사원보도 역시 경제 공동체인 결사라고 하겠다.[104]

고려시대의 국가 불교적인 모습은 외침시 불력으로 방어하고자 대장경판 조성을 하였다는 사실에서도 단적으로 드러난다. 거란 침입시 대장경을

둔 백련 결사 역시 지방민의 적극적인 호응을 얻었고, 수선사와 양립하며 고려후기 불교계를 이끌었다.'
102) 이는 교사조차 불교사에 대한 지식이 일천한 경우가 흔하기 때문이다.
103) 『고등국사』(제7차)에 서술된 향도의 서술 내용은 대체로 잘 설명되어 있다. 즉, V. 사회 구조와 사회 생활 2 중세의 사회 (2) 백성의 생활 모습
「농민의 공동 조직」 농민은 일상 의례와 공동 노동 등을 통하여 공동체 의식을 다졌다. 공동체 조직의 대표적인 것이 불교의 신앙 조직이었던 향도였다. 향도는 매향 활동을 하면서 대규모 인력이 동원되는 불상, 석탑을 만들거나 절을 지을 때에도 주도적인 역할을 하였다. 후기에 이르러 점차 신앙적인 향도에서 자신들의 이익을 위하여 조직되는 향도로 변모되어 마을 노역, 혼례와 상장례, 민속 신앙과 관련된 마을 제사 등 공동체 생활을 주도하는 농민 조직으로 발전해 갔다.
* 향도(香徒) : 매향 활동을 하는 무리이다. 매향은 불교 신앙의 하나로, 미륵을 만나 구원받고자 향나무를 바닷가에 묻는 활동이다.
향촌 사회의 모습 「촌락의 구성과 운영」 촌락의 농민 조직으로 두레와 향도가 있었다. 두레는 공동 노동의 작업 공동체였다. 향도는 불교와 민간신앙 등의 신앙적 기반과 동계 조직 같은 공동체 조직의 성격을 모두 띠었다. 주로 상을 당하였을 때에나 어려운 일이 생겼을 때에 서로 돕는 역할을 하였다. 상여를 메는 사람인 상두꾼도 향도에서 유래하였다.
104) 향도는 고려시대를 거쳐 조선시대에 이르러 불교적 요소가 없어진 상투꾼과 혹은 두레로 바뀐다고 생각한다. 황인규, 「한국의 공동체 결사와 향도」, 『불교의 새로운 지평』, 원각불교사상연구원 편, 대한불교천태종 출판부, 2011.

간행하였다고 서술하였지만, 아쉽게도 불교사 서술 본문에서 재조 대장경의 서술 내용은 누락되어 있으며, 또한 초조 대장경을 누락한 교과서도 찾아진다.

> 한편, 고려는 거란(요)의 침입을 부처의 힘으로 물리치기 위하여 대장경을 만들었다. 대장경의 간행은 불교의 교리를 정리하여 그 수준을 높이고, 인쇄 기술의 발전에 기여하였다.[105]
> 현종 때에는 거란의 침입을 부처의 힘으로 물리치려는 염원에 따라 초조 대장경을 만들었다.[106]
> 무신정권의 대몽항쟁 과정에서 부처의 힘으로 몽골군을 격퇴하려는 염원에서 팔만대장경을 간행하였다. 팔만대장경은 많은 내용을 담았으면서도 잘못된 글자나 빠진 글자가 거의 없고 글씨가 아름다워 고려 불교와 목판 인쇄술의 높은 수준을 보여주고 있다.[107]

위의 서술 내용과는 좀 다르게 '역대 왕들은 … 부처의 힘으로 외적을 물리치기 위하여 대장경을 간행하였다.'[108]라고 하여 초조 대장경과 재조 대장경 간행을 묶어 서술한 경우도 있다. 하지만 대장경판의 조성이 가지는 역사적 의의뿐만 아니라 현재의 의미를 볼 때 당연히 분리 독립해서 서술되어야 할 것이다.

> 한편, 불교사상에 대한 이해가 깊어지면서 불교와 관련된 서적을 모으고 정리하는 작업이 이루어졌다. 현종 때 거란의 침입을 받게 되자 부처의 힘을 빌려 이를 물리치기 위해 여러 불교 경전을 모은 대장경을 만들었는데,

---

105) 천재교육, 『역사』 상.
106) 신사고, 『역사』 1.
107) 교학사(신), 『역사』 상.
108) 미래, 『역사』 1.

이를 초조대장경이라고 한다.[109]
「세계 최대 장경, 팔만대장경」 고려전기에 간행되었던 초조대장경은 몽골의 침략으로 불에 타 없어졌다. 고려는 몽골의 침입을 부처의 힘으로 물리치고자 다시 대장경을 만들었다. 이를 고려대장경 또는 팔만대장경이라고 부른다. 팔만대장경은 강화도로 수도를 옮긴 다음에 16년에 걸쳐 만들어졌다(1236~1251). 여기에는 1,500여 종의 불교경전 내용이 담겨 있어, 불교 경전에 대한 고려인의 이해 수준이 매우 높았음을 알 수 있다. 목판의 총 수가 팔만 장이 넘는데도 불구하고 잘못된 글자나 빠진 글자가 거의 없을 정도로 정확하며, 글자체도 매우 아름답다. 팔만대장경은 현재까지 남아 있는 세계의 대장경에서 가장 오래된 것이며, 내용 면에서도 가장 완벽하다고 평가받고 있다.[110]

위의 교과서 서술내용은 대장경에 대한 상세하고 잘된 서술이라고 생각된다. 이는 『역사』 1에서는 다음과 같이 고려후기 부분에 별 장으로 구성 서술하였다.

한편, 불교 사상에 대한 이해가 깊어지면서 불교와 관련된 서적을 모으고 정리하는 작업이 이루어졌다. 현종 때 거란의 침입을 받게 되자 부처의 힘을 빌려 이를 물리치기 위해 여러 불교 경전을 모은 대장경을 만들었는데, 이를 초조 대장경이라고 한다. 대각국사 의천은 불교 경전에 대한 주석서를 모아 '교장'을 간행하였다. 그러나 '초조대장경'과 '교장'은 몽골의 침입으로 소실되었으며 그 인쇄본의 일부가 남아 있다. 현존하는 '팔만대장경'은 몽골의 침입 때 부처의 힘으로 극복하기 위해 만든 것이다.[111]

---

109) 교학사(양), 『역사』 상.
110) 교학사(양) 『역사』 상.
111) 교학사(양), 『역사』 1.

『역사』 1은 『역사』 상보다 축소 서술되었지만 초조 대장경, 교장, 8만대장경에 대한 서술은 양호한 편이라고 하겠다. 대부분 교과서 본문에서 불교사 서술 내용으로 다루기보다는 탐구 자료로서 다루는 경우가 많아 아쉽다. 책인 대장경과 판목인 대장경판에 대한 서술을 구분 서술되어야 할 것이다.112)

이렇듯 대장경에 대한 서술은 다른 불교사 내용에 대조할 때 비교적 상세하게 서술되었다. 뿐만 아니라 탐구 자료에서 사진 및 삽화, 관련 글을 적지않이 소개하였다. 하지만 대장경이 지니는 본래의 의미에 대해서 쉽고도 정확한 내용 서술이 보강되어야 할 것이다.

다음 원 간섭기 이후 고려말 역사 교과서의 서술 내용을 살펴보기로 한다. 대체로 '원 간섭기에 이르러 불교계의 개혁 의지는 점차 사라졌고, 불교는 권문세족과 연결되어 여러 폐단을 드러냈다.'113)라는 서술 내용이 그 핵심이다. 대체로 다음 『역사』 1 교과서의 서술이 표준적인 내용이라고 생각된다.

---

112) 그러한 측면에서 다음의 『고등국사』(제7차)의 대장경에 관련한 서술을 참조하여 서술되어야 할 것이다. 즉, 「대장경 간행」 불교 사상에 대한 이해 체계가 정비되면서 불교에 관련된 서적을 모두 모아 체계화하는 대장경이 편찬되었다. 경·율·논의 삼장으로 구성된 대장경은 불교 경전을 집대성한 것으로서, 교리 체계에 대한 정리가 선행되어야만 이루어질 수 있는 문화적 의의가 높은 유산이다. 현종 때에 거란의 침입을 받았던 고려는 부처의 힘을 빌려 이를 물리치려고 대장경을 간행하였다. 70여 년의 오랜 기간에 걸쳐 목판에 새겨 간행한 이 초조대장경은 몽골 침입 때에 불타버리고 인쇄본 일부가 남아 고려 인쇄술의 정수를 보여주고 있다. 초조대장경이 만들어진 얼마 후, 의천은 고려는 물론이고 송과 요의 대장경에 대한 주석서를 모아 교장을 편찬하였다. 이를 위하여 목록인 신편제종교장총록을 만들고, 교장도감을 설치하여 10여 년에 걸쳐 신라인의 저술을 포함한 4,700여 권의 전적을 간행하였다.
몽골 침략으로 소실된 초조대장경을 대신하여 고종 때에는 대장경을 다시 만들었다. 대장도감을 설치하여 16년 만에 이룩한 재조대장경은 현재 합천 해인사에 보존되어 있다. 8만 장이 넘는 목판이므로 팔만대장경이라고 부른다. 팔만대장경은 방대한 내용을 담았으면서도 잘못된 글자나 빠진 글자가 거의 없는 제작의 정밀성과 글씨의 아름다움 등으로 세계에서 가장 우수한 대장경으로 꼽힌다.
113) 비상, 『역사』 1, '불교의 발달.'

그런데 원 간섭기에 이르러 개혁운동의 의지가 사라지고 귀족 세력과 연결되면서 불교계는 다시 폐단을 드러냈다. 이에 교단을 정비하려는 여러 차례 있었으나, 별다른 성과를 거두지 못하였다. 고려후기 신진 사대부는 이와 같은 불교계의 사회 경제적인 폐단을 크게 비판하며 성장하였다.114)

그러나 원 간섭기에 이르러 불교의 개혁 운동은 다시 약화되었으며, 권문세족과 연결되면서 많은 폐단을 드러내기도 하였다. 이에 고려후기 신진 사대부는 불교계의 폐단을 지적하면서 불교를 배척하였다.115)

위의 인용한 교과서의 내용을 보듯이 『역사』 상과 『역사』 1의 서술내용은 대동소이하다. 하지만 원 간섭기 이후 결사 정신의 쇠퇴와 교단의 보수화,116) 사원의 권문세족화 등 불교계의 쇠퇴 일로에 초점이 맞추어 서술되어 성리학계의 비판을 받아 유불 교체가 이루어지게 된다는 기존의 시각을 답습하고 있다.117) 특히 고려말 불교계가 대규모의 농장을 차지하고 고리대로 재산을 축적하여 고려 사회를 이끌어갈 힘을 잃고 말았다는 것이다.118) 고려말 불교계의 보수화 내지 퇴락화에 맞서 태고 보우의 교단 정비 노력을

---

114) 미래, 『역사』 상.
115) 미래, 『역사』 1.
116) 『고등국사』(제7차), '원 간섭기 라마교 전래 사실을 서술한 교과서도 다음과 같이 서술하였다. 즉, 그러나 불교 개혁 운동은 원과의 교류 이후 약화되었다. 원에서 라마교가 전래되어 불교 신앙은 점차 현실의 복을 비는 경향이 강해졌다. 그린 가운데 사원은 권문세족의 후원 속에 막대한 토지를 차지하고, 장사와 고리대 등으로 재산을 모으는 등 부패가 심해졌다'; 천재교육, 『역사』 상.
117) 황인규, 「여말선초 선승들과 불교계의 동향」, 『백련불교논집』 9, 1999.
118) 교학사(양), 『역사』 상 ; 두산, 『역사』 상 & 『역사』 1 ; 지학사, 『역사』 상 ; 신사고, 『역사』 1. 그 대표적인 사례가 『고등국사』(제7차)이며, 이러한 시각을 견지한 것으로 간주되고 있다. 즉, '원 간섭기에 이르러 개혁 운동의 의지가 퇴색하고 귀족 세력과 연결되어 불교계는 다시 폐단을 드러내었다. 사원은 막대한 토지를 소유하고 상업에도 관여하여 부패가 심하였다. 이에 교단을 정비하려는 보우 등의 노력이 있었으나, 성과를 거두지 못하였다. 성리학을 사상적 배경으로 대두한 신진 사대부는 이와 같은 불교계의 사회·경제적인 폐단을 크게 비판하였다.'

서술해야 하지만119) 대부분 중학『역사』교과서에서는 반영하지 않고 있다. 그런데 다음과 같은 교과서에서는 태고 보우뿐만 아니라 나옹 혜근의 불교 교단 중흥의 시도120)에 대해서 서술한 것은 매우 고무적이라고 하겠다.

> 그러나 원간섭기에는 불교계의 개혁적인 성향이 크게 약화되었다. 사원들은 국왕, 귀족세력과 연결되어 토지와 노비를 확대해 나갔으며, 승려들은 수행을 게을리 하고 후원자의 장수와 명복을 비는 데 열중하였다. 한편, <u>이 시기에 보우와 혜근 등의 승려는 원에 유학하여 새로운 불교를 수용하였다. 이들은 세속화된 불교를 바로잡기 위해 노력하였으나 성과를 거두지는 못하였다.</u>121)

사실 태고 보우와 나옹 혜근, 백운 경한은 고려말 불교계의 삼화상으로 고려말뿐만 아니라 불교사에 있어서 매우 중요한 위상을 점하고 있다.122) 백운 경한도 세계 문화유산으로 공인 받은『직지』의 편저자이기도 하다. 조계종의 중흥조로서 태고 보우, 수선사계인 나옹 혜근,『직지』의 편저자 백운 경한의 불교계의 위상을 정립할 필요가 있다.

고려시대에 편찬된『삼국유사』와『해동고승전』에 관한 내용도 서술되어야 할 것이다.

---

119) 황인규,「태고보우와 14세기 불교계 동향」(태고보우 탄신 700주년 기념학술대회 발표논문),『미주현대불교』137·138, 2001.12·2002.1 ; 황인규,『고려말·조선전기 불교계와 고승연구』, 혜안, 2005.
120) 황인규,「나옹혜근과 그 대표적인 계승자 무학자초」,『역사와 교육』5, 1997 ; 황인규,「나옹혜근의 불교계 행적과 유물 유적」,『대각사상』11, 대각사상연구원, 2008 ; 황인규,『조선시대 불교계 고승과 비구니』, 혜안, 2011.
121) 비상,『역사』상, 1. '불교계의 변화와 성리학의 전래.'
122) 황인규,「백운경한과 고려말 선종계」,『한국선학』9, 한국선학회, 2004 ; 황인규,『고려말·조선전기 불교계와 고승연구』, 혜안, 2005 ; 황인규,「석옥청공과 여말삼사의 불교계 활동」,『고인쇄문화』13, 청주고인쇄박물관, 2006.

충렬왕 때에 일연이 쓴 삼국유사는 불교사를 중심으로 고대의 민간 설화나 전래 기록을 수록하는 등 우리의 고유 문화와 전통을 중시하였으며, 단군을 우리 민족의 시조로 여겨 단군의 건국 이야기를 수록하였다. 각훈이 쓴 해동고승전은 삼국 시대의 승려 30여 명의 전기가 수록되어 있는데, 현재 일부만 남아 있다.[123)]

『삼국유사』는 우리 조상들의 삶과 문화가 담긴 불교 문화사이므로 이에 대한 강조는 아무리 강조해도 지나치지 않을 것이다. 『해동고승전』도 불교계 고승과 그 문화를 싣고 있으므로 『삼국유사』와 더불어 부각 서술할 필요가 있다.[124)]

4. 나가는 말

이상으로 최근의 3개 교육과정에 나타난 『국사』(『역사』) 교과서의 불교사 서술 부분에 대하여 전체적인 조망을 시도해 보았다. 불교사 서술 체재에 있어서 제7차 교육과정의 『국사』는 사건 중심의 정치사를 중심으로 서술되어 있으므로 정치사와 관련하여 불교사가 서술되어 있으며, 『역사』 상·하에 이르러 문화 부분에 불교사와 불교 문화라는 주제로 독립 서술되어 있다. 이는 해방 이후 『국사』 교과서 간행이래 처음 있는 일이다. 현행 교육과정의 『역사』 1·2도 『역사』 상·하의 서술 내용과 유사하다.

이러한 『중학 국사』의 서술 내용은 『역사』 교과서에서도 준거가 되어 서술되었으며, 제7차 교육 과정의 『고등국사』의 불교사 내용도 참작되어 서술된 듯하다. 『역사』 1·2에서는 집중 이수제를 택하여 불교사 서술 내용이

---

123) 『고등국사』(제7차).
124) 황인규, 「高僧傳과 高僧文集의 集成-韓國高僧集의 集成 및 간행을 위한 試攷」, 『불교학연구』 32, 2012.

대부분 축소 서술되었다. 전체적인 내용도 불교사 분야의 전문연구자가 참여하지 않은 채 서술되어 한국 불교사의 전개에 따른 순수한 불교사적인 서술 내용이라고 보기 힘들다. 불교사와 불교 문화가 국가와 민족문화에 기여한 바 매우 크며, 현재 문화유산에서도 차지하는 비중이 매우 높다. 이러한 국민 대다수가 『국사』(『역사』) 교과서를 통해서 불교사를 배우게 되므로 교과서의 불교사와 불교 문화에 대한 서술은 전문적·체계적으로 이루어져야 할 것이다.

그런데 이러한 사실보다 우선적으로 해결되어야 할 것은 다음과 같은 사실들이 아닐까 한다. 즉, 우리의 민족 문화를 주도한 불교사를 이해하고 연구할 때 불교 사관에 의하지 않고 기독교 사관이 담긴 서양의 사관에 의한다는 것이다. 이는 곧 불교 역사교육의 부재 때문이다. 이를 위하여 불교 역사학과 불교 역사교육 연구는 물론이거니와 불교문학과 불교미술 등 불교와 깊은 인접 학문의 연구가 심층적·체계적으로 이루어져야 할 것이다. 아울러 교과서 서술에 대한 근본적인 불교학이나 불교 사학에서 근본적 학술적 연구와 함께 일반인들이 쉽게 읽을 수 있는 개설서의 간행 보급이 중요하다.

『국사』 교과서가 새로 집필되면서 이전의 교과서, 특히 검인정 교과서(제7차) 1종을 무비판적으로 수용하거나 자의적으로 누락시키는 경우가 적지 않다. 교과서 검정위원회에서 교과서 집필 원칙에 의거하여 나름대로 검증 절차를 거치고 있으나, 교과서 집필자들 가운데 불교학자나 불교 사학자가 거의 참여하지 않은 상황하에서 불교사와 불교 문화를 제대로 이해하지 못한 채 집필되는 경우가 없지 않은 듯하다.[125]

이러한 현실에서 불교 서술이 어떻게 되었는지 비판을 하기보다 우리의

---

[125] 이러한 상황에서 『역사』(『국사』) 교과서에서 불교사와 불교 문화에 대한 서술이 이루어지고 있는 사실에 경의를 표해야 할 것이다. 특히 학술 연구와 학교현장의 교육의 본업이 있음에도 불구하고 과외의 시간을 내어, 그것도 자주 개정되는 교과서 집필에 애를 많이 쓴 집필자 교수님과 선생님들에게 깊은 고마움을 느끼는 바이다.

불교계와 불교학계에서 무엇을 해야 할 것인가 스스로 되돌아보는 것이 먼저가 아닐까 한다. 모두가 아시다시피 『국사』(『역사』) 교과서가 국가미래를 짊어지고 갈 청소년들이 배운다는 측면에서 사실의 바름이나 적정성, 나아가 역사적 사고와 역사의식을 심어줘야 함은 물론이다. 혹 종교계가 나서서 교과서 서술에 대한 내용을 호교적인 입장에서 문제화시키는 것은 결코 바람직하지 않다. 역사 교과서는 불교사 개설사의 범주를 넘어 국가와 민족의 삶과 문화이기 때문이다.

필자의 소견으로는, 불교학, 불교사, 불교문학, 불교미술 등 분야의 전공학자와 교육현장 교사로 구성된 불교 역사교육 연구팀이 발족되어 불교 역사교육에 대한 학술 연구 및 교육 실습이 체계적으로 이루어져야 할 것이다.

제2부

조선 불교와 의승

제3장

조선 불교와 탄압

Ⅰ. 조선시대 사상 문화의 탄압과 불교

1. 들어가는 말

 조선 건국과 더불어 유불 교체가 된다고 알려져 있지만 유교 문화의 정착은 조선중기 이후에 이루어진다. 조선전기의 문화는 유교와 불교만이 아니라 동양 문화의 3대 주요 요소라고 할 유·불·선 및 무속, 이슬람 문화도 공존하였다.
 조선왕조 이전 시기에는 동양 문화[1] 가운데 불교와 유교 문화가 그 주류를 이루었으며, 고려의 '불교', 조선의 '유교' 시대라고 간주되고 있는 것처럼 보이기도 한다. 하지만 고려시대를 불교 국가라고 하거나[2] 조선시대

---

1) 우리나라에 전래 수용된 불교와 도교 등을 동양 문화라고 편의상 지칭한 것이다. 예컨대 불교가 전래 수용되어 인도 불교 중국 불교와는 다른 한국 불교로서의 고유성을 지니고 있지만, 본고에서는 불교를 비롯하여 동양에서 전래된 문화를 동양 문화라고 통칭한 것임을 밝혀둔다. 도교는 한국 자생된 것으로 보는 경우도 없지 않으며, 무속도 그러할 수 있으나 본고에서는 동양에서 전래되거나 한국을 포함한다는 의미에서 동양 문화라고 범칭한 것임에 유의해 주기 바란다.

를 유교 국가라고 하는 것은 단선적인 이해에 불과하다.[3] 유·불·선의 문화뿐만 아니라 무속 등의 민간신앙, 나아가 이슬람 문화 등도 함께 병존하였던 것이다.

조선시대는 한국 고중세시기와 마찬가지로 유·불·선 문화 등이 주류를 이루며 공존하였으나 유교 문화를 보급시키면서 한편으로는 불교를 비롯한 동양 문화를 탄압시켜 축소되어 갔다. 즉, 태종과 세종대에 걸쳐 20여 년간 이루어진 불교 탄압으로 불교계는 고려말의 1/10수준의 규모로 전락되었으며 불교 문화 가운데 불교 의례를 중심으로 축소되었다. 불교뿐만 아니라 도교와 무속, 이슬람 문화에 대해서도 역시 탄압 시책을 단행하였다. 이렇듯 조선은 유교 국가의 표방 시책으로 인하여 점차 불교를 비롯한 동양 문화는 축소되어 갔지만 완전히 제거하지는 못하였다. 조선전기는 물론이고 조선후기에도 고중세시기와 마찬가지로 동양 문화의 주요 부분을 이루고 있는 유·불·선은 물론이고 도교와 무속 등 민간신앙의 여습은 계속 남아 있었을 뿐만 아니라 조선중기 이후 천주교와 조선말기에 기독교가 전래되어 조선시대는 유교 문화뿐만 아니라 동양 문화와 서양 문화까지 병존한 사회였던 것이다.

본고는 필자의 그간의 연구 성과를 바탕으로 선학의 업적에 힘입어 조선시대 문화에 관한 바른 이해를 위한 시론이다. 조선 시기의 유교, 불교, 도교, 이슬람교, 무속 등의 동양 문화가 공존하는 가운데 유교 문화의

---

2) 예컨대 국사 교과서의 서술을 예를 들면 다음과 같다. 고려 불교가 국교였다거나 '사실상 불교적 시대'라고 간주하는 것은 사실과 다르며, 제3차 국정『고등국사』에서도 마찬가지로 답습하고 있다. 변태섭,『국사』, 법문사, 1968, 88쪽 ; 이원순,『국사』, 교학사, 1968, 84쪽 ; 국사편찬위원회,『고등국사』, 두산, 2002, 274쪽.

3) 이러한 인식은 현재 유통되고 있는 한국사나 한국 문화를 다루고 있는 개설서나 논저류에서 쉽게 찾아볼 수 있다. 이는 학문의 주제를 세분화해서 연구를 진행하기 때문이며, 이러한 연구 주제나 방법을 지양하기 위하여 원효의 화쟁 사상 처럼 학문적 융합 또는 통섭의 자세가 요청된다. 김상현,「동서문명의 소통과 원효의 화쟁 사상-『문명의 충돌』및『통섭』의 문제를 중심으로」,『천태학연구』11, 천태불교문화연구원, 2008, 174쪽.

보급 시책으로 불교를 비롯한 도교, 이슬람 문화 등 동양 문화가 탄압되어 가는 실상을 이해하고자 한다. 그런 후 특히 불교가 탄압되어 가면서도 한편으로는 능침 사찰, 분암, 결사 및 향도 등 불교 문화[4]가 존립하면서 불교 의례를 정립해가는 실상을 살펴보고자 한다.[5]

2. 도교·무속·이슬람 문화의 배척

고대 이래 불교와 유교와 더불어 정신 문화를 구성하였던 도교는 조선시대에도 지속되었다. 태조 이성계는 도교를 불교와 마찬가지로 배척하는 시책을 펼쳤으나 근본적으로 다 혁파하지는 않았다. 개경의 광명사에서 왕사 무학을 보고 소격전으로 갔다[6]는 기록으로 미루어 보아 불교와 도교를 배척하지 않았음을 알 수 있다. 하지만 태조는 1392년(태조 1) 예조의 건의에 따라 모든 초례의 장소를 폐지하였다. 그 후 개성에 대청관을 세우고 한성으로 천도하여 복원관을 비롯한 여러 초례의 거행 장소를 폐지하고 경복궁의 북쪽에 소격서 한 곳만을 남겼다.[7] 당시 도교의 유일한 기관으로 남았던 소격전은 세조대에 이르러 소격서로 개칭되어[8] 국가 행정의 한

---

4) 능침 사찰과 분암, 향도 등이 조선시대 불교 문화를 대표한다고 말하기 어려울지 모르나 조선시대 문화에서 매우 특징적인 것이라고 간주하여 일반적인 의미에서 불교 문화라고 통칭하였다. 아울러 본고에서 다루고자 하는 주제의 연구성과는 매우 많으므로 별도로 기술하지 않는다.
5) 본고는 대한불교 조계종 제22교구본사 대흥사에서 주최한 학술 세미나 '대흥사 표충사 서산대사의 향례 연구'(조계종 한국불교역사기념관 국제회의장 2층, 2019.9.21)에서 발표한 원고 '조선시대 불교계의 추념과 제향' 가운데 일부를 정제 보강한 것임을 밝혀둔다.
6) 『태조실록』 권4, 2년(1393) 8월 11일(갑신), '幸廣明寺 見王師自超 遂幸昭格殿.'
7) 『태조실록』 권2, 1년(1392) 11월 1일(무인), '禮曹啓 道家星宿之醮 貴於簡嚴 盡誠敬而不瀆 前朝多置醮所 瀆而不專 乞只置昭格殿一所 務要清潔 以專誠敬 其福源宮 神格殿 九曜堂 燒錢色 太清觀 清溪 拜星所等處 一皆革去 上從之.'
8) 『세조실록』 권38, 12년(1466) 1월 15일(무오), '昭格殿改稱昭格署 置令一 秩正五品.'

관서로 전락되었다.

> 전하께서 즉위하신 처음에는 성안에 사찰을 다시 세우지 말도록 하고, 외방의 사사 역시 중창을 금했었는데, 근일에는 사전을 돌려주고 기신재·수륙재를 회복하여 숭봉하는 단서를 열었습니다. 청컨대 빨리 그 명을 거두어 길이 이단을 끊으소서. 소격서·성숙청의 등도 아울러 모두 혁파하소서.9)

위의 사료는 중종 즉위 초에 홍문관 부제학 이윤 등이 올린 상소이다. 사원전의 혁거와 불교의 주요 법회도량과 더불어 도교의 관서인 소격서와 국무당이 소속된 성수청도 혁파하라는 내용이다. 이에 소격서도 정암 조광조를 비롯한 사림들의 혁파 주청에 의해 폐치되었다가 3년 후 부활되기도 하였지만 임진왜란 이후 완전히 폐지되었다. 이로써 한국 역사상 공식적인 과의도교 기관은 우리 역사무대에서 사라졌지만 수련 도교는 조선후기에도 유행하게 된다.10)

이렇듯 조선전기 도교의 공식적인 관청인 소격서만이 남아 있었지만 도교는 무격과 불교와 습합되어 설행되었다. 이러한 도무(道巫) 의례는 이전의 왕조 시기부터 있었으며, 조선조에도 유교를 국가의 의례 시책으로 내세웠지만 쉽게 폐기시키지 못하였다.

도교와 더불어 조선시대에 병존했던 민간신앙 가운데 가장 대표적이라고 할 무속에 대해서도 앞서 잠시 언급한 바와 같이 탄압 시책을 단행하였다. 본래 국가의 무의를 담당하였던 국무당은 고려의 명종대에 승려 치순의

---

9) 『중종실록』 권1, 1년 10월 25일(경오).
10) 마리산 초례는 도교에 위임하여 제천의 성격을 띠어 1599년(명종 14) 무렵까지 시행되었다. 『명종실록』 권25, 14년(1559) 7월 4일(계유) ; 『명종실록』 권25, 14년(1559) 7월 5일(갑술). 이에 대해서는 다음의 논고를 참조하기 바란다. 황인규, 「한국 전근대 도교의 수용과 도불 통섭-거사와 고승 관련기록을 중심으로」, 『한국사상사학』 50, 2015 참조.

건의를 받아들여 설치된 별례기은도감(別例祈恩都監)11)에 소속되었으며 조선시대에 이르러 성수청과 활인서 등에 소속되어 있었다. 국무당은 고려말 주자학의 대두로 조선왕조가 건국되던 해인 1392년 음사라 하여 폐지되었다가 다시 부활되었다.12) 국무당은 중국 북방의 신격으로서 고려 충렬왕 때 이미 제향을 올린, 원 간섭기 이후의 민간신앙인 대국제를 주관하였던 듯하다.13) 이 대국제는 1411년(태종 11)에 의궤에 없기 때문에 혁파하였지만 국무당은 존속하였다.14)

    예조에서 또한 사신은 성경을 위주로 하는데 음사를 함부로 행하는 것은 제사를 지내지 아니함만 못합니다. … 가령 국무당과 감악·덕적같은 곳은 무녀와 사약을 보내어 아무 때나 제사를 지내고 있으니, 일체 금단하십시오' 라고 아뢰었다.15)

위의 인용한 사료에서 보듯이 국무당과 대국제는 정종과 태종대에 이르면서 국가 의례로는 혁파되었지만 대국제는 그 후에도 사사로이 설행되었다. '주공이 신읍을 짓고 사전에는 없는 신도 모두 제사하였으니 두 신은 비록 신은 아니나 사전에 실려 있으니 폐할 수 없다고 하였다.'16)는 것이다. 성종대에 『경국대전』에 의거하여 이러한 음사를 금지시키고자 하였으나 중지되지 않자 성중에서만이라도 금지케 하였다.17) 예컨대 중국에서도

---

11) 『고려사』 권77, 백관지 2, 제사도감 각색.
12) 『태조실록』 권2, 1년 9월 21일(기해), '鬼神之道 福善禍淫 人不修德 瀆祭何益…願自今 除祀典所載理合祭者外 其他淫祀 一切禁斷 以爲常典 違者痛理.'
13) 『태종실록』 권22, 11년 7월 15일(갑술), '大國則中國北方之神 忠烈王亦請祀之.'
14) 『태종실록』 권22, 11년 7월 15일(갑술), '禮曹且啓 革大國祭 以儀軌所無也 所不革者 國巫堂耳.'
15) 『정종실록』 권6, 2년 12월 22일(임자).
16) 『세종실록』 권101, 25년 7월 6일(기미).
17) 『성종실록』 권88, 9년 1월 20일(계미) ; 『성종실록』 권88, 9년 1월 27일(경인) ; 『성종실록』 권102, 10년 3월 28일(갑신).

민간에서 시작해서 공적 신앙이 된 성황신앙이 우리나라에 들어오면서도 공적 신앙과 민간신앙이 양존했으며, 조선시대에도 계속되었다.[18]

그런데 앞서 언급한 성수청은 국무당으로 하여금 왕실의 안녕을 빌거나 기청·기우 등을 위하여 국가에서 공식적으로 치르는 신사인 기은을 담당한 관청이었다. 성종대 홍문관 부제학 성현은 1478년(성종 9) 성내의 성수청의 기은을 금하자고 상소를 올린 바 있다.[19] 하지만 연산군대에도 성수청에 국무를 둔 것이 오래되었다고 하면서 성수청 소속의 국무당에게 잡역을 면제해주기도 하였다.[20] 그리고 국무당은 조선시대 도성 내의 병인을 구료하는 업무를 관장하였던 관서인 활인원에 소속되기도 하였다. 활인원은 1392년(태조 1) 7월 고려의 제도에 따라서 동서 대비원을 두었지만 태종은 1414년(태종 14) 동서 활인원으로 개칭하였는데[21] 불교적인 요소를 제거한 것이다. 세조는 1466년(세조 12) 1월 활인서로 통합하였으며[22] 임진왜란 때 일시 그 기능이 정지되었다가 1882년(고종 19) 폐지되었다.

이러한 무속은 불교와 또는 도교와 더불어 국가의 의례를 맡아 설행되기도 하였다. 무당(무녀)은 사평부에서, 맹승은 명통사에서, 승도는 연복사에서 기우제를 지냈다.[23] 불교에 대한 탄압 시책을 단행한 후에도 선·교 양종과 명통사에 기우제를 지내도록 하였다.[24]

예조에서 아뢰었다. '근일의 한재가 매우 두렵습니다. 흥덕사·장의사·승가사·개경사·회암사 등의 사찰에 승려들을 시켜서 비가 내릴 때까지 기도하

---

18) 최종석, 앞의 논문, 2009, 232쪽.
19) 『성종실록』 권98, 9년 11월 30일(정해).
20) 『연산군일기』 권61, 12년 3월 6일(병술).
21) 『태종실록』 권28, 14년 9월 6일(병자), '改施惠所爲歸厚所 東西大悲院爲東西活人院.'
22) 『세조실록』 권38, 12년 1월 15일(무오).
23) 『태종실록』 권4, 2년 7월 2일(계미), '命文武臣僚 各陳時政之弊 釋京外二罪以下囚 徙市 聚巫女于司平府 聲者于明通寺 僧徒于演福寺禱雨.'
24) 『세종실록』 권29, 7년 7월 2일(기사), '命禪敎兩宗及明通寺禱雨 限以得雨.'

게 하고, 아울러 명통사에서도 기도하게 하십시오. 삼각산·백악산·목멱산·송악산·감악산·개성산·덕적산·삼성산 등지에서도 기도하게 하고, 한기가 있는 각도는 사전 외의 영험이 있는 산천에도 역시 치제하게 하십시오. 동중서의 '백성이 가물면 문에 제사지낸다.'는 법에 의하여, 경중의 각 호로 하여금 문에 제사하게 하십시오.' 그대로 따랐다.25)

위의 인용한 명통사 승려는 모두 삭발하여 '맹승' 또는 '선사'라고 불리었으며,26) 한증승과 더불어 경제적 후원과 인신이 찍힌 첩자를 발급해 신분을 보장받았다.27) 맹승들이 모이던 집회소인 명통사에서 점복이나 『영보경』· 『옥추경』· 『용호경』 등 도교 경전을 독경하여 길흉 판단·치병·도액 등을 하였다. 이처럼 맹인이 도교적 행사를 담당했던 일은 우리나라의 도교에서만 찾아볼 수 있는 특징적인 것이다.28) 이렇듯 조선초에 무속은 도교 또는

---

25) 『세종실록』 권101, 25년 7월 6일(기미), '禮曹啓 近日旱災可畏 請於興德藏義 僧伽開慶 檜巖等寺 令僧徒限得雨祈禱 幷於明通寺禱之 三角 白岳木覓松岳紺岳開城德積三聖等處 亦祈禱 且有旱氣各道則祀典外靈驗山川 亦令致祭 又依董仲舒民旱祀門之法 令京中各戶祀門 從之.'
26) 성현, 『용재총화』 권5, '都中有明通寺 盲人所會也 朔望一會 以讀經祝壽爲事 高者入堂 卑者守門 重門施戟 人不得入'; 李圭景, 「明通寺辨證說」, 『오주연문장전산고』 20, 경사편 논사류. 이능화는 점복맹인들이 점복하는 道流의 한 유파에 속하므로 맹승을 道流僧이라 보았다. 이능화, 이종은 역, 『조선도교사』, 보성문화사, 1977, 259쪽. 손진태는 맹승들이 독경하고 삭발을 한 것으로 보아 불교의 감화를 받았으며 고려시대부터 卜筮를 사용하여 술가(道敎)의 감화를 받은 것이라 하였다. 손진태, 「맹격고」, 1929 ; 『조선민족문화의 연구』, 을유문화사, 1948, 343쪽; 황인규, 「한국 전근대 도교의 수용과 도불 통섭-거사와 고승 관련기록을 중심으로」, 『한국사상사학』 50, 한국사상사학회, 2015, 20~21쪽.
27) 『세종실록』 권49, 12년(1430) 9월 1일(기해), '禮曹啓…汗蒸僧及明通寺僧 則仰曹皆給印信帖字 其不留宿城中 因公事出入者勿禁 從之.'
28) 徐居正, 『筆苑雜記』 권2, '盲瞽祈福禳災 不見於古人 不行於中國 但我國時俗相傳故事耳' 이능화, 앞의 책, 253면. 실록에 의하면 明通寺는 세계 최초의 장애인 단체라고 불린다. 태종 2년부터 세조 3년(1457) 9월까지의 기록이 실려 있다. 『태종실록』 권4, 2년(1402) 7월 2일(계미) ; 『세조실록』 권9, 3년(1457) 9월 16일(정축). 明通寺는 아마도 조선중기 이후에 폐지된 듯하며, 임란 이후 효종대에 민간단체인 盲廳으로 부활했던 듯하다. 정창권, 「제3장 세계 최초의 장애인 단체-1. 명통시」, 『역사속의

불교와 함께 국가의 의례로서 설행되고 있었다.

그런데 고대이래 우리 문화에는 이슬람의 문화 의례도 공존하고 있었다. 선학이 이미 연구한 바와 같이, 이슬람 종교와 문화는 고대이래 한반도에 전래되었지만 본격적으로 유입된 시기는 고려말과 조선초기이다. 즉, 13세기 후반부터 15세기 초에 이르는 약 150년간 원으로부터 조선에 유입된 이슬람인들은 고려의 국도 개경과 그 주변 지역에 집단으로 취락을 이루면서 이슬람의 풍습으로 생활을 하였다.29) 그들은 이슬람 사원인 '예궁'에서 예배를 하였으며 조선의 조정에서도 예배의식인 '대조회 송축'을 하였다.30)

> 임금이 면복 차림으로 왕세자와 문무의 여러 신하를 거느리고 망궐예를 의식대로 행하고, 강사포 차림으로 근정전에 나아가서 조하를 받았다. 왜인·야인과 귀화한 회회인과 승인·기로들이 모두 조하에 참여하여 예의를 올렸다.31)

이슬람인은 불교 승려와 함께 근정전에서 거행되는 신년 하례식이나 동지 망궐예 같은 각종 궁정 행사와 의식에 참석하였다는 것이다.32) 그런데 이와 같은 이슬람 문화는 우리의 문화 속에 결정적인 탄압을 받게 된다.

예조에서 아뢰었다. '회회교도는 의관이 보통과 달라서, 사람들이 모두

상애인을 어떻게 살았을까』, 글항아리, 2011 참조.
29) 이희수, 『한·이슬람 교류사』, 문덕사, 1991, 2012, 146~147쪽.
30) 이능화(1869~1943)의 『조선불교통사』에도 같은 내용이 찾아진다. 이능화, 『한국불교통사』, 2000, 426쪽, '회회교도들은 원나라로부터 고려에 이주해 와서 대대로 취락을 이루고 살았다. 이들은 조선 때까지 그곳에 집단 거주하며 고유의 衣冠과 종교 역시 바꾸지 않았다. 禮宮이란 것은 회회교의 禮拜堂인듯하며, (조정의) 大朝會에서 기도하는 의식은 아마도 회회 교도가 기도하는 의식을 말하는 듯하.'
31) 『세종실록』 권35, 9년 1월 1일(경인), '上以冕服 率王世子及文武群臣 行望闕禮如儀 以絳紗袍 御勤政殿受朝賀 倭野人向化回回及僧人耆老皆參賀.'
32) 『세종실록』 권1, 즉위년 9월 27일(갑술), '僧徒及回回人等入庭祝頌訖 判通禮跪啓禮畢.'

보고 우리 백성이 아니라 하여 더불어 혼인하기를 부끄러워합니다. 이미 우리나라 사람인 바에는 마땅히 우리나라 의관을 좇아 별다르게 하지 않는다면 자연히 혼인하게 될 것입니다. 또한 대조회 때에 회회도의 기도하는 의식도 폐지함이 마땅합니다.' 모두 그대로 따랐다.33)

위의 인용한 사료에서 보듯이 세종은 이슬람인의 의관이 다르기 때문에 사람들이 혼인하기를 꺼리고 있으므로, 이미 백성이 된 이상 우리 한식 복장을 따르고 이슬람식 송축 예의법도 폐지해야 한다는 것이다. 이에 세종은 이슬람인의 이색적인 복식이 문제가 되자 1427년에 이슬람인의 이국적인 습속 및 의례를 금하는 조처를 내리게 된다.

그리하여 조선 사회에서 국가적 의례로서의 이슬람 의례는 사라졌지만 그 여습은 민간속에 남아 있었던 듯하다. 현재 조선시기 이슬람 문화의 흔적은 거의 찾아볼 수 없게 되었지만 무속과 습합된 다음과 같은 기록은 매우 희미하게나마 그 편린을 짐작해 볼 수 있지 않을까 한다.34) 즉, '천당동은 잠두아래 있으니 회회 세자가 거처하던 곳인데 세자의 이름은 문해이고, 그는 명승(明昇)을 따라 동으로 왔다.'35)고 한다. 선학의 연구에 의하면 명승은 원말 대하정권을 세운 명옥진의 아들이며, 명 태조 주원장

---

33) 『세종실록』권36, 9년 4월 4일(임술), '禮曹啓 新婦初謁舅姑之日 專務誇示 車馬僕從 爛其盈門 盛設酒饌 戴持婢僕 多至三十餘人 夫家亦因支待 糜費甚煩 貧者至於稱貸 其弊不小 今後饋品 不過五星二部 餠二榼 三味湯水共計七盤 乳母一名 侍婢二名 奴子不過十名 又啓 回回之徒 衣冠殊異 人皆視之 以爲非我族類 羞與爲婚 旣爲我國人民 宜從我國衣冠 不爲別異 則自然爲婚矣 且回回大朝會祝頌之禮 亦宜停罷 皆從之.'
34) 이슬람 문화가 우리의 문화에 끼친 영향이 거의 없다고 보는 경우가 없지 않은데, 이는 우리 역사와 문화에 대한 몰이해일 뿐이다. 정수일과 이희수 등의 연구에서 충분히 알수 있다. 그러한 정황을 확실하게 해주고 있는 것은 최근에 고려후기에는 고려 이슬람 신자 剌馬丹이 있었음이 중국 광저우에서 발굴된 비문에 의해 확증된 바 있다. 박현규, 「최근 발굴된 중국 소장 海東 관련 금석문 : 고려인 이슬람교도 剌馬丹 묘비」, 『중국학논총』 17, 2004 참조.
35) 『輿地圖書』松都 補遺 I, '天堂洞在蠶頭下 乃回回世子所居之地也 世子姓文偕 明昇東來.'

(1328~1398)에게 대하정권이 패하자 1372년(공민왕 21)에 명승은 27명과 함께 고려에 내투하였다.36) 그 가운데 회회 세자 문해도 함께 하였다.37) 명승의 아버지 명옥진의 곤룡포, 면류관과 초상화도 개경의 흥국사 인근의 자택에 남아 있었으나 임진왜란 때 불타버렸다고 한다.38) 특히『여지도서』와『중경지』에 '흥국사는 병부교 옆에 있다고 하였다. 바로 훈련장의 옛터이다. 옛 탑이 지금도 남아 있다. 사찰 뒤는 바로 명승이 살던 곳이다.'라는 기록도 찾아진다.39) 즉, 경기도 개성 흥국사 근처에 회회 세자 문해40)가 '대국'의 신당에 봉안되어 추숭된 듯하다.41) 이와 같이 이슬람 문화도 무속과 습합되어 잔존했던 것이며, 흥국사 근처에 있었으므로 불교 의례와도 습합되었을 것으로 추정된다.

이상으로 살펴본 바와 같이, 조선초에는 불교와 유교뿐만 아니라 도교와 무속신앙, 이슬람 문화가 공존하고 있었으며, 그 가운데 무속의 경우 대국제는 정종과 태종대에 이르면서 국가 의례로서 혁파되었으며, 이슬람 문화도 세종대에 공식적으로 배척되었다. 유교 의례가 깊이 침투하는 조선중기에

---

36) 전순동, 「명옥진의 대하정권과 그 성격」,『중국사연구』제46집, 중국사연구회, 2007, 216~218쪽.
37) 『中京誌』卷3, 山川, '天堂洞在鼇頭下 乃回回世子所居之地也 世子姓文偕 明昇東來';『松都志』(1648, 金堉 편찬)』권상;『輿地圖書』松都補遺 II권 古跡편 興國寺 및『中京誌』山川.
38) 『輿地圖書』松都 補遺 II;『中京誌』興國寺, '寺刹 興國寺在兵部橋側 卽訓鍊廳舊基古塔猶存寺後乃明昇所居. 大明太祖平漢蜀將陳理明昇男 婦二十七人出送我國 使不做軍不做民閒住過活 昇年十八理年二十二 昇爲摠郞尹熙宗婿 恭愍 賜米四十石布一千疋 明玉珍袞冕畫像猶存至 任辰亂焚盡.'
39) 『輿地圖書』上, 補遺篇, 松都舊誌序;『松都誌』卷4, '興國寺在兵部橋側卽訓鍊廳舊基古笞猶存寺後乃明昇所居 大明 太祖平漢蜀將陳理明昇男婦二十七人出送我國使不做軍不做民閑住過活昇年十八理年二十二昇爲摠卽尹熙宗瑃恭愍賜米四十石布一千疋明玉珍袞冕畫像猶存至壬辰之亂焚盡.'
40) 文致祥은 (과거시험) 응시의 정지가 해제된 후 처음으로 생원시험에 응하여 수석이 되었다. 그는 회회 세자의 손자다.『輿地圖書』松都 補遺 II;『中京誌』附錄, 410쪽, '文致祥 解傍初 首擧生員卽回回世之孫.'
41) 김정위, 「고려말 회골인의 귀화와 이슬람의 한반도 등장」,『백산학보』91, 백산학회, 2011, 229쪽.

이르러 도교가 공식적으로 배격되었지만, 무속과 이슬람 문화, 도교의 여습은 조선후기에도 일부 잔존하거나 지속되었던 듯하다.

3. 불교계 탄압과 불교 의례의 축소

조선왕조는 앞서 살펴본 바와 같이 유교시책을 강화하면서 도교와 무속, 이슬람 문화 의례를 배척하여 갔다. 이러한 사상 문화보다 조선 조정이 역점을 두어 탄압한 것은 불교였다. 이미 고려말 연복사 탑의 중수를 계기로 성리학자들의 억불 운동이 전개되었던 바 있다. 조선왕조가 건국된 지 사흘 뒤인 1392년 7월 20일 사헌부가 승려 도태(淘汰)에 관한 상소를 올렸다.[42] 이러한 움직임에 대하여 태조는 개국초부터 시행할 수 없다고 거절하였고 불교 교단을 억압하거나 승려를 도태시키지는 않았으며, 다만 승려들 사이에 폐습만 고쳤을 뿐이다.[43] 태조는 오히려 조선 건국 직후 무학 자초를 왕사로 책봉하는 등 불교계를 보호하기도 하였다. 불교계를 주도하였던 무학과 건국 사업에 참여하였던 불교계의 일부 선각자도 불교계의 수호에 적지 않은 역할을 하였다.[44] 이렇듯 태조대는 불교계 고승들이 탄압을 받은 사례는 거의 찾아지지 않으며, 정종대에도 마찬가지다.

하지만 무학이 입적한 지 3개월도 되지 않은 1405년 11월에 불교계에 대한 탄압책이 본격적으로 시작되었다.[45] 태종은 이미 즉위하면서 왕궁 내에 모셔져 있던 인왕불을 궁 밖의 내원당으로 옮기면서[46] 불교계에 대한 탄압 시책을 단행한다. 1402년(태종 2) 4월 서운관원이 올린 상소를

---

42) 『태조실록』 권1, 1년 7월 20일(기해).
43) 위와 같음.
44) 황인규, 「무학자초의 생애와 활동에 대한 검토」, 『한국불교학』 23, 1997 ; 황인규, 『무학대사연구-여말선초 불교계의 혁신과 대응』, 혜안, 1999 참조.
45) 앞과 같음.
46) 『정종실록』 권6, 2년 11월 13일(계유).

계기로 불교계의 5교 양종을 혁파하고 승려를 도태시키고자 하였다.[47] 그 후 1424년(세종 6)까지 20여 년 사이에 역사상 최대의 불교계의 탄압시책이 단행되었다. 그 내용의 핵심은 태종대 7종 242사와 세종대 선교양종 36사로의 정리로 귀결된다.

그 후 성종대를 거쳐 파불을 단행했다고 하는 연산조와 중종대에 이르러 승과와 도승제의 무실시로 무종단의 불교계가 되었다. 하지만 조선전기의 불교계는 그런대로 불교의 사세를 유지하고 있었다. 예컨대 불교 탄압시책이 강화되고 있던 1493년(성종 24) 무렵 귀화한 여진인 출신의 승려 의초가 머물렀던 충남 천안 목천현의 전곡사는 노비 수십 명과 밭 수십 결과, 그리고 좋은 말과 많은 재산을 소유하고 있었다.[48] 한국 중세의 양인 자작농의 경우 5인의 가족이 생계를 꾸리기 위해서는 중등전 4결 정도는 소유했어야 한다[49]는 연구 결과에 비추어 볼 때 혁거되거나 국가 법정 외의 사찰이었던 전곡사가 수십 결의 밭을 소유했다는 것만으로도 어느 정도 사세를 유지하였는지 짐작할 수 있다.

물론 고려시대 불교계의 상황과 비교하면, 사세가 1/10로 감축을 당하여 교단이 매우 위축되었다고 할 수 있으나, 조선말까지 1600여 내외의 사찰이 존재하는 등 그 사세는 지속되었다.[50] 하지만 시간이 지날수록 조선 조정의 불교계에 대한 탄압 시책은 강화되어 불교계를 더욱 위축되게 하였다.

이러한 불교계에 대한 탄압 시책과 더불어 가장 역점을 둔 것은 유교 의례를 정립하면서 불교 의례를 폐지 또는 축소하는 것이었다. 이러한 사실을 좀 더 살펴보기로 한다.

태조는 즉위 교서에서 불교에 관한 어떤 언급도 하지 않았으며, 정책적으

---

47) 『태종실록』 권3, 2년 4월 22일(갑술).
48) 『성종실록』 권283, 24년 10월 23일(갑신), '木川縣 典谷寺僧義超向化野人子也 有奴婢 數十口 田數十結 且有肥馬.'
49) 한국역사연구회 편, 『한국사 강의』, 한울아카데미, 1989, 121~124쪽.
50) 위의 책, 참조.

로는 유교 시책을 표방하였다. 이는 고려 태조 왕건의 훈요10조에서 불교에 관한 시책을 언급한 사실과 극명한 대조를 이룬다.

태조는 '나라 이름은 그전대로 고려라 하고, 의장과 법제는 한결같이 고려의 고사에 의거하게 한다.'[51]라고 하였지만 불교 의례에 관해서 만큼은 사정이 좀 달랐다. 그 후 15일도 지나지 않은 8월 11일, 후에 왕사 무학의 탑비를 세울 것을 건의한 조박이 당시 예조의 전서로 다음과 같은 상서를 올린 것도 그러한 분위기를 대변한다.

> 여러 신묘(新廟)와 여러 주군의 성황은 나라의 제소(祭所)이니, 다만 모주(某州)·모군(某郡) 성황의 신이라 일컫고, 위판을 설치하여, 각기 그 고을 수령에게 매년 봄·가을에 제사를 지내도록 하고, 전물·제기·작헌의 예는 한결같이 조정의 예제에 의거하도록 하십시오. 봄·가을에 장경·백고좌의 법석과 7소의 친히 행차하는 도량과 여러 도전(道殿)·신사(神祠)·초제(醮祭) 등의 일을 고려의 군왕이 각기 일신상의 소원[私願]으로써 때에 따라 설치한 것을, 후세의 자손들이 구습에 따라 혁파하지 못하였습니다. 지금 천명을 받아 새로 건국함에 어찌 전폐를 그대로 따라 하며 떳떳한 법으로 삼겠습니까? 모두 폐지해 버리시기 바랍니다.[52]

이에 대하여 태조는 도당에 교지를 내려 '봄·가을의 장경 백고좌의 법석과 7소의 도량에 대하여, 그것의 처음 설치한 근원을 상고하여 아뢰라.'[53]라고 하였다.

조선 건국후 한 달도 채 안된 시기에 결정된 국가 사전의 의례는 유교 의례로 정하고 불교 의례는 자세히 살피도록 하였다. 결국 1400년(정종 2) 예조에서 상언하여 불사를 혁파하기에 이른다.

---

51) 『태조실록』 권1, 1년 7월 28일(정미), '國號仍舊爲高麗 儀章法制 一依前朝故事.'
52) 『태조실록』 권1, 1년 8월 11일(경신).
53) 위와 같음.

예조에서 상언하였다. '중외의 사사에서 베풀어 행하는 도량·법석·국복·기은·연종환원 등의 일을 일체 모두 정지하여 혁파하십시오. 또 신에게 제사하는 것은 정성과 공경이 주가 되는데, 음사에서 번독하는 것은 제사하지 않는 것만 같지 못합니다. 이제부터 사전(祀典)에 실려 있는 명산·대천은 한결같이 『홍무예제』에 의하여 정성을 다해 제사를 지내고, 국무당과 감악산, 덕적산 등지에 무녀와 사약을 보내어 때 아닌 때에 제사하는 것 같은 것은 일절 모두 금지하시기 바랍니다.'[54]

이러한 예조의 불사와 음사를 혁파하라는 상언에 대하여 조정은 불사만 혁파하고 후술하는 바와 같이 국무당 등 음사는 그대로 유지하게 하였다. 음사라고 지칭한 민간신앙뿐만 아니라 도교와 이슬람 문화조차 유교 의례가 국가 사전으로 확립되어 보급될 때까지 존속되었을 뿐만 아니라 그 이후에도 그 여습은 일부 남아 있었다. 즉, 조선초기에는 물론 후대에도 한 동안 그러한 속례는 여전히 사라지지 않았으며, 특히 대부분의 민들에게는 고려시대의 여습으로 인해 유교 의례 보다는 불교 의례 그리고 음사가 더 친숙하였으며, 이슬람적 의례도 병존하고 있었다. 조선 조정은 유교 외의 동양의 주요 문화적 요소를 갑자기 제거하기 쉽지 않았기 때문이며, 불교도 역시 더욱 그러하였다.

이미 선학이 연구한 바와 같이, 조선초기 국가의 유교적 사전체제의 큰 틀은 태종대에 시작되어 사림들이 본격적으로 등장하는 성종대에 이르러 기본 골격이 확립되어 가고 있었다. 즉, 태종대 명의 『홍무예제』, 세종대의 『세종실록』 5례, 성종대의 『국조오례의』와 『경국대전』의 편찬으로 집결 완성되었다.[55]

하지만 조선 건국후 조선왕조의 기본적인 『국조오례의』와 『경국대전』에 불교 의례에 대한 조문은 수록되지 않았다. 즉, 수륙재와 유사하다고 할

---

54) 『정종실록』 권6, 2년 12월 22일(임자).
55) 한형주, 「15세기 사전체제의 성립과 그 추이」, 『역사교육』 89, 2004, 131~144쪽.

수 있는 유교식 의례인 여제(厲祭)가 『국조오례의』 길례에 실렸으며,56) 여제가 성황 발고제(城隍發告祭)에 포함되어 3일 동안 북교에서 행하도록 『경국대전』에도 실려 있지만57) 불교 의례에 관한 사항은 실려 있지 않고 국행 수륙재 설행 비용과 관련된 국행 수륙전에 관한 규정만이 수록되었을 뿐이다.58)

태조가 국행 수륙재의 설행 사찰로 진관사를 지정한 후 1395년(태조 4) 견암사·석왕사·관음굴 등에서만 설하게 하였다. 태종은 1412년(태종 12) 상제의 의식을 『주자가례』에 따르고 불사와 음사를 엄금하게 하였다.59) 세종은 1420년(세종 2)에 그동안 설행되었던 도량과 법석 등의 대규모 불교 의례는 혁파하고 국상 중에 국행 불교식 상·제례는 수륙재로만 거행하고60) 그 나머지는 『주자가례』에 의거하여 설행하도록 하였다.61) 성종은 조종조로부터 실시하였던 축수재를 폐지하고 도승(度僧)의 법이 『경국대전』에 수록되어 있었지만 국행 수륙재를 폐지하였다.62)

이미 연구된 바와 같이 기신재는 수륙재와 더불어 조선전기 대표적인 불교 의례였다. 고려말 『주자가례』의 도입 이후 가묘 설치가 권장되었지만, 기신재는 여전히 설행되었다.63) 기신재의 의례는 기일에 앞서 능침에 친제하고 능침 사찰에서 불교 의례를 설행하였으며, 당일에는 유교 의례로

---

56) 『國朝五禮儀』 卷2, 吉禮 厲祭儀, '發告城隍壇 行祭北郊壇'. 厲祭는 厲鬼, 즉 제사를 받지 못하는 귀신에게 지내는 제사. 城隍壇에서 發告를 하고, 北郊壇에서 行祭한다. 厲祭는 老人星 제사, 酺祭·纛祭와 더불어 小祀로 새로 등재되었다. 이욱, 앞의 논문, 2001 ; 김철웅, 앞의 논문, 2003, 200쪽.
57) 『經國大典』 卷3, 禮典 祭禮 厲祭, '제사를 받지 못하는 귀신을 제사지낸다. 귀신이 돌아갈 바가 없으면 사람에게 해를 끼치기도 하므로 제사지낸다.'
58) 『經國大典』 卷2, 戶典 諸田. 국행 수륙전은 조선후기 법령집인 『大典會通』과 『典錄通考』의 戶典 諸田에도 실려 있다.
59) 『태종실록』 권24, 12년 10월 8일(경신).
60) 『세종실록』 권9, 2년 9월 24일(기축).
61) 『세종실록』 권55, 14년 3월 5일(갑자), '通國喪制 令設水陸 其餘節目 一依家禮.'
62) 강호선, 「조선전기 국가의례 정비와 '국행'수륙재의 변화」, 『한국학연구』 44, 인하대 한국학연구소, 2017, 507~508쪽.
63) 위의 논문 참조.

제향하여 유불 제례로 시행되었다. 사류(士類)의 경우도 『주자가례』보다 승재(僧齋)를 설행하였다. 1508년(중종 4)에 사류가 승재를 거의 행하지 않으므로 왕실의 기신재도 폐해야 한다는 논의가 부상하였으며, 결국 1516년(중종 11)에 혁파되었다.[64]

이렇듯 조선 건국후 태종과 세종대에 숭유억불 시책을 강화하면서 국행 수륙재와 기신재 및 승재 외에는 폐지하였다. 한편으로는 『주자가례』를 보급시키면서 유교 의례서인 『국조오례의』와 『경국대전』을 편찬하여 유교 의례의 큰 틀을 확립하였다. 하지만 여말선초이래 『주자가례』가 도입된 후 사림 정치가 본격화된 16세기에 이르러 『주자가례』를 중심으로 유교 의례가 보급 정착되고 있었다. 하지만 율곡 이이는 '요즘 세속에서 몰라서 제사지내는 의식이 집집마다 다르니 매우 가소롭다.'[65]고 하여 시속의 잘못된 예를 따르는 것을 경계하면서 관혼상제 사례를 모두 『주자가례』를 기준으로 해야 한다고 주장하였다. 율곡은 실제로 교육을 통해 『주자가례』를 보충하고자 하여, 『격몽요결』에 「상제」와 「제례」장을 두었고, 부록으로 「제의초(祭儀抄)」를 만들었다.[66] 이러한 사실로 미루어 보아 당시까지도 속례와 불교 의례도 여전히 잔존하였다.

이상에서 살펴본 바와 같이 고려시대 이래의 무속을 비롯한 민간신앙이나 도교, 이슬람 문화 등으로 인하여 유교 의례의 정착은 쉽지 않았다. 그러한 가운데 불교 의례를 폐지 또는 축소하면서 불교를 억압해 갔지만 불교는 나름대로 문화를 이루어 나갔다. 이러한 사실에 대해서는 다음의 장에서 더 살펴보기로 한다.

---

64) 박정미, 「조선시대 佛敎式 喪·祭禮의 설행양상」, 숙명여대 박사학위논문, 2015, 104~106쪽.
65) 『栗谷全書』 권27, 「擊蒙要訣」 '祭禮章 第7', '今俗 多不識禮 其行祭之 家各不同 甚可笑也 若不一裁之以禮 則終不免紊亂無序 歸於夷虜之風矣 玆鈔祭禮 附于後 且爲之圖 詳審倣行 而若父兄不欲 則當委曲陳達 期於歸正.'
66) 『擊蒙要訣』 6章 喪制章 '喪製 當一依朱文公家禮' ; 『격몽요결』 7章 祭禮, '祭祀 當依家禮 必立祠堂 以奉先主 置祭田 具祭器 宗子主之.' ; 『격몽요결』 부록 祭儀抄.

4. 유불 문화와 불교 의례의 정립

앞서 언급한 바와 같이, 조선 건국후 국가 사전 의례는 유교식으로 표방하면서 불교 못지않게 도교와 이슬람, 민간신앙의 의례도 배척하기 시작하였다. 그렇지만 유자들은 불교적 신행을 멈추지 않았는데 고중세이래 유불적 전통에 기인한다고 생각된다.

고려시대는 물론이고 조선초의 이색·이숭인·성석린과 박팽년 등 유생들은 당시 불교계뿐만 아니라 최고의 시승이었던 조계종의 고승 천봉 만우와 화엄종의 고승 월창 의침과 교류했을 뿐만 아니라 이러한 고승들에게 두시(杜詩)를 배웠다.[67] 그들에게서 천봉과 월창은 불교의 고제이며 유가의 스승이었다. 세종대에도 태재 유방선과 그의 문인 '권람·한명회·서거정·이승소·성간 등 유생들이 이러한 고승들에게 좇아 배웠다.'[68]고 한다. 이 유생들은 사찰에서 독서를 하면서 유불 교유가 이루어졌는데 나아가 불교에 기원하는 결사를 하기도 하였다. 예컨대 사가정 서거정(1420~1488)은 '내 여생엔 인간의 일을 모조리 버리고 향산에서 결사하여 돌아가지 않으련다.'[69]고 하여 향산거사 백거이가 향산의 승려 여만과 함께 향화사를 결성한 것을 본받자고 하였다. 사림파 모재 김안국(1478~1574)도 성산사에서 향사를 열었다.[70] 이러한 사류의 결사 참여뿐만 아니라 일반 민도 마을 공동체 결사인 향도에 참여하였다. 용재 성현(1439~1504)의 『용재총화』에 따르면, '오늘날 풍속이 날로 야박해지는데 오직 향도만이 아름답다. 대저 마을[隣里]

---

67) 成俔, 「幻庵混修」, 『慵齋叢話』 卷6 ; 李穡, 「千峰說」, 『牧隱文藁』 卷10 ; 李崇仁, 「送雨千峰上人遊方序」, 『陶隱集』 卷4 ; 심경호, 앞의 논문, 1991 참조.
68) 許筠, 「原州 法泉寺記」, 『惺所覆瓿藁』 卷6, 文部3 記.
69) 徐居正, 「道峯山靈國寺」, 『四佳詩集』 卷5, 詩類, '殘年盡棄人間事 結社香山擬不回.'
70) 慕齋 金安國(1478~1574), 「與諸伴宿長興寺」, 『慕齋集』 卷8, 詩, '塵中一落病相侵 香社風流廢討尋 今日復成山寺會 依然談笑舊年心.' 조선후기 영조 때의 문신 江左 權萬(1688~1749)이 개최한 蓮社耆會나 조선후기의 재상이자 제일의 문장가로 시와 글씨에 뛰어났던 金陵 南公轍(1760~1815)이 언급한 蓮社도 유불 교류의 단적인 사례이다.

의 천인들이 모두 서로 모여 작게는 7·8·9명 많게는 100여 명이 매월 교대로 술을 마신다.71)고 하였다. 이렇듯 일반 민들은 유교 의례에 의하지 않고 불교적 전통이 남아 있는 향도 결사에 참여하였던 것이다.72) 이렇듯 조선전기 향도는 마을을 기반으로 회음(會飮) 의식, 장례시의 부조 행위 등의 주된 활동을 하면서 유교 의례가 아닌, 고려시대의 불교적 여습이 남아 있었다.73) 조선후기에도 성호 이익이 지적한 바와 같이 '우리나라에 이른바 향도라는 것은 곧 남의 상여[喪]를 메고 그 품값을 받는 자이다.'74)라고 했듯이 17세기 이후 향약과 유교 의례의 보급으로 이러한 향도는 두레가 담당하게 됨에 따라 상장의 일만을 수행하는 상두꾼으로 잔존하게 되었다.75)

이와 같이 『주자가례』가 보급된 이후에도 왕실은 물론이고 사류(士類) 이하 민들까지도 유교 의례로 장례를 치르는 것으로 변모하게 되지만 여전히 영가 천도 등은 불교 의례로 하였다.

본래 국초의 강력한 억불 시책을 펼쳤던 태종도 태조의 뜻을 받들기 위해 건원릉과 제릉에 능침 사찰을 세운다76)고 하였다. 이러한 것은 오래된 습속으로 갑자기 바꿀 수 없었으며, 유교에서 해결해 주지 못하는 내세관 때문인 듯하다.

능침 사찰은 중국의 한·당이래 능침 근처에 절을 세워 절[仁祠]로 삼아서 3보를 높이고, 명혼을 천도하기 위한 것이었다. 이는 고려의 진전사원을 계승한 것으로 생각되며, 숭유억불 시책을 전개하면서도 능침을 지키는 사찰을 두어 운영하였다.77)

---

71) 慵齋成俔, 『慵齋叢話』.
72) 『태조실록』 권15, 7년(1398) 12월 29일(신미) ; 『세종실록』 권10, 2년(1420), 11월 7일(신미) ; 『세종실록』 권44, 11년(1429), 4월 4일(기묘).
73) 『연려실기술』 별집, 권2, 祀典典故, 「士·庶人의 상례와 제례」 ; 『세종실록』 권87, 21년(1439) 10월 10일(을유).
74) 『성호사설』 권12, 人事門, 香徒.
75) 이태진, 「17·18세기 향도조직의 분화와 두레 발생」, 『진단학보』 67, 1989, 66쪽.
76) 『태종실록』 권24, 12년 9월 24일(병오), '上王意欲謁齊陵後 視定安王后山陵 仍設法席 于興敎寺 恐廟堂之議 未敢行耳 上王之意 甚合人情 卿等毋防.'

고려시대에 이어 조선시대에도 왕실의 기신재는 선왕이나 선후의 진영을 모신 능침 사찰에서 설행하였다.

> 능실 옆에 재가 있는 것은 옛날부터 그러하였는데, 건원릉·현릉에는 개경사가 있었고, 제릉에는 연경사가 있었으며, 후릉에는 흥교사가 있었고, 광릉에는 봉선사가 있었으며, 경릉·창릉에는 정인사가 있었다. 영릉을 여주로 옮겨 신륵사를 보은사로 고쳐 재사로 삼았는데, 헌릉만이 사가 없는 것은 태종의 유명으로 그렇게 된 것이다. 사대부도 또한 무덤 옆에 재암(齋庵)을 지었는데, 이는 불교를 숭상해서가 아니라 승도로 하여금 묘[墓山]을 지키게 하기 위한 것이었다.[78]

위의 인용한 사료에서 보듯이 건원릉·현릉에는 개경사가, 재릉(齊陵)에는 연경사가, 후릉에는 흥교사가, 광릉에는 봉선사가 있었으며, 경릉·창릉에는 정인사가, 영릉에는 신륵사가 있었는데 모두 능침 사찰이었으며, 조선후기에도 마찬가지였다. 즉, 예컨대 광해군은 1609년(광해군 2) 어머니의 능을 성릉으로 추봉하면서 봉인사를 능침 사찰로 지정하여 불사를 하였으며,[79] 능침뿐만 아니라 영희전을 사당으로 삼아 봉자전이라 하였다.[80] 능침 사찰 봉인사의 운용은 선조 이후 조선후기 왕실의 원찰이나 능침 사찰제를 계승하게 된다. 선조는 1568년(선조 1) 아버지 덕흥대원군(중종의 8자이자 창빈 안씨의 소생)과 어머니의 원찰인 양주 흥국사와 서울 화계사를 원찰로 삼았으며,[81] 1577년(선조 10) 선조의 친조모 창빈 안씨를 위하여 장단

---

77) 능침 사찰 내지 왕실의 원당에 대해서는 다음의 논문이 참조된다. 탁효정, 앞의 논문, 2016 참조
78) 成俔, 『慵齋叢話』 卷2.
79) 「추가 홍각등계 비명 병서」, 『대각등계집』 권하 ; 『한글대장경-대각등계집』 276~277쪽.
80) 『연려실기술』 별집 권1, 祀典典故, 影殿 ; 황인규, 앞의 논문, 2009, 67쪽.
81) 흥덕사는 선조가 원찰을 창건하면서 흥덕사라는 편액을 내린 바 있고 1626년(인조

화장사를 원찰로 삼았다.82) 그 후 1755년(영조 31) 봉영사도 선조의 후궁 인빈 김씨의 묘인 순강원의 능침 사찰로 운용되었다.83) 특히 영조는 숙빈 최씨(1670~1718)의 사우를 잠저인 창의궁에 건립하고 묘호를 숙빈묘라고 하였으며84) 그 후 유교 의례를 어기면서까지 추숭하여 육상궁으로 개칭하였다.85) 또한 영조는 소녕원 인근의 사찰인 보광사를 숙빈 최씨의 원찰로 삼았다.86) 손자인 정조도 이를 본받아 아버지 사도세자를 위한 능침 사찰 용주사를 창건하였는데, 영조의 능침 사찰인 보광사의 전례를 따른 것이었다.87) 이러한 왕실의 능침 사찰뿐만 아니라 암료(庵寮)에 모여 대·소상의 승재를 지냈다.88) 다음과 같은 기록이 대표적이다.

> 소경공[성녕대군]의 분암을 짓도록 명하였다. 분묘(墳墓)는 고양현 북쪽 산리동에 있었는데, 암자는 대자암이라고 불리었다.89)

위의 사료는 태종의 넷째 아들로, 요절한 성녕대군 이종의 분암(墳庵)을 두어 이를 대자암이라 하였다는 것인데, 사류(士類)의 분암 설치의 유행에 적지 않은 영향을 주게 되어 무덤 옆에 분암을 두었던 것이다. 본래 고려시대

---

4) 흥국사로 절 이름이 바뀌었고 정조대 5규정소 가운데 하나가 될 만큼 국가의 중요사찰이었다. 「水落山 興國寺 紀蹟碑」, 『한국사찰전서』, 수락사.
82) 『봉은본말사지』 조선 선조 10년(정축).
83) 봉영사는 신라 진평왕 22년(600)에 창건되어 奉仁庵이라고도 불렸다. 金敎成, 「奉永寺重修記」, 『봉선본말사지』; 『한국불교사학대사전』 상, 1991, 979~980쪽.
84) 『영조실록』 권8, 1년(1725) 12월 23일(병술).
85) 『영조실록』 권4, 1년(1725) 3월 18일(병진) ; 『영조실록』 권79, 29년(1753), 6월, 25일(기유) ; 『增補文獻備考』 권1, 禮考 8 궁묘 毓祥宮 ; 『국조보감』 영조 29년(1753) 6월.
86) 『비변사등록』 영조 32년 1월 12일.
87) 황인규, 『파주 보광사의 역사와 위상』, 『대각사상』 12. 2009, 35쪽.
88) 李種徽(1731~1797), 『修山集』 卷4, 革舊俗, '民間大小之祥 香花餠飯 行祭於庵寮 命之曰 僧齋 男女聚會 晝夜無禁 此並高麗之遺也.'
89) 『태종실록』 권35, 18년 4월 4일(갑신), '命創昭頃公墳菴 墳在高陽縣北酸梨洞 菴號大慈.'

에 유습을 따른 것이다. 고려시대에는 사찰에서 직접 기재(忌齋)를 올리기도 하였으나[90] 일종의 분암을 두어 제사를 하기도 하였다.

> 부인은 마음을 서방에 두고 입으로 그 세계의 주인 이름을 외웠으며, 따라서 향불 반승하는 것으로 일삼았다. 무릇 세 절을 창건하였는데 몽선사는 공이 생존했을 때 함께 소원을 빌기 위해 중수한 것이다. 가은사, 난야사, 운룡사는 돌아간 부모의 묘역이 가깝기 때문에 명복을 빌기 위해서 지은 것이다. 운룡사의 시사에 더욱 성의를 기울였다.[91]

고려후기 문신 우헌 허옹(?~1357)의 부인 이씨의 묘비에 적힌 내용이다. 여기서 가은사, 난야사, 운룡사는 분암이라고 생각되는 것이다.

조선초에 이르러 이러한 여습은 제약되기도 하였으나 여전히 지속되었다. 예컨대 1431년(세종 13) 좌사간 김중곤 등의 상소에 따르면, 이와 같은 상황을 알 수 있는 기록이 찾아진다.

> 아직 승려에게 공양을 올리는[齋僧] 풍습이 없어지지 않았으며, 기일에는 '승재'라 명칭하고 반승만을 급하게 여기며 사당제는 돌아보지도 않으니 가묘는 형식일 뿐이라고 하였다. 따라서 승재의 폐단을 금하고 가묘의 제사에 오롯이 마음을 쓰게 해야 한다.[92]

즉, 사류(士類)들도 상을 당하면 『주자가례』를 제대로 활용하지 못하고, 국가 왕실에서는 여전히 수륙재와 기신재가 설행되는 것과 마찬가지로

---

90) 權漢功(?~1349), 「醴泉府院君忌朝 堉廉侍中 設齋水精寺…」, 『一齋實記』卷2, 附錄 ; 李穡, 「醴泉君明忌 設齋水精寺」, 『牧隱詩藁』卷12, 詩.
91) 李詹, 「江陽郡夫人 李氏墓誌銘」, 『雙梅堂先生篋藏文集』卷25, 碑銘類, '凡創三寺 夢禪寺 公在時同願重新也 加恩蘭若雲龍寺 以先考妣兆域近 爲福冥而作也 然其施捨於雲龍尤謹.'
92) 『세종실록』권54, 13년 12월 26일(정사).

사찰에서 승재를 하였던 것이다.[93] 재암은 재궁·능암·재사 등으로도 불렸는데 분암으로 더 많이 불렸다. 이 분암은 본래 주자가 1169년(건도 5) 9월 어머니 묘소 곁에 여막을 짓고 한천정사를 지어 분암이라고 하였던 고사에서 유래한다.[94] 퇴계 이황(1501~1570)도 1570년(선조 3)에 송언신(1542~1612)에게 답장한 편지에서 '한천정사의 규모가 어떠한지 상세하지 않으나 선생(주자)이 매번 분암이라 칭하였다.'[95]고 하였다. 이렇듯 주자를 거의 일변도로 추종하였던 사림들도 분암을 두었던 것이다. 그러나 조정은 이미 1424년에는 도성 안팎의 재암은 사을한재암(沙乙閑齋庵)과 정업원 외에는 철거토록 하였으며,[96] 1449년(세종 31) 6월 22일에는 전라도 능성현의 교생이 재암 11곳을 불태워 버린 사건이 일어나기도 하였다.[97] 하지만 조선후기까지 전국적으로 사림들의 분암은 곳곳에 건립되었다. 예컨대 경기도 지평 용문산의 보진재 조욱(1498~1557)의 분암,[98] 충남 논산 광산 김씨의 영사암,[99] 진성 이씨의 안동 작암[100]과 수곡암,[101] 경기도 파주의 율곡 이이(1536~1584) 가문의 분암,[102] 채지홍(1683~1741)의 요암,[103] 조현명(1691~1752)의 양주 적성동 견성암[104] 등이 찾아진다. 그리고 『신증동국여지승람』에 의하

---

93) 『세종실록』 권23, 6년 3월 8일(갑신).
94) 주희가 어머니의 묘소 가까이에 서재인 精舍를 세우고 그 이름을 寒泉精舍라 하였는데, 46세 때 이곳에서 呂祖謙과 함께 40일간 기거하며 『近思錄』을 편찬하였다. 『近思錄』 朱子序. 주자가 평상시에는 墳庵에 거처하다 초하루와 보름에만 집으로 돌아와 궤식을 올렸다. 이익, 「答申斯文 復泰(己未)」, 『星湖全集』 권30, 書.
95) 송시열, 「答宋寡尤言愼(庚午)」, 『退溪集』 卷13.
96) 『세종실록』 권24, 6년 6월 22일(을축), '漢城府啓 於都城內外禁山 無識僧尼新造草庵 因設齋席 男女聚會 松木及雜木 盡行斫伐 使禁山童禿 甚爲未便 請沙乙閑齋庵 淨業院外 草庵 並皆撤去 從之.'
97) 『세종실록』 권124, 31년 6월 22일(경오), '全羅道 綾城縣校生梁淮等燒毁齋菴十一所.'
98) 李植, 「退谷趙葆眞墳菴題法靈詩軸」, 『龍門集』 卷6, 詩章.
99) 이해준, 앞의 글, 2004 참조.
100) 宋時烈, 「曾祖兵曹參議公事蹟」, 『退溪集』 續集 卷8.
101) 宋時烈, 「樹谷菴記」, 『退溪集』 卷42.
102) 李珥, 「詩下題墳菴僧軸」, 『栗谷全書』 卷2.
103) 蔡之洪, 「寂寥菴記」, 『鳳巖集』 卷12 記.

면 사류(士類)의 가문의 영당이 설치된 사찰로 목은 이색의 충청도 한산 영모암, 방촌 황희의 전라도 보성 대원사, 경상도의 진주 응석사와 성주 안봉사 등이 찾아진다.105) 이러한 사류의 분암에서는 유교 의례와 불교 의례가 함께 설행되었을 것이다. 예컨대 성주 이씨 분암인 안봉사에서 보듯이 불전에서는 승려가 불교 의례를, 영당에서는 문중의 유교 의례를 거행하였다.106)

숭유억불 시책이 강화되면서 국도 한성 마지막 사찰로서 남아 있던 비구니 도량마저 철훼하려고 하였다. 이에 『석문상의초』를 편찬한 벽암 각성의 제자 백곡 처능은 최장문의 상소를 올려 이를 반박하였다.107)

백곡은 스승 벽암 각성이 1642년(인조 20)에 가야산 해인사로 이주하여 허응 보우(1509?~1565)가 찬술한 『수월도량 공화불사 여환빈주몽중 문답(水月道場 空花佛事 如幻賓主夢中 問答)』(1권)을 간행하였을 때 발문을 지었다. 백곡은 스승 벽암 각성과 함께 당시 불교 수행서의 보급에도 힘썼다. 그러면서 백곡은 불교 의례집의 간행에도 동참하였다. 벽암이 1636년(인조 14)에 『석문상의초』를 편찬하자 백곡은 1657년(효종 8) 칠불암에서 발문을 짓고 징광사에서 간행하였다.108)

벽암이 지은 『석문상의초』 서문에 의하면 상례가 매우 중요한데, 당시 불가에는 상의에 대한 근본이 없고, 시행되는 것이 규범에 맞지 않음을 지적하였다. 이에 『선원청규』, 『오삼집』, 『석씨요람』 등에서 그 주요 내용을 정선하여 편찬하였다.109) 백곡의 도반인 나암 진일도 1660년(현종 1)에

---

104) 趙顯命, 「族譜跋戊申」, 『歸鹿集』 卷18.
105) 『신증동국여지승람』 권17, 충청도 한산군 불우.
106) 박정미, 「16세기 성주이씨 영당사찰 안봉사의 규모와 운영-묵재일기를 중심으로」, 『태동고전연구』 31, 태동고전연구소, 2013 ; 박정미, 앞의 박사학위논문, 154쪽.
107) 황인규, 「한국 전근대 비구니도량의 존재양상과 전개-문헌에 나타난 제 기록을 중심으로」, 『한국비구니승가의 역사와 활동』, 한국비구니연구소, 2010, 260쪽.
108) 『釋門喪儀抄』, 『한국불교전서』 8, 243中. 1705년에 징광사에서 상하 2권 1책의 목판본으로 改刊된 것이 전해지기도 한다.
109) 『釋門家禮抄』, 『釋門家禮抄 跋』, 『한국불교전서』 8, 288中 ; 이선이(태경), 「釋門家禮

『석문가례초』110)를, 사명의 제자 허백 명조(1593~1661)도 1670년(현종 11) 통도사에서『승가예의문(僧家禮儀文)』을 간행하였는데 그 내용은 별반 다르지 않다. 당시 확산 보급되고 있었던 성리학계의『주자가례』를 참작하고 불교의 기존 청규들을 토대로 불교 승려의 상제에 관한 불교 의례집 편찬이었으며 유교의 상례에 버금가는 것이다.111) 이러한 불교 의례는 유교 의례의 영향을 받았다는 견해도 있으나 주자의『주자가례』보다 150여 년전인 1020년에 이미 상복제도에 대한『석씨요람』이 있으므로 불교적인 것이라고 하겠다. 후에도 백파 긍선(1729~1795)이 불교의례집을 간행하는 등 불교에 적합한 의례를 정립하여 불교의 정체성과 대중화에 기여하였다고 생각된다.112)

5. 나가는 말

조선전기에는 고중세에 이어 불교와 유교, 도교, 무속, 이슬람 문화 등이 공존하고 있었다. 조선 건국후 국시에 의하여 신유학인 성리학의 유교 문화를 숭상하여 보급 정착되면서 그때까지 가장 유력한 불교를 탄압하여 철저히 배척하고자 하였으며, 그 가운데 불교 의례를 중심으로 축소시켜 나갔다. 그리하여 조선시대에 이르러 불교는 주도적 위치를 잃고 신유교인

　　　抄 茶毘作法節次에 나타난 無常戒에 대한 小考」,『한국선학』30. 2011.
110)『석문가례초』는『석문상의초』와 내용이 동일하지만 항목에 있어 차이가 있다. 발문에 의하면 벽암 각성이『선원청규』와『오삼집』을 참조하여 후학을 위하여 편찬하였다.『釋門家禮抄』,「釋門家禮抄 跋」,『한국불교전서』8, 288중 ; 이선이(태경). 앞의 논문, 2011, 358쪽.
111) 이선이(태경),「『五杉練若新學備用』이 다비법『釋門喪儀抄』성립에 미친 영향」,『동양고전연구』59, 2015, 25쪽.
112) 남희숙,『조선후기 불서 간행 연구-진언집과 불교 의식집을 중심으로-」, 서울대학교 박사학위논문, 2004, 109~110쪽 ; 황인규,「백곡 처능의 생애와 호법활동」,『불교와 사회』10-4, 중앙승가대 불교학연구원, 2018.

성리학에 밀려났으며, 그것을 추종하는 위정자들의 탄압으로 침체될 수밖에 없었다. 예컨대 조선 건국후 유교 시책에 의거하여 유교 의례를 보급시키고자 하여 불교 의례가 매우 축소되긴 하였으나 유불 의례가 병존하였다.

 이와 같이 고려시대 이래의 불교를 비롯한 무속 등 민간신앙이나 도교, 이슬람 문화 등으로 유교 의례의 정착은 쉽지 않았다. 조선시대는 전통적으로 유·불·선뿐만 아니라 무속을 비롯한 민간신앙 등의 여습이 남아 있었다. 특히 불교는 왕실과 사류 및 민들 사이에 여전히 문화의 일부로 남아 있었다. 그 대표적인 사례가 왕실의 능침 사찰의 운용이며 사류들의 분암이다. 이는 유교의 종교적 요소의 미흡을 불교가 보충한 것이기도 하지만 고대이래 오랜 문화의 유습이기도 한 것이다. 조선시대에 유자들도 불교적 정신을 보유하여, 유자들조차 외유 내불이라고 일컬어지는 것이다. 사류들은 민들과 함께 이전 시기의 불교 결사체인 향도 문화가 다소 변형되어 운용되었지만 그 여습은 지속되었던 것이다.

 조선중기 숭유억불 시책이 강화되면서 국도 한성 마지막 사찰로서 남아 있던 비구니 도량마저 철훼하려고 하였다. 이에 불교계는 불교의식집의 간행을 통한 불교 의례를 확립하고자 하였다. 『석문상의초』를 편찬한 벽암 각성의 제자 백곡 처능은 최장문의 상소를 올려 숭유억불을 반박하였다. 백곡의 도반인 나암 진일도 1660년(현종 1)에 『석문가례초』를, 사명의 제자 허백 명조도 1670년(현종 11) 통도사에서 『승가예의문』을 간행하였다. 당시 확산 보급되고 있었던 성리학계의 『주자가례』를 참작하고 불교의 기존 청규들을 토대로 불교 승려의 상제에 관한 불교 의례집 편찬이었으며 유교의 상례에 버금가는 것이다. 이러한 불교 의례는 유교 의례의 영향을 받았다는 견해도 있으나 주자의 『주자가례』보다 150여 년 전인 1020년에 이미 상복(喪服)제도에 대한 『석씨요람』이 있으므로 불교적인 것이라고 하겠다. 이와 같이 조선시대는 유교 의례를 강조하여 유교 문화를 이룩해 갔지만 그외의 동양 문화도 잔존했던 것이며, 특히 불교 의례를 정립하면서 불교 문화를 나름대로 구축해 갔던 것이다.

Ⅱ. 여말선초 마지막 왕사와 국사 책봉

1. 들어가는 말

　국사 제도는 신라 이래 불교의 신앙이 보편화된 사회에서 정신적인 지도자인 고승을 책봉하였으며, 왕사 제도는 고려시대 이래 국사 제도와 더불어 운용된 대표적인 제도이다.[1] 국사·왕사 제도는 대개 고려시대 4대 종파 중에서 불교계를 주도했던 종파에서 선정되었으며, 생존시뿐만 아니라 추증되는 경우도 적지 않았다.
　고려말 숭유억불 운동이 전개되고 성리학을 국시로 건국한 조선왕조에서는 왕사와 국사의 위상이나 역할이 축소될 수밖에 없었다. 국사와 왕사가 불교계 최고의 정신적 수장이었기 때문에 숭유억불 운동을 전개했던 신진 사류(士類)들에게 오히려 지탄의 대상이 되었기 때문이었다.
　고려말 성리학이 수용되면서 불교를 배격하는 운동이 전개될 무렵 국사·왕사 제도도 폐지되었지만, 조선 건국초에도 왕사와 국사로 책봉 또는 추증되었다. 즉 조선왕조를 건국한 이성계는 신진 사류의 뜻과는 달리 조계종 고승 무학을 왕사로, 천태종 고승 조구를 국사로 책봉하였다. 무학과 조구는 조선시대 최초이자 마지막 왕사·국사였으며, 한국 마지막 왕사·국사였다.[2] 뿐만 아니라 찬영, 환암, 지천을 국사로 추증하거나 추념하였다.

---

1) 허흥식, 「국사왕사제도와 그 기능」, 『고려불교사연구』, 일조각, 1985, 399쪽.
2) 필자는 10여 년 전부터 무학대사를 중심으로 여말선초 유불교체기, 나아가 고려·조선전기 불교 고승을 중심으로 불교사 연구를 진행해 왔다. 황인규, 『무학대사연구-여말선초 불교계의 혁신과 대응』, 혜안, 1999 ; 황인규, 『고려후기·조선초 불교사연구』, 혜안, 2003 ; 황인규, 『고려말·조선전기 불교계와 고승연구』, 혜안, 2005 ; 조계종, 『조계종사-고중세편』, 조계종출판사, 2004.

그리고 세조대 세염(원진)을 국사로 추증하고 수미를 국사로 책봉하였다. 본고는 숭유억불 운동이 전개되었던 여말선초 국사와 왕사로 책봉된 각 종파 및 산문 고승을 중심으로 한국의 마지막 왕사와 국사 책봉과 그 의의에 대하여 살펴보고자 한다.3)

2. 고려말 국사·왕사 책봉과 활동

고려후기 불교계는 교종인 화엄종과 유가종은 침체되어 선종인 조계종과 천태종이 주도하였다. 무신집권기 초 지방의 남단인 순천과 강진에서 일어난 결사운동이 전개되면서 4대 종파가 다시 부상하기 시작하여 여말선초 불교계를 주도하였다. 국사와 왕사의 선정 및 책봉은 대개 가장 우세한 종파에서 선정 책봉되었다. 국사와 왕사의 책봉은 생존시에 책봉된 경우가 그렇다. 하지만 사후에 추증된 경우도 적지 않다. 후자의 대표적인 사례를 고려중기 신라의 고승 원효와 의상, 도선, 진표 등을 국사로 추증하였을 뿐만 아니라 성인으로 존숭하기도 하였다.4) 그리고 수선사와 백련사 결사운동을 전개했던 고승들도 대부분 추증되었다. 즉 수선사 16국사 가운데 혼원과 복구 외에는, 그리고 백련사 8국사 가운데 정오 외에는 모두 추증되었다. 또한 고려후기 국사와 왕사로 책봉되었지만 종파 등 구체적인 사실을 알 수 없는 경우도 있다. 즉, 조형(1325년 왕사로 책봉)5)이나 내원(1331년 왕사로 책봉),6) 선현(1367년 왕사로 책봉),7) 그리고 문집이나 불전류에

---

3) 그동안 왕사·국사에 대한 연구는 허흥식의 연구이래 한기문과 박윤진 등의 연구가 있다. 허흥식, 앞의 논문 ; 한기문, 「고려 역대 국사 왕사의 하산소의 존재양상과 그 기능」, 『역사교육논집』 16, 1991 ; 박윤진, 『고려시대 왕사 국사 연구』, 경인문화사, 2006. 대체적이고 개괄적으로 이루어졌을 뿐 여말 선초기의 심도가 있는 천착은 이루어지지 않았다.
4) 『고려사』 권11, 숙종세가 6년(1101) 8월 계사.
5) 『고려사』 권35, 충숙왕세가 12년 9월 14일(신유), '以僧祖衡爲王師.'
6) 『고려사』 권36, 충혜왕세가 1년 2월 17일(임술), '以僧乃圓爲王師.'

나타나고 있는 혜명법장국사,[8] 홍혜국사 중긍,[9] 자인국사,[10] 원정국사[11] 등이다.

또한 고려후기 다시 부상하는 4대 종파 가운데 유가종만이 1324년 미수가 국존으로 책봉된 이후 왕사와 국사를 배출하지 못하였던 사실도 특이하다. 당시 유가종의 사세와 관련이 있는 듯하다. 공민왕대 이후 조선 건국 전까지 왕사와 국사의 책봉과 추증에 관련된 주요 사실을 열거하면 다음과 같다.

고려말 왕사·국사의 책봉과 추증

1350년(충정왕 2) : 수선사 복구, 왕사 책봉.

1351년(공민왕 즉위) : 복구, 왕사 책봉.

1355년(공민왕 4) 12월 : 복구, 국사 추증.

1356년(공민왕 5) : 가지산문 보우, 왕사 책봉.

1366년(공민왕 15) 10월 : 보우, 왕사 사의.

1367년(공민왕 16) : 화엄종 천희, 국사 책봉/ 선현, 왕사 책봉.

---

7) 『고려사』 권132, 신돈 열전, '邀禪顯于康安殿 封王師 王九拜 禪顯立受.' ;『東國通鑑』 권48, 공민왕 16년 8월, '僧千熙爲國師 禪顯爲王師 二僧皆辛旽所善者也.'

8) 변계량, 「묘엄존자 탑명」, 『춘정집』 속집 권1 ;『동문선』 권121, 비명 ;『조선금석총람』.

9) 李穡, 「勝蓮寺記」, 『목은문고』 권1, 기 ;『동문선』 권72, 기 ;『신증동국여지승람』 권39, 남원도호부.

10) 雪谷鄭誧(1309~1345), 「罷任蔚州 將之福州 雞林路上 寄慈忍國師」, 『雪谷集』 下, 詩, '淡月疏星畫角哀 荒橋立馬苦徘徊 心知此去渾無戀 首爲何人却重回 菁川柳希齡評第一句云 寫曉景句淸.' 각암은 각암 慈忍으로 나타나기도 한다. 민사평, 「送雲上人」, 『급암시집』 권4. 원오국사 천영(1215~1286)도 慈忍으로 불리었다. 충지, 「上慈忍和尙詩 幷序」, 『원감국사』, 가송. 생몰연대로 보아 동명이인이다. 당시 문인 雪谷鄭誧(1309~1345)가 지은 『雪谷集』에서 보이는 慈忍國師(정포, 「妙瓊上人時序」, 『설곡집』 하)와 동일 인물로 추정된다. 혹 일연(1206~1289)의 비 음기에 나타나는 '見嚴寺 주지 慈忍'도 각암 자인과 동일 인물일 가능성도 많다. 그런데 각암 자인의 제자 가운데 雲上人이 보인다. 민지, 「군위 인각사 보각국존비」 음기, 『조선금석총람』 상.) 그의 형인 妙瓊과 더불어 월남사의 장로였던 淵鑑의 제자였다. 황인규, 「고려후기 선원사의 창건과 고승들」, 『경주사학』 21, 2002 ; 황인규, 앞의 책, 2003.

11) 覺雷, 「和圓定國師頌」, 『나옹화상 가송』, '東海幽巖畔 孤高有一峯 圓通觀自在悲願戶何封 松韻塵塵掃 潮音處處逢 補陀山上士 無物不眞容.'

1371년(공민왕 20) : 사굴산문 나옹, 왕사 책봉.
1371년(공민왕 21) 7월 : 보우, 국사 재책봉 사의.
1381년(우왕 7) 겨울 : 보우, 국사 재책봉.
1383년(우왕 9) 2월 : 사굴산문 환암, 국사 책봉/ 가지산문 찬영, 왕사 책봉.
1389년(공양왕 1) 2월 : 환암, 국사 재책봉/ 찬영, 왕사 재책봉.
1390년(공양왕 2) : 찬영, 국사 책봉 무산
1392년(공양왕 4) : 환암, 국사 사의 표명

위의 표에서 보듯이, 공민왕대 이후 조선 건국 전까지 6명의 고승 가운데 수선사계(복구), 조계종 가지산문(보우), 화엄종(천희), 조계종 사굴산문(나옹), 조계종(환암과 찬영)에서 마지막 국사와 왕사로 각기 책봉되었다. 이러한 여말선초 숭유억불 운동기 국사와 왕사 책봉 및 운용이 갖는 의의를 불교계의 동향과 관련하여 더 구체적으로 살펴보기로 한다.

1) 수선사 마지막 왕사 각진국사 복구

수선사 16국사 가운데 생존시 왕사로 책봉된 고승은 수선사 제4세 사주 혼원(1190~1271)과 수선사 제13세 사주 복구(1270~1355) 2인뿐이다. 혼원은 1259년 왕사로 책봉되고 1271년 진명국사로 추증되었다.[12] 수선사에서 왕사가 나온 지 80년만에 복구가 왕사로 책봉되었으며, 1355년 입적후 각진국사로 추증되었다. 복구는 나이 13세 때 외삼촌 품일(범일)의 운손(후손) 종헌에게 출가하여 굴산승도들의 우두머리가 되었으며, 보조로부터 13대의 전통을 이어 받은 고승이었다. 더욱이 복구는 전왕인 충정왕대 왕사로 있었고 각엄존자로 칭송을 받다가 왕사로 선정되어 책봉되었다.

---

12) 金坵,「臥龍山 慈雲寺 王師贈諡 眞明國師 碑銘」,『止浦集』卷3, 碑銘 ;『동문선』권117, 비명 ; 황인규,「목우자 지눌과 고려후기 조선초 불교계 고승」,『보조사상』19, 2003 ; 황인규, 앞의 책, 2003.

비문에 의하면, 공민왕은 즉위하자 복구를 왕사로 모셔 정치를 보필하고 조상의 교훈에 빛나게 하고자 하였다고 한다. 즉 태조 왕건의 훈요10조에 의하여 왕사 및 국사 제도를 운용하겠다는 것이다.13)

공민왕은 잠저시인 1347년 8월 원의 대도에서 황실을 위해 개최된 보우의 법문을 듣고 '소자가 만일 새 고려의 왕이 되면 스님을 나의 왕사로 모시겠다.'14)고 하였다. 공민왕은 즉위후 거의 모든 일은 옛 법을 좇으며, 재상들에게 자문하고 여러 종문을 방문하여 복구를 추천받았다.15) 즉 공민왕의 뜻이 아닌 여러 재상과 종문 승려의 뜻이 반영된 것이었다.

복구는 수선사 제13세로서 송광사에서 20여 년 주석하다가 왕사로 책봉되었다. 재상 홍수와 함께 발원하여 『대장경』을 구해와 경찬 낙성회를 베풀기도 하였다. 1348년 봄 문인 지목 등을 시켜 제 산문의 고승이 모인 가운데 전경 법회를 개최하였다. 1350년 백암산 정토사에 머물다가 1352년 공민왕의 왕사로 책봉되어 제 산문의 장로 천여 명이 모인 가운데 제3회 전장법회를 개최하기도 하였으며, 1353년 3월 11일 10일 결사를 전개하였다. 즉 '10일을 기한으로 불사를 장황하게 하였는데 낮에는 『대장경』을 돌리고 밤에는 조사의 가르침을 담론하고 선정에 들기도 하고 강의하였다.'16)는 것이다. 복구가 공덕주, 왕사 각엄존자와 '조계 14대 화상 복암 정혜'가 법주를 담당했다.

복구는 1355년 7월 입적하였고 같은 해 12월 각진국사로 추증받았다. 복구의 비는 제자 원규가 청하여 입적 5년 후인 1360년에 세워졌으나17)

---

13) 이달충, 「각진국사비」, 『霽亭集』 卷3, 墓誌銘 ; 『동문선』 권118, 비명.
14) 유창, 「보우 행장」, 『태고화상어록』, 『한국불교전서』 6.
15) 이달충, 「각진국사비」, 『霽亭集』 卷3, 墓誌銘 ; 『동문선』 권118, 비명.
16) 정도전, 「백암산 정토사 교류기」, 『삼봉집』 권7, 拾遺 記, 『조선사찰사료』 상.
17) 이달충, 「각진국사비」, 『霽亭集』 卷3, 墓誌銘 ; 『동문선』 권118, 비명, '維至元十四年 乙未 王師覺儼尊者示滅 間五年 其徒元珪奉問于上曰 吾師之行 實不可使煙晦 願碑而識之 於是上命臣爲文 臣旣受命.'이라 하여 복구의 입적을 '至元十四年乙未.'이라 하였으나 지정 15년 을미년인 1355년이 맞으며, 그 후 비를 세운 시기는 그 후 5년 후인 1360년이다.

현재 남아 있지 않다.

그런데 1324년(충혜왕 11) 유가종은 미수가 국존으로 책봉된 이후 1367년(공민왕 16) 천희가 처음으로 국사로 책봉되었다. 미수를 국존으로 책봉하기 10년 전인 1313년(충선왕 5) 양가 도승통 우세군으로 책봉하고, 이듬해 연경궁에서 108만 승재를 베풀게 하였을 뿐만 아니라, 1315년(충숙왕 2) 참회부를 설치하고 승정을 담당하여 5교 양종의 사원을 관리하는 등 불교계를 통제하고자 불교계 개혁을 추진하였다.[18] 그 후 반원 개혁정책 등 사정으로 인하여 43년간 국사를 공석으로 놓아둔 듯하다. 물론 국사가 승정에 개입하는 것은 왕사와 국사의 운용 본래의 뜻과는 달리하는 것이지만, 불교계의 개혁을 위한 불가피한 선택이었을 것이다. 그 후 보우가 왕사에 책봉되면서 불교계 개혁이 다시 시도된다.

2) 가지산문 삼화상 왕사 보우

앞서 언급했듯이, 보우는 원의 대도(북경)에서도 명성이 알려져 공민왕이 잠저시 왕사로 책봉하겠다고 했지만, 1356년(공민왕 5) 비로소 왕사로 책봉되었다.[19] 보우는 귀국후에도 명성이 컸던 듯하다. 즉 공민왕이 보우를 수 차례 개경에 초빙하여 설법하게 하였다. 특히 1356년 3월 전국의 선종과 교종의 승려가 모인 가운데 개경 봉은사에서 법회를 주관하였다. 이때 '법회의 성대함은 미증유의 법연(法筵)이었다[20]'고 한다. 보우가 산중으로 돌아가려고 하자 공민왕은 '스승이 여기에 있지 않으면 나의 도는 어긋나게 (멀어지게) 될 것이오.'[21]라고 하였다. 행장에는 '나는 일찍부터 화상의 도풍을 사모하였소. 스승은 내 뜻을 저버리지 마시오. 스승이 머물지 않으면

---

18) 이숙기, 「보은 법주사 자정국존비」, 『조선금석총람』 상.
19) 『고려사』 권39, 공민왕세가 5년 4월 계유.
20) 이달충, 「각진국사비」, 『霽亭集』 卷3, 墓誌銘 ; 『동문선』 권118, 비명.
21) 이색, 「태고사 원증국사비」, 『조선금석총람』 상, '師不留我倍道矣.'

나는 도를 스승에게 도로 돌리겠소.'22) 하면서 같은 해 4월 24일 왕사로 책봉하였는데 오랜 가뭄 끝에 비가 내리니, 왕사의 비(王師雨)라고 하였다.

이는 가지산문계 혼구가 1313년(충숙왕 즉위) 왕사로 책봉된 이후23) 가지산문계에서 43년만에 왕사가 된 것이다. 가지산문계는 일연이 불교계 전면에 등장하면서 부상하였고, 문도인 혼구가 다시 왕사로 책봉되면서 충탄, 여찬, 계조 연진, 종정 등이 그 사세를 이어갔다.24) 보우는 몽산 덕이의 제자 철산 소경의 문도 무극 도(無極導)의 영향으로 중국에 가서 임제종 고승 석옥 청공의 법을 사사받고 돌아왔다.25) 이러한 명성으로 보우는 공민왕이 왕사로 책봉하고자 하였으나, 수선사 복구 다음에 왕사로 책봉되었던 것이다.

보우는 1396년(공민왕 5) 왕사로 책봉되어 나라의 다스림을 묻자 '거룩하고 인자한 마음이 모든 교화의 근본이요, 다스림의 근원이다.'26)라고 하였다. 또한 재상 이제현이 발문을 보우에게 제시하자 '국왕께서는 바른 법을 보호해서 나라와 백성을 보호하라.'고 하였다.27)

그러면서 한양천도를 주장하였는데, 불교계 개혁과 관련이 있는 듯하며, 후에 무학의 한양전도로 귀결된다고 할 수 있다. 보우는 미수의 참회부를 본뜬 듯한 원융부을 중심으로 9산문을 통합하고 백장청규를 통해 불교계를 정화하고자 하였다.28) 이때 후에 왕사로 책봉되는 보우의 문도 찬영이 녹사로 참여하였다.29)

---

22) 유창, 「보우 행장」, 『태고화상어록』.
23) 『고려사』 권34, 충숙왕세가 즉위년 11월 무자.
24) 황인규, 「고려후기·조선초 가지산문계 고승의 동향」, 『구산논집』 8, 2003 ; 황인규, 앞의 책, 2005.
25) 황인규, 「고려후기 수선사와 사굴산문-고승의 존재양상과 그 동향을 중심으로」, 『보조사상』 28, 2007.
26) 이색, 「태고사 원증국사비」, 『조선금석총람』 상.
27) 위와 같음.
28) 위와 같음.
29) 박의중, 「억정사 대지국사비」, 『조선금석총람』 하.

하지만 보우는 왕사로 책봉된 이듬해(1357)에 사의하였다가 1366년(공민왕 17) 10월 사임하였는데 신돈의 집정 때문이었다.30) 즉, 보우는 왕사 사임 전 신돈을 논박하는 상소문에서 '국가가 잘 다스리려면 진승이 그 뜻을 펴야 한다.'고 하였다.31)

보우는 1357년 4월부터 1366년 10월까지 왕사에 있으면서 9산문을 통합하는 등 불교 중흥을 꾀하였다. 조계 도대선사 서공이 인각사의 무무당의 낙성식을 겸해 1362년 9산의 영수가 되어 총림 법회를 개최하였는데,32) 공민왕대 9산문을 통합하고자 했던 보우의 뜻을 계승한 것이라 생각된다. 현재 남아 있는 기록에 의하는 한, 무신집권기 가지산문의 담선 법회를 개최하고33) 일연이 9산 문도회를 개최한34) 이래 처음 있는 일이다.

그렇지만 매골승 출신이었던 화엄종승 신돈(?~1371)은 1365년부터 1371년까지 집권하여 국정은 물론 불교계를 장악하고 화엄종승 천희(1307~1382)와 선현이 국사·왕사로 책봉하면서35) 보우의 불교계 통합 내지 쇄신 노력은 소기의 목적을 달성할 수 없었을 뿐만 아니라 1368년(공민왕 17) 속리산에 금고까지 되었다.

3) 화엄종 마지막 국사 천희와 왕사 선현

보우가 1366년 10월 왕사를 사의하자 이듬해인 1367년 화엄종 고승 천희와 선현이 각기 국사와 왕사로 책봉되었다.36) 왕사 선현은 수선사

---

30) 보우, 「왕사를 그만두면서」, 『태고화상어록』.
31) 이색, 「태고사 원증국사비」, 『조선금석총람』 상.
32) 이색, 「麟角寺無無堂記」, 『목은문고』;『동문선』 권72, 기.
33) 이규보, 「가지산담선법회」, 『동국이상국집』 속집.
34) 민지, 「군위 인각사 보각국존 정조탑비문」, 『조선금석총람』 상, 469~473쪽.
35) 황인규, 「편조 신돈의 불교계의 행적과 활동」, 『만해학보』 5, 2003.
36) 『고려사』 권132, 신돈 열전. '王親訪于佛腹藏 尋封國師 又邀禪顯于康安殿 封王師 王九拜 禪顯立受 百官朝服就班 旽獨戎服 立殿上 每王一拜.';『東國通鑑』 권48, 공민왕 16년 8월, '僧千熙爲國師 禪顯爲王師 二僧皆辛旽所善者也.' 신돈은 왕의 사부라고

제15세 사주로 비정되고 있는 홍진국사(1363~1371)였을 가능성이 있으며,37) 신돈이 축출되어 죽는 1371년 7월 무렵까지 왕사로 있었다고 추정된다.

천희는 오왕의 멸망 직전인 1366년에 귀국하여 공민왕의 환영을 받았으나 지방을 유력하였다가38) 1367년(공민왕 16) 5월 국사로 책봉되었다. 천희의 국사 책봉은 1185년(명종 15) 종린의 현오국사 추증이후 화엄종계에서 처음이자 마지막이다. 천희가 국사로 책봉된 것은 화엄종 교세의 진작과 관련이 있는 듯하다. 즉 화엄종 승려 반룡사 주법이었던 체원은 충숙왕·충혜왕대(1313~1344) 무렵 해인사 일대를 중심으로 활동하였으며,39) 천희와 제생군 우운이 새로운 종풍을 수용하기 위해 중국에 유력하는 등 화엄종의 사세가 진작되고 있었다.40) 마침내 공민왕대에 개경의 중앙 무대에 진출하기에 이른다. 그 대표적인 인물이 신돈과 그 추종자들이었다. 신돈은 1365년부터 1371년까지 국정을 장악하고,41) 공민왕의 사부의 지위에 있었으며, 부를 설치 운용하였는데 유가종의 자정국존 미수의 참회부와 조계종 보우의 원융부를 본뜻 것이라고 생각된다. 신돈은 그와 가까운 천희와 선현을 국사와 왕사로 책봉하였다.42) 천희는 중국에서 외교 활동을 하였을 뿐만 아니라 몽산 선풍을 수용하여 불교계를 중흥시키고자 국사로 책봉된 듯하

했으므로 왕사의 위치에 있었다고 할 것이다.
37) 이재열, 「오교양종과 조계종통에 관한 고찰」, 『불교사상』 1·2·3·4·5·6호, 1973·1974 ; 『한국 조계종의 성립사 연구』, 민족사, 1986, 266쪽 ; 『고려사』 권41, 공민왕세가, 공민왕 16년 8월.
38) 李穡, 「彰聖社 眞覺國師 大覺圓照 塔碑銘」, 『한국금석전문』 중세 하 ; 이지관 역주, 『교감 역주 역대고승비문』 고려4, 가산불교문화연구원, 1997.
39) 崔瀣, 「送盤龍如大師 序」, 『동문선』 권84, 서 ; 『고려사』 권109, 李瑱列傳 ; 채상식, 「體元의 저술과 화엄사상」, 『한국 화엄사상 연구』, 동국대 불교문화연구소, 1982 ; 『고려후기 불교사연구』, 일조각, 1991 ; 황인규, 「여말선초 화엄종승의 동향」, 『불교학연구』 1, 2000 ; 황인규, 앞의 책, 2003.
40) 황인규, 「여말선초 화엄종승의 동향」, 『불교학연구』 1, 2000 ; 황인규, 앞의 책, 2003.
41) 『고려사』 권39, 공민왕세가 5년 4월조 및 공민왕 15년 5월 을유.
42) 이에 대해서는 다음의 논문을 참조하기 바람. 황인규, 「편조신돈의 불교계 행적과 활동」, 『만해학보』 6, 2003 ; 황인규, 앞의 책, 2005.

다.43) 1370년(공민왕 19) 국사로 있으면서 나옹이 주맹한 공부선의 증명법사로 참여하기도 하였다. 천희는 여기서 설산국사라고 불렸는데 보우의 신돈에 대한 견제나 나옹의 공부선 주관 등으로 인하여 천희의 '부(府)'의 활동은 잘 안된 듯하다.44)

신돈이 1371년 실각한 후 천희는 국사를 사의하고 1372년(공민왕 21) 부석사로 가 1376년(우왕 2) 전각을 중창하였다.45) 의상이 화엄종의 교세를 진작시킨 것을 계승하여 부석사를 화엄종 총본산으로 삼았으며,46) '화엄부석국사'라고 불렸다. 천희는 그후 근기 지방인 수원 창성사로 옮겨 불법을 펴다가 입적하여 비가 그곳에 세워졌다. 무학과 신조가 양주 회암사와 수원 만의사 등 근기 지방에서 흥법의 본산으로 삼으려 했던 것과 유사하다.47)

4) 가지산문 국사 보우와 사굴산문 왕사 나옹

보우는 1371년(공민왕 21) 7월 국사 재책봉 제의를 사의하였는데, 국사 천희가 재임하고 있었기 때문인 듯하다. 천희가 부석사로 내려가 화엄종 본산으로 만드는 등 지방 불사에 전념하자, 공민왕의 뜻에 따른 우왕이 보우를 1381년(우왕 7) 겨울 국사로 재책봉하였다. 보우는 1382년(우왕 8) 12월 23일 입적하였다. 보우의 사리를 모신 탑비는 가은 양산사, 양근현 사나사(1386), 명주군 청송사, 미원현 소설암, 삼각산 태고사(1385) 등에

---

43) 황인규, 「수원의 고승 진각국사 천희와 고려말 불교계」, 『수원학연구』 3. 2006.
44) 각굉, 「나옹 행장」, 『나옹화상어록』. 1376년(우왕 2) 부석사 전각 보수시 '부석사 주지 國師圓應尊者雪山和尙.'이라 불렸다.
45) 이색, 「彰聖祠 眞覺國師 圓照 塔碑銘」, 『조선금석총람』 상.
46) 의상은 부석사를 창건한 후 40일 동안 법회를 열고 화엄을 설법하여 浮石尊者라고 불리고, 화엄종을 浮石宗이라고 부르게 되었다. 김상현, 「신라 중대 전제왕권과 화엄종」, 『동방학지』 44, 연세대 국학연구소, 1984.
47) 황인규, 「무학자초의 흥법활동과 회암사」, 『삼대화상 논문집』 2, 1999 ; 황인규, 앞의 책, 2003.

세워졌다.

 보우는 신돈이 죽은 1371년(공민왕 21) 7월 국사 책봉 제의를 거절하고, 1381년(우왕 7) 겨울 국사로 재책봉되어 1382년(우왕 8) 12월 23일 입적할 무렵까지 국사로 재직하였다. 이 기간 동안 보우가 한 일은 특별히 찾아지지 않는다.[48]

 보우가 1371년 7월 국사 책봉 제의를 사의한 다음 달 8월 26일 나옹이 왕사로 책봉되었다.[49] 충선왕시 사굴산문 충경 왕사[50] 책봉 이후 처음 있는 일이다. 나옹은 수선사 제14세(?) 왕사 선현에 이어 왕사로 책봉되어 송광사를 하산소로 삼아 주석하였다. 나옹은 보우보다 2년 후인 1348년 중국에 가서 10년간 머물면서 8세 때 보살계를 주었던 지공 선현과 임제종 고승 평산 처림에게 법을 사사받았다. 특히 대도(북경) 법원사에서 스승 지공과 제자 무학을 조우하면서 삼화상의 연이 맺어지게 되었으며, 삼산양수기를 받아 귀국하였다.[51] 수기는 지공이 인도에서 수학한 바 있었던 나란다사를 상기하면서 회암사를 중창하여 불교를 흥성시키라는 것이었다. 하지만 신돈의 집정으로 지방에서 유력하다가[52] 1367년 지공의 입적 소식과 더불어 지공의 가사와 글을 전해 받아 널리 알렸다.[53] 3년후 1370년 1월 지공의 유골이 고려에 도착하자 추념 열기는 대단하였으며, 이를 나옹이 주관하게 되면서 지공의 대표적 계승자로서 그 위상이 부각되었다. 나옹은

---

48) 태고사 원증국사비에 의하면, 보우는 '왕의 명령으로 멀리서 7년간 일을 맡아 보았다.'고 한다.
49) 나옹, 「왕사로 봉숭하는 날에 普說하다.-신해 8월 26일」, 『나옹화상어록』; 『고려사』 권43, 공민왕세가 20년 8월 7일(정해), '以僧惠勤爲王師.'
50) 釋宓菴, 「薦冲鏡王師 疏」, 『동문선』 권112, 疏, '曾作三韓之標準 望傾朝野 卒爲二代之師賓'; 釋宓菴, 「冲鏡王師 小詳齋疏」, 『동문선』 권112, 疏; 釋宓菴, 「冲鏡王師 祭文」, 『동문선』 권109, 祭文.
51) 覺宏, 「나옹화상 행장」, 『나옹화상 어록』, 『한국불교전서』 6.
52) 황인규, 「편조신돈의 불교계 행적과 활동」, 『만해학보』 6, 2003; 황인규, 앞의 책, 2003.
53) 각굉, 「나옹화상 행장」, 『나옹화상어록』, 『한국불교전서』 6.

회암사에 머물다가 같은 해 9월 개경 광명사에서 공부선을 주관하였다.54) 공부선의 실시는 가지산문의 백운 경한과 천태종의 신조, 화엄종의 천희가 참여하는 불교계의 거국적인 모임이었다.55)

이러한 상황의 전개속에 나옹은 1371년 8월 26일 왕사로 책봉되어56) 송광사에 머물렀다. 하지만 지공이 내린 삼산 양수기를 생각하고 회암사로 가서 절을 중창하였다. 나옹은 1374년부터 2년간 대규모의 중흥불사를 벌여 1376년(우왕 2) 봄 공사를 마치고 4월 15일 회암사 낙성식 때 무학을 급히 불러서 수좌를 맡겼다. 회암사의 중창이 마무리되어 낙성식이 성황리 거행되었는데57) 추방되어 주살되었다.58) 결국 나옹과 제자 무학이 지공의 추념 불사에 이어 지공의 유훈을 받들어 회암사를 중창하여 홍법을 하고자 하였지만, 그 뜻을 이루지 못하고 순교당하였다.59)

나옹과 스승 지공의 추념 불사는 나옹이 입적한 후에도 한 동안 계속되었다. 특히 나옹의 부도 및 비가 회암사와 신륵사에 세워졌다.60) 즉, 나옹이 불교의 메카로 삼으려 했던 회암사에서도 부도와 비가 세워졌고,61) 입적처

---

54) 각굉, 위의 책 ; 이색, 「彰聖社 眞覺國師 大覺圓照塔碑銘」, 『한국금석전문』 중세 하.
55) 『고려사』 권43, 공민왕세가 19년 9월 16일(신축), '辛丑 幸廣明寺, 大會僧徒, 命僧惠勤, 試功夫選' ; 황인규, 「무학자초의 홍법활동과 회암사」, 『삼대화상 연구논문집』 2, 불경서당 훈문회, 1999 ; 황인규, 앞의 책, 혜안, 2003.
56) 나옹이 왕사로 책봉되는 설법을 한 내용이 어록에 전하고 있다. 나옹, 「왕사로 封崇되는 날 설법하다.-신해년 8월 26일」, 『나옹화상어록』, 『한국불교전서』 6.
57) 각굉, 「나옹화상 행장」, 『나옹화상어록』, 『한국불교전서』 6.
58) 『세종실록』 권85, 21년 4월 18일(을미) ; 『성종실록』 권290, 25년(1494) 5월 5일(임진) ; 黃景源, 「朝山大夫 司諫院正言 致仕 丁先生 墓碣銘 幷序」, 『不愚軒集』 卷首 ; 황인규, 「조선전기 불교계의 고승탄압과 순교승」, 『불교사연구』 4·5합, 중앙승가대 불교사학연구소, 2004 ; 황인규, 앞의 책, 2003 ; 황인규, 「조선전기 천태고승 행호와 불교계」, 『한국불교학』 35, 2003 ; 황인규, 앞의 책, 2005.
59) 회암사 중창에 대해서는 다음의 논고를 참조바람. 황인규, 「무학자초의 홍법활동과 회암사」, 『삼대화상 연구논문집』 2, 1999 ; 황인규, 『무학대사연구-여말선초 불교계의 혁신과 대응』, 혜안, 1999 ; 황인규, 앞의 책, 혜안, 2003.
60) 李穡, 「회암사 선각왕사비」, 『조선금석총람』 하.
61) 覺宏, 「나옹화상 행장」, 『나옹화상어록』, 『한국불교전서』 6.

인 신륵사에 석종 탑이 세워져 사리가 안치되었으며, 진영당이 지어져 영정이 봉안되었다.62) 문인 이색은 '회암사는 기원정사와 같고 신륵사는 사라쌍수와 같다.'고 하였다.63) 뿐만 아니라 나옹의 문도들이 전국의 사찰에 나옹의 비와 부도를 세우고 유품을 봉안했다.64) 즉, 나옹의 문도들은 금강산, 치악산, 소백산, 사불산, 용문산, 구룡산, 묘향산, 천보산, 신륵사 등 나옹의 유력지와 교화처에서 나옹의 사리를 봉안하여 추념하였다.65)

이러한 나옹과 더불어 스승 지공에 대한 추념 불사는 1383년 묘향산 안심사에서 절정을 이룬 것 같다. 기문에 의하면, 석종을 만들어 지공의 사리 아홉개와, 나옹의 두골 한 조각과 사리 다섯개를 안심사에 모셔 두었다고 한다. 안심사가 마치 '숭산 소림굴의 달마 고사'에 비유되면서 나옹과 스승 지공에 대한 흥법의 뜻을 되새겼다.66)

5) 사굴산문 마지막 국사 보각국사 환암과 가지산문 마지막 왕사 대지국사 찬영

천희는 1382년 6월, 보우는 같은 해 12월 입적하였으며,67) 사굴산문

---

62) 覺宏, 위의 책 ; 정약용,「登神勒寺東臺」,『다산시문집』권3 詩 ; 李穡,「神勒寺舍利石鐘碑」,『한국금석전문』중세 하.
63) 李穡, 위의 책, '吾師 於五濁惡世現 相應機 譬則佛出也 是以 檜巖也猶祇樹焉 神勒也猶雙林焉.'
64) 李穡,「安心寺 指空懶翁 舍利 石鐘記」,『한국금식전문』중세 하.
65) 위와 같음 ; 李穡,「金剛山 潤筆庵記」,『牧隱文藁』卷2. 이들 뿐만 아니라 神勒寺大藏閣을 건립할 때 이색이 여력이 없자 나옹의 문도들의 도움을 받아 건립하였다.
66) 이색,「香山 安心寺 舍利 石鍾記」,『牧隱文藁』권3, 기 ;『동문선』권74, 기. 비문에 의하면 묘향산 普賢寺에는 舍利 헤아릴 수 없이 많았는데, 각 名山에 分置하고, 4부대중이 항상 모시고 공양하는 자도 많았다고 한다. 李穡,「安心寺指空懶翁舍利石鐘記」,『한국금석전문』중세 하. 묘향산 보현사에 나옹의 비가 건립되었던 사실을 다음의 기록으로 알 수 있다. 兌律,「香山誌」,『月波集』,『한국불교전서』9. '其南西山 懶翁二碑立焉.'
67) 태고 보우의 상수제자로 1382년(우왕 8)에 다시 내원당 감주로 다시 임명되었던 구곡 각운도 보우의 입적 다음 해인 1383년(우왕 9)에 국사의 책봉을 거절하고

환암 혼수(1320~1392)[68]와 가지산문 목암 찬영(1328~1390)이 국사와 왕사로 각기 책봉되었다.[69] 환암은 나옹이 주관한 공부선에 유일하게 답을 함으로써 주목을 받아 내불당(내원당)과 송광사, 광암사 등 대사찰의 주지에 있었다. 즉, 환암은 1379년 무렵 3년간 공민왕비의 능침 사찰 광암사 주지에 취임하였다. 그 후 연회암에 있다가 1383년(우왕 9) 보우가 입적하자 국사로 책봉받고 개천사에 머물렀다. 그해 가을 광암사 주지로 다시 취임하여 1385년 50일간 능엄 법회를, 1386년 대비 안씨의 청으로 불정회를, 1387년 수창궁에서 소재 법회를 베풀기도 하였다. 1383년부터 입적시까지 10여 년간 개경 광암사와 개천사 주지를 겸하였으며, 1388년 국사로 재책봉되었다.

찬영은 1356년(공민왕 5) 보우가 왕사로 책봉되어 9산선문을 통합하고자 원융부를 설치 운용했을 때 원융부 시랑으로서 동참하였다.[70] 1359년 승록사의 양가 도승록으로 수년간 재임하였으며, 1372년 봄 국사와 왕사의 다음 서열에 있었던 내원당 감주로 재임하였다.[71]

찬영은 스승 보우가 입적하자 1383년(우왕 9) 왕사로 책봉되었다.[72] 1350년 승과에서 우수한 성적으로 합격하여 두각을 나타냈으며, 국일 지엄

다시 백련사로 하산하였다고 한다. 이재열, 「오교양종과 조계종통에 관한 고찰」, 『불교사상』 1·2·3·4·5·6호, 1973·1974 ; 『한국조계종의 성립사 연구』, 민족사, 1986. 263~269쪽.
68) 환암은 가지산문으로 보는 경우도 있으나 본고에서는 사굴산문으로 보고자 한다. 황인규, 「충주의 고승 환암 혼수와 목암 찬영」, 『충주의 인물(V) 충주의 큰 스님-법경대사 홍법국사 대지국사』, 예성문화연구회, 충주시, 2006.
69) 『고려사』에는 1383년(우왕 9)과 1389년(창왕 즉위)에 왕사와 국사로 책봉되었다고 한다. 『고려사』 권135, 신우 열전 9년 2월, '以僧混修爲國師 粲英爲王師.' ; 『고려사』 권137, 신우 열전 昌王 即位年 6월, '以僧混修爲國師 贊英爲王師.'
70) 박의중, 「억정사 대지국사비」, 『조선금석총람』 하 ; 『拙翁集』 卷10, 碑銘·碣銘 「通訓大夫 行宗廟署令任公神道碣銘幷序」 ; 이색, 「內願堂監主判曹溪宗事英公 號古樗 所居曰松月軒 於予同庚故人也 請題故賦此」, 『牧隱詩稿』 권6, 詩, '種在乾坤第一春 蟠桃海上接芳隣 可憐能自能紅者 幾向東風洒錦茵 萬樹長松翠影重 月華初上更無風 禪窓寂寂涼如水 掛在秋光一片中 領袖曹溪大福田 錦袍錯落照人天 從容折却華嚴講 半夜君王席更前.'
71) 박의중, 「억정사 대지국사비」, 『조선금석총람』 하.
72) 『고려사절요』 권3, 우왕 9년(1383) 2월.

존자가 찬영이 왕사가 될 것이라고 했던 바 있다.[73] 왕사로 책봉된 지 2년 후인 1385년(우왕 11)에 3대 선우였던 광명사에 3년간 있다가 충주 억정사에 머물렀다.

그런데 연복사 탑의 중창과 광암사의 중창 등 국가의 재정을 고갈시키는 대불사를 개최하거나 문수 법회도 설행되어 신진 사류들로부터 불교계가 대대적인 공격을 받았다.[74] 특히 1379년(우왕 5) 무렵 승려의 봉군제를 혁거하여 국사·왕사 제도가 없어지게 되었다.[75] 공양왕은 찬영을 왕사로 책봉하고자 하였으나, 신진 사류들의 반대로 무산되었다.

> 왕이 조계종의 승려 찬영을 맞이하여 스승을 삼고자 하니, 대사헌 성석린과 좌상시 윤소종 등이 대궐문에 엎드려 이를 간하고, 연장하여 소를 올렸다. '… 전하께서는 임금과 아버지를 무시하는 자를 스승으로 삼지 말고, 요순과 공맹의 도를 높여 삼한의 태평한 업을 여십시오.' 왕이 마지못하여 그 말을 따랐다. 찬영은 숭인문까지 와서 들어가지 못하고 돌아갔다.[76]

공양왕이 찬영을 국사로 책봉하려 하자 정몽주·윤소종 등 신진 사류의 반대에 부딪쳐[77] 숭인문 근처에 왔다가 돌아갈 수밖에 없었다.[78] 환암의 경우 책봉식을 거행하지 않았는데 개경에서 책봉하고자 했던 것은 주목된다. 왕사·국사의 책봉이 유생들의 상소로 성사되지 못하고 유교의 가르침대

---

73) 박의중, 「억정사 대지국사비」, 『조선금석총람』 하.
74) 황인규, 「여말선초 연복사 탑의 중영과 낙성」, 『역사와 교육』 7·8, 1999 ; 황인규, 앞의 책, 1999.
75) 『고려사』 권75, 선거지 銓注, 우왕 5년(1379) 1월, '辛禑五年正月 門下郎舍言 僧人封君 及依例外翁主宅主封爵 並皆除之.' ; 『고려사』 권75, 志29 選擧3 銓注 우왕 9년(1383) 2월, '九年二月 左司議 權近言 女封宅主 僧封諸君 及府外封君 皆繫官爵輕賤 並許禁斷.' ; 『고려사』 권75, 志29 選擧3 銓注 공양왕 1년(1389) 12월, '諫官請 罷無功封君者.'
76) 『고려사절요』 권34, 공양왕 2년 2월.
77) 『고려사』 권117, 정몽주 열전 및 윤소종 열전.
78) 박의중, 「억정사 대지국사비」, 『조선금석총람』 하.

로 시행하라는 주장은 우리 역사상 처음 있는 일이었다.

3. 조선초 왕사·국사 책봉과 추증

조선 건국 직후 조계종 고승 무학이 왕사로 책봉되었으며, 1394년(태조 3) 천태종 고승 조구가 국사로 책봉되었다. 그리고 찬영, 환암, 지천 등의 고승이 국사로 추증되었으며, 세조대 수미와 원진이 국사로 추증되었다고 한다. 앞서 언급했듯이 고려말 승려의 봉군제가 혁거되고 찬영의 왕사 책봉이 무산되었다. 하지만 조선왕조를 창업했던 이성계는 불교계 세력을 무시할 수 없었다. 유가종을 제외한 4대 종파의 고승들에게 조선 건국의 도움을 받았다. 진각국사 천희의 도반인 경남도 왕조 창업의 뜻에 동참하였으며, 특히 조계종의 무학과 천태종의 신조는 왕조 창업에 매우 큰 역할을 하였던 것이다. 즉, 무학은 정도전에 앞서 혁명을 종용했으며, 신조는 왕조 창업의 결정적인 계기가 된 위화도 회군에 참여했다.[79] 때문에 조선 건국초 국사와 왕사가 책봉되거나, 추증되는 등 조선초 왕사 국사가 존재하였던 것이다. 그러나 아래의 기록에서 보는 바와 같이 1398년(태조 7) 왕사 제도도 완전히 혁거되었다.

> 간관이 상언하였다. '… 1. 스승(師)이란 것은 그 도를 모범하는 것입니다. 고려왕조에서는 불교를 숭상하고 믿게 되어 중으로써 스승으로 삼아, 전연 옛날의 제도를 잃었던 것입니다. 원하옵건대, 지금부터는 대신 중에서 나이 많고 덕이 높은 사람을 뽑아 스승으로 삼아 예전대로 행하는 폐단을 개혁할 것이다. … 이에 임금이 말하였다. '4품 이상의 관원은 잠정적으로 전례로써 이를 시행하라.''[80]

---

[79] 황인규, 「고려말 이성계의 불교계 세력기반」, 『한국불교학』 28, 2001 ; 황인규, 앞의 책, 2003.

언론을 담당한 간관이 1398년 무학이 입적시인 1405년까지 왕사로 재임하면서 불교계를 보호하였고 무학이 입적한 지 불과 3개월이 지난 1406년 한국 역사상 불교계에 대한 대 탄압 시책이 단행되고 20년 후인 1424년(세종 6) 선교 양종으로 통폐합되었다. 하지만 세종도 만년에 호불로 돌아섰으며, 그의 아들 세조는 세염(원진)을 국사로 추증하였을 뿐 아니라 태고 보우와 제자 구곡 각운을 잇는 가지산문 수미를 왕사로 책봉하고, 나옹과 무학을 잇는 사굴산문계 신미와 두 제자 학열·학조를 삼화상이라 부르면서 불교를 보호하였다. 조선전기 왕사와 국사 책봉 및 추증과 관련된 주요 사실을 열거하면 다음과 같다.

조선시대 왕사·국사 책봉과 추증
1392년(태조 1) : 사굴산문 무학, 왕사 책봉. 1405년 입적.
1394년(태조 3) 10월 : 가지산문 찬영, 대지국사 추증.
1394년(태조 3) : 천태종 조구, 국사 책봉.
1394년(태조 3) 3월 : 사굴산문 보각국사 환암비 세워짐.
1395년(태조 4) 7월 : 사굴산문 지천, 정지국사 추증.
1395년(태조 4) 11월 : 천태종 조구, 입적.
1397년(태조 6) 7월 : 태조가 무학의 부도를 세움.
1405년(태종 5) 9월 : 무학, 입적. 부도에 안치함.
1405년(태종 5) 10월 : 무학의 탑호 비 건립을 청함.
세조대 : 가지산문 수미, 왕사 추증.
세조대 : 세염(원진), 국사 추증.

---

80) 『태조실록』 권15, 7년(1398) 9월 18일(경인), '諫官上言 … 一 師者 師其道也 前朝崇信 浮屠 以僧爲師 殊失古制 願自今 擇大臣年高德邵者爲師 以革因襲之弊 …上曰 四品以上 姑以前例行之.'

1) 조계종 마지막 왕사 무학

무학과 도반으로 원에 함께 동행했던 지천의 비문에 '나옹과 무학은 서로 명성을 드날리며 왕사가 되어 크게 종풍을 떨쳤다.'[81]고 하였으나 왕사 책봉사의 사실이 그렇게 기록된 듯하다.

> 옹(나옹)이 세상을 떠나니, 사(무학)가 여러 산을 노닐면서 뜻을 감추고 남에게 알리고자 하지 않았다. 전조의 말기에 명리로써 사를 불러 왕사를 삼고자 하였으나, 사가 번번이 가지 않더니 마침내 임신년(1392년)에 (태조의) 지우가 있었으니, 사(師)의 거취가 어찌 우연한 일이라고 하겠는가.[82]

무학이 수차례 왕사 책봉의 제의를 사양하였던 듯하다. 왕사 책봉의 책봉 제의시 세 번 사양하는 예인 삼반지례(三反之禮)를 의미하는 것이 아니다. 고려말에 실제 왕사에 책봉된 적이 없기 때문이다.

무학은 나옹의 순교후 스승 지공과 나옹의 추념 불사에 참여한 것 외에는 은둔하여 수도하였는데, 1383년 안심사의 지공·나옹비 건립에 참여하였던 무렵 이성계와 조우하여 혁명을 종용하였다.[83] 그 후 몇 차례의 왕사 책봉이 있었을 듯하나 그때마다 그 제의를 거절하였다고 생각된다.

무학은 태조의 탄신일인 10월 11일 왕사로 책봉되었다.[84] 그만큼 태조와 특별한 관계에서 나온 것이다. 고려 태조가 도선의 도움으로 나라를 개국한 것 같이 조선 태조도 무학의 도움을 받아 창업하였던 것과 견주된다.[85] 그리고 태조 왕건이 해동 무외사(海東 無畏師)를 두고 도선의 문도 여철의

---

81) 권근, 「용문사 정지국사비」, 『조선금석총람』 하.
82) 변계량, 「묘엄존자 탑명」, 『조선금석총람』 하.
83) 황인규, 「고려말 이성계의 불교계 세력기반」, 『한국불교학』 28, 2001 ; 황인규, 앞의 책, 2003.
84) 변계량, 「묘엄존자 탑명」, 『조선금석총람』 하.
85) 청허 휴정, 「설봉산 석왕사기」, 『한글대장경』 151(청허당집).

국가비보사상이나 천태종 능긍의 회삼귀일 정신으로 나라를 다스리고자 한 사실과 비견된다.[86]

무학은 불교계의 오교 양종의 모든 승려들이 모인 가운데 왕사 취임시 불교계 전체의 화합을 강조하면서 태고 보우가 왕사로 취임하여 그랬던 것처럼, 불교의 자비가 유교의 인과 같다고 유불 일치를 강조하였다. 그러면서 백성을 갓난아기처럼 보호하듯(嬰兒行) 정치를 베풀라고 하였다.[87] 이에 문인 목은 이색은 '착하신 임금은 용이 하늘에 날고 왕사께서는 부처가 나오셨네.'[88]라고 찬사를 아끼지 않았다.

조구(祖丘)가 천태종계를 대표해서 1394년 9월 국사로 책봉되어 이듬해인 1395년 11월에 입적하였으나, 무학은 태조의 양위 후에도 상왕·태상왕 태조의 왕사로 재임해 있었다. 이러한 사실은 실록에 왕사와 국사로 기록되는 등 국가 차원에서 공인한 것이라고 할 수 있다. 따라서 무학과 조구가 생존시 책봉된 마지막 왕사·국사였다.

무학은 왕사로 재임하면서 고려말에 이어 지공과 나옹의 추념 불사를 하면서 불교계를 재편하고자 하였다. 즉, 무학은 1393년 태조에게 조파를 주청하여[89] 지공으로부터 나옹을 거쳐 자신에 이르는 계보를 수록하여 『불조종파지도』를 간행하였다. 그 후 광명사에서 나옹의 괘진 불사를 하고 회암사로 돌아와 1394년 3월 3일 지공과 나옹의 부도에 탑명을 새겼다. 또한 1397년 회암사 북쪽에 자신의 부도가 세워지게 하고[90] 입적하자 유골이 부도에 안치됨으로써[91] 지공·나옹·무학의 삼화상의 부도가 회암사

---

86) 황인규, 「선각국사 도선의 종풍계승 및 전개」, 『한국선학』 20, 2008 ; 황인규, 「여말선초 천태종승의 동향」, 『천태학연구』 11, 대한불교천태종 총무원 원각불교사상연구원, 2008.

87) 무학이 불교의 嬰兒行을 말하면서 『서경』의 백성을 갓난아이(赤子)처럼 보호하라는 것도 유불일치의 표현이었다.

88) 변계량, 「묘엄존자 탑명」, 『조선금석총람』 하

89) 허흥식, 「7-4.법통의 변천과 새로운 시론」, 『한국중세불교사상사연구』, 1994, 397~398쪽 ; 황인규, 『무학대사연구』, 혜안, 1999.

90) 『태조실록』 권12, 6년 7월 22일(신미).

에 세워짐으로써 삼화상의 인연이 50년만에 결실을 맺게 된다.92) 무학은 '나라에서 존숭함이 상대가 없었을 정도로 위상이 높아서 선각(나옹)의 적통이요, 태조의 스승'이었다.93)

2) 천태종 마지막 국사 공암 조구

국사 환암에 대한 추증이 이루어지지 않아 무학이 왕사로 책봉된 지 2년 후 1394년(태조 3) 9월 8일 공암 조구(?~1395)가 국사로 책봉되었다. 신왕조 창업에 동참한 조계종과 천태종에 대한 불교계 세력의 안배였다. 즉, 신조(생몰년 미상)는 천태종을 대표하면서 왕실의 측근 세력을 이루고 있었으나 이성계와 제휴했던 것 같으며, 전쟁터에서 이성계의 참모 역할을 할 만큼 친밀했다.94) 특히 1388년(우왕 14) 이성계를 따라 요동정벌에 참여하여 위화도에서 회군 대책을 논의하기도 하였으며, 그러한 공으로 '대선사 중대광 봉복군'이라는 공신호를 받고95) 수원 만의사에 머물렀다. 그는 1391년 1월 만의사에서 7일간 소재도량을 베풀었고 이듬해인 1392년 2월 21일간 법회를 열었다.96)

그와 같이 신조가 승려로서는 유일하게 공신이 되었지만, 왕사나 국사로 책봉되지 않았다. 그 대신에 조구가 1403년(태조 3) 국사로 책봉되었다.97)

---

91) 『태종실록』 권10, 5년 9월 20일(임자).
92) 황인규, 「무학자초의 홍법활동과 회암사」, 『삼대화상 연구논문집』 2, 1999 ; 황인규, 앞의 책, 1999 ; 황인규, 앞의 책, 2003.
93) 변계량, 「묘엄존자탑명」, 『조선금석총람』 하 ; 『春亭集』 續集, 卷1 銘
94) 이는 鄭津 原從功臣 錄券 공신명단에 보이고 있다. 박천식, 「조선 건국의 정치세력연구」 하, 『전북사학』 9, 75쪽.
95) 『고려사』 권45, 공양왕세가 2년 임인.
96) 權近, 「水原 萬義寺 祝上華嚴法華法會 衆目記」, 『陽村集』 卷12 ; 『동문선』 권78 기.
97) 『태조실록』 권6, 3년(1394) 9월 8일(을사), '以天台宗僧祖丘爲國師.' ; 『태조실록』 권7, 4년(1395) 1월 27일(임술), '壬戌/陞潭陽縣爲郡, 國師祖丘鄕也.' 『세종실록』 권151, 지리지 담양도호부조 ; 『태조실록』 권8, 4년(1395) 11월 14일(갑술), '國師祖丘病死, 爲之停朝.'

조구가 집해한 『상교 정본 자비도량참법』에 의하면, 조구는 영원사와 불은사의 주지를 하였음을 알 수 있다.98) 국일 도대선사급 천태종 고승으로 현견이나 조구 등이 있었지만 조구가 국사로 책봉되었다. 즉, 이성계의 군사 핵심참모였던 신조가 백련결사에서 채택되었던 계환해의 『법화경』을 강고하고 법화 삼매 참회 도량을 베풀어 참회·정토왕생의 공덕을 기렸는데, 그러한 성향은 『자비도량참법』을 집해한 조구에서도 찾아볼 수 있으며, 이 책을 교정한 자정국존 미수의 참회부를 본뜻 것이 아닌가 한다. 하지만 국사 책봉 이듬해 조구가 입적함으로써 세조대 세염(원진)이 국사로 불렸다고 하지만 실질적인 마지막 국사는 천태종 고승 조구였다.

3) 마지막 국사 추증과 추념

조선초 무학이 왕사로, 조구가 국사로 생존시에 책봉되었지만 찬영·환암·지천의 사후에 국사로 추증하거나 추념 기념 사업이 이루어졌다. 목암 찬영(1328~1390)은 무학이 왕사로 임명되기 2년 전인 1390년(공양왕 2)에 입적하였다. 공양왕 때 감지국사로 추증되었다가 1393년 10월 대지국사로 추존되었으며, 충주 억정사에 부도탑과 비가 세워졌다.99) 앞서 언급한 바처럼, 1390년 찬영의 왕사 책봉이 무산되었지만 호불신앙자였던 태조가 왕사 무학의 자문을 받아 국사로 다시 추증하였다고 생각된다.

찬영이 입적한 지 2년 후 환암 혼수(1320~1392)가 1392년 9월 18일에 입적하였다. 그는 1391년 이성계와 함께 서운사에서 대장경을 봉안하고 경찬회를 베풀었다. 환암 혼수가 입적하자 1394년 2월 태조가 보각이라는

---

98) 남권희, 「興德寺字로 찍은 慈悲道場懺法 집해」, 『문헌정보학』 4, 전남대학교 사회과학대 문헌정보학과, 1990 ; 『고인쇄문화』 2, 청주 고인쇄박물관, 1995 ; 남권희, 「興德寺字로 찍은 慈悲道場懺法集解의 찬자와 간행에 관한 고찰」, 『서지학연구』 7, 1991 ; 남권희, 「고려말 慈悲道場懺法 卷第一」, 『서지학보』 11, 1993 ; 황인규, 「여말선초 천태종승의 동향」, 『천태학연구』 11, 대한불교천태종, 2008.
99) 박의중, 「억정사 대지국사비」, 『조선금석총람』 하, 715~719쪽.

시호를 하사하였으며, 충주 청룡사에 부도탑과 비가 세워졌다.[100] 환암의 입적후 1394년 2월 국사 추증이 이루진 후에 조구가 국사로 책봉되게 된다.

축원 지천(1324~1395)은 무학의 도반으로, 함께 원에 가서 지공과 나옹에게 인가를 받고 귀국하였으며, 나옹과 무학이 명성을 날리며 왕사가 되어 종풍을 떨쳤으나 홀로 조용히 은둔하며 수행하였다. 산중의 모든 승려들이 다투어 모여들어 지천에게 존경의 예를 표하고 사모하였다고 한다. 1395년 7월 7일 천마산 적멸암에서 입적하였고, 이에 태조가 왕사 무학의 뜻을 받아 정지국사로 추증하였던 듯하며, 1398년(태조 7) 그가 머물렀던 양평 용문사에 비가 세워졌다.[101] 이와 같이 태조는 왕사와 국사를 책봉하였을 뿐만 아니라 찬영, 환암, 지천 등의 고승의 국사 추증 및 추념 사업을 하였다. 송헌거사 태조의 호불신앙 때문이기도 하지만 왕사 무학의 불교 보호의 뜻이 반영된 것이었다고 생각된다.

4) 세조대 왕사 책봉과 국사 추증

세조대 수미와 세염(원진)을 왕사와 국사로 추존하였다. 세조대 세염은 원진국사(?~1414)로 추증되었다고 한다.[102] 세염은 전라도 남평 효자동에서 살던 고려말 재상 수운 조정통의 셋째 아들 조한용이다. 본관은 창녕이며 법명은 원진, 호는 입록, 청간이다.[103] 1355년(공민왕 4) 형 조경용과 함께

---

100) 권근, 「청룡사 보각국사비」, 『조선금석총람』 하, 719쪽.
101) 권근, 「용문사 정지국사비」, 『조선금석총람』 하, 727쪽.
102) 범해 각안, 『원진국사전』, 『동사열전』 ; 이능화, 「道衍致孝復事李氏」, 『조선불교통사』 하 ; 忽滑谷快天, 「원진국사」, 『朝鮮禪敎史』, 동경: 춘추사, 1930 ; 창녕조씨오룡사적기 발간 추진위원장, 『昌寧曺氏五龍事蹟記』, 광명문화사, 1990.
103) 같은 호를 쓰고 있는 淸簡, 즉 설잠 김시습은 세종에게 신동으로 알려져 환대를 받았으며, 출가와 환속을 번복하면서 세조에게 왕사나 국사로 불리지 않았다. 아마도 설잠이 세종의 쿠데타에 대한 반감은 갖은 생육신이었기 때문이었다고 생각된다.

과거의 갑과에 최고 점수로 뽑히고, 이듬해 3형제도 높은 점수로 과거에 급제해 5룡의 집안이라 불렸다. 세염은 조선왕조가 건국되자 '충신 불사이군'이라는 글자를 써서 가슴에 품고 입산하여 출가하였다. 하지만 어머니의 권유로 환속하여 승지를 거쳐 참의에 올랐다. 그 후 명에 사신으로 갔다가 보의장군이라는 관직을 제수 받기도 하였다.

세염은 노모를 봉양하다가 돌아가시자 3년상을 마치고 다시 입산하여 영암 월산 도갑사에 머물다가 나주 덕룡산 불호사로 옮겨 1402년(태종 2) 중창했는데 왕과 사대부의 지원을 받았다고 한다. 세염은 억불시대 설잠 김시습처럼, 출가와 환속을 반복하다가 승려로서 불호사(불회사)를 중창한 '여충선효(麗忠鮮孝)' 고승이었다.

그리고 세조는 신미와 그의 두 제자 학열과 학조를 삼화상으로 삼아 존경하였는데 수미를 묘각왕사로 책봉하는 등 호불 신행시책을 전개하였다.[104] 수미(守眉)는 신미와 동시대 인물이며, 수미(壽眉)라고도 하였다.[105] 가지산문 태고 보우의 상수제자이자 국사 물망에 올랐던 구곡 각운(1318?~1382?)을 원사하고 벽계 정심에게서 법을 사사받았다.[106]

비문에 의하면 수미는 태종의 불교 탄압으로 선석이 황폐하고 영락하여 희미하여졌을 때 이를 막아 종문의 큰 힘이 되었다고 한다. 그리고 신미와 동생 김수온과 더불어 세종을 도와 궁궐안에 내원당을 짓고 법회를 주관하였고 문도들과 함께 복천사와 오대산 상원사를 중창하였다. 그 후 1457년(세조 3) 무렵 도갑사를 문도 홍월과 함께 중창하였는데 세조와 세종의 8자 아들

---

104) 황인규, 「세조대의 삼화상고-신미와 두 제자 학열과 학조」, 『한국불교학』 26, 2004 ; 황인규, 「세조대의 삼화상 신미와 묘각왕사 수미」, 『한국불교학결집대회논집』 Vol 2 No 1, 2004.5 ; 황인규, 앞의 책, 2005.
105) 申叔舟(1417~1475), 「禪宗判事 壽眉 見訪 翼朝詩謝」, 『保閑齋集』 卷7 ; 신숙주, 「送禪宗判事 壽眉 師運道岬」, 『保閑齋集』 卷7 ; 신수주, 「送禪宗判事 壽眉 師運道岬」, 『保閑齋集』 卷7. 세염의 입적시기나 국사추증에 대한 사실은 좀 더 확실한 고증이 필요하다.
106) 金正國(1485~1541), 「守眉上人 將往訪靈觀師于金剛山辭別於余爲贈小絶兼寄觀師」, 『慕齋集』 卷6.

영응대군 염의 지원을 받았다.107) 이렇듯 수미는 왕실의 주목을 받아 선종 판사에 임명되었다가 세조에 의해 왕사로 책봉되었다.

> 근고에 있어 묘각왕사가 바로 그러한 분이시다. … 뒤를 이은 광묘108)께서 예를 갖추고 맞이하여 왕사로 책봉하고 묘각이라는 호와 자색 가사 일령을 하사하였다.109)

수미의 왕사 책봉은 1406년(태종 6)에서 1424년(세종 6)까지 억불탄압 시책이후 국가 제도적 차원에서 이루어진 것은 아니지만 불교계를 상징하고 민중들의 정신적 스승인 왕사가 탄생한 것이다.

수미는 세조 4년 문란한 승려들의 기강을 바로잡기 위해 승도들이 함부로 구청하지 못하도록 승정원에 나아가 상서하였다.110) '선종의 승 수미가 승정원에 나아가 아뢰기를, "승도들이 횡행하며 구청하는 자가 있으니, 청컨대 이를 금하소서." 하니, 음식을 내려주었다.'111)는 사실이 바로 수미가 왕사로서 활동할 때의 기록인 듯하다.112)

수미는 도갑사에 머물면서 승도들의 모연 등 폐해를 막도록 진언하였다.113) 그리고 예종대에도 수미가 세조가 삼화상이라고 하여 존숭하였던

---

107) 『세조실록』 권33, 10년 4월 13일(을미).
108) '光'字에 판독에 다소 이설이 있어서 光廟를 세종과 세조로 보는 경우도 있으나 수미의 활동으로 보아 세조가 맞다고 생각된다.
109) 백암 성총, 「영암 도갑사 묘각화상 비명」, 『조선금석총람』 하, 『조선사찰사료』 상
110) 황인규, 「조선전기 불교계 고승의 上疏 검토」, 『한국불교학』 43, 한국불교학회, 2005.
111) 『세조실록』 권14, 4년(1458) 9월 6일(경인).
112) 沈光世(1577~1624), 「道岬寺紀事」, 『休翁集』 卷2, 五言古詩, '藍輿越重岡 始到招提宮 丹靑二層殿 楹桷猶穹窿 伊昔守眉師 住錫玆山中 光陵時御極 禮貌頗尊崇 煌煌十行書 墨花今尙濃 稱師又曰獻 辭語何其恭 袈裟與座褥 刺繡成芙蓉 麈尾象毛赤 念珠琥珀紅 皆言出內賜 足見天恩隆 居僧十襲藏 得免干戈叢 客來輒誇示 永願傳無窮 奉翫再三歎 作詩記始終.'

신미·학열·학조 등과 '매양 빈전에서 법석을 하였다.114)는 것도 이와 관련된 듯하다. 수미는 선각국사 도선의 대표적인 도량 가운데 하나였던 도갑사를 중창하고 지엄의 교학사인 연희와 더불어 호불서인 『유석질의론』을 간행하는데 앞장을 서기도 하였다. 세조대 왕사 책봉과 국사 추증은 세조의 호불신앙에서 비롯된 것이지만, 세간의 사람들에게 마지막 왕사와 국사로 인식되었을 것이며, 신미와 두 제자 학열과 학조를 불교계의 최고승인 삼화상으로 불렸다.115)

그리고 조선시대 불교계에서 고봉 법장이 입적시인 1431년(세종)이후 수선사 제16세로 추증되었고 나옹과 무학도 16국사에 이어 수선사 18국사로 추증되었다.116)

4. 나가는 말

한국의 전근대사회의 사람들은 붓다의 가르침으로 살았으며, 그 정신적인 지도자가 국사와 왕사였다. 국사는 신라시대에 국통이라고도 불렸으며, 고려시대에도 국통이나 국존으로 불리었다. 선종승 도선과 제자 여철의 국가비보사찰설이나 천태종승 능긍의 회삼귀일 정신으로 삼국을 통합하였다. 그리고 불교 이념으로 나라를 다스리고 해동사무외를 곁에 두어 4명의 고승을 존경하며 가르침을 받았다.

왕사는 고려 개국과 동시에 선종승 법경 경묵(871~921)이 왕사로 책봉된 이래 광종이 즉위하자 선종 봉림산문 고승 원종 찬유(869~958)를 국사로

---

113) 『세조실록』 권46, 14년, 5월 4일(계해).
114) 『예종실록』 권1, 즉위년(1468) 9월 21일(정축).
115) 수미의 비는 후대인 조선후기 1633년(인조 11) 道岬寺 妙覺和尙碑가, 1653년(효종 4) 道岬寺 道詵守眉 兩大師碑가 도갑사에 세워졌다.
116) 황인규, 「수선사 16국사의 위상과 추념 : 송광사의 승보종찰 설정과 관련하여 試攷함」, 『보조사상』 34, 2010.

책봉한 이래 불교계뿐만 아니라 민중의 정신적 스승이었다. 고려후기 숭유억불 운동이 전개되면서 국사와 왕사의 책봉은 소멸되어 갔다.

고려시대 4대 종파 가운데 유가종은 1324년(충숙왕 11) 미수가 자정국존으로 책봉된 이래 왕사·국사를 배출하지 못하였다. 아마도 유가종의 사세와 관련이 있는 듯하다. 화엄종은 1114년(예종 9) 낙진(1045~1119)이 원경왕사로 책봉되고 종린(1127~1179)이 현오국사로 추증된 이래 왕사·국사를 배출하지 못하다가 화엄종 출신 신돈이 공민왕의 사부로 있으면서 천희(1307~1382)가 1367년(공민왕 16) 국사로 책봉된 것이 마지막이었다. 천태종은 1313년(충선왕 즉위) 혼구가 왕사로 책봉될 때 정오가 국존으로 책봉된 이후 처음이다.

그리고 조계종계는 충정왕대 수선사 제13세 복구가 왕사로 책봉되었다가 공민왕대 재책봉되었다. 수선사 16국사는 천태종 8국사와 마찬가지로 대부분 추증된 경우다. 그 후 선종 가지산문 고승 보우가 보감국사 혼구 이래 처음으로 왕사와 국사로 책봉되었다. 태고 보우는 유가종의 자정국존 미수가 참회부를 두어 선교 양종을 아울렀던 것처럼, 원융부를 두어 선종 9산문을 통합하고 불교 개혁을 시도했었다. 그 후 선종 사굴산문 나옹이 왕사로 책봉되었지만 순교 당하였다.

고려말 마지막 국사와 왕사로 책봉된 고승은 선종계의 사굴산문 고승 환암과 가지산문 고승 찬영이었다. 그들은 고려말 수 차례 재책봉되면서 불교계를 주도하였으나, 숭유억불 시책으로 승려의 봉군제가 없어지고, 특히 찬영이 왕사로 책봉되기로 했다가 무산되기도 하였다. 숭유억불 시책의 단적인 표징이 되는 사건이었다.

조선 건국 직후인 1392년 10월 태조 이성계의 생일날 무학이 왕사로 책봉되고 1394년(태조 3) 천태종 공암 조구가 국사로 책봉되었다. 그들이 실록에 왕사·국사로 기록되어, 한국 역사상 마지막 왕사와 국사이다. 조구는 1년후 입적하였고 무학은 입적시인 1405년(태종 5)까지 왕사로 재임하였다. 그리고 환암, 찬영, 지천이 비가 세워지거나 국사로 추증되었다. 그 후

세조는 수미를 묘각왕사로 불렀고 세염을 원진국사로 추증하기도 하였다. 국가적인 제도 차원아 아닌, 세조의 호불신앙 차원에서 이루어진 것이지만 세간의 마지막 왕사와 국사로 불렸을 것이다. 그리고 조선중기 이후 불교계에서 고봉 법장이 수선사 제16세 사주, 나옹과 무학이 송광사 18국사로 각기 추증되었다. 조선후기 산중불교시대 불교의 정체성 확립을 위한 노력이었지만 척불시대의 불교계의 국사였다.

Ⅲ. 조선후기 백곡 처능의 불교계 수호

1. 들어가는 말

　조선시대는 숭유억불 시책으로 '무종단 산중불교'라고 하여 불교의 침체기로 알려져 있지만 조선후기 불교는 산중을 중심으로 불교의 발전을 꾀했다. 조선후기 간행된 『동사열전』의 고승 198명 가운데 대부분이 조선후기 고승의 입전된 사실을 통해 단적으로 알 수 있다. 조선중기 명종대 문정왕후의 불교 후원과 허응 보우의 선교 양종 복립으로 봉은사와 봉선사를 본산으로 하는 선종과 교종이 16년간 존립했다. 특히 선교 양종 승과의 실시로 청허 휴정과 사명 유정 등이 배출되어 조선후기 산중불교를 주도하게 된다. 청허 휴정뿐만 아니라 청허의 동문인 부휴 선수의 문도도 산중불교시기의 주역이었다.
　본고는 부휴의 상수제자인 벽암 각성의 문도 백곡 처능의 생애와 호법 활동에 대하여 살펴보고자 한다. 그동안 백곡 처능의 연구는 그가 조선 정부에 올린 1815자의 상소를 중심으로 이루어졌으며, 그의 상소를 올린 시대적 배경인 효종대와 현종대 불교 시책과 관련하여 진척되기도 하였다.[1]

---

[1] 金煐泰, 「李朝代의 佛家上疏」, 『불교학보』 10, 동국대 불교문화연구소, 1973 ; 김기녕, 「조선시대 호불론연구-함허와 白谷을 중심으로-」, 동국대학교 박사학위논문, 2000 ; 남희수, 「백곡처능의 활동과 호불상소」, 동국대 석사학위논문, 2005 ; 차차석, 「백곡처능의 간폐석교소와 탈유교주의」, 제2회 광해군추선기념 학술세미나 광해군과 중후기 발표문, 2009 ; 『동방사상과 문화』, 태고종, 2016 ; 오경후, 「조선후기 불교정책과 대응론-백곡처능의 간폐석교소를 중심으로」, 『역사민속학』 31, 2009 ; 임재완, 「백곡집 해제」, 『대각등계집』, 동국대출판부, 2015. 문학 분야의 연구는 다음과 같다. 이종찬, 「詩와 文에 두루 통한 백곡」, 『한국불가시문학사론』, 불광출판부, 1993 ; 김주호, 「백곡처능선사의 시세계」, 『동악한문학논집』 7, 동악한

본고는 백곡 처능의 생애 전반에 대한 검토와 그의 사승, 도반, 문도, 그리고 교유 승려에 대하여 정리하고자 한다.2) 아울러 그의 불교계 대내외적 호법 활동에 대하여 종합적으로 살펴보고자 한다.3)

2. 생애와 사제 및 교유 인물

1) 생애 및 활동

백곡 처능의 생애와 활동에 관하여 가장 대체적으로 알 수 있는 기록은 유가 문집「백곡선사 비명」과「백곡선사 탑명」4)일 것이다. 백곡의 문집인 『대각등계집』에는 행장이 실려 있지 않고 김석주와 정두경의 서문이 실려 있을 뿐이다.5) 이러한 기문과 문집류와 금석문 등에 실린 단편적인 기록이

문학회, 1994 그리고 교양 논문으로는 다음과 같은 글이 있다. 이봉춘,「백곡화상 : 척불의 부당성 항의한 대장부」,『한국불교 인물사상사』, 불교신문사 편, 민족사, 1990 ; 이봉춘,「조정에 척불정책 항의한 대장부 백곡처능」,『한국불교 인물사상사』, 승가대학교 승가대신문사, 2000.

2) 백곡은 그의 스승 벽암 각성이 교유했던 樂全 申翊聖(1588~1644)을 비롯하여 澤堂 李植(1584~1647), 白洲 李明漢(1595~1645), 白軒 李景奭(1595~1671), 玄洲 尹新之(1582~1657), 東溟 鄭斗卿(1597~1673), 東江 申翊全(1605~1660), 汾厓 申晸 (1628~1687), 息庵 金錫冑(1634~1684), 明谷 崔錫鼎(1646~1715) 등 당대의 정계 문인이나 문인들과 교유하였다. 그의 이러한 유가 문인과 교유는 그가 최고의 유가적 문장의 재주를 지닌 것에 연유하는 바 크다. 그의 스승 벽암 각성은 선조의 부마 동양위 신익성을 비롯한 유불 교유전통에 기인하는 바 크며, 이러한 유불적 상호소통 분위기의 흐름에 부합되며, 그의 상소를 올리게 된 바도 이러한 맥락에서 이해된다. 백곡의 유림과의 교류 및 유불 소통에 대해서는 별고가 요청된다.

3) 본고는 대한불교조계종 봉은사·중앙승가대학교 불교학연구원 학술세미나 '조선의 불교를 지켜라, 문정왕후와 백곡처능', '봉은사 교육관, 2018.10.12.(금) 13:00~17:00에서 발제한 원고를 정제한 것이다.

4) 申晸(1628~1687),「白谷禪師 碑銘」,『汾厓遺稿』卷21, 碑銘 ; 崔錫鼎(1646~1715),「白谷禪師 塔銘」,『明谷集』卷21, 碑銘.

산견되어 구체적인 생애를 알기 쉽지 않다.

그의 성은 오씨나 김씨로 잘못 알려지기도 하였으나[6] 「백곡처능사 비명 병서」에 기록된 바와 같이 속성은 전씨요, 이름은 신수요, 법명은 처능, 자호는 백곡이다.[7] 그의 조상이나 가계에 대하여 알 수 있는 기록은 없으나 당대 문장가이자 선조의 부마인 동양위 신익성(1588~1644)에게 사사하고 많은 문인들과 교유한 점으로 미루어 보아 경상도 양반가 전씨의 자손인 듯하며 어머니는 김씨였다. 그의 어머니 김씨가 늘 홍제사[8]의 석불에게 기도하거나,[9] 인도 승려가 2개의 구슬을 머금는 태몽을 꾸고 1617년 5월 3일에 1남 1녀 가운데 아들로 태어났다.[10] 그는 '법골이 기수하여 어려서부터 불사놀이 하기를 좋아했으며, 혹 승니를 만나면 문득 나아가 좇았다.'[11]고 한다.

그는 나이 12세인 1628년(인조 6)에 벽암 각성의 제자 의현[12]에게 출가하였다.[13] 그 후 16세인 1632년(인조 10)에 운장에 머물고 있던 신익성에게

---

5) 崔錫鼎(1646~1715), 「白谷集序」, 『대각등계집』, 동국대출판부, 2015 ; 정두경, 「서문」, 『대각등계집』, 동국대출판부, 2015.
6) 涵月 海源(1691~1770), 「次吳白谷韻」, 『天鏡集』 卷上. 일제강점기 일본 학자 高橋亨(『李朝佛敎』, 714쪽) 이래 이를 추종하여 일부 학자들이 백곡의 성이 吳氏로 오인한 경우도 있으나 이는 분명 오류다. 김씨로 오인된 사례도 있다. 「처능」, 『한국민족문화대백과사전』, 한국정신문화연구원, 1997 : http://encykorea.aks.ac.kr/
7) 申晸(1628~1687), 「白谷禪師 碑銘」, 『汾厓遺稿』 卷21, 碑銘, '師俗姓全 法名處能 字愼守 白谷 其號也.'
8) 弘濟寺는 경북 봉화 비룡산과 白霞庵 表忠祠의 후신인 밀양의 사찰로 두 사찰 모두 의병장 사명 유정과 관계가 깊은 사찰이다. 아마도 유정이 수도하고 중건한 봉화 홍제사가 아닐까 하며, 백곡의 고향은 경상도 그 일대였을 것으로 잠정 추정하고자 한다.
9) 崔錫鼎(1646~1715), 「白谷禪師 塔銘」, 『明谷集』 卷21, 碑銘, '母金 嘗禱于弘濟之石佛 有異夢 以丁巳五月三日.'
10) 申晸(1628~1687), 「白谷處能師 碑銘 幷序」, 『汾厓遺稿』 卷10, 碑銘, '母金夢梵僧遺二顆珠 令吞之 覺而有娠 以萬曆丁巳五月初三日生 生孿子一男一女 男卽師也.'
11) 申晸(1628~1687), 「白谷處能師 碑銘 幷序」, 『汾厓遺稿』 卷10, 碑銘, '法骨奇秀 在提孩 喜作佛事 或遇僧尼 輒軒渠欲從之.'
12) 申翊聖(1588~1644), 「贈義賢序」, 『樂全堂集』 卷5, 序, '覺性上足弟子名曰義賢者, 從余遊.'

찾아가 유가 경전을 배웠다.14) 이 산장은 경기도 인근 양수리 근처 고산 창연정 백운루를 지칭하는 듯하다.15) 신익성은 한가할 때 양수리 창연정에 머물면서 승려들과도 교유하였으며,16) 백곡은 신익성의 산장 창연정 근처의 낙수암17)에 머물렀던 듯하다.18)

백곡은 여기서 20세인 1636년(인조 14)까지 4년간 머물면서 유교 경전과 시문을 배웠다.19) 백곡은 출가 승려였음에도 출가 사찰을 떠나 유자에게 가서 유교 경서와 역사서, 한유와 소동파의 저술까지 두루 배웠다. 백곡은 나이 20세(1636년, 인조 14) 무렵 문장의 기예보다 출가시 초심을 다시 세워 지리산 쌍계사에 머무르고 있던 벽암 각성을 찾아가 수제자20)가 되어 20여 년간 함께 하였다고 한다.21) 아마도 그의 스승 벽암 각성이

---

13) 崔錫鼎(1646~1715), 「白谷禪師 塔銘」, 『明谷集』 卷21, 碑銘, '年十二 從義賢上人學 仍祝髮求道'; 申晸(1628~1687), 「白谷處能師碑銘 幷序」, 『汾厓遺稿』 卷10, 碑銘, '十二 投義賢師 祝髮.'

14) 백곡은 그 무렵인 17·18세(1634년) 경 속리산에 머물렀다고 한다. 金錫冑(1634~1684), 「白谷集 序」, 『대각등계집』 권1.

15) 申翊聖(1588~1644), 「次最兒白雲樓五十四韻」, 『樂全堂集』 卷2, 詩, 五言排律 ; 신익성, 「廣陵舟中」, 『樂全堂集』 卷4, 詩, 七言絶句 ; 申翊聖(1588~1644), 「蒼然亭說」, 『樂全堂集』 卷8, 雜著, '淮上有廢丘, 余乃夷其顚而亭之, 命之曰蒼然.'

16) 申翊全, 「淮莊感吟」, 『東江遺集』 卷7, 七言律詩, '己丑禁節 休暇省墓 墓下一里許 卽伯氏 晚年菟裘也 搆小樓 扁以白雲 濱江選勝 立小亭曰蒼然 樓後數百步 有樂壽小菴 以爲逍遙 之所'; 申翊聖, 「書戒淨軸」, 『樂全堂集』 卷2, 詩, 五言排律, '閉戶經長夏 攤書臥北窓 逢僧聊說偈 覓句不成腔 爽氣分孤嶂 斜陽下二江 沈吟沙際望 鷗鷺起雙雙.'

17) 백곡이 '樂壽菴'이라는 시를 남기고 있는 것을 통해 알 수 있다. 백곡 처능, 「樂壽菴」, 『大覺登階集』 卷1, '晚沙晴日鷺三三 誰割靑山結小菴 孤客到時齋磬動 數聲和笛過溪南.'

18) 백곡의 도반이며, 의현의 문도인 戒淨도 신익성과 교유하였다. 申翊聖, 「書戒淨軸後」, 『樂全堂集』 卷8, 書後, '天啓乙丑 余遊松都 南僧義賢挈小沙彌戒淨願從之.'

19) 息庵 金錫冑(1634~1684), 「白谷集 序」, 『대각등계집』 권1 ; 이러한 내용은 그의 비문과도 대체로 일치하고 있다. 申晸(1628~1687), 「白谷處能師碑銘 幷序」, 『汾厓遺稿』 卷10, 碑銘 ; 崔錫鼎(1646~1715), 「白谷禪師塔銘」, 『明谷集』 卷21, 碑銘, '嘗謁東淮 申先生 受經史諸子 文詞大進 詩格尤淸健.'

20) 息庵 金錫冑(1634~1684), 「白谷集 序」, 『息庵遺稿』 卷8, 序, '遠訪碧巖性師於頭流之雙 溪 參依老宿 提唱眞乘 居然一曹洞之世適.'

21) 崔錫鼎(1646~1715), 「白谷禪師 塔銘」, 『明谷集』 卷21, 碑銘, '俄而去入智異之雙溪 參碧巖長老勤橐韇者 二十年 淹貫三乘 長老許以傳法'; 申晸(1628~1687), 「白谷處能師

입적할 무렵인 1660년 전후까지 스승이 주요 활동을 하였던 순천 송광사와 완주 송광사, 합천 해인사, 보은 법주사 등의 사찰에서 스승 벽암과 함께 그 뜻을 받들어 불사에 참여하였다.

백곡은 스승 벽암에게 입실하던 해 1636년 사미로서「순천 송광사개창비」를 세울 때, 스승 벽암의 뜻을 받들어 그의 유가 스승이기도 한 신익성에게 비문을 지어줄 것을 부탁하였다.[22] 백곡은 벽암에게 입실하기 전 4년 동안 사사했던 유가 스승 신익성에게 찾아가「순천 송광사개창비」를 짓도록 청하였다. 신익성은 그런 백곡이 선문으로 들어간 지 이미 몇 년이 되었다고 하므로 아마 백곡은 벽암의 제자인 의현에게 입실했던 듯하다. 백곡은 선학뿐만 아니라 30세인 1646년(인조 24)에는 '글 공부가 완성되어 우뚝하니 세상에 나가게 되었다.'[23]고 스스로 밝히고 있으며, 스승 벽암도 백곡에게 글을 보내 '상수제자의 글을 보니 문장이 매우 기이하고 예리하여 좋아하게 되어 임금의 칭찬이 이와 같다.'[24]고 하였듯이 30세인 1646년 무렵에는 문장으로 스승 벽암 뿐만 아니라 인조에게까지 인정을 받았다. 당대의 문인 식암 김석주(1634~1684)도 '대사의 문장은 자못 광대무변하였는데 마치 계곡의 물이 쏟아져 나오는 듯하였고 강물이 콸콸 쏟아져 나오는 듯하였다.'고 하였으며, 동명 정두경(1597~1673)도 '더욱 감탄하고 칭찬하면서 기재'라고 하였다.[25] 불교계도 그리 인식하였다. 예컨대 자수 무경(1664~

碑銘 幷序」,『汾厓遺稿』卷10, 碑銘, '往參碧岩覺性師於頭流之雙溪 得聞眞乘法旨 言下大悟 性師期以傳法上足.'

22) 申翊聖(1588~1644),「全羅道 全州府 松廣寺 開創碑銘 幷序」,『조선금석총람』하, '處能沙彌裏足千里謁余 淮上徽辭載 珉以永厥垂能嘗從 余受魯論通其義 跳入禪門已數年矣.'

23) 백곡 처능,「敍時」,『대각등계집』권1, 雜體詩, '三十成文章 巍然將立身.'

24) 申晸(1628~1687),「白谷處能師 碑銘 幷序」,『汾厓遺稿』卷10, 碑銘, '孝宗在潛邸時 答性師書曰 見高弟書 文甚奇字且疏勁可愛 其蒙被睿獎 又如此.' ; 崔錫鼎(1646~1715),「白谷禪師 塔銘」,『明谷集』卷21, 碑銘, '孝廟潛邸時 答嚴長老 有曰高弟文德脫俗 字畫勁正 其見愛如此 東淮及玄洲尹公 俱好幽禪 並傾心待之.'

25) 金錫胄(1634~1684),「白谷集 序」,『대각등계집』권1.

1737)은 '우리나라의 시승은 고금에 수가 많지만 문장과 도덕을 함께 갖추고 있으며 사람의 이목을 놀라게 한 분은 오직 백곡 스님뿐이다.'26)라고 칭찬을 아끼지 않았다.

당시 대표적인 유학자 신익성과 고승 벽암 각성에게 수학하여 '우리나라의 시승은 고금에 수가 많지만 문장과 도덕을 함께 갖추고 있으며 사람의 이목을 놀라게 한 분은 오직 백곡 스님뿐'이라 평가되었다. 조선후기 고승 사암 채영도 그렇듯 인식하였으며,27) 후대의 벽암문파 월하 계오(1773~1849), 편양문파 인악 의소(1746~1796)와 더불어 불교계의 문장가로 알려졌으며,28) 범해 각안(1820~1896)도 '세속에서는 흔히 백곡(栢谷)29)·무용·해붕을 승가의 문장가라고 일컫는다.'30)고 하여 백곡이 백암 성총(1631~1700)의 문도 무용 수연(1651~1719), 묵암 최눌(1717~1790)의 문도 해붕 전령(?~1826)와 더불어 불교계 문장가의 3화상이었다.

앞서 언급했듯이 백곡은 스승 벽암에게 입실하던 해부터 벽암과 함께 하였다. 즉, 1636년 사미로서 「순천 송광사 개창비」를 세울 때 참여하였는데 5년 후인 1641년(인조 19) 벽암과 함께 완주 송광사에서 3세 불상 대화사로 참여하였다. 1646년(인조 24) 합천 해인사에서 「만월당기」를 작성하고 보은 법주사에서 장육 금신상을 중수하였는데,31) 스승 벽암의 불사를 계승한 것이다. 이렇듯 백곡은 스승 벽암의 주 활동 무대인 순천 송광사와 완주

---

26) 子秀 無竟(1664~1737), 「白谷集 續卷 序」, 『無竟集』 卷2, '韻釋之出於東邦者 若古若今 何限其麗 而文章道德之兼全 而聳動人耳目者 其唯白谷歟.'
27) 獅巖 采永, 「浮休下第一世碧嵓性法嗣」, 『海東佛祖源流』, '白谷處能 白谷號也 性甚捷敏 文章卓越 於書無不涉獵 縉紳章甫 亦皆趍風 依碧嵓大師受法 有遺集.'
28) 月荷 戒悟(1773~1849), 「復答上琴鶴軒座下書」, 『伽山藁』 卷3, '師之於文詞 敏妙警絶當 與白谷仁岳相伯仲.'
29) 栢谷은 승가의 문장가라고 하였으므로 조선중기 문인 栢谷 鄭琢(1526~1605)을 지칭하는 것이 아니라 백곡 처능을 지칭한 것이다.
30) 범해 각안, 「海鵬講伯傳」, 『東師列傳』, '俗稱栢谷無用海鵬. 僧家文章云爾.'
31) 申晸(1628~1687), 「白谷處能師 碑銘 幷序」, 『汾厓遺稿』 卷10, 碑銘, '壬辰 入俗離大法住寺 重修丈六金身.'

송광사, 합천 해인사, 보은 법주사 등의 사찰에서 스승과 불사를 함께 하면서 보조국사 지눌의 선풍을 현창하고자 하였으며, 1657년(효종 8) 무렵 지리산 칠불암에서 스승 벽암의 저술『석문상의초』에 대한 발문을 지으면서 불교 의례집의 간행에 동참하여 불교 의례의 확립으로 유교 의례에 대응하고자 하였다. 1652년(효종 3) 선종의 본산이자 불교의 중심 사찰이었던 광주 봉은사 3세 불상 대화사로 참여한 것도 불교 흥법을 일으키기 위한 것이 아니었나 한다.

백곡은 스승 벽암이 선조대와 인조대 의승장으로 활동하거나 남한산성 도총섭으로 국가적인 불법을 흥성시켜 조정과 민중의 주목을 받아 당시 불교계를 주도하였다. 1649년(효종 10) 인조가 승하하자 벽암으로 하여금 천복 도량을 베풀게 하였는데, 이에 대한 상소를 백곡이 지음으로써[32] 조정의 주목을 받으면서 불교계에서도 부상하는 계기가 되었을 것이다.

백곡은 1652년(효종 3) 이후 고산현 대둔산 안심사를 흥법의 본산으로 삼고자 하였던 듯하다. 「안심사사적비명 병서」에 의하면 안심사는 세조대 무렵 석가 진신사리가 소장되어 있어 세조와 왕실의 주목을 받은 곳으로 백곡이 「안심사사적비명 병서」를 지었으며, 영산회괘불도 등의 불사로 안심사의 중흥을 꾀하였다. 1657년(효종 8) 백곡이 안심사에서 강법을 개당하자 학도들이 운집하였다고 한다.[33]

백곡은 그러면서 1657년 봄 임성 충언(정관일선의 문도)의 수제자 남봉 영신과 함께 벽암이 주관하는 강학회에 참여하는 등[34] 스승과의 동행도 계속하였으며, 1660년 스승 벽암이 입적하자 추념사업에 동참하였다. 1663년(현종 4) 「화엄사 벽암대사비」,[35] 1664년(현종 5) 「법주사 벽암대사비」

---

32) 申晸(1628~1687),「白谷處能師 碑銘 幷序」,『汾厓遺稿』卷10, 碑銘, '己丑 仁廟賓天 性師爲設道場薦福 命師製疏.'
33) 申晸(1628~1687),「白谷處能師 碑銘 幷序」,『汾厓遺稿』卷10, 碑銘, '丁酉 住錫於大芚山 之安心寺 開堂講法 學徒坌集.'
34) 백곡 처능,「임성당 행장」,『대각등계집』권2.
35) 吳道一(1645~1703),「全羅道 求禮縣 華嚴寺 重建 事蹟碑銘」,『西坡集』卷23, 碑銘.

건립에 참여하면서 스승의 유지를 받들었다.

　백곡은 1661년(현종 2) 정월에 8150자에 달하는 상소문을 지어 불교탄압의 부당성을 6개 항목으로 정리하여 올렸다. 후술하는 바와 같이 구체적인 역사적 사실을 예시하면서 불교가 국가의 다스림에 방해되거나 해롭지 않았다고 하면서 불교의 전래 이후 사찰은 국가 비보하고 승려는 국가와 민중에 애국 애민의 종교였다고 강변하였다. 그러면서 자수원과 인수원 비구니원과 봉은사와 봉선사는 역대 왕실의 내원당과 외원당으로 폐훼하거나 축출해서는 안된다고 구체적으로 지적하였다.

　백곡은 조정에 상소를 올린 후 1665년(현종 6) 곡성 도림사 아미타불좌상의 조성불사36) 외에는 아미산과 성주산을 비롯해 속리산, 청룡산, 계룡산 등을 유력하였다.

　백곡은 그의 문집에 의하면 '(나이) 이십 대에는 멀리 유람 다니길 좋아하여 금강산의 봄을 희롱하였다.'37)고 스스로 말했듯이 가야산, 묘향산, 보개산, 설봉산 등 전국의 명산대찰을 유력하었는데,38) 스승 벽암이 입적 후에도 전국 명산을 유력했던 듯하며, 대둔사 안심사에서 가장 오랫동안 머물렀다.39)

　1660년 스승 벽암의 입적후 활동으로 주목되는 것은 벽암이 재직하였던 남한 도총섭에 제수받은 사실과 스승의 저술 불교의례집『석문상의초』간행과「순천 송광사 보조국사비」불사의 참여일 것이다.

　백곡은 벽암의 수제자로서, 그리고 불가의 문장가로서 주목을 받아 1666년(현종 7) 남한산성 도총섭에 제수되었으나 부임하지 않았고 1670년(현종 11) 다시 제수되었으나 몇 달 되지 않아 사퇴하였다고 알려져 있다.40)

---

36) 孫萬雄(1643~1712),「到道林寺 贈處能上人」,『野村集』卷1, 詩.
37) 백곡 처능,「數時」,『대각등계집』권1, 雜體詩, '二十喜遠遊 擺弄楓嶽春.'
38) 申晸(1628~1687),「白谷處能師 碑銘 并序」,『汾厓遺稿』卷10, 碑銘, '遂與周遊 棲息於伽倻 寶蓋雪峯諸山 幾二十餘歲' ; 崔錫鼎(1646~1715),「白谷禪師塔銘」,『明谷集』卷21, 碑銘.
39) 申晸(1628~1687),「白谷處能師 碑銘 并序」,『汾厓遺稿』卷10, 碑銘, '往來於峨嵋 聖住之間.'

『대각등계집』에 의하면 자신이 '천리 밖 영남에서 도총섭을 지내노라 십년 동안 숲에서 다 낡은 승복을 입었다.'[41]고 하여 영남 도총섭을 제수받아 10년간 재직하였던 듯하다.

백곡이 남한산성 도총섭을 거절하고 3개월 정도만 재직하였던 것은 스승의 뜻을 충실히 받들기 위해서였을 것이다. 즉 백곡은 1657년(효종 8) 전라도 낙안 금화산 징광사에서 벽암의 불교 의례집인 『석문상의초』를 간행하였으며, 1678년(숙종 4) 10월 백암 성총이 「순천 송광사 보조국사비」를 다시 새겨 중건하였을 때 선사로서 참여하는 등 보조국사 지눌의 선풍을 현창하고 불교 의례의 보급으로 불교계를 수호하고자 하였던 것이다.

백곡은 그러면서 1671년(현종 12) 계헌이 신륵사 중수시 「신륵사 나옹중수비명중수서」를 지었던 듯하다.[42] 1674년(현종 15) 가을에 「유점사 산영루 중수기」를 짓고 1676년(숙종 2) 백곡의 제자 조영의 요청으로 부여 「임천향림사사적 비명」을 지었다.

백곡은 말년인 1680년(숙종 6) 봄에 김제 금산사에서 대법회를 5일간 열었는데,[43] 후의 화엄산림 법회의 선구가 되었다. 얼마후 백곡은 세수 64세, 선랍 49세로 금산사에서 입적하였으며, 그의 부도탑은 모악산 금산사·대둔산 안심사·계룡산 신정사[신원사]에 각기 세워졌고 1683년(숙종 9) 그의 어록인 『대각등계집』이 각판되었다.

---

40) 申晸(1628~1687), 「白谷處能師 碑銘 幷序」, 『汾厓遺稿』 卷10, 碑銘, '丙午 授南漢僧統 不赴 庚戌再授' 亦未久辭去.'

41) 백곡 처능, 「仁同途中口號敬呈嶺伯」, 『大覺登階集』 卷1, '千里嶺南都摠攝 十年林下弊袈裟.'

42) 曺夏望(1682~1747), 「神勒寺 懶翁 重修 碑銘 幷序」, 『西州集』 卷10, 墓文, '今考金公守溫 記文及白谷師處能(神勒寺 懶翁 重修 碑銘)重修序.'

43) 崔錫鼎(1646~1715), 「白谷禪師 塔銘」, 『明谷集』 卷21, 碑銘, '庚申春 作大法會于金山寺'; 申晸(1628~1687), 「白谷處能師 碑銘 幷序」, 『汾厓遺稿』 卷10, 碑銘, '庚申春 移住金山寺 作大法會五晝夜.'

2) 스승과 도반, 문도

백곡 처능의 스승은 벽암 각성과 그의 제자 의현이다. 먼저 의현(?~1624)에 대하여 살펴보면 다음과 같다. 신익성의 문집에 의하면, 의현은 진일, 성수, 희안과 더불어 벽암의 수제자였다.[44] '진일과 희안은 말솜씨가 좋으며 성수는 염불 잘하고 글은 의현.'[45]이라고 하였다.

의현은 풍수지리에도 밝았다.[46] 의현은 남한산성 천주사와 장경사에 머문 후[47] 전라도 영광 백련암, 덕유산 백련암, 영남 대승사에 머물렀다.[48] 강화도 일대의 백련사, 적석사, 전등사, 정수사 등의 사찰을 유력하였다.[49] 의현은 제자 계정과 신익성과 함께 천마산과 성거산을 구경하고 돌아서 태화산으로 들어가 10여 일을 유람하였던 기록이 찾아진다.[50] 의현은 1634

---

44) 申翊聖(1588~1644), 「贈義賢序」, 『樂全堂集』 卷5, 序, '覺性上足弟子名曰義賢.'
45) 申翊聖, 「四僧行(四僧卽義賢 眞一 性修 希安 俱當世宗師 覺性長老上足弟子也)」, 『樂全堂集』 卷1, 詩 七言古體, '一也安也句語好 修能念誦文卽賢.'
46) 姜栢年(1603~1681), 「有僧自嶺南大乘寺而來 其名曰義賢 明於地術…」, 『雪峯遺稿』 卷8, 凝淸錄.
47) 李安訥(1571~1637), 「義賢上人 曾於去歲八月上旬 自南漢山城來見余 今又以三月初六日 來訪求詩 率題以贈」, 『東岳集』 卷18, 江都後錄; 李安訥, 「送義賢上人還南漢山天柱寺 追寄七言近體一首」, 『東岳集』 卷18, 江都後錄; 李安訥, 「贈聖崙上人」, 『東岳集』 卷22, 拾遺錄 上, '爾歸長慶寺 吾憶廣陵津 白水分三島 靑山接一隣 文園無起日 楚澤又逢春 憑報梅花信 賢公卽故人(長慶寺 在南漢山城 賢公 卽義賢上人也).'; 李安訥, 「再用前韻。贈義賢 眞一 希安三上人」, 『東岳集』 卷23, 拾遺錄 下, '火日疑非赤 雲峯似盆靑 只緣三布褐 相對一茅亭 煮茗留新偈 燒香念舊經 上方知不遠 重肯扣幽局 三上人 時住南漢山城中寺刹.'
48) 李安訥, 「重贈戒淨上人 兼寄義賢長老 用軸中前韻」, 『東岳集』 卷18, 江都後錄, '白蓮庵 在九峯山 一逕靑松杳靄間 底事又歸南漢寺 北方人怪未曾閑(師與賢公 曾住靈光郡白蓮庵 今又來寓於南漢山寺)'; 李安訥, 「示義賢上人」, 『東岳集』 卷18, 江都後錄, '上巳三晨後 中秋四夕前 砌寒蛩泣露 汀霽柳縈煙 石洞談靑鶴 雲庵記白蓮 連年相訪遠 滯臥愧華顚 靑鶴洞 在智異山 白蓮庵 在德裕山'; 姜栢年, 「有僧自嶺南大乘寺而來 其名曰義賢…」, 『雪峯遺稿』 卷8, 凝淸錄.
49) 李安訥, 「積石寺 妙正上 傳燈寺志敬上人 淨水寺裕巖上人 文殊寺天悟上人 一時見訪 喜甚有賦 時南漢山義賢 眞一 希安三禪師竝來 見余而去 纔兩日矣」, 『東岳集』 卷18, 江都後錄.

년(인조 12) 경 초여름에 열반하였다.51)

　의현의 문도는 많았는데 그 가운데 계정과 경호,52) 백곡 등이 있었다. 계정은 남한산성에 머물렀는데53) 청량산 지장암에 머물기도 하였다.54) 안동 봉정사 앞 덕휘루를 짓는데 응호, 처원, 학초, 처엄, 두해, 처안 등의 승려와 함께 하기도 하였다. 백곡은 의현의 심부름으로 신익성이 병중에 있을 때 그를 보살폈고 신익성의 양주 선영이 있는 근처에 조그마한 집을 짓고 법당으로 삼아 지내기도 하였다.55) 문도 가운데 주목되는 것은 백곡이 12세에 의현에게 출가하였다는 것이다.56)

　다음으로 백곡의 스승 벽암 각성에 대하여 살펴보면 다음과 같다. 벽암 각성(1575~1660)은 청허 휴정과 더불어 조선중기 산중불교시대를 본격적으로 열었던 부휴 선수의 상수제자였다.57) 부휴 선수가 말년에 청허의 문도가 되면서 청허계 문하의 방계로서 벽암 각성, 뇌정 응묵, 대가 희옥, 송계 성현, 환적 인문, 포허 담수, 고한 희언 등의 7대 문파를 형성하였다. 청허의 최대 문파인 편양 언기파가 17세기까지 묘향산을 중심으로 북방에서 주요 활동을 하였으며, 18세기 이후 호남을 비롯한 남방에 진출하여 전국적으로 활동하였다. 부휴계는 호남을 중심으로 삼남 지방인 송광사, 화엄사, 쌍계사,

---

50) 申翊聖(1588~1644), 「書戒淨軸後」, 『樂全堂集』 卷8, 書後, '天啓乙丑 余遊松都山水 南僧義賢挈小沙彌戒淨願從之 自天 聖二山 轉入太華 往返十許日 蓋勝遊也.'
51) 申翊聖, 「次僧軸韻」, 『樂全堂集』 卷2, 詩 五言律, '歲甲子 一上人携其侶義賢 謁余市南居 目擊心契 往來迨十年矣 賢公於夏初觀化 一公獨來訪我 相對悽然 遂賦此以貽 末句及之.'
52) 李安訥, 「義賢上人住廣州南漢山城天柱寺 門徒頗衆 曾耀官穀 遣敬浩沙彌 來遺白紙二十束 請易米一斛 以爲納倉之資 戲書以答之」, 『東岳集』 卷18, 江都後錄.
53) 李安訥, 「戲作徘諧體二絶句 贈別戒淨沙彌 兼寄希安上人 兩師時共住南漢山寺」, 『東岳集』 卷18, 江都後錄 ; 李明漢(1595~1645), 「次南漢僧戒淨軸」, 『白洲集』 卷3, 七言絶句.
54) 申厚載(1636~1699), 「遊淸凉山記」, 『葵亭集』 卷7, 記.
55) 申翊聖, 「書戒淨軸後」, 『樂全堂集』 권8, 書後.
56) 申晸(1628~1687), 「白谷處能師 碑銘 幷序」, 『汾厓遺稿』 卷10, 碑銘, '十二 投義賢師 祝髮' ; 崔錫鼎(1646~1715), 「白谷禪師塔銘」, 『明谷集』 卷21, 碑銘, '年十二 從義賢上人 學 仍祝髮求道.'
57) 『해동불조원류』, '師俗姓成 其法師則碧巖性長老 而芙蓉觀師之三世法孫也.'

법주사 등의 지역에서 주로 활동하였다.58)

신익성이 남긴 비문에 의하면 기암 법견, 송월 응상, 편양 언기, 성정 등 여러 선사들과 근세의 노성하고 덕이 있는 승려들을 논하였는데, 모두 제월 경헌을 으뜸으로 일컬으면서 남승인 벽암 각성과 소요 태능 또한 높이 치켜올리고 탄복하였다고 한다.59) 벽암은 남승을 대표하였던 듯하다.60)

벽암 각성은 1589년(선조 22) 부휴선사에게 사사한 후 속리산 덕유산 가야산 금강산 등 지역을 유력하였고, 1592년(선조 26) 임진왜란이 발발하자 그 이듬해인 1593년 사명 유정의 천거를 받은 부휴 선수 대신에 해전에 참전하였다. 그 후 백곡 처능이 출생한 1600년(선조 33)에 지리산 칠불암에서 부휴 선수에게 강석을 전수받게 되는데, 후인 1615년(광해군 7) 부휴 선수가 입적한 후 다시 칠불암에 주석하게 된다. 벽암의 제자 백곡도 1657년(효종 8) 스승 벽암의 저술『석문상의초』의 발문과 간기를 짓게 되는 등 부휴 선수, 벽암 각성, 백곡 처능으로 이어지는 삼화상 도량이었다.

벽암은 광해군 4년(1612) 2월에 일어난 김직재의 옥사에 연루되어 부휴 선수61)와, 부휴 문도인 의승 수군 승대장 자운 삼혜와 더불어 무고를 당하였지만,62) 그것을 계기로 선수의 도가 뛰어나고 말이 곧고 바르다고 비단

---

58) 김용태, 「浮休系'의 계파인식과 普照遺風」, 『보조사상』 25, 보조사상연구원, 2006 ; 김용태, 「조선후기 華嚴寺의 역사와 浮休系 전통」, 『지방사와 지방문화』 12(1), 2009.

59) 申翊聖(1588~1644), 「霽月堂 敬軒大師 碑銘 幷序」, 『樂全堂集』 卷12, 碑銘, '내가 예전에 동쪽을 유람할 적에 法堅, 應祥, 彦機, 性淨 등 여러 신사들과 숙박할 때 근세의 老成하고 덕이 있는 승려들을 논하였는데, 모두 대사를 으뜸으로 일컬었다. 南僧인 覺性, 太能 또한 높이 치켜올리고 탄복하였으니, 나라 안의 空門들이 논의한다고 해도 아마 흠잡을 수 없을 것이다.'

60) 李敏求(1589~1670), 「秋日」, 『東州集』 권7, 詩 鐵城錄 7, '南宗의 禪僧 覺性이 와서『圓覺經』을 강론하였다.'

61) 백곡 처능, 「賜報恩 闡敎圓照 國一都大禪師 行狀」, 『대각등계집』 권하 ; 「추가홍각등계비명병서」, 『대각등계집』 권하 ; 『한글대장경-대각등계집』『한글대장경-대각등계집』 262, 276~277쪽.

62) 三惠는 순천 송광사 출신으로 전라좌수영 산하 의승수군 팔도도총섭 승대장이었던 慈雲堂이다. 『李忠武公全書』 上, 卷3, 分送義僧把守要害狀, 1593.1.26 ; 한국문헌연

가사 두 벌을 하사받고 광해군에게 부각되었다.63) 부휴와 문도 벽암, 고한 희언 등이 광해군의 능침 사찰인 봉인사 등 원당의 증명사로 참여하고, 연산군에 의해 선교 양종의 본산제가 허물어지자 명종대에 허응 보우가 선교 양종을 다시 세울 때까지 본산의 역할을 한 광주 청계사64)의 재에 참여하였다.65) 위에서 언급한 하옥 사건과 청계사 재를 베푼 시기를 전후로 순천 송광사, 해인사, 쌍계사 등을 중심으로 부휴와 벽암이 주석하며 중창하였는데, 후에 벽암의 문도 백곡도 이러한 사찰에 함께 하게 된다.

1624년(인조 2)부터 1627년(인조 5)까지 벽암은 8도 도총섭으로 남한산성을 축성하였으며,66) 그 공으로 '사보은 천교원조 국일 도대선사'라는 직함을 받았다. 1636년(인조 14) 병자호란이 발발하자 전국에 격문을 보내 의승군 3천을 이끌고 북상하다가 돌아왔다.67) 그 해에 백곡이 지리산 쌍계사에 주석하고 있었던 벽암에게 입실하여 그 후 20년간 추종하기 시작한다. 1640년(인조 18) 8월에 규정 도총섭으로 적상산성을 수축하고 사고를 수직하였다.

벽암 각성의 문도는 취미 수초(1590~1668),68) 백곡 처능(1617~1680), 고운

구소,『松廣寺史庫』인물부, 1977. 563쪽. 이에 대한 자세한 사실은 다음의 논고를 참조하기 바란다. 양은용,「임진난과 호남의 불교의승군」,『한국종교』19, 원광대종교문화연구소, 1994.
63) 황인규,「광해군과 봉인사」,『역사와 실학』38, 역사실학회, 2009.
64)『燃藜室記述』권7, 中宗朝 故事本末, 중[僧]이 유생들의 옥사를 속여 꾸미다 경오년 (1510) ;『연려실기술』별집 권13, 政敎典故, 僧敎 ;『陰崖日記』「漢山李耔」, '연산조 이후로 서울에 있는 사찰들을 모두 폐하여 관청으로 사용했기 때문에 兩宗이 헛이름만 淸溪寺에 의탁하여 이름을 禪宗이라 하였다' ; 황인규,『조선전기 선교양종의 本山과 判事』,『한국선학』12, 한국선학회, 2005.
65) 백곡 처능,「賜報恩闡敎 圓照 國一都大禪師 行狀」,『대각등계집』권하 ;『한글대장경-대각등계집』, 262~263쪽 ;「孤閑大師 行狀」,『대각등계집』권하 ;『한글대장경-대각등계집』, 270쪽.
66) 李晩秀(1752~1820),「健陵行狀」,『屐園遺稿』卷7, 玉局集 行狀, '次廣州敎曰 仁廟甲子 得異僧覺性者 命爲八道都揚攝 召募僧軍 分住各刹.'
67) 李起浡(1602~1662),「翠微堂集序」,『西歸遺藁』卷6, 序, '大釋碧巖 越在崇禎丙子 團緇徒數千趾國亂 時余亦率羲旅赴於監司幕中 與碧巖處可月餘 閒軍務餘 訪及渠 相長太優則碧巖乃字守初太一 而曰是其人也.'
68) 李起浡,「翠微堂集序」,『西歸遺藁』卷6, 序, '碧巖傳衣鉢名守初號翠微.'

정특, 모운 진언, 동림 혜원, 벽천 정현, 침허 율계, 회은 응준 등이 있다.69) 앞서 언급했듯이 신익성의 문집에 의하면, 의현은 진일, 성수, 희안과 더불어 벽암 각성의 수제자였다.70) 진일과 희안은 말솜씨가 좋으며 성수는 염불 잘하고 글은 의현'71)이라고 하였다.

백곡의 도우는 『해동불조원류』에 의하면 '취미 수초, 고운 정특, 모운 진언, 동림 혜원, 벽천 정현, 월파 인영, 무의 천연, 제하 청순, 유곡 충경, 한계 현일, 연화 인욱, 나암 진일, 침허 율계, 회은 응준, 허월 승준'72) 등의 승려들이 찾아진다. 그 가운데 백곡과 교유한 기록으로 남아 있는 승려는 처원73)과 선화 경림 등이다. 선화 경림74)은 봉은사를 중건한 승려이다.75)

백곡의 문도는 『해동불조원류』에 의하면 구암 승각, 식영 진명, 법형 일호, 옥명 조영, 회선 일명, 초화 성정, 법란 영초, 계징, 계심, 법영, 경호76) 등이 있었다.

옥명 조영은 부여 임천 가림산 성흥산 「향림사 사적비명」을 스승 백곡에게 지어달라고 하였다. 향림사의 승려 제월 경헌(1542~1632)의 제자 명의가 향림사를 중창하고 1676년(숙종 2)에 조영에게 사적비명을 그의 스승 백곡에게 부탁한 것이다.77)

문집에 의하면 조영은 선조대 문인 차천로(1556~1615)의 후손으로 8세에 속리산에서 출가하여 후에 진언 장로를 참예하고 내전에 통달하고 시에 능했다. 1688년(숙종 24) 봄에 괴산군 청천면 사담리의 낙영산 도명암에서

---

69) 사암 채영, 「浮休下第一世碧嵓性法嗣」, 『해동불조원류』.
70) 申翊聖(1588~1644), 「贈義賢序」, 『樂全堂集』 권5, 序, '覺性上足弟子名曰義賢.'
71) 申翊聖, 「四僧行(四僧卽義賢 眞一 性修 希安 俱當世宗師 覺性長老上足弟子也)」, 『樂全堂集』 卷1, 詩 七言古體, '一也安也句語好 修能念誦文卽賢'.
72) 사암 채영, 「浮休下第一世碧嵓性法嗣」, 『해동 불조원류』.
73) 백곡 처능, 「送處愿上人序」, 『대각등계집』 권2, '道友愿公 將啓洛行賦詩一章 屬余和之.'
74) 『해동불조원류』, '浮休下第一世碧嵓性法嗣 … 禪和敬林.'
75) 백곡 처능, 「奉恩寺 重修記」, 『大覺登階集』 卷2, '禪和大師敬林 首建法堂.'
76) 사암 채영, 「碧嵓法嗣 白谷門派」, 『해동불조원류』.
77) 백곡 처능, 「香林寺事跡碑銘」, 『大覺登階集』 卷2.

10여 일간 이하곤에게『능엄경』을 강경해주고 결사를 맺었다고 한다.78)

백곡의 제자이자 도반인 동계 경일(1636~1695)은 자정과 함허의 도량인 청주 낙영산 공림사를 증축하고 1687년(숙종 13)에 그 기쁨을 함께 나누었다고 한다.79) 동계는『동계집』을 남긴 문도이며,80) 태허라는 도명을 사용하기도 하였는데,81) 스승 백곡에 대한 시문을 몇 수 남기고 있다.82) 회선 일명은 백곡의 추념 사업을 하고 1682년 9월 9일 김석주에게 그 서문을 주선한 승려이다.83) 초화 성정84)은 그의 도반 동계 경일과 옥명 조영이 중수하였던 속리산 공림사 인근 서쪽에 있었던 백련암을 심각과 신회와 더불어 1642년(인조 20)부터 1647년까지 6년 동안 중창하였다.85) 계징은 편양 언기의 제자 환적 의천(1603~1690)이 철원 보개산 심원사의 만세루가 임진왜란으

---

78) 李夏坤(1677~1724),「夢二僧記」,『頭陀草』冊12, 雜著, '僧祖瑛 俗姓車氏 穆陵時詩人天輅之後 八歲入俗離山爲僧 後參眞彦長老 深通內典 又能詩 戊寅春 余游落影山 遇師于道明菴 因留十餘日 講楞嚴經 遂訂結社之約 臨別遺余大乘論 以致殷勤之意 余亦留詩謝之.'

79) 東溪 敬一,「淸州 落影山 空林寺 事蹟 碑銘 幷序」,『東溪集』卷3, '此寺乃慈淨涵虛兩聖師之道場 而曾無所紀之文 古之奇跡 雖有人口之誦 曷若借辭於文人之手 被之金石 以圖其固爾 其樹石以賁古事 兼備今諸檀越之功也 於是曹溪宗長老祖瑛大德 審而喜之.' 崇禎辛未 즉 1631년(인조 9)에 비슬산 용천사를 중건한 祖英과 동일 인물일 가능성이 있다. 金鎭圭,「毘瑟山湧泉寺古蹟記」,『竹泉集』卷6, 記, '崇禎辛未 化主祖英重建法堂.'

80) 李景奭(1595~1671),「贈敬一 一乃處能弟子 能是覺性老禪弟子也」,『白軒集』卷11, 詩稿 散地錄[中].

81) 慈鑑,「太虛堂大師 行蹟」,『東溪集』卷4, 附錄 ; 김승호,『敬一의 삶과 문학세계의 이해』, 역락, 2006, 17~21쪽.

82) 김승호,「경일의 문학에 나타난 도선적 경향과 그 의미」,『어문연구』129, 2006 ; 김승호 역,『동계집』(『한글본 한국불교전서-조선 43), 2018 ; 김승호,『敬一의 삶과 문학세계의 이해』, 역락, 2006.

83) 金錫胄,「白谷集 序」,『白谷集』권1, '其徒懷善 收拾後事 殆無遺憾.' ; 無竟 子秀(1664~1737),「白谷集續卷序」,『無竟集』卷2, '門人懷善 哀遺篇繡梓'. ; 無竟 子秀,「白谷集續卷序」,『無竟集』卷2, '與其泯滅 宜鋟梓而傳於後 與同門人一明同力 方張此役請子爲之引 弁卷面可乎 余旣重白谷又隱遠公 是爲序云.'

84) 김상현,「신익성이 만난 고승 性淨스님」,『불교와문화』74호, 대한불교진흥원, 2006.

85) 李敏求(1589~1670),「俗離山 白蓮庵 重修記」,『東州集』卷3, 記, '俗離之寺甚夥而空林最勝 其西之白蓮庵 又其尤擅名者也 建置旣久 中經甕圮 游覽者病焉 有浮屠人性靜心覺 同發誓願 鳩材庀工 重刱棟宇.'

로 병화를 입자 중수하고자 그에게 위촉하였으며,86) 상원암에 머물기도 하였다.87) 계심과 경호는 해남 대흥사 13대 종사 중 제5종사인 설암 추붕 (1651~1706)과 교유하였다.88) 법령은 백곡의 제자였으며,89) 환성 지안 (1664~1729)이 지은 『선문오종강요』를 1689년(숙종 15)에 안변 석왕사에서 간행할 때 각수로 참여하였는데, 환적 의천의 제자 풍계 명찰(1640~1708)이 별좌로 참여하였으므로90) 백곡에 이어 그의 문도 법령도 교유하였음을 알 수 있다. 『백곡집』에 보이는 원동 자원 수천91)도 백곡의 문도이나 더 이상 자세한 것은 알 수 없다. 그리고 백암 성총은 취미 수초의 법제자로 백곡의 조카 제자였다.92)

3) 교유 승려

백곡이 교유한 승려는 자신이 속한 부휴 선수계 승려들일 것이다. 대표적으로 벽암의 상수제저인 취미 수초(1590~1668)93)와 그의 문도 옥뢰 양열94)

---

86) 虛白 明照(1593~1661), 「寶盖山 萬歲樓 重建記」, 『虛白集』 卷3, '年當壬辰 倭賊蜂起 焚劫爲謀 焦基猶存 枳棘之林 文砌頹廢 樵人之手 嶺猿哀嘯 谷鳥悲鳴而已 山之道士 義天其名者 欲續肇基 重擧經營之役 手持片文 廣化兩京 使本寺僧戒澄者主事而囑之.'
87) 朴泰輔(1654~1689), 「上院菴 書示戒澄上人」, 『定齋集』 卷1, 七言律詩 九十六首.
88) 雪巖 秋鵬(1651~1706), 「贈戒諶禪宿」, 『雪巖雜著』 卷1, '諶禪空寂契 覺苑動獅聲 行視期 牛家 休浮認死生 梵文能繼綣 綺語更縱橫 自喜偸閑暇 淸談話道情'; 雪巖 秋鵬, 「送鏡湖 歸雪峯」, 『雪巖雜著』.
89) 백곡 처능, 「走次軸中韻贈法玲卜人」, 『대각등계집』 권1.
90) 喚惺 志安(1664~1729), 『禪門五宗綱要』, '關北鶴城舘釋王寺刊 禪門五宗綱要一部 明州 松德寺講師 雪潭靈律 德明 碧衍 戒圓 募緣用助 李億春 女三月 李壽萬 金次彬 女姜氏 僧正仁 李雲江 女南山臺 許太貴 金聖鼎 別座明察 刻手信位 法玲 偉演 崇禎紀元後再己巳 識.'
91) 백곡 처능, 「贈元童子序」, 『대각등계집』 권2.
92) 범해 각안(1820~1896), 「백암종사전」, 『동사열전』, '종사의 법명은 性聰이고 호는 栢庵이다. 翠微스님의 법제자이고 白谷 處能스님의 조카 제자이며, 無用 秀演의 스승이다. 曹溪山에서 출가하였다.'
93) 백곡 처능, 「春日寄翠微長老」, 『대각등계집』 권1.
94) 백곡 처능, 「君不見走1) 筆贈良悅師」, 『대각등계집』 권1, 칠언고시.

등이다. 양열은 월저 도안 등과 교유하였다.[95]

『백곡집』에 의하면 청허 휴정계 승려들이 대부분이다. 청허 휴정의 법맥상 적통인 편양 언기와 교유하였으며,[96] 그의 제자인 환적 의천,[97] 편양 언기의 도우인 휴운 담언의 제자 덕인과 교유하였다.[98] 덕인의 스승인 휴운 담언은 편양 언기와 도반이었으며, 그의 제자는 성일이다.[99] 덕인은 부휴 선수와도 교유하였으며,[100] 당대 문인들이 남긴 시문도 전하고 있다.[101]

또한 백곡은 청허 휴정의 상수제자인 송월 응상의 문도 춘파 쌍언의 제자 설청 지습과 교유하였다.[102] 지습은 유점사[103]와 건봉사 등에 머물렀는데 백곡과 함께 『석씨원류』를 간행하였다.[104] 그 외에 「화엄사 벽사대사비」 음기에 도반으로 나오며 응암과도 교유하였다.[105]

---

95) 月渚 道眼(1638~1715),「香山 曹溪庵 逢良悅師」,『月渚堂集』; 月渚道眼,「別良悅師」,『月渚堂集』; 兌律,「次良悅師長韻」,『月坡集』.
96) 鞭羊 彥機(1581~1644),「次處能韻」,『鞭羊堂集』卷1 ; 처능,「謹呈鞭羊大士」,『대각등계집』권1, 오언율시.
97) 백곡 처능,「走筆贈別義天上人」,『대각등계집』권1.
98) 백곡 처능,「別德仁大師」,『대각등계집』권1.
99)『해동불조원류』清虛靜法嗣 清虛下一世 … 休雲曇彥'; 鞭羊 彥機(1581~1644),「寶盖山靈隱寺新創記」,『鞭羊堂集』卷2, '靈隱寺者 國一登階門下 曇彥老師孫弟 性一者所建也'; 清虛休靜,「德仁禪子」,『清虛集』卷4,
100) 浮休 善修(1543~1615),「寄德仁禪子」,『浮休堂集』卷4.
101) 李好閔(1553~1634),「白雲山 白雲寺 僧德仁袖軸求詩」,『五峯集』卷5, 七言律 6 ; 李德馨,「贈僧德仁」,『漢陰文稿』卷1, 詩 七言絶句 ; 李廷龜,「德仁詩卷」,『月沙集』卷16, 倦應錄 上 ; 李敏求,「察上人以其師德仁卷來示 內有先人二律 乃拔涕攀和」,『東州詩集』卷20, 之二十 西湖錄九.
102) 李景奭(1595~1671),「自金剛歸路 仍作海上之遊 自大康驛 過明波驛 夜宿烈山 路中記見」,『白軒集』卷11, 詩稿 海上錄, '客路逶迤碧海邊 明沙滿地水黏天 長亭候吏林僧雜 (雪清智什及乾鳳僧相間故云) 小驛疏籬野店連 波齧嚴根成瘦骨 雪封山頂作華顚 經過處處供奇興 却戒征夫緩著鞭.'
103) 백곡 처능,「楡岾寺 山影樓 重修記」,『大覺登階集』卷2, '樓久而欹 改建者誰耶 僧統智什也 樓欹而復建 作文而記者誰耶 白谷處能也 刻板者何年月耶 崇禎後甲寅之秋也.'
104) 백곡 처능,「釋氏源流跋」,『大覺登階集』卷2.
105) 백곡 처능,「白雲山 留別應巖大師」,『대각등계집』권1.

3. 불사 참여와 법회도량 개최

1) 불서와 불교 의례집 간행

백곡 처능은 26세인 1642년(인조 20)에 해인사로 거처를 옮겼는데 스승 벽암 각성이 같은 해 가야산 해인사로 이주하여 허응 보우(1509?~1565)가 찬술한 『수월도량 공화불사 여환빈주몽중 문답』(1권)을 간행하였을 때 발문을 지었다. 이 책은 사찰도량에서 행하는 의식 가운데 가장 중요한 것으로, 병란으로 화재로 소실될 우려가 있었는데 반운 지선이 그의 동학 9명과 함께 해인사에서 중간하였다.106) 이 책은 보우가 도량의식의 관법을 문답 형식으로 화엄의 원융한 교리를 진언으로 해석한 불교 수행서이다. 백곡은 벽암 각성과 함께 당시 불교 수행서의 보급에도 노력하였던 것을 알 수 있다.

이와 더불어 백곡은 불교 의례집의 간행에도 동참하였다. 17세기 중반 부휴 선수의 문도 벽암 각성은 『석문상의초』를, 사명 유정의 문도 허백 명조는 『승가예의문』이라는 불교 의례집을 편찬하였다. 『석문상의초』는 1636년(인조 14) 각성이 편찬한 것을 1657년(효종 8) 그의 제자인 백곡이 칠불암에서 발문을 써 『다비문』을 합철하여 징광사에서 간행하였다.107) 『석문상의초』(상하 2권 1책 목판본)는 1636년 벽암 각성이 화엄사 장실에서 쓴 서문에서 상례가 매우 중요한데, 당시 불가에는 상의에 대한 근본이 없고, 시행되는 것이 규범에 맞지 않음을 지적하였다. 이에 『선원청규』, 『오삼집』, 『석씨요람』 등에 의거하여 중국의 불교는 우리나라의 예와 부합되

---

106) 『水月道場 空花佛事 如幻賓主 夢中問答』, 『한국불교전서』 7, 599上, '大師之平生所述 句偈 無非綺麗而傳於世者多矣. 然此偏於道場儀式 最要而歷傳後世. 噫 兵燹之餘 旣爲 庶絶之態 伴雲堂智禪大師 恐其將沒不傳 與同志九人等 重刊於海印寺. 通示後人 則可謂 大師之彈絃賞音有矣. 大師諱普愚 懶菴其號也. 特壬午(1642)孟秋(7월)上澣 白谷沙彌 處能謹跋.' 그 후 1721년(경종 1) 화엄사에서 간행되었으며 聖箚이 서문을 지었다.
107) 『釋門喪儀抄』는 그 후 1705년에 징광사에서 改刊된 것이 전해지기도 한다.

지 않으므로 그 핵심 내용을 뽑아 편찬하였다고 밝히고 있다.108)

백곡 처능은 1657년 지리산 칠불암에서 『석문상의초』를 간행하면서 발문을 지어 옛 찬요집 즉, 『선원청규』·『석씨요람』『오삼집』, 등에서 대예와 관련된 내용을 발췌한 것을 필사해서 청계 정대사와 징광사에서 간행하였다.109) 이와 관련한 내용이 『영월당대사집』에도 백곡 처능이 같은 해 봄 영월 청학(1570~1654)의 제자 청계 법정으로부터 문집의 서문을 청탁받아 청학의 제자인 법정, 인징, 명정이 징광사에서 간행하였다.110) 벽암 각성의 제자이자 백곡 처능의 도반 나암 진일이 1660년(현종 1)에 『석문가례초』111)

---

108) 梅谷 敬一의 발문에 의하면, 『석문가례초』의 편자를 벽암 각성으로 밝히고 있다. 『釋門家禮抄』, 「釋門家禮抄跋」, 『한국불교전서』 8, 288중, '適會我大師碧巖和尙 已撮其所謂五杉及禪苑規中採畧者 勒成一卷 名曰釋門家禮. 俾晚學後進 細知其喪次進退曲節 儘免乎. 孤恩負德之謗 偉矣幸哉 一日命門人弟子攝虛印圭 一摸一貼而入梓 以廣其傳於是從而錄梓 以會末葉 可謂篤矣 門人弟子梅谷敬一 旣已承命 輒伸一言而爲跋 永贊無窮云爾 順治十六年己亥(1659)季春上浣 梅谷敬一謹跋'; 冊末, '順治十七年 庚子(1660) 二月日閒慶裏珊瑚奉雁.' 태경, 「釋門家禮抄 茶毘作法節次에 나타넌 無常戒에 대한 小考」, 『한국선학』 30, 2011.

109) 『釋門喪儀抄』, 『한국불교전서』 8, 243중, '右編 迺碧巖大和尙所編次釋門喪儀也. 此非胸臆誕出 而廣引諸古選要而鈔錄實生死間一大禮而爲人師者 不得不將爲龜鑑焉. 余伏慮其泯而不傳 禪悅之餘 謹拈禿毛隨次而寫與請('請'은 '淸'의 誤字임)溪正大師 入梓刊行 以永厥傳焉. 噫 昆玉雖寶 未遇高眼 則不免爲一礫之窮也 唯通人恕鑒而勿投鼠也. 時丁酉(1657)春門人白谷禪子處能再拜書于七佛菴中云尒. 澄光寺開板施主秩 法正…刻字願('願'은 '碩'의 誤字임)行.' 그 후 1705년에 징광사에서 상하 2권 1책의 목판본으로 改刊된 것이 전해지기도 한다.

110) 전라도 낙안 금화산 澄光寺에서 (청계 법정과 함께) 『釋門喪儀抄』 간행(『영월당대사문집』) 1705년(숙종 31)에 징광사에서 중간하였다. 「詠月堂 大師文集 序」, 『詠月堂大師文集』, 『한국불교전서』 8, 221중, '淸溪堂法正大師 携詠月大師詩若文一卷 求其集序 余觀其集中有惜別詩…時丁酉(1657)孟春(1월)上瀚 大覺登階處能走筆謹書.' ; 『한국불교전서』 8, 236중.

111) 『석문가례초』는 『석문상의초』와 내용이 동일하지만 항목에 있어 차이가 있다. 『석문가례초』 서문에는 '崇禎丙子 八月 中浣 懶庵眞一.'이라고 하여 1636년에 懶庵眞一이 편자임을 알 수 있다. 발문에 '順治十六 己亥 季春 上浣 梅谷敬一'이라고 하여 1659년(효종 10, 현종 즉위)에 판각되었다. 발문에 의하면 벽암 각성이 『선원청규』와 『오삼집』을 참조하여 후학을 위하여 편찬하였다. 梅谷敬一의 발문에서도 『석문가례초』의 편자를 다음과 같이 벽암 각성으로 밝히고 있다. 『釋門家禮抄』, 「釋門家禮抄跋」, 『한국불교전서』 8, 288중, '適會我大師碧巖和尙 已撮其所謂五杉

를, 사명 유정의 제자 허백 명조(1593~1661)가 1670년(현종 11) 통도사에서 『승가예의문』을 간행하였는데 내용상 크게 다르지 않다.

당시 확산 보급되고 있었던 성리학계의 『주자가례』를 참작하여 불교의 기존 청규들을 토대로 불교 승려의 상제에 관한 불교 의례집으로서 유교의 상례에 버금가는 것이라고 밝히고 있다.112) 조선후기에 이르러 불교 의례의 정착과 불교 대중화가 심화되었던 시기였다. 백곡의 스승인 벽암 각성은 1600년(선조 33)에 스승 부휴 선수로부터 강석을 물려받은 후 1603년 지리산 쌍계사 말사인 능인암에서 불서를 간행한 이후, 1633년부터 1635년까지 순천 송광사와 태인 용장사 등지에서 불서를 대규모로 간행하였다.113)

백곡은 45세인 1664년(현종 5) 대둔산 안심사에서 청허 휴정의 『심법요초』 간행시 서문을 지었다. 그 서문과 발문에 의하면 휴정의 문도 소요 태능이 『심법요초』의 원고를 보관하여 전하였으며 목양 색과 추계 유문(1614~1689)이 대둔산 안심사에서 간행하였으며, 백곡이 서문을 지었다는 사실을 강조하고 있다.114) 백곡의 『심법요초』의 서문에 '서산이 틈틈이 도로 들어가는 요령을 기술하고 심법요초라는 제목을 붙였다.'115)고 하였으며, 추계 유문 1614~1689)의 발문에 '서산이 『심법요초』를 지은 본래 뜻은 마음을 닦는 사람들에게 힘들이지 않고 쉽게 깨닫게 하려는 것이었다.'라고 하였다.116)

及禪苑規中採畧者 勒成一卷 名曰釋門家禮 俾晚學後進 細知其喪次進退曲節 儘免乎 孤恩負德之謗 偉矣幸哉 一日命門人弟子攝虛印圭 一摸一貼而入梓 以廣其傳 於是從而 鋟梓 以會末葉 可謂篤矣 門人弟子梅谷敬一 旣已承命 輒伸一言而爲跋 永贊無窮云爾. 順治十六年己亥(1659)季春上浣 梅谷敬一謹跋.' 冊末, '順治十七年 庚子(1660)二月日 聞慶襄珊瑚奉雁.' ; 태경, 「釋門家禮抄 茶毘作法節次에 나타난 無常戒에 대한 小考」, 『한국선학』 30, 2011.

112) 태경, 「『五杉練若新學備用』이 다비법 『釋門喪儀抄』성립에 미친 영향」, 『동양고전연구』 59, 2015.
113) 송일기, 「태인 용장사 개판불사 연구」, 『서지학연구』 71, 2017.
114) 송정숙, 「서산대사의 『심법요초』에 관한 서지적 연구」, 『서지학연구』 53. 2012.
115) 김영욱, 조영미, 한재상 역주, 『精選 休靜』(한국전통사상총서 불교편 3), 대한불교조계종, 2010, 263~264쪽.
116) 권두에 백곡이 쓴 서문이 있고, 본문이 있으며, 권말에는 秋溪 有文의 識와 다음과

이렇듯 백곡은 우의정 김석주에게「안심사사적비」의 비문을 받았으며, 허응 보우와 그에 의해 발탁된 청허 휴정의『심법요초』를 간행하여 불교 수행서를 간행 보급하고자 하였으며, 특히 대둔산 안심사를 중흥하고자 하였다.[117]

백곡은 53세인 1673년(현종 14)에 양주 불암사에서 판각된『석씨원류』 발문을 지었다.『석씨원류』는 1425년 현재의 영파시인 사명 출신의 대보은사 보성이 석가의 일대기와 불법이 중국에 전래한 이후 원대까지 유통된 사실을 글과 그림으로 편찬 간행한 책(목판)으로, 상편의 내용은『석가여래응화록』 의 내용과 거의 같다.[118] 불암사 본(8책) 권말 처능의 발문에 의하면 1631년(인조 9) 명의 사신으로 다녀온 정두원이 명의 승려 대겸으로부터 한 질을 선물 받아 금강산의 승려 춘파에게 전해 주었으며, 춘파의 부탁으로 금강산 유점사 승려 지습이 경기도 양주의 불암사에서 목판본으로 판각하였다고 한다.[119]

2) 불상 및 불화 조성

백곡은 24세인 1640년(인조 18) 스승 벽암 각성과 함께 순천「송광사 개창비」건립에도 참여하고,[120] 그 이듬해 1641년(인조 19) 완주 송광사

같은 간기 '時甲辰(1664년, 현종 5)菊月日大芚山安心寺新刊留置.'가 붙어 있다.
117) 현전하는『心法要抄』의 안심사 판본과 해인사 판본은 목판본이며, 판식, 편차, 부록의 내용이 상이하다. 즉, 해인사 판본 부록에 청허 휴정의 시 대신에 사명 유정과 그의 문도 玩虛 圓俊(1530~1619)의 글이 실려 있다.
118) 최연식,「朝鮮後期『釋氏源流』의 수용과 佛敎界에 미친 영향」,『보조사상』11, 보조사상연구원, 1998.
119) 송정숙,「서산대사의『心法要抄』에 관한 서지적 연구」,『서지학연구』53, 2012 ; 이영종,「『석씨원류』와 중국과 한국의 불전도」, 서울대 박사학위논문, 2016 ; 송일기,「선운사판「석씨원류」의 간행 사실」,『한국문헌정보 학회지』48-2, 한국문헌정보학회, 2014.
120)「송광사 개창비」비문 본문과 음기에 입비의 시기가 1636년이라고 기록되어 있지만, 백곡 처능이 쌍계사로 벽암 각성을 1640년 찾아온 이후에 건립된 것으로 여겨진다. 최연식,「완주 송광사의 창건 배경과 조선후기 불교 문파와의 관계」,『보조사상』47, 2017.

3세 불상 대화사로 동참하여[121] 보조국사 지눌의 현창 사업에도 일익을 담당하였다. 그 후 백곡은 같은 해 4월 안심사에서 영산회 괘불도 제작에 황금 대시주 불사를 하여 앞서 언급한 바와 같이 안심사의 중흥에 노력하였다. 그 후 36세인 1652년(효종 3) 스승 벽암과 함께 허응 보우가 불교 중흥을 위해 본산으로 삼은 광주 봉은사의 3세 불상 대화사로 참여하여 보우의 불교 중흥을 계승하고자 하였던 듯하다. 아울러 같은 해 벽암이 호서 지방의 중요 사찰로 삼았던 속리산 법주사에 들어가 장육금신상을 중수하였다.[122] 「사리장치 동판문」에 의하면 법주사 중심 법당인 용화보전에는 미륵장육상이 있었으나 1597년 9월 정유재란시 왜군의 방화로 법주사의 전각들과 함께 용화전 내부의 장육상도 파괴되었다. 1602년 10월부터 법주사 전각들이 재건되기 시작하였는데, 「팔상전상량문」에 의하면 1626년 6월에 상량하였다고 한다. 1624년에 현진이 소조불상을 만들고, 팔상전에 조성하여 봉안하였으며, 아마도 백곡이 장육상을 조성한 듯하다. 이로써 법주사는 용화보전과 대웅보전을 중심으로 하는 가람으로 거듭나게 되었다.[123] 그 후 백곡은 45세시 대덕으로 1665년(현종 6) 곡성 도림사에 머물면서 아미타 불좌상을 조성하기도 하였다.

3) 사찰 비와 추념 비 건립

백곡은 20세인 1636년(인조 14) 지리산 쌍계사로 들어가 벽암 각성에게 입실하고 20여 년간 사사하였는데,[124] 입실하던 해 사미 백곡이 스승 벽암

---

121) 이강근, 「완주 송광사의 건축과 17세기의 開倉役」, 『강좌미술사』 13, 2016, 291~294쪽 참조.
122) 申晸(1628~1687), 「白谷處能師 碑銘 幷序」, 『汾厓遺稿』卷10, 碑銘, '壬辰 入俗離大法住寺 重修丈六金身.'
123) 현재 용화보전은 그 터만 남아 있다. 송은석, 「17세기 조각승 현진과 그 유파의 造像」, 『미술자료』 70·71, 2004 ; 최선일, 「1930년대 후반 정관 김복진의 불상 양식과 사상에 관한 再考」, 『인문과학연구총서』 5, 2006.
124) 崔錫鼎(1646~1715), 「白谷禪師 塔銘」, 『明谷集』卷21, 碑銘, '俄而去入智異之雙溪

각성의 뜻을 받들어 신익성에게 부탁하였다.[125] 이 비의 건립은 1622년 주지 응호가 벽암 각성을 초빙하여 수선결사를 개창하였던 보조국사 지눌의 도량을 계승하여 전주에 송광사를 창건하였음을 밝히고 있다.[126] 그 후 백곡은 57세인 1678년(숙종 4) 백암 성총(1631~1700)이 원 비문을 다시 새겨 그해 10월 순천「송광사 보조국사비」재건립에 참여하였다.[127]

백곡은 41세인 1657년(효종 8) 전라도 고산현 대둔산 안심사에 머물면서「안심사 사적비명 병서」를 지었다. 이에 의하면 안심사를 중창한 수천은 1636년 건립된「천주부 송광사 개창비」에 벽암 각성의 문도였으며, 중창자인 선열도 1663년 건립된「구례 화엄사 벽암각성비」에 벽암의 문도로 완주 송광사 대웅전 중창을 주도하였던 인물이다. 이러한 사실로 미루어보아 안심사의 중창은 전주 송광사 승려로 벽암 각성의 문도이자 백곡의 도반에 의해 주도되었다고 하겠다. 대둔산 안심사는 세조 이전 시기부터 세존 사리가 봉안된 왕실 축원사원이었다. 백곡의 스승 벽암 각성과 그의 스승 부휴가 석가 진신사리를 봉안한 남양주 봉인사의 사례를 본받아 백곡 처능도 안심사를 중흥하고자 한 듯하다. 진신사리 1개를 사운과 굉혜 두 스님이 앞장서서 부도를 세우고 봉안하였다는 것이다.[128]

백곡은 1664년(현종 5, 45세) 안심사에서「안심사 사적비문」을 받으러 우의정 김석주에게 부탁하였으며, 비는 그 후인 1759년(영조 35)에 세워졌다. 1658년 안심사에 머물렀던 백곡이 주지 명능의 뜻을 전하며 부탁하여

參碧巖長老勤橐饘者 二十年 淹貫三乘 長老許以傳法.'
125) 申翊聖,「全州府 松廣寺 開創碑」,『조선금석총람』하.
126) 부휴계 문도 최초의 비 건립 사례이자, 조선후기 최초의 사찰 사적비 건립이라는 평가가 있다. 손성필,「17세기 浮休系 僧徒의 碑 건립과 門派 정체성의 형성」,『조선시대 사학보』83, 2017, 136쪽.
127) 鄭必達(1611~1693),「德輝樓記」,『八松文集』卷5, 記, '樓始於庚申元月 收功於其歲之臘 幹是役者曰性清 前後而董其役者曰應瑚 戒淨 處元 學草 處嚴 斗海 處安 皆其法號也 今年實崇禎紀元之五十六年癸亥也.'
128) 사리함의 건립 시기 상한이 백곡 처능이 입적한 해인 1680년 이후로 판단할 수 있다. 사리함의 건립 시기 하한은 1710년으로 추정할 수 있다.

김석주(1634~1684)가 안심사의 사적을 찬하였고, 이것을 100여 년 후 이조판서를 지냈던 홍계희(1703~1771)가 글씨를 썼고, '대둔산 안심사비'라는 비석 이름은 영의정 유척기(1691~1767)가 쓰는 등[129] 왕실 축원사원으로서의 면모를 알 수 있다.[130] 그 후 백곡이 56세인 1676년(숙종 2) 그의 제자 조영의 요청으로 부여 「임천 향림사사적비명」을 짓기도 하였다.[131] 백곡은 스승 벽암이 입적후 44세인 1663년(현종 4) 「화엄사 벽암대사비」,[132] 그 이듬해 1664년(현종 5) 「법주사 벽암대사비」 건립[133]에 참여, 추념하여 그의 선풍을 진작하고자 하였다.

4) 산림 법회도량 개최

백곡은 30세인 1646년(인조 24) 구례 화엄사에서 강설하였다. 임진왜란 때 화엄사의 주지였던 설홍은 300여 명의 의승을 이끌고 왜군에 대항하다가 전사하였으며 화엄대선 겸 선교판 간눌 자운은 이순신 장군의 부장으로 활약하기도 하였다. 임진왜란으로 화엄사의 전각이 소실되었는데, 인조 때 벽암 각성과 그 문도들에 의해 중건되었다. 벽암은 1630년에서 1636년 사이에 걸쳐 대웅전을 비롯한 금강문, 나한전, 영전, 명부전, 보제루, 천왕문, 적묵당, 일주문 등의 건물을 중건하였는데, 그의 제자인 백곡이 법회를 개최하여 선풍을 계승 진작하였다.[134] 특히 백곡은 33세인 1649년(인조

---

129) 金錫胄(1634~1684), 「全南道 高山縣 大芚山 安心寺 事蹟碑銘」, 『息庵遺稿』 卷23, 碑銘.
130) 도윤수, 「안심사사적비를 통해 본 18세기 완주 안심사 건축 검토」, 『한국역사학회 추계학술대회발표논문집』, 2016.11.
131) 1674년(현종 15) (54세) 가을, 도총섭시 「奉國寺 新創記」를 지었으며, 「유점사 산영루 중수기」를 지었다.
132) 李景奭(1595~1671), 「智異山 碧巖大師 浮屠 碑銘」, 『白軒集』 卷45, 文稿 ; 吳道一 (1645~1703), 「全羅道 求禮縣 華嚴寺 重建 事蹟 碑銘」, 『西坡集』 卷23, 碑銘.
133) 鄭斗卿(1597~1673), 「法住寺 碧巖大師碑」, 『한국고승비문총집』, 가산불교문화연구원, 2000.
134) 이 해에 九層庵이 중창되었다.

27) 인조가 승하하자 벽암으로 하여금 화엄사에서 천복도량을 베풀게 하였는데 백곡에게 명하여 소를 짓게 하였다.135) 1648년(인조 26) 취미 수초도 이를 계승하여 법회를 하였으며, 그 후 화엄사의 중창으로 1649년(효종 1) 선종 대가람, 숙종대 선종 양교 대가람으로 승격되면서 법회와 강론이 활발하게 계속되었다. 즉, 1706년(숙종 32)에는 대선사 명곡 현안이 선교를 강론하였고, 1708년(숙종 34) 화엄종주 설암 추붕이 『대장경』을 강설하였다.

백곡은 41세인 1657년(효종 8) 봄에 정관 일선의 문도 임성 충언(1567~1638)의 수제자 남봉 영신과 함께 벽암 각성이 주관하는 안심사의 강학회에 참여하였다.136) 59세인 1680년(숙종 6) 백곡은 금산사에서 대법회를 5일간 주관하였다.137) 후에 환성 지안이 화엄 산림법회를 크게 개최하는데 영향을 끼쳤을 것이다.138)

4. 불교 호법과 불교계 수호

1) 남한산성 8도총섭 재직

백곡 처능은 46세인 1666년(현종 7) 조정에서 남한 승통직을 제수받았으나 거절하였으며, 50세인 1670년(현종 11) 8도 도총섭을 제수받고 3개월 만에 사퇴하였다. 1674년(현종 15) 「봉국사신창기」를 지은 후 8도 선교16종 도총섭이라고 밝히고 있다. 같은 해 여름, 총섭 사퇴 전 분애 신정과 광릉

---

135) 申晸(1628~1687), 「白谷處能師 碑銘 幷序」, 『汾厓遺稿』 卷10, 碑銘, '己丑 仁廟賓天 性師爲設道場薦福 命師製疏.'
136) 백곡 처능, 「임성당 행장」, 『대각등계집』 권2. '丁酉 住錫於大芚山之安心寺 開堂講法 學徒坌集.'
137) 황인규, 「조선시대 금산사의 역사적 전개와 사격」, 『불교학보』 73, 2015.
138) 황인규, 「한국불교계의 순교승」, 『불교평론』 34, 재단법인 만해사상실천선양회, 2008년 봄호, 2008.

천주사에서 조우하였다. 『대각등계집』에 의하면 자신이 '천리 밖 영남에서 도총섭을 지내느라 십년 동안 숲에서 다 낡은 승복을 입었다.'139)고 하여 영남 도총섭을 제수받아 10년간 재직하였던 듯하다.

남한산성 축성은 1624년 4월에 시작되어 2년 후인 1626년 11월에 완성되었는데 많은 승군이 동원되었다.140) 남한산성의 조영과 함께 승군을 동원하고 통솔하는 8도 도총섭 직책이 만들어졌는데, 송월 응상(1572~1645)이 물망에 올랐다. 이는 임진왜란시 의승군을 지휘해 조정의 인정을 받았던 사명 유정의 추천에 의한 것이었으나 거절하였다.141) 대신 응상의 문도인 허백 명조(1593~1661)가 맡았으나 무산되었다.142) 그리하여 남한산성 초대 8도 도총섭은 벽암 각성이 맡게 되었다.143)

벽암은 명종대에 복립된 선종의 본사 봉은사의 주지와 판선교 도총섭을 역임하였으며,144) 무주 적상산성 사고 수호 임무를 주관하는 규정 도총섭을 맡기도 했다.145) 벽암은 남한산성 축성의 공적을 인정받아 인조로부터 '보은천교 원조국일 도대선사'의 시호와 의발을 하사받았고,146) 잠저 시절의 봉림대군을 평안도 안주에서 만나 화엄사상의 요체를 질의한 일도

---

139) 백곡 처능, 「仁同途中口號敬呈嶺伯」, 『大覺登階集』 卷1, '朔風吹緊卷江沙 遠客思歸路更餘 千里嶺南都摠攝 十年林下弊袈裟 仍看臘雪初封樹 忽憶寒梅已着花 知己但蒙方伯愛 荷恩忘却在天涯.'
140) 완성된 남한산성의 방어를 위한 수호 관청으로 守禦廳이 설치되었고 기존의 摠戎使를 守禦使로 바꾸어 관장하게 하였다.
141) 「楡岾寺 松月堂 大師碑」; 「貝葉寺 松月堂 石鐘碑」; 「金剛山 松月堂 應祥大師碑」; 智冠 편, 『한국고승비문총집-조선·근현대』, 가산불교문화연구원, 1985, 150~158쪽.
142) 허백 명조는 정묘호란시 8道 僧兵大將이 되어 평안도 安州에서 4천여 승군을 이끌었고 병자호란 때도 군량보급을 맡는 등 크게 활약하였다. 허백 명조, 「虛白堂詩集序」, 『虛白集』, 『한국불교전서』 8, 379~380쪽.
143) 鄭斗卿(1597~1673), 「法住寺 碧巖大師碑」, 『한국고승비문총집』, 가산불교문화연구원, 2000 ; 李肯翊(1736~1806), 「丙子虜亂과 정축 南漢出城」, 『燃藜室記述』 권25, 仁祖朝故事本末.
144) 이능화, 『조선불교통사』 상편, 628~629쪽.
145) 『인조실록』 권39, 17년 10월 8일(신묘) ; 『인조실록』 권40, 18년 5월 21일(신축).
146) 李景奭(1595~1671), 「華嚴寺 國一都大禪師 碑銘」, 『한국고승비문총집』, 180~184쪽.

있다. 이후 국왕이 된 효종은 1650년(효종 1) 벽암이 주석하고 있던 화엄사를 '선종 대가람'으로 지정하고 수차례 안부를 묻기도 했다. 벽암의 문도인 회은 응준도 이어 1647년 남한산성 8도 도총섭에 임명되었다.147) 이렇듯 남한산성 도총섭은 벽암 각성 이후 회은 응준이 맡았다. 그 후 백곡 처능이 맡게 되었으나,148) 처음의 제안에는 거절하였다가 후에 수용하였으나 3개월만 재직하다 퇴임하였다. 북한산성 도총섭은 벽암 각성의 손제자인 계파 성능이 맡았으므로149) 벽암 각성계가 남북한 산성의 축성에 관여하는 등 불교계를 대표하여 국가적 사업도 주도하였던 사실을 알 수 있다.150)

2) 간폐석교소 상소

백곡이 44세인 1660년(현종 1)에 조정은 일반 백성들로서 승려가 되는 것을 엄금하고 만약에 승려가 된 자는 모두 환속시키고 그것을 어기는 자는 죄를 과하였다. 1661년 1월에는 성안의 자수원과 인수원의 비구니원을 헐어 없애버리고 이어서 여승들을 환속시켰으며, 또 봉은사와 자수원에 봉안하였던 역대 제왕의 위패를 땅에 묻고 봉은사와 봉선사도 헐어서 승려들을 모두 환속시켜 불교를 사태 훼파를 하려고 하였다.

백곡은 1661년(현종 2) 정월 8150자에 달하는 상소문을 지어 그 부당성을

---

147) 백곡처능,「賜報恩闡敎圓照 國一都大禪師 行狀」,『대각등계집』권2,『한국불교전서』8, 329~331쪽 ; 鄭斗卿,「法住寺 碧巖堂覺性大師 碑銘」,『한국고승비문총집』, 174~177쪽.
148) 연구에 의하면 벽암 각성의 문도인 雪峯 希安은 1636년 병자호란 당시 漢興寺에 머물렀다 남한산성이 포위되어 供御하는 물자가 부족하자 종이와 나물 등을 바쳤다. 그 이전 시기인 1608년(선조 41)에 송광사에서『권수정혜결사문』을 간행할 때 일찍이 공양주로 참여하였으며, 스승 벽암 각성이 주도했던『선원도중결의』의 서사자로 참여했다.
149) 북한산성은 숙종 37년(1711) 4월에 수축을 시작하여 그해 10월에 완공되어 승군이 주둔하면서 산성을 수비하였다.
150) 황인규,「조선후기 의승군과 북한산성 승영사찰」,『북한산성연구논문집』, 경기문화재단 경기학연구센터, 2016 참조

6개 항목으로 정리하여 올렸다. 불교의 전래 이후 사찰은 국가 비보하고 승려는 국가와 민중에 애국 애민의 종교였다고 강변하였다. 그러면서 자수원과 인수원 비구니원과 봉은사와 봉선사는 역대 왕실의 내원당과 외원당으로 폐훼하거나 축출해서는 안된다고 구체적으로 지적하였다.

필자가 이미 밝힌 바와 같이 조선전기에도 불교계의 상소가 있었다.[151] 즉, 태조대에 양가 도승통 상부[152]와 흥천사 감주 상총의 상소가 있었고[153] 태종대 무학과 성민이 상언을 올렸다.[154] 세조대의 왕사 수미[155]와 예종대의 혜각존자 신미가 불교계 전반에 대하여 시정 사항을 요구하면서 상소를 올렸다.[156]

조선후기 현종대 백곡 처능이 장문의 상소를 올린 이유는 불교의 이로움을 논하면서 조선중기이래 본격화된 억불 시책, 특히 현종대 척불 시책에 대응하기 위한 것이었다. 그 가운데 핵심 내용은 성리학적 예제의 확립에 따른 승려의 혁거와 사찰을 대표하는 선교 양종의 본산과 비구니원의 철훼였다. 이에 대해 좀더 살펴보면 다음과 같다.

백곡은 승려의 혁거를 저지하고자 하였다. 숭유억불 운동과 시책의 전개가 조선중기 이후 본격화었다. 즉, 조선후기 무종단 산중불교시대에 이르러 승려의 공식적 출가 통로는 없어졌으나 도첩제의 폐지로 승려들의 출가는 계속되어 열 집에 아홉 집이 비게 되었다고 한다. 이에 현종대 척불 시책이 강화되자, 백곡은 정면에 나서 이를 저지하고자 하였다.[157]

그리고 백곡은 선교 양종 본산인 봉은사와 봉선사의 혁거를 저지하고자

---

151) 황인규,「조선전기 불교계 고승의 上疏 검토」,『한국불교학』43, 한국불교학회, 2005 ; 황인규,『조선시대 불교계 고승과 비구니, 혜안, 2011.
152)『태조실록』권13, 7년 4월 11일(정해).
153)『태조실록』권14, 7년 5월 13일(기미).
154)『태종실록』권4, 2년 8월 2일(계축) ;『태종실록』권11, 6년 2월 26일(정해).
155)『세조실록』권14, 4년 9월 6일(경인) ;『세조실록』권46, 14년 5월 4일(계해).
156)『예종실록』권6, 1년 6월 27일(기묘).
157) 황인규,「한국불교사에 있어서 度牒制의 시행과 그 의미」,『보조사상』22. 2004 ; 황인규,『고려말·조선전기 불교계와 고승연구』, 혜안, 2005.

하였다. 봉선사는 세조의 능침 사찰로 지정되고 봉은사는 연산군 때 견성사로 중창되어 성종의 능침 사찰로 지정되어, 이 두 사찰은 왕실의 중요사찰 가운데 하나였다. 흥천사와 흥덕사가 이전 왕실의 능침 사찰이었던 것에 비해 봉은사와 봉선사는 당대 왕실의 가장 중요한 능침 사찰이었다.158) 특히 봉은사는 봉선사의 전례에 따라 왕패를 받아 왕실의 비호를 받는 사찰로 인식되었다. 이 두 사찰은 '승려들의 뿌리가 된다.'고 지적되었다.159) 1550년(명종 5) 선교 양종이 복립되자 그 이전의 양종의 도회소였던 흥천사와 흥덕사 대신에 봉선사와 봉은사가 불교 본산 사찰이 되었으나 현종대 철훼하려고 하자 백곡이 이를 저지하고자 한 것이다.

특히 백곡은 한양도성의 비구니 양원의 철폐를 저지하고자 하였다. 국초 이래 도성의 대표적 비구니 도량이었던 정업원은 연산군대 폐지되었지만160) 이를 대신하여 1661년(현종 2) 무렵까지 자수원(자수궁)과 인수원(인수궁)이 그 역할을 대신하였다.161) 이러한 도성내의 비구니원 자수궁(원)과 인수궁(원)은 왕비 및 공주 등 왕실녀와 사족 부녀자들의 출가 및 신행처로 궁궐 내에 있었던 일종의 내원당 내지 내불당이었다.162) 불교에 대한 탄압이 심해지는 분위기 속에서도 비구니들은 왕실 불교를 주도하면서 도성 밖의 사찰과도 소통하면서 불교계 수호의 일익을 담당하였었다. 현종대에 불교에 대한 탄압은 매우 심하여졌으며, 궁궐내의 자수원과 인수원과 도성내 비구니 도량이 폐치되었다.163) 즉, 인수원과 자수원의 두 비구니원의 불상을 철거하고 사찰을 혁파하여, 자수원의 터에 북학을 설립하였다.164) 그 재목과

---

158) 황인규, 「조선전기 후궁의 비구니 출가와 불교신행」, 『불교학보』 57, 2011.
159) 『연산군일기』 권40, 7년 3월 17일(을축) ; 『중종실록』 권91, 34년 6월 3일(기해).
160) 『연산군일기』 권54, 10년(1504) 7월 29일(정사) ; 『연산군일기』 권61, 12년(1506) 3월 23일(계묘).
161) 『현종개수실록』 권11, 5년(1664) 윤6월 14일(갑술) ; 『현종실록』 부록, 현종대왕 行狀.
162) 기록에 의하면 명종대 무렵 5000여 명의 비구니가 살았다고 한다. 懶庵 普雨, 「重修 慈壽宮 落成 慶懺法席疏」, 『懶庵雜著』, 『한국불교전서』 7.
163) 南九萬(1629~1711), 「顯宗大王 行狀」, 『藥泉集』 권14, 應製錄.

기와를 성균관 학사를 수리하는 데에 쓰게 하였으며, 인수원의 자재로 왕실녀의 치료소인 궁궐 밖 질병가를 신축하게 하였다.165) 그리고 40세 이하의 비구니는 환속시켜 결혼하게 하고, 나이가 들어 살 곳이 마땅하지 않은 비구니는 도성 밖 비구니 도량으로 보내거나 환속하게 하였다.166) 백곡은 전국의 승려를 대표하여 간폐석교소라는 장문의 상소를 올렸다. 이 상소문으로 봉선사와 봉은사는 철폐를 면할 수 있었고 도성 안의 마지막 남은 도량들로 지켜질 수 있었다.167)

5. 나가는 말

이상에서 살펴본 바와 같이 백곡 처능은 조선후기 척불 시책이 강화되자 이에 저항하기 위해 조정에 장문의 상소를 올려 불교 호법과 불교계 수호를 꾀한 걸출한 고승이다. 그동안 그에 대한 연구는 상소를 중심으로 이루어졌으나 본 연구는 그의 생애와 활동, 스승과 문도, 교유 승려, 불교 호법과 불교계 수호에 관한 종합적인 검토를 하였다.

그의 저술인 『대각등계집』이 있으나 불교 관련 기문보다는 시문과, 유자의 교유 내용이 주를 이루고 있다. 오히려 유가 문집에 관련 시문이 적지 않으며 불교 승려 문집에도 시문이 실려 있으나 그의 생애와 호법 활동을 체계적으로 살피는데 어려움을 주고 있다. 그의 생애 및 활동에 관련한 기문은 사류(士流)가 지은 2건의 비명이 있으나 간략할 뿐이고 불사 등

---

164) 南九萬(1629~1711), 「北學의 일을 논하고 이어 지나는 길에 병든 모친에게 문안할 것을 청한 소」, 『藥泉集』 권3, 疏箚 ; 『현종실록』 권4, 2년(1661) 2월 12일(임진).
165) 『현종개수실록』 권11, 5년(1664) 윤6월 14일(갑술).
166) 『현종실록』 권4, 2년(1661) 1월 5일(을묘) ; 황인규, 「조선시대 불교계 고승과 비구니」, 혜안, 2011 참조.
167) 백곡 처능, 「諫廢釋教疏」, 『大覺登階集』 卷1, 『한국불교전서』 8 ; 김용조, 「백곡처능의 간폐석교소에 관한 연구」, 『한국불교학』 4, 1979.

관련 기문이 소수 전하고 있다.

　백곡의 성은 전씨로, 벽암 각성의 제자 의현에게 출가하고 당대의 문인 신익성에게 유가 사상을 4년간 사사하였다. 그 후 벽암에게 입실하여 20여 년간 그의 수제자로서 순천과 전주 송광사를 비롯해 화엄사, 해인사, 법주사 등의 사찰에서 불사하면서 보조국사 지눌의 선풍을 현창하고 대둔산 안심사에서 가장 오래 머물면서 홍법을 일으키고자 하였으며, 말년에 김제 금산사에서 산림 법회를 연 후 입적하였다.

　백곡은 허응 보우와 그에 의해 선발된 청허 휴정의 불교 수행서 등을 간행 보급하여 불교 수호를 위해 노력하였으며, 특히 벽암의『석문의상초』 등의 불교 의례집을 간행하여 불교 의례를 보급하여 유교계에 대응하였다.

　당시 척불 시책이 강화되어 승니의 혁거, 불교 본산이었던 봉은사와 봉선사와 도성내 비구니원인 인수원과 자수원의 철훼 시도가 전개되자 장문의 논리정연한 상소를 올려 불교 호법과 불교계 수호를 위해 정면으로 적극 대응하였다.

　백곡은 스승 벽암과 그의 제자 회은에 이어 남한산성 도총섭으로 선정되었으나 그의 사제와는 달리 잠시만 응했을 뿐 사의하였다. 벽암의 유지를 받들어 석가 진신사리가 봉안된 대둔산 안심사를 중심으로 홍법하고자 하였다. 말년에 임란시 의승장 처능과 기허 영규가 주석하였던 김제 금산사에서 산림법회를 크게 개최한 후 입적하였다.

　백곡은 당시 대표적인 유가의 문인 동양위 신익성과 불교계 고승 벽암 각성을 이은 대문장가로서 이름이 높았다. 문장뿐만 아니라 당대 유자들과 교유하면서 부휴문파의 수장 벽암의 수제자로서 척불 시책이 강화되는 시기에 불교 호법과 불교계 수호를 위해 저항하였다.

IV. 조선후기 환성 지안의 순교와 불교

1. 들어가는 말

환성 지안(1664~1729)은 숭유억불 운동이 시작된 고려말 나옹 혜근 이래로 조선초 행호, 조선중기 허응 보우에 이어 조선후기 순교한 고승이다. 청허 유정의 적전 편양 언기의 문도 풍담 의심의 법맥을 잇는 고승으로, 풍담은 월담 설제와 상봉 정원, 월저 도안 등 많은 제자를 두었다. 환성은 상봉의 법맥을 계승하여 호암 체정, 설송 연초, 함월 해원, 화월 성능 등의 문도를 두었고, 호암의 제자로는 연담 유일과 법손인 백파 긍선 등이 배출되었다. 뿐만 아니라 그들의 후손들이 우리나라 고승의 대다수를 차지한다고 할 만하다.[1)]

환성이 조선후기 불교계에 부각된 것은 순교하였다는 사실[2)]과 그의 저술 및 사상,[3)] 시문에 대한 문학적 분석,[4)] 진영에 관련한 몇 편의 연구가 진행되었다.[5)] 특히 최근 그의 통도사 행적과 관련한 일련의 연구는 관심을

---

1) 김용태, 「환성 지안의 종통 계승과 선교 융합」, 『남도문화연구』 36, 순천대학교 남도문화연구소, 42~49쪽.
2) 윤영해, 「환성 지안과 통도사 연구-환성 지안의 통도사 관련 자료를 중심으로」, 『한국불교학』 87, 한국불교학회, 2018.
3) 김상두(청원), 「『선문오종강요』에 나타난 선종오가 교의의 특징」, 『한국선학』 30, 한국선학회, 2011 ; 성재헌, 「선문 오종강요 해제」,『선문오종강요 환성시집』, 동국대출판부, 2017 ; 김호귀, 「『선문오종강요 사기』의 구성과 대기대용의 특징」,『한국선학』 32, 한국선학회, 2012.
4) 문학적 측면에서 연구는 다음과 같다. 이종찬, 「환성의 能禪通敎」,『한국불가시문학사론』, 불광출판부, 1993 ; 박성자, 「환성지안의 시세계」,『어문논총』 16, 전남대 한국어문학연구소, 2005 ; 권동순, 「조선후기 환성지안의 선시연구」,『한국선학』 32, 한국선학회, 2012.

증폭하였다고 할 수 있으며, 그에 대한 박사학위논문에 이어 단행본이 출간된 것은 매우 고무적이다.[6] 그의 생애와 행적은 종합적인 조망이 필요하며, 특히 불보 종찰 통도사[7]에 주석한 사실을 주목하고자 한다.[8]

본고는 환성이 통도사를 비롯한 행적과 불교계 활동을 정밀하게 검토하고자 한다. 행장이나 비문에는 통도사 관련 사실을 기록하지 않았으나 경내에 전하고 있는 현판 등을 미루어 볼 때 주석한 것은 확실하다. 그는 몇 차례 불보 종찰 통도사에 머물면서 불교계의 수호를 위해 불사를 하였다가 순교를 당하였다. 그의 순교는 조선후기 산중불교시대 숭유억불 시책의 결과였다.

2. 환성의 불교계 활동과 통도사

환성 지안의 저술은 『환성시집』과 『선문오종강요』가 있으며,[9] 그의 문도

---

5) 김국보, 「통도사 소장 옥인 작 고승연구」, 『문물연구』 14-14, 동아시아문물학술재단, 2008 ; 최엽, 「통도사 백련암 〈아미타여래도〉와 만일회」, 『불교미술사학』 19, 동국대, 2015 ; 이응윤, 「19세기 후반 영남의 喚醒系 僧侶門中과 四佛山派 畵僧」, 『남도문화연구』 39, 2020.
6) 최근에 환성 관련 박사학위논문에 이어 단행본이 출간되었다. 무각, 『환성지안선사』, 운주사, 2022.
7) 황인규, 「수선사 16국사의 위상과 추념 : 송광사의 승보종찰 설정과 관련하여 試攷함」, 『보조사상』 34, 2010 ; 황인규, 「한국 불교계의 삼보사찰의 성립과 지정」, 『보조사상』 41, 2014.
8) 이종수, 「조선후기 환성 지안의 통도사 주석과 문도의 유풍 계승」, 『남도문화연구』 36, 순천대학교 남도문화연구소, 2019 ; 김종진, 「환성 지안을 기억하는 문학적 방식-통도사 백련암과 환성의 관련성을 중심으로-」, 『남도문화연구』 36, 순천대학교 남도문화연구소, 2019 ; 김용태, 「환성 지안의 宗統 계승과 禪教 융합」, 『남도문화연구』 36, 순천대학교 남도문화연구소, 2019 ; 성범중, 「통도사와 한시」, 『지역문학연구』 5호, 경남지역문학회, 1999.
9) 喚惺 志安, 『禪門五宗綱要』, 『한국불교전서』 9, 1988 ; 喚惺 志安, 『喚惺 詩集』, 『한국불교전서』 9, 1988 ; 『한국고승집』 11(이조시대 4, 喚惺 詩集), 불교학연구회, 경인문화사, 1974 ; 성재헌 역, 『선문오종강요·환성시집』, 동국대출판부, 2017.

함월 해원(1691~1770)과 홍계희(1703~1771), 대둔사 승려 범해 각안(1820~1896)이 남긴 비문과 행장이 남아 있다.10) 그 외에 문집류에 단편적인 기문류만이 산재해 있을 뿐이다. 『환성시집』은 시문집으로 그의 행적을 이해하는 데 별로 도움이 되지 않는다. 행장에 의하면 그의 유력은 전국에 걸쳐 있다.11) 그의 행장과 비문을 바탕으로 문집류와 고문헌 등의 제 기록을 포함하여 그의 행적을 정리하면 다음과 같다.

환성 지안의 행적

1664.6.10.	춘천에서 정씨 가문에서 태어남.
1678(15세)	양평 용문산 상봉에게 구족계를 받음.
1680(17세)	월담에게 수법함.
1686.7~1687.1(23~24세)	설제·운밀과 함께 속리산 대암암에서 수행.
1690(27세)	모운에게 입당, 금산 직지사 화엄법회 주관.
1704(41세)	지리산 벽송사 중창.
1710(47세)	쌍계사에서 『심경약소연주기회편』 교정.
1711(48세)	춘천 청평사 중창.
1714(51세)	속리산에서 금강산으로 향함.
1715.봄(52세)	통도사에서 환성과 호암이 전각 현판을 남김.
1717.7(54세)	금강산 정양사에 주석.
1719.3(56세)	통도사 백련암에 주석.
1721(58세)	화엄사에서 『수월도량 공화불사 여환빈주몽중 문답』 간행 시주.
1724.10(61세)	순천 동화사 주석.
1725(62세)	금구 금산사 화엄법회 개최.
1729.6~8(66세)	통도사 견역.

---

10) 涵月 海源(1691~1770), 「喚醒和尙 行狀」, 『한국불교전서』 9 ; 洪啓禧, 「喚醒大師 碑銘」, 전남 해남군 대흥사 소재 ; 지관, 앞의 책, 2000 ; 梵海 覺安(1820~1896), 김두재 옮김, 앞의 책, 2015 ; 동곡 일타, 앞의 책, 1994.

11) 涵月 海源, 「喚惺和尙 行狀」, 『天鏡集』 卷下, 文2.

1729	지리산에서 체포되었으나 무고로 풀려남.
6.30.경	무고로 다시 체포되어 제주에 유배.
7.7	입적(순교).
10.8	백일재 설행.
1749	함월 해원, 함북 석왕사에서 『선문오종강요』 간행.
1750.봄	「환성화상행장」 편찬.
1751.여름	함북 석왕사에서 함월 등 문도들이 『환성시집』 간행.
1752.5	양일하, 『문정목록』 편찬.
1762	홍계희, 「대흥사 환성당대사 비명」을 지음.
1799	화승 옥인 「통도사 환성진영 찬문」을 지음.
1821	성눌, 석왕사에서 『천경집 환성시집』 편찬.
1822.4	대흥사에 비를 세우고 통도사에 환성비(현판) 세움.
1875	용악 보위가 통도사 백련암 현판에 환성 주석.
1899	『양산군읍지』 편찬(환성이 쓴 현판, 통도사에 있음).
1905~1909	통도사 조실 경허 성우가 환성을 추념하는 시를 남김.
1912.9.30	통도사 본말사법 인가(통도사 주지는 환성의 후손이어야 함).
1920.6	통도사 주지 천보 구하가 환성조사 종계안 편찬.
1925.10.8	『환성문보』 편찬(통도사 극락암).
1930년대	경봉 정석, 『불조원류』 편찬(통도사 극락암).
1994.7	동곡 일타, 제주 고관사에 환성 순교비 세움.

환성 지안은 강원도 춘천 출신으로 성이 정씨라는 것 외에는 그의 가계나 어렸을 때의 모습은 알 수 없다. 그의 출가사는 상봉과 설제이다. 상봉 정원(1627~1709)은 양평 용문사에 작은 암자를 짓고 편액을 상봉, 집을 해월당이라 하고 머물렀다.[12] 1728년 무신란을 제일 먼저 고변한 문신 최규서(1650~1735)에 의하면 상봉은 용모가 매우 청명하고 경학도 통하였

---

12) 李頤命(1658~1722),「霜峰 海月堂記」,『疎齋集』卷10, 記, '入龍門尋舊遊 師於東峰絶頂 搆小菴而居之 扁以霜峰 名其丈室曰海月.'

다고 한다.13) 환성은 15세 때 미지산 용문사로 출가하여 상봉으로부터 구족계를 받았다.14)

설제는 풍담 의심(1592~1665)의 적전이다. 환성은 17세인 1680년에 설제를 찾아 법맥을 이어받았다. 비문에 의하면 '(환성)선사의 골상은 맑고 단아하였으며, 말소리는 밝았고, 말이 간략하였으며, 얼굴색이 온화하였으니, 월담이 큰 그릇으로 여겨 의발을 부촉하였다.'15)라고 한다.

문인 춘주 김도수(?~1742)는 해인사 주지 철묵의 안내로 해인사 법당을 둘러보고 백련암에서 낙암 의눌(1666~1737)을 만났다. 의눌은 직지사 모운으로부터 구족계를 받고 용문사 상봉의 법을 이어받은 인물이다.16) 의눌은 환성이 '설제대사의 문인으로, 젊었을 때 기운이 드세고 매우 거칠어 방약무인하여 비록 설제의 위엄으로도 오히려 그 기운을 꺾지 못하였다. 설제가 항상 그를 큰 그릇으로 여겼다. 지금 환성은 남중의 종장인데, 모임에 항상 천여 명의 사람이 모입니다.'17)라고 전해 들었다. 『환성시집』 부록에 스승 설제의 시문이 2개 실려 있다.18)

환성은 그때부터 스승 설제와 도반 적조 운밀과 함께 하였던 듯하다. 황악산 직지사에 있다가 1686년 7월 속리산 일대에 머물렀던 듯하다.

1686년 10월 6일 다시 4~5리를 가니 등에 땀이 흥건히 흘러내리고 다리가

---

13) 崔奎瑞(1650~1735), 「病後漫錄戊戌」, 『艮齋集』 卷13, 錄, '容貌甚淸明 經學亦該通.'
14) 朴世堂(1629~1703), 「贈竺還」, 『西溪先生集』 卷4, 詩 石泉錄 下, '往從其法師淨源于龍門.'
15) 洪啓禧(1703~1771), 「喚醒堂大師碑」, 『大屯寺誌』, 韓國學文獻研究所, 1980.
16) 申維翰(1681~1752), 「洛巖大師碑銘」, 『靑泉集』 卷5, 碑, '受戒于黃岳山慕雲言公 二十八得法于龍門山霜峰공.'
17) 春洲 金道洙는 조부가 현종의 장인인 金佑明(1619~1675)으로, 錦山郡守로 재직하다가 그만두고 1727년(영조 3) 9월 12일부터 10월 5일까지 23일 동안 하동군 청학동 부근을 유람하고, 합천 해인사 일대를 둘러보았다. 金道洙(?~1742), 「南遊記」, 『春洲遺稿』 卷2, '二十二日乙亥. 住持哲默引余上法堂. … 又行一里. 上白蓮菴. 義訥大師出迎 … 又北渡入弘濟菴. 轉往觀音殿. 與大師斗慧談老螺和尙鑿池得劒之事. 義訥自白蓮來會. 談鋒益長. … 訥因言喚醒堂知安事. 安方爲南中宗匠. 會上常千餘人.'
18) 喚惺 志安, 「月潭讚灌燭 觀音大像」; 「月潭臨終偈」, 『喚醒詩集』.

몹시 피곤하여 겨우 대암암에 닿았다. 갓같이 생긴 커다란 바위 하나가 절 앞에 서 있고, 그 앞과 좌우에도 커다란 바위 아닌게 없으니 대암암이라는 이름이 붙은 것은 이 때문이라고 한다. 축대와 계단을 높게 쌓았고, 법당이나 요사도 매우 큰 절이다. 높고 너른 곳에 자리하고 있어 법주사나 여러 봉우리들을 내려다보고 있다. … 설제와 운밀 두 종장이 <u>학도 수십명을 데리고 금년(1686) 7월에 황악산에서 옮겨와 거주하고 있었고</u> 모두 임신년(1632)생이었다.

(10월) 7일 아침에 설제와 운밀 두 종장이 와서 보았다. 식사한 뒤에 설제의 방으로 가니 강의하며 제자를 가르치고 있었다.

(10월) 9일 설제의 방에 들어가 앉았는데 제자를 데리고 불경을 강의하며 가르치고 있었다.[19] 그 가운데 <u>지안이 있어서 보았는데 23세로 용모와 행동거지가 같은 동년배 보다 출중하였고 또한 글에 능하니 앞으로 얼마나 더 발전할지 헤아리기 어렵다.</u>

1687년 정월 4일 <u>대암암에 있는 종장 운밀과 지안스님이 와서 보았다.</u>

우담 정시한(1625~1707)의 문집에 의하면 풍담의 문도인 설제와 운밀 두 종장이 학도 수십 명을 데리고 '금년(1686)' 7월에 황악산에서 속리산 일대로 옮겨와 거주하였다. 대암암에 머물고 있는 지안이 와서 보았는데 23세로 용모와 행동거지가 같은 동년배보다 출중하였고 글에 능하니 앞으로 얼마나 더 발전할지 헤아리기 어렵다고 하였다. 이로 보아 환성은 1686년 7월에서 1687년 1월경까지 속리산 대암암에 머물렀다.[20]

환성은 그 후 27세인 1690년에 금산 직지사로 모운 진언(1622~1703)을 참방하였다. 모운은 당대의 고승 벽암 각성의 지도를 받았으며 만년에는

---

19) 星湖 李瀷이 良溪 李濂(1654~1727)(『星湖全集』卷68, 「從兄素隱先生家傳」)이 본 月潭 雪霽(1632~1704)의 강의 방법을 듣고 묘사한 글이 남아 있다. 李瀷(1681~1763), 「雪霽上人」, 『星湖僿說』卷8, 人事門.

20) 대암암은 속리산 중관음암 터로 추정되고 있다. 『俗離山大法住寺事蹟記』에 '中觀音.'으로 기록되어 있다.

『화엄경』에 심취하였다. 1686년(숙종 12) 팔공산 원공의 청으로 은해사 운부암에서 화엄법회를 열어 교법을 크게 펼쳤다. 그의 저서 『화엄품목문목관절도』는 『화엄경』의 장절을 분류하여 만든 도상으로, 『화엄경』을 공부하는 요령을 간추린 것이다.21)

> 27세에 모운 진언대사가 금산 직지사에서 법회를 연다는 말을 듣고 그를 좇아갔다. 모운이 크게 탄복하고 대중 수백 명에게 말하기를, '내가 지금 사자좌에서 물러날 터이니, 너희들은 예로써 대사를 스승으로 섬겨라.'라고 하였다. 이에 몰래 나가 다른 산에 거처하였다. 대사가 드디어 대중에게 나아가서 설법하는데, 세밀하게 분석하여 넓고 크기가 마치 큰 강물을 터놓은 것 같이 막힘이 없었다. 대중들은 모두 활연히 깨달아 종풍을 크게 떨치게 되었다. 이로 말미암아 4백 명의 승려들이 몰려와 운집하였다.22)

환성은 27세인 1690년(숙종 16) 화엄 종장 모운이 직지사에서 법회를 열었다는 소식을 듣고 참여했다. 모운은 환성에게 탄복하고 수백 명의 승려에게 설법하게 하였는데 막힘이 없었다고 한다.

환성은 그 후 두류산 일대를 거쳐 해인사를 유력했던 것 같다.23) 환성은 해인사 말사 벽송사에 주석하였다. 벽송사를 창건한 벽송 지엄(1464~1534)은 벽계 정심에게서 법맥을 이어받았으며 문도 부용 영관(1485~1571)과 정관 일선(1533~1608) 등 선교를 겸수한 대종장들이 배출된 문파이다. 그런 벽송사가 큰 화재로 소실되었을 때 1704년(숙종 30)에 환성이 모연하여 중창을 주도했다.24) 동별실 횡각과 서실을 처음 마련하였고, 삼단정화를

---

21) 慕雲 震言(1622~1703), 「慕雲大老 行蹟」, 『華嚴品目問目貫節圖』附錄, '一國之內 八埏之中 開教講禪弘法普濟華嚴宗主慕雲大師.'
22) 洪啓禧, 「喚醒堂大師碑」, 『大屯寺誌』, 한국학문헌연구소, 1980.
23) 喚惺 志安, 「遊頭流山」; 「智異山花林精舍四景」; 「海印寺武陵橋」, 『喚醒詩集』.

조성하여 봉안하였다.25)

환성은 그 무렵 해남 대흥사에 머물기도 하였다. 비문에 '일찍이 대둔산 속에 부처님께 올릴 정공을 차려 놓으니, 공중에서 세 번 스님의 이름을 불러서 스님 역시 그대로 응답하였다. 이에 자를 삼낙이라 하고, 법호를 환성이라 하였다.'26)라고 하였다. 비문에서는 환성(喚醒)27)이라 했는데 행장에서는 환성(喚惺)이라 했다. '스님이 가르침을 펼쳐 대중을 깨우치니 강연의 취지가 그윽하고 묘하여, 혹 일찍이 듣지 못한 것이어서 의심을 가지는 사람도 없지 않았다.'28)라고 한다. 환성은 대흥사에서 강연하였는데 '강연의 취지가 그윽하고 묘하여, 혹 일찍이 듣지 못한 것이어서 의심을 가지는 사람도 없지 않았다.'라고 한다. 환성의 강연이 얼마나 정확한가 비교하니 부절을 맞춘 것과 같았다고 한다. 대흥사에는 『기유원월일 대흥사당사답고(己酉元月日 大興寺堂司畓庫)』 가운데 환성의 토지 몫이 전하고 있는 것으로 보아 대흥사에 얼마간 주석하였음을 알 수 있다.29) 게다가 『대둔사지』에서는 13대 강사 가운데 제6대 환성 대종사로서 추념되고 있다.

환성은 그 후 1710년(숙종 36) 쌍계사에서 무용 수연(1651~1719)과 함께 『반야바라밀다심경약소 연주기 회편(般若波羅密多心經略疏 連珠記 會編)』을 개간하였다. 백암 성총(1631~1700)의 문도이자 무용의 도반인 석실(백우, 설암) 명안(1646~1710)이 『반야심경』에 대한 주석서인 당의 승려 법장(643~712)의 『반야심경약소』와, 이에 대한 송의 승려 가당 사회(可堂師會, 1102~1166)의 『반야바라밀다심경약소 연주기 회편』 두 책을 한데 모아 본경(本經)

---

24) 『咸陽郡各寺菴年代』, 碧松寺 ; 『智異山碧松菴重創有功錄』.
25) 『智異山碧松菴重創有功錄』, 碧松寺, 351 ; 오경후, 앞의 논문, 2015, 536~537쪽.
26) 洪啓禧, 「喚醒堂大師碑」, 『大屯寺誌』, '嘗於大芚寺中 設淨供 自空中三呼其名 應亦如之 遂字曰三諾 號喚醒.'
27) 참고로 鞠涵(1573~1653)의 호는 喚醒이며 문집에 『喚醒遺稿』가 있다.
28) 洪啓禧, 「喚醒堂大師碑」, 『大屯寺誌』; 涵月 海源, 「喚惺和尙行狀」, 『天鏡集』 卷下, 文2.
29) 『大興寺堂司畓庫』(己酉元月日 大興寺 堂司畓庫), '鹿山坪…主喚惺堂則畓肆斗落 十九 負一束 平日家前' ; '縣山坪…主喚惺堂方畓參斗伍升落 十三負四束 元川洞.'

의 구절과 주석서의 해당 부분을 함께 실어서 보기 쉽도록 한 것이다. 1705년(숙종 31)에 쓴 석실의 후서와 1706년에 쓴 무용의 서문30)에 의하면 1706년경에 간행된 것이며, 1710년(숙종 36) 석실의 도반인 무용과 환성이 경상도 하동 쌍계사에서 재간하였다.31)

환성은 곧바로 춘천 청평사로 달려갔다. 행장에 의하면 환성은 '화상의 지팡이가 여기 이르자 폐허가 된 것을 모두 복구시켰다.'32)라고 하는데 『유점사 본말사지』에 의하면 1711년(숙종 37) 불전 승료를 전부 수리하여 퇴락해진 청평사의 가람을 일으켰다.33) 청평사 자음전[법당]에 머물렀던 듯하다.34) 청평사의 인연으로 환성의 법명이 지안으로 되었다. 청평사는 고려말 나옹, 조선중기 허응이 머물렀고 환적 의천(1603~1690)이 1650년 봄에 청평사 양신암을 중수하고 3년을 머물렀던 바 있다. 환성은 이러한 청평사에 머물고 있었는데 조선후기 문신인 청성 성대중(1732~1812)이 관련 일화를 남겼다.

> 춘천의 승려인 지안대사가 청평사에 머무니, 춘천에 사는 사대부 대다수가 그를 찾아가 절하고 뵈었다. 그러나 정승 풍원군(1690~1752)의 조카 조재극만이 그를 배척하며, '머리 깎은 중놈이 사대부들의 절을 받는단 말인가. 내 눈에 안 띄었기 망정이지, 나한테 걸리면 반드시 혼내 주리라.' 하였다. 대사가 이 말을 듣고 조재극에게 사과를 하러 가는데, 조재극이 마침 소를 타고 교외로 나가다가 도중에 대사 일행을 만나게 되었다. 그는

---

30) 石室 明眼(1646~1710), 『般若波羅蜜多心經略疏 連珠記 會編』; 無用 秀演(1651~1719), 「心經略疏連珠記會編後序」, 『般若波羅蜜多心經 略疏連珠記 會編』.
31) 無用 秀演(1651~1719), 「心經略疏 連珠記 會編 後序」, 『般若波羅蜜多心經略疏 連珠記 會編』, '校證諸德 無用秀演 喚惺志安 … 康熙庚寅夏 慶向江右河東府地智異山雙磎寺開刊.'
32) 涵月 海源, 「喚惺和尙行狀」, 『天鏡集』 卷下, 文2.
33) 『楡岾寺本末寺誌』, 한국학문헌연구소, 1977, 689~690쪽.
34) 喚惺 志安, 「題淸平寺」, 『喚惺 詩集』, '客到淸平寺 … 洞號逢僧問 樓名見額知 暮投慈蔭殿 掃壁寫新詩.'

Ⅳ. 조선후기 환성 지안의 순교와 불교   327

대사의 용모가 출중하고 따르는 중들도 모두 모습이 깨끗하고 엄숙하여 세속의 태도가 없는 것을 보고는 자신도 모르게 소에서 내려 절하였다.[35]

이러한 것은 낙암이 환성은 '위엄이 있는 사대부가 그를 만나도 또한 공경함을 표시합니다.'[36]라고 공감했던 바 있다. 환성은 청평사에서 다시 얼마간 속리산에 머물렀던 듯하다. 속리산에서 1714년 4월 13일에 금강산으로 향했다.

> (1714년, 숙종 40년 4월) 13일. 이숙겸은 내금강으로 향했고 나는 선담으로 향했는데, 묘언(이 절의 승려이다.)이 따라왔다. … 지안이라는 자가 속리산으로부터 왔다. 그는 설제의 뛰어난 제자로 경전에 두루 통하여 남방의 대종장이 되었다. 불러서 말을 나누었는데, 말하는 논의가 대단히 분명하고 박식하였으나 조금 과장하는 병이 있었다.
> 14일. 비바람이 크게 일었다. 홀로 앉아 있으니 무료하여 지안을 불러 선에 대하여 이야기를 나누었다. 저녁을 먹은 뒤에 날이 조금 개자 걸어서 묘언의 방을 찾아갔다.[37]

지안은 간혹 환성 지안[38]이라 표기했던 것처럼 환성이다. 두타 이하곤

---

35) 成大中(1732~1812), 『靑城雜記』 卷3, 醒言, '志安大師 春州僧也 住淸平寺 春之士大夫 多往拜之 趙載極者 豊原相從子也 獨斥之曰 髡而受士夫拜耶 幸我不見 見必榜之 師聞之 往謝於趙 趙適騎牛出郊 遇之於塗 見其儀容魁偉 從僧皆潔肅無雜 不覺下牛而拜.'
36) 金道洙(?~1742), 「南遊記」, 『春洲遺稿』 卷2, '狀貌雄俊有威. 士大夫遇之. 亦加敬焉.'
37) 李夏坤(1677~1724), 「東遊錄」, 『頭陀草』 冊14, 雜著(갑오년, 1714년, 숙종 40년 4월), '十三日 叔謙向內山 余向船潭 妙彦從焉 卽本寺僧也 行三里 南折入深谷 已覺水石淸佳 此是船潭下流也 稍前數百步 大石窿然中陷 缺 泉注焉成潭 色頗澄 比萬瀑之船潭 縱幾倍之 其狀之酷肖 殆不及焉 農巖記中謂水與船之四隅等然後下墜云者 亦不然矣 自潭以上 爲潭爲瀑者甚多 亦有佳處 妙彦云可與萬瀑相伯仲 余曰洞壑之開張不及 峰巒之映帶不及 只堪作奴儓耳 彦也頗以爲不然 以脚疲不能窮探 少頃卽還 有智眼者自俗離來 是雪霽高足 博通經典 爲南方大宗匠 招與之語 言論頗辨博 少有夸誕之病矣 十四日 風雨大作 獨坐無聊 招智眼談禪 夕後稍霽 步過彦上人房.'

(1677~1724)과 이숙겸이 1714년(숙종 40) 3월 19일부터 4월 22일까지 관동을 유람하고 금강산을 다녀와 「동유록」이라는 기문에서 설제의 제자로서 남방의 대종장이었다고 하면서 '논의가 분명하고 박식하였다.'고 평을 하였다. 이하곤은 지안과 선문답을 나누기도 하였다.

또한 그 이듬해인 1715년(숙종 41) 봄에 벽암 각성의 법을 이은 침허 율계의 후손인 경삼은 통도사에서 「근차환성호암 양선사유운(謹次喚惺虎岩兩先師遺韻)」이라는 전각 현판을 남겼다고 한다.39)

그런데 환성은 그간에 속리산 일대에 있다가 금강산에 도착하여 정양사에 머물렀다고 한다.

> 정유년(1717년, 숙종 43) 7월에는 금강산 정양사에 머물고 있었다. 마침 큰 비를 만났는데, 갑자기 고향으로 가게 되어 어느 마을에 이르렀다. 그 집은 집도 크고 사람도 후하여 유숙할 만하였지마는, 다시 그 인근의 오막살이로 찾아갔는데 겨우 용신할 수 있는 집이었다. 그날 밤에 먼저 들었던 그 절과 그 집은 물이 들어 20여 명이 죽었다. 하룻밤 사이에 두 번 죽을 변을 면한 것은 실로 하늘이 돕고 신이 보호한 것이니, 이것이 그 둘째이다.40)

정양사는 풍담, 풍담의 문도인 상봉과 월담, 월저의 동문인 송원 풍열도 머물렀던 곳이다.41) 환성은 1717년(숙종 43) 정양사 헐성루에 올라 시를

---

38) 默庵 寂訥(1717~1790), 「佛祖宗派圖」, 『諸經會要』, '月霽道安 雪岩秋朋 霜月璽封月潭 雪霽 喚惺智眼 虎岩體淨.'
39) 통도사 성보박물관 殿閣 懸板에 '歲乙未(1715)春 枕虛耳孫等敬參一首耳.'라는 글귀가 보인다. 1715년(숙종 41) 봄에 碧巖 覺性의 법을 이은 枕虛 律戒의 후손인 敬參은 통도사에서 「謹次喚惺虎岩兩先師遺韻」이라는 殿閣 懸板을 남겼다고 한다.
40) 涵月 海源, 「喚惺和尙 行狀」, 『天鏡集』卷下, 文2, '丁酉 七月 金剛山正陽寺 留缾錫矣 日當大雨 忽促鄕路 而到洞家 則家廣人厚 可宜留宿 而更尋隣近斗屋 僅容身矣 其夜 厥寺厥家 爲水所溺 死者 二十餘也 惟一夜之間 避二死之地 天實祐之 神亦護之 此其二也.'
41) 朴世堂(1629~1703), 『西溪集』卷3, 詩, 後北征錄(戊辰年(1688, 숙종 14) 봄에 짓다).

남기고 있다.42) 고향으로 가려고 인근 마을에 머물렀는데 큰 비를 만났다고 한다.43)

그 이듬해인 환성은 55세 때인 1719년(숙종 45) 3월경에 통도사에 머물렀다. 환성이 지은 시 2편이 전하는데, 통도사 백련암 강설루 현판의 말미에 '기해 모춘 환성제(己亥暮春喚惺題)'란 구절이 있다. 1719년 봄에 환성이 통도사 백련암의 액제(額題)를 썼다.

환성은 1721년(경종 1) 구례 화엄사에서 『수월도량 공화불사 여환빈주몽중 문답』을 간행하는데 시주하였다. 이 책은 허응 보우가 도량 의식의 관법에 관하여 문답 형식으로 서술한 것이다. 이미 1642년(인조 20) 지선 등이 해인사에서 간행된 바 있었는데 환성이 1721년 화엄사에서 영해 약탄, 남악 태우, 은봉 지명 등과 함께 간행하는데 시주를 하였다.44)

그 후 1724년(경종 4) 10월에 화엄사 말사 순천 개운산 동화사에 머물면서 「낙안군 개운산 동화사 중수기 현판」을 남겼다.45)

환성은 금산사 대법회를 개최하였을 때 행장과 비문 등에서 관련 기사를 보기로 한다.

> 을사년(1725년) 금구 금산사에서 화엄대법회를 베풀었는데 대중이 1천4백 명이나 되었다. 당에 올라 불자를 곧게 세우고 대중을 향해 법을 설하자, 대중들은 모두 환희하고 일찍이 없었던 것을 얻었다.46)

---

42) 喚惺 志安, 「登歇惺樓」, 『喚惺詩集』.
43) 1717년 7월에 일어난 홍수를 지칭하는 듯하다. 『숙종실록』 권60, 43년(1717) 7월 12일(갑자), '八路大水 嶺南關東尤酷 洛東江一帶 便成大海 人物渰死 不知其數 金剛山 數峰 忽然自崩 加以西北蟲災 諸路癘氣 一向熾蔓 諸道道臣 相繼狀聞.'
44) 虛應 普雨(1509?-1565), 『水月道場 空花佛事 如幻賓主 夢中問答』附錄一, '丙本施主秩 如下 「大禪師喚惺志安影海若坦 南岳泰宇 隱峯智明 等 奉爲主上三殿下壽萬歲 主持偉性…全羅左道求禮縣智異山華嚴寺開刊.'
45) '樂安郡 開雲山 桐華寺 重修記 懸板', '喚惺之繼跋則難囗匹休是知 昔之記今之跋其揆一也 之義直在斯矣 嗚呼折有一＋焉.'
46) 洪啓禧, 「喚醒堂大師碑」, 『大屯寺誌』, 한국학문헌연구소, 아세아문화사, 1983.

환성이 금산사 화엄법회를 크게 개최한 시기가 행장에는 갑진년(1724년) 봄이라 했으나47) 비문이나 『동사열전』 등에는 을사년(1725년)이라 했는데 후자가 옳다고 생각한다.48)

환성은 금산사 화엄법회 후 1728년(영조 4) 무렵 통도사 견역을 위해 머물면서 불보 종찰 통도사를 지키기 위해 노력하였다. 그러나 1729년(영조 5)에 금산사 법회사건으로 한 무고자가 있어 지리산에서 체포되어 호남의 감옥에 갇혔다. 얼마 안 되어 풀려났으나 도백이 불가함을 주장하여 마침내 탐라로 유배되어 순교하였다.49)

3. 환성의 순교와 조선후기 불교계

앞서 언급한 바와 같이 환성은 세 차례 이상 통도사에 주석하였다.50) 1715년(숙종 41) 봄에 벽암 각성의 법을 이은 침허 율계의 후손인 경삼은 통도사에서 「근차환성호암 양선사유운」이라는 전각 현판을 남겼다고 한다.51) 그리고 환성은 55세 때인 1719년(숙종 45) 3월에 통도사에 머물렀다. 이는 백련암 강설루 현판의 간기에 '기해모춘환성제(己亥暮春喚惺題)'라는 글귀를 통해 알 수 있다.52) 통도사에 전해지고 있는 현판에 적힌 시를

---

47) 涵月 海源, 「喚惺和尙 行狀」, 『天鏡集』 卷下, 文2, '甲辰春 金山寺 設華嚴會 則法衆 千又百餘也 依熙焉靈山 彷佛焉祗園 尊其道 仰其德 衆口是碑 豈在筆乎.'
48) 洪啓禧, 「喚醒堂大師碑」, 『大屯寺誌』, 韓國學文獻硏究所, 1980 ; 梵海 覺岸, 「喚醒宗師傳」, 『東師列傳』 ; 동곡 일타, 「傳佛心燈 扶宗樹敎喚醒堂志安大宗師殉敎碑」.
49) 洪啓禧, 「喚醒堂大師碑」, 『大屯寺誌』, 한국학문헌연구소, 1983.
50) 환성이 통도사에 주석한 사실은 윤영해, 앞의 논문, 333~341쪽과 이종수, 앞의 논문, 12~20쪽에서 상세히 논한 바 있다.
51) 통도사 성보박물관 殿閣 懸板에 '歲乙未(1715)春 枕虛耳孫等敬參一首耳.'라는 글귀가 보인다. 1715년(숙종 41) 봄에 碧巖 覺性의 법을 이은 枕虛 律戒의 후손인 敬參은 통도사에서 「謹次喚惺虎岩兩先師遺韻」이라는 殿閣 懸板을 남겼다고 한다.
52) 殿閣 懸板, '洞口連平野 樓臺隱小岑 居僧懶不歸 花落萬庭心' ; '雲衣草簟臥前楹 浮世虛名一輕髮 山杏滿庭人不到 隔林啼鳥送春聲.'

소개하면 다음과 같다.

    입구는 평야에 잇닿고 누대는 나지막한 봉우리 속에 숨은 듯하네.
    게으른 스님은 마당도 안 쓸어 뜰엔 낙화만 가득하구나.
    구름 옷 입고 풀 멍석에 누워 하늘을 바라본다.
    부평초 같은 세상의 헛된 이름이야 터럭 한 올보다 못하지
    벚나무 가득한 뜰엔 찾는 이 아무도 없고
    숲에서 들리는 새소리에 봄날은 간다.

  1899년에 간행된 『양산군 읍지』 통도사 취서암 편에는 '이 현판은 280년 전 환성 대화상이 친히 쓴 필적인 즉, 진실로 보배이다. 처음에 백련암 강설루에 걸려 있다가 극락암 영각에 이전하였다. 1894년 겨울에 본사 주지 김해은[김태흡], 동명 선지[53]이 구 관현당을 중수하고 영각을 세웠다.'[54]라고 적고 있다.
  환성이 1728년(영조 4) 6월에 통도사 부역을 견감하여 고마움을 표시해 쓴 「통도사 견역복구비서(通度寺 蠲役復舊碑序)」가 전하고 있다.[55] 통도사

---

53) 東溟 善知는 속명이 金海隱[김태흡]이다. 錦溟 寶鼎의 『茶松詩稿』에 1926년 9월 18일 지은 「金海隱赴梵魚寺講院臨別」이란 시가 실려 있어 보정과 교분이 있었음을 알 수 있다(錦溟 寶鼎(1861~1930),「有感 金海隱」,『茶松詩稿』卷1篇. 1920년 송광사에서 『朝鮮佛敎史 大綱 : 조선불교종파 변천사론』을 간행하였다.

54) 「通度寺 鷲棲庵」, 『梁山郡邑誌』 卷1(1899년 간행, 규장각 : 奎 10866). 현판 後面, '此懸板二百八十年前 喚惺大和尙 親自筆蹟 則眞可謂寶也 初懸於白蓮庵講說樓 而 移置於極樂影閣矣 甲午年冬 本寺住持金海隱和尙 重修於舊觀玄堂而建立影閣 收拾于極樂之影 及數廢散在影軸 奉安于此 觀玄影閣也 此懸板 隨影而來懸矣 奉安影 七十五軸.'

55) 「觀察使朴相公文秀 觀察使黃相公璿郡守金候聲發 通度寺蠲役復舊碑序」, '蛇珠雀環感也 我通度如病且孔得良醫以救之 凡爲我金仙氏說者爲得無感猶旣醒不須提醒 時事起病之由毋論 且記刀圭之惠 惟我黃相公璿 朴相公文秀 相繼爲觀察 孫將軍命大 莅水閫 朴將軍廷賓佐巡幕 □投蠲役帖當蔘木 我地主金候聲發 旣下車寺外路 無吏 □殆果因□□者集廢者□興 邪氣退而眞元復 果誰之賜於五大夫 卽我通度之倉扁 是之謂垂德於不報之地 珠若環無可施矣 遂以三尺碣志萬人感 釋靈印朗聰演初大愚與

견역은 이후에도 여러 차례 있었는데56) 당시 견역은 환성의 주도로 이루어졌다. 비문에 의하면 경상도 관찰사 황선과 박문수, 양산군수 김성발, 손명대와 박정빈 장군이 참여하였다. 황선(1682~1728)은 경상도 관찰사로 1727년 5월 29일 부임하여 이듬해 4월 의문의 죽음을 맞이하였고57) 박문수가 경상감사로 부임하였다.58) 그러므로 당시 통도사 견역은 황선과 박문수대 수년에 걸쳐 이루어진 것이다. 김시빈은 견역에 참여한 사실을 「통도사 견역비문」이라고 문집으로도 남기고 있는데59) 1728년 6월에 참여한 통도사 승려는 대사 연홍, 대우, 낭총이었다. 그해 8월에 무슨 일이 있었는지 복구비가 다시 세워지게 된다. 그해 8월에 환성이 주도하여 참학 사미 희유가 글씨를 쓰고 도감통정 최운 간선, 벽하 대우 등이 감독하였다.

연초는 환성의 문도 설송 연초이고 대우는 환성이 동국의 대종장이라 평했던 승려 벽하 대우(1676~1763)이다.60) 낭총은 훗날인 1738년 9월 설송이 선교 양종 정사 국일도 대선사 등계일 때 선교대선사 양종 도총섭 수호규정에 임명된 취암 낭총이다.61) 참학 사미 희유는 환성의 제자로 추정되며, 김이만(1683~1758)이 교유한 승려 금곡 희유62)이다. 따라서 환성

有□於修復之際 亦不可泯云 崇禎紀元後再戊申 六月 日 喚惺志安 參學沙彌 稀有 書 都監通政最雲 幹善碧霞大愚 前座首賀紙都監洪萬澤 戊申八月日立.'

56) 凝庵 僖愈(1734~1767)가 1746년 통도사의 紙役울 감면해준 김방백과 신장군을 가리키는 '송덕현판」을 세웠다. 1842년 5월에 德巖 定汶이 통도사의 잡역을 면제받았으며(議典, 「德巖大師雜役革罷有功記」), 1884년 德巖 蕙璟이 통도사의 紙役을 면제해 주었다(義淳, 「德巖堂蕙璟紙役革罷有功碑」).
57) 『영조실록』 권11, 3년(1727) 5월 29일(갑신) ; 『승정원일기』 영조 4년(1728) 4월 17일(정유).
58) 『승정원일기』 영조 4년(1728) 4월 14일(갑오).
59) 金始鑌(1684~1729), 「通度寺 蠲役碑文」, 『白南集』 卷5, 說.
60) 환성 지안에게 禪을 전수받았으며 大興寺 13, 大宗師 중 제7대 종사이다. 喚惺 志安(1664~1729), 「碧霞長老」, 『喚惺詩集』, '東國大宗匠 碧霞長老其 西江萬里水 一口能吞之.'
61) 申維翰(1681~1752), 『松雲大師奮忠紓難錄』 附錄, 「備局甘結關」.
62) 金履萬(1683~1758), 「通度寺 留贈禧有上人」, 『鶴皐先生文集』 卷1, 詩中稿 五言律詩 附排律, '南國秋風起 蕭蕭亂樹間 行裝無一鶴 歸路有千山 古寺客重到 白雲僧自閒 不須

은 1728년 무렵 통도사에 머물며 제자들과 함께 통도사의 견역을 위해 몇 년간 노력하였다. 환성이 통도사에 주석하였던 사실은 양산시 「토지대장」에 '석 환성' 소유로 기록된 유지가 있었던 것을 통해 알 수 있다. 이 유지는 환성 종계가 통도사 경영에 도움을 주기 위해 인근의 토지를 매입한 흔적이었던 것으로 보인다.

1799년(정조 23) 영월 우징이 주관하여 화승 옥인이 조성한 환성 진영 뒷면 찬문에 '환성 3대의 진영을 4대 후손이 열어 천년 동안 편안하게 법손에게 영원토록 이어지게 하네.'63)라는 글귀로 환성의 통도사 주석 사실이 방증되고 있다.64)

1875년(고종 12) 용악 보위(1817~1883)가 쓴 「통도사 백련정사 만일승회기」(백련암 현판)에 이렇게 쓰여있다. 즉 '환성조사가 이곳에 주석하고 호암대사가 뒤를 이어 여러 강백들이 계승했다.'65)

환성은 통도사 백련암에 주석하면서 화엄학을 크게 일으켰다. 그의 문도 환성문파는 18~19세기에 통도사 중창의 주역을 맡아 사찰을 중수하고 수행 풍토를 이끌어 나갔다. 환성은 법문에서 '머리 가르마를 타듯 명쾌하고 넓고 밝은이 강과 하천을 구분하는 듯해 대중들이 활연히 종풍이 크게 드날렸다.'66)라고 하였다.

그리고 근대의 고승 경허 성우(1846~1912)도 통도사 백련암 진영에 대하여 「통도사 백련암근차환성노사운」이라는 시로 추념하였다.67) 구하 천보(1872~1963)가 통도사 본말사법(1912년 2월 20일 신청, 9월 30일 인가)을

　　　三宿戀 去住本無關.'
63)　'喚醒三代影 四代後孫開 安位千載下 法孫濟濟來 主幹 影月.'
64)　국보, 앞의 논문 ; 최엽, 앞의 논문 참조.
65)　聳嶽 普衛(1817~1883), 「通度寺 白蓮精舍 萬日勝會記」, '喚醒祖之卓錫 虎巖老之堅拂
　　　光緒元年(1875)靑猪鶉尾之月 五臺山人 聳嶽普衛謹識.'
66)　洪啓禧, 「喚醒堂大師碑」, 『大屯寺誌』, 한국학문헌연구소, 1983.
67)　鏡虛 惺牛(1846~1912), 「通度寺 白蓮庵 謹次喚惺老師韻」, 『鏡虛集』, '擲金遺什揭虛楹
　　　道價千秋海岳輕 悠悠曠感無人識 寒磬空留劫外聲.'

받은 조항에는 '제17조에 본사의 주지는 환성 지안선사의 법윤이어야 한다.'
라고 했다. 1920년 6월 환성조사 11세손 구하가 주도하여 만든 환성의
법손들이 계를 조직한 환성 종계에서 이렇게 규정했다.

> 환성 조사의 문하에서 설송, 호암, 함월의 세 문중이 나왔고 설송의 문하에
> 서 응암, 호암의 문하에서 용파가 나왔는데 응암과 용파 두 스님의 후손들이
> 마침내 이 산에 거하면서 각각 양종의 문계를 세워 재물을 추렴하여
> 원금을 만들고 그 이자를 취하여 세시 때의 제사에 이바지하고 경조사의
> 비용으로 사용하였으니, 또한 그 취지는 아름답고 훌륭하다고 하겠다.
> 이에 예전부터 있어온 두 문중의 종계를 합하여 하나로 만들고 드디어
> 합쳐진 종계를 이름하여 환성 종계라고 하였다.[68]

환성 종계는 경내 석등에 명문 '봉헌 본사 환성 종계중 13정(奉獻 本寺
喚惺宗契中 十三町)'이라 새겨져 있다. 아울러 1925년 통도사에서 환성의
문도를 정리한 족보류의 책으로 12세까지 정리한 『환성문보』를 간행하여
현재 통도사 극락암에 소장되어 있다.[69] 이상의 사실로 환성은 통도사에
세 차례 이상 머물렀고 특히 1727년 무렵 통도사 견역을 위해 노력하였는데
이미 1725년부터 불보 종찰 통도사에 머물렀던 것으로 추정된다.

그러면 무고의 원인이 되었던 1725년 금산사 법회 후 1727년 무렵부터
통도사 견역을 하면서 제주에 유배될 때까지 통도사에 머물렀던 사실을
좀 더 구체적으로 살펴보기로 한다.

환성은 1725년 금산사 대법회를 개최하였을 때 행장과 비문 등에서
관련 기사를 보기로 한다.

---

68) 1920년 九河 天輔(1872~1965)가 작성한 『喚惺祖師 宗契案』이 통도사 성보박물관에
소장되어 있다. 『喚惺祖師 宗契案』 契案末, '佛紀二九四七年庚申(1920)六月喚惺祖師
十一世孫本山住持九河天輔謹誌.'
69) 『喚惺門譜』(1925). 환성을 중심으로 한 『불조원류』가 통도사에서 간행되었으며,
1822년 건립된 「有明 朝鮮國 喚惺大師 碑銘 幷序」가 통도사에서도 건립되었다.

Ⅳ. 조선후기 환성 지안의 순교와 불교 335

을사년(1725년)에 금구 금산사에서 화엄대법회를 베풀었는데 대중이 1천4백 명이나 되었다. 당에 올라 불자를 곧게 세우고 대중을 향해 법을 설하자, 대중들은 모두 환희하고 일찍이 없었던 것을 얻었다.70)

환성은 앞서 언급한 바와 같이 1725년 김제 금산사에 주석하며 화엄대법회를 열었다.

(상월 새봉, 1687~1767) 29세(1715년)에 무용 수연(1651~1719) 화상을 찾아뵈었을 때 경전을 잡아서 논란을 벌였는데, 사리가 밝게 툭 트였으며, 마치 상자와 뚜껑처럼 딱 들어맞았다. 화상이 이에 감탄하며 말하기를, '지안 이후에 한 사람이 나왔구나.'라고 하였다. 1750년(영조 26) 주 표충원장 겸국일 도대선사(主表忠院長兼國一都大禪師)가 되었고, 1754년 선암사에서 화엄 대회를 열었을 때는 모인 사람이 1,200명을 넘었다.71)

위의 기문은 무용의 문도 상월 새봉(1687~1767)이 환성 이후로 큰 인물이 나왔다고 하였다.

환성은 1725년 금산사 화엄법회로 한 무고자가 있어 지리산에서 체포되어 호남의 옥에 갇혔다. 얼마되지 않아 풀려났으나 도신, 즉 관찰사가 불가함을 주장하여 탐라로 유배되었다.

기유년(1729년, 영조 5년)에 마침내 법회 사건으로 한 무고자가 있어 지리산에서 체포되어 호남의 감옥에 갇혔다. 얼마되지 않아 풀려났으나 도신(道臣)이 불가함을 주장하여 마침내 탐라로 유배되었다.72)

---

70) 洪啓禧, 「喚醒堂大師碑」, 『大屯寺誌』, 한국학문헌연구소, 1983.
71) 霜月 璽篈(1687~1767), 「霜月先師 行蹟」, 『霜月大師 詩集』.
72) 洪啓禧, 「喚醒堂大師碑」, 『大屯寺誌』, 한국학문헌연구소, 1983.

여기서의 호남관찰사는 관양 이광덕(1690~1748)으로, 1728년 4월 전라감사 재직 시(1728.4~1730.10)이다. 전라감사로 부임하여 반란군을 토벌하였는데 이때 여기에 동조한 연곡사와 쌍계사 등의 승려들도 대처해야 했다.[73] 지리산 연곡사 승려 대유, 해인사 승려 해림과 철묵[74]은 간첩승으로 활용하였으며[75] 영해 약탄(1668~1754)과 같은 승려는 자발적 진압에 참여했다. 무용의 적전인 영해 약탄이 1728년에 지리산 벽송사에서 주석하였다가 무신란에 분연히 일어나 승리를 하였다는 것이다.

환성은 금산사 화엄법회로 한 무고자가 있어 지리산에 체포되어 호남의 옥에 갇혔다고 한다. 지리산은 어디를 말하는 것일까? 벽송사는 1704년(숙종 30) 환성에 의해 크게 중창 불사가 진행되었다. 환성이 그 무렵 벽송사에 주석한 흔적을 찾을 수 있으나 환성 이후 벽송사에서 강회를 주관했던 그의 제자들은 호암 체정과 문도 설파 상언이었다.[76]

그런데 영해가 61세 때인 17년 벽송사에 주석하였는데 마침 무신란이 일어나서 난을 제압하였다.[77] 영해는 1719년 부휴 선수의 제5세 적전인 무용 수연(1651~1719)의 제자로 송광사에서 화엄법회를 크게 열었다.[78]

---

73) 『영조실록』 권16, 4년(1728) 3월 29일(기묘), '영남의 賊報가 날로 이르고, 전라감사 정사효가 또 치계하기를, "남원의 燕谷寺와 雙溪寺 두 절에 적도가 屯聚해 있습니다." 하였다.'
74) 『영조실록』 권99, 38년(1762) 4월 23일(병술).
75) 『영조실록』 권16, 4년(1728) 3월 30일(경진); 『영조실록』 권99, 38년(1762) 4월 23일(병술) 인평군 이보혁의 졸기.
76) 오경후, 「조선후기 벽송사의 수행전통과 불교사적 가치」, 『한국학연구』 36, 2015, 531쪽.
77) 默庵 最訥(1717~1790), 「影海大師 行狀」, 『影海大師 詩集抄』, '六十一戊申 將學數百人 掛錫於方丈山碧松庵 亂起蕭墻 民不安居 大師告衆曰 食君土之毛 而逢此世變 苟有力於 扶國 吾何愛於籌策 勢不可散 衆歸隱於古土 終見凱還 此師之憂國憂也'; 錦溟 寶鼎(1861~1930), 「曹溪宗師影海若坦禪師傳」, 『曹溪高僧傳』, '六十一戊申 將數百衲子 移錫方丈山碧松 亂起蕭墻民不安堵 師告衆曰 食君土之毛 逢此世變 何愛籌策 乃散衆赴亂 終見凱還 此師之憂國也.'
78) 默庵 最訥, 『影海大師 詩集抄』, '至五十二己亥春 在松寺 爲無用大師 設華嚴大會 八表問 津者 數盈千指 戶外之屨爭滿矣 加之齋㗊雲堆 咸起難遭想 其年夏滿 和尙因以入寂

무용은 1704년에는 용문산 은봉암으로 옮겨 스스로 경작하고 추수하면서 수도하였다. 그때 호남과 영남의 승려 300여 명이 『화엄경』과 『선문염송』의 강의를 청하므로 이에 응하였다.

또한 벽암 각성의 문도이자 모운 진언의 도반이며 환성의 스승이기도 한 백곡 처능(1617~1680)은 1661년(현종 2) 현종의 척불 정책에 대하여 전국 승려를 대표하여 「간폐석교소」를 올렸고, 1680년(숙종 6) 봄 금산사에서 대법회를 열고 그해 7월에 입적하였다.[79] 그는 한참 위축되어 있던 조선시대의 승단을 대변하여 호불간쟁에 앞장섰다.[80] 백곡의 제자 회선 일명은 20년간 금산사에 주석하면서 스승 백곡을 추념하였다.[81]

그 무렵 환성이 무고를 당하기 22년 전인 1688년[82]에 활동했던 무용의 도반인 월저 도안(1638~1715)도 탄압을 받았다.

> 이른바 이영창이라는 자가 무고하며 송사를 일으켜서 뜻밖에 형벌에 처해졌으나 보살핌을 받아 벗어났으니, 모두 명성으로 인해 연좌된 것이다.[83]

師自火浴層塚 竟以誠行喪 此師之效大節也.'
79) 崔錫鼎(1646~1715), 「白谷禪師 塔銘」, 『明谷集』 卷21, 碑銘, '庚申(1680)春 作大法會于 金山寺 其七月二日 涅般于丈室 度世六十四 僧臘四十九'; 申晸(1628~1787), 「白谷處能 師 碑銘 幷序」, 『汾厓遺稿』 卷10, 碑銘, '庚申春 移住金山寺 作大法會五晝夜.'
80) 황인규, 「白谷處能의 生涯와 護法活動」, 『불교와 사회』 10-4, 중앙승가대 불교학연구원, 2018, 304~307쪽.
81) 朴泰淳(1653~1704), 「贈金山寺僧」, 『東溪集』 卷5, 詩, '白谷云亡二十秊 當時衣鉢爾能傳 輕裝出寺惟甁錫 長物隨身但軸篇 破衲新磨千嶂色 靈衿已六根緣 從渠安得携斯卷 快讀爭流鏡水邊.'; 金構(1649~1704), 「明上人卷中次澤堂韻(己卯首夏 一明 金溝金山寺僧而其師曰處能)」, 『觀復齋遺稿』 卷1, 詩, '何處山僧至 空齋睡起初 身傳老師鉢 袖有古賢書 酬世心方倦 對渠懷謦舒 幾時一筇竹 相訪白雲居.'; 李海朝(1660~1711), 「金山寺 敬次季父靜觀先生韻 贈一明上人」, 『鳴巖集』 卷2, 詩, '來去無心信一筇 偶隨流水住西峯 金山供佛塵根斷 白谷傳衣道氣濃 雲過不分新破衲 鶴歸同是老癯容 淵明幸得遊蓮社 說盡空空到曉鐘.'
82) 『숙종실록』 권19, 14년(1688) 8월 1일(신축).
83) 「보현사 월저대사비」, 지관, 앞의 책, 2000.

여기서 '이영창(李永昌)이라는 자가 무고하며 송사를 일으켜서 뜻밖에 형벌에 처해졌다.'는 이영창(李榮昌)을 말하는 것으로 이영창의 스승 승려 운부와 장길산이 일으킨 1697년(숙종 23) 정축옥사를 지칭한다. 환성이 모함을 받기 22년 전의 일이다.

> … 승려 묘정·일여·옥여·무변·현성·일안·해안·도강·월강·혜일·도운·도영·계탄·성주·명근·금벽·인징·능흡·세운·원정·헌일·죽무·지평·천성·은상·초룡·직수·흑수·희담·황헌·장계·운극·한무·법징·풍열·설제·신원·개혜·자징을 기내와 여러 도의 각 사찰에 나누어 보내어 3월 21일에 군사를 일으켜 대궐을 침범하는 입장에 있다.[84]

이 가운데 도영은 『선문염송설화』를 1684년 여름 간행 및 수교할 때 월저 도안과 함께 한 승려이다.[85] 도영은 문집류에서 오대산 종봉암 수좌승이었으며,[86] 『환성시집』에 환성이 내린 시를 받은 인물이다.[87] 풍열은 표훈사와 금강산 백화암 등에 머물렀으나,[88] 장길산의 난에 연루되었다가 풀려났다. 특히 환성의 스승인 월담이 이에 포함되어 있어서 주목된다.

---

84) 『숙종실록』 권31, 23년(1697) 1월 10일(임술).
85) 『禪門拈頌說話』(平安道 妙香山 禪定菴 1685년 간행), 刊記, '惠蘭 道英 天裕 … 康熙二十一年 癸亥(1682) 夏攻草秋上京倩書 甲子(1684)夏始役兼讎校 董工 月渚道安.'
86) 宋光淵(1638~1695), 「五臺山記」, 『泛虛亭集』 卷7, 記, '下有孤雲庵 首座僧性英居之.'
87) 喚惺 志安, 「示道英師」, 『喚惺詩集』, '水逢深處淨 心到靜時奇 何事長途走 區區轉背馳.'
88) 崔奎瑞(1650~1735), 「病後漫錄」, 『艮齋集』 卷13, 錄, '丙寅(1686)三月 … 百華則有僧覺欽 正陽則有僧楓悅 俱稱宗長 而覺欽曾住錫九月 舍兄嘗見之 每稱其名 見之如舊面目 自言垂死 上佐輩或死或亡 自歎其身世 到黑龍潭; 趙泰億(1675~1728), 「白華庵 庵有名僧楓悅 去年 才示寂云」, 『謙齋集』 卷5, 詩, '松檜千章不見天 白華庵子更新鮮 懸匡置屋他皆險 傍水依林此獨便 塔畔四碑經幾刼 路邊三佛創何年 悅公已去吾行晚 唯共門人一愴然.'; 李玄錫(1647~1703), 「表訓僧楓悅 亦識字談禪 頗勝凡流 能言混泉公遊賞時事 仍次混泉公表訓寺韻」, 『游齋先生集』 卷9, 東遊錄 下, '玉洞尋眞步步遲 投菴却與暮鍾期 名藍又得空門友 秉燭禪談亦一奇.'; 李世龜(1646~1700), 「東遊錄」, 『養窩集』 冊12, 雜著 上, '故有之而未遇其人耶 或遇之而不識耶 甚至山中經僧 如正陽之楓悅已移香山 虛谷之淸眼大器 重來院之緇俊輩 皆行乞未還 無與評論山水 剖擊同異 亦一欠事也.'

설제와 도영 등 환성의 사제가 연루 혐의가 있어 왔는데 환성이 금산사 화엄법회를 크게 열자 무고되었다고 생각된다. 즉, '지금 임금(영조) 기유년(1729)에 지안대사가 탐라로 유배되었다.' 다산 정약용도 이러한 무고에 대해서 목민관이 참고해야 할 것이라고 지적하였다.

> 대개 괘서나 투서는 태워서 없애버리거나 말없이 살펴야 한다. 중들은 산중에서 자라 법례를 알지 못하기 때문에 익명 투서가 사람을 죽일 수 있다고 생각하여 아주 작은 원망을 품어도 투서하는 일이 가끔 있다. 옛날에 환성 지안이 천여 명의 승도를 모아놓고 불경을 강론하다가 무고를 입고 제주로 귀양을 가 죽었으며, 연담 유일이 승도 수백 명을 모아 불경을 강론하다가 무고를 입고 창평옥에 갇혀 거의 죽을 지경에 이르렀다가 겨우 살아났다. 대개 이런 일을 당하면 마땅히 그 흉인을 잡아 조사하여 반좌율을 시행할 것이요, 잘못 의혹심을 가지고 죄 없는 사람을 괴롭혀서는 안 될 것이다. 중들의 모반은 반드시 이치에 없는 것이니 족히 의심할 것이 없다.[89]

다산은 환성이 불경을 강의하다가 무고를 입고 이어 1779년 연담 유일도 그렇듯 무고를 입은 것[90]은 이치에 맞지 않은 것이다. 용담 조관의 문도 혜암 윤장(생몰년 미상)이 1785년 화엄사에서 법회를 열었을 때 1,500여 명이 운집하여 40리에 걸쳐 사람들이 이어졌다.

---

[89] 丁若鏞(1762~1836),「凡掛書投書者 或焚而滅之 或默而察之」,『牧民心書』兵典 6조, 제5조 應變, '僧徒生長山中 不知法例 匿名投書 謂可以殺人 眭眦之怨 輒有此事 昔喚醒志安 聚徒千人 以講佛經被誣 謫濟州以死 蓮潭有一聚徒數百 以講佛經 被誣入昌平獄 幾死僅生 凡遇此事 宜詗捕兇人 施以反坐之律 不可枉生疑惑 以困無辜也 僧人謀叛 理所必無 不足疑也.'

[90] 蓮潭 有一(1720~1799),「蓮潭大師 自譜行業」,『蓮潭大師林下錄』附錄, '己亥住昌平瑞鳳寺 有無名書謠捏 余與退庵 數日同在鎖鐺中 盖出於或者之修私嫌也 思之凜然故 蒙原後卽爲罷講 … 所以三十年講經 一無大端障難疾病 末後昌平之駭機 亦無患而蒙白者皆是物以也.'

정국하였다. … 공초하기를, '김이용은 과연 와서 만났는데, 대개 몇 해 전에 냉정동 정래겸의 집에서 여러 차례 서로 만났던 사람이었습니다.' 김이용이 신에게 묻기를, '구례 화엄사의 중 윤장이 일찍이 그 절에 『정감록』을 숨겨둔 죄로 흑산도에 귀양갔는데, 나는 본래부터 그 사람이 문장에 능하고 경서를 잘 외운다는 것을 알고 있다.'라고 하였습니다.[91]

윤장도 당시 전라도 관찰사에게 무고를 당해 흑산도에 유배되었지만,[92] 그 문도들이 조정에 상소하여 윤장은 풀려나고 오히려 전라도 관찰사가 벌을 받았다. 사람들은 이르기를, 윤장은 지안이 되살아난 것이고 관찰사는 지안을 무고했던 사람이라고 하였다.[93] 환성은 제주에 유배를 가서 입적하였다.

환성의 행적 가운데 춘천과 한라도 참언이 있은 후 동국의 승려와 속인들은 유법이 나라를 복되게 하고 세상을 돕는 자비의 배라는 것을 모르는 자가 없게 되었다.

청허 휴정이 정여립의 모반 사건에 연루되었던 것처럼 환성도 이인좌의 난에 연루된 것이었다. 마치 고려말 나옹과 조선초 행호, 조선중기 허응 보우가 흥법하다가 옥사를 당한 것과 같은 이유이다. 함월의 「환성당 행장」에 보면 환성의 순교 100재를 올린 후 두 구절의 시를 얻었다고 한다. 즉 '수미산을 걸머지고 큰 바다를 건널 수 있으니, 큰 교화의 문을 열어 수풀

---

91) 『정조실록』 권19, 9년(1785) 3월 16일(을축), '庭鞫 … 供曰 金履容果來見 而蓋年前冷井洞 鄭來謙家 屢次相逢者也 金履容問於臣曰 求禮 花嚴寺僧允藏 曾以其寺藏置 鄭鑑錄之罪 配黑山島 而吾素知其人 能文善誦經矣 臣曰 鄭鑑錄 吾雖未目見 而聞香嶽之言洋海者 則其中有曰 我國歷六百年後 有百年干戈之說 而眞淨秘訣 與鄭鑑錄相符云 所謂三家 卽鄭金劉三姓 而百年干戈 吾輩生前 似無此慮云 則金履容亦聞而喜之矣 至於坤帝玄神等說 臣果有酬酢 而洪福榮 以其妻之沮戲下鄕 故有此祈禱之事矣.'
92) 『정조실록』 권19, 9년(1785) 3월 16일(을축).
93) 霜月 聖箏(1687~1767), 「霜月先師 行蹟」, 『霜月大師詩集』, '龍潭兄憺冠 先受衣鉢 龍潭將寂 門僧問之 稟于霜月 方丈旣寂 奔告于先師 先師曰 姑置冠所 先師又寂 龍潭之門 惠庵玩藏 博涉羣典 卓然自立 衣鉢亦隨之.' ; 이종수, 앞의 논문, 66~67쪽.

속으로 들어가라.'라는 시이다. 이 시를 꿈속에서 전해 준 이는 나옹 혜근이라는
것이다.94) 나옹은 지공, 무학과 함께 고려말 삼화상이다. 그의 스승 지공
선현이 터를 잡고 나옹과 그의 문도 무학 자초 등이 양주 회암사를 중창하여
불교 본산의 메카로 삼으려다가 추방되어 신륵사에서 순교당하였다.

조선초기 행호와 조선중기 허응 보우에 이어 불교를 중흥시켰다가 제주로
추방되어 순교를 하였는데 조선후기 환성도 역시 제주에서 순교당하였다.
그 때문인지 조선시대 세 고승은 제주에 유배되어 순교를 당하였던 것이다.
그 후 현재까지 제주도 사람들은 허응 보우를 포함한 세 인물에 대한
삼성으로 경배의 대상이 되고 있다. '세 분의 성자의 입적처, 한 분은 중국
정법보살로서 와서 살다가 입적하고 또 한 분은 우리나라의 허응존자로서
들어와 살다가 열반을 보이며, 다른 한 분은 환성종사로서 유배되어 살다가
열반에 들리라.'는 것이다.95) 그러나 필자가 보기에는, 제주도의 삼성은
조선시대 삼대 순교승 조선초 행호와 조선중기 허응 보우 그리고 조선후기
환성 지안이라고 보아야 할 것이다.96)

4. 나가는 말

환성 지안(1664~1729)은 불교탄압 시책이 강화되던 현종과 숙종대를
거쳐 영조 초년까지 살았던 고승이다. 그가 남긴 저서는 『환성시집』과
『선문오종강요』이며, 그의 문도 함월 해원이 지은 행장과 문인 홍계희가
지은 비문이 관련 기록의 거의 전부라 할 수 있다. 환성의 행적 중 공식적인
행장이나 비문에서 그리고 『환성시집』이나 『선문오종강요』와 같은 저술에

---

94) 海源,「喚惺和尙 行狀」,『喚惺詩集』,'謂設齋百日 得詩數句 曰擔得須彌渡大海 大施門開
草裡行 夢中贈詩者 自稱曰勤老師 是懶翁惠勤也 詩意則荷擔大法 普化羣迷之兆 此其一
也.'
95) 梵海 覺岸,「喚醒 宗師傳」,『東師列傳』; 涵月 海源,「喚惺和尙 行狀」,『喚醒 詩集』.
96) 황인규,「조선전기 천태고승 행호와 불교계」,『한국불교학』 35, 2003 참조.

서 통도사 행적은 남아 있지 않다. 환성은 조선후기 불교계를 중흥한 청허의 문도 편양의 계보를 잇는 고승이다. 선종과 교종의 융합을 실천한 선승이자 종장이며 20세기 전반까지 환성 문중에서 통도사 주지가 선출될 정도로 번성을 누렸다.

1678년(15세) 양평 용문산 상봉에게 구족계를 받고 1680년(17세) 월담에게 법을 받았다. 『산중일기』에 의하면 1686년(23세) 7월에서 이듬해인 1687년 1월경 설제와 운밀과 함께 속리산 대암암에서 수행하였다. 1690년(27세) 모운에게 입당하여 금산 직지사에서 화엄법회를 주관하고, 1704년(41세) 지리산 벽송사에 머물면서 전각을 중창하였다. 환성은 아마도 대흥사에서 머물렀던 것 같다. 그는 삼약이라는 호를 받았다고 할 만큼 인연이 깊었고 대흥사 13종사 중의 한 분으로 모셔진다. 1710년(47세) 쌍계사에서 『심경약소 연주기 회편』을 교정하는 데에 참여하였다. 그리고 1711년(48세) 그의 고향 춘천 청평사에 머물면서 중창하였다. 언젠가부터 속리산에 머물다가 1714년(51세) 금강산으로 향하였다. 1715년(52세) 봄에 통도사에서 환성과 호암이 「근차환성호암 양선사유운」라는 전각 현판을 남기고 있다. 행장에 의하면 1717년(54세) 7월에 금강산 정양사에 주석하였다.

1719년(56세) 3월경 통도사 백련암에 주석한 후 1721년(58세) 구례 화엄사에서 『수월도량 공화불사 여환빈주몽중 문답』 간행을 시주하였다. 1724년(61세) 10월 순천 동화사를 중창하고 1725년(62세) 금산 금산사 화엄법회를 개최하였다. 환성은 1728년(65세) 6~8월경 통도사 부세를 견감하는 견역을 하면서 말년에 통도사에 머물고 있다. 이처럼 환성은 말년에 3차례 이상 통도사에 주석하였던 것이다. 그런데 통도사 견역 불사 무렵 금산사 화엄법회건으로 무고를 받아 풀려났다가 1729년(66세) 제주에 유배되어 7월 7일 입적(순교)하였다.

백곡 처능(1617~1680)이 1661년(현종 2)경 현종의 척불정책에 대하여 전국 승려를 대표하여 상소문 「간폐석교소」를 올렸고, 1680년(숙종 6) 봄 금산사에서 대법회를 열고 그해 7월에 입적하였다. 숙종대에 활동했던 월저 도안(1638~1715)도 탄압을 받았다. 이영창의 스승 승려 운부와 장길산이 일으킨 1697년(숙종 23) 정축옥사를 지칭한다. 환성이 모함을 받아 순교하기 30여 년 전의 일이다. 이 가운데 도영은 『선문염송설화』를 1684년 여름에 간행 교정할 때 월저와 함께 한 승려이다. 도영은 문집류에서 오대산 종봉암 수좌승이었으며 『환성시집』에 환성이 내린 시를 받은 인물이다. 풍열은 무용 수연의 도반으로 장길산의 난에 연루되었다가 풀려났다. 특히 환성의 스승인 월담 설제가 이에 포함되어 있어서 주목된다. 무용이 감탄하며 말하기를, '지안 이후에 한 사람(상월 새봉)이 나왔구나.'라고 하였다. 선암사에서 상월의 법손 혜암 윤장도 1785년 무고를 받았다. 이를 두고 사람들은 이르기를, '윤장은 지안이 되살아난 것이고 관찰사는 지안을 무고했던 사람'이라고 하였다. 다산 정약용은 환성과 그의 3세손인 연담 유일(1720~1799)의 무고에 대하여 지적하였다.

    조선중기 불교를 중흥시켰다가 제주로 추방되어 장살당한 허응에 이어 조선후기 환성도 제주에서 순교당하였다. 제주에서는 정법보살, 허응, 환성을 3성이라고 하였는데, 환성 지안은 고려말 나옹 이후 조선초 행호, 조선중기 허응 보우로 이어지는 조선시대 3대 순교승이다.

제4장

조선 불교 의승

I. 임진왜란 의승군의 봉기와 충격

1. 들어가는 말

　임진왜란이 발발한 지 얼마후 선조는 국도 한성을 버리고 의주로 쫓겨가는 형세가 전개되었다. 이에 선조는 청허 휴정에게 승군의 봉기를 요청하였으며, 이에 휴정은 전국사찰에 격문을 돌려 승군이 전투에 참전하게 하였다. 승군은 고대부터 있었던 호국 정신의 발로이기는 하지만 고·중세 한국사회의 불교계가 차지하는 역할이나 위상 때문에 존재하였다. 예컨대 고려시대 윤관의 별무반 설치시 전국 각도의 사원에 소속된 수원승도가 대표적인 사례이다.[1] 그리고 최초의 왕조건국 혁명을 모의한 것은 삼봉 정도전(1342~

---

1) 『고려사』 권81, 병지1 5군 숙종 9년 12월. '國初 內外寺院 皆有隨院僧徒 常執勞役 如郡縣之居民 有産者 多之千百 每國家興師 亦發內外諸隨院僧徒 分屬諸軍.' 한국사에서 승군의 활동은 국가비보사상에서 연원하며, 그것이 구체적으로 투영된 것이 바로 국가 제도하에서 정규군으로서 승군이 조직된 것이 아닌, 윤관이 별무반 편성시 항마군에 동원되었던 수원승도류라고 할 수 있다. 『고려사』 권81, 병지1, 병제. 그리고 조선중기 서산과 부휴의 문도들의 승군 활동도 국가비보적 산물이며

1398)에 앞서 조계종의 고승 무학 자초(1327~1405)였으며2) 조선 건국의 결정적인 계기가 되었던 위화도 회군시 이성계의 군사 핵심참모로 천태종의 고승 신조가 참여하였다.3) 조선 건국 직후 조계종의 고승 무학 자초는 이성계의 탄신일에 왕사로 책봉되었으며,4) 얼마 후 천태종의 고승 공암 조구(?~1395)가 국사에 책봉되었다.5)

조선왕조는 성리학을 국시로 건국되었으나 고대 이래의 불교계의 저력을 경시할 수 없었으며, 태종·세종대 불교계의 대탄압이 단행되어 불교계는 1/10 규모로 축소되었지만 그 후 불교계의 형세는 현대까지 이어지고 있다. 이는 조선전기 승려는 양반의 자제 출신이라거나6) 조선시대 승려 열전인 『동사열전』에 200여 명의 승려 입전 가운데 대부분이 조선후기의 인물이었다는 사실에서 단적으로 알 수 있다. 따라서 여말선초에 이르러 유불이 교체되었으며, 그 후 조선 불교가 침체되어 산중 속의 불교로 전락되었다는 이해는 도식적이고 단순한 역사 인식에 불과하다. 임란기 의승군의 자발적인 참여는 이러한 불교사의 흐름과 배경에서 이루어진 것이다.7)

그 전통을 계승한 것이다. 조선중기의 승군은 이전의 수원승도와는 다른 승도로 보아야 할 것이다.
2) 황인규, 『무학대사연구-여말선초 불교계의 혁신과 대응』, 혜안, 1999.
3) 權近, 「水原 萬義寺 祝上華嚴法會日記」, 『陽村集』 卷12, 記 ; 『동문선』 卷78, 記 ; 權近, 「李穡行狀」, 『陽村集』 卷40, 行狀 ; 황인규, 「고려말 이성계의 불교계 세력기반」, 『한국불교학』 28, 2001 ; 황인규, 『고려후기·조선초 불교사연구』, 혜안, 2003.
4) 『태조실록』 권2, 1년(1392) 10월 9일(정사).
5) 『태조실록』 권6, 3년(1394) 9월 8일(을사). 이상의 사실은 다음 졸고에 자세하게 피력되어 있다. 황인규, 『무학대사연구-여말선초 불교계의 혁신과 대응』, 혜안, 1999 ; 『마지막 왕사 무학대사』, 밀알출판사, 2000 ; 『고려후기·조선초 불교사연구』, 혜안, 2003 ; 『고려말·조선전기 불교계와 고승연구』, 혜안, 2005.
6) 『세종실록』 권6, 1년 12월 10일(경진), '但京中之寺依住僧徒, 率皆兩班子弟.'
7) 이상의 내용은 다음의 졸고를 참조하기 바란다. 황인규, 「광해군과 봉인사」, 『역사와 실학』 38, 역사실학회, 2009 ; 「인왕산사와 무학대사」, 『한국선학』 22, 한국선학회, 2009 ; 『파주 보광사의 역사와 위상』, 『대각사상』 12, 2009 ; 「서산대사의 승군활동과 조선후기 추념사업」, 『불교사상과 문화』 1, 중앙승가대학교 불교학연구원, 2009 ; 『조선시대 불교계 고승과 비구니』, 혜안, 2011.

광해군8)은 임란기 급박한 국가의 위기 속에 세자에 책봉되어 제2의 정부라고 할 분조를 맡아 관군과 의병의 전투뿐만 아니라 불교계 의승군도 총괄 지휘하였다.9) 세자 광해군은 성리학적 예제가 본격화 되어갔던 시기였지만 성리학적 이념보다 불교에 더욱 경도되었다.10) 본고는 임란기 의승군의 봉기와 전란의 참상과 충격을 살펴보고 의승군의 지휘 통할을 세자 광해군의 분조에서 담당하였다는 사실을 살펴보고자 한다.11)

2. 세자 광해군의 분조

광해군은 1575년(선조 8)에 태어나 다음 왕대인 1641년(인조 19)에 제주에서 죽었다. 광해군은 선조와 계비 공빈 김씨 사이에서 둘째 아들로 태어났지만 왕위에 올랐다. 선조의 정비인 의인왕후의 소생이 없었고 그의 친형인 임해군은 난폭하다는 평을 받았기 때문이다.12)

광해군은 임진왜란 초인 1592년 피난지인 평양에서 세자에 책봉되어 분조의 책임도 맡았으며, 1608년 선조가 죽자 즉위하였다. 재위 15년만인 1623년 인조반정으로 실정하여 병자호란이 일어났던 1636년 강화도 교동에 유배되었다가 이듬해 1637년 제주도에 유배되었으며, 인조가 남한산성에서 청 태종에게 굴욕적인 항복을 한 뒤, 1641년 제주도에서 죽었다.

---

8) 『선조실록』 권70, 28년(1595) 12월 26일(갑자).
9) 의승군에 대한 논고는 다음의 논문집에 잘 집약되어 있다. 양은용·김덕주, 『임진왜란과 불교의승군』, 경서원, 1993. 연구성과는 다음의 논고를 참조하기 바란다. 김용태, 「임진왜란 의승군 활동과 그 불교사적 의미」, 『보조사상』 37, 2012.
10) 광해군은 서자로서 세자에 책봉되었는데 이러한 사실도 불교에 경도되게 하였을 것이다.
11) 본고는 제4회 광해군 추선기념 학술세미나 겸 한국불교사연구소 제2차 집중세미나 광해군 시대의 재조명(2012년 8월 18일(토) 13:30~18:00 남양주 봉인사 지장전)에서 발표된 원고를 수정 정제한 것이다.
12) 『선조실록』 권70, 28년(1595) 12월 26일(갑자).

이러한 광해군의 생애를 크게 나누면 다음과 같다. 즉, 출생 및 성장기 (1575~1608), 세자 책봉 및 분조 활동기(1592~1608), 왕위 재위기(1608~1623), 퇴위 및 유배기(1623~1641)이다. 나이 21살 청년기에 세자에 책봉되어 17년, 왕위에 16년, 퇴위후 유배기 19년을 보냈다. 왕위에 16년간 재위하였지만 왕위 기간보다 3년 더 긴 19년간 유배되었던 것이다.

광해군은 앞서 언급한 바와 같이 1592년(선조 25) 임진왜란이 일어나자 행재소 평양에서 세자에 책봉되었다. 그의 세자 책봉은 임란이 발발하면서 국가적 존망의 위기 속에서 이루어졌다. 선조대부터 적통이 아닌 방계 출신이 왕위에 오르게 되면서 성리학적 이념보다는 불교적 신행으로 경도되게 하지 않았는가 한다. 숭유억불적 통치 이념으로 정치가 시행되었지만, 조선시대 왕실과 궁궐에서의 불교 신행은 계속되었다. 특히 정업원이나 인수궁을 비롯한 왕실녀의 불교 신행과, 한성내 비구니 도량은 조선후기에도 폐치를 거듭하면서도 존재하였다.[13]

광해군은 세자로서 제2의 정부라고 할 분조를 맡아 조정과 나라를 수호할 중차대한 임무를 수행했다. 광해군은 선조와 몽진 길인 영변에서 분조의 국사 권섭을 위임받았다. 그 후 7개월 동안 강원도와 함경도 등지에서 의병을 모집하는 등 분조 활동을 하다가 돌아와 행재소에 합류하였다. 세자 광해군은 강원도 이천 분조에서 수서를 의병장 김천일에게 보내고 7로(七路)에 격문을 보냈다.[14]

'이혼(광해군)은 … 강계는 땅이 끝나는 곳이니 들어가면 반드시 망한다.'
하였습니다. 이에 안개와 이슬을 무릅쓰고 가시나무를 헤치고서 평양과

---

13) 예컨대 유생들이 정업원이나 비구니원인 인수궁의 혁파를 주장하였으나 선조는 어렵다고 하면서 수용하지 않았다. 『선조실록』 권8, 7년(1574) 5월 14일(정해) ; 『선조실록』 권2, 1년(1568) 7월 28일(을해) ; 황인규, 「조선전기 정업원과 비구니」, 『한국불교학』 51, 2008 ; 황인규, 「조선전기 후궁의 비구니 출가와 불교신행」, 『불교학보』 57, 2011 ; 황인규, 『조선시대 불교계 고승과 비구니』, 혜안, 2011.

14) 鄭琢(1526~1605), 『藥圃集』 권4, 연보.

황해를 나가 동쪽으로 강원도 이천현에 이르렀는데, 지나가는 곳마다 격문을 전달하여 불러 모아서 대의로써 타일렀습니다. 숲속으로 도망하여 숨었던 백성들이 소문을 듣고 모여들어 열흘 사이에 대중 수만을 얻었습니다. 드디어 북쪽으로 함경도를 엿보고 남쪽으로 경기도와 통하며, 황해도의 여러 길을 막아서 평양의 적이 뒤를 돌아 곧 서쪽으로 향하지 못하게 하였습니다.

이에 충청·전라·경상도의 백성이 비로소 신 부자의 목숨이 아직도 보존되어 있는 것을 알고 모두 의리를 위해 분발할 것을 생각하여 앞으로 다투어 일어나서 왜적을 죽였습니다. 이혼이 또 신이 서방에 있어 성세가 서로 멀리 떨어졌다 하여 평안도 성천부에 돌아와 주재하여 배신 이일 등을 뽑아 보냈습니다. 신이 보낸 여러 장수와 협조하여 순안 등지의 적이 공격할 길을 막아 끊고 중국 군사가 이르기를 기다렸습니다. 중국 군사가 이른 뒤에는 숙천·영유·용강의 사이를 분주히 다니며 마초와 군량을 감독 운반하여 군사들을 구제하였습니다.[15]

그 후 한성이 수복되고 명의 요구로 군무사가 설치되어 이에 대한 임무를 맡게 되었다.

> 인시에 임금이 서쪽 교외로 나아가 칙서를 맞이하였는데, 왕세자와 백관이 따랐다. … 칙서의 내용은 다음과 같다. 황제는 조선국 광해군 혼에게 칙유한다. 지난번 해당 경략관이 제주하기를 '왜의 무리가 도망해 갔고 속국이 이미 회복되었다. 광해군은 청년으로 영발하기 때문에 신민이 복종하니, 마땅히 이혼(광해군)에게 충의로운 배신을 선발하여 대동하고 전라도와 경상도 지방에 머물면서 방어를 경리케 하라.' 하였다. 해당 부가 논의를 뒤집어 '전칙을 내려서 책임지고 완성하기에 편리하도록

---

15) 『선조실록』 권70, 28년(1595) 12월 26일(갑자).

하라.'고 청하므로, 이제 그대에게 전라도와 경상도 지방의 군무를 총감독 하도록 특별히 명한다. 전량을 비축하고 장병을 불러 모으며, 진지를 구축하여 병기를 배치하고, 병사를 훈련시켜 요새를 지키는 모든 일을 편리에 따라 구분하여 처리하도록 모두 허락하니 전대로 배신 권율을 거느리고 마음을 다해 다스리라. … 그대는 이 명령을 공경히 받들어 명령을 받들어라.'16)

특히 1597년 정유재란시 광해군은 전라도에서 모병과 군량 조달 등을 담당하였으며, 1594년 아래와 같은 자신의 답서를 가지고 사명 유정(1544~1610)으로 하여금 적진에 들어가 탐정하게 하였다.17)

비망기를 내렸다. '임해군이 올라와 청정에게 보낼 서신은 써서 내려야 하겠으나 이 일은 사리에 부당하다. 뿐만 아니라 지금 청정이 유정을 들어오지 못하게 하고 있다. 게다가 우도의 거사로 인하여 다시 충돌하려 하고 있다. 그러므로 사나운 정상이 한 장의 서신으로 무마할 일이 아니어서 전에 하교한 바와 같이 욕을 당하는 일이 없지 않을 듯하다. 서신을 보내는 것이 좋은가 그 여부를 비변사 당상에게 각기 의견을 올려라.'18)

이렇듯 세자 광해군은 의승군을 통할하였을 뿐만 아니라 민심을 회유하고자 부단히 노력을 다하였다. 임란기라는 국가적 위기 속에 의승군의 구국 활동은 더욱 중요한 것이었다. 유생이나 관군이 역할을 제대로 하지 못하는 가운데 고승과 의승군의 위상은 그만큼 컸기 때문이다.

---

16) 『선조실록』 권61, 28년(1595) 3월 27일(경자).
17) 四溟 惟政, 「甲午四月 入淸正營中 探情記」, 『四溟大師 亂中語錄』 179쪽.
18) 『선조실록』 권56, 27년(1594) 10월 24일(무진).

3. 의승군의 봉기와 유격전

임진왜란이 발발하자 관군의 절대적인 열세 속에 의병이 거국적으로 봉기하였으며, 불교계에서도 이에 적극 동참하게 되었다. 승군은 고대로부터 있었지만 숭유억불의 분위기 속에 자발적인 승군의 전국적인 봉기는 임란기가 처음이며, 그런 의미로 임란기의 승군을 의승군이라고 높여 부른다.[19] 최초의 승군 봉기는 청허 휴정의 제자 기허 영규였다.

> 공주에 있던 승려 영규가 모집한 승군 8백 명을 거느리고 함성을 지르며 돌입하자 제군이 승세를 타고 수급 51과를 참획하였는데 남은 적은 밤을 틈타 도망쳤습니다.[20]

위의 인용글에서 보듯이 영규는 공주를 중심으로 의승군 봉기를 하였다. 하지만 의승군의 봉기가 전국적으로 확대된 것은 청허 휴정이 선조의 요청을 수용하면서부터다. 당시 불교계는 조선조 최고의 고승이라고 할 청허 휴정과 부휴 선수(1543~1615)와 그들의 문도들이 산중을 중심으로 활동하며 조선 불교를 중흥시키고 있었다. 즉, 휴정계의 청매 인오(?~1623), 제월 경헌(1544~1633), 기암 법견(1552~1634), 소요 태능(1562~1649) 등이, 선수계는 벽암 각성(1575~1660) 등의 고승들이 바로 그들이다.

일본 역사상 최초의 외국 침략[21]인 임진란이 발발하여 도성 한성도

---

[19] 義僧軍이라는 표현이 사용된 것은 다음과 같은 기록에서이다. 張維(1587~1638), 「有明 朝鮮國賜 國一都大禪師 禪敎都摠攝 扶宗樹敎 普濟 登階尊者 淸虛堂大師 碑銘」, 『谿谷集』 권13, '遭難奮義 贊我中興 錫號國一.' ; 『일성록』 정조 8년(1784, 건륭 49) 1월 11일(정유), '정민시가 아뢰기를, "방금 원춘 감사 徐鼎修의 移牒을 보니, 본도의 흉년 든 상황을 갖추어 논하고 이어서 조정의 혜택이 두루 미쳐 영동의 백성들은 모두 부역의 독촉을 면하였는데, 義僧軍만은 유독 혜택을 입지 못하였으니 본도의 僧番錢 또한 탕감해 주소서." 하였습니다.'

[20] 『선조실록』 권30, 25년(1592) 9월 15일(임신) ; 吳希文(1539~1613), 「壬辰日錄 8월 9일」, 『鎖尾錄』 卷1.

위협을 받게 되자 선조는 북방으로 몽진 가게 되었으며, 그와 인연[22]이 있었던 청허 휴정을 불러 승군의 봉기를 요청하였다. 이에 휴정은 당시 73세 고령임에도 불구하고 이를 기꺼이 받아들이면서 전국의 사찰에 격문을 보내 승군을 소집하였다.

> 승통을 설치하여 승군을 모집하였다. 행조(피난간 조정)에서 묘향산의 옛 승관 휴정을 불러 그로 하여금 승려를 모집하여 군사를 만들도록 하였다. 휴정이 여러 절에서 불러모아 수천여 명을 얻었는데 제자 의엄을 총섭으로 삼아 그들을 거느리게 하고 원수에게 예속시켜 성원하게 하였다. 그리고 또 격문을 보내어 제자인 관동의 유정과 호남의 처영을 장수로 삼아 각기 본 도에서 군사를 일으키게 하여 수천 명을 얻었다. 유정은 담력과 지혜가 있어 여러 번 왜진에 사자로 갔는데 왜인들이 신복하였다. 승군은 제대로 접전은 하지 못했으나 경비를 잘하고 역사를 부지런히 하며 먼저 무너져 흩어지지 않았으므로 여러 도에서 그들을 의지하였다.[23]

청허 휴정은 8도16종선교 도총섭이 되어 1,500여 명의 승군을 이끌고 순안 법흥사에 집결하였고, 금강산에 머물던 제자 사명 유정(1544~1610)도 1,000여 명의 승군을 이끌고 합류했다. 제자 의엄은 황해도 구월산에서, 뇌묵 처영은 두륜산에서[24] 중관 해안(1567~?)은 진주를 중심으로 영남

---

21) 『續日本記』에 의하면 일본은 759년 6월 신라를 침공하고자 하였으나(『續日本記』 卷22, 天平寶字 3년 6월 임자 및 9월 임오, 5년 1월 을미) 실제 한국을 침략한 것은 임진란이 처음이다. 和田軍, 「淳仁期における新羅征罰計劃について」, 『史學雜誌』 35-10, 史學會, 1924 ; 구난희, 「8세기 중엽 발해 신라 일본의 관계」, 『한일관계사연구』 10, 1999.

22) 청허 휴정은 정여립의 모반사건에 연루되었지만 그것이 계기가 되어 선조에게 불교 고승으로서 부각되었다. 李廷龜(1564~1635), 「有明 朝鮮國賜國一 都大禪師禪敎都摠攝扶宗樹敎 普濟登階尊者 西山淸虛堂休靜大師 碑銘」, 『月沙集』 卷45, 碑.

23) 『선조수정실록』 권26, 25년(1592) 7월 1일(무오).

24) 李廷龜(1564~1635), 「有明 朝鮮國賜國一都大禪師 禪敎都摠攝扶宗樹敎 普濟登階尊者 西山淸虛堂 休靜大師 碑銘」, 『月沙集』 卷45, 碑 ; 李智冠, 『校勘譯註 歷代高僧碑文』(朝

지방에서, 기암 법견(1522~1634)·제월 경헌(1542~1632)[25]·청매 인오(1548 ~1623)[26]·신열[27]·법정[28] 그리고 부휴 선수와 문도 벽암 각성[29]등이 전국 각지에서 승군으로 활동하였다.[30] 그리고 승군 활동을 할 수 없는 사람은 사찰에서 기도하게 하고 나머지는 승군으로 편성케 하였다.[31] 조정에서도 각 도의 사찰에 남아 있는 승려들을 남김없이 뽑아 군량을 수송하도록 하였다.[32]

그 외에도 개별적으로 의승군으로 봉기한 사례도 적지 않은데, 이를 대강 열거하면 다음과 같다.

○. 천우는 3급을 베고 일곱을 죽였으며, 일순은 1급을 베고 여덟을 죽였다.[33]

鮮篇1), 伽山文庫, 1999.

25) 申翊聖,「鐵原 深源寺 霽月堂 敬軒大師 碑文」, 李智冠,『교감역주 역대고승비문』(朝鮮篇1), 가산문고, 1999, '임진년(1592)의 난리에 청허가 승도를 모집하고 창의하여 적을 섬멸하였다. 宣廟께서 선사에게 좌영장을 배수하셨으므로 선사는 잠시 군문에 나아갔다가 곧바로 사의를 표하고 물러났다. 宣廟께서 그 절개를 고상히 여기시고, 특별히 判禪敎 兩宗師로 명하였으나, 사양하며 말하기를 "만리장강수로도 더럽혀진 이름을 씻어서 버릴 수 없다."고 하였다.'

26) 靑梅 印悟는 선조 25년(1592) 임진왜란 때 승병장으로 3년 동안 공적을 세웠다.

27)『선조실록』권48, 27(1594)년 2월 20일(기사);『선조실록』권56, 27(1594) 10월 11일(을묘).

28)『선조실록』권39, 26년(1593) 6월 6일(기축), '韓明胤 등은 먼저 赤巖 등지에 진영을 설치하고 義僧 法正 등과 합세하여 44과의 수급을 참획하였다.'

29) 李景奭,「華嚴寺 碧岩大師碑」,『조선금석총람』하, '임진년(선조 25, 1592) 난에 松雲 惟政대사가 關東에서 義旅軍을 불러모았다. 부휴선사에게 가서 묻고는 산에서 적을 피하였는데 반드시 경전을 손에 들고 어려운 곳을 물었다. 계사년(1593) 송운이 부휴를 조정에 천거하여 격문으로 부르고 위에 아뢰니 대사 또한 칼을 잡았다. 명나라 장수를 따라 바다에서 적을 격파하였는데 중국 사람들이 대사를 보고 매우 칭송하였다.'

30) 청허 휴정의 제자 逍遙 太能은 승군에 직접 참전하지 않았으나 참전 기도를 하였다. 『逍遙堂集』,「逍遙大禪師 行狀」. '용사의 난시 서산과 송운이 의병을 일으켜 전장으로 나아가니, 대사는 불전에 재를 베풀고 정성을 들여 빌었다.'

31) 徐有隣(1738~1802),「西山大師 表忠祠 紀績 碑銘」,『조선불교통사』상.

32)『선조실록』권34, 26년(1593) 1월 1일(병진).

33)『선조실록』권40, 26년(1593) 7월 19일(신미).

○. 법정은 한명윤 등과 적암 등지에 진영을 설치하고 44과의 수급을 참획하였다.[34]

○. 묘향산에서 활동한 상주와 쌍인이 판사를 수여받았다.[35]

○. 정토사의 승려들은 왜병을 법당에 유인하여 피살하였다.[36]

○. 처일은 일선을 돌보지 않고 적을 토벌하였다.[37]

○. 의승장 홍정과 성정이 군사를 거느리고 고령산성 등을 축조하였다.[38]

○. 아산 개현사 의승장 일현이 아산과 예산 가야산 일대에서 승군 활동을 하였다.[39]

○. 영주가 죽산산성을 수축하였다.[40]

○. 총섭승 견우는 월계산성을 축성하였다.[41]

○. 총섭승 능인이 파사산성을 축성하였다.[42]

이렇듯 청허 휴정이 승군의 봉기를 유도하는 격문을 돌리자 전국적으로 일시에 호응하였다는 것은 승군의 호국적인 전통과 불교 수호 정신의 발로였다. 휴정은 8도 도총섭으로 승군의 수장이었으며, 후에 의엄과 사명 유정이 계승하였다.[43] 8도 각처의 선종과 교종에 각각 판사 1인씩을 임명하여 총 16인을 주관자로 삼았으며, 그 후 총섭으로 이름을 바꾸었다.[44]

---

34)『선조실록』권39, 26년(1593) 6월 6일(기축).
35)『선조실록』권40, 26년(1593) 7월 20일(임신).
36) 申炅,『再造藩邦志』2 ;『대동야승』.
37) 위와 같음.
38)『선조실록』권45년(1593) 11월 7일(정사) ;『선조실록』권45, 26년(1593) 윤11월 4일(갑신).
39)『선조실록』권47, 27년(1594) 1월 24일(계묘).
40)『선조실록』권189, 38년(1605) 7월 11일(계미).
41)『선조실록』권64, 28년(1595) 6월 12일(계축).
42)『선조실록』권67, 28년(1595) 9월 19일(무자).
43)『선조실록』권155, 35년(1602) 10월 7일(을미).
44)『선조실록』권41, 26년(1593) 8월 7일(무자). 이후 총섭은 각도 1인으로 축소되었다.

이후에도 승군이 부족하면 휴정에게 통유하여 그로 하여금 승군을 소집하게 하였다.45) 의승군 활동은 선조의 요청이나 관련 속에서 관군이나 의병부대와 함께 전투에 참여하였다고 대부분 기록되어 있으나, 분조를 맡은 세자 광해군이 담당하였다고 보아야 할 것이다.46)

청허 휴정이 이끈 의승군은 평양성 전투에 참가하여 조선이 전쟁에서 승리로 역전을 하게 하는 중요한 계기가 되었다. 청허 휴정의 제자 처영은 권율 장군과 행주산성 전투에서 승리하였고, 사명 유정은 노원평 전투에서 승리함으로써 한성수복에 결정적인 공헌을 하였다.47)

의승군의 활동은 최초의 의승군 기허 영규가 중봉 조헌(1544~1592)과 함께 금산전투에 참전하여 장렬하게 순국한 사실에서 알 수 있듯이, 유격전의 형태를 띠었을 것이다. 조헌은 1591년 도요토미 히데요시(豊臣秀吉)가 겐소(玄蘇) 등을 사신으로 보내 명나라를 치기 위해 길을 빌릴 것을 요청하자 선조에게 지부 상소를 통해 일본 사신의 목을 벨 것을 요구하며 대궐 밖에서 사흘간 버티기도 하였었다.48)

영규는 3백여 명을 불러 모아 '우리들이 일어난 것은 조정의 명령이 있어서가 아니다. 죽음을 두려워하는 마음이 있는 자는 나의 군대에 들어오지 말라.'고 하니, 승도들이 다투어 스스로 앞장서 모여 거의 8백에 이르렀다49)고 한다.

육지에서 패전을 거듭하고 있을 때 이순신은 남해를 중심으로 승리를

---

45) 『선조실록』 권40, 26년(1593) 7월 20일(임신) ; 『선조실록』 권26, 25년(1592) 5월 27일(병술).
46) 광해군의 分朝에 대해서는 다음의 논고를 참조하기 바란다. 손종성, 「임진왜란시 분조에 대한 소고」, 『계촌 민병하교수정년기념 사학논총』, 1988 ; 남도영, 「임진왜란시 광해군의 활동연구」, 『국사관논총』 9, 1989.
47) 이향철, 「히데요시의 조선침략·점령정책과 한성탈환전투」, 『인문사회과학논문집』 31, 2002 ; 박재광, 「임진왜란기 일본군의 한성 점령과 노원평 전투」, 『인문사회과학논문집』 31, 2002.
48) 『重峯集』 附錄 卷1, 年譜.
49) 『선조실록』 권29, 25년(1592) 8월 26일(계축).

거두고 있었다. 시호별도장 자운 삼혜를 비롯해 800여 명의 전라좌수영의 의승 수군이 여천 흥국사를 중심으로 전투에 참가하여 수군이 승리를 하는데 매우 큰 기여를 하였다. 『이충무공전서』에 의하면 이순신 휘하에 의승장 삼혜는 시호별도장으로 순천에서, 의능은 유격별도장으로 본영을 수호하는 등 유격전을 전개하였다.50)

유격전은 대체로 수적으로 불리한 조선군의 세를 만회하기 위한 것도 있지만 산중에서 불교 신행을 하면서 산악 지역에 익숙한 승군의 당연한 전투방식이었다.

> 훈련도감이 아뢰었다. '각도의 승군에 장정이 많이 있으나 흩어져 통솔하는 이가 없으면 군병을 이루기 어렵습니다. 지난번 총섭승 휴정에게 이문하여 나이 젊은 승군 수백 명을 뽑아 성안으로 보내게 하여 화포를 가르치려고 하였습니다.
> 지금 황해도·평안도·강원도의 승군이 각각 수십 명씩 도착하면서 스스로 수개월의 양식을 가지고와 조총과 도창 등의 기예를 배우고 싶어합니다. 이들을 만일 점차 교련하여 모두 관군으로 삼는다면 정규군 이외에 별도로 일군을 만들 수 있으니 이익이 반드시 많을 것입니다. 이러한 승군으로 우선 1초를 삼고 부장 김형으로 초관을 삼아 영솔하여 동일한 양식으로 훈련하게 하십시오. 논상 등의 일도 다른 포수의 예에 의거하여 권장하고 격려하는 마음이 들게 하십시오.' 임금이 이를 좇았다.51)

---

50) 『광해군일기』 권51, 4년(1612) 3월 23일(정사) ; 『광해군일기』 권54, 4년(1612) 6월 16일(기묘). 慈雲三惠는 순천 송광사 출신으로 전라좌수영 산하 의승수군 팔도도총섭 승대장이었다.(『李忠武公全書』上, 卷3, 分送義僧把守要害狀, 1593.1.2 6 ; 한국문헌연구소, 『松廣寺史庫』, 인물부, 1977. 563쪽) 또한 三惠는 右突擊將으로 光陽지역을, 信海는 석주에서, 智元은 팔양재(南原) 등 전장에서 큰 전과를 올렸다. 양은용, 「임진난과 호남의 불교의승군」, 『한국종교』 19, 원광대 종교문화연구소, 1994 ; 양은용, 「임진왜란이후 불교 의승군의 동향」, 『인문학연구』 4, 원광대 인문학 연구소, 2003.
51) 『선조실록』 권49, 27년(1594) 3월 28일(병오).

훈련도감에서 각도 승군의 장의 통솔을 청허 휴정에게 위임하였으며, 장정은 스스로 수개월의 양식을 가지고와 화포, 조총과 도창 등의 기예를 배워야 했다.52)

청허 휴정과 사명 유정이 이끄는 2200여 명의 승군은 승복위에 전복, 창과 검 궁노, 철추 등으로 무장하고53) 유격전을 전개하고자 하였다. 평양성 전투시 조·중 합동작전에서 유격전을 논의하였다.

> 윤두수가 아뢰었다. '… 제진의 군사는 단약하기에 이르지 않았고, 승군 역시 많아 군세가 점차 떨치고 있습니다. 유격이 나오기를 기다려 적이 성 밖으로 나오도록 유인해 그들이 추위에 시달려 괴로워하는 틈을 타 격파하면 섬멸할 수 있을 듯합니다.'54)

결국 평양성을 탈환하기 위해 벌인 모란봉 전투에서도 다음과 같은 유격전을 감행하였다.

> 제독이 이에 남방 군사 1지대를 보내어 모란봉 길을 따라 나가며 올려칠 것같이 하니, 우리나라에서도 승병으로 그 형세를 돕게 하였다. 적이 높은 곳에 올라가서 포를 쏘자 우리 군사들이 거짓 물러가는 체하니 적이 비로소 고개를 넘어서 따라왔다. 명나라 군사가 무쇠 방패를 버리고 가니 적이 다투어 가졌는데 명나라 군사가 다시 공격하여 얼마를 베고 노획하였다.55)

조경이 그 당시에 중위장으로 있었는데, 그가 말하였다. '승군이 하진에

---

52) 위와 같음.
53) 이형석, 『임진전란사』 권상, 650쪽.
54) 『선조실록』 권32, 25년(1592) 11월 19일(을해).
55) 申炅, 『再造藩邦志』 2 ; 『대동야승』.

있자니 왜적 1명이 성안으로 마치 위에서 떨어지는 듯이 뛰어들었다. 그가 미처 땅에 서지 못했을 때에 승군이 얼른 찔러버렸다. 왜적 2명이 또 뛰어들었는데 승군이 미처 찌르지 못한 사이에 왜적은 칼로 승군을 베고 그대로 상진에 달려들었다. 그러자 군사들은 모두 물러서려고 하였는데, 뒤에 큰물이 있어서 물러날 수가 없었으므로 군사들이 모두 쏘아댔기 때문에 승리한 것이다.' 이것이 바로 죽을 땅에 둔 연후에야 살아난다는 것입니다.56)

사명 유정이 이끄는 승군은 요해처에 매복하여 적의 충돌을 막고 혹은 첩자를 보내서 적을 정탐하여 왜적이 국경을 넘지 못하도록 했다.57) 의승군의 유격전은 평양성 전투를 거쳐 행주대첩과 벽제관 전투, 노원평 전투 즈음까지 계속되었던 듯하다.

「파주보광사종명」에 의하면, 보광사는 임진왜란의 참화를 입어 전소되어 '사슴의 놀이터'가 되었다58)고 한다. 일본이 꼽는 임진란 3대 전투 가운데 하나인, 파주 보광사 인근의 벽제관 전투에서도 유격전이 펼쳐졌다.

하지만 광해군의 분조 활동에서 살펴보았듯이, 그 후 명군의 참여와 관군의 정비가 이루어지자 승군은 유격전 등 직접적인 전투 참여 대신에 군량 조달이나 산성 축성 등 후방을 지원하였다.

비변사에서 아뢰었다. '… 지난날 승장 유정은 바야흐로 의령에 주둔해

---

56) 『선조실록』 권59, 28년(1595) 1월 22일(을미).
57) 吳希文(1539~1613), 「送僧義兵八道都大將書」, 『鎖尾錄』 卷上 雜錄.
58) 黃壽永, 『한국금석유문』, 일지사, 1976. 「有明 朝鮮國 楊州地 高嶺山 普光寺 新鑄宝鐘銘序」. '及於我朝大明萬曆二十年壬辰 兵燹蕩盡 爲摩鹿所居久矣.' ; 경기도, 『기내사원지』, 1988, 424쪽, '1592년(선조 25)의 임진왜란으로 사명(1544~1610)이 승병 3천을 거느리고 권율장군과 함께 밀고 밀리는 싸움통에 모두 불탔으며, 이때에 많은 시체가 쌓였으므로 이곳을 '피밭골' 또는 '뒷박고개'라고 불렸음이 아직도 이어지고 있다.' 황인규, 「파주 보광사의 역사와 위상」, 『대각사상』 12. 2009 ; 황인규, 『조선시대 불교계 고승과 비구니』, 혜안, 2011.

있으면서 이미 그 근처에 대략이나마 보리를 파종하여 군량에 대비하였습니다. 그리고 경상우도 총섭승 신열은 각 사찰의 위전에 보리 종자를 파종하였고, 가야산 해인사에서 궁전을 만든다 합니다. 또 듣건대 신열이 이끄는 승군은 모두 장정으로 경종한 여가에 화포를 교습한다 합니다. 각 처의 여러 장군들은 이에 생각도 미치지 못하는데 이 승군들만은 이러하니 매우 가상합니다. 다만 화약과 화포를 갑자기 마련하지는 못할 듯 싶습니다.'[59]

비변사에서 아뢰었다. '… 총섭장 유정에게 맡겨 그로 하여금 승도를 모아 형편대로 수축하게 한다면 백성의 힘을 번거롭게 하지 않고도 공을 쉽게 이룰 수 있을 것입니다. 또한 장성의 입암산성은 험준한 기암절벽으로 적을 피하는 데 있어서 첫째 가는 곳입니다. 지금 수축을 거의 마치고 또 사찰을 세워 영구한 계책으로 삼고자 현감 이귀가 승려 법견을 불러 그 일을 주관토록 하였습니다. 만약 조정에서 부총섭이라는 관교를 성급해 주고 또 인자를 내려 권장한다면 공을 쉽게 이룰 수 있을 것입니다.'[60]

그 밖에도 사명 유정은 선조의 한성 환가를 하거나[61] 3500명의 피로 송환 등 중요한 역할을 하였다. 명나라 장군 이여송(1549~1598)은 이러한 승군 활동에 대하여 칭찬하면서 두루마리 시첩을 보내왔다.[62] 이순신도 의승군의 공로가 많았다고 하여 조정에서 상을 내려 표창해야 한다는 장계를 올렸다.[63]

---

59) 『선조실록』 권48, 27년(1594) 2월 20일(기사).
60) 『선조실록』 권48, 27년(1594) 2월 27일(병자).
61) 徐有隣(1738~1802), 「西山大師 表忠祠 紀績 碑銘」, 『조선불교통사』 상 ; 成海應(1760~1839), 「酬忠祠記」, 『研經齋全集』 卷9, 文1, 記.
62) 成海應, 「酬忠祠記」, 『研經齋全集』 卷9, 文1, 記.
63) 『忠武公全書』 上, 卷3, 「請賞義兵諸將狀 1593. 3. 10」

4. 전란의 참상과 충격

임진란 당시 참상은 비참하였다. 스페인 신부 프로이스(Luís Fróis)가 남긴 기록에서도 당시의 그러한 상황을 엿볼 수 있다.

> 음력 5월 초하루 믿고 있던 군대가 패하자 조선 국왕은 희망을 잃고 자신의 부인 자식 친족과 중신들을 거느리고 서울을 떠나면서 시내의 각기 다른 창고에 있던 두 곳의 궁궐과 모든 식량 창고에 불을 지르게 했고 그의 친족들도 그대로 했다. 이들은 중국과 국경 지역으로 피신하면서 중간에 있던 17레구아(legua)에 걸친 모든 식량 창고에 불을 지르도록 명령하였다. 따라서 서울에 남은 백성은 어디에서도 구원을 받을 수 없게 되었다.[64]

또한 1597년 6월 24일부터 1598년 2월 2일 사이에 일본 구주 구저성(臼杵城) 성주 오타 히슈(太田飛州)의 군의관으로 종군한 일본 안양사 주지 교넨(慶念)의 기록에서도 전쟁의 참혹상을 엿볼 수 있다.

> 들도 산도 섬도 죄다 불태우고 사람을 처죽인다. 그리고 산사람은 금속 중과 대나무 통으로 목을 묶어서 끌어간다. 어버이 되는 사람은 자식 걱정에 탄식하고 자식은 부모를 차장 헤매는 비참한 모습을 난생 처음으로 보게 되었다.[65]

교넨은 마치 아수라장을 방불케 하는 비참한 광경이라고 하였다. 『용사일기』에 의하면 당시 한 18세의 청년은 '사방에서 왜적이 구름처럼 모여

---

64) 루이스 프로이스, 정성화·양윤선 옮김, 『루이스 프로이스가 본 임진난의 기록』, 살림, 2008, 68쪽.
65) 케이넨 저, 신용태 역, 『임진왜란 종군기』, 경서원, 1997, 61쪽.

성에 불을 질렀다. 겁탈이 더욱 심하고 살육이 더욱 참혹하였다. 인민들은 이고 지고 부축하고 껴안고 하여 피난을 나섰다.'66)는 것이나 '기근이 극에 달하여 굶어 죽은 사람들이 들판에 널려 있다. 시체들은 살쾡이와 이리의 밥이 되고 까마귀와 솔개가 쪼아대니 차마 눈뜨고 볼 수 없다.'67)는 등의 기록이 그것이다. 경북 문경 점촌 앞의 안봉사 승려 계승(1542~1592)이 피살되었다68)고 하는데 안봉사에 피난을 하면서 승려 신잠에게 죽이나 도토리를 얻어먹거나69) 인각사 주지 법융으로부터 힌 쌀과 곶감을 얻어먹기도 하였다70)고 한다. 이러한 전란기 참상은 세자 광해군뿐만 아니라 불교계도 전투에 더욱 적극적으로 참여하지 않을 수 없게 되었다.

또한 사찰이나 불교 문화재도 피해가 컸다. 예컨대 고려후기 몽고의 침략과 간섭에 맞서 우리의 정신문화를 강조하였던 보각국존 일연이 주석하였던 인각사의「보각국존비」도 파괴되었다. 허형도가 지은『동계집』에 의하면 다음과 같은 기록을 찾을 수 있다.

정유년에 적병이 지른 불에 절이 탔는데, 비는 법당 마당에 있어서 불길이

---

66) 都世純(1574~1653), 도두호 역,『우리가 헤진다면 살아서 무엇하랴 龍蛇亂中日記』, 새박, 2009, 33쪽. 이 기록에 의하면 임란 당시 極樂殿과 麟角寺의 일연의 普覺國尊碑, 그리고 正憲大夫 罷裕가 내린 書狀이 존재했던 사실을 알 수 있다. 위의 책, '寺在華山之下 白川之 上石壁削立 如屏障者 不知幾許仰也 殿閣宏敞 丹艧流照極樂殿 前覺普覺碑 卽前朝人 閔漬之所製集 王右軍書子刻之 考其年月 則元貞乙未也 普覺此寺之僧 而前朝崇佛時尊 此僧爲大師 累遣正憲大夫 罷裕奉書 請見僧辭以疾 終赴不召 其書狀尙在時 則至元間也.' 하지만 인각사와 일연의 비는 후술하는 바와 같이 정유재란시 일본군에 의해 파괴되었다.
67) 위의 책, 94쪽.
68) 위의 책, 18쪽. 한편 성주군 금수면 赤山寺 贊熙는 왜적과 내통하였다가 그의 상좌 수정과 함께 1592년 12월 18일 김면장군에게 처형되었다거나 주민들에게 맞아죽었다고 한다.(같은 책, 29쪽.) 일제 강점기 친일승려뿐만 아니라 임란기 假倭와 더불어 친일반역 승려들에 대해 조명되어야 할 것이다.
69) 위의 책, 91쪽.
70) 위의 책, 107쪽, '判事僧法融 寺之住持來見 我以毛工一柄給之 融以玉米一升 乾柿一串 來呈.'

돌아 표면의 손상이 아주 심했다. 처음과 끝은 자획이 남아 있으나 중간은 남지 않게 되었다.71)

인각사 비뿐만 아니라 최고의 삼화상 도량인 회암사도 전란의 피해를 입어 종이 전투무기 제조에 사용되기도 하였다.72)

이상에서 살펴본 바와 같이 전쟁의 참상은 매우 컸으며, 그에 따른 불교계 뿐만 아니라 사회 문화적 충격도 컸을 것이다. 임진란의 주요 왜장 2인의 경우, 천주교 신자와 불교 신자였으므로, 그에 따른 영향도 작지 않았으리라 생각된다. 일본군의 주력 부대장인 고니시 유키나가(小西行長)는 천주교 신자로서 그와 함께 동행한 그레고리오 데 세스뻬데스(Gregorio de Céspedes) 신부는 최초로 한국 땅을 밟은 서구인이자 천주교 신자였다. 세스뻬데스는 1593년 12월 27일에 남해안 고문가이(熊川) 일대에서 아우구스티누스(Augustinus : 小西行長)를 비롯한 일본 병사 2000명을 대상으로 복음을 전파하였으며, 쓰시마 도주 다리오(宗義智)73)의 부인 마리아도 고니시 유키나가

---

71) 許亨道,『東溪集』卷3, 詩 麟角寺, '寺本爲普覺國師創立而有碑 碑建於貞元六年八月日 世稱王右軍手筆而未的其然 龍蛇之後 天將見之 知其爲王公筆也 爭相印搨寶愛甚 自是 詔使之至輒求之 巡使因有旨差倅監印焉 丁酉夷兵一炬灰滅 碑立堂庭 火焰流爛 陽面最甚 而頭尾字畫宛如 腰半剝落無存也 有一老人言逸少之書此碑時 別書一幅 來傳已久 而遊客 亦耽翫 不幸併與碑俱燼 尤可歎也 普覺乃當時禪 故伐石于遼 來書于王云 麟角千年寺 夷兵一炬摧 玉碑摩半記 金塔看全顱 山鳥迎人款 寒溪入夜哀 相逢拚勝話 分散白雲隈.'
72) 『선조실록』권64, 선조 28년(1595) 6월 4일(을사). 본고에서는 몇 건의 불교 문화재 파괴에 대해서만 언급하였다. 사실 임진란시 불교계뿐만 아니라 수많은 문화유산이 파괴와 침탈을 당했다. 이구열,『한국 문화재 수난사』, 돌베개, 1996 ; 정규홍, 『우리 문화재 수난사』, 학연문화사, 2005. 일본의 이러한 만행은 임란시와 일제 강점기에 많이 이루어졌는데 일제 강점기 봉인사 부도탑도 그 한 사례에 불과하다. 즉, 봉인사 부도탑 및 사리함 등은 일제 강점기 1911년 8월에 일본인 변호사 이와타 센소(岩田仙宗)를 거쳐 서울시 중구 남산 淨土眞宗의 東本願寺에 맡겨졌다가 1927년 일본 고베로 반출되었다. 다행스럽게도 1987년 2월 6일 경복궁으로 반환되어 현재 국립중앙박물관에 소장되어 있다. 그리고 1867년(고종 24) 尙宮 洪氏·文氏·崔氏 등 왕실녀의 시주로 화승 慶善 應碩이 그린 봉인사 부도암 신중탱 및 복장낭과 복장물도 예천 용문사성보박물관에 소장되어 있다. 이러한 성보문화재는 원래대로 봉인사에 환원 봉안되어야 할 것이다.

의 딸이었다. 세스뻬데스는 일년의 체류기간 동안 조선 남해안의 일본 요새를 방문하면서 은밀하게 선교 활동을 하였다.74) 세스뻬데스 신부는 포로로 잡혀왔던 한국 어린아이를 일본 신학교로 데리고 갔는데 훌륭한 천주교 신자로서 일본에서 순교하였다.75) 이처럼 일본군과 함께 동행한 스페인 신부의 최초 조선 상륙은 조선 사회에 적지 않은 문화충격을 주었을 것이다.

세스뻬데스와 같은 시기에 일본에서 천주교를 전파했던 프로이스(Luís Fróis)는 조선과 임진란의 사실을 기록으로 남기고 있다. 즉, '종교는 일본과 같다. 이들은 석가모니와 아미타불을 숭배한다.'76)고 하여 조선과 일본의 불교를 동일시하였는데, 조선 침략의 정당성을 부여하는데 영향을 끼쳤을 것이다.77)

고니시 유키나가의 최대 정적이었던 대표적인 장군 가토 기요마사는 불교 신자로서 일본 불교 승려 겐소를 대동하였다. 명의 유격 심유경(?~1597)이 '중국 조정에서 100만 대군으로써 국경에 와서 진치고 있으니, 너희들의 목숨이 조석에 달렸다'고 큰소리치면서, 겐소에게 다음과 같이 꾸짖은 바 있다. '하늘은 생명을 살리는 것을 좋아하는데, 너는 이미 머리를 깎고 승려가 되었으면서 어찌 반역하는 오랑캐를 좇아서 우리 속국을 무찌르느냐?'78) 이에 겐소는 다음과 같이 말한 바 있다.

---

73) 宗義智도 임진란에 고니시 유키나가(小西行長)와 더불어 주요 참전인이다.(『선조실록』 권40, 26년(1593) 7월 16일(무진) ;『선조실록』 권57, 27년(1594) 11월 8일(임오).
74) 박철,『세스뻬데스-한국 방문 최초 서구인』, 서강대출판부, 1987, 54~56쪽.
75) 위의 책, 59쪽.
76) 루이스 프로이스, 정성화·양윤선 옮김,『루이스 프로이스가 본 임진난의 기록』, 살림, 2008, 48쪽.
77) 임진왜란시 서구인의 기록은 위의 책과 다음의 책이 대표적이다. 루이스 프로이스, 정성화·양윤선 옮김,『루이스 프로이스가 본 임진난의 기록』, 살림, 2008.
78) 申炅,『再造藩邦志』 권2 ;『대동야승』 2.

중국에 중봉 조사의 4대손이 있었으니, 사명 선사라고 하였습니다. 가정 18년에 나의 스승이 중국에 들어가서 사명 선사를 뵈옵고 제자가 되었습니다. 천자께서 그 멀리서 온 것을 가상히 여기시고 가사 한 벌을 하사하셔서 여태까지 보존하고 있습니다. 소승은 의발을 계승하였기에 중국을 향하여 순종하려는 정성이 없지 않았는데 어찌 감히 역적을 도와 몹쓸 짓을 하겠습니까. 본국이 중국 조정과 오랫동안 끊어졌으므로 조선에 길을 빌려 봉공을 구하고자 하였습니다. 조선이 도리어 군사를 집결하여 우리를 막기 때문에 오늘의 사태가 있게 된 것입니다. 이것이 어찌 저만의 죄이겠습니까?[79]

겐소는 저장성(浙江省) 항저우(杭州) 천목산의 원나라 말 선종고승 강남고불 중봉 명본[80]의 법을 이었다고 하면서[81] 불교의 순수성을 강조하면서도 조선을 통해 중국에 조공하길 청한 것이라고 변명하였던 것이다.[82] 겐소는 도요토미 히데요시(1536~1598)의 부관 승려 대마도주의 제2자 평의지와 시봉승 서준 등과 함께 조선의 사신을 접대한 적이 있었는데,[83] 이미 임진란의 주모자 도요토미와 조선 침략의 선봉에 함께 하였다.[84]

---

79) 위와 같음.
80) 『天目 中峰和尙語錄』; 紀華傳, 『江南古佛 : 中峰明本與元代禪宗』, 北京: 中國社會科學出版社, 2006. 권말 부록으로 「文獻資料」, 「中峰明本年譜簡編」 수록 叢書主編 : 妙灵 『信心銘 : 三祖 僧璨大師 造中峰 明本禪帥 闢義解』 通度寺 極樂禪院, 1978 ; 釋印旭, 『元代高僧 中峰明本禪師』, 宗敎文化出版社, 2010 ; 黃仁奎, 「高麗後期 闍崛山門 修禪社 高僧과 中國佛敎界」, 『佛敎學報』 47, 2007 ; 황인규, 「고려시대 불교계와 불교문화」, 국학자료원, 2011.
81) 中峰 明本의 影響이 컸음은 그의 眞影이 日本에 남아 있는 것에서 단적으로 알 수 있다. 井手誠之輔, 「萬歲寺の見心來復像」, 『美術史』 119, 美術史學會, 昭和 61年 1月 ; 井手誠之輔, 「眾峰明本自贊像をめぐって」, 『美術研究』 343, 平成 1年 2月.
82) 『선조실록』 권14, 13년(1580) 12월 21일(경진).
83) 『선조실록』 권23, 22년(1589) 6월 30일(을사).
84) 『선조실록』 권25, 24년(1591) 10월 24일(병진).

왜구가 침범해 왔다. 이보다 먼저 일본 적추 평수길이 관백이 되어 여러 나라를 병탄하고 잔폭이 날로 심했다. 그는 항상 중국이 조공을 허락하지 않은 것에 대해 앙심을 품고 일찍이 중 현소 등을 파견하여 요동을 침범하려 하니 길을 빌려 달라고 청했다. 우리나라에서 대의로 매우 준엄하게 거절하자 적은 드디어 온 나라의 군사를 총동원하여 현소·평행장·평청정·평의지 등을 장수로 삼아 대대적으로 침입해왔다.85)

위의 인용문은 잘 알려진 일본의 임진란의 첫 침략 기사이다. 겐소는 평행장(小西行長)·평청정(加藤淸正)·평의지(宗義智, 소 요시토시) 등과 함께 온 침략자 선봉이었던 것이다. 일본 불교의 침략적인 면모는 일련종에서도 찾아진다. 군종승 일련종의 총본산 혼묘지(本妙寺) 주지 닛신(일진)86)은 가토 기요마사 부하로87) 임진란시 침략의 선봉에 섰던 것이다. 본래 일본의 고승 니치렌(日蓮, 1222~1282)은 대각국사 의천(1055~1101)보다 먼저 일본 법화종을 창종하였다. 이것이 바로 일련종으로 그 사상의 기저에 일본의 제국주의적인 내용을 담고 있다.88) 광해군의 형인 임해군의장남은 일본에 포로가 되어 일연이라는 법명을 받고 일본 법화종의 대표적 고승이 되었던 것도 전혀 우연이 아닐 것이다.89)

---

85) 『선조실록』 권26, 25년(1592) 4월 13일(임인).
86) 四溟 惟政, 「甲午四月入淸正營中探情記」, 『四溟大師亂中語錄』, 무이정사, 2006, 43쪽.
87) 趙慶男, 「을미년 만력 23년, 선조 28년(1595년)」, 『亂中雜錄』 3.
88) 천태종승의 일파인 니치렌(日蓮)에 의해 개종된 일련종에 그 기원을 두고 있다. 그는 久遠實成釋迦牟尼佛로 하되 그 상을 『法華經』의 本門에 시현된 만다라로 보고 이를 본존으로 신봉하였는데, 이 만다라에는 국조신은 천조대신과 8번 보살을 제천신과 같이 호불신으로 하여 일본의 신도사상을 받아들여 神佛濕合의 형태를 띠고 있으며 五綱三證에서 보듯이 일본의 선민사상이 나타나 있다. 이강오, 「일련정종 창가학회」, 『한국신흥종교총람』, 한국신흥종교연구소, 1992 ; 문화공보부, 『신흥종교 및 유사종교 실태조사보고서』, 1970 ; 황인규, 「불교계 일본신종교의 국내 유입과 동향」, 『한국종교사연구』 12, 2004 ; 황인규, 「법화계 일본불교의 국내수용과 변용」, 『승가』 17, 중앙승가대, 2005. 법화종계 일련종은 현재 한국 불교신자의 1/10이상을 차지하고 있으며 앞으로 더욱 교세가 확장될 것이다.

또한 임란시 흑인도 등장하였다. 즉, 선조 31년 임진왜란에 참전한 명나라 군사들을 위로하는 자리에서 명나라 장수 팽유격은 자신의 군대에 얼굴 모습이 다른 신병이 있다면서 왕에게 보였다.

> 임금이 팽유격(팽신고)의 처소에 행행하여 술자리를 베풀었다. … 유격이 말하기를, '호광의 극남에 있는 파랑국 사람입니다. 바다 셋을 건너야 호광에 이르는데, 조선과의 거리는 15만여 리나 됩니다. 그 사람은 조총을 잘 쏘고 여러 가지 무예를 지녔습니다.'(일명은 해귀이다. 노란 눈동자에 얼굴빛은 검고 사지와 온몸도 모두 검다. 턱수염이 짧게 꼬부라졌다. 이마는 대머리가 벗겨졌는데 한 필이나 되는 누른 비단을 반도의 형상처럼 서려 머리 위에 올려놓았다. 바다 밑에 잠수하여 적선을 공격할 수가 있고 또 수일동안 물 속에 있으면서 수족을 잡아먹을 줄 안다. 중원 사람도 보기가 쉽지 않다.)[90]

명나라군 가운데 파랑국 사람(os Portugueses)으로 흑인이었다. 임란에 관한 다른 기록에서도 흑인을 다음과 같이 특기하고 있다.

> (제독) 유정의 자는 자신이요, 호는 성오인데, 강서 남창부 홍도현 사람이

---

89) 임해군의 자녀가 일본에 인질로 잡혀갔다는 기록은 국내의 어떤 기록에도 찾을 수 없다. 최근에 양은용 교수(원광대 한국문화학과)에 의하면 일본 자료에는 다음과 같은 사실이 찾아진다고 한다. 즉 임진왜란 때 함경도에서 임해군(1574~1609)과 그의 장남 및 장녀가 왜장 가토 기요마사에게 생포되었다. 일본과 협상에 의해 임해군은 풀려났지만 장녀와 장남 太雄(1589~1665)(당시 4세)은 일본에 볼모로 잡혀갔다. 태웅은 13세 때 法性寺에서 출가해서 일연이라는 법명을 받고 일본 法華宗의 대표적 고승으로 활동하였다고 한다. 일연스님은 72세 때 고국 조선이 보이는 장소를 물색하다 후쿠오카(福岡)의 물가 언덕에 묘안사를 창건하고, 1665년 1월 26일 세수 77세로 입적했다고 한다.(「만불신문」 2002.11.2 ; http://manbulshinmun.com.) ; 황인규, 「광해군과 봉인사」, 『역사와 실학』 38, 역사실학회, 2009.

90) 『선조실록』 권100, 31년 5월 26일(경술).

다. 사천·파촉 지방 군사 5천 명을 거느렸는데 그 중에는 해귀 수십 명이 있으니 그 종족이 남번에서 생장하여 낯빛이 아주 새까매서 귀신같으며, 바다 밑으로 잠수하여 다녔다.91)

(제독) 유정이 용두채의 진에 머무니, 전후 군대가 총합 4만 7천여 명이었고, 그 가운데 우지개 3명이 있었는데, 키와 몸뚱이가 보통 사람의 10배요, 해귀 4명이 있었는데 살찌고 검고 눈이 붉고 머리카락이 솜털 같았다.92)

당시 흑인을 낯빛이 아주 새까매서 귀신 같다고 하여 해귀라고 하였다. 한국 역사상 최초의 흑인 등장은 태조 때 지금의 태국인 섬라곡국에서 장사도 등 20인을 보내어 소목 1천 근, 속향 1천 근과 토인 2명을 바친 것이 처음이며,93) 얼마간 교류를 하였지만94) 세종은 1427년에 '외래 습속 금령'95)을 내려 이제까지 허용되어 왔던 이슬람 문화를 비롯한 다른 나라의 풍습 문화를 금하여 이른바 해금 정책을 강화하였던 것이다. 따라서 그 후 이러한 이국인의 등장은 조선 위정자들은 물론이고 사회와 문화, 특히 불교계에 일종의 위기의식을 불러왔을 것이다. 이러한 충격으로 광해군은 성리학보다는 불교에 경도되었다. 광해군이 왕위에 오른 후 명청 교체기에 중립적 주체적 외교를 하면서도 명 유격 대장 웅정필96)이 보내온 진신사리를

---

91) 申炅, 『再造藩邦志』 권2 ; 『대동야승』.
92) 趙慶男, 「무술년 6월 27일」, 『亂中雜錄』 3.
93) 『태조실록』 권6, 3년 7월 5일(임인).
94) 『태조실록』 권10, 5년 7월 11일(병인) ; 『태조실록』 권11, 6년 4월 23일(을사) ; 『태조실록』 권11, 6년 4월 26일(무신).
95) 『세종실록』 권36, 9년 4월 4일(임술) ; 이희수, 『한·이슬람교류사』, 문덕사, 1991. 145~146쪽.
96) 熊遊擊은 熊廷弼이다. 명말의 武將으로 湖北 江夏人이다. 萬曆年間의 進士出身으로 邊防의 일에 밝고 有能하여 萬曆 47年(1619) 遼東經略이 되었다. 熊廷弼은 剛慢한 性品 때문에 彈劾되었다. 淸軍이 遼陽을 함락하자 다시 기용되었으나, 三方布置의 戰策이 巡撫 王化貞의 반대로 이루어지지 못하자 서로 불화하던 중 淸軍에 패전했다. 이 패전으로 인책되어 棄市의 刑을 받게 되었으나 간신히 처형만은 면제되었다.

자신의 어머니의 능침 사찰인 남양주 봉인사 부도암에 안치하게 된 것도 이러한 최초의 서구인 신부와 흑인의 등장, 제국주의적 일본 불교의 침탈 분위기의 전개와 무관치 않다고 생각된다.

5. 나가는 말

이상으로 임란시 의승군의 봉기와 충격이라는 주제를 살펴보았다. 광해군은 임란이 발발하여 선조가 북쪽으로 몽진을 가게 되자 세자로 책봉되어 제2정부라고 할 분조를 이끌었다. 분조의 임무는 백성의 민심을 회유하고 전쟁을 승리로 이끄는 것이었다. 관군은 제 기능을 못하여 연전연패를 할 때 의병이 전국적으로 봉기하였는데, 산중에서 수행과 정진을 하였던 승려들도 의병에 합류하였다. 승군은 고대부터 있어 왔지만 숭유억불시책이 강화되어 가던 시기에 국가의 누란지세를 보고만 있을 수 없었던 것이다. 바로 호국정신의 소산물이기도 하지만 한편으로는 불교 수호의 한 방편이었다.

임란시 처음으로 의승군으로 활동한 고승은 청허 휴정의 제자 기허 영규로 중봉 조헌과 금산 전투에 참여하여 유격전을 펼치다가 장렬히 순국하였다. 그때 선조의 요청으로 의승군 봉기를 하게 된 청허 휴정은 전국 8도에 격문을 사명 유정을 비롯한 그의 문도들과, 휴정의 도반인 부휴 선수와 문도들도 의승군의 유격전에 참전하였다. 이들은 분조의 임무를 맡은 세자 광해군의 통솔을 받았을 것이다. 이순신의 남해 해전에서도 의승 수군장 자운 삼혜와 의능 등 의승 수군의 유격전이 전개되었으며, 이순신 수군의 승리에는 의승 수군의 활약이 적지 않은 역할을 하였다.

임란시 참상은 이루 형언할 수 없을 정도였으며 문화적 충격도 컸을

『명실록』萬曆 47年 11月 庚寅條;『明史』卷320, 朝鮮列傳 第208 朝鮮;『續雜錄』; Xiong, Tingbi,『熊襄愍公全集』, 嘉慶17(1812).

것이다. 예컨대 일본 침략군의 주력을 이끈 장군은 고니시 유키나가(小西行長)와 가토 기요마사(加藤淸正)이었는데 고니시 유키나가는 천주교신자 아우구스티누스(Augustinus)로, 최초로 한국의 땅을 밟은 스페인 세스뻬데스 신부를 대동하였다. 가토는 불교 신자로 일본 승려 겐소(현소)를 휘하에 두었는데 겐소는 제국주의적 불교 성향의 인물이었으며, 승려 닛신(일진)도 역시 일본제국주의적 교리를 담고 있는 법화종계 일련종 승려였다. 그리고 전란 중 흑인의 등장은 '해귀'라고 간주하여 기록되어 있듯이, 당시 사회에 적지 않은 영향을 끼쳤을 것이다.

이와 같이 임란기 의승군의 봉기와 유격전은 광해군의 분조하에 이루어진 것이었다고 생각되며, 전란의 이루 말할 수 없는 참상과, 최초의 서구인 신부와 흑인의 등장, 제국주의적 일본 불교의 침탈 등은 당시 사회뿐만 아니라 불교계에 문화적 충격으로 다가왔을 것이다. 특히 광해군이 왕위에 오른 후 불교와 외교 시책에도 간접적인 영향을 끼쳤을 것인데, 그 대표적인 사례가 남양주 봉인사의 능침 사찰의 운용과 부처님 진신사리 봉안이었다.

Ⅱ. 의승장 기허 영규와 의승의 봉기

1. 들어가는 말

임진왜란의 공과는 육군의 권율과 수군의 이순신 등 관군에 대해서만 높이 조명되고 있을 뿐이며, 상대적으로 불교계 의승장과 의승의 역할에 대해서는 제대로 평가받지 못하고 있는 듯하다. 예컨대 당대 유림의 기록에 의하면 '각 고을에서 일어난 소규모의 의병들은 이루 다 헤아릴 수가 없는데, 나라의 명맥이 이들 덕분에 보존될 수가 있었다.'[1]는 것이다. 특히 호서의 관문인 청주성과 금산성 전투의 승리 주역은 중봉 조헌과 의병인 것처럼 700의총이 건립된 것은 유림 중심의 추념 사업이 이루어진 대표적인 사례이다.

후술하듯이 청주성과 금산성 전투는 중봉 조헌과 의병뿐만 아니라 영규와 수백 혹은 수천여 명의 의승이 참전하였다. 영규는 불교계 최초의 의승장으로 봉기하였으며, 그의 스승 청허 휴정과 문도들의 전국적 봉기로 이어지게 하였다는 점에서 불교사뿐만 아니라 임진왜란사에서도 주목해야 한다.

그동안 영규의 의승 전투에 대한 연구는 '임란시 호국불교 구국 승장과 영규대사'[2]가 대표적이며, 청주성과 금산 전투를 다루면서 부분적으로 다룬 논고들이 수편에 이르고 있을 뿐이다.[3] 의승장 영규가 참여한 전투는

---

1) 申欽, 「여러 장사들이 왜란 초에 무너져 패한 기록[諸將士難初陷敗志]」, 『象村集』 권56, 志.
2) 최근묵, 「임진왜란기 금산전투의 순절과 梨峙대첩에 대한 崇揚」, 『충남사학』 12, 2000, 5쪽.
3) 곽제호, 「호서 의병연구」, 충남대 박사학위논문, 1997, 115~121쪽 ; 곽제호, 「임진왜란 초기 청주성 전투의 의병장 연구」, 『충남사학』 10, 1998, 65~67쪽 ; 이석린,

청주성 전투와 제2차 금산성 전투로 알려져 있으나 청주성 전투에 앞서 제1차 금산성 전투에도 참전하였던 사실은 잘 알려지지 않았다. 그리고 개별적인 의승으로서 전투에 참전한 사실은 알려진 바 없다.4)

이에 본고는 선학의 연구를 바탕으로 제 기록을 취합하여 기허 영규의 최초 의승 봉기는 일본 종군승의 활동과 침투에 대비하기 위함이 아니었을까 하며, 의승장 영규의 전투와 의승이 전투에 참전한 구체적인 기록을 찾아 그 실체를 고찰하고자 한다.5)

2. 일본 종군승의 임진왜란 참전

1) 일본 5산 고승과 전쟁 정탐

조선중기는 거유 퇴계 이황과 율곡 이이로 대표되는 성리학의 정립과 유교적 예제의 실시 강화로 인해 불교는 산중을 중심으로 전개되었다. 조선중기 일본 불교와의 교류는 임진왜란시 포로 송환을 담당했던 영규의 동문 사명 유정을 중심으로 알려져 왔지만,6) 전란시 일본 불교에 대한

「임진왜란기 청주성 전투와 의병활동」, 『충북사학』 11·12합, 2000, 284~287쪽 ; 임선빈, 「임진왜란 초기 공주 의병의 활동과 성격」, 『역사와 담론』 71, 호서사학회, 2014, 19~28쪽. 자료집으로 대한불교조계종 불교사회연구소, 『한국불교자료집Ⅰ-3. 영규스님 관련 자료』, 608~752쪽. 그리고 불교문학의 다음 연구가 있다. 김승호, 「임난시 승장의 설화전승양상-영규대사를 중심으로」, 『동악어문논집』 36, 2000 ; 강현모, 『기허당 영규대사의 서사전승연구』, 역락. 2013, 1~351쪽.

4) 나태종, 「의병장 조헌과 금산성 전투의 재조명」, 『군사논단』, 2011, 291쪽.
5) 본고는 '영규대사와 800의승-그 역사와 가치를 조명한다'(2016.11.4, 국회도서관 지하소회의실)에서 발표한 원고를 정제 보강한 것이다.
6) 惟政, 「甲午四月 入淸正營中 探情記」, 『奮忠紓難錄』, '왜인이 기쁜 표정으로 말하기를, "우리나라에서도 큰일을 의논할 때는 고승을 불러서 의논하는데 귀국에서도 고승을 보낸 것을 보면 아마 이 일을 중요한 일로 여기는 때문인가 보오."라고 하고는 그들은 기뻐하면서 또한 나를 깊이 믿는 모습이었다.' ; 이진오, 「조선시대 대일교류와 불교」, 『한국문학논총』 22, 1998, 76쪽.

정보가 더 많이 유입되었을 개연성이 적지 않다. 예컨대 문집류에 의하면 왜군과 내통한 승려 성택이나 찬희(경상도 성주 적산사의 승려) 등7)의 사례를 미루어 볼 때, 일본 불교의 전래 또는 수용이 이루어졌을 것이다.8)

일본은 12세기 말에 이르러 중국 임제선종을 본격 수용하였다. 일본의 선종은 국도 교토의 5산 사찰을 중심으로 전개되었는데, 이 5산의 선종승은 쇼군(將軍)의 고문으로 정치와 외교문서를 작성하는 데 참여하였을 뿐만 아니라 주자학도 수용하였다. 이들은 당시 일본의 국도인 교토에서 임제종 총본산 난젠지(南禪寺)와 5개 사찰인 덴류지(天龍寺), 쇼코큐지(相國寺), 겐닌지(建仁寺), 도후쿠지(東福寺), 만쥬지(萬壽寺) 등의 사찰을 중심으로 이른바 오산의 선문화를 성립시켰다.9)

이러한 일본 종군승들은 도요토미 히데요시의 외교문서를 기초하거나 임진왜란에 종군하면서 조선과 명과의 외교분야에서 지대한 역할을 하였다. 예컨대 도후쿠지의 승려는 이미 12세기 후반 무렵 조선에 보낸 국서를 작성했던 바 있다. 통신사 황윤길과 김성일이 보낸 문서에 대한 답서인 「선린국보후기(善隣國寶後記)」 등을 도요토미의 측근인 임제종 쇼코큐지 유메마도파(夢窓派) 로쿠온지(鹿苑寺) 승려 사이쇼 쇼타이(西笑承兌, 兌長老, 1548~1607)가 지었던 것이다.10) 사이쇼뿐만 아니라 난젠지 266대 주지

---

7) 오희문, 「8월 26일」, 『쇄미록』 壬辰日錄 ; 都世純(1574~1653), 도두호 역, 『우리가 헤진다면 살아서 무엇하랴 龍蛇亂中日記』, 새박, 2009, 29쪽. 일제 강점기 친일승려 뿐만 아니라 임란기 假倭와 더불어 친일반역 승려들에 대해 조명되어야 할 것이다.

8) 참고로 임진왜란 때 임해군(1574~1609)의 장남 太雄(1589~1665)은 가토 기요마사(加騰淸正)에게 생포되어 일본 법화종계 法性寺에서 출가하여 일연이라는 고승이 되었다. 양은용, 「임진난과 호남의 불교의승군」, 『한국종교』 19, 원광대 종교문화연구소. 1994 참조.

9) 島尾新, 『東アジアのなかの五山文化』, 東京大學出版會, 2014, 21쪽 ; 竹田和夫, 『五山與中世社會』, 同成社, 2007, 127쪽 ; 서영애, 『일본문화와 불교』, 동아대학교 출판부, 2003, 191~215쪽 ; 김문자, 「임진왜란기 일본사료연구」, 『한일관계사연구』 30, 2009, 469쪽.

10) 田中健夫, 『善隣國寶記·新訂 續 善隣國寶記』, 集英社, 1995, 372~374쪽 ; 姜沆, 「임진·정유에 침략해 왔던 모든 왜장의 수효」, 『看羊錄』 賊中封疏 錄. 사명 유정도 임진왜란 시 일본 사행길에 五山의 선승들과 교유하였다. 사명 유정, 「與玄蘇書」, 『奮忠紓難錄』.

겐호 레이산(玄圃靈三, 1535~1607)과 도후쿠지 218대 주지 이쿄 에이테쓰(惟杏永哲, 哲長老)도 이에 동참하였다.

특히 겐소는 도요토미 히데요시의 부관승 대마도주의 제2자 소 요시토시(宗義智, 平義智)와 시봉승 서준 등과 함께 조선의 사신을 접대한 적이 있었다.[11] 조선중기의 당대 문인 강항(1567~1618)은 겐소가 '(종)의지의 모주 노릇을 하는데, 자못 문자에 능하여, 우리나라를 조롱하고 업신여긴 문자가 그 손에서 많이 나왔다.'고 하며 경계하였던 바 있다.[12]

겐소가 조선을 정탐하고자 사신으로 파견되어 정명가도를 주창하자, 명의 유격 심유경(?~1597)은 겐소에게 '너는 이미 머리를 깎은 승려가 되었으면서 어찌 침략에 앞장서는가.'[13]라고 꾸짖었다. 이에 겐소는 저장성(浙江省) 항저우(杭州) 티엔무샨(天目山)에서 활동한 원말의 선종 고승인 강남고불 중봉 명본[14]의 법을 이은 임제종 환주파[15]임을 강조하면서 일본의 조선 침략을 정당화하였다.[16]

2) 조헌과 영규의 대응과 종군승

이렇듯 도요토미 히데요시가 겐소 등을 조선에 사신으로 보내 명을 치기 위해 길을 빌려달라 요청해오는 상황이 전개되자, 조헌은 선조에게

---

11) 『선조실록』 권23, 22년(1589) 6월 30일(을사).
12) 姜沆, 「倭國 八道六十六州圖」, 『看羊錄』 賊中封疏 錄.
13) 申炅, 『再造藩邦志』 권2 ; 『대동야승』 2.
14) 『天目中峰和尙語錄』; 紀華傳(2006), 권말 부록으로 '文獻資料', '中峰明本年譜簡編' 수록 叢書主編 ; 妙灵 『信心銘 : 三祖 僧璨大帥 造中峰明本禪帥 闢義解』, 通度寺 極樂禪院, 1978 ; 釋印旭, 『元代高僧 中峰明本禪師』, 宗敎文化出版社, 2010 ; 황인규, 「고려후기 사굴산문 수선사 고승과 중국불교계」, 『불교학보』 47, 2007 ; 황인규, 『고려시대 불교계와 불교문화』, 국학자료원, 2011.
15) 中峰 明本의 影響이 컸음은 그의 眞影이 日本에 남아 있는 것에서 단적으로 알 수 있다. 井手誠之輔, 「萬歲寺의 見心來復像」, 『미술사』 119, 미술사학회, 소화 61년 1월.
16) 『선조실록』 권14, 13년(1580) 12월 21일(경진).

지부상소를 통해 겐소의 목을 벨 것을 요구하며 대궐 밖에서 사흘간 버티기도 하였다.17)

그 후 조헌은 김제 금산사에서 영규, 처영과 함께 의병 의승 봉기의 뜻을 모았던 듯하다. 필자가 이미 제시한 바와 같이18) 조헌은 임란 발발 1년 전인 1591년(선조 24) 가을 제자 여헌 박정로(1553~1631)와 함께 금산사 누각에 올라 임진왜란의 발발을 예상하고 이에 대비하는 계획을 세워야 한다고 주장하였다.19) 영규는 중봉 조헌의 제자 박정로와 같은 밀양 박씨로, 의승장 처영과 동문이었으며, 처영 및 조헌과 함께 김제 금산사에서 조우하여 임진왜란이 발발할 것을 예견하였다.20) 조선후기 문인 성해응의 「금산순절제신전」에 의하면 영규는 임진왜란 발발 10여 년 전부터 난이 일어날 것을 예견하였다는 기록이 이를 단적으로 입증하고 있다.

이러한 움직임에 대하여 조헌이 지부상소를 올리게 되었으며, 영규도 이에 대비하여 전란시 의승 봉기를 하였던 것이 아닌가 한다. 조선후기 문인들도 이러한 사실을 다음과 같이 서술하였다. 즉, 왜인의 「격조선론(擊朝鮮論)」에 의하면, '수길공이 명을 치기 위해 조선에 길을 빌리려 했으나 조선이 듣지 않자, 수길공이 13만 군사를 일으켜 먼저 조선을 토벌하는데, 부전중납언수가(浮田中納言秀家)를 대장군으로, 소조천륭경(小早川隆景)을 모주로, 안국사 혜경(安國寺 惠瓊)을 감군으로, 소서행장(小西行長)을 선봉으로 삼았다.'21)고 하였다. 그 가운데 고바야카와 다카카게(小早川隆景)의

---

17) 『선조실록』 권25, 24년(1591) 10월 24일(병진) ;『重峯集』 附錄 卷1, 年譜.
18) 雷默 處英은 20살 무렵에 금산사에서 출가하였으며, 임진왜란 발발 후 도총섭 청허 휴정의 격문을 받고(『선조수정실록』 권26, 25년(1592) 7월 1일(무오)) 호남의 승려 1천여 명을 모아 전라도 순변사인 권율과 함께 금산 배고개(이치)전투에서 고바야카와(小早川隆景)가 거느린 왜군을 크게 무찔러 왜군의 전라도 진출을 저지하게 하였다. 황인규, 「조선시대 금산사의 역사적 전개와 사격」, 『불교학보』 73, 2015.
19) 『重峯集』 附錄 卷1, 年譜 ;『선조수정실록』 권26, 25년(1592) 8월 1일(무자). 조선중기 김제 금산사는 유생들의 회합 장소가 되는 등 호남지역의 문화중심센터였다. 황인규, 위의 글, 2015.
20) 『국조보감』 권31, 선조조 25년(1592).

제6군은 중부 지방에 머물면서 호남 지역을 호시탐탐 노리고 있었으며, 종군승 안코쿠지 에케이(安國寺 惠瓊, ?~1600)도 감군승으로 참여하였다. 안코쿠지 에케이는 요호 에케이(瑤甫惠瓊)라고도 불리며 교토(京都) 도후쿠지(東福寺)에서 승려가 되어 도후쿠지 안에 안코쿠지 주지로 있었으며, 임진왜란시 감군승으로 침략의 선봉에 나섰던 것이다.22) 선종승 겐소뿐만 아니라 법화종계 일련종의 총본산 혼묘지(本妙寺) 주지 닛신(日眞)도 가토 기요마사의 부하로,23) 묘우신지(妙心寺) 승려 덴게이(天荊)는 대마도(對馬島) 번주 소 요시토시(宗義智, 1568~1615)와 고니시 유키나가의 종군승으로 참전하였다.24)

이들 외에도 임진왜란시 종군승으로 참전한 고승은 역시 일본의 국도 교토의 5산의 선승들이었다. 즉, 화원 묘신지(妙心寺)의 덴케이(天荊)는 제1군의 고니시 유키나가(小西行長, ?~1618)의 종군승이었으며,25) 하카다(博多) 세이후쿠지(聖福寺)의 게이데츠 겐소(景轍玄蘇)는 소 요시토시(宗義智, 1568~1615)의 종군승이었다. 규슈 사가(佐賀) 다이초인(泰長院)의 제타쿠(是琢)는 제2군의 나베시마 나오시게(鍋島直茂, 1538~1618)의 종군승이었으며, 아키(安芸, 현 히로시마 서부) 안코쿠지(安國寺) 에케이(惠瓊)는 제6군의 고바야카와 다카카게(小早川隆景)의 종군승이었다. 그리고 만넨 젠시(万年禪師)와 슈쿠로 슌가쿠(宿廬俊岳)는 제7군의 모리 데루모토(毛利輝元, 1553~1625)의 종군승이었다.26)

---

21) 이익, 「日本地勢辨 及擊朝鮮論」, 『성호사설』 권12, 人事門 ; 한치윤, 「本朝의 備禦考」 5」, 『해동역사』 권65, 부록.
22) 위와 같음.
23) 趙慶男, 「을미년 만력 23년, 선조 28년(1595년)」, 『亂中雜錄』 3 ; 四溟惟政, 「甲午四月入淸正營中探情記」, 『四溟大師亂中語錄』, 43쪽.
24) 「西征日記」, 『續々群書類從』 3, 國書刊行會叢書, 1906~1909 ; 米谷均, 「中世後期,日本人朝鮮渡海僧の記錄類について」, 『靑丘學術論集』 12, 1998 ; 장동익, 『일본 고중세 고려자료연구』, 서울대 출판부, 2004.
25) 『續々群書類從』 卷3, 史傳部 2, 國書刊行會.
26) 이 가운데 종군일기로 다음과 같은 것이 있다. 天荊의 『西征日記』(『續續群書從』

이러한 일본의 종군승 혹은 감군승의 침투와 더불어 천주교도 전래되고 있었다.27) 스페인 출신의 천주교 신부 세스뻬데스(Gregoria de Cespedes)는 1593년 12월 말부터 1년간 한국 남해안 웅천(熊川) 일대에서 고니시(Augustinus)와 그의 동생을 비롯한 일본군 2000여 명에게 천주교를 전파하였다.28) 이러한 스페인 신부의 최초의 조선 상륙과, 남해안 일대 일본군을 중심으로 행하여졌던 선교 활동 소식이 조선 사회, 특히 불교계에 전해져 충격을 주었을 것이다.29)

그런데 고니시 유키나가는 천주교 신자였지만 불교 종군승을 거느렸으므로, 천주교보다는 일본 불교의 영향이 더 컸을 것이다. 그의 최대 정적이었던 가토 기요마사는 불교 신자로서 일본 승려 게이데츠 겐소(景轍玄蘇, 安國寺西堂)를 대동하였으며, 앞서 언급한 바와 같이 일련종의 총본산 혼묘지(本妙寺) 주지 닛신(日眞)30)도 가토 기요마사의 부하로31) 임진왜란시 침략의 선봉에

卷3), 玄蘇의「仙巢稿」, 是琢의「朝鮮日記」(『泰長院文書 佐賀縣資料集成』卷5「明琳朝鮮役從軍日記」), 宿蘆의「宿蘆稿」,(『續軍書類從』卷13 下), 慶念의『朝鮮日日記』(『改定史籍集覽』25). 앞으로 이러한 기록류에 대한 정밀한 검토 분석이 필요하다. 정유재란시에도 2군 오타 가즈요시(太田一吉, ?~1617)의 醫僧 오이타(大分) 우스키(臼杵)의 안뇨지(安養寺) 교넨(慶念, 1636~1711) 등이 참여하였다. 박창기,「임진왜란에 관한 일본 종군승 전기연구」,『일본문학』4. 1998, 149쪽. 일본 종군승에 관한 기본적 자료인 교넨(慶念)의 일기는 한국어로 번역 출판되었다. 케이넨 저, 신용태 역,『임진왜란 종군기』, 경서원, 1997.

27) 최근 보도에 의하면 교황 요한 22세가 1333년 고려 충숙왕에게 서한을 보냈다는 서간문이 발견되었다고 한다. 여기서 교황은 '고려 국왕께서 그리스도인들에게 잘 대해주신다는 소식을 듣고 기뻤다'고 썼다 한다.(http://news.donga.com ; 2016.9.29) 고려 원 간섭기에 기독교가 전파되었을 가능성이 있다는 주장이 제기되었으나 아직 실증적인 것은 아니다. 원 간섭기 고려에 와서 국가 정책인 노비제도를 개혁한 正東行省의 平章政事 闊里吉思(『고려사』권31, 충렬왕세가 25년 10월 및 충렬왕 26년 10월)는 동방의 기독교 景敎인 고르기스(Giwargis)이었으나(정중호, 「고려시대 기독교」,『신학사상』160, 2013), 이단으로 취급받은 네스토리우스파였기 때문에 양자간의 상관관계는 없으며, 서구 기독교의 영향을 받았는지는 좀 더 실증적인 검증이 필요하다.

28) 박철,『세스뻬데스-한국 방문 최초 서구인』, 서강대출판부, 1987, 54~56쪽.
29) 황인규,「임진왜란 의승군의 봉기와 전란의 충격」,『한국불교사연구』2, 2013.
30) 四溟 惟政,「甲午四月 入淸正營中 探情記」,『四溟大師亂中語錄』, 무이정사, 2006,

섰던 것이다. 이에 당시 불교계를 주도하였던 영규의 스승 청허 휴정과 동문의 의승 봉기는 이러한 위기에 대응하고자 한 것이며, 유림 조헌도 뜻을 함께 하였던 것이다.

3. 의승장 영규와 의승의 봉기

1) 의승장 영규의 봉기

조선후기 문인 성해응(1760~1839)이 지은 「금산 순절제신전」[32]에 의하면, 영규는 의승 봉기를 하면서 '승려지만 국은에 보답하기로 맘을 먹고 무예를 연습하며 나무로 무기를 만들고 낫 수천을 마련하고 웅용한 승려 500여 명을 준비하였다. 임진란이 일어나 승려들이 흩어져 버리자 기구를 마련하고 기의장(起義狀)을 선포하였으며 3일 낮밤을 통곡하며 호소하자, 여러 승려들이 감격하여 모두 죽기를 허락하고 다시 천여 인이 모여 갑사에서 봉기하였다.'고 한다.[33]

『선조실록』에 의하면, 영규가 의승 300명을 모아 봉기하였다는 소식을 듣고 승려들이 모여들었으며, 800의승이 청주성 전투에서 승리하였다[34]고 한다. 영규와 의병 활동을 함께 하였던 관리 윤선각(小字인 국형으로 널리 알려져 있음)이 1595년(선조 28) 지은 만필집인 『문소만록』에는 영규가

43쪽.
31) 趙慶男, 「을미년 만력 23년, 선조 28년(1595)」, 『亂中雜錄』 3,
32) 成海應(1760~1839), 「錦山殉節諸臣傳」, 『硏經齋全集』 卷60, 蘭室史料3.
33) 成海應, 「錦山 殉節 諸臣傳」, 위의 책, '僧靈圭號騎虛堂 嘗仰觀天象 知中國有亂 咏牛入沙場牛入雲之句 牛入沙場者 欲赴國難 舍生取義也 牛入雲者 佛戒以不殺故也 沈吟徹夜 乃曰一瓢飯一豆羹 皆吾君之澤也 遂習武藝 削木爲器仗 鑄鎌數千 募僧雄勇者五百餘以待 不十年 倭果入寇 寺僧欲散去 靈圭卽大供具 諭起義狀 號哭三晝夜 諸僧感之 皆許以死 復得千餘人 起于甲寺.'
34) 『선조실록』 권29, 25년 8월 26일(계축).

연기에서 활동하였으며,35) 의병장 정경운이 지은 『고대일록』에도 '연기의 의승장'36)이라고 하였다. 이러한 기록에 의하면 영규와 의승들은 공주 갑사에서 연기 일대에 걸쳐 활동하였으며, 후술하는 바와 같이 제1차 금산성 전투, 청주성 전투, 제2차 금산성 전투에 참전하여 대부분 순국·순교하였다.

 그러면 영규와 함께 참전한 의승은 어떠한 인물인지 구체적으로 살펴보기로 한다. 영규는 청허 휴정의 고제이며, 의승장으로 활약이 가장 컸던 사명 유정과 뇌묵 처영의 동문이었다. 청허 휴정의 문도는 1,000여 명에 이르며 그 가운데 법맥을 이은 제자는 70여 명이라고 한다. 휴정의 비문 음기에 오른 입실 제자는 인영·원준·법견·해일·경헌·자휴·행주·덕운·청학·희감·옥정·영규·처영·인오·해안·계오·영숙·담언·학린·의형·은휴·진일·수일·설매 등 수십여 명이 있었다.37) 그들 가운데 휴정의 고제는 사명 유정, 중관 해안, 제월 경헌(1544~1633), 소요 태능(1562~1649)과 기암 법견, 의엄, 쌍익 등이며 임란시 의승으로 참전하여 두각을 나타냈다. 그들 외에 주목되는 것은 1605년(선조 38) 4월에 선무 원종공신으로 책봉된 의승이다. 『선무원종공신녹권』에38) 의하면, 1등 공신은 삼행과 승장 영규, 2등 공신은 해명, 육정, 사정(司正) 희식, 호군(護軍) 영오, 사과(司果) 처묵, 부호군(副護軍) 처영, 상호군(上護軍) 설헌, 혜근, 종인, 승보, 도엄, 한우, 사의, 처영, 영규,39) 법관, 태원, 상일, 옥준, 덕응, 의원, 희인, 호월, 철호, 묘혜, 의병장 홍정, 3등 공신은 사정(司正) 보훈, 도의, 부호군(副護軍) 사묵, 사과(司果) 법근, 사용(司勇) 태헌이다. 승려가 공신으로 책봉된 예는 조선 건국공신으로 책봉된 천태종의 신조40) 이후 처음이자 마지막이 아닐까

---

35) 尹國馨, 『聞韶漫錄』, 『대동야승』 권54.
36) 정경운, 『고대일록』 제1권, 壬辰(1592) 9월 4일.
37) 李廷龜, 「淮陽 表訓寺 淸虛堂 休靜大師碑」, 『조선금석총람』 하, 855쪽.
38) 선무공신도감 편, 『宣武 原從功臣 錄券』 규장각 古 4651-13 ; 임기영, 「『宣武原從功臣 錄券』에 관한 書誌的 연구」, 경북대 영남문화연구원, 『영남학』 21, 2012.
39) 처영과 영규 등이 2인으로 나오는 것은 기허 영규와 동명이인으로 보아야 할 듯하다.

생각된다. 승장 영규[等乙良宣 武原從功臣 一等]와 부호군 뇌묵 처영도 포함되었으며, 승장 홍정은 성정과 함께 의승 1천명을 거느리고 충청도내에 흩어져 전투에 참여하였던 고승이다.[41] 그 외에는 관련 기록을 찾을 수 없어 아쉽기 그지없지만 모두 의승으로 공을 세운 고승이었다. 이에 대해서는 다음 장에서 구체적으로 살펴보기로 한다.

2) 의승 봉기의 실체

의승장 영규가 이끈 의승은 수백 혹은 수천 명으로, 실록에 의하면 의승장 영규가 300명 의승 봉기를 하자 800명에 이르렀다고 한다.[42] 『문소만록』에 의하면 관찰사 윤선각이 내포 지역의 사찰 승려 수 천명을 영규에게 소속(移給)케 하였다고 하며,[43] 『쇄미록』에 의하면 의승 영규의 군사는 2천여 명이었다고 하였다.[44]

의승장 영규와 의승의 구체적인 의승 봉기 관련 사실은 조헌을 비롯한 유림의 추념사업에서도 그 실마리를 얻을 수 있을 것 같다. 즉 조헌의 제자 박정양, 전승업 등이 제2차 금산성 전투에서 순국한 인물들을 중심으로 추념하기 위하여 세운 금산 7백 의총과, 1603년에 세운 「중봉조헌선생 일군 순의비」, 1634년(인조 12)에 설치된 순의단,[45] 1647년에 세워진 종용사,

---

40) 神照는 승려로서는 유일하게 鄭津 原從功臣錄券 功臣名單에 보이고 있다. 황인규, 『고려후기·조선초 불교사연구』, 혜안, 2003.
41) 『선조실록』 권45, 26년 윤 11월 4일(갑신) ; 유성룡, 「戲作禪語 贈僧弘靖」, 『서애집』 권1.
42) 『선조실록』 권29, 25년 8월 26일(계축). 김정호의 『대동지지』에는 700의승이었다고 하였다.
43) 尹國馨, 『聞韶漫錄』, 『대동야승』 권54. 내포지역은 충청남도 伽倻山 주위 十縣으로 충남 서북부지역 충청우도를 지칭한다. 그것이 사실이라면 승군은 관의 통할하에 있었으며 구체적으로 어떤 사찰의 승려인지 알려진 바 없다.
44) 오희문, 「8월 22일」, 『瑣尾錄』 壬辰日錄.
45) 宋時烈, 「錦山郡 義壇堂 齋記」, 『宋子大全』 卷140, 記, '僧將靈圭一壇 靈圭士卒一壇.'

1663년(현종 4)에 편액이 하사된 '종용사'는 유림 중심의 추념사업이었다. 특히 종용사에는 '… 제봉 좌막·중봉 좌막·제봉 사졸·중봉 사졸·승 영규 별사에 분향한다(밀양편에 보인다).'고 되어 있을 뿐이다. 고경명과 조헌처럼 '영규 좌막'(의승장)은 봉안되지 않았으며, '영규 사졸'[46)이라고 명명된 의승들도 있었지만, 구체적인 법명조차 확인할 길이 없다.

그런데 조선후기 문인 성해응(1760~1839)은 「금산 순절제신전」을 지어 다음과 같은 기록을 남겼다.

> 영규와 함께 거사한 자로 이름이 전하지 않는 자가 많은데 종사관 승려 신문, 의병장 판관 승려 공연, 종사관 승려 운우, 의병장 승려 도신, 의병장 승려 홍선, 의병장 승려 각해, 의병장 승려 홍월, 의병장 승려 인진, 의병장 승려 지한, 의병장 승려 운담, 의병장 승려 지원, 군관 승려 확호 만은 진산 미륵사초혼기 중에 기록되어 있다.[47)

위의 내용은 금산성 인근에 위치한 진산 미륵사에서 추념된 「진산 미륵사 초혼기」에서 인용한 기록의 일부이다. 미륵사는 충청남도 금산군 복수면 천비산에 있는 사찰인데, 영규가 머물면서 의승 활동 도량으로 삼았던 듯하며, 영규와 의승의 추념사업이 이루어졌음을 알 수 있다.

위에서 인용한 내용에서 보듯이 금산성 전투에서 순국·순교한 의승의 명단이 나타나 있다. 의승장 영규 외에 의병장 판관, 종사관, 의병장승, 군관승 등의 직책을 지닌 의승장이 있었는데 영규의 예하에 소속된 듯하다. 마치 전라좌수영의 수군 의승군의 편제처럼 부대 편성이 되었던 듯하다. 즉,

---

46) 『大東地志』從容祠, '… 齊峯佐幕·重峯佐幕·齊峯士卒·重峯士卒·僧 靈圭 別祠에 분향한다. 密陽 편에 보인다. 靈圭士卒.'

47) 成海應(1760~1839), 「錦山 殉節 諸臣傳」, 『研經齋全集』 卷60, 蘭室史料三, '靈圭擧事者 多不傳 惟從事官僧信文 義兵將判官僧公衍 從事官僧云祐 義兵將僧道信 義兵將僧弘渲 義兵將僧覺海 義兵將僧弘月 義兵將僧印眞 義兵將僧智閑 義兵將僧云談 義兵將僧智元 軍官僧崔湖 在珍山彌勒寺招魂記中.'

본영의 표호 별도장 옥형 의능과 주진의 순천 송광사 출신 수군 의승장 총섭 자운 원정 삼혜와 유격 별도장 수인 의승장과 그 예하의 좌돌격장 신해, 양병용격장 지원, 우돌격장 성휘 등으로 구성된 것과 유사하였을 것이다. 이 「초혼기」에는 금산 전투 혹은 청주성 전투에서 순국·순교한 의승장과 '영규 사졸'처럼 기록된 의승이 더 많이 있을 것이나 더 이상은 알 수 없다.

다만 실록이나 문집류 등의 기록에 의하면, 영규가 연기에서 모집한 의승 9명[48]과 승장 정만억과 함께 활동한 처일이 있었다.[49] 그리고 후술하듯이 제1차 금산성 전투에 참전한 남원 출신의 의승장 고봉 운일과 의승 성택, 청주성 전투에 참여한 도현과 호남 승장 희묵, 제2차 금산성 전투에 참여한 찬유 등이 찾아진다.[50]

또한 중봉 조헌이 산중에서 승려들에게 의승 참여를 유도하기도 하였는데[51] 영규의 예하 의승이 되었을 것이다. 오희문이 지은 문집에 의하면, 부여 임천 보광사의 승려들이 전장에 나가 많이 죽었다고 하므로, 이들도 영규의 의승군으로 편입되었을 것이다.[52] '충청도 승병은 죽음을 두려워하지 않고 바로 들어가 물러서지 않기 때문에 가는 곳마다 많이 이겼다.'고 하여 의승장 영규 부대의 명성과 부합하기 때문이다.[53] 영규의 의승군은 그의 문도와 공주의 사찰 승려들이 그 핵심을 이루었을 것이다.

이상에서 살펴본 바와 같이 현전하는 제 기록에 의하면 영규가 봉기할 때 의승군 규모가 300여 명 혹은 500여 명이었다가 700여 명 혹은 800여 명, 1000여 명, 2천여 명이 전투에 참여하였다고 한다. 이들은 의승장

---

48) 尹國馨, 『聞韶漫錄』, 『대동야승』 권54.
49) 『재조방번지』 2 ; 『대동야승』 권36, '本道의 大小戰亡한 張智賢 이하 僧 處一 鄭億萬 등과 같이 정신 토적한 이들은 이미 恩賞을 내렸으니 너(조헌)는 내 뜻을 잘 타일렀으면 좋겠다.'
50) 이에 대한 전거는 본문 4. 항목에 제시되어 있다.
51) 申炅, 『再造藩邦志』 ; 李希齡, 「壬辰 八月」, 『藥坡漫錄』 卷30. '僧靈圭俗名鄭萬億 能討賊.'
52) 吳希文, 『瑣尾錄』, 癸巳日錄 11월 6일.
53) 吳希文, 『瑣尾錄』 1 임진일록 8월 9일.

영규와 더불어 제1차 금산성 전투, 청주성 전투, 제2차 금산성 전투에 참전하게 되는데 이에 대해서는 다음 장에서 살펴보기로 한다.54)

4. 의승장 영규와 의승의 전투

2) 제1차 금산성(눈벌) 전투

제1차 금산성 전투는 임진년 7월 9일부터 10일까지 2일 동안 전라좌도 의병장 고경명을 중심으로 종사관 안영과 유팽로, 방어사 곽영, 영암군수 김성헌 등 약 7천명의 의병들이 참전하였다. 금산에 주둔하고 있던 일본군 고바야카와 다카카게(小早川隆景, 1533~1597)와 감군승 안코쿠지(安國寺) 에케이(惠瓊, ?~1600)와의 전투이다. 안코쿠지 에케이는 요호 에케이(瑤甫惠瓊)라 불리며 일본 교토(京都) 도후쿠지(東福寺)에서 승려가 되어 도후쿠지파 안코쿠지(安國寺)의 주지로 있었다. 후술하는 바와 같이 그는 제2차 금산성 전투에도 감군승으로 참전하였다.

고경명은 6월 11일 담양부에서 봉기하여 전주에 이르면서 7천여 명의 의병을 모집하였다. 고경명은 6월 27일 여산부를 출발하여 은진현을 거쳐 7월 1일 현산현에 도착하여 진지를 편성하고 금산성을 공격하였다. 이때 영규와 의승도 참여하였음은 다음의 기록을 통해 알 수 있다.

> 상장이 사졸들을 부서별로 나누었는데 공으로 선봉을 삼고 안공으로 후군을 삼고 상장은 중군에 거하여 떠날 작정을 하고 경우는 진산의 본진을

---

54) 금산 전투는 갯터 전투(6.23), 곰치재(웅치) 전투(7.7), 배치재(이치) 전투(7.8), 눈벌 전투(제1차 금산성 전투, 7.10), 청주성 전투(8.1), 연곤평 전투(제2차 금산성 전투, 8.17~18) 다섯 차례가 있었다. 영규와 의승, 조헌과 의병이 참전한 전투는 제1차 금산성(눈벌) 전투, 청주성 전투, 제2차 금산성(연곤평) 전투였다. 나태종, 앞의 논문, 2011 참조.

지키도록 했다. 해가 질 무렵에 성문을 두들기며 들어오는 자가 있어
보니 충남이었다. 그가 급하게 다음과 같이 아뢰었다. '전일 말씀하신
영규상인이 승도 수백명을 거느리고 왔습니다.' 공은 즉시 나가서 맞아들여
인사를 나눈 다음 상장에게 말하였다. '영규가 왔으니 이는 반드시 하늘의
도움입니다.'[55]

위의 기록은 호남뿐만 아니라 전국 최초로 기병한 의병장 월파 유팽로의
문집 『월파집』에 게재된 내용 가운데 일부이다. 즉, 유팽로의 의병대는
고경명 의병대의 휘하에 들어가 진산 즉, 제1차 금산성 전투인 눈벌 전투에
참전하였는데 영규가 이끄는 의승 수 백명이 참전하자 상장인 고경명이
하늘의 도움이라고 감탄하였다는 것이다.[56] 여기에는 중봉 조헌이 임진왜
란 전에 대둔산 승려 찬유를 비롯한 네 명에게 권유해서 금산성 전투에
참전했으며,[57] 의병장 고경명과 교유한 바 있는,[58] 남원 출신 의승장 고봉
운일도 의병장 이산겸이 권유하여 영규의 의승군에 참전하였다.[59] 오희문
의 『쇄미록』에 의하면 의승 성택도 이 전투에 참여하였다.[60]
제1차 금산성 전투는 다른 전투와 마찬가지로 관군과의 알력과 무관심으
로 고경명 부자가 전사하는 등 패배하였으나, 결과적으로 호남 의병의
활동을 더욱 촉발케 하였다는데 그 의의가 있다.

---

55) 유팽로, 「임진 7월 초7일 갑자」, 『월파집』 권3.
56) 위와 같음 ; 『호남절의록』 권3, 상 壬辰義賊 文烈公趙重峰憲 同殉諸公 事實. 이
   전투에 영규와 의승군이 참전하였으나 거의 주목받지 못해 아쉬울 뿐이다. 조원래
   교수가 각주에서 이러한 사실을 명기하고 있으며(조원래, 앞의 논문, 103쪽 각주
   64)) 이철헌도 역시 이를 인정하여 서술하고 있다. 이철헌, 앞의 책 참조.
57) 宋時烈, 「重峯趙先生 行狀」, 『宋子大全』 卷207, 行狀 ; 李肯翊, 『燃藜室記述』 卷16,
   宣祖朝故事本末.
58) 高敬命(1533~1592), 「感舊遊 題雲逸軸」, 『霽峯集』 卷5, 詩.
59) 李安訥, 1571~1637), 「贈雲逸上人」, 『東岳集』 卷9, 潭州錄, '師號高峯 南原人也 壬辰海
   賊之亂 以義僧從軍 功勞積著 受訓鍊正職帖 今差全羅左道總攝 句管金城修築之役 領率
   緇徒 營建寺刹.' ; 李安訥(1571~1637), 「次雲逸上人詩卷韻」, 『東岳集』 卷9, 潭州錄,
60) 오희문, 「8월 26일」, 『쇄미록』 壬辰日錄.

2) 청주성 전투

영규는 제1차 금산성 전투 후 충북 옥천으로 가서 가산사 혹은 문경 혜국사에서 의승군을 훈련시켰던 듯하다. 그런 후 7월 15일쯤에 청원의 안심사로 이동하여 7월 말쯤에 청주성 서문 앞 빙고현에 주둔하였다가 8월 1일 싸움을 시작하였다.[61]

당시 천안 직산 등지를 제외한 충청도 동부지역 대부분이 일본군에게 점령을 당하였고 6월초 이후부터는 경상도처럼 관군은 없는 것이나 다름이 없는 상태였다. 호남과 충청우도를 공략하는 데 교두보 역할을 할 수 있는 청주에서는 일본군 후속부대인 하치츠카 이에마사(蜂須賀家政)의 7,000명의 군이 방어사 이옥과 신립을 이긴 후 그 중 일부가 주둔하고 있었다.[62]

방어사 이옥은 7월말 즈음 연기에서 청주로 진격하고 있었으며, 영규는 열흘 동안에 대오를 정리하여 청주 안심사에 나가 진을 치고 있으며,[63] 조헌의 의병과 만나기로 하였다. 영규가 의승 800여 명, 조헌이 1,600여 명, 박춘무가 500여 명, 관군의 방어사 이옥과 연기현감 임태, 문의현감 남절이 군사 500여 명을 데리고 연합부대를 형성하여 8월 1일 청주성을 공격하였다. 영규의 의승과 조헌의 의병은 청주성의 서문을, 박춘무의 의병은 남문을, 관군은 북문을 목표로 하였다.[64] 『문소만록』에 의하면 '조제독(조헌)은 일찍이 8월 1일, 영규의 진으로 가서 군사 수백 명을 내어 싸움을 도왔다. 이때 영규가 쓸만한 사람임을 알고 유성으로 따라가서 영규와 진영을 합하고, 영규를 독려하여 함께 금산으로 들어갔다.'고 한다.

『선조실록』에 의하면 '공주에 있던 승려 영규가 모집한 승군 800명을 거느리고 함성을 지르며 돌입하자 제군이 승세를 타고 수급(首級) 51과를

---

61) 강현모, 『기허당 영규대사의 서사전승연구』, 역락, 2013, 36~37쪽.
62) 곽제호, 「호서 의병연구」, 충남대 박사학위논문, 1997 참조 바람.
63) 尹國馨, 『聞韶漫錄』, 『대동야승』 권54.
64) 위와 같음.

참획하였는데 남은 적은 밤을 틈타 도망갔습니다.'65)라고 하였다. '승명이 영규라고 하는 자가 있어 그 무리를 모아 모두 낫을 들게 하고 호령을 매우 엄히 하여 드디어 청주의 적을 공격하였다.66) 당시 청주성 전투는 '충청도의 승병이 그 죽음을 두려워하지 않고 바로 들어가서 물러서지 않기 때문에 가는 곳마다 많이 이긴다고 한다.'67)고 소문이 날 정도였다.

이 전투에 참전한 영규의 의승군은 800여 명 혹은 천여 명이라 하였는데 구체적으로 청주성 전투에 참여한 승려 사례를 들어보면 다음과 같다. 공주목사 허욱이 내포의 승군 수천 명도 포함되었을 것이라 하였으며, 다음과 같이 의승 도현이 찾아진다. 즉, 승려 도현의 공초에, '승려 영규의 의진군으로 청주와 금산 싸움에 나아가 싸우다 절벽에서 떨어져 겨우 살아 돌아왔는데 이산겸의 근처에 살았기 때문에 스스로 응모하여 종군하였습니다. 지난해 5월에 경상도로 따라갔다가 굶주림으로 돌아왔습니다.'68) 즉, 도현은 청주성 전투 전년 1591년에 경상도 지역에 승역을 마치고 5월 돌아와 있다가 의병장 이산겸의 권유로 영규의 의진군 즉, 의승군에 참여하였지만 이산겸의 당으로 몰려 국문을 당하였다. 영규의 의승군 모집에 관군 공주목사의 후원도 있었지만 의병장 조헌과 이산겸 등의 권유도 주효하였으며, 영규의 제2차 금산성 전투도 참전하게 되며, 이 전투에서 살아남았다.

그리고 정구의 문인으로, 호남 의병을 이끌었던 조익(1556~1613)의 문집 『가휴집』 가운데 「진사일기」69)에는 '호남 승장이 승군 700명을 이끌고 청주성 전투에 참여하였다'는 기록이 찾아진다. 여기서 호남승장은 순천에

---

65) 『선조실록』 권30, 25년 9월 15일(임신).
66) 朴東亮, 『奇齋史草』 下, 「壬辰日錄」 3, 8월.
67) 오희문, 「8월9일」, 『쇄미록』 임진일록.
68) 『선조실록』 권48, 27년 2월 6일(을묘).
69) 趙翊(1556~1613), 『可畦集』 卷7, 「辰巳日記」, '聞湖南僧將 倡率僧軍七百餘名 方到淸州 與其道防禦使牧判官等 謀擊留州賊 僧將自爲先鋒 刻日促事 而諸將逗遛不許云 此僧才力過人 智計不淺 軍法亦極嚴明 而以時未捕賊 不食官糧云.'

거주하는 희묵인 듯한데,[70] 의승 700여 명을 이끌고 청주에 도착하여 선봉에 섰다고 한다. 충청우도 내포의 의승뿐만 아니라 의병장 고경명과 유팽로 등 의병과, 남원 출신의 의승장 고봉 운일처럼 호남의 의승도 참전하였던 것이다.[71]

또한 40여 명의 의승이 청주성 전투에 참여하였다. 즉, 『쇄미록』에 의하면 청주 문의 일대, 즉 청주성 전투에서 승병 40여 명이 참여하였는데, 이들은 고산 등의 승려들과 약속하고 다음 전투에 다시 참여하기로 하였다는 것이다.[72]

이들의 전투로 왜군에게 청주성을 빼앗긴 지 3개월 만에 성을 탈환하였다. 『선조수정실록』에 기록되어 있듯이 '청주의 전투는 실로 영규가 지휘하고 계획한 것이었다.'[73] 이 승전의 소식을 받은 선조는 그해 9월 이미 순국한 영규에게 그 전공으로 종2품 지중추부사라는 벼슬을 추증하였으며, 승장으로서는 최초로 당상직이 제수되었다.[74] 영규와 의승의 청주성 전투 직후 청허 휴정과 문도들을 중심으로 전국의 승려가 봉기하기에 이른다.

3) 제2차 금산성(연곤평) 전투

영규와 의승군은 청주성 전투 후 8월 10일 즈음 유성 일대에서 진을 치고 있었는데 충청도관찰사 윤선각의 동의를 받아 제2차 금산성 전투의 선봉에 서기로 했다.[75] 조헌은 청주성 탈환 후 북상 중 온양에 있었는데 일본군의

---

70) 趙翊(1556~1613), 「辰巳日記」, 『可畦集』 卷7, 壬辰十月 四日, '自是郡得醬一甕 使鄭大春 領去恩津 發行 敬叔向盆山 余歸高山 主倅年友申子受也 此人亦領義僧千餘 將作勤王之行 僧將卽順天居熙默也 熙默請詩 走草以塞其願 詩在元集.'
71) 高敬命(1533~1592), 「感舊遊 題雲逸軸」, 『霽峯集』 卷5, 詩 ; 李安訥(1571~1637), 「次雲逸上人詩卷韻」, 『東岳集』 卷9, 潭州錄 ; 李安訥, 「贈雲逸上人」, 『東岳集』 卷9, 潭州錄, '師號高峯 南原人也 壬辰海賊之亂 以義僧從軍 功勞積著 受訓鍊正職帖 今差全羅左道總攝 句管金城修築之役 領率緇徒 營建寺刹.'
72) 오희문, 「8월 9일」, 『瑣尾錄』 壬辰日錄.
73) 『선조수정실록』 권26, 25년(1592) 8월 1일(무자).
74) 『선조실록』 권30, 25년(1592) 9월 12일(기사).

금산 점령으로 위기가 더해가자 순찰사가 금산성을 공격하자는 제의를 함으로써 8월 16일 영규의 의승군과 합류하여 금산으로 진격하였다. 조헌은 윤선각의 계략에 말려들어 의병들의 수는 줄어들고 700여 명만 남게 되는 상황이 오자,[76] 당시 의병장에게 승려들이 의승으로 참여할 것을 유도하였다. 조헌은 의병의 규모가 줄어들자 의승의 참여를 독려하여 영규의 의승에 소속케 하였던 듯하다.[77] 결국 전라도순찰사 권율과 만나 8월 18일 진격하기로 하였으나 회보가 없자 금산리 5리 안에서 진을 치고 때를 기다리고 있었는데 조헌의 의병이 진격하자 영규의 의승도 합세하였다.

영규는 관군과의 연합작전을 위하여 때를 늦추자고 하였으나 조헌이 듣지 않고 진격하자 조헌을 혼자 죽게 할 수는 없다고 하면서 제2차 금산성 전투에 참전하였다.[78] 하지만 일본군 고바야가와(小早川隆景)와 감군승 요호 에케이(瑤甫惠瓊) 휘하 1만 5천여 명을 상대하기에는 의승과 의병은 규모나 전략이 미흡했다. 당시 금산성 전투에 참전한 영규의 의승은 2천여 명이었으며, 1천 8백여 명의 의병을 이끈 조헌은 '대장부가 죽으면 그만이지 구차스럽게 살 수는 없다.' 하고, 북을 울리며 더욱 급하게 전투를 개시하였으며, 영규도 조헌 혼자 죽게는 놔둘 수 없다며 육박전을 벌였으나 감당할 수 없었다.[79] 앞서 언급했듯이 당시 의승장 영규와 예하 의승장의 구체적인 기록은 성해응(1760~1839)이 지은 「금산 순절제신전」에서 그 편린을 엿볼 수 있다.

의승장뿐만 아니라 금산 종용당에 봉안된 '영규 사졸'로 지칭된 의승도 참전한 한 사례가 찾아진다. 즉, 우암 송시열의 『송자대전』에 의하면 중봉 조헌은 임란 발발 전 대둔산 승려 네 명에게 의승을 권유한 일이 있는데

---

75) 尹國馨, 『聞韶漫錄』, 『대동야승』 권54.
76) 『선조수정실록』 권26, 25년 8월 1일(무자).
77) 조헌, 「호서 의병장은 승도들에게 通諭하노라」, 『중봉집』 권13, 通諭釋徒文(8월 10일).
78) 尹國馨, 『聞韶漫錄』, 『대동야승』 권54.
79) 오희문, 「8월 22일」, 『쇄미록』 壬辰日錄 8월 22일.

영규의 의승군에 소속되었다고 생각된다.80) 그들은 금산성 전투에 참전하여 세 명은 전사하고 찬유만 생존하였다.

『문소만록』에 의하면, 이 전투에서 죽은 조선의 군사가 10명 중에 8~9명이나 되었고, 적도 죽은 자가 많았다.81) 이 전투로 인해 일본군의 호남 침략을 봉쇄할 수 있었다.

5. 나가는 말

이상에서 살펴본 바와 같이 기허 영규는 중봉 조헌과 함께 임진란이 발발할 것을 예견하고 전란 전에 봉기를 준비하였다. 즉, 조헌은 종군승 겐소의 정탐에 저항하여 지부상소로 극간하고 김제 금산사에서 뇌묵 처영과 영규가 조우하여 임진왜란에 대비를 하였던 것이다. 일본의 종군승은 주로 12세기 무렵 받아들인 임제 선종승으로, 일본의 국도 교토의 5개 사찰을 중심으로 한 이른바 '5산 문화' 승려들이었다. 이들은 막부 정권의 정치외교 고문 승려로 활동하였는데 임란을 전후하여 자문 역할을 하였을 뿐만 아니라 전투에 직접 종군하였으며, 나아가 감군승으로 참전하기도 하였다. 이러한 상황의 전개에 대하여 유림의 중봉 조헌도 예견하고 있었으며, 특히 불교계의 영규도 이러한 인식을 함께 하여 의승 준비와 봉기를 하였던 것이다.

영규의 최초의 의승 봉기는 그의 스승 청허 휴정과 문도들을 중심으로 전국적인 것으로 이어지게 하였는데 일본 불교의 침투에 대한 위기의식에 기인한 바 컸다. 불교의 종군승 또는 감군승을 앞세우고 참전한 일본의 침략에 맞서 대비하고 최초의 의승 봉기를 하였던 것이다. 의승장 영규가

---

80) 宋時烈, 「重峯趙先生 行狀」, 『宋子大全』 卷207, 行狀 ; 李肯翊, 『燃藜室記述』 卷16, 宣祖朝故事本末.
81) 尹國馨, 『聞韶漫錄』, 『대동야승』 권54.

참전한 전투는, 청주성과 금산성 전투만이 알려졌으나 최초의 의병장으로 알려진 월파 유팽로, 고경명 의병장이 이끈 제1차 금산성 전투에도 참전하였다.

영규가 이끄는 의승은 수 백명 이상 수 천여 명에 달하였지만 구체적인 실체가 밝혀진 바 없다. 이에 본고에서 밝혀진 의승을 제시하면 다음과 같다. 즉, 성해응이 남긴 기문「진산 미륵사초혼기」에 의하면, 의병장 중봉 조헌의 병과 더불어 영규의 승장인 사관 군관승(의병장 판관승 1명, 의병장승 8명, 종사관승 2명, 군관승 1명)만이 찾아지고 있으나 '영규 사졸'로 명명된 의승은 법명조차 알려진 바가 없다. 다만 현재로서는 실록이나 여러 기문에 20여 명이 찾아진다. 즉, 의승장 영규 휘하에 의병장 판관승 공연, 의병장승 도신, 홍선, 각해, 홍월, 인진, 지한, 운담, 지원으로 8인, 종사관승으로 신문과 운우 2인, 군관승 추호 그리고 영규 사졸이다. 기문류에 보이는 의승은 남원출신 의승장 고봉 운일(『동악집』), 연기 출신 의승장 정만억(『문소만록』), 호남 의승장 희묵(『가휴집』) 4인, 의승으로 찬유 외 대둔산 승 3명(『송자대전』), 도현(『선조실록』), 연기군 의승 9명, 처일(『문소만록』) 등 19인이다.

이와 같이 영규와 함께 전투에 참전한 수백 또는 수천 의승 가운데 그 일부만이 확인되었으나 여타의 기록에 의하여 보다 많은 의승의 실체가 밝혀져 그들의 순국·순교 정신이 기억되어야 할 것이다.

III. 임진왜란기 충청지역 의승의 참전

1. 들어가는 말

충청도는 한반도의 중간 지점에 위치하여 경상도와 전라도를 연결하는 교통의 요충지이다. 충청도 지역은 임진왜란 전에는 북방이나 남방의 침입을 거의 받지 않았다. 임진왜란시 왜군은 충주와 청주, 금산 지역으로 나누어 북상하였기 때문에 피해가 적지 않았다. 청주성은 왜적이 한양으로 북진하는 3로 중 하나로 전략적 요충지였으며, 금산성은 호남과 영남, 충청도인 하삼도의 전략적인 요충지였다. 그 대표적인 지역으로 신립(1546~1592) 장군의 탄금대 전투가 벌어진 충주와 의병장 중봉 조헌(1544~1592)과 의승장 뇌묵 처영, 기허 영규(1537~1592), 의병장 고경명(1533~1592)이 참전한 청주성 전투와 금산성 전투가 전개되었던 청주와 금산 등이다.

충청 의병에 관한 연구는 경상도와 전라도의 그것과 비교하여 연구가 미진한 편이다.[1] 더욱이 의승에 관한 연구는 아직 초보적이며,[2] 충청

---

1) 최근묵, 「임란 때의 호서의병에 대하여」, 『충남대논문집』 9, 1970 ; 김진봉, 「임진란 중 호서지방의 의병활동과 지방사민의 동태에 관한 연구」, 『사학연구』 34, 1982 ; 곽호제, 「임진왜란기 청주성전투의 의병장 연구」, 『충남사학』 10, 1998 ; 곽호제, 『임진왜란기 호서의병연구』, 충남대학교 박사학위논문, 1999 ; 곽호제, 「임진왜란기 이치대첩의 의의와 재검토」, 『충남사학』 12, 2000 ; 곽호제, 「옥천지역에서의 조헌의 위치」, 『호서지방사연구』, 2003 ; 곽호제, 「임진왜란기 호서의병의 기반과 활약」, 『임란의병사의 재조명』, 안동시, 임진란정신문화선양회, 2012 ; 이석린, 「화천당 박춘무의 임진왜란 의병활동」, 『중원문화논총』 4, 충북대학교 중원문화연구소, 2000 ; 이석린, 「임진왜란기 청주성전투와 의병활동」, 『충북사학』 11·12합집, 충북대학교 사학회, 2000 ; 이석린, 『임란의병장 조헌연구』, 신구문화사, 1993 ; 이석린, 『의병장 박춘무일가의 삼대 창의록』, 청주향교, 2005 ; 김의환, 「임진왜란기 청주 의병과 조경의 의병활동」, 『역사와 담론』 43, 2006 ; 임선빈, 「임진왜란 초기

의승에 관한 연구는 거의 없다.3)

충청도 최초의 의승과 의병 봉기는 1592년 5월 3일 승려 영규와 의병 조헌이 참전한 청주 전투였다.4) 10일 뒤인 5월 13일 장지현(1536~1593)이 영동에서 기의하여 추풍령 전투에 참전하였으나 패배하였다. 그 후 조헌은 옥천과 공주, 홍주, 온양 등에서 모병하여 같은 해 6월말~7월 초에 청주성을 탈환하였다. 같은 해 7월에 박춘무(1544~1611)와 조강(1527~1599)이 청주에서, 그 해 10월 하순에 이충범(1520~1598)이 옥천에서, 심수경(1516~1599)이 온양에서 각기 봉기하였다.

그런데 충청도 의병장 조헌이 4차에 걸쳐 봉기할 때 청주성 전투와 금산성5) 전투에 의승장 영규 등과 연합하였다. 임란기 의승의 효시는 서산대사 청허 휴정(1520~1604)의 제자 영규였다. 공주 계룡산 갑사에서 봉기한 영규는 조헌과 호응 연합하여 500여 의승을 일으켜 청주성을 탈환하였다. 청주성의 탈환으로 왜군의 후방 보급 및 연락망이 차단되어 그들의 사기가 저하되었으며, 조선군은 반격의 실마리를 찾게 되었다. 영규와 더불어 처영은 권율(1537

　　공주 의병의 활동과 성격」, 『역사와 담론』 71, 2014.
2) 이장희, 「임진왜란 승군고」, 『이홍직회갑기념 한국사논총』, 1969 ; 안계현, 「조선전기의 승군」, 『동방학지』 13, 연세대 동방학연구소, 1971 ; 양은용, 「전라좌수영의 의승수군에 관한 연구」, 『전남문화재』 3, 전라도, 1991 ; 김용태, 「임진왜란 의승군 활동과 그 불교사적 의미」, 『보조사상』 37, 2012 ; 고영섭, 「조선후기 승군제도의 불교사적 의미」, 『한국사상과 문화』 72, 2013.
3) 곽호제가 박사논문을 쓰면서 일부 언급을 한 것이 유일하다시피 하다. 필자의 의승군에 관한 연구는 다음과 같다. 황인규, 「서산대사의 승군활동과 조선후기 추념사업」, 『불교사상과 문화』 1. 중앙승가대학교 불교학연구원, 2009 ; 황인규, 「임진왜란 의승군의 봉기와 전란의 충격」, 『한국불교사연구』 2, 2013 ; 황인규, 「의승장 기허영규와 의승의 봉기-특히 일본 종군승과 의승의 실체를 중심으로」, 『동양고전연구』 66, 2017.
4) 『중봉집』 부록 권1, 「(重峯)年譜」, '五月初三日 傳檄募義(文逸不錄)' ; 『燃藜室記述』 卷16, 宣祖朝故事本末 趙憲·승려 靈圭·邊應井 붙임.
5) 금산군은 본래 전라도였으나 1895년(고종 32) 금산군과 진산군은 공주부에 속하였고, 이듬해에 다시 전라북도에 편입되었다. 1963년 충청남도에 편입되어 지금에 이른다. 이렇듯 본고에서 다루는 금산과 대둔사 등 지역은 전라도였으나 현재 행정구역상 충청도 지역에 포함되므로 충청도 범주에서 다루었음을 밝혀둔다.

~1599) 장군과 함께 평양성 전투와 행주성 전투에 참여하였다. 영규는 청주성 전투와 금산성 전투에 참전하였다가 순교하였다.

영규의 청주성 전투뿐 아니라 충청좌도와 충청우도의 의승 활동에 대해서도 살펴보았다. 의엄과 함께 전투에 참전한 충청도 총섭인 능인과 충청좌도의 의승으로는 보은 속리산 법주사의 의승 초언, 의승장 홍정과 성정 그리고 충청우도의 의승으로는 아산 개현사 의승장 일현, 도현, 의승장 정만억, 의승 처일, 공산성 의승장 계원, 부여의 무량사 의승장 능운과 의승 의균, 부여 도천사 설미,[6] 대둔산의 알 수 없는 의승 3명 등이다. 이러한 충청도 의승장과 의승의 활동은 대부분 새롭게 찾은 것이나 그 기록 자체가 의승의 존재에 그친 경우가 많아 아쉽기 그지 없다.[7]

2. 충청좌도의 의승

1594년(선조 27) 3월 당시 충청도의 사찰이 40여 소에 달하고 있는데 이들 사찰에서 소유한 위전이 쓸모없는 공한지가 되고 간악한 토호에게 점유당하기도 하였다고 한다. 사찰의 위전을 몇 해 만이라도 훈련도감으로 귀속시켜 군대의 식량으로 충당케 하였다.[8] 이러한 사정 속에서도 충청도를 포함한 하삼도의 의승 수천명을 모집할 수 있다고 하였다.[9] 임진란시

---

6) 일반 의병의 경우 1594년 3월 의병이 해산되고 관군에 예속되었지만 의승은 관으로부터 해체 당하지 않았을 뿐만 아니라 관군이 재정비되고 중국의 명군이 후원한 후에 군량 수송도 담당하게 되었으며, 서울 수복 후에는 성을 쌓는 데에도 참여하였다. 이계표, 「별가별전 의승군과 의승수군」, 『호남학산책』, 재단법인 한국학호남진흥원 : https://www.hiks.or.kr 참전 전투 사실의 기록으로 나타나지 않지만 이러한 의미에서 충청우도에 등장하는 의승장 능운, 계원과 의균, 설미 등을 처음으로 부각시키고자 한다.
7) 본고는 필자가 이미 다룬 영규의 청주성 전투와 금산성 전투에 관한 논고에 정체 보강하였으며 충청도 지역의 의승 전투를 새롭게 추가하여 서술하였다.
8) 『선조실록』 권49, 27년(1594) 3월 1일(기묘).
9) 『승정원일기』 14년 병자(1636) 9월 20일(신유), '羅州幼學鄭缺上疏曰…次次召募

사명 유정과 뇌묵 처영의 의승이 힘을 다해 싸워 당시 칭찬을 많이 받았다고 하면서 하삼도의 의승을 모집해야 한다는 것이다.[10] 오희문(1539~1613)의 『쇄미록』에 의하면 '충청도의 승병이 그 죽음을 두려워하지 않고 바로 들어가 물러서지 않기 때문에 가는 곳마다 많이 이긴다.'고 한다.

> (1593년 1월 8일) 대장(김홍민)의 일행이 출발하고 나는 뒤처져서 <u>공림사로 달려갔는데 의병장 박춘무(朴春懋, 朴春茂의 오기)가 죽산진이 있었던 곳에서 와 주성암 부근에 있다는 것을 들었기 때문에 찾아가 만났다.</u>[11]

대장 김홍민과 의병장 박춘무가 괴산 공림사와 옥천 주성암을 근거로 의병 활동하는 장면인데 당연히 의승들도 참전하였다.[12] 이들은 사찰을 주진소 또는 구례 석주관 대장소,[13] 의병소[14]로 삼아 의승 전투에 참전하였다. 예컨대 상주 황령사의 의병소[15]에서 군대의 일을 처리하였다[16]든지 군막으로서 의병 40여 명을 모집하였다[17]는 것이다.

則下三道僧兵數千 可不勞而得矣.'
10) 吳希文, 이민수 역, 『瑣尾錄』 권1, 임진남행일록, 8월 9일. 海州吳氏 楸灘公 派宗中, 58쪽, '聞忠淸僧兵 不畏其死 直入不退 故到處多捷云 若以此僧爲先鋒 則庶可成功成功矣.'
11) 조익, 「1593년 1월 8일」, 『가휴진사일기』, '大將發行 吾則落後 馳到空林寺 聞朴義將春懋 自竹山陣所來 在酒城菴近地 故歷見 問竹山歲前交戰之由 義將領兵先赴 數邑守令同時進兵 賊亦勢窮 顯有遁去之狀 兵使觀望不入 賊之隣陣 馳赴來援 我軍將退之際被傷甚多云 噫 兵使徒擁重兵 致誤軍機 若論其罪 萬死何惜.'
12) 空林寺는 충청북도 괴산군 청천면 사담리 남서쪽 자락에 있는 절이며, 酒成菴은 충청북도 沃川郡 靑山面에 있는 암자인 듯하다.
13) 『丁酉亂日記』, '軍糧一百三石 運下石柱大將所 僧軍百五十三名 與諸義士同死於□中'; https://buddhaland.dongguk.edu/
14) 유팽로, 「1592년 5월 6일」, 『월파집』, '初六日(乙丑) 朝後 公坐空樓 召僧徒 曰 汝能出奇計平倭者 皆從我 時 所在者 只十僧而已 皆對曰 小僧等 守寺得生 所願如此 此亦公之力也 但所助軍糧米十石 日昨運置于本邑義兵所矣.'
15) 조정, 「1592년 8월 1일」, 『검간집』 일기, '赴黃嶺寺義兵所.'
16) 조정, 「1592년 8월 4일」, 『검간집』 일기, '赴黃嶺寺 料理軍中之事 設伏累日 而未獲一級 深痛深痛.'

(1592년 10월 28일) 일행은 출발하여 대사(법주사)의 도청에 도착했다. 여옥과 같이 갔는데 이면부·김방량(金德民)·김국형·김순근 등 여러 사람이 유현까지 와서 기다렸고, 청천에 도착하니 날이 이미 저물었다. 홍명천(자는 근형)이 이미 청천현 객사에 와서 기다렸다가 같이 일 할 수 있는 사람으로 모두 70명 적은 것을 꺼내주었는데 군정(軍丁)이 겨우 80여 명이었다. 금산(금천)에 매복했던 의병군 승려 초언(楚彦)이 먼저 와서 승전보를 알리니 기뻤다.[18]

이처럼 임진란시 사찰은 전투기지로서 역할을 하였는데 법주사의 경우 도청이라고 하였다.

1) 청주

임진왜란시 호서까지 올라온 왜적들은 그 수 또한 많았는데, 청산·회인·보은·청주 등 여러 고을들을 두루 함락시켰다고 한다.[19] 당시 충청도는 나라의 문호이므로, 그 방비가 급한 것이 양남에 버금가는 곳이었다.[20] 임진왜란시 호남으로의 관문이라고 할 청주와 금산은 중요하게 간주되어 아래와 같이 다섯 차례의 전투가 있었다. 충청지역과 관련해 갯터 전투와 곰티재 전투, 배티재 전투, 청주성 전투, 금산성 전투 등이 전개되었다. 그 가운데 청주성 전투에 대해서 살펴보자. 1592년 4월 13일 부산포에 상륙한 왜군은 14일에 부산과 동래를 공략하였다. 그 후 왜군의 북상로

---

17) 조익, 「1592년 8월 8일」, 『가휴집』 일기, '赴黃嶺寺軍幕 咸昌官軍應募爲義兵者 多至四十餘人 縣監初旣不憚 從自願許入.'
18) 趙翊(1556~1613), 「10월 28일」, 『可畦集』 『辰巳日記』, '發行 到大寺都廳 與汝沃同往 李勉夫 金邦良 金國馨 金 純謹諸人 來待杻峴 到靑川則日已夕矣 洪明川謹形已來待 縣舍 錄出同事人竝七十 軍丁只八十許矣 金山設伏軍僧 楚彦先來 報捷音 可喜.'
19) 조정, 「1592년 5월 6일」, 『검건일기』.
20) 『선조실록』 권45, 26년(1593) 윤11월 4일(갑신), '備邊司啓曰 忠淸道 國之門戶防備之急 亞於兩南.'

세 개 중 구로다 나가마사(黑田長政)가 지휘하는 제3진의 왜군이 창원, 성주, 금산을 거쳐 영동, 옥천, 문의, 청주, 죽산을 경유하여 한양으로 진격하였다. 왜군은 한양으로 가는 최단거리 경로이자 중요한 거점이면서 호남과 충청도를 공략하는 데 교두보 역할을 할 수 있는 청주에 왜군의 일부를 주둔시켰다. 즉, 청주성의 왜군 병력은 일본군 후속 부대인 하치스카 이에마사(蜂須賀家政)군의 7,000명이 방어사 이옥과 신익을 이긴 후 그 중 일부가 주둔하고 있었다.[21]

당시 충청지역의 경우, 전 지역에 왜군이 진입해있던 상황은 아니었다. 청주에는 수백 명 정도의 왜군이 있었으며,[22] 그 외에 금산과 주변 지역에 주둔하고 있을 뿐이었다. 금산의 적은 전라도 남하를 목표로 삼고 있었다. 충청지역의 의병들은 은진, 연산, 진천, 옥천을 방어하고 있었다.[23]

왜군이 청주로 진입하자 충청도관찰사 윤선각과 방어사 이옥은 전투를 회피하였고, 왜군은 쉽게 청주성을 점령하였다. 청주성을 점령한 왜군을 공격하기 위하여 조헌은 박춘무·영규와 함께 작전을 수립하였으며, 이들 세 사람은 각각 청주성 일대로 집결하였다. 그 규모는 조헌이 1,600여 명, 영규가 의승 800여 명, 박춘무가 500여 명, 관군으로 방어사 이옥, 연기현감 임태, 문의현감 남절의 군사가 500여 명이었다.

임진왜란이 발발한 그해 여름 왜군이 청주까지 점령하자 영규는 승려 700여 명을 엄격히 선발하여 의승군을 일으켰고, 청주 승려 300명도 합세하여 1,000명의 의승군을 거느리고 8월에 청주로 쳐들어갔다. 이 소식을 듣고 황급히 달려온 의병장 조헌과 합세하여 왜군과 싸워 청주를 탈환하였다고 한다.

조헌은 의승장 영규와 이광륜, 박춘무 등 함께 8월 2일 청주성을 탈환

---

21) 곽제호, 앞의 논문 참조.
22) 『쇄미록』 권1, 임진 남행일록, 7월 26일 ; 『쇄미록』 권1, 임진 남행일록, 7월 26일.
23) 『쇄미록』 권1, 임진 남행일록, 176~182쪽. 의병 종사관 송제민의 통문. 김경태, 「『쇄미록』에 나타난 임진왜란 관련 정보의 전달양상」, 『역사와 담론』 99, 2021, 96~97쪽.

후 근왕을 위해 북상하려고 온양에 도달하였으나 윤선각의 계략에 말려들어 의병들의 수는 줄어들고 700명만 남게 되었다.24) 그 무렵 주목되는 것은 조헌 의병장이 승도들이 의승으로 참여할 것을 다음과 같이 독려하였다는 사실이다.

> 호서 의병장은 승려들에게 깨우쳐 알리노라. 왜적은 방자하고도 악독한 행위로 우리나라를 짓밟고 있다. 인민을 마구 죽이고 집과 재산을 불태워 탕진케 한다. … 요즈음 들으니 연기의 승려들은 분한 마음을 가지고 왜적을 죽이고 이미 장군이란 이름을 떨쳤으며 갑사의 화상은 적의 소굴을 드나들며 또한 의승이란 이름을 얻고 있다. 그런데 어찌 다른 절에서는 이 소문을 듣고도 감격을 하지 않느냐?25)

열흘 동안에 대오를 정리하여 청주 안심사에 나가 진을 쳤다고 하는데 이 절은 고을에서 15리쯤 떨어진 곳이다.26) 아마 이때 옥천 가산사에서 집결 또는 훈련하였을 가능성이 있다.

---

24) 『선조수정실록』 권26, 25년 8월 1일(무자), '憲復集兵北向 行至溫陽 尹國馨使幕下士 張德益說憲曰 西原之戰 已知公之忠勇 今則矢與公死生以之 錦山之賊自高招討戰敗之後 益復猖獗 將有侵軼兩湖之勢 若然則國家更無中興之望 公從行士卒亦必內顧 豈能安心北行乎 不如移討錦賊之後 并力勤王也 憲將士亦說憲 與巡察和調 先討錦賊 計士爲失 憲乃還公州 巡察特泥其北行而已 又沮其軍 計士卒漸散 憲麾下只有七百義士 自初誓同生死 故終始不去 遂與靈圭 偕赴錦山.'

25) 조헌, 「호서 의병장은 승도들에게 通諭하노라」, 『중봉집』 권13, 通諭釋徒文(8월10일), '湖西義兵將 爲通諭釋徒事 倭奴肆毒 蹂躪我國 殺戮人民 焚蕩家產 七道三都 皆被屠陷 宗廟社稷 成受汚穢 至於巨利名寺 亦所焚燬 豈徒忠義之士憤起思戰 至於奴隷之賤 痛心謀殺 爾獨何心 共戴一天 況爾緇流 遊手遊食 依我士農 偏受國恩 當此急難之秋 正宜圖效萬一之功也 近聞燕岐之僧 奮身斬賊 已振將軍之號 甲寺和尙 出入虎窟 又得義僧之名 豈於他寺 獨無聞風而感激者乎 倘於諸刹之中 有濟衆生之心者 傳相告引 千百爲聲 助義鼓威 殲滅兇醜 則豈徒燕公之僧 獨擅義聲 雖古允侯之功 恥居於右矣 惟願爾輩各礪義氣 通文所曁 響應雲集 如何.'

26) 위와 같음.

조헌은 또 글을 보내어 그를 따져서 꾸짖었다. 그리고 곧 충청우도 지방으로 가서 1600여 인을 모집하였다. 이때 공주목사 허욱이 의승 영규로 하여금 승군을 이끌고 조헌을 돕게 하였다. 조헌은 영규가 거느린 군사를 합하여 청주성 서문으로 바로 진격하니 왜적이 마주나와 싸우다가 패각하고 성안으로 들어갔다. 조헌이 부하를 휘동(麾動 : 지휘하여 움직이게 함)하여 성첩에 오르려는 순간 갑자기 소나기가 서북쪽에 몰려와서 천지를 분간할 수 없이 어둡고 또 군사들은 추위에 떨고 있었다.27)

이러한 왜군을 대상으로 조헌과 영규 휘하 의병과 의승들은 청주성의 서문을, 박춘무의 병력은 남문을, 관군은 북문을 목표로 정하고 8월 1일 의병과 의승 및 관군 3,600여 명이 청주성을 공격하였다. 이와 같이 영규는 조헌보다 먼저 청주성을 공격하였다. 청주성 전투에서 '영규가 호령하는 것을 보면 바람이 이는 듯하여 그 수하에 감히 어기는 자가 없었고, 질타하는 소리에 1천 명의 승려들이 돌진하여 제군이 이들을 믿고 두려움이 없었다.'고 한다.28)

한편 가휴 조익(1556~1613)은 검간 조정(1555~1636)의 동생이다. 그는 1592년 임진왜란이 일어나자 보은 속리사(법주사)에서 동지들과 함께 의병부대인 충보군을 결성하고 참모를 맡았다. 정구의 문인으로 속리산에서 봉기하여 전라도 충청도에서 의병을 이끌었던 조익의 문집 『가휴집』 『진사일기』 7월 26일과 학봉 김성일(1538~1593)의 문하로 함창 황령사에서 의병을 일으킨 조정의 『검간집』 「7월 27일 맑음」 기사에는 다음과 같은 기록도 찾아진다.

---

27) 김포문화원, 『불멸의 중봉 조헌』 1, 2004, 226쪽.
28) 『선조실록』 권30, 25년 9월 11일(무진), '僧人靈奎奮義自募 多聚緇徒 進逼城下 最先突入 遂攻清州 觀其號令風生 其下無敢違 叱咤之間 千僧躍進 諸軍恃而無恐云.'; 황인규, 앞의 논문, 2017.

들건대 호남의 승장(영규)이 승군 700여 명을 거느리고 떨쳐 일어나 막 청주에 도착하여, 그 충청도의 방어사(이옥), 목판관(공주목사 허욱) 등과 함께 청주에 머물러 있는 적을 물리치기로 도모하였는데, 승장이 스스로 선봉이 되겠다며 기일을 확정하여 공격하기를 재촉했지만 여러 장수들이 나아가지 않고 머뭇거리면서 응하지 않았다고 한다(이 승장은 재주와 능력이 남보다 뛰어나고 지혜와 계책이 얕지 않은데다 병법 또한 지극히 엄밀히 밝았으나, 제때 적을 잡지 못하자 관군의 양식을 먹지 않았다고 하였다).29)

『가휴집』과 『검간집』에는 하루 차가 나는 기사이지만 영규가 의승 700여 명을 거느리고 청주 전투에 참여하였다는 내용은 거의 같다. 『선조실록』에 의하면 '공주에 있던 승려 영규가 모집한 승군 8백 명을 거느리고 함성을 지르며 돌입하자 제군이 승세를 타고 수급 51과를 참획하였는데 남은 적은 밤을 틈타 도망갔습니다.'30)고 하였다. 『선조수정실록』에 의하면 '청주의 전투는 실로 영규가 지휘하고 계획한 것이었다.'31)고 기록되어 있듯이 청주성 탈환은 영규의 공이 가장 컸다. 왜군에게 청주성을 빼앗긴 지 3개월 만의 일이었다.32) 한양을 떠나 의주로 몽진한 선조는 청주 탈환 소식에 의아해 하면서 무척 기뻐하였다.33) 선조는 영규에게 그 전공으로 종이품

---

29) 趙翊(1555~1613), 「7월 26일」, 『可畦集』 권7, 「辰巳日記」, '聞湖南僧將 倡率僧軍七百餘名 方到淸州 與其道防禦使 牧判官等 謀擊留州賊 僧將自爲先鋒 刻日促事 而諸將逗遛不許云(此僧才力過人 智計不淺 軍法亦極嚴明 而以時未捕賊 不食官糧云).'; 趙靖(1555~1636), 「7월 27일 맑음」, 『默澗 壬辰日記』, '日出發還寓次 聞湖南僧 領得僧軍七百餘人 今到淸州 與其道勒素使 及牧判官等 謀擊留州之倭 僧將自募爲先鋒 刻日促事 而防蒙諸將士 逗留不許云 此僧才力過人 智計不淺 軍法亦極嚴明 且以時未捕賊之故 不食官粮云.'; 박영호, 「가휴 조익의 학문연원과 시문학 세계」, 『동방한문학』 16, 1999, 118~121쪽 ; 신해진 역주, 『가휴 진사일기』, 보고사, 2021.
30) 『선조실록』 권30, 25년 9월 15일(임신), '有公州僧人靈圭 率自募僧軍八百餘名 發喊突入 諸軍乘勝 斬獲首級五十一顆 餘賊乘夜逃遁.'
31) 『선조수정실록』 권26, 25년 8월 1일(무자).
32) 『선조수정실록』 권26, 25년 8월 1일(무자) ; 『고대일록』 권1, 선조 25년 8월 1일.

지중추부사라는 벼슬을 추증하였으며, 승장으로서는 최초로 당상직이 제수되었다.34)

2) 보은

충청도 속리산 보은 법주사에서도 의승이 군사를 모으고 군대의 일을 하였다.35) 조익(1556~1613)의 문집 『가휴집』「진사일기」에는 속리산 법주사 도청의 의승 초언이 찾아진다.36)

(1592년 10월 30일) 이억경이 김릉(김천)에서 와 말했다. '어모 땅에서 적을 만나 10여명의 왜적을 사살하였고 4명의 머리를 베어 죽였으며 왜적의 물건 및 소와 말 4마리를 모두 탈취했습니다.' 지난번 초언 이라는 승려의 말이 허언이 아니었던 것이다. 의병군으로 출동한 지 며칠 사이에 적을 죽인 것이 이와 같아 충보군의 명성을 갑절이나 떨치게 되니 지극히 기뻤다. 대장은 삼문에 나가 앉아서 승군들이 바치는 적의 목을 받았다. 이날 잔치를 열어 승군들을 배부르게 하였고(맹약을 같이한 자로서 축하하러 온 자가 모두 30여 명이었다), 보고서의 초안을 함께 의논하였는데 밤이 깊어서야 끝났다.37)

---

33) 『선조실록』 권29, 25년 8월 26일(계축).
34) 『선조실록』 권31, 25년(1592) 10월 21일(정미), '贈僧將靈奎同知中樞府事.'
35) 趙翊(1556~1613), 「12월 1일」, 『可畦集』「辰巳日記」, '大將會大寺, 吾亦下去, 同議報草, 蓋爲獻馘事'; 趙翊(1556~1613), 「1593년 1월 29일」, 『가휴집』「진사일기」, '以聚軍事會大寺 三部軍先到 習射法堂前 閔天吉 朴匡國 各領所部入來 南監察來自靑州 盧通津來自壯巖(盧奴 靑卿) 來自靈邊 目見箕郡接戰之狀 天兵之進圍也 其旗施之多 服色之盛 足令賊徒驚散 賊之據牧丹峯也 炮聲霹天 破其巢穴 賊過半自殺 餘幷被斬云.'
36) 趙翊(1556~1613), 「10월 28일」, 『可畦集』「辰巳日記」, '發行 到大寺都廳 與汝沃同往 李勉夫金邦良金國馨金純謹諸人 來待枏峴 到靑川則日已夕矣 洪明川謹形已來待 縣舍錄出同事人竝七十 軍丁只八十許矣 金山設伏軍僧 楚彦先來 報捷音 可喜.'
37) 趙翊(1556~1613), 「1592년 10월 30일」, 『가휴집』「진사일기」, '李億慶自金陵來言 遇賊于禦侮地 射殺十餘倭 斬得四級 倭物及牛馬四隻 竝奪取 云 向日楚彦僧之言不誣也

(1592년 12월 5일)전 부장 이제경이 상주 땅에 복병을 배치하여 상주성에 머물러 있는 적을 밤에 습격해 베어 죽인 것이 극히 많아 다행이었으나, <u>승군 초언이 손으로 왜적 2명을 쳐서 땅에 엎어놓았지만 이로 인해 적의 칼날에 상처를 입고, 군인 수천도 적을 베었으나 적에게 해를 입게 되어서 지극히 놀랍고 참혹하였다.</u>[38]

의승 초언(楚彦)이 10여 명의 왜적을 사살하였고 4명의 머리를 베어 죽였으며 왜적의 물건 및 소와 말 4마리를 모두 탈취했다는 승전보를 알렸고 의승 초언이 손으로 왜적 2명을 쳐서 땅에 엎어놓았지만, 이로 인해 적의 칼날에 상처를 입었다는 것이다.

이러한 충청도의 의승장은 도총섭 또는 총섭이 맡았다. 충청도 의승을 지휘한 총섭 능인에 관한 기록을 보기로 한다.

파사성 적간 단자로 정원에 전교하였다. '적간 단자를 비변사에 내리니, 의엄이 충청도 총섭 능인의 완만한 상태를 극력 말했는데, 능인은 총섭의 직책을 맡은 승려로서 의엄의 호령을 받들어 행하지 않고 오늘날까지 군사를 거느리고 오지 아니하여 파사성을 제때에 수축하지 못하게 하였으니 허물이 매우 심하다. 이러한 사람은 중하게 다스려야 하겠지만, 그 소임만을 바꾸고 다른 중을 차출하는 것이 마땅할 듯하다. 또 의엄이 씨를 뿌려놓은 둔전의 곡식을 유사가 거두어 가므로 고민하고 있다고 하였으니 비록 곡절을 알 수는 없으나, 대개 파사성은 관가로부터 애당초 한 되, 한 말의 도움도 없었는데 승려들이 스스로 자기들이 양식을 싸가지고 와서 저처럼 부역을 하고 있으니 심히 가긍하다. 그 둔전에 소출된 것은

師行數日 殺賊至此 軍聲倍振 極可欣聳 大將出坐三門 獻是日 設泡饗僧軍(同約人來賀者 幷三十餘人) 同議報狀草 夜深乃罷.'

38) 趙翊(1556~1613), 「1592년 12월 5일」, 『가휴집』「진사일기」, '前部將李悌慶 設伏于尙州地 夜擊留城賊 斬殺極多 可幸 而僧軍楚彦 手擊二倭 卽什地 因傷賊釼 軍人守千 亦斬級而 峽所害 極爲驚慘.'

추심하지 말고 의엄에게 주어 역군들의 양식을 돕도록 비변사에 말하라.'39)

능인(승려의 이름으로 포루를 맡아 지은 자다. 재력이 탕진되어 승려를 고용하여 일을 맡기니 그 또한 구차하다. 전일에 '능인은 범람한 자라 대역을 맡길 수 없다.'라고 하교가 있었으므로 이렇게 말한 것이다.)의 범람 여부는 깊이 물을 필요가 없습니다.40)

1595년(선조 28) 9월과 1596년(선조 29) 1월 당시 충청도 총섭은 능인이었다. 임란기 청허 휴정이 8도16종 도총섭에 있은 후 1595년(선조 28) 의엄 총섭은 1593년(선조 26) 8월에 판사를 총섭으로 바꾸어 각 도에 2인씩 두기로 하였다.41) 예컨대 총섭은 유정 등이 받는데 1596년(선조 29) 4월에 비변사에서 관할 지역이 넓고 의승을 통솔하기 어렵기 때문에 각 도의 좌우도에 각기 총섭을 선발하게 하였다.42) 이미 신열이 경상우도 총섭이었으므로43) 제도화한 것으로 보아야 하며, 의엄이 도총섭이 된 후44) 『충무공일기』「승장의 위조 문서를 봉하여 올리는 계본(封進僧將僞帖狀)」 1594년 정월 초 기사에 의하면 도총섭 유정이 전라좌도의 총섭 처영의

---

39) 『선조실록』 권67, 28년(1595) 9월 19일(무자), '以婆娑城摘奸單子 傳于政院曰摘奸單子 下備邊司 義嚴極言忠淸道摠攝能仁緩慢之狀云 能仁 以摠攝之僧 不奉義嚴號令 迄今不爲領軍來到 使婆娑城 趁不修築 極爲過甚 如此之人 所當重治 而(棣)[遞] 改其任 他僧差出 似當 且義嚴有屯田落種處 而有司收之爲悶云 雖不知曲折 而大槪婆娑之城 自官家 初未有升斗之助 而僧輩自裹其糧 赴役如彼 甚可矜也 其屯田之出 所當勿爲推尋 付諸義嚴 以資役糧 言于備邊司.'
40) 『선조실록』 권71, 29년(1596) 1월 28일(乙未), '而能仁(僧名 掌造砲樓者 物力蕩敗 倩僧以任之 其亦苟矣 前日有能仁汎濫 不可付之大役之敎 故云云) 汎濫與否.'
41) 『선조실록』 권41, 26년(1593) 8월 7일(무자), '備邊司啓曰 莫若以摠攝稱號 一道各二人 差送 無妨 云.'
42) 『선조실록』 권74, 29년(1596) 4월 17일(계축), '備邊司啓曰…地方闊遠 且以一摠攝 調出僧軍 事多艱窘云 左右道各出摠攝.'
43) 『선조실록』 권48, 27년 2월 20일(기사), '總攝僧 信悅.'
44) 『선조실록』 권61, 28년 3월 1일(갑술), '備邊司啓請 以僧人義嚴 爲都摠攝 令修築婆娑山城.'

의승군을 거느리고 있었다.45) 평안도 총섭은 이미 혁파되는46) 등 일부 조정이 있은 듯하다. 전라도 총섭 고봉 운일47)과 같이 충청도 총섭 능인은 도총섭 의엄의 지휘하에 있었던 듯하다. 구체적으로 충청도 지역 의승장 홍정과 성정의 사례를 들어보기로 한다.

 비변사가 아뢰었다. '충청도는 나라의 문호이므로, 그 방비가 급한 것이 양남에 버금갑니다. … 병란이 일어난 뒤로 도내의 의병이라 일컫는 것이 무려 50여 진인데, 비록 적을 토벌하는 데에 별 공효는 없었으나 거느린 군사는 수효가 매우 많고 다 정예하고 건장하여 관가의 징발에 복종하지 않습니다. 또 <u>승장 홍정과 성정의 군사 각각 1천여 명이 도내에 흩어져 있는데</u>, 다 통솔하는 사람이 없어서 각각 스스로 진퇴하는지라, 적을 막는 데에 보탬이 없을 뿐더러 궤산함이 없지 않으니, 뜻밖의 염려가 많습니다. … 의병장 가운데에 재력과 담량이 쓸만한 자가 있으면 그대로 거느리게 하고 이내 그 이름을 아뢰고, 일찍이 군공이 있는데도 상을 받지 못한 자도 사실을 조사하여 아뢰고, 승군도 조금 더 단속을 가하여 준행하게 하소서. 이렇게 하면, 의병과 승군이 죄다 관군이 되어 조련할 수 있고 적을 막을 수 있을 것입니다. 따라서 시행하게 하십시오.' 왕이 따랐다.48)

---

45) 『충무공 일기』, 「승장의 위조문서를 봉하여 올리는 계본(封進僧將僞帖狀)」 1594년 정월초.
46) 『선조실록』 권75, 29년 5월 2일(무진), '平安道總攝, 則已爲革罷.'
47) 李安訥(1571~1637), 「贈雲逸上人」, 『東岳先生集』 卷9, 潭州錄, '今差全羅左道總攝 句管金城修築之役 領率緇徒 營建寺刹.'
48) 『선조실록』 권45, 26년(1593) 윤11월 4일(갑신), '備邊司啓曰 忠淸道 國之門戶 防備之急 亞於兩南 如忠州乃上游之重 且居兩嶺之會 … 且兵興以後 道內稱義兵者 無慮五十餘陣 雖其討賊無效 而所領之軍 則其數甚多 皆係精壯 不服官家調發 且有僧將弘靖性靖之軍 各千餘名 散在道內 而皆無人統屬 各自進退 非徒無益禦敵 亦不無潰散意外之慮, 不一而足. … 義兵將中如有才力膽量可用者 使之仍爲帶率 而啓聞其名 曾有軍功而未得蒙賞者 亦覈實啓聞 僧軍亦稍加約束 使之遵行 若是則義兵僧軍 悉爲官軍 可以操鍊 可以禦敵矣 又聞道.'

의승장 홍정으로 하여금 그의 군사 약간을 거느리고 한 달 양식을 준비하여 점차로 축조하게 하고 그곳 백성들에게 조력하게 한다면 성취할 수가 없지도 않을 것입니다.49)

신이 영남에 있을 때에 홍정의 군사 2천 명에게 두 달의 양식을 장만하여 주었다.50)

위의 기문에 따르면 의승장 홍정은 성정과 함께 각기 의승 1천명을 거느리고 충청도 전투에 참여하였다. 그 가운데 홍정은 선무원종공신으로 2등급 공신 반열에 오른 승려다.51) 조정의 『검간집』에 다음과 같이 찾아진다.

(1592년 6월 2일) 아침 일찍 길을 떠나 만난 시승 홍정은 병천사52)에서 이름난 선승이다. 시냇가에 풀을 깔고 해가 기울도록 오순 도순 조용히 이야기를 나누었는데, 목백(상주목사 김해)이 절 뒤편의 용호암에 있다고 하였다.53)

홍정은 속리산 상주 병천사의 이름난 선승이었다. 그리고 의승장 홍정은 유성룡과 교유한 사이다.

선악의 분별마저 생각 않고 명상할 때가, 바로 그대의 진면목이로세.

---

49) 『선조실록』 권45, 26년(1593) 윤11월 2일(임오), '如令義僧將弘靖 率其軍若干 備一月糧 漸次修築 而助以本處之民 則不無有成之理.'
50) 『선조실록』 권45, 26년(1593) 윤11월 2일(임오), '臣在嶺南時 弘靖軍二千名 備給二朔糧 欲修築某處 未及爲之而上來.'
51) 선무 공신 도감 편, 『宣武 原從功臣 錄券』 규장각 古 4651-13 ; 임기영, 「『宣武原從功臣 錄券』에 관한 書誌的 연구」, 경북대 영남문화연구원, 『영남학』 21, 2012.
52) 屛川寺는 경상도 병천 주변에 있었던 절인 듯하다.
53) 趙靖(1555~1636), 「6월 2일 맑음」, 『默潤 壬辰日記』, '朝發路 遇詩僧弘靖 乃屛川秀禪也 籍草溪邊 穩話移日 牧伯在寺後龍虎庵云.'

누가 장차 금강저를 예리하게 갈아서, 일만 가지 갈등의 고리를 다 끊어버릴
  것인고?
구름이 물려오면 일천 산봉우리 검어지고, 구름이 사라지면 온 하늘이 푸르러
  진다네.
구름이 흘러간 곳을 찾지 말게나, 그름이 흘러간 곳은 본래 자취가 없는
  것이니54)

이렇듯 의승장 홍정은 산중 수행승으로서 임진왜란시 의승으로 참전했던 것이다.

3. 충청우도의 의승

1) 아산·연기·공주

1594년(선조 27) 1월, 아산과 직산을 중심으로 일어난 민중반란 사건인 송유진의 난 근거지가 바로 개현사였다.55) 송유진의 난은 임진왜란시 사회 불만 세력이 아산과 평택 일대에서 반란을 일으켰다가 실패한 사건이다. 2년 뒤인 1596년에 일어난 이몽학의 난과 함께 임진왜란 기간에 일어난 대표적인 반란으로 꼽힌다.56)

임진왜란 중의 혼란과 1593년의 대기근으로 굶주리는 백성 및 병졸을

---

54) 유성룡, 「戲作禪語 贈僧弘靖」, 『西厓集』 卷1, 詩. '不思善惡時 乃汝眞面目 誰將快金剛 斷盡萬藤葛 雲來千峯黑 雲去一天碧 莫覓雲歸處 雲歸本無迹.'
55) 『신증동국여지승람』 아산현을 보면 개현사 외에도 桐深寺, 燕巖寺, 龍華寺 등이 있었다.
56) 김경수, 「임진왜란기 '이몽학의 난'에 대하여」, 『한국사학사학보』 46, 2022, 142~158쪽.

모아, 천안·직산 등지를 근거지로 하여 지리산·계룡산 일대에까지 세력을 폈으며, 무리는 2000여 명에 달하였다. 당시 서울의 수비가 허술함을 보고 이를 습격할 계획을 세우고, 스스로 의병대장이라 칭하며 오원종·홍근 등과 함께 아산·평택의 병기를 약탈하여 1594년 정월 보름날 한양에 진군할 것을 약속하였으나, 이해 정월 직산에서 충청병사 변양준에 의하여 체포되어, 왕의 친국을 받고 사형당하였다.57)

송유진은 서울 건천동에 사는 역관 송택종의 서얼로 태어나 천안과 직산 등을 왕래하였다. 한양이 수복된 후 불만 세력을 규합하여 의병대장이라고 자칭하며, 역모를 꾀하였다. 천안 광덕산, 공주 계룡산, 전라도 지리산 일대에 활동하던 세력 2,000여 명을 모았다. 송유진은 한양을 점령한 후 선조를 폐위하고 광해군을 옹립하려고 하였다.58) 그리하여 1594년 1월 3일, 반란군 40여 명을 이끌고 아산현에 사는 부호 임희지의 집을 포위하고 우마와 곡물을 탈취하였다.59) 그 해 1월 10일에는 오원종과 홍근 등의 세력과 연합하여 1594년 1월 15일 한양으로 진군하기로 맘먹고 반란을 획책하였다가 복주되었다.60) 개현사가 송유진 일당에게 점유되었는데 송유진과 의승장 개현사 일현61)이 친밀한 사이였다. 아산에서는 개현사 일현이 의승장으로 활동하였음을 알 수 있다.62)

---

57) 『고대일록』 부록 인명록.
58) 김일환, 「임진왜란기 內浦지역과 민의 동향」, 『역사와 실학』 52, 2013, 48쪽. 『택리지』에서 일컫는 가야산 앞뒤의 10고을은 홍주·결성·해미·태안·서산·면천·당진·덕산·예산·신창 등이다(『택리지』 팔도총론 충청도). 충남 서북부지역인 서산시와 예산·당진·홍성·태안군과 아산·보령시의 일부에 해당한다. 따라서 내포지역은 충청남도 伽倻山 주위에 十縣으로 충남 서북부 지역 충청우도를 지칭한다.
59) 『선조실록』 권47, 27년(1594) 1월 11일(경인).
60) 『선조수정실록』 권28, 27년 1월 1일(경진).
61) 高敬命(1533~1592), 「次河西諸公韻 贈一玄」, 『霽峯集』 卷3, 詩 ; 李廷龜(1564~1635), 「上知足菴 贈僧一玄」, 『月沙集』 卷4, 甲辰朝天錄 ; 李植(1584~1647), 「寄一玄僧還所借草鞋」, 『澤堂續集』 卷2, 詩 ; 梁慶遇(1568~?), 「遊天磨山. 宿泰安寺. 贈一玄上人」, 『霽湖集』 卷5, 五言律詩 ; 李德壽(1673~1744), 「佛岩寺事蹟記 亡兒代作」, 『西堂私載』 卷4, 記

소신도 일말의 양심이 남아 있었으므로 감동되어 눈물을 흘렸습니다. 거기서 장편전 3부를 얻어 개현사로 물러갔더니 거기에는 의병장인 승려 일현이 있었습니다.63)

승려 일현의 말에 의하면 '가야산의 적괴는 얼굴이 얽고 수염이 없는 문사라고 하는데, 일도가 모두 여대로라고 의심하고 있습니다. 내가 스스로 만든 화가 아니고 거적(巨賊)의 꾐을 받아서입니다. 거적은 (이)산겸인데 밤에 사람을 보내어 결박하였습니다.'라고 하였다.64)

의승장 일현 외에도 토정 이지함의 서자 이산겸의 권유로 의승으로 나간 자들도 있었던 듯하다. 대표적인 인물이 의승 도현이다.

승려 도현(道玄)의 공초의 대략에, '승려 영규의 의진군으로 청주와 금산 싸움에 나아가 싸우다 절벽에서 떨어져 겨우 살아 돌아왔는데 (이)산겸의 근처에 살았기 때문에 스스로 응모하여 종군하였습니다. 지난해 5월에 경상도로 따라갔다가 굶주림으로 돌아왔습니다만, 시종 나라를 위하여 하였을 뿐 여타의 일은 모르겠습니다.' 하였다. 형신하였으나 불복하자, 왕이 이르기를, '이 승려는 매우 어리석으니 (이)산겸의 역모를 참으로 알기 어려울 것이다. 압슬은 잠시만 하고 멈추어라. 이후 다시 국문할 사람이 있는가?' 하니, 유성룡이 아뢰기를, '근래 기근이 너무 심해 경릉·창릉 근처에서는 행인을 잡아먹는 자가 있어서 그 옆 둔전관이 무서움을 이기지 못하여 책을 세우고 산다 합니다.'라고 하였습니다.65)

---

62) 『선조실록』 권47, 27년(1594) 1월 24일(계묘).
63) 『선조실록』 권47, 27년(1594) 1월 24일(癸卯), '臣亦有一端良心, 爲之感泣. 得長片箭三部, 退歸開現寺, 則義兵將僧一玄在焉.'
64) 『선조실록』 권47, 27년(1594) 1월 25일(갑진), '僧一玄言 伽倻賊魁 面縛無髥之文士云 一道 皆疑呂大老也 我非自作之孽 爲巨賊所誘 巨賊山謙也.'
65) 『선조실록』 권48, 27년(1594) 2월 6일(을묘), '道玄供招大槪 以僧靈圭義陣軍人 赴戰于

1594년(선조 27) 2월 도현은 의승장 정만억과 처일처럼 영규의 의진군으로 청주와 금산 전투에 참여하였다가 살아 돌아와 국문을 당하였다.

다음은 직접 의승군으로 참전 사실은 기록으로 전해진 바 없으나 본고에서 처음으로 부각된 바, 충청우도 의승장 또는 의승으로 나타나고 있다. 앞서 언급한 바 일반 의병의 경우 1594년 3월 의병 해산이 되어 관군에 예속되었지만 의승은 관으로부터 해체 당하지 않았을 뿐만 아니라 관군이 재정비되고 1596년 9월 중국 명의 장군 심유경 등이 조선에 후원한 후, 1597년 1월 정유재란 즈음부터 군량 수송도 담당하게 되었으며, 서울 수복 후에는 성을 쌓는 데에도 담당하는 준 관군의 형태를 띠어갔던 것이다.[66] 이에 따라 의승장 능운, 계원과 의균, 설미 등도 이에 해당한다고 볼 수 있다.

송유진의 난이 있은 지 2년 후인 1596년 이몽학이 부여 홍산에서 민란을 일으켰다. 노소와 귀천을 막론하고 술을 마시며 즐기는 친목 모임인 동갑회를 만들었다.[67]

> 정산현감 정천경의 첩정에 '이 달 7일 승려와 속인 및 군사 등 무려 1천여 명이 홍산땅 쌍방축에 모여 둔치하고서 바로 홍산 고을로 가서 현감을 끌어내다 군법을 시행하고 인신을 가져와 바치도록 했으며 군기(軍器)를 수색해 냈다. 심지어는 호각을 불며 기독을 내어 들고서 임천까지 행군하였으며 또한 돌입해서 군수를 끌어내 목을 묶고는 조목을 받들게 하여 적들 속으로 끌고 들어갔다. … 보고 듣기에 지극히 놀라운 일이다.'[68]

清州錦山之戰 墜絶壁 僅得生還 居山謙近處 故自募從軍 前年五月 隨行慶尙道 飢餒還來 但願終始爲國 他餘事 不得知之 刑訊不服 上曰 此僧癡甚 刑訊不服 上曰 此僧癡甚 山謙之逆謀 誠所難知 壓膝少頃 宜停之 昌陵近處 有行人捉而食之 其旁屯田官 不勝畏懼 設柵而居.'

66) 이계표, 「별가별전(別家別傳) 의승군과 의승 수군」, 『호남학산책』, 재단법인 한국학호남진흥원 : https://www.hiks.or.kr
67) 김경수, 앞의 논문, 152쪽.
68) 『선조실록』 권77, 29년 7월 9일(갑술).

윤국형이 지은 『문소만록』에 충청도 연기의 의승장 정만억이 보인다.

난리 초에 내가 공주에 있었는데, 유생 신난수와 장덕개 등이 찾아와서 말하였다. '연기에 속명이 정만억이라 하는 승려가 있는데, 적을 잘 치므로 사람들이 승장군이라 불러 명성이 자자합니다.' 목사 허욱도 말하였다. '이 고을의 승려 영규가 자진해서 의병 모집에 응하며 말하기를, "(정)만억이 매우 못난 사람이면서도 장군이란 이름을 얻었으니, 나도 종군하리라." 하고, 뜻을 같이하는 중 9명을 데리고 적의 형세를 탐지해서 적을 치는 데 도움을 주고 있으니, 그 말을 취할 만합니다.'69)

의승장 정만억의 법명은 알 수 없다. 그는 적을 잘 치므로 승장군이라고 자자했다고 한다. 목사 허욱의 말에 따르면 정만억이라는 승려가 못난 자면서도 장군이라고 불렸으므로 영규도 그를 인정하여 의승 9명을 데리고 종군하였다고 한다. 의승장 정만억과 같은 부류인 의승 처일이 있었다고 한다.

청주가 수복되기 전에 조정에서는 조헌이 기병한 것을 듣고 다음과 같이 교서를 내려 선유하였다. … 본도의 전몰한 장지현 등 이하와 일신을 돌보지 않고 적을 토벌한 승려 처일과 정억만 같은 무리에게는 이미 은상을 내리도록 하였으니, 너는 나의 이러한 뜻으로 그들에게 간절히 위로하라.70)

청주가 수복되기도 전에 조정에서 조헌이 기병한 것을 듣고 교서를

---

69) 『문소만록』, '亂初 余在公州 儒生申蘭秀張德蓋等 來見言曰 燕歧有僧 俗名鄭萬億者 能討賊 人呼僧將軍 名聲藉甚 牧使許頊亦言 本州僧靈圭自募曰 萬億甚劣 亦得將軍之名 我亦從軍 率同志僧九人 探審賊勢 以助討賊 其言可取也.'
70) 『재조번방지』 2, '淸州未復之前 朝廷聞憲起兵 下敎宣諭曰…本道大小戰亡人員 張智賢 等以下 及至挺身討賊如僧處一鄭億萬之輩 令已加恩賞 爾可敦諭予意.'

내린 가운데 일신을 돌보지 않고 적을 토벌한 의승 처일과 정만억 등에게 이미 은상을 내렸다고 하는데 처일이 등장하지만 더 이상은 알 수 없다.
공주산성 승장 계원은 문인 택당 이식과 동악 이안눌 등의 문집에 등장하고 있다.71)

> 한흥일이 비변사 낭청이 전하는 우의정의 뜻으로 아뢰기를, '일찍이 4월쯤에 본사가 개좌할 때에 승려 계원이라는 자가 본사에 정장하였는데 자기의 공로를 과장하고 또한 승도를 자원 모집하여 종각을 조성하겠다고 하였습니다. … 그 뒤에 계원이 권선문을 내어 본사의 인신을 찍으려고 한다는 말을 외간 사람을 통해 들었습니다. 그리고 바로 충청감사 정세규 장계를 보니, 계원이 칭한 공주산성을 수리했다는 것과 염초 만드는 것을 감독했다는 것 및 의승을 모집하여 본도의 감사와 함께 올라와 광주의 전사한 유골을 다수 매장했다는 것 등의 말이 구구절절 거짓으로 판명되었습니다. 이에 계원이 망녕되고 무뢰한 자임을 알게 되어 즉시 본사의 유사 당상을 불러 문권을 거두어들이게 하였습니다. 며칠 전 신이 병으로 좌기에 나오지 못하게 되었는데, 바로 이날 본사의 당상이 신에게 말하지 않고 또 답인을 찍어 지급하였습니다. 그 일을 주장한 자를 물으니 바로 이경직이었습니다.'72)

---

71) 이식(1584~1647), 「贈送公山城僧將戒元 兼寄牧使崔大容(二絶)」, 『택당집』 권6, 詩, '贈送公山城僧將戒元 兼寄牧使崔大容二絶 烏帽華顚一病翁 歸心日夜厭樊籠 山僧却領軍麾去 猶有人間烈士風 公山太守吾親友 錦水高城是舊遊 匹馬春風僧去路 靑莎綠漲夢悠悠.'; 李安訥(1571~1637), 「郡齋書感 贈戒元上人(是日端午)」, 『東岳集』 卷10, 錦溪錄; 李安訥, 「題戒元上人詩卷」, 『東岳集』 권10, 錦溪錄; 李安訥, 「茂朱縣西道中 口占時戒元上人從我而來 同遊德裕山」, 『東岳集』 권10, 錦溪錄; 李安訥, 「法林, 靈樹, 戒元 三上人來訪」, 『東岳集』 권12, 江都錄; 李安訥, 「通津文殊寺天緝上人 從戒元上人 淸明日 雨中見訪」, 『東岳集』 권12, 江都錄.

72) 『승정원일기』 인조 15년(1637) 6월 10일(정미) 맑음, '有僧戒元者 呈狀于本司 誇張自己功勞 且言願募僧徒 造成鍾閣云 戶曹判書李景稷 以爲 鍾閣燒毁 所見埋寃 許之爲便 臣曰 國家雖甚疲弊 造成一閣 何至甚難 而必借力於緇髡乎 且此輩 憑藉本司 橫行外方 小民受弊 聞見不美 不可輕許 卽爲退送矣 厥後 因外間人 聞戒元 圖出觀善文 踏本司印信

가휴 조익은 기축옥사 때 삭탈 관직되어 임진왜란 이후 1602년부터 1607년까지 약 6년 간 공주에서 유배 생활을 했다. 의승장 계원은 공산성 한 사찰의 종각을 조성하였고[73] 공산성을 수리하고 염초 만드는 일을 감독했다고 한다.[74]

2) 논산·부여

봉기이후 유림 김경창과 이귀, 장후재 그리고 의승 능운 등은 홍산 쌍방축에 주둔하였고, 여기에 동참했던 의승과 의병의 수는 무려 1천여 명에 가까웠다.

충청도 홍산의 서인 이몽학이 군사를 모아 난을 일으켰다. (이)몽학은 종성의 서족으로서, … 민심은 탄식과 원망으로 차 있었고 크고 작은 고을에 모두 방비가 없음을 보고 이틈을 타서 난을 일으키고자 하였다. … 몽학은 그들에게 속임수로 꾀기를 '이번에 일으킨 의거는 백성을 편안히 하고 나라를 안정시키기 위한 일이다. 거역하는 자는 죽음을 당할 것이고

旋見忠淸監司鄭世觀狀啓 戒元所稱公州 山城修理 焰焇焰硝監造 及募得義僧 本道監司 一時上來 廣州戰亡骸骨 多數埋藏云云等語 節節歸虛 蓋知戒元 爲誕妄無賴之人 卽招本司有司堂上 使之收取券子矣 數日前 臣因病不得赴坐 乃於是日 本司堂上 不言於臣 又爲踏印給之 問其主張之人 則乃李景稷也假令此事 十分穩當 而臣言爲謬妄 爲本司堂上者 所當擧理陳辯 得臣許諾而後 行之可也 況僧人入城 國有大禁 非經啓聞 不可輕改舊章 而戒元 爲人濫猾 如上所陳 乃令緇徒橫落 闐滿街市 其見侮外方 致駭都民 非便之事 不一而足者乎.' ; 『승정원일기』 인조 15년 정축(1637) 6월 18일(을묘) 흐림.

73) 조익이 유배 당시 수원사와 서혈사, 남산사 등이 있었다. 그 가운데 남산사는 현재 금학생태공원 앞의 남혈사를 가리키는 듯하다. 조동길, 「조익의 공산일기 고찰, 2) 공주의 누정과 사찰」, 『웅진문화』 32, 2018, 19쪽 ; 조동길, 가휴조익선생의 '공산일기' 연구』, 국학자료원, 2000.

74) 조익은 매일 있었던 일을 꼼꼼히 기록하여 「公山日記」라는 글로 남겼다. 「공산일기」는 표면상 6년여의 공산(공주) 유배 동안 매일 기록한 글이라는 뜻으로 볼 수 있지만 실제로 기록이 이루어진 날짜는 389일에 불과하다. 조동길, 『가휴조익선생의 '공산일기' 연구』, 국학자료원, 2000.

순종하는 자는 상을 받으리라.'고 하니 모두들 좋다고 떠들면서 그를 따랐으며, … 스스로 고관대작이 될 것으로 여기고 성불이 세상에 나왔다고 했다. 그리하여 승려와 속인을 장군으로 나누어 배치하고 문관과 무관 등의 청현직으로 가칭하니 사족 자제와 무뢰배들이 많이 붙었다. 이에 소문만 듣고도 호미를 던지고 그들에게 투항하는 자가 줄을 이어 군사가 수만명에 달하자 소문을 퍼뜨리기를 '충용장 김덕령과 의병장 곽재우·홍계남 등이 모두 군대를 연합하여 도우며, 병조판서 이덕형이 내응한다.'하니, 중외가 놀라 민심이 술렁거렸다.75)

1596년 이몽학은 승려 6, 7백여 명을 이끌고 충청도 홍산 무량사에서 봉기하였다. 이들은 성불이 세상에 나왔다고 추앙하였다.

추국청에 전교하기를, '… 역적의 복신인 우두머리는 서울로 잡아 보내고, 능운과 팽종 같은 무리는 아직도 잡히지 않았으니 더욱 끝까지 수색하여 기필코 체포하라는 것으로 도원수에게 하유할 일을 의논하여 아뢰라.' 하였는데, 회계하기를, … '신들이 삼가 듣건대, 역적들이 당초 홍산을 침범했을 때는 군사라야 승려와 속인이 혼합된 2백 명 정도에 지나지 않았었는데, 그 뒤 홍산과 임천 수령들이 잡히게 되자 그 인신(印信)을 가지고 두 고을 백성들을 위협하여 데리고 갔기 때문에 그 수가 수천에 이른 것이라 했습니다. 바라건대 전교하신 뜻으로 시급히 도원수 권율에게 하서하여 십분 잘 살펴서 이대로 받들어 시행토록 하는 것이 어떠하겠습니까?' 하니, 왕이 아뢴 대로 하라고 하였다.76)

---

75) 『선조수정실록』 권30, 29년 7월 1일(병인).
76) 『선조실록』 권77, 29년(1596) 7월 16일(신사), '傳于推鞫廳曰 … 賊之腹心將領 則繫送于京 如能云 彭從之徒 時未就捕 尤當窮尋 期於必捕 下諭于都元帥事議啓 回啓曰… 臣等伏聞 逆賊初犯鴻山時 其軍僧俗相雜 不過二百人 其後鴻山 林川守令被執 而以其印信 脅獲二邑之民 故其數至於數千云 請以傳敎之意 急速下書于都元帥權慄 十分詳察 遵奉施行何如 上曰依啓.'

이와 더불어 의승 의균도 다음의 글에서 보는 바와 같이 부여 무량사에서 봉기하였다.

> 또 황해도 안악에 계집종 복시가 낳은 종 하수가 승려가 되어가지고 도총섭 의엄을 따라서 이제 홍산 무량사에 와 있다가 오늘 낮에 추심의 일로 와보니 불쌍하다. 저녁밥을 먹여 보냈다. 복시는 본래 외조모가 얻은 종 흔대의 딸인데 잘못되어 이상댁 종 애덕의 딸이라고 일컬어졌다. 우봉댁이 피난하여 그곳에 들어갔을 때 가재를 모두 빼앗고, 또 그 여러 아들들을 때려 한 아들은 매 맞다가 죽는 등 여러 가지로 침해하여 그 괴로움을 이기지 못하겠으므로 이제 와서 찾아보고 본 주인에게 돌려보내 달라고 한다. 승명은 의균이라고 한다면서 종이 두 묶음을 바친다.77)

이때 공로자에게 논상하는 일을 전교하는 가운데 의승 능운과 설미 등도 등장하였다.78)

> 의금부가 회계하였다. '… 역적들의 공초 내에 "도천사(부여에 있는 절 이름이다.)의 승려 설미가 고변하려고 하다가 역적들에게 살해되었는데, 역적들이 이 때문에 음흉한 계획이 이루어지지 않아 빨리 패하게 되었다."고 했다. 설미에게 포상해야 할 듯하니 만일 그의 부모가 있다면 그의 가정을 돌보아 주어야 할 것이니, 모두들 참작해 보아 회계하라. 이 밖에 포상해야 할 사람들을 위해서 다 알기 어려우니, 취품하여 논상하라.'고 하셨습니다. … 이몽학이 반역을 모의할 때 도천사의 승려들이 따르지 않는 자가 없었는데도, 설미가 유독 역적에게 붙지 않고서 고변하려고 하다가 마침내 살해당하게 되었고, 역적들이 빨리 실패하게 된 것도 또한 누설될까 두려워하여 낌새를 알고서 앞질러 발동한 때문이었으니, 설미의

---

77) 吳希文 저, 이민수 역, 『쇄미록』 권4, 海州吳氏楸灘公派宗中, 1990, 412쪽
78) 『선조실록』 권78, 29년 8월 25일(경신).

죽음은 진실로 가상하게 여겨야 할 일로써 우선적으로 포상을 해야 할 것입니다. 전일에 추국청에서도 이를 의논하기만 하고 미처 취품하지 못했었는데, 이제 성상의 분부를 받들고 보니 못내 감격스럽습니다. 그의 부모의 생존 여부를 또한 본도에 물어보고 하나하나 상께 분부하신 대로 시행하겠습니다. 여러 역적들을 잡은 사람으로, 홍산 복병장 이수담은 승려 능운을 잡았고, 홍주 생원 이익빈은 팽종을 잡았으며, … 이런 내용을 도원수 권율도 장계하였으니, 아울러 포상하는 은전을 내려야 할 듯합니다. 감히 품합니다.' 아뢴대로 전교하였다.[79]

위의 기사에서처럼 의승 능운과 설미 등도 등장하였다. 설미는 부여 도천사[80]의 승려들이 이몽학의 난에 동조하였는데 설미만이 동조하지 않고 고변하려다가 살해되었다고 한다. 설미는 낙산사의 승려로 제자 도오인 듯하지만 앞선 인물일 듯 싶다.[81] 부여 임천 보광사의 승려들도 의승으로 참전하였다.

보광사는 전조의 옛 절로서 가까운 고을에서 가장 컸는데 요즘 병란을 겪은 뒤로 승려들이 싸움에 나갔다가 많이 죽고 또 관역에 시달려 근자는

---

79) 『선조실록』 권78, 29년(1596) 8월 25일(경신), '(以)義禁府回啓曰 … 且賊招內 道泉(扶餘寺名) 僧雪眉 欲爲告變 爲賊所殺 賊因此恐其漏洩 不待約束 先期徑發 故兇謀未集 以至於速敗云 雪眉似當褒賞 如有其父母 恤其家 竝參酌回啓 此外可賞之人 自上難以悉知 取稟論賞事傳敎矣 … 李夢鶴謀逆之時 道泉寺僧輩 無不從之 而雪眉獨不附賊 欲爲告變 竟爲所殺 而賊之速敗 亦由於恐 其漏洩 知幾徑發 則雪眉之死 誠爲可嘉 而褒賞之擧 在所當先 頃日推鞫廳亦有此議 而未及取稟 今承聖敎 不勝感激之至 其父母存否 亦問於本道 一一依上敎施行 諸賊捕捉之人 則鴻山伏兵將李壽聃捕捉能云 … 此意都元帥權慄亦爲狀啓 似當竝施褒典 敢稟.'
80) 道泉寺址는 은산면 대양리 455-3번지에 있다. 이 지번은 현재 이 절터에 남은 유일한 석조 유적인 사적비 2기가 자리한 곳이다.
81) 李荇(1478~1534), 「釋道悟 持止亭公首題贈其師雪眉詩軸來 付余曰 師臨化 其言如是 予披訖 爲之愴然 書二絶 還道悟」, 『용재집』 권1, 七言絶句 ; 李荇(1478~1534), 「送黃叔貢按察嶺東 四首」, 『용재집』 권2, 五言律 ; 李荇(1478~1534) 「題雪眉詩軸」, 『용재집』 권3, 七言律.

사람이 없이 모두 흩어졌기 때문에 빈방이 몹시 많고, 지금 살고 있는 자도 형세가 능히 보전할 수가 없다고 한다.82)

부여 임천의 보광사는 1336년(충숙왕 5) 원명국사 충감(1274~1338)이 중건한 것으로 널리 알려져 있다. 비문의 후면에 임진왜란으로 절이 소실되었다고 전한다.83) 보광사의 승려들이 의승으로 나가 많이 죽었다고 하며 승역으로 시달리다가 폐사된 듯하다. 충청도 의승의 사례는 논산 대둔사에서도 찾아진다.

신묘년(1591, 선조 24)에 대둔산에 가 놀면서 밥을 먹다가 그 자리에 있던 네 명의 승려에게 밥을 말아주면서 말하기를, '내년에 변란이 있을 것이다. 나야 당연히 국난에 달려 나가겠지만, 이 밥을 함께 먹은 이들도 나와서 일을 함께 해야 할 것이다.' 하였는데, 승려들은 이상하게 여겼으나 그냥 건성으로 승낙하였다. 그 후 승려 셋은 금산에서 선생과 함께 전사했다. 나머지 한 사람은 이름이 찬유인데, 당시에 병으로 국난에 나가지 못했다가 뒤에 이 이야기를 한 것이다.84)

대둔사는 전라도 진산군 대둔산 아래에 있던 사찰이다. 현 행정구역으로

---

82) 吳希文 저, 이민수 역, 『쇄미록』 권2 癸巳日錄 계사 11월 6일, 海州吳氏楸灘公派宗中, 1990.
83) 이경복, 「부여 보광사지와 원명국사 충감」, 『충청학과 충청문화』 4, 충청남도역사문화연구원, 2006.
84) 金集(1574~1656), 「重峯 趙先生 諡狀」, 『신독재전서』 권11, 諡狀, '辛卯嘗遊大芚山 對食推與四僧曰 明年有變 我當赴難 共此飯者 可來同事 僧怪之 陽應曰諾 後三僧同死於 錦山 而其一名粲猷者 病未赴 而言之如此云 申恪宰延安 權徵按關西 先生貽書二人曰. 來歲必有倭亂 宜急浚濠增陣 恪雅服先生 卽治守禦具 後李公廷馣竟以延安得全 其他某人可倚緩急 某地可設備禦者 無不鑿鑿符合 至是而人皆服 其先見之明 雖平生怨敵 亦無異議.'; 宋時烈(1607~1689), 「重峯 趙先生 行狀」, 『송자대전』 권207, 행장 ; 申炅, 『재조번방지』; 이긍익, 「趙憲·승려 靈圭·邊應井 붙임」, 『연려실기술』 권16, 宣祖朝故事本末 ; 『신증동국여지승람』 卷33, 全羅道 珍山郡.

는 충남 논산시 양촌면에 있다. 찬유가 말하길 대둔산 승려 3명이 의승으로 전투에 참여했다가 전사하였다는 것이다.

4. 나가는 말

기허 영규의 의승군과 충청도 옥천 일대를 중심으로 기의한 조헌이 이끈 의병들은 연합하여 청주성을 탈환하고 금산성 연곤평 전투에서 혁혁한 공을 세움으로써 충청도와 전라도 일대에서 침략하려는 왜군들을 무력화시키고 그들을 몰아내었다.

임진왜란시 청주성은 왜군이 한양으로 북진하는 3로 중 하나로 전략적 요충지였으며, 금산성은 하삼도의 전략적 요충지로 매우 중요한 지역이었다. 특히 청주성과 금산성 연곤평 전투에서 보여준 영규와 의승들, 조헌과 의병들의 순국·순교 정신은 길이 새겨야 할 것이다.

임진란시 유정과 처영의 의승이 힘을 다해 싸워 당시 칭찬을 많이 받았다고 하면서 하삼도의 의승을 모집해야 한다 하였다. 오희문의 『쇄미록』에 의하면 '충청도의 승병이 그 죽음을 두려워하지 않고 바로 들어가 물러서지 않기 때문에 가는 곳마다 많이 이긴다.'고 한다. 의승의 대표적인 사찰을 들어보면 충청도 괴산 공림사와 옥천 주성암과 법주사 등을 들 수 있다. 이들뿐만 아니라 전국의 사찰에서는 주진소 또는 의병소, 대장소를 두어 전투에 참전하였다.

충청도 의승의 사례를 찾아보면 다음과 같다. 1595년과 1596년 당시 충청도의 의승을 지휘한 총섭은 능인이었다. 전라도 총섭 의승장 고봉 운일과 같이 충청도 총섭 능인은 도총섭 의엄의 지휘하에 있었던 듯하다. 의승장 홍정과 성정은 각기 충청도 의승 1천여 명을 거느리고 있다. 충청도 내에 흩어져 전투에 참여하였던 고승이다. 홍정은 조정의 『검간집』에 의하면 속리산 병천사의 이름난 선승이었으며, 유성룡과 교유한 사이다.

조익(1556~1613)의 문집 『가휴집』 「진사일기」와 그 가형 조정의 『검간집』 에는 속리산 법주사 의승 초언의 모습이 보인다. 1594년(선조 27) 1월, 아산과 직산을 중심으로 일어난 민중반란 사건인 송유진의 난 근거지가 아산 개현사로 의승장 일현이 활동하였다. 송유진의 난이 일어났을 때 토정 이자함의 서자 이산겸의 권유로 의승으로 나간 자들도 있었던 듯하다. 대표적인 인물이 의승 도현이다. 도현은 영규의 의진군으로 청주와 금산 전투에 참여하였다가 국문을 당하였다. 의승 능운 등의 승속군의 수는 무려 1천여 명에 가까웠다. 부여 도천사의 의승 설미는 다른 도천사 승려들처럼 이몽학의 난에 동조하지 않고 고변하려다가 살해되었다고 한다. 연기의 의승장 정만억이 윤국형이 지은 『문소만록』에 보인다. 그는 적을 잘 치므로 의승장으로 유명했다고 한다. 영규도 정만억을 인정하여 의승 9명을 데리고 종군하였다. 그와 같은 부류인 의승 처일이 있었다고 한다. 그리고 공산성 승장 계원은 임진왜란 이후 의승을 모집하여 공주산성을 수리하고 산성 사찰의 종각을 조성하였다. 부여 임천 보광사의 승려들도 의승으로 참전하였고 부여 무량사의 의승 의균, 부여 도천사 설미에 관한 기록이 찾아진다. 논산 대둔사의 의승 3명이 전투에 참여했다가 전사하였다고 한다.

Ⅳ. 의승의 남·북한산성 축조와 승영사찰

1. 들어가는 말

고려말 이후 숭유억불 운동 분위기는 가속화되어 갔다. 조선 태종대 역사상 최대 불교계 탄압과 그의 아들 세종의 종단 축소, 연산군대 종단 폐쇄로 인하여 조선후기 불교계는 무종단 산중불교화의 길을 걷게 되었다. 명종대 걸승 허응 보우의 선교 양종의 복립이 되었으나 보우의 순교 이후 다시 숭유억불 시책은 가속화 되어 갔다. 임진·병자의 양란시 승려는 승군과 승역을 담당하게 되면서 불교계의 존재가 부상되기 시작하였으나 신분의 위상이 그리 높아진 것은 아니다.

고대이래 승려가 전투에 참여한 승군[1]이 있어 왔지만 외침에 거개적으로 정면으로 나선 것은 양란이 처음이다. 남방의 왜군이 일으킨 임진왜란과 정유재란, 북방의 여진족이 일으킨 정묘호란과 병자호란을 맞이하여 산중에

---

1) 조선후기 의승군에 관한 연구성과를 소개하면 다음과 같다. 우정상, 「이조불교의 호국사상에 대하여-특히 의승군을 중심으로」, 『백성욱박사송수기념 불교학논문집』, 동국대 기념사업위원회, 1959 ; 김덕수, 「조선시대 의승군 연구」, 원광대대학원 박사논문, 1992 ; 김덕수, 『임진왜란과 의승군』, 경서원, 1993 ; 박재광, 「임진왜란 초기의 의승군의 활동과 사명당」, 『동국사학』 42, 2006 ; 윤용출, 「17세기 후반 산릉역의 승군징발」, 『역사와 경계』 73, 2009 ; 양은용, 「조선시대의 국난과 의승군의 활동」, 『한국호국불교의 재조명』, 2012 ; 황인규, 「임진왜란 의승군의 봉기와 전란의 충격」, 『한국불교사연구』 2, 2012 ; 김용태, 「임진왜란 의승군 활동과 그 불교사적 의미」, 『보조사상』 37, 2012 ; 이종수, 「조선후기의 승군제도와 그 활동」, 『보조사상』 37, 2012 ; 이장희, 「조선시대 전란사에서 의승군의 위상과 역할」, 『한국호국불교의 재조명』 2, 대한불교조계종 불교사회연구소, 2013 ; 고영섭, 「조선후기 승군제도의 불교사적 의의」, 앞의 책 ; 오경후, 「조선후기 의승번전의 징수와 승군」, 앞의 책 참조.

서 내려와 전투에 참전하였으며 양란 이후 산성 축성 등 승역을 담당하였다. 양란시 분연히 참전하고 승역을 담당한 승군을 이전 시기와는 달리 승군을 의려군이라고 사용된 사례도 있지만,[2] 의승군이라고 높여 부른다.[3] 산성이나 읍성 등에는 의승이 주석한 승영사찰이 만들어졌다.

본고는 이러한 의승의 임진왜란시 전투, 남한산성 축성과 호란시 의승활동, 북한산성 축성[4]과 산성 내 승영사찰의 운영 등 조선중기 의승군의 전투 참전과 북한산성의 승영사찰에 대해서 살펴보고자 한다.[5]

2. 의승군의 봉기와 남한산성 축성

1) 승군과 임진왜란 의승군

불교는 국가 왕실과 정치·경제·사회·문화 전반에 걸쳐 다양한 역할과 기능을 하였는데 승군도 그러한 사례 가운데 하나이다. 고대에 해인사

---

2) 李景奭,「安心寺 表訓寺 虛白堂大寺 碑」,『조선금석총람』하.
3)『일성록』정조 8년 갑진(1784, 건륭 49) 1월 11일(정유).
4) 북한산성 僧營寺刹에 관한 주요 연구는 다음과 같다. 이정미,「조선후기 산성 승영사찰 건축에 관한 연구」,『대한건축학회연합논문집』8-3(통권 제27호), 2006 ; 윤기엽,「북한산성의 승영사찰-사찰의 역할과 운영을 중심으로」,『국학연구』25, 연세대 국학연구원, 2014 ; 우정상,「남북한 산성 의승방번전에 대하여」,『불교학보』1, 1963 ; 안계현,『한국승군보』, 동국역경원, 1972 ; 안계현,「조선전기의 승군」,『동방학지』13, 1966 ; 박용숙,「조선후기 승역에 관한 고찰」,『논문집』31, 부산대, 1981 ; 윤용출,「조선후기의 부역승군」,『인문논총』26, 1984 ; 여은경,「조선후기 산성의 승군총섭」,『대구사학』32, 대구사학회, 1987 ; 김갑주,「정조대 남북한 산성 의승방번전의 반감」,『소헌 남도영 박사 화갑기념 사학논총』, 1984.
5) 필자는 임진란 의승군에 관한 연구와 북한산성 사찰에 대해서 살펴본 바 있다. 황인규,「서산대사의 승군활동과 조선후기 추념사업」,『불교사상과 문화』1, 중앙승가대 불교학연구원, 2009 ; 황인규,「임진왜란 의승군의 봉기와 전란의 충격」,『한국불교사연구』2, 2013 ; 황인규,「북한산(삼각산)의 사찰과 불교의 전개-고·중세 사찰의 존재양상과 그 의의를 중심으로」,『전법학 연구』2, 불광학술연구원, 2011.

승군의 존재가 확인되며[6] 고려초에 수원승도가 중앙과 지방의 사원에 소속되어 군현의 민과 같이 항상 노역을 담당하였으며, 유사시인 전쟁시 군에 징발되는 등 국가에 편제되었다. 즉, 윤관의 여진 정벌시 운영된 별무반 항마군에 수원승도가 동원되기도 하였다.[7]

고려 원 간섭기 천태종승 천책이 지은『호산록』에 의하면, 태조 왕건의 행군법사 능긍이 있었으며,[8] 승장 김윤후는 몽고군이 침입하자 하층민인 처인 부곡민과 1232년(고종 19) 몽고군의 수장 살리타이를 막아냈으며, 충주로 가서 산성별호 방호별감으로 임명되어 충주의 승려 우본과, 노군 영사 지광수와 더불어 몽고군을 방어하였다.[9] 공민왕대 이후 천태종승 신조는 이성계의 군사 핵심참모였으며,[10] 국사와 왕사 다음의 서열에 있었다고 할 내원당의 승려 현린도 군사 핵심참모였다.[11]

조선시대에도 고려시대의 전례에 따라 승도와 승군은 궁궐과 도성 건설에 동원되었다.[12] 특히 을묘왜변시 승군을 양종이 아닌 수령들로 하여금 뽑게 하였으며,[13] 임진왜란 발발 직후에도 승군을 징집한 사례가 찾아진다.

---

6) 이홍직,「나말의 전란과 緇軍」,『사총』12·13합, 1969.
7)『고려사』권81, 병지1 5군 숙종 9년 12월, '國初 內外寺院 皆有隨院僧徒 常執勞役 如郡縣之居民 有産者 多之千百 每國家興師 亦發內外諸隨院僧徒 分屬諸軍.'
8) 眞淨國師 天頙,「答芸壹亞監閔昊書」,『湖山錄』; 허흥식,『진정국사와 호산록』, 민족사, 1995, 310쪽, '何者 昔聖祖初荊之際 行營福田能兢 親傳道侁訣 聖訣 以三乘會一乘 三觀在一心 甚深妙法 合我會之三之國 上奏天聰故.' ; 閔漬,「國淸寺金堂主佛釋迦如來 舍利靈異記」,『동문선』卷68, 記.
9)『고려사』권103, 김윤후 열전 ;『고려사』권129, 최충헌 열전.
10) 權近,「水原 萬義寺 祝上 華嚴法會 日記」,『陽村集』卷12, 記 ;『동문선』卷78, 記 ; 權近,「李穡行狀」,『陽村集』卷40 行狀.
11)『고려사』권113, 최영 열전.
12)『명종실록』권18, 10년 5월 19일(임자), '前朝之季 調發大軍 亦令僧人 持長斧大挺 以赴戰場' ;『태종실록』권24, 12년 7월 7일(경인), '徵行廊 造成丁匠 議政府啓請 僧軍一千名木工二百名抄送事 移文各道 從之' ;『세종실록』권59, 15년 2월 15일(기해), '徵諸道僧軍一千 赴太平館之役.'
13)『명종실록』권18, 10년 5월 19일(임자), '僧軍雖無弓馬之才 而擇其壯建者 則豈無可用者乎 但勿令兩宗抄發 使守令抄發何如' ;『명종실록』권18, 10년 5월 20일(계축), '且依諫院所啓 全羅淸洪兩道 爲先抄發 他道則徐觀其勢而爲之, 陵寢寺僧則其勿抄出.'

이는 의승장이 자발적으로 지휘하여 봉기한 의승군이 아닌, 관에서 동원된 승군이다.14)

임란시 최초의 승군 봉기는 청허 휴정의 제자 기허 영규다. 영규는 3백여 명을 불러 모으고 '우리들이 일어난 것은 조정의 명령이 있어서가 아니다. 죽음을 두려워하는 마음이 있는 자는 나의 군대에 들어오지 말라.'15)고 하며 제1차 금산성 전투에 참전하였고,16) 청주성 전투에서 임진란 첫 승리를 거두었으나 이후 제2차 금산성 전투에서 순국하였다.17)

몽진중 의주에서 이러한 소식을 들은 선조는 그와 인연18)이 있었던 청허 휴정(1520~1604)을 불러 의승군의 봉기를 요청하였다. 휴정이 전국의 사찰에 격문을 돌리자 전국 승려들이 일시에 호응하였으며, 의승군으로 참전할 수 없는 승려는 사찰에서 기도하게 하였다.19) 휴정은 8도16종 선교 도총섭을 임명받고 의승군의 수장이 되었으며, 8도 각처의 선종과 교종에 각각 판사 1인씩을 임명하여 총 16인을 주관자로 삼았으며, 그 후에 총섭으로 이름을 바꾸었다.20) 8도 도총섭은 휴정 이후 의엄과 사명 유정이 각기 계승하였다.21)

---

14) 『선조실록』 권26, 25년 5월 27일(병술), '備邊司回啓日 卽與監 兵使同議 各官雜類軍 時方聚會 三四月下番軍士 亦爲知會來赴 諸寺僧軍五六百 守令亦有牙兵二百餘名 元軍 四千外 此數亦不下數千矣.'
15) 『선조실록』 권29, 25년 8월 26일(계축).
16) 이 전투에 영규와 의승군이 참전하였으나(유팽로, 「임진 7월 초7일 갑자」,『월파집』 권3) 거의 주목받지 못해 아쉬울 뿐이다. 다만 조원래 교수가 각주에서 이러한 사실을 명기하고 있다. 조원래, 「임란초기 두 차례의 금산전투와 그 전략적 의의」, 2000, 103쪽 각주 64. 그리고 최근 이철헌도 이러한 사실을 지적하였다. 이철헌, 「Ⅰ. 문헌에 나타난 영규대사의 생애와 활동」,『갑사 표충원』, 대한불교조계종 불교사회연구소, 2015, 18~54쪽.
17) 『선조실록』 권29, 25년(1592) 8월 26일(계축) ;『선조실록』 권30, 25년(1592) 9월 15일(임신) ; 吳希文(1539~1613), 「壬辰日錄 8월 9일」,『鎖尾錄』 卷1.
18) 청허 휴정은 정여립의 모반사건에 연루되었지만 그것이 계기가 되어 선조에게 불교 고승으로서 부각되었다. 李廷龜(1564~1635), 「有明 朝鮮國賜國一都大禪師 禪敎都摠攝扶宗樹敎 普濟登階尊者 西山淸虛堂 休靜大師 碑銘」,『月沙集』卷45, 碑.
19) 徐有隣(1738~1802), 「西山大師 表忠祠 紀績碑銘」,『조선불교통사』상.
20) 『선조실록』 권41, 26년(1593) 8월 7일(무자).
21) 『선조실록』 권155, 35년(1602) 10월 7일(을미).

휴정은 1,500여 명의 의승군을 이끌고 순안 법흥사에 집결하였고, 그의 문도 사명 유정(1544~1610),[22] 의엄,[23] 뇌묵 처영,[24] 중관 해안(1567~?),[25] 기암 법견(1522~1634),[26] 제월 경헌(1542~1632),[27] 청매 인오(1548~1623),[28] 신열,[29] 법정[30] 등과, 휴정의 동문인 부휴 선수와 문도 벽암 각성[31] 등이 전국 각지에서 승군으로 전투에 참여하였다.[32] 1605년(선조 38) 4월 임진왜란 때의 군공으로 선무원종공신으로 공신이 된 영규와 처영을 비롯한 혜근, 종인, 승보, 도엄, 한우, 사의 승군 34명도 주요 전투에 혁혁한 공을 세웠다.[33]

그 가운데 청허 휴정이 이끈 의승군은 평양성 전투에 참가하여 승리하였다. 휴정의 제자 처영은 권율 장군과 행주산성 전투에서, 사명 유정은 노원평 전투에서 승리함으로써 한성 수복에 결정적인 공헌을 하였다.[34]

---

22) 『선조실록』 권36, 26년 3월 27일(임오) ; 『선조실록』 권37, 26년 4월 12일(병신) ; 『선조실록』 권42, 26년 9월 8일(기미) ; 『松雲大師 奮忠紓難錄』.
23) 『선조실록』 권38, 26년 5월 15일(무진) ; 『선조실록』 권53, 27년 7월 8일(갑신)
24) 李廷龜(1564~1635), 「有明 朝鮮國賜國一都大禪師 禪敎都摠攝扶宗樹敎 普濟登階尊者 西山淸虛堂 休靜大師 碑銘」, 『月沙集』 卷45, 碑.
25) 『中觀大師遺稿』附錄, '自壬辰至丁丑被緇仗義 揚統僧軍者 非一再 雖非師之所樂爲者 而其忘身爲國之誠 亦釋門之希有事也'; 사명유정, 「甲午九月馳進京師上疏 言訂賊保民事疏曰」, 『松雲大師 奮忠紓難錄』, '雲義嚴處英靈圭海眼諸僧 又從雙樹婆羅門 便做箇 輸忠盡節報國恩丈夫 所以億萬無疆.'
26) 『선조실록』 권48, 27년 2월 27일(병자).
27) 申翊聖, 「鐵原 深源寺 霽月堂敬軒大師 碑文」, 李智冠, 『교감역주 역대고승비문』 (조선편 1), 가산문고, 1999.
28) 靑梅 印悟는 선조 25년(1592) 임진왜란 때 의승장으로 3년 동안 공적을 세웠다. 靑梅 印悟, 「丫嵯峯記」, 『靑梅集』 권2 ; 『한국불교전서』 8. 『청매집』에 의하면 印悟는 임란시 「法興鎭」, 「僧將」 등의 시를 남겼다.
29) 『선조실록』 권48, 27(1594)년 2월 20일(기사) ; 『선조실록』 권56, 27년(1594) 10월 11일(을묘).
30) 『선조실록』 권39, 26년(1593) 6월 6일(기축).
31) 李景奭, 「華嚴寺 碧岩大師碑」, 『조선금석총람』 하.
32) 청허 휴정의 제자 逍遙 太能은 승군에 직접 참전하지 않았으나 참전 기도하였다. 「逍遙大禪師 行狀」, 『逍遙堂集』 ; 『한국불교전서』 8.
33) 「宣武 原從功臣 錄券」 奎章閣 古 4651-13.
34) 이향철, 「히데요시의 조선침략·점령정책과 한성탈환전투」, 『인문사회과학논문

청허 휴정과 사명 유정은 선조의 한성 환가나[35] 3500명의 피로 송환 등 중요한 외교적 역할도 수행하였다. 명의 장군 이여송(1549~1598)은 이러한 의승군에 대하여 칭찬하면서 두루마리 시첩을 보내왔다.[36] 수전을 승리로 이끌었던 이순신도 이러한 의승군의 공로가 많았다고 하여 조정에서 상을 내려 표창해야 한다는 장계를 올렸다.[37]

이순신 장군이 의승 수군으로 동참을 요청하자 800여 명의 전라좌수영의 수군의승이 봉기하였다. 본영의 표호별도장 옥형 의능[38]과, 주진의 순천 송광사 출신으로 수군 의승장 총섭 자운 원정 삼혜[39]와 유격 별도장 수인 의승장을 비롯하여, 수인 예하의 좌돌격장 신해, 양병용격장 지원, 우돌격장 성휘 등이 수전에 참전하였다.[40] 이순신은 남해를 중심으로 승리를 거두었는데, 여기에는 수군 의승의 기여가 적지 않았다.

그 외에도 개별적으로 의승군으로 봉기한 사례도 적지 않았다. 즉, 승려 천우와 일순,[41] 정토사의 승려들,[42] 처일,[43] 아산 개현사 의승장 일현[44] 등이 바로 그들이다.

이렇듯 의승군은 국가의 위기에 자발적으로 봉기하여 의병처럼 근왕병의 성격을 지니기도 하였지만 불교 교단을 수호하였다. 의승군은 의병과는 달리 뚜렷한 명령 체계를 갖고 있었다. 훈련도감에서 각도의 의승장의

집』, 31, 2002 ; 박재광, 「임진왜란기 일본군의 한성점령과 노원평전투」, 『인문사회과학논문집』 31, 2002.
35) 徐有隣(1738~1802), 「西山大師 表忠祠 紀績碑銘」, 『조선불교통사』 상 ; 成海應(1760~1839), 「酬忠祠記」, 『研經齋全集』 卷9, 文1, 記.
36) 成海應(1760~1839), 「酬忠祠記」, 『研經齋全集』 卷9, 文1, 記.
37) 『忠武公全書』上, 卷3, 「請賞義兵諸將狀 1593. 3. 10.
38) 『광해군일기』 권51, 4년(1612) 3월 23일(정사).
39) 『광해군일기』 권54, 4년(1612) 6월 16일(기묘).
40) 『李忠武公全書』 上, 卷3, 分送義僧把守要害狀, 1593.
41) 『선조실록』 권40, 26년(1593) 7월 19일(신미).
42) 申炅, 『再造藩邦志』 2 ; 『대동야승』.
43) 위와 같음.
44) 『선조실록』 권47, 27년(1594) 1월 24일(계묘).

통솔을 청허 휴정에게 위임하였으며,[45] 의승장은 의승을 이끌고 관군의 원수에 예속되거나, 의병장과 함께 싸웠다. 8도에 의승군을 총괄하는 1~2인의 총섭은 각기 관할 지역의 의승군을 통솔하였다.[46] 총섭은 '의승군을 이끌고 적을 토벌하는 승려[軍討賊之僧]'를 가리키지만 조정에서 직첩을 받았다. 의병이 임진왜란 발발 1년여 기간에만 존속하였지만 의승군은 전쟁이 끝난 후에도 존속하여 산성을 축조하는 등 승역을 담당하였다.

의승은 스스로 수 개월간의 양식을 가지고 와 화포, 조총과 도창 등의 기예를 습득하여 전투에 나갔다.[47] 예컨대 의승장 청허 휴정과 사명 유정이 이끄는 2,200여 명의 의승군은 승복 위에 전복으로 갈아 입고 창과 검 궁노, 철추 등으로 무장하고,[48] 유격전을 전개하였다. 이러한 의승의 유격전은 평양성을 탈환하기 위해 벌인 모란봉 전투[49]를 비롯하여 행주대첩과 벽제관 전투, 노원평 전투까지 계속되었던 듯하다. 그 후 명군의 참여와 관군의 정비가 이루어지자 의승군은 전투 참여 대신에 군량 조달이나 산성 축성 등 후방을 지원하였다.[50]

2) 남한산성의 축성과 호란 전투

앞서 언급한 바와 같이 의승군은 유격전을 중심으로 전투를 전개하였으나 한성 수복 이후 전쟁 물자를 운송하거나 산성 축성을 담당하게 된다. 휴정의

---

45) 『선조실록』 권49, 27년(1594) 3월 28일(병오).
46) 불교계는 각 도에 선교종 판사 각 1인씩을 배치하고자 하였으나 조정은 선교양종을 부활하는 느낌을 준다고 하여 총섭이라는 말을 사용하도록 하였다. 『선조실록』 권41, 26년 8월 7일(무자).
47) 『선조실록』 권49, 27년 3월 28일(병오).
48) 이형석, 『임진전란사』 권상, 임진전란사 간행위원회, 1998, 650쪽.
49) 申炅, 『再造藩邦志』 2 ; 『대동야승』 ; 吳希文(1539~1613), 「送僧義兵 八道都大將書」, 『鎖尾錄』 卷上 雜錄 ; 『선조실록』 권59, 28년(1595) 1월 22일(을미).
50) 『선조실록』 권48, 27년(1594) 2월 20일(기사) ; 『선조실록』 권48, 27년(1594) 2월 27일(병자).

제자 의엄은 총섭에 임명되어 의승군 5백여 명을 이끌고 파사산성을 수축하고 둔전을 개척하였으며, 1597년(선조 30)과 1599년(선조 32)에는 종묘 수축 공사와 명의 병부상서 형개의 생사당과 동주, 석비 등을 건립하였다.51) 기암 법견은 부총섭에 임명되어 전라도 장성의 입암산성을, 사명 유정은 삼가의 악견과 합천의 이숭산성 등을,52) 영주는 죽산성과 파사성을,53) 견우는 월계산성을 축성하였다.54) 그리고 궁궐의 담장을 쌓는 일,55) 오대산 사고의 수비,56) 산성의 수축과 수비57) 등을 맡아 수행하였다.

왜란을 겪으면서 산성의 중요성을 인식하게 되었으며, 한양도성의 수비를 강화하기 위한 남한산성의 축성이 제기되었다. 임진왜란시 서애 유성룡은 한양을 방어하기 위해 수원의 독성, 금천의 금지산과 더불어 남한산성 축성을 역설하였으며,58) 여러 산성을 축성한 경험이 있었던 사명 유정의 의승군이 이를 맡았으며,59) 동문인 뇌묵 처영60)과 소요 태능(1562~1649)도 남한산성 축조에 참여하였다.61)

본격적인 남한산성 축성은 이괄의 난 후 후금의 압박이 커지는 분위기 속에 정묘호란이 일어나기 전해인 1626년 봄에 시작되었다. 이서가 감축을 맡았으며, 벽암 각성(1574~1659)은 8도 도총섭의 직첩을 받고 승군을 징발하여 남한산성을 쌓았다.62) 각성은 청허 휴정의 동문 부휴 선수의 제자로

---

51) 『선조실록』 권117, 32년 9월 26일(임신).
52) 『선조실록』 권48, 27년 2월 27일(병자);『선조실록』 권80, 29년 9월 12일(을사).
53) 『선조실록』 권189, 38년 7월 11일(계미).
54) 『선조실록』 권64, 28년 6월 12일(계축).
55) 『선조실록』 권163, 36년 6월 5일(경인).
56) 『광해군일기』 권33, 2년 9월 23일(을축).
57) 여은경, 「조선후기 산성의 승군 총섭」, 『대구사학』 제32집, 1987 참조.
58) 『선조실록』 권43, 26년 10월 22일(임인).
59) 『선조실록』 권80, 29년 9월 12일(을사); 사명 유정, 「乙未 罷兵後備邊司啓」, 『松雲大師 奮忠紓難錄』.
60) 『선조실록』 권53, 27년 7월 19일(을미).
61) 태능은 1624년(인조 2) 남한산성의 西城을 보완하였다. 逍遙 太能, 「通洲居士 柳士衡 題」, 『逍遙堂集』 像贊, '以壬辰亂 爲國祈祝之誠 監築 西城之功.'

임란시 그의 스승과 더불어 의승 수군으로 참여한 바 있다. 남한산성의 승장의 추천을 의뢰받자 부휴 선수(1543~1615)의 제자 송광사 주지 대가 희옥이 부각되었으나 의승 수군 활동을 한 바 있던 벽암 각성이 선정되었다.63) 8도 도총섭으로 임명된 벽암 각성은 삼남의 의승을 동원하여 1624년 (인조 2)부터 3년간 공사를 시작하여 1626년에 완료하였다. 각성의 문도였던 회은 응준(1587~1672)은 입암산성의 축성, 항마군의 참모를 맡는 등 군무에 30여 년간 종사하였고 1647년(인조 25)에는 스승을 이어 8도 도총섭을 맡았다.64) 그 후 처능을 거쳐 서봉이 4대 도총섭으로서 의승군을 이끌고 남한산성을 수비하였다.65) 남한산성 8도 도총섭은 불교계를 대표하며 삼남을 비롯한 전국의 의승군을 통솔하고 조정과도 소통하였다. 이로써 전국의 승려를 총괄하는 의승군의 총섭제의 정착이 되기 시작하였으며, 향후 의승군의 산성의 수축과 수성의 표본이 되었다.

각성과 의승군은 남한산성의 도승통으로서 남한산성 내 건립된 9개의 승영사찰에 주둔하면서 방어를 맡았다.66) 산성뿐만 아니라 읍성 또는 관방성에는 승영사찰이 건립되었다. 읍지류인 『여지도서』에 의하면 18세기 전반까지 존재하였던, 약 1,530개소의 사찰은 산성 또는 읍성과 관련이 있으며 그 가운데 의승장 또는 총섭이 임명된 사찰은 102개였다.67)

---

62) 『重訂 南漢誌』, 「南漢山城記」, '完豊府院君李署 代其任 乃廣召諸名僧覺性應聖等 各摠其徒 分地賦功 而牧使文希聖 別將李一元 裨將李光春等 寔監董而.'
63) 그 당시 송광사 주지인 待價熙玉은 1621년(광해군 13) 9월 당시 송광사 주지 性말이 호법을 위해 思舜 등에게 16국사의 진영을 정립하고자 하였다. 待價, 「十六國師眞影記」, 『송광사지』; 張維(1587~1638), 「贈寫眞僧思舜 寺有牧牛派下十六祖師影子 歲久損晦 師爲新之 且欲爲余寫眞云」, 『谿谷集』 卷26, 七言古詩, 47首; 황인규, 「수선사 16국사의 위상과 추념 : 송광사의 승보종찰 설정과 관련하여 試攷함」, 『보조사상』 34, 2010 ; 황인규, 『조선시대 불교계 고승과 비구니』, 혜안, 2011.
64) 「正憲大夫 八道都摠 攝兼僧大將悔隱長老 碑銘」, 『대각등계집』 권2 ; 『한국불교전서』 8, 333~334쪽.
65) 이장희, 「정묘 병자호란 의병고」, 『건대사학』 4, 1974.
66) 『南漢志』 67, 87쪽.
67) 여은경, 앞의 논문 참조.

당시 대표적인 산성인 남한산성 내에 세워진 9개의 승영사찰은 북사사라 불린 장경사, 망월사, 동림사, 옥정사와 남오사라 불린 개원사, 한흥사, 남단사, 천주사, 국청사였는데,[68] 개원사가 중심 사찰이었다.[69]

남한산성의 의승군은 평안도와 함경도를 제외한 6도의 승려들이 교대로 입번하였다. 산성의 승영은 승군 총섭 1인, 승중군 1인, 교련관 1인, 초관 3인, 기패관 1인, 사원 거승군 138인, 각 도의 번승 356인으로 편제를 갖추었다.[70]

정묘호란이 발발하자 인조는 허백 명조(1593~1661)를 8도 의승군 도대장으로 임명하였다. 유정의 문도 송월 응상(1572~1654)은 1624년(인조 2)에 의승군을 이끌고 남한산성을 쌓게 하여 전후 양도 8도 도총섭을 제수받았으나 사양하고,[71] 그의 제자 허백 명조로 하여금 대신하게 하였다. 명조는 정묘호란이 발발하자 8도 의승 도대장으로 청천강을 지키며, 후금이 침략하자 4천여 의승군을 일으켜 안주성의 군민들과 관서지방 일대에서 항전하였다.[72] 이로써 청천강 이북 지역의 용골산성의 정봉수와 용천의 이립 부대의 전투를 고무시켜, 후금의 침략군을 물러가게 하였다. 명조는 그 뒤 묘향산에 주석하다가 1636년 병자호란시 관서안찰사 민성휘의 의뢰를 받아 의승병 대장으로서 관서 지방의 관민을 동원하고 군량미를 확보하였다.[73]

---

68) 『重訂 南漢誌』, 軍器, '按本營 有新舊軍器兩庫儲寺 各頂軍器 亦爲分寺於南北各寺 而北四寺 主新軍器 南五寺. 主舊軍器.'
69) 숙종대 전라도 임자도에 표류하였던 『가흥대장경』이 개원사에 보관하게 되는 것도 그 위상을 짐작케 하고 있다.
70) 이능화, 『조선불교통사』 하, 1918, 829쪽.
71) 鄭斗卿, 「楡岾寺 松月堂大師 碑銘」; 「貝葉寺 松月堂石鐘 碑銘」; 「金剛山 松月堂應祥大師 碑銘」, 李智冠 편, 『한국고승비문총집』 조선조·근현대, 가산불교 문화연구원, 2000, 150~158쪽.
72) 허백 명조, 「虛白堂 詩集 序」, 『허백집』; 『한국불교전서』 8, 379~380쪽 ; 허백 명조, 「盧夢條序文」, 『虛白堂 詩集』; 吳竣, 「賜 嘉善大夫 國一都大禪師 扶宗樹敎 福國佑世 悲智雙運 義僧都大將 登階 虛白堂大師碑銘 幷序」, 『조선금석총람』 하.
73) 명조는 그 후 1640년 8월에 湖南觀察使 元斗杓의 청으로 糾正都摠攝을 맡아서 무주 赤裳山城에 있는 史庫를 수호하였다.

각성도 병자호란시 구례 화엄사에 주석하다가 1636년 의승군 3천을 이끌고 항마군을 조직하여 청에 항전하러 가다가 인조가 항복하였다는 소식을 듣고 중지하였다.74) 또한 청에 포위된 남한산성의 의승장 희안의 의승군은 항전을 하였으며,75) 의승 두청은 강원·황해의 아군에 첩보연락을 하기도 하였다.

3. 승군의 북한산성 축성과 승영사찰

1) 의승군의 북한산성 축성

양난 이후 남한산성 축조의 예를 좇아 전국 대부분의 성의 축조와 방어에는 의승군이 참여하였다. 그러던 터에 1702년(숙종 28) 신완과 이세백에 의해 북한산성을 축성하자는 논의가 본격화되었으며,76) 1710년 (숙종 36) 청에서 온 자문을 계기로 북한산성의 축성 명분도 얻게 되었다. 그 이듬해인 1711년 민진후를 북한산 구관당상으로 삼아 북한산성의 축성이 결정되었다.77)

북한산이 우리 역사에 등장하는 것은 백제시대부터 지만 고려중엽 남경 운영 이후 더욱 부각되었으며, 조선 건국과 더불어 한양 천도가 되면서

---

74) 「賜報恩闡教圓照 國一都大禪師 行狀」, 『大覺登階集』 권2, 『한국불교전서』 8, 329~331쪽 ; 「화엄사 벽암당 각성대사 비명」, 『한국고승비문총집』, 180~184쪽. 1637년 정월에 인조가 항복하여 청나라 군사가 물러간 뒤 조정에서는 그 공을 높이 사서 '嘉善大夫 國一都大禪師 扶宗樹教 福國祐世 悲智雙運 義僧都大將 登階'의 직호와 직첩을 제수하였으나, 국왕이 청나라에 항복한 것이 통분하여 직첩을 받지 않았다. 김용태, 「조선후기 화엄사의 역사와 부휴계 전통」, 『지방사와 지방문화』 12-1, 역사문화학회, 2009 참조.
75) 『인조실록』 권33, 14년 12월 14일.
76) 『숙종실록』 권38, 29년 3월 15일(경신).
77) 『숙종실록』 권50, 37년 2월 10일(기사).

〈그림 1〉 계파 성능의 『북한지』에 실린 북한산성 지도

북한산은 진산으로서 더욱 중요하게 간주되었다.[78] 예컨대 북한산성의 전신이라고 할 중흥산성에 승도를 징집하여 화포 등의 기술을 터득하며 군을 훈련시키자는 논의[79]가 1596년(선조 29)에만 두 차례 일어났다.[80] 광해군 때에도 중흥산성을 수축하여 도성을 지키자는 의견이 제기되었으며,[81] 숙종 즉위년에도 마찬가지였다.[82] 북한산 축성은 '도성이 4산4전의 땅에 있어 급박한 일이 생겼을 때 지킬 수 없고, 남한산성은 물에 막혀 갑자기 다다를 수 없기 때문.'[83]이었다.

북한산성의 축성에 앞서 1704년(숙종 30) 3월부터 도성의 수축 공사가 시작되어 1710년(숙종 36)에 마무리되었으며, 북한산성은 1711년(숙종 37)

---

78) 『증보문헌비고』 권19, 여지고 7 산천 1 산 1 삼각산, '서울[京師]의 鎭山이 된다.'
79) 『선조실록』 권71, 29년 1월 28일(을미).
80) 『선조실록』 권73, 29년 3월 6일(계유).
81) 『광해군일기』 권169, 13년 9월 14일(임자) ; 『광해군일기』 권171, 13년 11월 9일(병오).
82) 『숙종실록』 권1, 즉위년 11월 26일(을유).
83) 이익, 「游北漢記」, 『星湖先生 全集』 卷53 記.

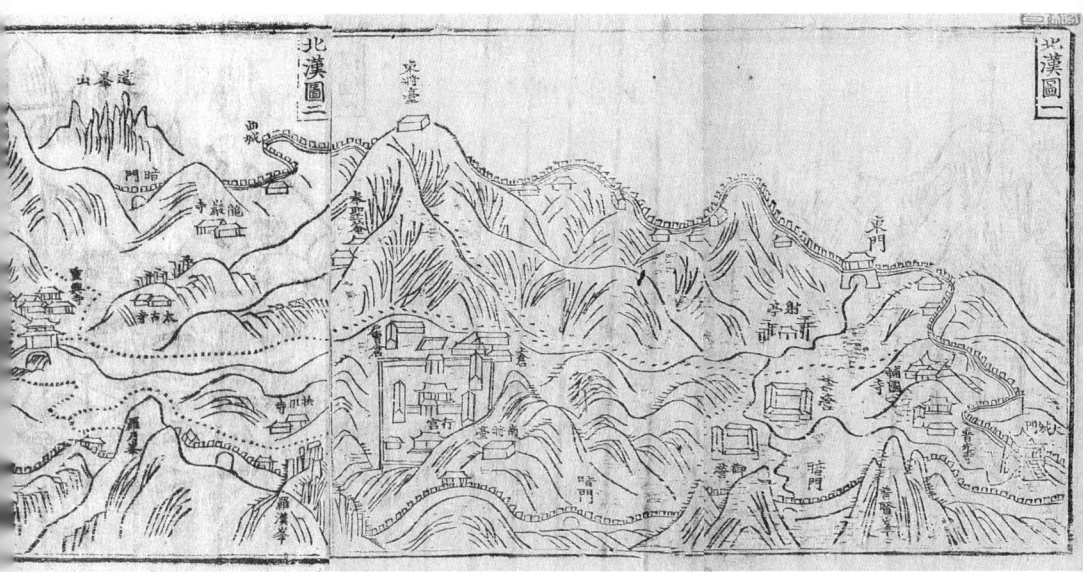

4월에 축성되기 시작하여 그해 10월에 완공되었다. 북한산성이 축성되기 1년 전인 1710년에 마무리된 도성 축성 공사의 사례를 따른 것이다. 북한산성의 축성에는 3군문이 전체 구역을 분담하여 공사를 진행하였다. 훈련도감은 수문 북변에서 용암문까지 2,299보, 금위영은 용암 남변에서 보현봉까지 2,821보, 어영청은 수문 북변에서 보현봉까지 2,507보를 각기 분담하여 축성하였다(총 7,620보). 체성 7,620보, 여장[성첩] 2,807보, 총둘레 약 13km에 이르는 산성[84]으로 축성을 시작한 지 6개월 반(숙종 37년 4월 3일~10월 19일)[85]만이었다.

  비변사와 호조, 병조, 진휼청 등에서 산성 축성에 소요되는 재원을 마련하여 지급하였으며, 3군문의 물자 일부도 지원되었다. 산성 축성에 참여 인원은 기술자인 모군과 도성의 민, 그리고 각 군문의 군인들이 동원되었으나 의승군의 역할도 매우 컸다.

---

84) 『만기요람』 군정편 3 摠戎廳 北漢山城.
85) 『숙종실록』 권50, 37년 10월 19일, '北漢城役 始自四月初三日 至是訖.'

의승군의 산성 축성 총책임은 화엄사 출신 계파 성능이 8도 도총섭이 되어 도맡았다. 성능은 남한산성의 축성을 통할한 화엄사 출신 고승 벽암 각성의 문도이기도 하지만 숙종과의 인연도 한 몫을 하였기 때문이었다. 즉, 성능은 임진왜란시 소실된 화엄사 경내 2층 70칸의 장륙전을 조성하였는데, 이 불사에 숙종과 그의 비 숙빈 최씨가 후원하였으며, 그의 아들 연잉군(후의 영조)의 원당이 되었다.[86]

성능은 8도 도총섭으로서 북한산성 내 승영사찰인 중흥사에 머무르며, 의승군을 통할하여 9개월 만에 산성을 축성하였다. 그 후 370여 명의 의승들과 함께 약 30년간 산성을 방어하였다. 승영의 편제는 승대장 1인, 중군 1인, 좌우별장 각 1인, 각사 승장 11인, 각사 수승 11인, 입번승 350인으로 이루어졌다.[87] 산성의 주관 감독은 경리청과 그 예하 관성소에서 산성 내 군사와 재정을 담당하였으며, 관성소와 함께 승영사찰이 산성 방어의 핵심을 이루었다.

성능이 집필한 『북한지』(1745)에 의하면, 북한산성의 성문은 대문 5개소, 소문 2개소, 암문 7개소 등 14개소를 두었다. 장대는 동, 남, 북의 3개소에 설치하였으며, 그 가운데 사단봉에 위치한 동장대는 산성 내 행궁과 성안을 조망하는 산성의 총지휘소였다. 행궁은 내·외전과 부속건물 등 120여 칸에 달하였으며, 행궁 오른쪽에 상창, 중흥사 앞에 중창, 서문 내에 하창, 행궁 앞에 호조창, 탕춘대에 평창을 설치하였는데, 총 140여 칸 규모에 달하였으며 2만6천여 석의 군량미를 저장할 수 있었다. 또한 성랑은 훈련도감 구역에 42개소, 금위영 구역에 60개소, 어영청 구역에 41개소 등 총 143개소가 있었다. 유영은 노적봉 암벽 밑에 훈련도감, 보국사에 금위영, 대성암 부근에 어영청이 각기 배치되었다.

---

86) 가산 지관, 「禪敎 兩宗 智異山大華嚴寺 事蹟 碑銘」, 화엄문도회, 『화엄사와 導光大禪師』, 화엄사, 2007, 11쪽 ; 김용태, 앞의 논문, 2009, 387쪽.
87) 계파 성능, 『北漢誌』, 「사찰」.

2) 북한산성의 승영사찰의 운용

북한산은 고려중기 남경이 설치된 이후 조선왕조 국도의 진산으로 많은 사찰이 창건 운용되었다. 조선 중종대 편찬된 『신증동국여지승람』에 의하면, 북한산에는 장의사, 향림사, 석적사, 청량사, 중흥사, 승가사, 삼천사, 문수사, 진관사, 도성암 등이 있었고, 고적조에 신혈사가 있었다고 한다.[88] 1596년(선조 29)에 지어진 이덕형의 기문에 의하면 중흥사, 운암사의 옛터가 있고 성 밖에 수도암, 도성암 등의 암자와 문수사, 승가사, 향림사 등의 사찰이 있었다.[89]

숙종대 북한산성 축성 후 산성 내 승영사찰은 지휘 사찰인 중흥사와 11사 2암이 각기 창건되었다. 즉, 11사 2암은 문수사, 용암사, 보국사, 보광사, 부왕사, 원각사, 국녕사, 상운사, 서암사, 태고사, 진국사, 봉성암, 원효암 등이다. 그 가운데 성능이 창건한 사찰은 용암사, 서암사, 진국사, 봉성암, 원효암이며, 중창한 사찰은 태고사이다. 그리고 북한산성 밖의 사찰로는 향림사, 승가사, 문수사, 진관사, 신혈사, 삼천사, 청량사, 적석사 등이 있었다. 성능은 원효암, 중흥사, 태고사 등을 창건 또는 중창하여 불교계의 고승 가운데 신라의 성승 원효, 유가종 자정국존 미수, 여말삼사 태고 보우 등을 부각시켰다고 할 수 있다. 북한산성 내 승영사찰은 남한산성과 마찬가지로 대개 성 주변인 수구나 암문, 성문 근처에 세워졌다. 서암사는 서문과 수구문, 상운사는 북문, 국녕사와 원각사, 용암사와 부왕사는 암문에, 보광사는 대성문 근처에 위치하여 성의 대문(3개), 소문(3개), 암문(7개), 중성문(1개)의 인근에서 산성의 선봉에서 방어하도록 하였다.[90]

---

88) 『신증동국여지승람』에 기재된 북한산의 사찰 가운데 태고사 등의 사찰이 누락되었다.
89) 이덕무, 「記遊北漢」, 『靑莊館全書』 卷3, 嬰處文稿 1.
90) 이러한 내용은 다음의 李頤命, 「北漢山城 禁衛營移建記」, 『疎齋集』 권10에 비교적 상세하게 기록되어 있다. 즉 '숙종 37년 10월에 축성을 완료하였는데, 본영(금위영)은 龍巖峯 동남쪽으로부터 普賢峯까지 체성 2,821보와 1,065개의 성첩을 쌓았다.

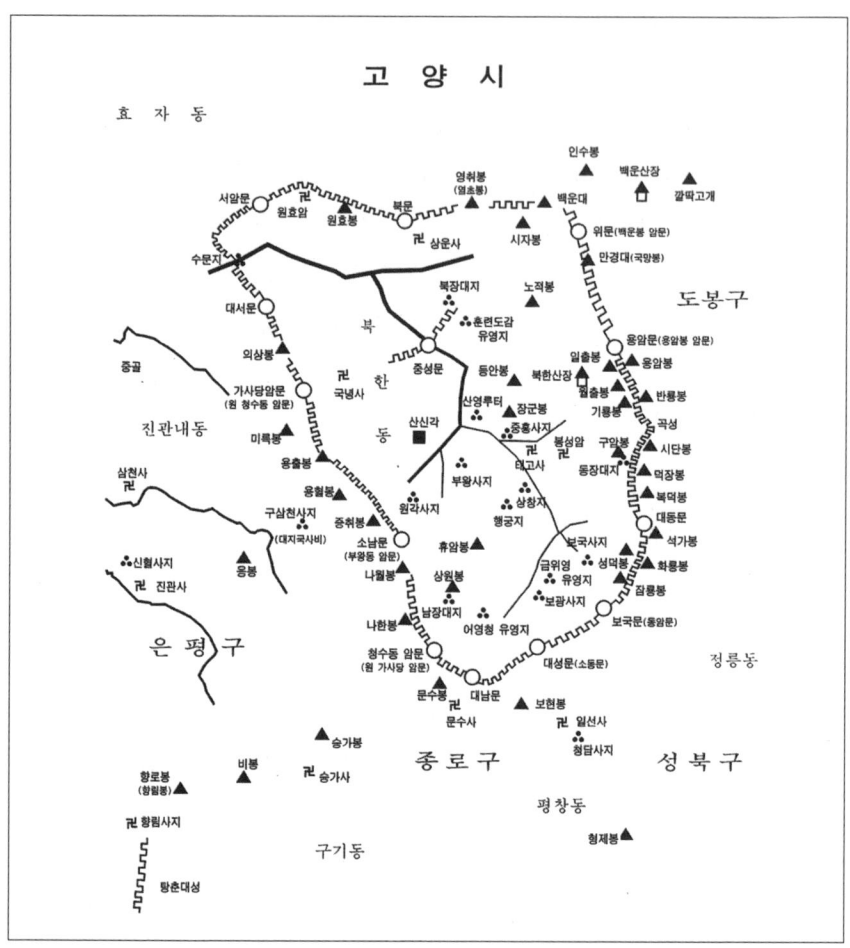

〈그림 2〉 북한산성 사찰 (김윤우 편저, 『북한산 역사지리』 소재)

이러한 북한산 승영사찰에 대한 대략적인 정보를 알아보면 다음과 같

그 사이에 城門이 둘 있는데 小東門과 大東門으로 그 위에 문루를 두었고, 또 暗門 2개를 두었다. 柴壇峯에는 將臺를 만들었다. 城廊은 60채이고 모두 178칸이다. 保國寺 普光寺 龍岩寺 太古寺 네 절이 이 구역에 소속되었다. 영사와 창고 90여 칸은 처음에 소동문 안에 설치하였는데 그 지세가 높아 비바람이 심하고 창고의 모서리가 물길에 닿아 있어 기울어지고 무너지기 쉬운 까닭에 乙未年(숙종 41) 3월에 保國寺 아래로 옮겨 건축하였다.'

다.91) 즉, 중흥사는 등안봉 아래 고려말 태고 보우가 주석하였던 중흥사 옛터에 136칸의 규모로 산성 승영사찰 가운데 가장 컸으며, 승영사찰의 본부였다. 『소총유고』에 실린 「중흥사 중창기」에 의하면 불당, 승당, 선당, 관음전, 종각 등이 있었으며,92) 문인 이옥이 1793년(정조 17)에 남긴 문집에 의하면 군량과 갑옷, 병기를 보관하였다고 한다.93)

태고사는 중흥사 동남쪽으로 약 400m 떨어진 산기슭에 위치한 사찰로 태고 보우가 중흥사 주지로 있을 때 창건한 태고암 터94)에 성능이 131칸 규모로 중창하였다. 성을 수호하면서 사서삼경 등의 도서를 보관하는 사고 역할을 하였다.95)

보국사는 산성 내의 사찰 중 177칸 규모로 가장 큰 사찰이며, 금위영창 아래, 동암문 안쪽에 탁심과 명희가 창건하여 동암문과 소문인 소동문 일대를 방어하였다. 진국사는 85칸의 규모로 노적봉 아래, 중성문 안에 성능이 창건하였다. 부왕사는 111칸 규모로 휴암봉 아래 1717년(숙종 43)에 승려 심운이 창건하여96) 산성 내의 승영사찰을 수호케 하였다. 국녕사는 86칸 규모로 의상봉 아래에 승려 청휘와 철선이 창건하여 중성문의 동쪽 편을, 보광사는 가장 작은 규모인 71칸으로 대성문 아래에 승려 설휘가 창건하여 대동문 일대를 방어하였다. 원각사는 74칸 규모로 증봉 아래에 승려 신초가 창건하여 인근 부왕동 암문 일대를, 용암사는 87칸의 규모로 용암봉 아래에 창건되어 용암 암문의 일대를 방어하였다. 상운사는 133칸 규모로 영취봉 아래에 1722년(경종 2)에 승려 회수가 중창하여97) 북문

---

91) 산성 승영사찰의 상세한 서술 내용은 윤기엽의 앞의 논문을 참조하기 바란다.
92) 洪裕孫, 「中興寺 重創記」, 『篠䕺遺稿』 上.
93) 李鈺(1760~1813), 「重興遊記」, 『李鈺全集』 1 ; 실시학사 고전문학연구회 옮김, 『완역 이옥전집』 1~5, 휴머니스트, 2009.
94) 김상영, 「한국불교사에서 중흥사의 위상과 역할」, 『전법학연구』 2, 2012.
95) 聖能, 『北漢誌』 寺刹太古寺. 태고사에는 板刻이 5,700판, 鑄字11 두었다고 한다.
96) 安震湖, 『奉恩寺 本末寺誌』, 1927.
97) 元曉峰 남쪽 중턱에 원효가 창건하였다는 기록이 있으나 1722년에 창건된 것으로 보아야 할 것이다. 「祥雲寺 極樂殿 重創記」(1813) ; 고양시청, 『경기 문화재총람-도

일대를, 서암사는 133칸 규모로 수구문 안 민지암 옛터에 산성 축성 후 승려 광헌이 중창하여 수문 일대를 수호하게 하였다.

앞서 언급했듯이 산성 승영사찰의 본영인 중흥사에 승대장이 주석하며 각 승영사찰의 의승장을 지휘하였으며, 3군문에 각기 소속되어 통할되었다.[98] 그 외의 사찰은 군기고, 화약고 등 군사 시설을 갖추고 화약과 무기를 제조하고, 의승군의 훈련장으로 사용되거나, 암문이나 성문을 지켰다.[99]

승영사찰은 관부의 재정을 지원받으면서 한편으로는 관리 감독을 받았다. 병조에서 징수한 번전이 남한산성의 경우에 수어청에서 총섭을 통하였으나, 북한산성은 총융청에서 총섭을 통하여 승영사찰에 전달되었다.

북한산성의 의승군은 남한산성 승영사찰의 경우처럼 의승장 휘하에 의승군으로 편성된 승작대로 편성 운영되었다.[100] 1714년(숙종 40) 의승 상번제에 의하여 남한산성과 함께 북한산성 의승의 정원이 정해졌다. 북한산성에는 당초 150여 명의 의승군이 거주하였는데,[101] 1714년(숙종 40) 9월 남한산성의 의승군 400여 명 가운데서 200여 명을 이동시켜 350여 명으로 증원시켰다.[102] 승영사찰의 의승군은 삼남지방에서 교대로 차출되어 승역을 담당하다가 1756년(영조 32) 의승 방번제로 전환되었으며, 1785년(정조 9) 의승전이 반감되었다. 이때 작성된 「의승번전 반감 급대 사목(義僧番錢 半減 給代 事目)」에 의하면, 6도 각 읍에 징수하는 방번전은 의승군과 관에서 각기 절반씩 나누어 부담하였다.

　　지정편』 1.
98) 『숙종실록』 권50, 37년 10월 23일(무인).
99) 佛舍 12곳을 세워 승려를 모집 충당하고 모두 兵籍에 隸屬시켜 창고의 곡식으로 먹이며 활쏘기를 익혔다. 이런 까닭으로 북한산은 북쪽을 막는 金城湯池였다. 이계서, 「遊北漢記」, 정민편, 『韓國歷代 山水遊記 聚編』, 민창문화사, 1996.
100) 서치상, 「조선후기 범어사 승인공장의 동래지역 조영활동」, 『건축역사연구』 12-3, 2003, 41쪽, 각주 11 참조.
101) 『승정원일기』, 숙종 38년 11월 26일, '北漢山城都摠攝節目 別爲磨鍊之意 旣已擧論於 元節目中 此則事體雖未必煩啓 而造給印信 分定義僧等事 亦係重大.'
102) 『승정원일기』, 숙종 40년 9월 25일,

이러한 북한산성의 승영사찰은 남한산성 승영사찰과 더불어 약 270년간 존재하였으나 산성 중심에서 읍성 중심으로 전략이 변화함에 따라 산성 승영사찰도 쇠퇴 일로에 들어섰다. 문인 박문호(1846~1918)가 남긴 기록에 의하면, 1882년(고종 19) 북한산 사찰이 도성 유력자에게 침탈당하는 등 승영사찰의 존재가 이미 침체해갔으며,[103] 1894년 갑오개혁시 승군제 및 의승 방번제가 혁파되면서 급격히 쇠락해 갔다. 게다가 일제의 군대 해산령에 따른 산성의 군기, 화약고 폭파로 인해 승영사찰 대부분이 소실 침체되었다. 즉, 1916년에 작성된 『고적조사보고서』에 의하면 보국사, 원각사, 용암사, 보광사, 국녕사, 서암사 등은 폐사되었다고 한다.[104] 현재 북한산성 내 상운사·태고사·진국사(노적사)·국녕사 등의 사찰만이 존재하고 있으나 승영사찰의 원래 모습은 찾아보기 어렵다.[105]

4. 나가는 말

이상에서 살펴본 바와 같이 의승군은 조선후기 임진왜란과 정묘·병자호란과 그 후 산성 축성 등 승역을 담당한 승군을 지칭하는데 국가를 위해 의롭게 일어났다고 하여 이전의 승군과는 차별하여 의승군이라 부른다. 최초의 의승군으로 봉기한 인물은 청허 휴정의 고제로 알려진 기허 영규였다, 영규가 이끄는 800 의승과 조헌이 이끄는 700 의병이 청주성 전투에서 승리하자 선조는 그와 인연이 있던 청허 휴정을 불러 승군의 봉기를 주문하

---

103) 朴文鎬(1846~1918),「遊白雲臺記」,『壺山集』, '지금은 성 밖의 유력자에게 열세 개의 사찰을 빼앗겨서, 모든 승려들이 서로 더불어 절을 비우고 쏟아져 나와 다투었다.'
104) 今西龍,「京畿道高陽郡北漢山遺蹟調査報告書」, 朝鮮總督府編,『古蹟調査報告』, 1916.
105) 중흥사는 1904년 9월에 발생한 화재로 소실되어 폐사하였다.「皇城新聞」(1750호), 中寺付燼, 1904년 9월 14일 ; 김상영,「한국불교사에서 중흥사의 위상과 역할」, 『전법학 연구』 2, 2012. 현재 중흥사와 서암사는 복원되었다.

였고, 휴정과 그의 문도를 비롯한 전국의 승려들이 의승으로 봉기하였다. 휴정은 1,500여 명의 의승군을 이끌고 순안 법흥사에 집결하였고, 사명 유정, 의엄, 뇌묵 처영, 중관 해안, 기암 법견, 제월 경헌, 청매 인오, 신열, 법정, 그리고 부휴 선수와 문도 벽암 각성 등이 전국 각지에서 의승군으로 활동하였다. 의승군으로 참전할 수 없는 승려는 사찰에서 기도하고 나머지는 의승군으로 편성케 하였으며, 그 외에도 개별적으로 의승군으로 봉기한 사례도 적지 않았다.

휴정이 이끈 의승군은 평양성 전투에 참가하여 전쟁에서 처음으로 승리하였다. 휴정의 제자 처영은 권율과 행주산성 전투에서, 사명 유정은 노원평 전투에서 승리하여 한성 수복에 결정적인 공헌을 하였다. 이순신은 남해를 중심으로 승전하였는데, 여기에서도 의승 수군의 기여가 매우 컸다. 표호 별도장 자운 삼혜를 비롯해 800여 명의 전라좌수영 의승 수군이 여천 흥국사를 중심으로 전투에 참가하였던 것이다. 의승군은 전쟁 중에는 산성 축성과 방수를 하거나 전쟁 물자를 운송하였으며, 이전의 시기와 마찬가지로 사고와 능침·태실, 관방을 수호하였다.

왜란을 겪으면서 산성의 중요성을 인식하게 되었으며, 한양도성의 수비를 강화하고자 남한산성의 축성론이 제기되었다. 이괄의 난 후 후금의 압박이 커지는 분위기 속에 정묘호란이 일어나기 전해인 1626년 봄에 벽암 각성은 8도 도총섭의 직첩을 받고 의승군을 징발하여 남한산성을 쌓았으며 12개의 승영사찰을 운영하였다. 즉, 남한산성에는 북4사라 불린 장경사, 망월사, 동림사, 옥정사와 남5사라 불린 개원사, 한흥사, 남단사, 천주사, 국청사가 건립되었는데, 개원사가 중심 사찰이었다.

정묘호란이 발발하자 인조는 허백 명조를 8도 의승군 도대장으로 임명하였으며, 1626년 정묘호란이 발발하자 8도 의승 도대장으로서 4천여 의승군을 일으켜 안주성의 군민들과 관서 일대에서 항전하였다. 벽암 각성도 1636년 병자호란시 구례 화엄사에서 머물다가 의승군 3천을 이끌고 항마군을 조직하여 청에 항전하러 가다가 인조가 항복하였다는 소식을 듣고 중지하였다. 또한 청에 포위된 남한산성의 의승장 희안과 의승군은 항전하였으며, 의승 두청은 강원·황해의 아군에 첩보 연락을 하였다. 이렇듯 의승군은 정묘호란과 병자호란시 전투에 참전한 후 산성 축성과 수비 등 승역을 담당하였는데 그 대표적인 것이 남·북한 산성이다.

북한산성의 축성 논의는 1702년(숙종 28) 신완과 이세백에 의해 본격화되었으며, 1711년(숙종 37) 4월에 수축을 시작하여 그해 10월에 완공되는데 그 주역은 의승군이었다. 숙종은 1711년(숙종 37) 북한산성 축성을 화엄사의 고승 계파 성능에게 위임하고 8도 도총섭의 직위를 내렸다. 북한산성 축성후 산성내 사찰이 중심이 되어 갔는데, 그 사찰은 바로 지휘 사찰인 중흥사와 11사 2암이다. 즉, 중흥사와 문수사, 용암사, 보국사, 보광사, 부왕사, 원각사, 국녕사, 상운사, 서암사, 태고사, 진국사, 봉성암, 원효암 등이다. 그 가운데 성능이 창건한 사찰은 용암사, 서암사, 진국사, 봉성암, 원효암이며, 중창한 사찰은 태고사이다. 그리고 북한산성 밖의 사찰로는 향림사, 승가사, 문수사, 진관사, 신혈사, 삼천사, 청량사, 적석사 등이 있었다. 성능은 원효암, 중흥사, 태고사 등을 창건 또는 중창하여 불교계의 고승 가운데 원효, 미수, 태고 보우 등을 부각시켰다고 볼 수 있다.

북한산성 내 승영사찰은 본부인 중흥사 외에 각기 사찰별로 승군이 훈련하는 연습장으로 사용되거나, 화약과 무기를 제조하고, 암문이나 성문을 지켰다. 북한산성에는 150여 명의 승군이 거주하였는데, 1714년(숙종 40) 9월 남한산성에 거주하는 의승 400여 명 중에서 200여 명을 북한산성에 이주시켜 350여 명으로 증원시켰다. 1714년 의승 상번제에 의하여 남·북한 산성 승영사찰의 의승의 정원이 정하여졌다. 승영사찰은 관의 재정을 지원받거나 통할되었다. 병조에서 징수한 번전은 남한산성의 경우에 수어청에서 총섭처를 통하여 승영사찰에 지급되었으며, 북한산성은 총융청에서 총섭처를 통하여 승영사찰에 급여되었다.

북한산성의 승영사찰은 남한산성 승영사찰과 더불어 약 270년간 존치되었으나, 산성에서 읍성을 중심으로 하는 방어체제로 전환되면서 쇠퇴하기 시작하였으며, 1894년 갑오개혁시 승군 제도 및 의승 방번제가 폐기되면서 더욱 쇠락하여 갔다. 특히 일제의 군대 해산령에 따른 산성내 군기와 화약고 등이 폭파되면서 보국사, 원각사, 용암사, 보광사, 국녕사, 서암사 등은 폐사되었다. 현재 북한산성에는 상운사·태고사·진국사(노적사)·국녕사 등의 사찰만이 존재하고 있으나 승영사찰의 원래 모습은 찾아보기 어렵다.

제3부

한국 전통사회와 한국사 교육

Ⅰ. 한국 전통사회의 특성과 의의

1. 들어가는 말

우리나라 사람들은 기원전 6000년 무렵부터 이 땅에 살기 시작했다. 그때부터 이 땅은 존재해왔고 기후도 지금과 별반 다르지 않았다. 한때 식민사가들에 의해 5천 년간 우리는 커다란 대륙에 붙어 있는 자그마한 반도 국가로서 대륙이 기침을 하면 우리는 몸살을 앓는 약소국이라고 잘못 알려지기도 하였다. 그러나 우리나라를 지칭하기도 하는 한반도라는 이름은 우리의 역사인 발해가 멸망하는 926년 이후 1천년간에만 해당하는 것이며, 그 이전의 시기는 해당하지 않는다. 즉 그 이전의 시기는 중국의 동북지역을 무대로 고조선과 고구려·발해가 성장하였던 사실을 잊어서는 안 될 것이다.

우리나라는 '하느님(桓因,桓因釋帝陀羅)'의 아들인 환웅이 인간세상을 널리 이롭게 하고자[1] 우리의 땅에 내려와 '배달'나라를 세우고 그 아들 단군이 기원전 2333년 조선을 건국한 이후 지금까지 5천년 역사를 이어가고 있다.

우리의 전통사회를 이해할 때 몇 차례의 문화 변동을 겪었다고 생각된다. 동양 사회에서 가장 중요한 사상은 유·불·선일 것이다. 이 사상은 우리나라

---

1) 아쉽게도 우리나라 건국이념이자 교육이념인 弘益人間이 불교에서 유래되었다는 사실을 잘 모르는 경우가 적지 않다. 즉 홍익인간의 이념은 元曉가 『增一阿含經』 31권 「역품」에서 弘益 衆生을 이야기했고 당나라 고승 道宣(596~667)이 찬술한 『속고승전』의 「僧邕傳」에 '弘益人間'이라는 말을 사용했음을 알아야 한다. 이에 대해서는 다음의 논고를 참조하기 바람. 백낙준, 『한국의 현실과 이상』 상, 93~94쪽 ; 민영규, 「용재선생과 홍익인간문제」, 『용재백낙준기념강좌』, 133~134쪽 ; 조흥윤, 『한국의 문화론』, 동문선, 2001, 37~60쪽.

사람들에게 끼친 영향은 매우 크며, 그 가운데 불교와 유교는 국가시책이 되기도 하였음은 누구나 다 아는 사실이다. 불교는 우리 고유의 것들을 포용하여 회통 내지 원융 사상을 만들어갔지만 성리학은 배타적 성격 때문에 다른 문화는 거의 용납하지 않았다. 성리학이 국가시책으로 정해지고 정착되는 17세기 이후와 그 이전의 사회는 전혀 달랐다.

본고는 우리나라 사회의 특성을 주체성-정체성, 역동성-진취성, 개방성-통합성, 단일성-종속성으로 나누어 이해하고자 하였다.[2] 이제 전통시대의 사회 속에서 우리나라 사람들은 어떻게 살았을까? 이에 대해서 살펴보기로 한다.[3]

2. 전통사회의 특성

1) 주체성-정체성

우리가 이 땅에 살기 시작한 것은 기원전 6000년, 즉 지금으로부터 8000년 전의 일이며, 기원전 2333년에는 국조 단군이 최초의 국가인 조선을

---

2) 본고에서는 후술하듯이 17세기 이전의 사회는 주체성-정체성, 역동성-진취성, 개방성-통합성이 강하였고 그 이후 사회는 성리학만 인정되는 단일성과 중국문화에 아류로서 종속성이 있는 사회라고 보았다.

3) 본고는 필자가 우리의 생활 문화 및 문화 사상에 대한 강의를 해오면서, 그리고 오늘날 사람들과의 접촉에서, 전통시대에 있어서 우리 사회의 삶과 모습에 대하여 잘못 이해하는 경우가 적지 않았다는 것을 알았다.
보다 체계적이고 적확한 모습은 체계적인 천착이 이루어진 다음에 그려질 수 있겠다. 하지만 우리 사회의 모습을 바로 볼 수 있는 장을 열어야 하겠다는 생각에서 과단하게 전체 모습을 그려보고자 하였다.
논제에서 보듯이 본고는 우리의 역사 속에서 '우리는 어떻게 살았을까(1)' 하는 근본적인 문제 제기에서 '한국 전통사회의 특성'에 대해서 나름대로 의견을 피력해 보았다. 하지만 그 깊이나 여러 모에서 시도에 그쳤다고 자평한다. 앞으로 역사 속의 우리의 진정한 모습을 찾기 위해, 우리는 어떻게 살았을까 하는 문제를 계속 천착할 생각이다. 선학과 후학들의 아낌없는 질정과 제안을 바라마지 않는다.

건국했다.

　그 후 삼국시대 이후 고·중세시대의 한국은 중국에 대하여 책봉과 조공의 정치적 관계가 성립되었지만 고·중세 동아시아 질서일 뿐 현실적인 구속력이 거의 따르지 않는 의례적 행위에 불과했다. 왕실 용어도 대부분 황제국 용어인 성지·조·칙·제나 폐하·짐 등을 사용했다. 고려는 황제국의 3성 6부 체제를 받아들이면서도 독자적인 2성체제로 운영하는 등 황제국을 지향하였다. 다만 원 간섭기에 이르러 부마국이 됨에 따라 제후국 체제로 강등당했다. 그래서 묘호도 왕이라고 했고[4] 불교계의 최고 지도자인 국사도 국존이라 개칭하여 사용케 하였다.[5] 이렇듯 고려시대는 원의 간섭을 받으면서도 독립 국가를 유지하였지만 조선시대는 제후국을 자처했고 '만세' 대신 '천세'라고 할 수밖에 없었다.[6]

　조선시대 이전의 우리 사회가 문화의 주체성을 견지하고자 했던 것은 태조 왕건의 훈요10조에서도 찾아진다.

　　그 네 번째, 우리 동방은 옛날부터 당의 풍속을 본받아 문물과 예락이 모두 그 제도를 준수하여 왔으나 나라가 다르매 사람의 성품도 다르니 반드시 구차스럽게 같게 하려 하지 말라. 거란은 짐승의 나라이므로 풍속도 같지 않고 언어도 역시 다르니 부디 의관 제도를 본받지 말라.[7]

---

4) 근대이전 천하관이나 황제국 지향체제에 관련된 중요한 논고들을 소개하면 다음과 같다. 김기덕, 「高麗의 諸王制와 皇帝國體制」, 『국사관논총』 78, 1997 ; 노태돈, 「5세기 金石文에 보이는 高句麗人의 天下觀」, 『韓國史論』 19, 서울대, 1988 ; 김창겸, 「新羅 國王의 皇帝的 地位」, 『新羅史學報』 2, 新羅史學會, 2004 ; 이도학, 「韓國史에서의 天下觀과 皇帝體制」, 『전통문화논총』 1, 한국전통문화학교, 부여, 2003.
5) 閔漬, 「보각국존일연비」, 『조선금석총람』 상.
6) 유관순이 기미 독립운동 때 '만세'라고 부른 것을 당연히 생각하지만 그때가 조선시대처럼 제후국 체제였다면 '천세'라고 불러야 했을 것이다.
7) 『고려사』 권2, 태조세가 26년 4월, '其四日 惟我東方 舊慕唐風 文物禮樂 悉遵其制 殊方異土 人性各異 不必苟同 契丹是禽獸之國 風俗不同 言語亦異 衣冠制度 愼勿效焉.'

고려 성종대 문신 최승로(927~989)도 다음과 같이 우리 사회에서 문화의 주체성을 강조했다. 즉 '예락과 시서의 교훈과, 군신과 부자의 도리는 마땅히 중국의 본을 받아 비루한 것을 고쳐야 할 것이다. 그러나 기타 거마와 의복 등의 제도는 자기 나라 풍속에 따르게 하여 사치와 검박을 적절하게 할 것이고 무리하게 중국과 꼭 같이 할 필요는 없다.'고 했다.[8]

그런데 반하여 신라의 고승 자장(590~658)은 황룡사 9층 목탑을 건립하여 삼국통합에 대한 열망을 고조시켰지만 그 과정에서 우리나라 사람들이 중국식 의복을 입을 수 있도록 중국 황제에게 건의하였다.[9] 그리고 통일외교를 주도했던 김춘추(태종 무열왕, 604~661)는 우리 사회의 의식을 중국식으로 바꾸는 등 사대적 행위를 자행하였다.

> 신라 초기의 의복 제도는 색채를 상고할 수 없다. 제23대 법흥왕 때에 처음으로 (서울 안) 6부 사람들의 복색의 존비제도를 정하였지만, 오히려 동이의 풍속 그대로였다.
> 진덕왕 2년에 김춘추가 당나라에 들어가, 당나라 의식에 따를 것을 청하니, 현종[태종의 誤] 황제가 허락하고 겸하여 의대를 급여하였다. 돌아와서 이를 시행하여, 우리 풍속을 중국 풍속으로 바꾸었다. (그리고) 문무왕 4년에는 부인의 의복을 개혁하니, 그 후로부터 의관이 중국과 같게 되었다.[10]

그리하여 우리는 고유의 옷을 버리고 중국의 옷을 입게 되었다. 고려중엽 문신 김부식은 중국 사람들과 똑같은 옷을 입고 송에 사신으로 갔을 때 중국 사람에게서 다음과 같이 조롱을 받았다.

---

8) 『고려사』 권93, 崔承老列傳.
9) 『삼국유사』 권4, 의해5, 慈藏定律.
10) 『삼국사기』 권33, 잡지2, 色服, '新羅之初衣服之制 不可考色 至第二十三葉法興王 始定六部人服色尊卑之制, 猶是夷俗. 至眞德在位二年, 金春秋入唐, 請襲唐儀. 玄宗皇帝詔可之, 兼賜衣帶. 遂還來施行, 以夷易華. 文武王在位四年, 又革婦人之服, 自此已後, 衣冠同於中國.'

신[김부식]이 세 번 송에 봉사하였는데, 일행의 의관이 송나라 사람들과 다름이 없었다. 일찍이 조회에 들어가다가 아직 일러서 자신전의 문에 서 있었다. 한 합문원이 와서, 누가 고려 사람이냐고 물었을 때 사신이 '내가 고려 사람이다.'라고 대답하였는데, (그 사람이) 웃고서 갔다.[11]

김부식(1075~1151)은 사대주의자였지만 중국에서 환영을 받기는커녕 망신을 당하였다. 그는 본래 소동파 소식(1036~1101)의 이름을 본받았고 그가 총감독하여 편찬된 『삼국사기』는 유교 사관에 의하여 쓰여졌다. 때문에 그는 흔히 유교적 사대주의자로 불린다. 그렇지만 그는 한편으로는 가문의 원찰인 관란사를 중수하고,[12] 강서사(견불사)의 승려 혜소와 교유하였을 뿐만 아니라 소동파의 법명을 따 설당거사라고 하였던 불교거사였다.[13]

이처럼 당시 지식인들은 최고의 사상이자 종교인 불교를 중심으로 유학과 도교적 소양도 겸비했다. 고려 성종대 국가의 틀이 되게 하였던 최승로의 상서문 가운데 '치국은 유교로 수신은 불교'[14]로 할 것을 제안하였는데, 이는 고려 사회에서 운영의 기본 틀이 되었다. 그리하여 관료 및 지식인들은 치국은 유교식으로 하였지만 퇴근후 사회와 가정에서는 불교의 가르침대로 살았던 것이다.

의자왕은 백제의 마지막 왕으로 알려져 있지만 '해동의 증자'라고 불렸던 성군이자 주체성이 있는 임금이었다.

> 의자왕은 무왕의 원자로 씩씩하며 용감하고 담력과 결단성이 있었다. 무왕 재위 33년에 태자에 책립되었는데, 어버이 섬기기를 효도로써 하고 형제간에 우애가 있어 당시에 해동증자의 일컬음이 있었다. 무왕이 돌아가

---

11) 위와 같음, '臣三奉使上國 一行衣冠 與宋人無異 嘗入朝尚早 立紫宸殿門 一閤門員來問 何者是高麗人使 應曰 我是 則笑而去.'
12) 『고려사』 권98, 김부식 열전.
13) 이인로, 『파한집』 권중 ; 『신증동국여지승람』 권43, 황해도, 배천군, 불우.
14) 『고려사』 권93, 崔承老列傳.

자 태자가 위를 계승하였다.15)

　한국 중세의 대표적 지식인이라고 할 문헌공 성재 최충(984~1068), 금강거사 윤언이(1090~1149), 백운거사 이규보(1168~1241) 등은 '해동의 공자'라고 불렸다. 이는 주자학적 세계관이 확고했던 조선후기 사회에서는 상상조차 못할 일이다.

　최충은 우리나라 최초의 사학을 개창한 원조라고 할 수 있지만 유학교육을 시키면서도 여름 방학이면 인근의 사찰에서 한 달간 특별 강습 훈련 프로그램인 하과를 실시했다.

　12공도의 관동들이 매년 여름에 산림에 모여 학업을 익히다가 가을이면 파했다. 그때에는 대개가 용흥사와 귀법사에 우거했다. 어느날 저녁 가을 하늘엔 달이 밝게 비추고 상쾌한 기운이 사람들에게 젖어들었다. 사직 함순, 선달 이담지와 옥화우 등이 관동 예닐곱 명을 데리고 귀법사의 돌다리 위에 모여 작은 주연을 열었다.16)

　해마다 여름철에는 절간을 얻어서 하과를 조직하고 도중에서 급제하고 학업이 우수하며 재능이 많으나 아직 벼슬하지 못한 사람을 택하여 교도로 삼았다. 그들이 배우는 것은 구경과 삼사이며, 간혹 선달이 왔을 때에는 촛불에 금을 그어 시와 문장(刻燭賦詩) 짓기 내기를 한다. 지은 시는 차례대로 방을 내어 이름을 부르고 들어가서 곧 술자리를 베푼다.17)

---

15) 『삼국사기』권28, 백제본기 6, 의자왕, '義慈王 武王之元子 雄勇有膽決 武王在位三十三年 立爲太子 事親以孝 與兄弟以友 時號海東曾子 武王薨 太子嗣位.'
16) 최자, 『보한집』중, '十二徒冠童 每夏會山林肄業 及秋而罷 多寓龍興歸法兩寺 一夕秋空月朗, 爽氣襲人 咸司直淳 李先達湛之 玉先達和遇 率童冠六七人 會歸法石橋開小飮.'
17) 『고려사』권74, 선거2, 과목, 私學, '每歲暑月 借僧房 結夏課 擇徒中及第 學優才贍而未官者 爲敎導 其學則九經三史也 閒或先進來過 乃刻燭賦詩 榜其次第 呼名而入 仍設酌 童冠列左右 奉樽俎 進退有儀 長幼有序 竟日酬唱 觀者莫不嘉嘆.'

이렇듯 최충은 용흥사, 귀법사, 일월사, 안심사 등등의 사찰에서 하과를 실시하였는데, 이는 단재 신채호가 다음 글에서 지적했듯이 신라이래의 풍월도의 전통을 계승한 것이다.18)

> 고려 초중엽에는 화랑이 그 사상으로만 전할 뿐 아니라 실제 그 회가 존속하여 왔으므로 화랑을 반대한 유가에서도 그 명칭과 의식을 많이 도취하였으니 그 하나 둘의 예를 들면 최공도·노공도 등은 화랑의 원랑도·영랑도를 모방한 것이며, 학교의 청금록은 화랑의 풍류 황권을 모방한 것이다. 그러나 역사가의 삭제를 당하여 화랑의 사적이 망매하니 어찌 차탄할 바가 아니랴.19)

이규보는 동국의 재상이라는 자부심을 갖고 몽고 침략기『동명왕편』을 저술하여 우리의 문화에 자부심을 고취하고자 노력하였음은 널리 알려진 사실이다. 그러나 이러한 우리 고유의 전통과 문화적 자부심은, 조선왕조 사회에 이르러서는 동아시아 질서인 중화사상에 예속되어 중국의 아류에 머물고 말았다. 하지만 그 이전의 시기인 고·중세 사회는 불교가 정신적 지주가 되었으며, 주체성과 정체성을 지닌 사회였던 것이다.

2) 역동성-진취성

우리나라 사람들은 앞서 언급한 바와 같이 토양과 풍속이 다르기 때문에 우리만이 지닌 사회의 특성을 간직해왔다. 그러한 사례를 하나 든다면 그것은 반공이다. 20세기 이데올로기 중의 하나인 반공(反共)이 아니라

---

18) 황인규,「고려후기 유생의 하과와 사찰」,『종교교육학연구』22, 한국종교육학회, 2006.
19) 申采浩(1880~1936),「조선 역사상 1천래 제일 대사건 3. 郞儒佛 三敎의 정치 사상 투쟁」,『朝鮮史硏究草』, 조선도서주식회사, 1929 ;『한국사연구초』, 을유문화사, 1974, 155쪽.

반공(反拱)이다.

> 풍속은 깨끗한 것을 좋아하고, 몸가짐을 소중히 여겨 종종 걸음치는 것을 공경으로 여긴다. 절할 적에는 한쪽 다리를 끌고, 서있을 적에는 대개 반공(反拱)을 하며, [길을] 걸을 적에는 꼭 소매에 손을 꽂는다.[20]

고대 중국 사서에서 우리나라 사람들은 일어서면 반공을 하였고, 꿇어앉아 절할 때는 다리 하나를 폈으며, 걸음걸이는 달음박질을 하듯 빨리 간다. 여기서 반공이란 손을 모아 뒷짐을 지는 자세로, 우리나라 사람들이 지닌 습성 가운데 하나이다.

이처럼 우리가 모르거나 잘못 이해하고 있는 우리 사회의 특성을 더 든다면 그 가운데 하나가 온돌 문화이다. 고구려 벽화에 나타나는 바와 같이 우리의 고·중세사회는 전면 구들을 깔지 못하고 쪽 구들을 사용하였기 때문에 식탁, 침대 등 입식 문화를 영위하였다.[21] 조선후기에 이르러 우리가 살고 있는 집에 전면적인 구들이 깔리게 되면서 비로소 방바닥에 앉아서 밥을 먹을 수 있었고 완전한 온돌 문화를 즐길 수 있었다.[22] 그런데도 우리의 주거 형태에 있어서 온돌 문화만이 오랜 전통이라고 생각하는 사람들이 적지 않다. 이렇듯 우리는 우리나라 사람들만이 지닌 고유의 습성(문화)이 있다는 사실을 바로 알아야 한다.

---

20) 『北史』 권94, 동이열전 82, 고구려, '俗潔淨自喜 尙容止 以趨走爲敬 拜則曳一脚 立多反拱 行必揷手.'
21) 고구려 고분벽화에 대해서는 다음의 저서를 참조하기 바람. 김리나 편, 『고구려 고분벽화』, 서울 : ICOMOS-Korea, 2004 ; 전호태, 『고구려 고분벽화의 세계』, 서울대출판부, 한국고대사학회, 2004.
22) 온돌에 대해서는 다음의 논저를 참조하기 바람. 손진태, 「온돌고」, 『조선민족문화의 연구』, 을유문화사, 1948 ; 김동훈, 「조선민족의 온돌문화」, 『비교민속학』 11, 1994 ; 김남웅, 『구들이야기 온돌이야기-문헌과 유적으로 본-』, 단국대출판부, 2004 ; 송기호, 『한국 고대의 온돌-북옥저, 고구려, 발해』, 서울대학교 출판부, 2006.

섣달에는 하늘에 제사를 지낸다. 이때에는 사람들이 많이 모여 여러 날을 두고 술마시고 노래부르고 춤추고 논다.23)

고구려는 풍습이 음란하다. 깨끗한 옷을 입기 좋아하고 밤이면 남녀가 여럿이 모여서 놀이와 음악을 즐겼다.24)

그 나라 백성들은 노래하고 춤추기를 좋아해서 나라 안 모든 마을에서는 밤만 되면 남녀 여럿이 모여 서로 노래하고 논다.25)

5월이 되어 밭갈이가 끝나면 귀신에게 제사 드리고 밤낮으로 술 마시고 놀면서 여럿이 모여 춤추고 노래하는데 한 사람이 춤을 추면 수십 명이 따라서 춤춘다. 10월이 되어 농사일이 끝나면 다시 이와 같이 놀았다고 되어 있다.26)

위의 중국 사서를 보게 되면 '여러 날을 두고 술마시고 노래를 부르고 춤추고 놀기를 좋아했다.'거나 '노래하고 춤추기를 좋아해서, 나라 안 모든 마을에서는 밤만 되면 남녀 여럿이 모여 서로 노래하고 논다.'고 했다. 이것이 바로 고구려 고분 벽화에도 보이고 있는 가무백희도(歌舞百戲圖, 백희기악도(百戲技樂圖))이다.27) 이것은 국중 대회(國中大會)에서 신분을 초월해서 남녀 노소가 함께 어울려 노닐던 놀이 공동체이며, 4대 명절

---

23) 『後漢書』卷85, 東夷列傳 夫餘, '以臘月祭天 大會連日 飲食歌舞.'
24) 『후한서』 권85, 동이전, 고구려, '其俗淫 皆絜淨自憙 暮夜輒男女羣聚爲倡樂.'
25) 『삼국지』 권30, 동이전, 고구려, '其民喜歌舞 國中邑落 暮夜男女羣聚 相就歌戲.'
26) 『후한서』 권85, 동이전 한, '常以五月下種訖 祭鬼神 羣聚歌舞 飲酒晝夜無休 其舞 數十人俱起相隨 踏地低昂 手足相應 節奏有似鐸舞 十月農功畢 亦復如之.'
27) 이에 대해서는 다음의 논저를 참조하기 바람. 전호태 외, 『고분벽화로 본 고구려 문화』(연구총서2), 고구려 연구재단, 2005 ; 전미선, 「고구려 고분벽화의 놀이문화」, 『한국 고대사연구』 43, 한국 고대사학회, 2006.

가운데 하나인 추석의 기원이 되고 있는 것이다.

> (유리왕 9년) 왕이 6부를 정한 후, 이를 두 부분에 나누어 왕녀 두 사람으로 하여금 각각 부내의 여자를 거느려 편을 짜고 패를 나눠 추 7월 기망부터 날마다 일찍이 6부의 마당에 모여 길쌈을 시작, 을야에 파하게 하고, 8월 15일에 이르러 그 공의 다소를 고사하여 지는 편은 주식을 장만하여 이긴 편에 사례하고 이에 가무와 온갖 유희가 일어나니, 이를 가배라 한다. 이때 진 편의 한 여자가 일어나 춤추며 탄식하기를, 회소회소(會蘇會蘇)라 하여 그 음조가 슬프고 아름답거늘, 후인이 그 소리로써 노래를 지어 이름을 회소곡이라 하였다.[28]

그래서 일찍이 우리나라 사람들은 모두가 즐겨 부르는 나랏노래, 즉 애국가를 만들었으니, 그것이 바로 도솔가이다.

> (유리 니사금 5년) 이 해 민속이 즐겁고 편안하여 비로소 왕이 도솔가를 지으니, 이는 가락의 시초였다.[29]

최초의 애국가라고 할 수 있는 도솔가는 승려 월명이 지은 도솔가[30]와는 이름만 같을 뿐 다른 것이고 그 내용을 알 수 없어서 아쉽기 그지없다. 그리고 신라시대 처용에서 비롯된 처용가·처용무[31]와 더불어 원효가 불교

---

28) 『삼국사기』 권1, 儒理尼師今, '王旣定六部 中分爲二 使王女二人 各率部內女子 分朋造薰 自秋七月旣望 每日早集大部之庭績麻 乙夜而罷 至八月十五日 考其功之多小, 負者置酒食 以謝勝者 於是歌舞百戲皆作 謂之嘉俳 是時負家一女子 起舞嘆曰 會蘇會蘇 其音哀雅 後人因其聲而作歌 名會蘇曲.'
29) 『삼국유사』 권1, 기이 1, 弩禮王, '民俗歡康, 始製兜率歌, 此歌樂之始也.'
30) 『삼국유사』 권5, 감통 7, 月明師兜率歌.
31) 『삼국유사』 권2, 기이 2, 處容郞과 望海寺, '其妻甚美 疫神欽慕之變無人 夜至其家竊與之宿 處容自外至其家見寢有二人 乃唱歌作舞而退 歌曰 東京明期月良 夜入伊遊行如可 入良沙寢矣見昆 脚烏伊四是良羅 二肹隱吾下於叱古 二肹隱誰支下焉古 本矣吾下是如

의 사회화를 위해 만들었던 무애가·무애무32)는 우리나라 사람들의 대표적인 놀이였다.

> 그의 아내가 매우 아름다웠으므로 역신이 흠모하여 사람으로 변하여 밤에 그 집에 가서 몰래 동침하였다. 처용이 밖으로부터 집에 돌아와 자리에 두 사람이 누웠음을 보고 노래를 부르며 춤을 추고 물러나갔다. 노래에 가로되 '동경 밝은 달에, 밤드러(새어) 노니다가, 들어와 자리를 보니, 가라리(다리) 네히러라, 둘은 내해이고 둘은 뉘해언고, 본디 내해다만은 뺏겼으니 어찌하리꼬'라 하였다.33)

> 원효가 이미 파계하여 설총을 낳은 후로는 속복을 바꿔 입고 스스로 소성거사라 하였다. 우연히 광대를 만나 큰 박을 무롱하였는데, 그 형상이 기괴하였다. (원효가) 그 형상대로 한 도구를 만들어 이름을 화엄경의 '일체무애인은 한결같이 생사를 벗어난다'라는 것으로써 무애(無㝵)라 명명하여 노래를 지어 세상에 퍼뜨리었다.
> 일찍이 이를 가지고 수많은 촌락을 돌아다니며 노래하고 춤추어 화영하고 돌아왔으므로 가난하고 무지몽매한 무리들까지도 모두 불타의 호를 알게 하여 누구나 나무염불를 한 줄 알았으니 효의 법화가 크도다.34)

이러한 놀이는 고려시대에도 계승되었는데 무애가·무애무와 관련 기록을 찾아보면 다음과 같다.

　　馬扵隱 奪叱良乙何如爲理古.'
32) 『삼국유사』권4, 의해 5, 元曉不羈.
33) 『삼국유사』권2, 기이 2, 處容郞望海寺.
34) 『삼국유사』권4, 의해 5, 元曉不羈, '曉既失戒生聰已後易俗服自号小姓居士 偶得優人舞弄大瓠其狀瓌竒 因其形製爲道具 以華嚴經 一切無㝵人一道出生死 命名曰無㝵仍作歌流于世 嘗持此千村萬落且歌且舞化詠而歸 使桑樞瓮牖玃猴之輩皆識佛陁之号 咸作南無之稱曉之化大矣哉.'

예전에 원효 대성이 천한 사람들 속에 섞이여 놀았다. 일찍이 목 굽은 호로박을 어루만지며 저자에서 가무하고 이를 무애라고 하였다. 이런 일이 있은 뒤에 일 좋아하는 자가 금방울을 위에 매달고 채색비단을 밑에 드리워 장식하여 두드리며 진퇴하니 모두 음절에 맞았다. 이에 불경에 있는 게송을 다서 무애가라고 하니 밭가는 늙은이도 이를 모방하여 유희로 삼았다.[35]

고려시대뿐만 아니라 불교를 탄압했던 태종의 정비인 원경왕후가 참여한 회암사 불사에서도 무애가·무애무·무애희가 공연되었다.

처음에 원경왕후의 수불이 양주 회암사에 있었는데, … 절을 수리하고 이날에 이르러 '경찬'을 연다고 일컬으면서 크게 불회를 베푸니, 구경하러 가는 사대부의 아내·여승·부녀자가 매우 많았다. 승려 혜희가 화려한 채색 가사를 입고 법당에 앉아 불경을 강론하니, 부녀자와 승려와 여승들이 한 당(堂)에 같이 모여 차례로 앉아 보고 들었으며, 전 지군사 이대종과 박동미도 같이 앉아 보고 들었다. 승려 각원·신주·신현 등이 무애희를 시작하자 부녀자들이 시주라 하여 옷을 벗어 주기도 하였다.[36]

이러한 놀이는 당연히 중세시대 사회에서 가장 큰 세시 풍속이었던 연등회와 팔관회 때에도 한 판 벌어졌다.[37] 연등회와 팔관회는 앞서 살펴본

---

35) 李仁老(1152~1220), 『破閑集』 권하, '昔元曉大聖 混迹屠沽中 嘗撫玩曲項葫蘆 歌舞於市 名之曰無㝵 是後好事者 綴金鈴於上 垂彩帛於下以爲飾 抑擊進退 皆中音節 洒摘取經論偈頌 號曰無㝵歌 至於田翁亦效之以爲戲.'

36) 『세종실록』 권64, 16년(1434) 4월 10일(정사), '初 元敬王后繡佛 在楊州 檜巖寺 僧徒托佛殿傾危 齋修葺勸文 勸誘中外 無知婦女富商 爭出出財 幾至萬計 上亦賜米布以助之 修治寺宇 至是日 稱慶讚 大設佛會 士大夫之妻尼僧婦女往觀者甚衆 僧慧熙着華彩袈裟 坐法堂講經 婦女僧尼同堂序坐觀聽 前知郡事李大種及朴東美 亦與坐觀聽 僧覺圓信珠信賢等 作無㝵戲 婦女等稱布施 解衣與之.'

37) 중세의 연등회와 팔관회는 서구의 부활절과 추수감사절과 같은 위치에 있었던 행사였다는 지적에 공감하는 바 크다. 허흥식, 앞의 논문 참조 바람.

영고·동맹·무천·가배 등 국중 대회 및 놀이가 계승되었던 것인데,38) 이미 고려를 건국한 태조는 연등회와 팔관회를 국가적 행사로 명문화하였던 바 있다.

> 여섯째로, 나의 지극한 관심은 연등과 팔관에 있다. 연등은 부처를 섬기는 것이요 팔관은 하늘의 신령과 5악, 명산, 대천, 용신을 섬기는 것이다. 함부로 증감하려는 후세 간신들의 건의를 절대로 금지할 것이다. 나도 당초에 이 모임을 국가 기일과 상치되지 않게 하고 임금과 신하가 함께 즐기기로 굳게 맹세하여 왔으니 마땅히 조심하여 이대로 시행할 것이다.39)

연등회는 정월 보름이나 2월 보름에, 그리고 팔관회는 가을 추수가 끝나고 거국적으로 임금과 백성들이 함께 어울려 의식을 행하고 노래와 춤을 비롯한 온갖 놀이(歌舞百戲)를 즐겼다. 이러한 놀이모습을 고려말 문인 이색은 「산대잡극」이라는 시로 남기고 있고40) 조선후기 성호 이익도 다음과 같이 기록으로 남긴 바 있다.

> 채붕산은 고려의 남은 풍속이다. 태조 원년(918) 겨울에 팔관회를 열 때 두 채붕을 만들었으니, 높이는 각각 다섯 길이 넘었으며 그 앞에서 온갖 놀이와 가무를 베풀었으니, 이전 신라의 행사였다고 한다.41)

---

38) 고려의 俗節이었던 元正·上元(정월 대보름)·上己(삼짇날)·寒食·端午(5.5)·秋夕(8.15)·重九(重陽節, 9.9)·冬至·八關 등 아홉 명절 가운데 가장 큰 행사는 연등회와 팔관회였다. 이러한 사실을 모르고 4대 명절이 가장 큰 속절이라고 아는 이가 적지 않다.
39) 『고려사』 권2, 태조세가 26년 4월, '其六日 朕所至願 在於燃燈八關 燃燈所以事佛 八關所以事天靈及五嶽名山大川龍神也 後世姦臣建白加減者 切宜禁止 吾亦當初誓心 會日不犯國忌 君臣同樂 宜當敬依行之.'
40) 李穡, 「山臺雜劇」, 『牧隱詩藁』 권33.
41) 李瀷(1681~1763), 「綵棚」, 『星湖僿說』 권15, 人事門, '綵棚山者高麗遺俗也 太祖元年冬 設八關會結兩綵棚 各高五丈餘呈 百戲歌舞於前皆新羅.'

그런데 우리나라 사람들은 온갖 놀이와 가무, 즉 가무백희만 좋아했던 것이 아니라 독서, 활쏘기 등등 마음과 몸을 위한 공부도 즐겼다.

> (우리나라 사람들의) 습속은 서적을 매우 좋아하여, 문지기·말먹이 따위의 가장 미천한 집에 이르기까지 각 거리마다 큰 집을 지어 경당이라 부른다. 자제들이 결혼할 때까지 밤낮으로 이곳에서 독서와 활쏘기를 익히게 한다.[42]

우리나라 사람들은 이렇게 문자를 알고 글읽기를 좋아한다거나 풍속이 말타기와 활쏘기를 숭상하며, 고서와 사서를 읽고, 관리의 일도 잘 본다고 했다.[43] 결국 고대이래 열정적으로 놀고 공부도 열심히 했던 것이다.[44] 이상에서 살펴본 바와 같이 우리나라 사람들은 역동적이고 진취적이었다. 신라의 토우에서 볼 수 있는 것처럼 우리나라 사람들은 진솔하고 자유로운 생활을 하였다.[45] 그리고 삼국 통합의 위업을 달성한 두 인물을 통해서도 그러한 면모를 엿볼 수 있다. 예컨대 삼국통일 외교를 맡았던 강수는 대장간 집 처녀와 야합했고 삼국통일의 국방 주역이었던 김유신은 그의 부모의 야합을 통해서 태어난 인물이다.[46] 고려시대에도 사람들의 생활은 이전의 사회 못지않게 자유로웠다.

아침에 일어나면 먼저 목욕을 하고 문을 나서며, 여름에는 날마다 두

---

42) 『구당서』 권199, 동이열전, 고려, '俗愛書籍 至於衡門廝養之家 各於街衢造大屋, 謂之扃堂子弟未婚之前 晝夜於此讀書習射.'
43) 『新五代史』 권74, 高麗 ; 『隋書』 권81, 百濟.
44) 이는 성리학이 우리의 사회에 본격적으로 침투되는 조선중기 이후의 사회와는 전혀 다른 모습으로, 불교가 주도했던 사회의 특성 가운데 하나라고 생각한다.
45) 신라토우에 대해서는 다음의 논저를 참조하기 바람. 이난영, 『신라의 토우』, 교양국사총서 22, 세종대왕기념사업회, 1977 ; 천진기, 「신라 토우에 나타난 신라속 연구」, 『민속학연구』 5, 국립민속박물관, 1998.
46) 『삼국사기』 권46, 强首列傳 ; 『삼국사기』 권4, 金庾信 열전 상.

번씩 목욕을 하는데 시내 가운데서 많이 한다. 남자 여자 분별없이 의관을 언덕에 놓고 물 구비 따라 몸을 벌거벗되, 괴상하게 여기지 않는다.47)

위의 글에서 보듯이 우리나라 사람들은 남녀가 한 개울에서 목욕을 하는 등 자유롭고 개방적이었다는 사실을 알 수 있다.

그 사람들은 은혜를 베푸는 일이 적고 여색을 좋아하여, 분별없이 사랑하고 재물을 중히 여기며, 남자와 여자의 혼인에도 경솔히 합치고 쉽게 헤어져, 전례를 본받지 않으니 진실로 웃을 만한 일이다.48)

당시 우리나라의 남녀는 '가볍게 합치고 쉽게 헤어진다(輕合易離)'고 할 만큼 자유롭고 개방적인 생활을 하였다. 이러한 자유분방한 기상은 고구려 무용총의 수렵도나 고려말 공민왕의 천산대렵도에서 읽을 수 있는 것처럼 진취적인 성향으로 나타나기도 하였다. 따라서 우리는 '은둔의 나라'가 아닌 '열정의 나라'이고49) '은근과 끈기'50)를 가진 사람들이 아니라 열정을 가진 사람들이라고 보아야 할 것이다.51) 결국 적어도 조선중기 이전의 우리나라는 '한'의 정서가 아니라 열정의 역사를 지닌 역동적이고 진취적인

---

47) 『高麗圖經』 卷23, 雜俗2, 澣濯, '故晨起 必先沐浴而後出戶 夏月日再浴 多在溪流中 男女無別 悉委衣冠於岸 而沿流褻露 不以爲怪.'
48) 『高麗圖經』 卷19, 民庶, '然其爲人 寡恩 好色 泛愛 重財 男女婚娶 輕合易離 不法典禮 良可哂也.' 위의 기록은 서긍이 중화사상에 의해 우리나라 사람들을 부정적으로 비하하여 기록했다고 보아야 한다.
49) 우리나라가 은둔국이라는 이미지는 동경대 교수인 미국인 목사 Griffs가 1871년 내한하여 1882년 『은둔의 나라 한국』(Corea, the Hermit Nation, 3부) 저술한데서 비롯된 바 크다. 이는 전통시대 우리나라 사회의 모습과 걸맞지 않는 것이다.
50) 국문학자 陶南 趙潤濟(1904~1976)는 우리 문학의 특질을 이야기하면서 '은근한 끈기'에서 찾았는데, 이것이 바로 우리나라 사람들의 특성처럼 알려지는 경우가 있어서 매우 유감스럽다.
51) 수렵도에 대해서는 다음의 논고를 참조하기 바람. 이원복, 「한국의 수렵도」, 『고고미술사론』 1, 1990.

사회였던 것이다.

3) 개방성-통합성

우리의 역사에 나타난 우리 사회의 특성을 『삼국사기』·『삼국유사』와 중국사서를 통해 정리해보면 다음과 같이 설명될 수 있다. 즉 우리나라 사회는 '아들과 딸의 지위가 동등하고 재산 상속이 동등했다.'[52] 딸이 없어도 입양하지 않았는데, 이는 자식은 독립된 인연이라고 생각했기 때문이다. 이것이 바로 가장 고려적이고 한국적 인간관이라고 할 수 있다.[53] 전통적으로 우리 사회는 고대이래 17세기 무렵까지 솔서가족의 사회였다. 그 단초를 고구려 서옥제에서 찾아볼 수 있다.

> 혼인하는 풍속을 보면, 구두로 약속이 정해지면 신부 집에서 큰 본채 뒤에 작은 별채를 짓는데, 이를 서옥이라 한다. 해가 저물 무렵, 신랑이 신부 집 문 밖에 와서 이름을 밝히고 꿇어앉아 절하며 안에 들어가서 신부와 잘 수 있도록 요청한다. 이렇게 두세 번 청하면 신부의 부모가 별채에 들어가 자도록 허락한다. 그때서야 작은 집(壻屋)에 가서 자도록 허락하고, [신랑이 가져온] 돈과 폐백은 서옥(壻屋) 곁에 쌓아둔다. 자식을 낳아 장성하면 신부를 데리고 자기 집으로 간다.[54]

조선전기 성리학을 보급시키는 주역을 담당했던 사림파의 영수인 점필재 김종직(1431~1492)도 그 외가인 밀양에서 태어나 자랐고 장가들어서는

---

52) 허흥식, 「제2장 불교사회사에서 본 중세의 범위」, 「제3장 중세의 불교와 사회사상」, 『한국중세 불교사 연구』, 일조각, 1994.
53) 위와 같음.
54) 『삼국지』 권30, 위서, 동이전, 고구려, '其俗作婚姻 言語已定 女家作小屋於大屋後 名壻屋 壻暮至女家戶外 自名跪拜 乞得就女宿 如是者再三 女父母乃聽使就小屋中宿 傍頓錢帛至生子已長大 乃將婦歸家.'

벼슬길에 있을 때를 제외하고는 대부분 안해(아내) 조씨의 근거지인 금산에 서 살았다.55) 신사임당은 결혼후 20여 년간 친정인 강릉과 그 인근에 살면서 율곡 이이(1536~1584)를 낳아 길렀고 그의 남편인 이원수가 서울과 강릉을 오고 갔다.56)

이렇듯 고대에 이어 고려시대는 여성의 지위가 남편과 거의 동등할 정도로 높았다. 남편이 결혼하여 장가를 들었다. 이를 '입장(入丈)'이라 하고 장인(丈人)의 집에 간다는 장가이며, 남귀 여가혼이라고 한다.57) '처가 에서 10년 가까이 보낸 다음 시집간다. 남편과 재산 상속이 균등했고 결혼후 에도 처가 소유한 노비는 남편 소유 노비와 구분하여 호적에 기재되었다.'58) 신사임당의 어머니 이씨 부인이 5명의 딸에게 재산을 나누어 준「이씨 분재기」에서 그것을 단적으로 알 수 있다.

딸은 아들과 마찬가지로 재산 상속이 가능하므로 여성들도 제사를 주관하 여 지내기도 하였다. 이는 다음의 인용한 글에서 보는 바와 같이 17세기 무렵까지 제사를 돌아가면서 지내는 윤회봉사와, 집안이 각기 분담하는 분할봉사 그리고 외손봉사도 있었음을 알 수 있다.

> 조선 17세기 전반(1638년)의 시기에도 친정아버지 제사는 오빠네 집에서 지냈지만 한성 판윤의 부인인 그녀는 친정어머니의 기제사를 본인이 직접 주관하고 있는 분할봉사를 하였다. 그녀는 자기의 집에서 윤회봉사를 하기도 하였다. 시아버지 제사 제물을 이번에 둘째 동서가 마련할 차례인 데, 이 부인이 대신하기도 하였다. 또는 완전히 돌아가며 지내는 형태는 아니라 제사 자체는 큰집에서 하는데, 제물만 돌아가면서 준비하는 반

---

55) 『점필재집』 연보.
56) 『율곡전서』 권18, 「先妣行狀」.
57) 이에 대해서는 다음의 논고를 참조 바람. 이순구, 「고전문학 속의 가족과 여성-조선 시대 가족제도의 변화와 여성」, 『한국고전여성문학연구』 10, 한국고전여성문학회, 2005.
58) 허흥식, 앞의 논문 참조 바람.

윤회봉사도 하였다. 심지어는 남편이 자신의 외조모의 제사를 지내는 외손봉사도 행하였다.[59]

　이러한 사회의 구조와 그 모습은 족보 편찬에서도 찾아볼 수 있다. 현전하고 있는 우리나라 족보 중 가장 먼저 편찬된 것은 안동권씨 성화보(1476년, 성종 7)이다. 여기에는 외손의 가계를 태어난 순서에 따라서, 그리고 딸(女夫) 다음에 사위의 이름을 썼고 재혼하였을 때에도 재혼한 남편(後夫)도 기재하였다.[60]

　그리고 남편과 사별한 경우에 재혼해도 사회적으로 멸시받거나 불리한 처우를 받지 않았고 이성으로 양자를 삼거나 외손으로 계후하였다. 문음(음서)이나 공신의 대우에서 아들·손자뿐만 아니라 사위·외손에게도 혜택을 받았다.[61] 이렇듯 조선중기 이전의 사회는 처가·외가·본가 모두 중시되는 사회였던 것이다.

4) 단일성-종속성

　그러나 성리학적 세계가 실현된 17세기 이후 이르면서 앞서 살펴본 것과는 다른 모습들이 확연히 나타나기 시작하였다. 처음으로 성수사 터에 소수서원이 건립됨으로써 본격화되기에 이른다. 그동안 국사와 왕사의 기능을 사림의 우두머리인 산림이 대신하여 주도하고 사찰이 해왔던 기능과 역할을 서원이 담당하기 시작하였다. 이 서원을 중심으로 향약이 만들어지고 문묘와 향교들이 세워지고 가정에 가묘가 들어서는 등등 성리학적

---

59) 『병자일기』 무인년(1638), 1월 18일. 인용문의 내용은 앞의 이순구의 논문에서 정리·요약했음을 밝혀둔다.
60) 이는 그보다 90년 뒤에 만들어진 文化柳氏의 『嘉靖譜』에서도 마찬가지였다. 최재석, 「조선시대의 상속제에 관한 연구-분재기의 분석에 의한 접근-」, 『역사학보』 153, 1972.
61) 허흥식, 앞의 논문 참조바람.

예제가 전국의 향촌 사회와 가정에 실현되기 시작하였다.[62] 조선 건국 직후부터 신진 사류들은 중국의 문화 외에 다른 나라의 문화는 배격하였다. 이미 세종대 그러한 시도가 진행되고 있었다.

> 예조에서 아뢰었다. '회회교도는 의관이 보통과 달라서, 사람들이 모두 보고 우리 백성이 아니라 하여 더불어 혼인하기를 부끄러워합니다. 이미 우리나라 사람인 바에는 마땅히 우리나라 의관을 좇아 별다르게 하지 않는다면 자연히 혼인하게 될 것입니다. 또 대조회 때 회회도의 기도하는 의식도 폐지함이 마땅합니다.' 모두 그대로 따랐다.[63]

위의 글에서 보듯이 회회인(이슬람인)들이 색다른 의관을 하고 있기 때문에 사람들이 혼인하기를 꺼려한다는 것이 문제가 되었다. 이에 세종은 1427년에 '외래 습속 금령'을 내려 한식 복장으로 개장하라고 하였다.[64] 이제까지 허용되어 왔던 이슬람 문화를 비롯한 다른 나라의 풍습 문화를 금하고 오로지 성리학적 예제만 용인하겠다는 것이다. 이로써 그동안 우리의 사회에 들어왔던 서역 문화와 인도 문화는 물론이고 이슬람 문화 등 외래 문화는 이 땅에서 발을 붙이기 어려웠다.

이제 중국의 성리학적 예제에 의해 '임금에게 충성하고 아버지에게 효도하고 남편에게 절개를 바치는 것은 하늘의 법칙에 근본을 둔 것.'이라고 강조되고 삼종의 의는 기본적인 출가한 여자가 지켜야 할 도로 규정되었다.[65]

> 서전에 이르기를, '믿음은 부인의 덕이다. 한번 남편과 결혼하면 종신토록

---

62) 위와 같음.
63) 『세종실록』 권36, 9년(1427) 4월 4일(임술), '禮曹啓 … 又啓 回回之徒 衣冠殊異 人皆視之 以爲非我族類 羞與爲婚 旣爲我國人民 宜從我國衣冠 不爲別異 則自然爲婚矣 且回回大朝會祝頌之禮 亦宜停罷 皆從之.'
64) 이희수, 「한·이슬람교류사」, 문덕사, 1991, 145~146쪽.
65) 『세종실록』 권56, 14년 6월 9일(병신).

고치지 않는다.' 하였다. 이 때문에 삼종의 의가 있고, 한 번이라도 어기는 예가 없는 것이다.

세상의 도덕이 날로 나빠진 뒤로부터 여자의 덕이 정숙하지 못하여 사족의 딸이 예의를 생각지 아니해서 혹은 부모 때문에 절개를 잃고, 혹은 자진해서 재가하니, 한갓 자기의 가풍을 파괴할 뿐만 아니라, 실로 성현의 가르침에 누를 끼친다. 만일 엄하게 금령을 세우지 않는다면 음란한 행동을 막기 어렵다. 이제부터는 재가한 여자의 자손들은 관료가 되지 못하게 하여 풍속을 바르게 하라.[66]

뿐만 아니라 과부 재가를 금지하는 법이 제정되고 재가한 여자의 자식은 벼슬에 오를 수 없다는 법이 만들어졌다.[67] 이와 아울러 '동성동본 백대지친(同姓同本 百代之親)'이라고 하여 동성동본은 절대 결혼을 금지했다.[68] 본래 성씨와 본관은 신라말 호족의 세력을 인정해준 데서 시작된 것에 불과한 것이며, 왕족의 근친혼이나 10촌 혼인도 많았었던 고·중세사회와는 확연히 다른 것이다.[69]

그리고 결혼의 형태도 다음의 인용한 글에서 보듯이 친영제로 바뀌기 시작하였다.

---

66) 『성종실록』 권82, 8년 7월 18일(계미), '傳旨禮曹曰 傳云 信 婦德也 一與之齊 終身不改 是以有三從之義 而無一違之禮 自世道日卑 女德不貞 士族之女 不顧禮義 或爲父母奪情 或自媒從人 非徒自壞家風 實是有玷名教 若不嚴立禁防 難以止淫僻之行 自今再嫁女子孫 不齒士版(仕版) 以正風俗.'
67) 당시 회의에 참여한 46명의 대신 가운데 42명이 재가금지를 반대했지만 성종은 왕권으로 이 법을 통과시켰다. 『성종실록』 권82, 8년 7월 임오·계미.
68) 예컨대 2500년전 가야의 시조인 수로왕의 김해 김씨와 그 어머니 허황옥을 본관으로 하는 김해 허씨는 동성동본이라 결혼하지 못한다고 한다. '칠백대 지친(?)'이라고 할 만하다.
69) 성씨와 본관에 관련해서는 다음의 논고를 참조하기 바람. 이순근, 「신라시대 성씨취득과 그 의미」, 『한국사론』 6, 서울대 국사학과, 1981 ; 김수태, 「고려 본관제도의 성립」, 『진단학보』 52. 진단학회, 1981 ; 채웅석, 「고려전기 사회구조와 본관제」, 『고려사의 제문제』, 삼영사, 1985 ; 채웅석, 『고려시대의 국가와 지방사회-'본관제'의 시행과 지방지배질서』, 서울대출판부, 2000.

임금이 말하였다. '친영의 예는 법의 지극히 아름다운 것이다. 그러나 남자가 여자의 집으로 장가드는 것은 우리나라에서 행한 지가 오래 되어 쉽게 고칠 수 없는 것이다. 태종 때에 친영의 예를 행하고자 하였는데, 신료들이 이것을 듣고 많이들 꺼려하여, 어떤 사람은 어린아이를 맞이하여 사위로 삼는 일이 있었으니, 그 싫어함이 이와 같아서 행하기가 어려웠다. 오직 왕실에서 행하게 되면 아래의 뜻 있는 자가 보고 그대로 따르게 됨은 이치의 필연인지라, 금후로는 왕자와 왕녀에게는 친영의 예를 행하는 것이 어떻겠는가. 잘 의논하여 아뢰라.'70)

친영은 남자가 여자를 자신의 집으로 데리고 와서 혼례를 올리고 남자 집에서 생활하는 것으로 고구려 서옥제 전통과는 전혀 다른 것이다. 친영제의 실시는 태종과 세종대만 해도 여의치 않았지만 조선중기 이후 정착되었다. 이는 바로 남성 중심의 사회로의 전환을 의미한다. 이제 조선 유교사회 속의 여자는 '칠거지악'이라는 굴레에 묶이는 '시집살이'가 시작된 것이다.71)

이러한 여성을 '시집살이'에서 벗어나지 못하게 하였던 예제가 바로 유교식 제의이다. 고려 사회에서는 상사(喪事)나 제사는 오로지 불교의 예법으로 사찰이나 각 가정에서 자유롭게, 그리고 딸이나 사위도 제사를 지냈었다.

---

70) 『세종실록』 권64, 16년(1434) 4월 12일(기미), '上曰 親迎之禮 法之至美者也 然男歸女家 本國行之久矣 未易改也 太宗之時 欲行親迎之禮 臣僚聞之 多爲忌憚 或迎小兒以爲壻 其惡之如此 難以行之 惟王室行之 則下之有志者 觀而化之 理之必然 今後王子王女行親迎之禮何如 磨勘以啓.'

71) 『大戴禮』의 本命篇에 다음과 같은 기록이 찾아진다. '부인에게는 7가지 내쫓을 사항이 있으니 시부모에게 순종하지 않으면 내쫓고, 아들이 없으면 내쫓고, 음탕하면 내쫓고, 질투하면 내쫓고, 나쁜 병이 있으면 내쫓고, 말이 많으면 내쫓으며, 도둑질을 하면 내쫓는다. 또 3가지 내쫓지 못할 경우('三不去)가 있으니 보내도 돌아가 의지할 곳이 없으면 내쫓지 못하고, 함께 부모의 3년 상을 치렀으면 내쫓지 못하며, 전에 가난하였다가 뒤에 부자가 되었으면 내쫓지 못한다.(婦有七去, 不順舅姑去, 無子去, 淫去, 妬去, 有惡疾去, 口多言去, 竊盜去. 又有三不去, 有所取無所歸不去, 與共更三年喪不去, 前貧賤後富貴不去.)' 이처럼 우리의 여인들에게 '七去之惡'이 적용된 것은 조선후기 성리학적 예제가 실현된 이후이다. 그나마 '三不去'가 있었던 것이 다행이다.

그러나 고려말에 등장한 신진 사류들은 주자가례에 의하여 가묘를 세우고 조상에게 제사를 지내는 것이 무엇보다도 중요하게 생각하고 이를 적극 시행하고자 하였다.72) 그 대표적인 인물이 바로 포은 정몽주(1337~1392)로, 그는 고려말 유교식 제사를 정착시키고자 다음과 같이 강조했다.

> 공양왕 2년 2월에 대부 이상 관리들은 3대를 제 지내고 6품관 이상은 2대를, 7품관 이하 평민들은 부모만을 제 지내고 일률로 가묘(家廟)를 설치하여 초하루와 보름에는 반드시 전을 드리고 들어 갈 때에는 반드시 사당에 고하였다.73)

이 유교식 제사는 여성을 배제하고 남성위주의 가부장 사회를 열게 한 중요한 예제 가운데 하나였다. 그런데 여기서 한 가지 명확히 알아야 할 것은, 서민은 부모만 제사만 지내야 한다는 것이고, 이는 조선시대 최고의 법전이라고 할 『경국대전』에도 그대로 반영되었다.

> 문무관 6품 이상은 부모·조부모·증조부모의 3대를 제사하고 7품 이하는 2대를 제사하며, 서인은 단지 죽은 부모[考妣] 만을 제사한다.74)

위의 기록에서 보듯이 조선중기인 명종(1545~1567)대까지만 해도 재상도 2대 봉사를 했고 서민은 부모만 제사지내는 것이 고작이었다. 명종대 이후 관품의 구별없이 4대 봉사를 허용함에 따라 모두 4대 봉사를 하게 되었다.75) 이 제사야말로 남성, 그것도 장자 중심의 가부장적 사회체제의

---

72) 『고려사』 권117, 정몽주 열전.
73) 『고려사』 권63, 예지 吉禮 공양왕 2년 2월, '判大夫以上祭三世 六品以上祭二世 七品以下至於庶人 止祭父母.'
74) 『經國大典』, 禮, 奉祀, '文武官六品以上 祭三代 七品以下 祭二代 庶人 則只祭考妣.'
75) 제사도 현대사회에서 가장 큰 알력이 있는 문제다. 유교식으로 사는 이가 거의 없고 어르신네도 그렇게 살지 않으면서 유교식 제사만을 고집하고 있는 경우가

기본 틀이었다.

　이렇듯 조선후기, 17세기 이후 조선사회는 남성, 그 가운데서도 장자 중심의 성리학적 예제의 정착과 더불어 이전의 사회와는 다른 단일적·종속적 사회로 변모했다. 즉 여성과 남성의 함께 배려되었던 사회에서 조선후기 모든 것은 남성 중심, 그것도 장자 중심의 가부장적 사회가 되었던 것이다.

　그리하여 조선의 유교 사회는 축첩과 기처, 씨받이와 씨내리, 기자 풍습 등이 유행하게 되었다. 여인들은 초야도 못치른 남편을 위해 평생을 수절해야 했고 열녀임을 강요당해야만 했다.[76] 여인들은 중국의 여인들처럼 전족을 하지는 않았지만 '한' 많은 여인으로서 일방적인 '시달림(Sitavana, 寒林)'을 당해야 했던 것이다. 여인들뿐만 아니라 당시 모든 사람들은 태어나면서 죽을 때까지, 죽어서 제사상을 받을 때까지 주자의 세계에서 살아야 했고, 이를 어겼을 때는 '사문난적'으로 몰려 죽음을 당하기도 하였다.[77]

3. 나가는 말

　본고에서는 전통시대 우리 사회의 특징을 주체성-정체성, 역동성-진취성, 개방성-통합성, 단일성-종속성으로 나누어 살펴보았다. 우리·중세사회는 황제국 지향 체제를 견지하면서 '정치는 유교로 정신 및 생활은 불교'로 하였다. 태조 왕건이 지은 훈요10조나 최승로의 시무 상소문에 의하면

적지 않다.
76) 이처럼 여성이 남성에 비하여 열성적인 대우를 받았던 조선사회에서 允摯堂 任氏 (1721~1793)처럼 女性 性理學者가 존재했다는 사실은 매우 주목된다. 그녀의 생애와 사상에 대해서는 원주시·원주문화원,『임윤지당의 생애와 사상-임윤지당 학술연구를 중심으로-』, 원주, 2002.를 참조하기 바람.
77) 필자는 그렇다고 조선후기 사회에 대해서 모두를 부정하는 것은 아니다. 향촌사회의 발달, 실학과 서민 문화의 발달, 진경 문화의 태동, 영·정조의 문화 등등은 새롭게 조망해야 할 것이지만, 본고에서 주장하는 논지는 전체사를 놓고 볼 때 그렇다는 것이다.

우리나라 사람들의 성품과 풍속 등이 다르듯이 우리의 문화적 주체성을 강조했다. 사대주의자로 알려진 김부식조차 원찰을 두고 승려와 교유한 설당거사였다. 그 뿐만 아니라 최충, 윤언이, 이규보 등 당시 사회를 대표했던 지식인들은 해동의 공자라고 자부하였지만 불교 신행심이 강한 거사였다. 이는 바로 우리나라 사회만이 간직해 온 고유성 때문이기도 한데, 반공은 바로 그러한 사례 가운데 하나이다.

우리나라 사람들은 노래 춤을 비롯한 온갖 놀이(歌舞百戱)를 즐겼다. 놀이뿐만 아니라 공부도 매우 열심히 했던 열정적인 사람들이다. 다시 말해서 우리나라 사람들은 고대부터 역동적이고 진취적인 사회를 만들어 나갔던 것이다.

또한 우리나라 사람들은 아들과 딸이 구별되지 않고 자식이 없다(立後)고 해도 근심하거나 입양하지 않았다. 불교적 연기관에 의해 살았기 때문이다. 남녀의 사랑도 자유 분방하게 하고 재산도 딸과 아들이 함께 상속받았으며, 딸도 제사를 지냈다.

또한 본가뿐만 아니라 처가와 외가 모두가 존중되는 그런 개방적이고 다양한 사회였다. 그러나 조선 건국 초부터 제후국을 자처하였고 중화사상을 받아들여 소중화로서 중국의 아류임을 자처했고 17세기 이후에는 성리학적 예제와 중국적 종법 질서를 받아들여 남성중심의 가부장제가 사회의 기틀이 되는, 단일적이고 종속적인 성격이 두드러졌다.

II. 한국 전통시대 불교 공동체

1. 들어가는 말

불교가 이 땅에 들어온 이래 우리 사회에 지대한 영향을 끼쳤음은 누구도 부인하기 어렵다. 무종단 산중불교라고 지칭되었던 조선시대에도 그 기능과 역할을 다 하였음은 1700여 개의 사찰과 『동사열전』에 실린 고승들을 통해 짐작할 수 있다.

고려후기 성리학을 사상적 무기로 하여 등장한 신진 사류들은 자기들의 사회적·경제적 입지를 넓히기 위하여 불교를 비롯한 기존의 사상 체계를 부정하기 시작하였다. 조선왕조의 국시로 받아들여진 성리학은 '하나(唯一)임'만 인정하고 다양성을 부정하는 폐쇄성을 드러냈다. 따라서 성리학적 입장이나 유교 사관에 의해 간행된 『조선왕조실록』·『고려사』·『삼국사기』 등 전통시대 사회의 중요 기록물에서는 우리 사회의 진정한 모습을 찾기란 쉽지 않다.

다행스럽게도 불교 사관에 의해 편찬된 『삼국유사』가 있어서 우리 사회의 참모습을 일부나마 엿볼 수 있다. 일연은 70이 넘은 고령임에도 불구하고 경상도 일대를 중심으로 자료를 모아 역사서를 편찬했다. 그 책에서 일연은 우리의 역사가 요임금과 같은 시기의 단군으로부터 시작되었다고 하면서 홍익인간의 정신을 내세웠다.[1]

---

1) 우리나라 건국이념이자 교육이념인 弘益人間이라는 이념이 불교에서 유래되었다는 사실을 잘 모르는 경우가 많다. 즉 元曉가 『增一阿含經』 31권 「역품」에서 弘益衆生을 이야기했고 당나라 고승 道宣(596~667)이 찬술한 『속고승전』의 「僧邕傳」에 홍익인간이라는 말을 사용했다.

본고에서는 전 근대시대인 전통시대 불교가 우리의 사회에서 어떠한 역할을 하였고 그 모습은 무엇이었는가 조명해 보았다.[2]

2. 전통시대 공동체

1) 도량-승가공동체

고구려 372년(소수림왕 2) 전진에서 승려 순도가 불상과 불경을 전한 그 이듬해 초문사와 이불란사가 창건된 후[3] 이 땅에 수많은 사찰들이 건립되었다. 중국사서에 '절들은 별처럼 자리잡고 탑들은 기러기 날 듯하네(寺寺星張 塔塔雁行)'라고 하였다. 신라의 경우 서역인 묵호자와 아도가 수도 경주에서 아주 멀리 떨어진 경북 선산지방의 아주 궁벽한 향 부곡인 도개부곡에 위치한 모례의 집 속 굴실에서 숨어 가면서 포교를 해야 했다.[4]

그리고 결정적으로 527년(법흥왕 14) 이차돈의 순교가 있고서야 불교가 비로소 공인되었다.[5] 이차돈은 법흥왕과 의논하지 않고 군신 귀족 세력의 신앙처인 토착 신앙 장소 천경림에 사찰을 건립하였다고 하여 교명죄로 순교되었다. 그는 생명을 맞바꿀 만큼 불교의 가르침이 중요하다는 숭고한 믿음에서 죽음을 맞았다. 이차돈은 이러한 7곳 가람 터[6] 가운데 하나를 선택해 흥륜사를 지었지만 가섭불 연좌석, 황룡사 장육 등도 그러한 정신의

---

2) 본 글은 새로운 연찬을 통한 본격 학술 논문이 아니라 선학의 연구성과를 수용하여 그동안 한국 불교사를 공부하면서 다룬 글들과 필자가 작성한 글들 가운데 일부를 조합 정리 보강한 것임을 밝혀둔다. 일부 입증이 미약하거나 논란이 소지가 있을 수 있고 글이 지리하게 이루어지는 등 여러 문제들이 노출되어 있다. 이러한 점은 앞으로 다듬고 보충할 것이다.
3) 『삼국유사』 권3, 흥법3 順道肇麗.
4) 『삼국유사』 권3, 흥법3 阿道基羅.
5) 『삼국유사』 권3, 흥법3 原宗興法.
6) 『삼국유사』 권3, 흥법3 阿道基羅.

소산물이었다.

그리하여 한국 불교의 독특한 사찰 문화를 형성하여 갔다. 사찰 입구의 장승이나 돌무더기, 명부전, 십왕전, 산신각, 칠성각, 가람배치, 사찰연기설화, 연등회, 팔관회, 탱화 등에서 그러한 모습을 찾아 볼 수 있다. 특히 가람 배치상 산신각이 상위, 불당이 중위, 장승이 하위에 위치하는 3중 구조를 이루고 있다. 이는 상당으로 관념되는 산신당, 중당으로 관념되는 서낭당, 하당으로 관념되는 장승과 솟대 동제당으로 3중 구조와 상호가 관련이 되어 있다고 한다.[7]

이렇듯 불교는 기존의 사회와 그 문화를 배척하거나 파멸시키지 않고 포용하였다.[8] 「선도성모 수희불사」도 그러한 사례 가운데 하나이다. 진흥왕대 지혜 비구니가 선도산 성모(聖母)의 도움을 받아 안흥사를 수리하였다.[9] 신라 중대 의상이 세운 화엄10찰도 신라의 5악 신앙(五嶽 信仰)을 수용하여 건립한 것이고 후의 9산문도 화엄10찰을 염두에 둔 개창이 이루어진 것이 아닐까 추정된다. 이들의 도량이야말로 당시 사회에 있어서 최고의 문화센터였다. 그리고 도선도 성모의 유촉을 받아 사원을 건립하였다고 한다.[10] 도선이 우리 사회의 풍토와 그것을 지키는 성모의 도움으로 사찰을 건립했다는 것이다. 이것이 바로 비보사찰이다.[11] 비보사찰은 산천의 순역을 사람의 병에 비유하여 사탑(寺塔)에 의하여 지세를 비보하는 것이다. 태조는 고려왕조가 여러 부처의 힘을 입어 창업되었음을 밝히고 도선의 설에 따라 산수의

---

7) 최광식, 「무속신앙이 한국불교에 끼친 영향-산신각과 장생을 중심으로-」, 『백산학보』 26. 백산학회, 1981.
8) 허흥식, 「제2장 불교사회사에서 본 중세의 범위」, 「제3장 중세의 불교와 사회사상」, 『한국중세불교사연구』, 일조각, 1994.
9) 『삼국유사』 5, 감통 7, 「仙桃聖母隨喜佛事」.
10) 『儒釋質疑論』 下 ; 동국대 불교문화연구소, 『한국불교전서』 7, 동국대출판부, 1986. 277~278쪽.
11) 이후 비보사찰에 관련된 부분은 필자의 다음 논고 가운데 일부를 수정 정리한 것이다. 황인규, 「고려 비보사사의 설정과 寺莊 운영」, 『역사와 교육』 6, 1998 ; 황인규, 『고려후기·조선초 불교사연구』, 혜안, 2003.

순역을 추정하여 개창하였다고 하였다.12) 비보사찰은 개경을 중심으로 하여 전국에 걸쳐 배치되었고 역대 왕실에서는 개경이나 개경 부근에 진전사원을 창건하여 지방제의 편성원리에 맞추어 국가의 불교 행사 등을 주관하고 민을 지배하고 하였다. 다시 말해 국가는 비보사찰을 지정하여 부곡제 촌장인 사장(寺莊)을 지배 또는 운영하였다. 주군의 속현과 향·부곡과 장처에는 외관이 파견된 바 없으므로, 그곳의 토성 이민(土姓吏民)인 향리에 의해 지배되었는데, 사원에 소속된 촌장(村莊)도 이와 같았을 것이다. 사찰의 주지도 향리와 더불어 촌장을 지배 또는 운영하였는데 적지 않은 역할을 하였다.

그런데 사원의 촌장인 사장에는 후술하는 바와 같이 재가화상이나 수원승도가 있었으며 그들이 사장의 토지를 경작하였고 국가에서 지정한 비보사찰에 소속되어 국가의 공적인 일에 동원되기도 하였다. 비보사찰은 태조와 역대 왕들이 매우 중요시했던 것이며, 국가나 왕실의 불교 행사를 주관하였다.13) 중앙뿐만 아니라 지방에도 비보사찰이 설치되어 각종 불교 행사를 하였다.14)

국가와 왕실의 사원과 더불어 양경인 개경·서경·4도호·8목인 대읍에서 불교 행사를 개최하였으며, 대읍뿐만 아니라 제 군현에서도 불교행사를 하였다.15) 실제로 모든 군현에서 그러한 행사를 하였는지 확인하기 어려우나 『고려사절요』에 의하면 진병 법석같은 행사는 151곳의 비보사찰에서 행사가 이루어졌다.16) 여말선초에 이르러서도 다음 기록에서 보는 바와 같이 비보사찰에도 도량, 법석, 국복, 기은, 연종 환원 등의 불사가 행해졌다.17)

---

12) 『고려사』 권2, 태조세가, 26년 4월.
13) 『고려사』 권18, 의종세가, 22년 3월 무자, '崇重佛事 時當末季 佛法漸衰 凡朝宗時開創 裨補寺社 及高麗定行法席寺院 與別祈恩寺社 如有殘斃 主掌官 隨卽修茸.'
14) 『고려사』 권7, 문종세가 즉위년 11월 병오.
15) 『고려사』 권7, 문종세가 1년 1월 정유.
16) 『고려사절요』 권32, 신우 9년 9월, '大設鎭兵法席于中外佛寺 共一百五十一所.'
17) 『고려사』 권45, 공양왕세가 2년 9월 4일(임진), '四時 必於十三所祈恩 曰道場 曰法席

그러나 조선 건국후 태종대에 이르러 교단에 대한 대대적인 정리시 비보사찰설의 원리가 처음으로 무너지기 시작했다.[18] 당시 무학의 제자 함허 기화는 도선의 국가비보사상이나 불교 국가 역할론을 강조하기도 하였으나 역부족이었다. 다행히도 조선중기 이후 산중 중심의 불교 시대가 전개되면서 각 사찰에서는 도선의 비보사찰설을 강조하기 시작하였는데, 이는 불교계 및 사찰의 수호와 발전의 자구책이었다고 생각된다.

2) 결사-신행공동체

결사란 여러 사람이 공동의 목적을 이루기 위하여 사회적인 결합 관계를 맺는 것이나 그 단체를 의미하며, 사회라고 했다.[19] 신앙 결사는 4세기 말 동진의 혜원(334~416)이 중심이 되어 백련사를 결성한 것이 처음이다. 혜원은 51세(384) 때부터 여산에 들어가서 동림사를 건립하여 제자를 지도하였다. 그는 60세(393)부터 여산의 산문 밖을 나가지 않을 것을 결심하여 83세(416)의 나이로 입적할 때까지 30여 년 동안 이를 지켰다고 한다. 따라서 이후 혜원의 백련결사를 전형적이고 이상적인 것으로 표방하는 경우가 많았다. 심지어는 후술하는 바와 같이 고 중세는 물론이고 조선시대에도 '연사' '향사'라고 표방하고자 하였다.[20]

우리나라에서 불교가 수용된 후 최초의 결사는 고구려 사회에서 찾을 수 있다. 즉 고구려의 경우 연가7년명 금동여래상은 동사주 경을 비롯한

日別祈恩' ;『정종실록』권6, 즉위년 12월 22일(임자), '前朝之季 崇信彌篤 亦未蒙福 乞中外寺社設行道場 法席 國卜 祈恩 年終 還願 等事 一皆停罷.'
18) 고려시대에는 군현과 관련한 사찰은 군현의 治所와 가까운 경우가 많았는데 이제는 그렇지 않게 되었다.『세종실록』권7, 2년 1월 을축.
19) 정병삼, 「9세기 신라 불교 결사」,『한국학보』85, 1996 ; 한보광, 「신앙 결사의 유형과 그 역할」,『불교학보』30, 1993.
20) 이러한 사례를 두 건만 들면 다음과 같다. 南公轍, 「次蓮社諸少年韻」,『金陵集』卷3 ; 金安國, 「與諸伴宿長興寺」,『慕齋集』卷8, 詩. '塵中一落病相侵 香社風流廢討尋 今日復成山寺會 依然談笑舊年心.'

승려들과 도 40인이 조상하였는데[21] 신앙결사보다는 마을 결사인 향도의 모습이 더 짙은 듯하다.

그 후 경덕왕대의 염불 만일결사가 주목된다.[22] 강주의 아간 귀진 등 선사 수십 인이 1만 일을 기약하고 염불하여 극락왕생을 비는 것이었다.[23] 이 결사에 노비 욱면이 참가하여 성불하였다고 한다.[24] 결사에 천민 여성이 참여한 사실도 중요하거니와 성불한 것도 매우 주목된다. 그만큼 우리 불교 사회의 독특한 자유분방함을 읽을 수 있다.

신앙결사는 불교가 당시의 사회에서 자기 모순을 인식하고 이를 개혁하려는 의도에서 출발한 자각 반성 운동이라고 할 수 있다. 고려시대의 경우 각 종파에서 신앙결사가 이루어졌다.[25]

인종대에 유가종계 승려 진억이 지리산 일대에서 베푼 결사는 뒤의 결사의 선구를 이루고 있다. 12세기 말에서 13세기에 접어들면서 지눌(1158~1210)의 정혜결사와 요세(1163~1245)의 백련결사는 기존의 개경 중심의 불교계의 타락상과 모순에 대한 비판에서 출발했다. 이들 결사는 지방 토호층과 일반 민들의 지지를 받게 되었고 최우와 중앙 관직자, 많은 문신 관료층의 지지를 받았다. 유기종과 선종뿐만 아니라 화엄종계도 결사가 있었다.[26] 이러한 화엄종계의 결사는 원 간섭기 후반 체원의 결사로 계승되었다. 이와 더불어 서재를 적극 활용하여 한국 최초의 독서 클럽이라고 할 해동 기로회가 탄생하게 되며, 이를 중심으로 결사를 이루었다. 이러한 사실에 대해서 좀 더 알아보기로 한다.[27]

---

21) 「延嘉七年銘 金銅如來 立像」;『역주 한국고대금석문』Ⅰ. 1992.
22) 고대 사회에서 오대산의 신앙결사도 매우 중요하나 본고에서는 생략한다.
23) 辛鍾遠, 「삼국유사 郁面婢 念佛西昇條에 대한 一考察」, 『사총』 26, 1982.
24) 『삼국유사』권5, 감통 7 郁面婢念佛西昇.
25) 權適(1094~1147), 「智異山 水精社記」, 『동문선』권64, 記.
26) 이규보(1168~1241), 「華嚴律의 章疏를 강습하는 結社文 남을 대신해서 지었다.」, 『동국이상국전집』권25, 雜著 ; 이규보, 「水嵓寺에서 『華嚴經』을 강론하기 위해 結社하는 데 대한 문」, 『동국이상국후집』권12, 雜著.
27) 이하 해동기로회와 서재와 사찰독서에 관련된 부분은 필자의 다음 논고들 가운데

무신집권기 문신 최당(1135~1211)은 서재를 독서의 공간으로 활용하는 것에 그치지 않고 한국 역사상 최초의 독서 클럽이라고 할 기로회를 조직하였다. 기로회는 당나라 백낙천이 주도하여 최초로 만든 것이지만 우리나라에서는 처음 있는 일이다. 그는 자신의 서재에서 아우 최선과 장자목·고형중·백광신·이준창·현덕수·이세장·조통 등 대관 9명을 모아 기로회를 조직하였다. 최당의 서재인 쌍명재에서 열린 기로회는 고위 관직에서 은퇴한 자들이 교유 또는 유희하는 공간으로서 도가적인 성격을 띠었으나 시간이 흐를수록 아예 불교적 성격으로 전환되어 갔다.

그런 한편 낙헌거사 이장용(1201~1272)의 서실에 김백일·이송진 두 유생과 승려 탁연이 방문하여 회합하였다. 따라서 이장용은 서재에서 독서를 즐겼을 것이며, 그의 서재 역시 교유의 장소로 삼아 활동하였는데, 여기서 멈추지 않고 지방의 결사운동에 참여하였다. 이는 독서 클럽인 해동 기로회의 정신이 결사운동으로 연계된 중요한 사실이라 생각된다. 그는 통진의 서재에 머물면서 거기서 가까운 문수사와 선월사 등의 사찰에 들리기도 하고, 심지어는 지방의 남단에 있었던 강진의 백련사의 결사에 참여하였다. 그러면서 진정국사 천책, 수선사 고승 탁연 그리고 당대의 문인 임계일, 유경, 김구, 김녹연 등 당대의 문인들과도 교류하였다. 그들은 연경(법화경)을 30년간 설법하였고 향사, 즉 결사를 표방하고 있는 것을 볼 수 있다. 당시 유생들은 무신 집권하에서 지방의 산장이나 서실에서 자신들의 독서와 회합 또는 교육이나 신앙결사운동에 참여하면서 사회개혁적인 성향으로 새로운 문화를 만들어갔다. 무신 집권기 유생들은 무신들의 화를 피해서 일부는 지방의 사찰에 출가하여 당시의 사회 개혁 운동이라 볼 수 있는 신앙결사운동에 참여하였다.

일부를 수정 정리한 것이다. 황인규, 「고려유생의 하과와 사찰독서」, 『종교교육학연구』 22, 한국종교교육학회, 2006 ; 황인규, 「고려후기 유생의 사찰독서」, 『한국불교학』 45, 2006 ; 황인규, 「고려시대 유생의 서재와 그 문화」, 『한국교육사학』 28-2, 한국교육사학회, 2006.

대부분의 유생들은 자신의 서재보다는 사찰에서 독서 내지 공부한 경우도 적지 않았다. 그 대표적인 사례를 고려후기 성리학을 수용하는데 중심인물이었던 가정 이곡(1298~1351)과 그의 아들 목은 이색(1328~1396)을 중심으로 한 신진 사류들도 사찰에서 독서하였다. 즉 설곡 정보(1309~1345)의 시제에 의하면, 이곡이 홍언박(1309~1363)·이달중·이달존(1313~1340)·김두·정포 등과 함께 결성한 소향회는 독서를 하는 향도의 결사체였다.[28] 이색은 그의 나이 8세에 한산에 있는 숭정사에서 친구 백린과 독서하였고, 역시 그의 친구 오동도 삼각산에서 독서하였다. 그런데 그는 그의 아버지가 그의 지인들과 더불어 소향회라는 향도의 결사체를 만들어 독서회를 통해 독서를 한 사실이 있었는데, 그도 역시 향도의 결사체라고 할 계를 만들어 그의 지인들과 천태종 승려 나잔자가 함께 하였다.[29] 이와같이 이곡과 이색 부자의 독서하는 모임인 향도의 결사체를 주도하였을 뿐만 아니라 그의 아들이나 손자들에게도 산중에서 독서를 장려하였다.

조선초문인 사가정 서거정(1420~1488)은 당시 고승들과 혜원의 백련사 결사를 본받아 결사를 열자고 하였던 것이다.[30] 여기에 참여한 고승은 일암 학전은 태조의 능침 사찰인 개경사 주지였지만 유생들에 의하여 목을 베어 죽임을 당한 순교승이었고,[31] 만덕은 그의 도반인 듯 하다.[32] 하지만 이러한 결사는 조선후기 성리학적 예제가 정착되면 유자들만의 시사회(詩社會)로 변질되어갔다.[33]

---

28) 鄭誧, 「寄呈燒香會諸公 先生嘗與洪政丞彦博, 李稼亭穀, 金密直玤, 李醫亭達中, 李摠郎達尊結社, 日以焚香讀書爲事 人號燒香會」, 『雪谷先生集』上, 詩. '奔走雖非爲此身 儒衣還愧路岐塵 遙知吾黨燒香會 醉後題詩少一人.' ; 황인규, 「고려후기 유생의 하과와 사찰」, 『한국종교교육연구』 22, 2006.
29) 이색, 「吳소傳」, 『동문선』 권100, 傳.
30) 서거정, 「道峯山 靈國寺에서」, 『사가시집』 권5, 詩類.
31) 『성종실록』 권117 11년 5월 28일(정미) ; 황인규, 「조선전기 불교계의 고승탄압과 순교승」, 『불교사연구』 4·5합, 중앙승가대 불교사학연구소, 2004 ; 황인규, 『고려말·조선전기 불교계와 고승연구』, 혜안, 2005.
32) 서거정, 「雨中寄一菴萬德兩上人」, 『사가집』 시집 권20.

3) 향도-마을공동체

향도는 앞서 언급한 것처럼 동진의 백련사 결사에서 비롯된 것이지만 신행결사와 마을 결사로 각기 발전해갔다.34) 다음은 신라시대 이차돈의 순교를 기념하기 위해 모인 결사이며, 이는 신행적 성격이 짙다.35) 이런 한편 김유신의 경우처럼 사회속의 공동체로 승화되었으니 그것이 바로 용화 향도이다.36) 이들 용화 향도는 국선도라고 불렸다.37) 국선도는 화랑도로 알려진 풍월도이다. 이들은 도의를 닦고 혹은 서로 가락으로 즐거이 놀며 명산과 대천을 편력했는데 풍류도라고도 했다.38)

신라의 향도는 마을 또는 군현을 단위로 지역민들을 포괄하거나 지역 마을내 유력민들로 구성되어 공동체를 이루어갔다. 이러한 것은 고려시대로 계승되어 갔다. 여기서 예천 「개심사 석탑기」의 향도의 경우의 사례를 보기로 한다. 개심사의 향도의 경우 1010년(현종 1) 2월 1일 시작되어, 이듬해인 1011년 4월 8일 마쳤다. 호장가 동량으로서 석탑 조성을 주도하면서 광군 조직까지 동원하였고, 미륵 향도·치 향도 등의 조직을 중심으로 군현민 전체 1만인이 참여하는 대규모의 공동체적 면모를 보였다.39) 이들은 '사방으로 널리 몸과 마음을 위하여[四弘爲身心], 위로 부처님의 은혜에 보답

---

33) 예컨대 다산 정약용이 그들의 동지와 함께 만든 竹欄詩社 등을 가리킨다. 정약용, 「竹欄詩社帖序」, 『다산시문집』 권13, 序. 그리고 권만의 경우 蓮社耆會도 그러한 사례라고 생각한다. 權萬, 「感題蓮社耆會錄後」, 『江左先生文集』 卷1, 詩.
34) 향도에 대한 대표적인 연구성과를 소개하면 다음과 같다. 李泰鎭, 「醴泉 開心寺石塔記의 分析」, 『歷史學報』 53·54, 1972. 김필동, 「삼국-고려시대의 향도와 계의 기원」, 『한국전통사회의 구조와 변동』, 1986 ; 채웅석 「高麗時代 香徒의 社會的 性格과 變化」, 『國史館論叢』 2, 1989. 그리고 신앙결사에 관련한 대표적인 연구는 다음과 같다. 한보광, 『신앙결사 연구』, 여래장, 2000.
35) 『삼국유사』 권3, 흥법3, 原宗興法 厭髑滅身.
36) 『삼국사기』 권41, 金庾信 열전 상.
37) 『삼국유사』 권3, 탑상 4 彌勒仙花 未尸郎 眞慈師.
38) 『삼국사기』 권4, 신라본기 진흥왕.
39) 李泰鎭, 「예천 개심사석탑기의 분석」, 『역사학보』 53·54, 1972.

하기 위하여[上報之佛恩], 국가를 위하고 공덕을 바르게 하기 위하여[爲國正功德], 일체의 만물에 퍼지게 하기 위하여[普及於一切]' 모인 공동체였다.[40]

그보다 앞선 시기인 997년(성종 16) 죽주 장명사의 5층석탑을 건립했던 향도는 호장·창정 등의 읍사 구성원들이 주축이 되어 결성한 것이었다.[41] 그런데 향도에는 불교인뿐만 아니라 선랑이나 산신 신앙과 관련된 모습을 찾을 수 있다. 여기서 향도의 우리 사회에 대한 참여이자 포용성을 엿볼 수 있다.

이처럼 고려전기에 향도는 군현 또는 마을 규모로 지방의 사회에 참여하였지만 고려후기에 이르러 향도의 조직과 성격이 다양화되기에 이른다. 중앙의 고관, 여성, 향촌 소민 등 계층별 단위별로 구성된 향도가 출현하고 불교 신앙의 요소가 드러나지 않고 마을 공동체적 기능이 강화된 향도도 나타났다. 향도의 일도 고려전기에는 불상·석탑·사찰의 조성 등 대규모 불사에 참여했던 데 반해 고려후기에 이르러 재회, 소향,[42] 염불, 상호부조 행위 등 소규모로 변해갔다. 뿐만 아니라 사회에 지나친 참여로 반사회적 기능을 한 향도도 출현하기도 한다. 승려들과 속인들이 향도를 결성해 그 이름을 만불향도라고 하면서 불교 신행 활동과 더불어 불법 상행위까지 한다는 것이다.[43]

조선초부터 불교 신행 활동보다 향촌 마을 공동체적인 모습이 더 부각되는 향도의 출현이다. 예컨대 1398년(태조 7) 이미 향도가 변질되어 있음을 지적하고 있다.[44] 즉 외방의 백성들은 그 부모의 장삿날에 이웃의 향도를 모아서 술을 마시며 노래를 부르고 피리를 불면서 애통하지 않는다고 하였다.[45] 북한에서 '향도(鄕徒)'라고도 하는 향도는 마을을 기반으로 조직되

---

40) 「開心寺址 五層 石塔」, 『한국금석전문』 중세 상, 1984.
41) 「長命寺 五層 石塔誌」, 『한국금석전문』 중세, 상, 1984.
42) 본고에서는 燒香을 마을 결사가 아닌 신앙 결사로 분류하였다.
43) 『고려사』 권85, 형법지 禁令 인종 9년, 6월 ; 채웅석, 「고려시대 향도의 사회적 성격과 변화」, 『국사관논총』 2, 1989.
44) 『국조보감』 권6, 세종조 2 11년(기유, 1429).

었고 회음 의식, 장례시의 부조 행위 등이 주된 활동 내용을 이루었다.[46]

이제 마을 공동체의 실체가 되어 온 향도는 17세기이후 두레가 담당하게 됨에 따라 상장의 일만을 수행하는 상두꾼으로 잔존하게 되었다. 성호 이익은 '우리나라에 이른바 향도라는 것은 곧 남의 상여[喪]를 메고 그 품값을 받는 자이다.'라고 했다.[47] 그런데 향도는 조선후기에도 수원승도적 기능이 남아있어서 임진란 때 군으로 동원되기도 하였다.[48]

하여튼 불교의 대사회 참여의 역군이었던 향도는 대표적인 마을공동체 질서를 담당했지만 17세기 이후 향약과 더불어 성리학적 성격을 지닌 두레와 상두꾼으로 변모했던 것이며,[49] 아쉽게도 오늘날 그 불교 흔적조차도 아는 이가 드물다.

4) 승도-생활공동체

신라 이래 고려시대에는 국사와 왕사를 비롯해 많은 고승들이 왕실과 백성들의 존경을 받았다. 고려 사회는 흔히 문벌 사회라 부르며, 승려 역시 대부분 문벌귀족의 자제였다. 즉 왕사나 국사로 책봉되거나 추증된 승려들이나,[50] 열전이나 묘지명을 보게 되면 승려로 출가한 인물을 쉽게 접할 수 있다.[51]

승려는 당시 공동체 사회의 국가의 지도자로서 왕사와 국사를 비롯해

---

45) 『태조실록』 권15, 7년(1398) 12월 29일(신미) ; 『세종실록』 권10, 2년(1420) 11월 7일(신미) ; 『세종 실록』 권44, 11년(1429) 4월 4일(기묘).
46) 『연려실기술』 별집, 제2권, 祀典典故, 「士·庶人의 상례와 제례」 ; 『세종실록』 권87, 21년(1439) 10월 10일(을유).
47) 『성호사설』 권12, 人事門, 香徒.
48) 柳壽垣(1694~1755), 「論閑民」, 『迂書』 권9 ; 『선조실록』 권133, 34년(1601) 1월 4일 (계묘).
49) 이태진, 「17·18세기 향도조직의 분화와 두레 발생」, 『진단학보』 67, 1989.
50) 허흥식, 「고려시대 국사 왕사제도와 그 기능」, 『역사학보』 67, 1975.
51) 이에 대해서는 『고려사』 열전 및 『고려묘지명집성』을 참조 바람.

내원당 감주, 각 사찰의 고승 등이 각급 공동체의 정신적 수장으로서 활동했다. 사원의 세력과 경제력이 커지면서 그것을 담당할 인물인 승도들의 숫자도 증가해갔다.

불교가 사회에서 무엇을 했는가 하는 문제에 관련해 수행승인 스님과 더불어 승도들도 사회속에 광범위하게 존재하고 각 사회 분야에서 역할을 다하였다. 이러한 사실은 전근대사회 속에서 좀 더 구체적으로 살펴보기로 한다.

이와 관련해서 불교가 국가적 공인을 받은 후 고려나 조선의 승도가 얼마나 되었는지 그 구체적인 정보가 밝혀진 바 없지만 전근대시대 승도의 수는 전체 사회인구 속에서 차지하는 비중이 매우 컸다. 예컨대 조선조 승려들 숫자가 고려말에 비해 1/10로 축소되었음에도 조선초 승려의 수가 얼마나 되었는지 정확한 기록은 없지만 백성의 3/10이나[52] 10만에 달하였다고 한다.[53]

태종 6년에서 세종 6년 사이 불교계에 대한 대대적인 탄압이 가해졌다. 불교의 각 종파가 통폐합되고 그 물리적 기반인 사원과 승도수의 대폭적인 감축으로 이어졌다. 즉 세종 6년 선교 양종 36사를 국가 공인의 법정 사찰로 지정하고, 여기에 머물 수 있는 국가 공인 승려의 수를 태종대 5,500여명에서 3,790명(선종 1,970명, 교종 1,800명)으로 한정하였다.[54]

그러나 조선시대 사찰의 규모는 1,600여에 이르고 승려 수도 국가 공인 승려 5,500여 명 외 많은 수의 승도들이 있었다. 사실 태종·세종대 불교 탄압 이후에도 전국의 사찰수는 아직 방대하였다. 성종대 전라도의 경우 '도내의 절이 큰 고을에는 100여나 되었고 작은 고을에는 40, 50이었으며, 새로 짓는 것이 많았다.'[55]고 하였다. 또한 조선중기에 편찬된 『신증동국여지승람』이나 조선후기에 편찬된 『여지도서』에 여전히 사찰의 수가 1700여

---

52) 『태조실록』 권7, 4년(1395) 2월 19일(계미).
53) 정도전, 『조선경국전』 ; 『삼봉집』.
54) 『태종실록』 권11, 6년(1406) 3월 27일(정사) ; 『세종실록』 권24, 6년(1424) 4월 5일(경술).
55) 『성종실록』 권259, 22년 11월 29일(신축).

에 달하고 있다.56) 불우헌 정극인(1401~1481)은 선교 양종에 소속한 사찰이 9500여에 달하고 승려가 10만 5, 6천이라 하였다.57) 세조 성종대의 승려 수도 큰 차이를 보이고 있다. 세조 13년 호패 발급시 승려 수가 30만, 성종 11년 정극인 상소에서는 10만 5, 6천이라 하였다.58) 1만여의 사찰과 10만의 승려는 오늘날 사찰 수의 4배, 승려 수의 10배에 달하는 규모이다.59)

조선초 사찰수 10만, 승도 10만이라 볼 때 그들 모두를 우리가 흔히 지칭하는 수행승이라고 보기 힘들다. 우선 세종 6년 불교 교단 정리시 선교 양종 36사와 거기에 각기 분속된 항거승 3,790명의 승려는 수행승이라고 생각되지만 그 나머지 10만여 승려는 수행승이 아니다. 당시 10만여 승려들은 국가에서 공인하지 않은 승려였다. 수행승은 관단에서 계를 받고 승과에 응시하여 승계를 받았음에 비해 수원승도나 재가화상은 비승비속인이었다.60)

고려 인종 초반 송의 청년인 서긍은 당시 수행승이 아닌 승도들의 모습을 잘 전하고 있다.61) 『고려사』 지리지에도 '화개, 살천 2개의 부곡이 있는데 그 우두머리는 다 머리를 깎고 승수라고 불렀다,'고 한다.62) 앞서 언급한 대로 지방관이 파견되지 않은 향·부곡에는 사찰이 중요 민정 기능을 하였는데 이렇게 승수로서 역할을 하고 있는 것이다. 뿐만 아니라 수원승도는 국가 위급시 전쟁의 임무까지 행한 오늘 예비군 역할도 하였다고 생각된다.

윤관이 별무반 설치시 서울과 지방의 수원승도를 징발하여 각 군대에

---

56) 이병희, 「조선초기 사사전의 정리와 운영」, 『전남사학』 7, 1993 ; 이병희, 「조선시대 사찰의 수적 추이」, 『역사교육』 61, 1997.
57) 『성종실록』 권122, 11년 10월 26일(임신).
58) 보다 자세한 것은 다음의 논고를 참조 바람. 이봉춘, 「조선 성종조의 유교정책과 배불정책」, 『불교학보』 28, 1988.
59) 이재창, 「조선조 사회에 있어서의 불교교단」, 『한국사학』 7, 1986.
60) 승도에 대한 부분은 필자의 다음 논고 가운데 일부를 수정 정리한 것이다. 황인규, 「한국불교사에 있어서 度牒制의 시행과 그 의미」, 『보조사상』 22, 2004 ; 대한불교조계종 불교교육원 불교사연구위원회 워크숍 발표자료집, 「한국의 승니와 현대 불교정화」, 불교역사기념관, 2007.8.31(금)-9.1(토).
61) 『高麗圖經』 卷18, 釋氏 在家和尙.
62) 『고려사』 권57, 지리2 晉州牧.

소속했다는 것이다.63) 향도가 군사적 역할을 하는 모습인데 앞서 살펴본 재가화상처럼 평시에는 대 사회사업에 참여했던 것이다. 이와 관련하여 조선초에도 승려를 수행승·교화승·재승(연화승) 세 부류로 나누어 이해하였던 바 있다.64)

그들 모두가 우리가 알고 있는 승려, 즉 수행승이라고 보기 힘들고 재가화상이나 수원승도라고 불리는 부류로 생각된다. 비승비속인은 조선초 유생들이 법을 알고 계를 지키는 승도들과는 달리 환속의 대상으로 삼았던 도중과 같은 부류였다고 생각된다. 여기서 도중이 고려의 재가화상이나 수원승도와 같은 부류이며,65) 조선조 내내 문제가 되고 있었던 거사라고도 불리었으며, 도사에 비교되는 비승비속인인 사장(社長)66)의 부류이다.67)

당시 실록에 보듯이 그들은 향리·일수·정병·선군·공사천예 등의 출신이었다.68) 백성을 속이고 꾀어 집을 버리고 남녀가 뒤섞여 살면서 심한 자는 아내를 거느리고(帶妻) 자식을 키우면서 민간에 살았다.69) 승도들 중 문제의 부류로 분류되었고 여말선초 숭유억불 운동이 본격화되자 혁거의 대상이 되었다.

---

63) 『고려사』 권81, 兵志 兵制.
64) 『태조실록』 권7, 4년(1395) 2월 19일(계미).
65) 『태종실록』 권1, 1년 윤3월 신해.
66) 『예종실록』 권6, 1년 6월 신사 ; 『세종실록』 권122, 30년 12월 정사.
67) 社長에 대해서는 세종 30년에 처음 보이며(『세종실록』 권122, 30년 12월 정사.) 이능화가 조선전기의 사장이 조선후기에 이르러 사당(捨堂·社堂·寺堂)이라 규정한 이래(『朝鮮解語花史』) 사당패의 무리라고 보는 설이 우세하나(송석하, 「社堂考」, 『한국민속고』, 일신사, 1960 ; 전경욱, 「才僧 계통의 연희자」, 『민속학연구』 11, 2002 ; 박은용, 「사당패들의 활동정형」, 『고고민속』 4, 1964 ; 전신재, 「거사고」, 『한국인의 생활의식과 민중예술』, 성균관대 대동문화연구원, 1983. 최근 불교사학 분야에서 社長에 대한 단일 주제로 논문이 발표되어 주목되며(진나라, 「조선전기 사장의 성격과 기능-불교신앙활동을 중심으로-」, 『한국사상사학』 22, 2004.) 앞으로 이에 대한 본격적인 연구가 기대된다. 필자의 생각에는 고려시대 사회 문제가 되었던 연화승 부류나 향도·재가화상·수원승도와 같은 부류로 보아야 할 것이다.
68) 『세종실록』 권122, 30년(1448) 12월 5일(정사).
69) 『예종실록』 권5, 1년 5월 임진.

그들이 바로 수원승도나 재가화상, 도중(道衆) 혹은 사장(社長)이라는 부류들인데, 불교의 도량인 사찰뿐만 아니라 마을에서 재가를 이루고 살았다. 그들은 조선후기 척불의 분위기 속에 마을 공동체나 놀이 공동체를 이루기도 하였지만 때로는 조선 정부의 위협적인 존재인 당취(黨聚), 즉 '땡추'가 되기도 하였다고 생각된다.

땡추들은 산적이나 명화적처럼 산과 도시를 넘나들면서 자기네 조직원끼리 알아볼 수 있는 옷이나 암호 따위의 신표를 지녔다. 전국을 돌아다니면서 변혁 세력과 손을 잡고 때로는 민심을 충동하는 유언비어를 만들어 퍼뜨렸다.70) 그들은 조선후기에 이르러 민중 운동과 편승해서 사회변혁 운동을 꿈꾸기도 하였는데 그 대표적으로 숙종대 장길산과 승도 운부의 예에서 찾을 수 있다.71) 대체적으로 맞는 이야기인 듯 하다. 그들의 연원은 앞서 언급한 바와 같이 고중세의 향도나 재가승도, 조선시대의 사장이나 도중에서 찾아야 할 것이다.

근대에 이르러 도심 불교를 주창하였던 산중 승려들은 근대 불교 교육을 전개하였지만 일본 승려들과 결합된 일부 친일 수행승과 사장류의 대처승은 신분의 상승과 더불어 근대적인 지향성을 보였다고 생각된다. 한편 산중에서 수행을 해온 경허와 만공을 비롯한 근대 불교 고승들은 한국 불교의 전통성을 외치면서 그들과 대립할 수밖에 없었고, 해방후 각기 정체성을 찾으면서 정화 운동으로 전개되었다고 생각된다.

3. 나가는 말

이상으로 전근대시대인 전통시대 한국 사회에서 불교의 역할과 그 모습에 대하여 살펴보았다. 우리 역사 속의 사회에는 고려시대까지 불교의 연기론

---

70) 이이화, 「숙종기 민중의 동요」, 『역사속의 한국불교』, 역사비평사, 2002.
71) 『숙종실록』 권31, 23년(1697) 1월 10일(임술).

적인 세계관이 크게 작용하였고 적어도 그 시기는 대체로 불교가 우리의 고유의 문화를 포용한 시기와 일치한다.

우리 고·중세 사회는 황제국 지향 체제를 견지하면서 '정치는 유교로 정신 및 생활은 불교'로 하였다. 태조 왕건이 지은 훈요10조나 최승로의 시무 상소문에 의하면 우리나라 사람들의 성품과 풍속 등이 다르듯이 우리의 문화적 주체성을 강조했다. 사대주의자로 알려진 김부식조차 원찰을 두고 승려와 교유한 설당거사였다. 뿐만 아니라 최충, 윤언이, 이규보 등 당시 사회를 대표했던 지식인들은 해동의 공자라고 자부하였지만 불교 신행심이 강한 거사였다. 이는 바로 우리나라 사회만이 간직해 온 고유성 때문이기도 한데 반공은 바로 그러한 사례 가운데 하나이다.

우리나라 사람들은 노래 춤을 비롯한 온갖 놀이(歌舞百戱)를 즐겼다. 놀이뿐만 아니라 공부도 매우 열심히 했던 열정적인 사람들이다. 다시 말해 우리나라 사람들은 고대부터 역동적이고 진취적인 사회를 만들어 나갔던 것이다.

또한 우리나라 사람들은 아들과 딸이 구별되지 않고 자식이 없다(立後)고 해도 근심하거나 입양하지 않았다. 불교적 연기관에 의해 살았기 때문이다. 남녀의 사랑도 자유분방하게 하고 재산도 딸과 아들이 함께 상속받았으며, 딸도 제사를 지냈다.

또한 본가뿐만 아니라 처가와 외가 모두가 존중되는 그런 개방적이고 다양한 사회였다. 그러나 성리학적 예제만 정식으로 허용되었던 17세기 이후인 조선 사회는 이미 조선 건국초부터 제후국을 자처하였고 중화사상을 받아들여 소중화로서 중국의 아류임을 자처했다. 이에 중국적 종법 질서를 받아들여 장자 중심, 가부장 중심의 단일적이고 종속적인 사회가 되고 말았다.

그러면 전통시대에서 불교가 사회에 어떠한 역할과 모습을 하였을까? 불교의 사찰인 도량은 승가 공동체의 중심이었고 사찰에서 열린 승속의 모임인 신앙결사는 사회가 불교에 참여한 사례이다. 신앙결사에서 마을공동체의 주류를 이루었던 향도는 불교가 사회에 참여한 경우라고 할 수 있다.

도량은 사람들의 접근을 허용치 않는 성역이 아니라 우리 고유의 사회정신과 문화를 포용했던 사람들의 공동체 공간이며, 놀이터였다. 산신각, 명부전, 칠성각, 삼성각 등이 바로 그러한 것이다. 마을의 구조를 그대로 받아들인 것이 사찰 도량이기 때문이다.

지역 마을의 신인 성모의 도움으로 불사를 하기도 하고 사찰을 건립하기도 했다. 선각국사 도선의 가르침으로 전국의 사찰이 국가비보사찰로 운용되었다. 중앙과 지방에서 지방제의 역할을 하였을 뿐만 아니라 지방민들과 더불어 불교 행사를 하는 공간이었다.

신앙결사는 불교가 들어온 이래 불사를 중심으로 있어 왔다. 신라 경덕왕 대 결사에서는 만일 염불결사에 귀족들뿐만 아니라 천민들의 참여 속에 이루어졌다. 주목되는 것은 여자 노비 욱면이 성불까지 하였다는 기록이다. 이는 불교뿐만 아니라 사회의 고유한 것으로 간주될 만하다.

그 후 고려시대 각 종파에서 이루어진 결사는 불교도량 내에서의 불교계 결사라고 당연히 말할 수 있지만 천태종계와 조계종계의 수선사와 백련사결사는 사회개혁 운동 성격을 지니기도 하였다.

그리고 한국 최초의 독서 클럽이라고 할 해동기로회가 무신집권기에 결성되었는데 지방 남단의 신앙결사에 연계되어 운용되기도 하였다. 또한 고려말 이색을 비롯한 당대 문인들이 결성한 소향회나 서거정을 비롯한 조선초 문인들이 열고자 했던 결사도 승속이 어울린 불교 공동체였다.

이러한 불교 공동체 가운데 완전히 사회화된 것이 마을 공동체인 향도라고 할 수 있고, 이는 신앙결사에서 비롯된 것이다. 우리의 고대사회에서 유신의 용화 향도와 같은 것이 풍월도 국선도의 주체가 되면서 우리 사회의 정신적 공동체가 되었다. 고려시대에 이르러 예천의 개심사의 향도와 같은 마을 공동체가 결성 활동했다. 이 모임은 승려를 중심으로 향리, 전체 군의 주민들, 국가 병사(광군) 등 1만명이 모인 거대 공동체였다.

그렇지만 고려후기에 이르러 향도는 계층별·단위별 소규모로 결성되기도 하였고 지나친 사회 문제가 되기도 하였는데 그것이 바로 『고려사』에 등장하는 만불 향도이다. 여기에 참여한 승속 잡류는 『고려도경』에 나타나는 재가화상이나 윤관이 별무반 설치시 참여한 수원승도와 같은 부류인데 승려의 대 사회화한 단적인 사례이다. 이들은 후술하는 바와 같이 고려시대 뿐만 아니라 조선시대 비승비속인 사장과 같은 부류로 비견된다.

이러한 마을 공동체 향도는 고려후기 사회에서 불교의 신행과는 거리가 먼 부류로 변모해가고 있었고 숭유억불기 혁거의 대상이 되기도 하였다. 결국 조선 건국후 향도는 불교 신행 활동보다 마을 공동체적 모습이 부각되어 성리학적 성격을 지닌 두레나 상장(喪葬)을 담당하는 상두꾼으로 변질되기에 이른다. 그리하여 17세기 이전 한국 고 중세 사회에 있어서 향도는 사원의 보[72]와 계 등과 더불어 불교를 기반으로 하는 마을 공동체의 주역이었다.

마지막으로 불교와 사회에서 가장 중요한 인적 구성인 승도는 성직자인 승려와 신도가 결합된 사부대중을 지칭하는 것이다. 승도속에 포함된 신도는 승려라는 이름으로 불릴지라도 엄밀한 의미의 수행승과는 다른 존재인 것이다. 이들이 바로 수원승도나 재가화상, 도중 혹은 사장이라는 부류들인데, 불교의 도량인 사찰뿐만 아니라 마을에서 재가를 이루고 살았다. 이들은 조선후기 척불의 분위기 속에 마을 공동체나 놀이 공동체를 이루기도 하였지만 때로는 조선 정부의 위협적인 존재인 당취, 즉 '땡추'가 되기도 하였던 것이다.[73] 이들의 존재는 불교의 인구가 증가했기 때문이기도 하지만 이들을 사회화 내지 생활 공동체를 이루어나갔고 역사 속 우리의 모습을 되새겨보아야 할 때다.

---

72) 만해 한용운은 최초의 근대 불교학교인 명진학교의 재학생과 동창회로 이루어진 공동체 廣學會를 결성했다. 이것이 바로 동국대학교 최초의 동창회라고 할 수 있는데 이는 고려 定宗代에 보이는 '廣學寶'의 정신을 되살린 것이다.

73) 실록을 비롯한 諸記錄에 나타나는 修行僧이라 일컫는 스님들의 非行들을 어떻게 이해할 것인가 이다. 이도 역시 崇儒 抑佛의 탄압이 자행되었던 시기의 기록이었다는 점에서 액면 그대로 보기는 힘들며, 앞으로 이에 대한 적극적이고 정치한 연구가 뒤따라야 할 것이다.

Ⅲ. 한국사 연구와 역사교육의 의미

1. 들어가는 말

 이 땅에서 태어나 살아가는 우리는 조상의 삶을 거울삼아 보다 나은 미래를 향해 나아간다. 이때 우리가 지향하는 목표와 범주는 교육이라는 가르침을 통해 실현된다. 역사교육의 일반적인 정의에 따르면, '역사교육은 역사를 소재로 하여 인간을 교육하는 활동이다.[1] 이러한 활동을 통하여 미래 세계의 변화에 좀 더 합리적이고 능동적으로 대처할 수 있을 것이다.
 이렇듯 역사교육이 역사를 소재로 하며, 인간을 교육하는 활동이므로, 역사란 무엇인가라는 명제를 우선시 해야 한다. 또한 이를 바탕으로 역사를 어떻게 가르칠 것인가에 대하여 고민해야 할 것이다. 역사를 어떻게 연구할 것인가의 기본 동인은 오늘을 살아가는 문제와 직결된 것이며, 역사교육도 그러한 의식과 범주 내에서 이루어져야 한다. 특히 국가 제도권이 규정한 목표와 범주 안에서 이루어지는 학교 내의 역사교육은 공동체라는 틀과 제약 속에서 시행될 수밖에 없다. 이러한 공동체의 일원으로 살고 있는 우리는 우리만의 방식으로 살아온 고유성 주체성을 포함한 정체성을 알아야 한다.[2] 그런데 정체성을 상실할 때 식민지 혹은 식민지와 유사한 상황에 처하게 된다는 것을 우리는 지난 역사를 통해 이미 경험했다. 여기서 말하고

---

[1] 정선영 외, 『역사교육의 이해』, 삼지원, 2001, 19쪽.
[2] 정체성 담론에 대하여 필자는 다음 견해에 공감하는 입장이다. 즉, 역사적 전통을 부정하는 견해도 있으나(탁석산, 『한국의 정체성』, 책세상, 1999) '나'에게 조성된 위기에 대응하여, '나를 계속 나로 살게 하는 힘'의 원천을 '나의 정신' 안에서 특정 형태로 제창출한다는 것이다. 홍윤기, 「지구화 조건안에서 본 문화 정체성과 주체성」, 『사회와 철학』 1, 2001, 62쪽.

자 하는 정체성은 단순히 국가나 민족만을 위한 그것을 의미하지 않으며, 세계와 우주의 주인공으로서의 정체성을 의미한다.3) 후술하는 바와 같이 우리나라의 건국 이념이자 교육 이념인 홍익인간의 정신이 바로 그것이라고 강조하고자 한다. 역사는 개인의 삶보다 나와 우리 모두의 생명·무생물이 집단을 이룬 공동체의 삶을 다루는 학문이다. 즉, 역사란 나와 남, 우리를 둘러싸고 있는 모두가 어떻게 살아왔는가를 살펴서 현재를 사는 우리의 삶을 바람직한 향방으로 나아가도록 하는 것이다. 우리는 그러한 정체성을 가지고 역동성을 지닌 삶을 살아왔던 것이다. 필자는 사범대 역사교육과에 재직하며 역사학을 전공하면서도 내용적인 측면에서 어떻게 하면 우리의 역사를 쉽고 재미가 있으면서도 의미가 있도록 가르칠 수 있을까 고민해왔으며,4) 역사교육에 관한 논고 몇 편을 발표하였다.5) 과거의 우리는 '한 맺힌' 삶이 아니라 열정적이고 개방적이며 역동적으로 살아왔으며, '나'와 '우리'를 소중히 여기는 공동체 정신도 함께 해왔음을 한국사의 흐름 속에서 찾아야

---

3) 과거 한 때 '정체성'은 국가와 민족을 위한 이데올로기화하는 등 부정적인 연구나 서술이 이루어진 경우도 적지 않았으나 긍정적인 시각에서 논의된 견해도 주목해야 할 것이다. 윤세철, 「자국사, 그 당위의 실제」, 『역사교육』 69, 1999 ; 김돈, 「한국사연구와 국사교육의 방향」, 『역사교육』 76, 2000 ; 김돈, 「한국사학과 역사교육의 관계 재정립」, 『한국사론』 31, 국사편찬위원회, 2001 ; 서의식, 「한국사 인식과 국사교육의 목표」, 『역사교육』 76, 2001.
4) 그러한 측면에서 작성된 졸고를 소개하면 다음과 같다. 황인규, 「한국전통사회의 특성-우리는 전통사회에서 어떻게 살았을까?」, 『경주사학』 7, 2008 ; 황인규, 「고려 유생의 하과와 사찰독서」, 『종교교육학연구』 22, 2006 ; 황인규, 「고려후기 유생의 사찰독서」, 『한국불교학』 45, 2006 ; 황인규, 「고려시대 유생의 서재와 그 문화」, 『한국교육사학』 28-2, 2006 ; 황인규, 「한국의 공동체 결사와 향도」, 원각불교사상연구원 편, 『불교의 새로운 지평』, 대한불교천태종 출판부, 2011 ; 황인규, 「서산대사의 승군활동과 조선후기 추념사업」, 『불교사상과 문화』 1, 중앙승가대학교 불교학연구원, 2009. 본고에서 이러한 졸고의 연구성과를 바탕으로 예시하였으나 일일이 각주를 달지 않았음을 밝혀둔다.
5) 황인규, 「중등 국사교과서에 나타난 고려후기 불교사의 서술과 문제점」, 『역사와교육』 9, 2000 ; 황인규, 「중학교 『역사』(한국사) 교과서에 나타난 불교사 서술 체재와 내용-제7차 교육과정에서 현행 교육과정까지」, 『전법학연구』 4, 2013 ; 황인규, 「중앙불교전문학교의 개교와 학풍」, 『불교 근대화의 전개와 성격』, 조계종출판사, 2007.

할 것이다.

본고는 그러한 한국사의 흐름 가운데 우리가 함께 해온 정체성, 개방성, 역동성 및 공동체의 삶에 대하여 한국사 연구가 어떻게 이루어지고 있는지, 그리고 역사교육에 어떻게 투영되어야 하는가를 필자 나름대로 진단하고 검토하여 보고자 한다. 이러한 시도가 역사학 연구와 역사교육의 소통 및 각기 상생의 학문 연구와 교육 실천의 길이 되는데 조금이나마 보탬이 되었으면 한다.

2. 역사학의 연구와 역사교육학

'역사는 무엇인가'라는 질의는 '역사를 왜 배우는가.'라는 명제와 다르지 않다. 역사는 무엇인가 하는 정의는 간단 명료하게 설명될 수 없지만 우리가 살아왔던 지나온 삶의 모습이다. 그러한 삶의 모습을 알 수 있게 해주는 증거(기록 유물 등)를 통하여 역사가가 살고 있는 시대와 공간에 대한 문제의식(역사의식)을 갖고 이를 재해석하여 역사를 서술하는 것이다. 따라서 역사는 역사가가 바라보는 관점(사관)에 따라 남겨진 증거를 이해하고 설명한 기록[6]이므로 미진하고 불충분할 경우가 있을 수 있으며, 다양한 서술이 이루어질 수 있다는 개연성을 인정해야 한다. 그런 의미에서 역사는 진술 자체와는 차이가 있는 가공, 또는 창조된 사실이라고 하겠다.

역사를 이해하고 설명하기 위해서는 문화의 속성 가운데 하나인 학습을 통해 이루어져야 하는데, 그것이 바로 역사교육이다. 역사를 배우는 것은 학교뿐만 아니라 대중서, 매체 등 여러 곳에서도 가능하겠으나 보편적인 역사교육이 이루어지는 곳은 학교현장이다. 역사 교수 학습에서 중요한

---

6) 역사학과 역사교육간의 소통을 위한 사례는 1970년대 이후 독일의 역사학계와 역사교육계에서 '다원적 관점(Multiperspecktive)'을 중시한 것에서 찾아볼 수 있다. 이병련, 「역사교육에서의 다원론적 관점이론」, 『사총』 84, 2015, 190~197쪽.

것은 역사 교과서, 역사 교사, 학생이며, 그 가운데 역사가가 연구한 성과는 검증을 통해 정설로 굳어지고 대부분의 연구 결과가 개설서나 교과서에 투영되기에 이른다. 하지만 사료가 일부만 남아 있는 경우가 대부분이고 역사 연구 자체가 주관적일 수 있기 때문에 역사교육의 적용에 있어서 객관화 일반화하기 쉽지 않으며,[7] 교과서에 모두 반영되는 것도 아니다.[8] 그런 점에서 교과서는 집필자인 역사가의 시각이 담긴 서술로서 자료집에 불과하다는 시각이 필요하다.[9] 더욱이 교과서는 학생들이 배워야 할 교육 학습 목표에 준거하여 내용이 담기게 되므로 또 하나의 재해석된 역사서술이 이루어지는 셈이며, 그것을 교사나 학생이 수용하는 이른바 '역사 한다'는 것이다. 그러므로 역사와 역사교육은 그러한 측면에서 모두가 '역사를 하는' 것이라고 할 수 있으며, 역사와 교사 교육은 공유점을 지니고 있다.[10] 이렇듯 역사가·교사·학생 모두가 역사가가 되어야 하지만 실제 현장에서는 각기 다른 입장과 환경적 요인 등으로 양자간에 간극이 있어 왔다.[11]

앞서 언급했듯이 역사가는 사실을 존중하여 증거인 사료를 통하여 입론하

---

7) 정선영, 「역사교육에서의 일반화 문제 연구」, 『역사교육』 35, 1984 참조.
8) 양호환, 「'역사교과학'의 성과와 과제」, 『역사교육』 57, 1995, 116쪽 ; 양호환, 「역사교과서의 서술양식 학생의 역사이해」, 『역사교육』 59, 1996, 10~11쪽.
9) 송상헌, 「역사교육에서 역사교과서의 성격 규정문제」, 『사회과교육』 51(2), 2012, 36쪽. 학교 선생님들 중에는 '학교에서 교과서를 못 믿으면 무엇을 믿느냐' 하며 항변하는 경우가 없지 않다. 이는 역사 연구와 역사교육이 제대로 이루어지지 않은 대표적인 사례라고 생각된다.
10) 역사와 역사교육의 공유점의 가능성은 다음의 이론에서 엿볼 수 있다. 김창성, 「역사학과 역사교육-W.H.Burston의 관점으로 다시보기」, 『역사와역사교육』 19, 2009.
11) 우리나라 역사학 전공자는 역사교육에 대개 무관심한 데 반하여 외국의 역사가는 역사교육에 일가견을 지니고 있으며, 역사교육에 적극 활동하고 있다는 사실을 유념할 필요가 있다. 이원순, 「나의 조선 서학사 연구와 역사교육」, 『한국사학사학보』 2, 2000, 189쪽. 이러한 사정으로 인하여 역사학과 역사교육간에 거리가 있게 되는 것이다. 이에 관련한 대표적인 논고는 다음과 같다. 이경식, 「한국에서 역사학과 역사교육의 격원문제」, 『윤세철교수정년기념 역사학논총』 2(역사교육의 방향과 국사교육), 동 간행위원회, 솔, 2001. 그리고 지난해 개최된 제58회 전국역사학대회 공동주제와 역사교육 분과에서 발제한 자료집이 참조된다.

고 해석하지만, 마거릿 맥밀런(MacMillan)이 지적했듯이 역사는 인간의 복잡한 경험을 단순화하기 때문에 과거를 다양하게 해석할 여지가 없다.12) 대개의 경우 역사를 보는 눈[사안, 사관]에 따라 사실[내용]을 해석하며, 그 주제는 매우 구체적인 경우가 많다. 이에 비해 역사교육자는 보편적이며 일반적인 사실을 요구하며, 사실도 중요하지만 어떻게 가르칠까 하는 방법적 측면도 중요하게 다룬다. 과거를 가르치는 것은 가치관을 심어주고 전달하는 방식에 대한 논쟁이 핵심이다. 하지만 이 그럴싸한 목적 때문에 역사를 왜곡할 위험이 있기 때문에,13) 역사학과 역사교육학이 거리가 생기게 되는 것이다.14)

우리나라에서 역사가로서 국사 교육을 처음으로 제창한 이는 신민족주의 역사가로 불리는 손진태이다. 그는 '전 민족은 정치적으로 경제적으로 완전히 평등하여야 할 것이다. 이것이 신민족주의의 기본이념이다. 이 기본이념이 확립한다면 역사교육의 방향은 저절로 결정될 것이니'15) '국사교육은 어떤 방향으로 나아갈 것인가.'16)라고 했다. 그 후 선학의 노력이 있어왔으나,17) 역사학계와 역사교육계는 일제 강점기 교육시책과 해방후 서구적 교육시책의 경도로 양자간에 거리는 더 멀어져 갔다.18) 최근에 한국의

---

12) MacMillan, Margaret, Dangerous Game : The Uses and Abuses of History(New York, 2009), 114쪽, 'Such history flatten out the complexity of human experience and leaves no room for different interpretations of the past' ; 권민 譯, 『역사 사용설명서-인간은 역사를 어떻게 이용하고 악용하는가』, 공존, 2009, 169쪽.
13) 위의 책, 2009, 114쪽, 'the teaching of the past has been central to the debates over how to instill and transmit values. The danger is that what many be an admirable goal can distort history.'
14) 윤세철, 앞의 논문, 638~651쪽 참조.
15) 손진태, 「국사교육의 기본적 제문제」, 『조선교육』 1, 2, 조선교육연구회, 1947.8 ; 『손진태선생전집』 6, 태학사, 1981, 4쪽.
16) 손진태, 「국사교육건설에 대한 구상 : 신민족주의국사교육의 제창」, 『새교육』 8·9월 합병호, 1948 ; 김수태, 「손진태의 한국사교육론」, 『한국사학사학보』 32, 2015.
17) 천관우, 「국사학의 동향과 국사교육」, 『역사교육』 13, 1975 ; 김철준, 「국사교육의 방향」, 『역사교육』 17, 1975 ; 김여칠, 「국사교육 목표의 연구」, 『역사교육』 17, 1975.

역사학계와 역사교육학계에서는 교육학적 이론이나 역사학의 이론을 빌어서 역사교육의 이론을 정립해왔으며, 괄목할 만한 성과를 거두기도 하였다.[19] 그러나 지나친 이론에 경도되어 도식적 표피적인 접근으로 역사교육의 현장은 물론이고 역사학과도 한층 거리가 멀어지고 있는 듯하다.[20] 역사교육학의 고유성을 확보하여 독립적인 학문의 영역을 구축하는 시도로 고무적인 면이 없지 않다. 가장 기본적으로 염두에 둘 것은 역사교육학은 철학이나 교육학의 영역에 속하는 것이 아니라 역사학의 범주에 있다는 것이다.[21] 역사교육학을 전공하는 학도들의 경우 역사학도로서 갖추어야 할 한문을 비롯한 언어 훈련이 미흡할 뿐만 아니라 역사의 기본적인 연구에 대한 학습이 부족하여, 이를 벗어나고자 근현대사 분야의 교과서 연구를 선택하는 사례가 많다. 특히 현장의 교사들의 경우, 역사교육학을 공부하는 동기가 학교현장에서 필요한 교수 학습 내용과 방법, 즉 역사교육학의 유용성만을 중요시하는 경우가 적지 않다.[22] 우리 선현은 다음과 같은 글을 남겨 학문의 유용성만을 강조하는 것을 경계하였다. 즉, '요즘 서울의 젊은이들은 마치 시장에서 장사하는 사람과 같아서 빨리 성공할 수 있는

---

18) 이경식, 「한국 근현대 사회와 국사교과의 부침」, 『사회과학교육』 1, 서울대학교 사회과학교육연구소, 1997 ; 김태웅, 「해방후 역사교육 논의의 궤적과 역사교과의 위기」, 『국사교육의 편제와 한국근대사 탐구』, 선인, 2014 참조.
19) 이에 대해서는 다음의 논고를 참조하기 바란다. 송상헌, 「『역사교육』지를 통해 본 역사교육 연구경향과 성과」, 『역사교육』 100, 2006.
20) 송상헌, 「이론 역사교육의 성과와 한계」, 『역사교육』 70, 1999 ; 임병철, 「이론화의 덫 : 오늘날 역사교육학에 대한 비판적 단상」, 『역사교육연구』 12, 2010.
21) 역사학과 역사교육에 관련한 대표적인 논고를 소개하면 다음과 같다. 윤세철, 「한국사연구와 한국사교육론」, 『김용섭교수정년기념한국사학논총』 1(한국사 인식과 역사이론), 동 간행위원회, 지식산업사. 1997. 한국사연구와 역사교육 관련 대표적인 논고는 다음과 같다. 김돈, 「해방후 50년의 역사인식과 역사교육」, 『역사교육』 57, 1995 ; 김돈, 「한국사연구와 국사교육의 방향」, 『역사교육』 76, 2000.
22) 정용택, 「현장 역사교육의 한계」, 『역사교육』 70, 1999, 277쪽. 역사의 유용성으로 인해 역사교육이 자리를 잡을 수 있었는데, 그렇다고 역사교육의 목적으로 강조하는 것은 문제가 있다. 윤세철·최상훈, 「역사의 유용성과 역사교육목표」, 『역사교육』 87, 2003, 181쪽.

방법만을 연구하여 성현들의 글은 다락에 묶어 둔다. 날마다 영악하게도 남의 비위에 맞는 문자나 찾고 그 말을 인용하여 글을 지어 시관[시험관]의 눈에만 들게 한다. 이는 교묘한 기술 방법으로 벼슬을 하는 사람들의 한 수단일 뿐이다.'23) 오늘을 살고 있는 우리에게도 매우 공감이 가는 대목이 많은데, 유성룡은 그러면서 '그때 좀 더 공부하여 사서를 백여 번 읽었다면 오늘같이 보잘 것 없이 되지 않았을 것.'24)이라고 통탄해 마지 않았다.

이렇듯 '역사를 가르치는 것'이 아니라 '역사로서 가르친다'는 명제에 공감하는 바 없지 않지만 그에 앞서 역사학을 연구해야 할 것이다. 다시 말해서 역사학이든 역사교육학이든 그 본령은 바로 역사학이라는 사실을 잊어서는 안 되며, 바로 그러한 측면에서 천착이 이루어질 때 제대로 된 역사교육적 접근이 될 것이다. 역사교육학 연구자 역시 일반 역사학을 전공한 경우가 적지 않으나, 역사교육학의 이론이 지나치고 구체적인 역사학적 접근을 도외시한 측면은 없지 않았는가 되돌아 보아야 할 것이다.

한국사에서 중요하게 간주하여야 할 사실은 적지 않다. 역사는 그 시대를 살아가는 사람들이 가장 중요하게 생각하는 주제가 되어야 될 것이다. 역사는 이 땅에서 현재를 살고 있는 가운데 문제를 제시해주어야 한다고 생각하기 때문이다. 만약 그렇지 않고 사실을 밝히는 것에만 충실히 하며 순수 학문적 입장만 고집한다면 그야말로 '역사를 위한 역사'에 머무르고 말 것이기 때문이다.

『삼국사기』에도 나오는 역사가로서 지녀야 할 3장25) 혹은 4장이 무엇인지 알려고 하지 않는 것은 분명 역사교육학에 앞서 역사학을 제대로 정립시키지 못하고 잘 가르치지 못한 때문이 아닌가 싶다. 중국의 근세 계몽 역사가

---

23) 유성룡, 「여러 아이들에게 보냄[寄諸兒]」, 『서애집』 권12, 書.
24) 위와 같음.
25) 김부식, 「진삼국사기표」, 『동문선』 권44, 表箋. 당나라 劉知幾는 그의 저술 『史通』에서 역사를 기록하는 사람은 才, 學, 識의 세 가지 장점을 갖추고 있어야 한다고 했다. 청나라 章學誠은 그의 저술 『文史通義』에서 史德을 추가하여 四長이라 했다. 이재호, 「파사현정의 역사연구」, 『한국사학사학보』 3, 2001, 170~171쪽.

양계초는 말하기를 사재(史才)는 역사를 저작하는 문장력을, 사학(史學)은 역사를 연구하는 방법을, 사식(史識)은 역사를 통찰하는 관찰력 즉 사관이라 말했다. 양계초는 4장 가운데 사덕(史德)을 역사가의 지녀야 할 가장 중요한 사항으로 삼았으며, 사덕을 부연 설명하면서 역사가는 무엇보다도 사실에 충실해야 한다고 하였다.26) 본고는 이와 같은 문제의식에서 출발하여 역사교육학의 이론적 접근(방법)도 중요하지만 우리가 살아온 한국사 흐름 가운데 중요하게 간주되어야 할 사례를 통해 한국사 연구와 역사교육의 내용적 접근을 예시해 보고자 한다.

3. 정체성과 역동성으로 살아온 삶

오늘을 살아가는 데 가장 중요한 것은 '나'27)다. 내가 없으면 국가도 세계도 우주도 없다. 우주의 주인공인 나는 누구일까? 철학적인 질의에서 답이 내려질 수 있지만 역사학에서는 우리가 살아온 삶의 정수로서 우리의 고유성, 주체성이라 할 수 있다.28)

무엇보다도 해방이후 우리나라의 건국 이념이자 교육 이념으로 채택된 홍익인간의 정신은 역사학계에서 나름대로 연구를 진척시키고 있으나 그 유래와 기원에 관해서는 제대로 조명되지 못한 듯하다. 국가 이념으로 채택되는 과정에서 일부 학자들의 부정적인 견해가 있어서 진통을 겪었던

---

26) 梁啓超, 「第二章 史家的四長──史德, 二 史學, 三 史識, 四 史才」, 『中國歷史研究法補編』 1921 ; 臺灣: 臺灣商務, 2009. 187~208쪽 ; 杜維運, 『史學方法』(十版), 臺北: 華世出版社, 1979 ; 三民書局, 民國 78年, 308쪽, '史家第一件道德 莫過於忠實.'
27) 여기에서 '나'는 실증, 객관, 합리, 보편을 이념으로 하는 근대 사유의 질문이나 포스트모던론의 역사인식이 아니라 '주체'를 앞세운 '역사란 나에게 무엇인가'라는 견해에 공감하는 부분이다, 양정현, 「삶에 대한 역사의 공과-니체의 역사인식 지평과 역사교육적 함의」, 『역사교육연구』 20, 2014, 415쪽.
28) 역사교육학의 목적도 인간의 자기 정체성의 확립에 있음은 물론이다. 정선영, 「역사교육의 최종목표와 역사적 통찰력」, 『역사교육』 108, 2008, 8쪽.

바 있으며,29) 그러한 부정적이거나 회의적인 견해가 아직도 있는 듯하다. 홍익인간이라는 말은 일연의 『삼국유사』 기이편 고조선조에 나오고 있지만 『유마경』이나 『증일아함경(增一阿含經)』 등 초기 불교 경전에서 유래하며, '홍익인간'이라는 귀절이 처음으로 등장한 것은 당의 고승 도선(596~667)이 찬술한 『속고승전』의 「승웅전」에서다. 어찌된 일인지 이러한 사실에 대한 연구를 하지 않은 연유는 자세하게 알 수 없지만 불교 관련 지식이 미흡하거나 무시하는데서 비롯된 편협성에 기인하는 것이 아닐까 한다. 아울러 역사학계의 역사교육학 영역에 대한 무관심도 한몫을 했을 것으로 짐작되며, 역사교육계도 방관하고 있지 않았나 싶다.

그 결과 이는 역사가와 역사교육계의 합작품이라고 할 수 있는 역사교과서를 통해 여실하게 드러난다. 특히 2015년 국가 교육 과정에서 추구하는 인간상은 '홍익인간 이념에 바탕한 창의적 인재'30)였다. 그러나 실제 교과서에 단군의 고조선 건국 사실과 더불어 '홍익인간의 건국 이념이 우리 민족이 어려움을 당할 때마다 자긍심을 일깨워 주는 원동력이 되었다'31)거나 '교육 이념으로는 홍익인간이 채택되었으며, 민주시민의 양성을 교육 목표로 확립하였다.'32)고만 서술하였다. 이러한 서술은 현행 역사 교과서에서도 그대로 답습하고 있어서 아쉽기만 하다. 홍익인간의 뜻을 자구적 해석 그대로 '인간을 널리 이롭게 한다.'는 풀이와, 어려운 일이 생겼을 때마다 자긍심을 일깨워 주고 민족을 통합하는 원동력이 되었다거

---

29) 민영규, 『용재선생과 홍익인간의 문제』(백낙준전집 10 찬하와 추모), 연세대출판부 1995, 109, 110쪽 ; 정영훈, 「홍익인간 이념의 유래와 현대적 의의」, 『정신문화연구』 22-1, 1999 참조.
30) 한국교육평가원, 『2009 개정 교육과정에 따른 초·중학교 역사과 핵심성취 개발연구』, 연구보고 CRC 2013-7 ; 양정현, 「2015 역사과 교육과정의 논리와 구성」, 『역사비평』 113, 2015 겨울, 266쪽.
31) 교육인적자원부 국사편찬위원회 『중학교 국사(제7차)』, 교육과학기술부, 10쪽 : http://contents.history.go.kr
32) 교육인적자원부 국사편찬위원회, 『고등학교 국사(제7차)』, 교육과학기술부, 329쪽 : http://contents.history.go.kr

나33) 새로운 사회 질서를 형성하는데 도움을 주고 있다.'34)고 서술하고 있으나, 홍익인간의 이념의 유래와 그 정신이 좀 더 구체적으로 설명되어야 할 것이다. 역사와 교육적인 측면에서 기실 홍익인간 정신이야말로 우리의 정체성을 표징할 수 있는 것으로 간주할 만하며, 그 이유는 모든 분야에 두루 상통할 수 있는 정신이기 때문이다. 홍익인간의 정신은 인간뿐만 아니라 생물, 무생물 모두를 이롭게 한다는 의미를 지니고 있으므로 지구뿐만 아니라 나아가 우주만물 공존의 정신이기도 한 것임을 알아야 할 것이다. 이것이 역사학과 역사교육의 간극이 표출된 대표적인 사례이다.

그런데 반하여 『고려사』 훈요10조나 최승로 상서문에서도 문화의 주체성을 강조하였던 것은 역사학과 역사교육학이 공유한 대표적인 사례이다.35) 그리고 역사학계의 연구 성과 가운데 비교적 알려진 고려말 문인 진화(陳華)의 '앉아서 문명의 아침을 기다려라, 하늘의 동쪽에서 태양이 떠오르네.'36)라는 글과 『동문선』 서문의 '우리나라의 글은 송·원의 글이 아니고 한·당의 글이 아니며 바로 우리나라의 글인 것입니다.'37)라는 내용은 역사교육학에서 적극적으로 반영하여야 할 것이다.

뿐만 아니라 여말선초의 대표적인 지식인인 정도전과 신숙주가 지닌 자부심은 역사학계뿐만 아니라 역사교육학계에서도 주목하여 학습할 필요가 있다. 즉, 정도전은 원명 교체기에 '예악을 제정하고 인문을 관찰하여 교화를 펼치면서 천지를 경륜하는 것은 지금이 바로 그때라고 할 것이다'38)라고 했으며, 신숙주는 '한양에 우리의 문명을 열었도다.'39)라고 하여 문화적

---

33) 이문기 외, 『중학교 역사』 1, 두산동아, 2014, 30쪽.
34) 한철호 외, 『고등학교 한국사』, 미래엔, 2014, 16쪽.
35) 『고려사』 권2, 태조세가 26년 4월.
36) 崔滋, 「奉使入金」, 『補閑集』 上, '西華已蕭索 北寒尙昏蒙 坐待文明旦 天東日欲紅'.
37) 徐居正(1420~1488), 「동문선 序」, 『四佳文集』 卷4, 序, '是則我東方之文, 非宋元之文, 亦非漢唐之文, 而乃我國之文也.'
38) 鄭道傳, 「陶隱先生詩集序」, 『陶隱集』, '其制禮作樂 化成人文 以經緯天地 此其時也.'
39) 申叔舟, 「和御製詩韻」, 『保閑齋集』 卷4, '開我文明 漢水陽'.

자부심을 가졌던 것이다. 아직 논란의 여지가 없지 않지만 도솔가는 최초의 국가라고 할 수 있을 듯하며,40) 고려가 불교의 가르침을 지닌 천하제일국이었음을 내외에 선포하면서 제정한 풍입송도 고려의 국가였음을 역사학계나 역사교육학계가 주지하여야 할 사실이다.41)

또한 필자가 발굴하거나 역사학계에 적극 소개하고 역사교육학계에 반영하고픈 사례 두 건을 들어보면 다음과 같다. 즉, '풍속은 깨끗한 것을 좋아하고, 몸가짐을 소중히 여겨 종종 걸음치는 것을 공경으로 여긴다. 절할 적에는 한쪽 다리를 끌고, 서있을 적에는 대개 반공(反拱)을 하며, [길을] 걸을 적에는 꼭 소매에 손을 꽂는다.'42) 여기서 반공이란 손을 모아 뒷짐을 지는 자세로, 우리나라 사람들이 지닌 습성 가운데 하나이다. 또 다른 사례로는 송나라 곽약허가 지은 『도화견문지』에 나오는 다음과 같은 기록이다. 즉, '오직 고려만이 풍치가 있고 고상한 것을 깊이 숭상하여 중화풍에 점차 감화를 받았다. (고려의) 기묘한 기술이나 솜씨의 정교함은 다른 나라와는 비교할 수 없을 정도이고 본래 단청에 뛰어났다.'43)고 했다. 타자의 시각으로 본 고려인에 대한 평가로 널리 알려지지 않은 사실이다. 앞서 언급한 바 있는 훈요10조나 최승로 상소문과 함께 중요하게 간주되어도 좋을 사실이다.

그러한 정체성을 설명할 수 있는 예가 중국인이 남긴 '그 나라 백성들은 노래하고 춤추기를 좋아해서 나라 안 모든 마을에서는 밤만 되면 남녀 여럿이 모여 서로 노래하고 논다.'44)는 기록과 그림으로 표현된 고구려

---

40) 『삼국유사』 권5, 감통7, 月明師兜率歌.
41) 『고려사』 卷71, 志25 樂2 俗樂, '海東天子 當今帝佛 補天助敷化來 理世恩深 遐邇古今稀 外國躬趨盡歸依 四境寧淸罷槍旗 盛德堯 湯難比.'
42) 『北史』 권94, 동이열전82, 고구려.
43) 郭若虛 著, 박은화 譯, 「高麗國」, 『圖畫見聞誌』, 시공아트, 2005, 588쪽, '惟高麗國敦尙文雅 漸染華風 伎巧之精 他國罕比 固有丹靑之妙.'
44) 『三國志』 卷30, 魏書30 烏丸鮮卑東夷傳 30, 高句麗, '其民喜歌舞 國中邑落 暮夜男女羣聚 相就歌戱' ; 『후한서』 권85, 동이전, 부여.

고분벽화의 가무백희도(백희기악도)이다.45) 하지만 역사학계에서는 제천 행사로만 강조하고 있으며 역사교육계도 그렇게 학생들을 가르치고 있다. 즉, 고구려에서는 '10월에는 추수 감사제인 동맹이라는 제천 행사를 성대하게 치르고, 아울러 왕과 신하들이 국동대혈에 모여 함께 제사를 지냈다.'46) 부여 영고의 경우에도 '하늘에 제사를 지내고 노래와 춤을 즐겼으며', 삼한의 경우 제천 행사 때에는 온 나라 사람이 모여서 날마다 음식과 술을 마련하여 노래를 부르고 춤을 추며 즐겼다.'47)고 하며 단순하게 서술하는 데 그치고 있다. 이것은 국중 대회로 개최하여 한 해의 추수를 감사하며 하늘에 제사를 지내고 신분을 초월해서 남녀노소가 함께 어우러져 열정적이고 역동적으로 노닌 모습이다.48) 역사학계나 역사교육계 모두 이 점을 놓치고 있어 아쉽기 그지없다. 또한 고구려 고분벽화에도 등장하는 사신도는 『서경』에 나오는 '방색(方色)'49)으로 우리 삶의 표현이다. 예컨대 줄다리기 때 동쪽은 청색을, 서쪽은 백색을 표징하는 것이라는 사실을 역사학계나 역사교육계 모두가 놓치고 있다. 고구려 고분벽화뿐 아니라 신라 토우의 경우도 마찬가지다. 신라만의 독자적인 것으로, 5~6세기에 집중적으로 제작되었는데 사냥, 어로, 성교, 악기 연주 등 개방성과 역동성, 진솔하고도 자유로운 삶의 모습의 전형이었으나50) 학계보다 오히려 「역사스페셜」 같은 대중매체에서 이러한 모습을 강조한 것은 학계의 보수적인 측면을 단적으로 보여준 사례라고 할 것이다.

고려시대에도 개방적이고 역동적인 모습은 계속되었는데 송의 서긍이 지은 『고려도경』에 남녀가 한 개울에서 목욕을 하거나51) 남녀가 '가볍게

---

45) 전호태 외, 『고분벽화로 본 고구려 문화』(연구총서2), 고구려연구재단, 2005 참조.
46) 『고등학교 국사』, 37쪽 : http://contents.history.go.kr
47) 위와 같음.
48) 『삼국사기』 권1, 儒理尼師今.
49) 『書經』 禹貢 註, '諸侯受命, 各錫以方色土 建大社于國.' 또한 『礼記』 鄭玄 注에도 '方色者, 東方衣靑, 南方衣赤, 西方衣白, 北方衣黑'이라 나오고 있다.
50) 이난영, 『신라의 토우』, 교양국사총서22, 세종대왕기념사업회, 1977 참조.

합치고 쉽게 헤어진다(輕合易離).'52)고 할 만큼 자유롭고 개방적이었다. 그러한 고려시대 사람들의 개방적인 모습은 역사학계나 역사교육계에도 전혀 수용하지 못하고 있다. 아마도 조선시대이래 지금까지 유교문화의 보수적인 성향이 작동하고 있는 것이 아닌가 한다.

이러한 자유분방한 모습은 고대이래 전해져오는 남녀의 사랑 이야기에서 그대로 나타난다. 이미 백과사전53)에도 실린 내용이지만 이를 소개하면 다음과 같다. 즉, 강수와 대장간 집 처녀의 신분을 뛰어넘은 사랑, 김유신의 어머니 만명 부인과 서현의 사랑, 김춘추와 문희의 사랑, 선화공주와 막동의 사랑, 바보 온달을 사랑한 평강공주 이야기 등이다.54) 이들은 부모의 허락을 받지 않은 채 자유롭게 사랑하고 결혼하여 행복하게 산 사례이다. 뿐만 아니라 어려운 상황에도 불구하고 사랑을 쟁취한 여인의 지고한 사례도 있다. 즉, 욕망에 가득찬 왕의 권력에 굴복하지 않고 낭군을 버리지 않은 도미의 아내 이야기, 아버지를 대신해 군역을 간 님을 기다리며 신의를 지킨 설씨녀 이야기, 적국의 왕자를 사랑한 낙랑공주 이야기 등이다.55) 이러한 이야기는 역사학이 지닌 문학적 상상력을 복원하며 역사 내러티브 개발에 좋은 사례가 될 것이며,56) 역사학과 역사교육의 공유점을 증대시키게 될 것이다.

하지만 역사학계가 본격적으로 다루지 않았음은 물론 역사교육계조차 다루지 않고 있는 듯하다. 다만 제7차 중학교 교과서의 「도움글 ·골품과 결혼」에서 다음과 같이 서술하고 있을 뿐이다. 즉, '골품제 아래에서는

---

51) 徐兢, 「澣濯.」, 『高麗圖經』 卷23.
52) 徐兢, 「民庶」. 『高麗圖經』 卷19.
53) 한국학중앙연구원, 『한국민족문화대백과사전』 각 항목조 : http://encykorea.aks.ac.kr
54) 『삼국사기』 권46, 강수 열전 ; 『삼국사기』 권41, 김유신 열전 ; 『삼국사기』 권6, 신라본기6 文武王 上 ; 『삼국유사』 권2, 기이2 무왕 ; 『삼국사기』 권45, 온달 열전.
55) 『삼국사기』 권48, 도미 열전 ; 『삼국사기』 권48, 설씨녀 열전 ; 『삼국사기』 권14, 고구려본기 2 ; 『삼국유사』 1, 기이1 桃花女와 鼻荊郎 이야기.
56) 이영효, 「내러티브 양식의 역사서술체제의 개발」, 『사회과교육』 42-4, 2003, 95~97쪽.

같은 신분끼리 결혼하는 것이 원칙이었다. 같은 진골이라도 경주 출신과 지방 소국 왕족의 후예들과는 차별이 있었다. 이런 이유로, 김유신의 아버지 김서현은 금관가야의 왕족으로 진골 신분이 되었지만 진흥왕의 아우 숙흘종의 딸 만명과의 결혼이 어렵게 이루어졌다. 또, 경주 출신 진골 김춘추는 김유신의 누이와 결혼하여, 한때 동료 진골 귀족들에게 따돌림을 당하였다.'는 것이다. 골품제라는 신분적 한계 속에서 이루어진 특이한 사랑이라는 의미로만 서술하고 있으며 그 이후 현행 교과서에는 그마저도 서술하지 않고 있다. 역사 서사로서 역사학에서 다루지 않더라도 역사교육에서 진술하고도 흥미있는 서사(내러티브)라고 하기에 충분하다.

사랑과 더불어 놀이도 삶의 중요한 부분이라고 하겠는데 역사학이나 역사교육학에서 모두 본격적으로 다루지 않고 있다. 우리 놀이 문화의 대표적인 것이 바로 처용가와 무애가이다. 처용가는 신라시대 처용에서 비롯된 것으로 처용가, 처용무, 처용희라 불린다.57) 이는 현대에 들어와 복원되었다. 그러나 무애무에 대해서는 이름만 알려졌을 뿐 그 내용에 대해서는 잘 모른다. 이는 신라의 고승 원효가 불교의 사회화를 위해 만들었던 것으로 무애가, 무애무, 무애희라고 불린다.58) 고려시대에도 계승되었으며,59) 이러한 놀이는 중세시대 사회에서 가장 큰 세시풍속이었던 연등회와 팔관회 때에도 한판 벌어졌는데 영고, 동맹, 무천, 가배 등 국중 대회 및 놀이가 계승되었던 것이다. 고려말 문인 이색은 「산대잡극」이라는 시로,60) 조선후기 이익은 기록으로 남긴 바 있다.61) 교과서에서 '궁중과 관청의 의례에서는 음악과 함께 춤이 따랐다. 이들 춤은 행사에 따라 매우 다양하였는데, 처용무처럼 전통춤을 우아하게 변용시킨 것도 있었다.'62) 처용무는

---

57) 『삼국유사』 권2, 기이2 處容郞과 望海寺.
58) 『삼국유사』 권4, 의해5, 元曉不羈.
59) 李仁老(1152~1220), 『破閑集』.
60) 李穡, 「山臺雜劇」, 『牧隱詩藁』 卷33.
61) 李瀷(1681~1763), 「綵棚」, 『星湖僿說』 卷15, 人事門.
62) 『고등학교 국사』, 298쪽. http://contents.history.go.kr

전통춤으로서만 서술되고 있는데, 처용무가 세계문화유산이라는 사실에 비추어 볼 때 이는 문제가 있다. 처용무와 더불어 대표적인 놀이인 무애무에 대해서는 대부분의 역사 교과서가 존재조차 누락시키고 있다.

우리는 온갖 놀이와 가무, 즉 가무백희만 좋아했던 것이 아니라 독서, 활쏘기 등등 마음과 몸을 위한 공부도 즐겼다. 중국인이 남긴 기록에 의하면, 우리나라 사람들은 이렇게 문자를 알고 글 읽기를 좋아하며 풍속은 말타기와 활쏘기를 숭상하며, 고서와 사서를 읽고, 사무도 잘 본다고 했다.63) 송의 사신으로 따라왔던 서긍도 『고려도경』에 '마을에 경관과 서사가 두셋씩 늘어서 있다. … 스승으로부터 경서를 배우고, 좀 장성하여서는 벗을 택해 각각 그 부류에 따라 절간에서 강습하고, 아래로 군졸과 어린아이들에 이르기까지도 향선생에게 글을 배운다.'64)고 했다. 우리는 고대 이래 열정적으로 놀고 공부도 열심히 했던 것이다. 이와 같이 한국 고중세시기는 이전의 사회 못지않게 자유분방하였으며, 역동적이고 진취적이었다. 따라서 우리는 '은둔의 나라'가 아닌 '열정의 나라'이며 '은근과 끈기'뿐만 아니라 열정적인 삶을 살았던 것이다.65) 이러함에도 역사와 역사교육에서 비중 있게 다루지 못한 것은 서구의 신문화사나 일상 생활사 연구 방법을 수용해서가 아니라 역사와 역사교육에서 우리의 삶의 모습을 연구하고 알려주고자 하는 마음이 부족했기 때문이다.66)

---

63) 『新五代史』 卷74, 高麗 ; 『隋書』 卷81, 百濟 ; 『舊唐書』 卷199, 東夷列傳 高麗.
64) 서긍, 「儒學」, 『고려도경』 권40, 同文, '閒經館書社 三兩相望…從師授經 既稍長 則擇友 各以其類 講習于寺觀 下逮卒伍童穉 亦從鄉先生學.'
65) 우리나라의 '은둔국' 이미지의 형성은 일본 도쿄대 교수이자 미국 목사 Griffs의 『은둔의 나라 한국』(Corea, the Hermit Nation, 3부)의 영향이 적지 않다고 생각된다. 그리고 '은근한 끈기'는 陶南 趙潤濟(1904~1976)가 우리 문학의 특징을 언급하면서 만든 단어이다.
66) 이는, 우리나라에서 역사학의 기본이 되는 역사학개론의 유통은 대부분 소위 서양의 과학적 객관성을 담보로 하는 사관으로 서술되어 있기 때문이 아닌가 한다. 동양권의 역사는 본래 문학도 소중히 여겼던 것이며, 다음의 두웨이윈(杜維運)의 개설서가 그 대표적인 경우이다. 杜維運, 『史學方法』, 232~243쪽. 杜維運은 歷史文章이 일종의 種藝術品이라고 하면서 문학성을 강조하였다. 彭明輝, 「追求眞善

4. 나와 우리 함께 나눈 공동체 정신

앞서 언급한 바와 같이 우리는 나와 남 즉, 우리가 함께 어울리면서 역동적인 삶을 살아왔고 우리 공동체 또한 소중히 하였다. 2015교육과정 핵심역량에서도 '사회 공동체 구성원으로서의 역할을 수행하기 위한 능력이 강조된 바 있다.[67] 마르크(Mark)가 지적했듯이 역사에 대한 인식을 통해서만 공동체의 과거의 관계를 이해하고, 다른 공동체 및 사회와의 관계를 알 수 있다.[68]

동양 사회에서 공동체 정신으로 널리 알려진 것은 결사 문화이다. 그중 우리의 교과서에 실린 것은 신앙 결사인 수선결사와 백련결사이다. 역사와 역사교육에서 결사는 공동체 정신의 소산이라는 측면보다 개혁이라는 측면에서만 다룬 느낌이 짙다. 사실 우리의 공동체 정신을 두레에서 찾기도 하지만[69] 필자의 생각으로는 불교의 결사에서 유래된 것으로 간주한다. 결사란 여러 사람이 공동의 목적을 이루기 위해 사회적인 결합 관계를 맺는 것 또는 그 단체를 의미하며, 사회이다.[70] 널리 알려진 것처럼 4세기 말 중국 남북조 시대 동진의 혜원(334~416)이 백련결사를 결성한 것에서 유래하며, 중국은 물론 우리나라에서도 가장 전형적이고 이상적인 결사로 표방하였다.

美史學的杜維運敎授」,『漢學硏究通訊』31-4(總124 期) 民國 101年 11月, 28쪽. 그의 개설서는 한국어로 번역되었다. 권중달 역, 『역사학연구방법론』, 일조각, 1984.
67) 진재관 외, 『2015 역사과 교육과정 시안 개발 연구』, 한국교육과정 평가원 연구보고 CRC 2015-12, 11쪽.
68) Williams, Mark, Ratte, Lou, Andrian, Robert K. Exploring World History : Ideas for Teachers(Portsmouth, NH : Heinemann Publishing, 2001.9, 119쪽, 일반적으로 역사교육의 주요 목적 가운데 민족공동체 의식고취가 포함된다고 하나(정선영, 「역사교육의 최종목표와 역사적 통찰력」, 『역사교육』 108, 2008, 8쪽) 본고에서는 민족의 틀을 넘어선 지구 및 우주상의 공동체의 일원이라는 세계관을 견지하고 있다. 예컨대 한성의 하루를 시작하는 罷漏는 불교의 33天을 의미하는 것에서 33번 종을 울렸는데, 이는 우리의 세계관이 33천의 우주적 사고였음을 알게 해주고 있다.
69) 이병도, 「두레와 그 어원에 관한 연구」, 『가람 이병기박사 송수논문집』, 삼화출판사, 1966 ; 이태진, 「17·18세기 향도 조직의 분화와 두레 발생」, 『진단학보』 67, 1989 참조.
70) 정병삼, 「9세기 신라불교 결사」, 『한국학보』 85, 1996 ; 한보광, 「신앙결사의 유형과 그 역할」, 『불교학보』 30, 1993 참조.

우리나라에 불교가 수용된 후 6세기 동사주 경이라는 승려들과 신도 40인이 모여 '연가7년명 금동여래상'을 조성하고자 모인 것이 최초의 결사이다.71) 그 후 신라 강주의 아간 귀진을 비롯한 선사 수십 인이 1만 일을 기약하고 염불하여 극락왕생을 기원하였다. 귀족들뿐만 아니라 천민, 천민 여성도 참여하여 성불하였다고 하는데,72) 이러한 결사에서 우리 불교 사회의 개방성을 엿볼 수 있는 대목이다. 무신 집권기 지방의 산장이나 서재에 모여 독서하거나 교육 학습하였으며, 신앙결사운동에 참여하면서 새로운 문화를 만들어갔다.73) 뿐만 아니라 한국 최초의 독서모임이라고 할 해동기로회를 결성하여 서재를 독서 공간으로 활용하였다.74) 숭유억불의 분위기가 한층 더해가는 조선시대에도 문인 사가정 서거정(1420~1488)은 동진의 혜원이 결성한 백련사 결사를 본받은 것이나75), 영조 때 문신 강좌 권만(1688~1749)이 개최한 연사기로회도 그러한 사례이다.76)

또한 마을 공동체의 중심인 향도의 역할을 17세기 이후 두레가 담당하게 되어 향도는 상장의 일만을 수행하는 상두꾼으로 잔존하게 되었지만,77) 고대이래 결사와 향도는 불교 정신을 바탕으로 공동체 질서를 담당했었다.78) 이와 같이 우리의 정체성과 개방성은 모두 개인적 차원이 아니라 개인을 중심으로 한 공동체의 삶을 위한 것이었다. 이 부분에 대해서는 비교적 풍부하게 역사 교과서에서 다루고 있다. '두레, 계, 향도와 같은

---

71) 「延嘉七年銘 金銅如來立像」, 『역주 한국고대금석문』 I , 1992.
72) 『삼국유사』 권5, 감통 7 郁面婢念佛西昇 ; 신종원, 「삼국유사 욱면비 염불서승조에 대한 일고찰」, 『사총』 26, 1982. 욱면이라는 여성 노비가 성불할 수 있었던 것은 현재의 학계 수준으로는 이해하기 어려운 사실이다.
73) 이제현(1287~1367), 『櫟翁稗說前集』 1.
74) 황인규, 앞의 논문, 『종교교육학연구』 22, 2006 ; 황인규, 앞의 논문, 『한국불교학』 45, 2006 ; 황인규, 앞의 논문, 『한국교육사학』 28-2, 2006.
75) 徐居正(1420~1488), 「雨中會一菴萬德寺兩上人」, 『四佳詩集』 詩集 卷20, 詩類.
76) 南公轍(1760~1815), 「次蓮社詩少年韻」, 『金陵集』 卷3.
77) 李瀷(1681~1763), 「香徒」, 『星湖僿說』 卷12, 人事門.
78) 이태진, 앞의 논문 참조.

공동체 조직이 발달하는 등 우리 민족의 특수성이 나타났다'79)는 서술이다. 그 가운데 두레와 향도를 다음과 같이 설명하고 있다. 즉, '촌락의 농민 조직으로 두레와 향도가 있었다. 두레는 공동 노동의 작업 공동체였다. 향도는 불교와 민간신앙 등의 신앙적 기반과 동계 조직 같은 공동체 조직의 성격을 모두 띠었다. 주로 상을 당하였을 때에나 어려운 일이 생겼을 때에 서로 돕는 역할을 하였다. 상여를 메는 사람인 상두꾼도 향도에서 유래하였다.80) 이러한 공동체를 소중하게 생각한 결과 이국인들도 널리 포용하였다. 예컨대 탐라와 여진의 추장에게 무산계와 향직을 부여했다.81) 향직은 고려의 질서체계인데 여진의 추장에게도 수여한 것이다. 세계적인 원과 교류하면서 이국인의 귀화를 수용하며 영역 밖의 사회까지도 포용한 것이다. 특히 우리나라에 귀화한 사람들도 적지 않았다. 발해는 926년(태조 9)에 거란에게 멸망했는데, 발해의 세자 대광현 등 유민들이 잇달아 고려에 망명, 귀화했다. 주목해야 하는 사실은 아랍의 무슬림 상인들이 고려를 방문하였다는 것이다. 이슬람을 지칭하는 '회회'나 무슬림을 일컫는 준몽골인 '회회인'이 바로 그들이다.82) 고려후기에도 몽골인과 더불어 유럽 계통의 '색목인'들이 귀화하였다. 고려왕실 주변에는 색목인 출신으로 봉군된 최노성이나, 셍게[三哥,張舜龍]83)와 설손, 민보 등 회회인도 있었다. 『고려

---

79) 『고등학교 국사』, 12쪽 : http://contents.history.go.kr
80) 『고등학교 국사』, 218쪽 : http://contents.history.go.kr
81) 『고려사』 권4, 현종세가 9년 9월, '東女眞尼于弗來朝, 增授鄕職'; 武田幸男, 「高麗初期の官階」, 『朝鮮學報』 41, 1966 ; 『고려사』 권11, 숙종세가 5년 2월 을사, '賜服, 東西蕃長, 加武散階, 鰥寡·老病·孝子·順孫, 賜物有差'; 『고려사』 권77, 백관지 무산계 ; 旗田巍, 「高麗의『武散階-鄕吏·耽羅의 王族·女眞의 酋長·老兵·工匠·樂人의 位階-』, 『朝鮮學報』 21·22, 1961, 『朝鮮中世社會史의 硏究』, 法政大學出版局, 1972, 381~382쪽.
82) 『고려사절요』 권3, 현종 15년 9월, '西域 大食國의 悅羅慈 등 1백 명이 와서 토산물을 바쳤다' ; 『고려사절요』 권3, 현종 16년 9월, '대식국의 夏詵·羅慈등 백 명이 와서 토산물을 바쳤다' ; 『고려사절요』 권4, 정종 6년(1040) 11월, '大食國의 客商 保那盍 등이 와서 토산물을 바치니, 유사에게 명하여 館에서 잘 대우하게 하고 돌아갈 때에 금과 비단을 후하게 내려주었다.'
83) 『고려사』 권123, 장순룡 열전.

사』에 의하면 1277년(충렬왕 3) 제국공주를 따라온 겁령구(Ke-linkou, 사속인) 들에게 성명을 내려준 사실이 있는데 이것이 가장 널리 알려진 일이다. 즉 몽골인 쿠라다이(忽刺歹)는 인후로, 중앙아시아 출신 색목인 부상인 당흑시(탕구스)는 최노성이라 하였다.84) 셍게[三哥]는 장순용으로, 식독아는 노영으로, 오십팔은 정공으로 사성을 받고 각각 장군 혹은 중랑장에 임명되었다.85) 그 후 설손의 후손인86) 설씨 일가는 여말선초의 명문가로 조선조 개국시 명에 여덟 차례나 사행한 큰아들 설장수를 비롯해 여러 명인을 배출하였다.87) 충선왕 때 회회인 민보는 평양부윤겸존무사의 요직에 오르기까지 했다.88) 통역을 맡은 이현은 임천 이씨의 시조이며, 식독아는 티베트 계통의 당항인 하서국 출신이다.89) 고종 때 안남국(베트남)의 왕 이천조가 트란 왕조에게 권력을 빼앗기자 둘째 왕자 리 즈엉 꼰(Lý Dương Côn, 이양혼)과, 리 롱 뜨엉(Lý Long Tường, 이용상)90) 등이 고려에 귀화하였다. 문헌에 전하는 일본계의 귀화인은 1592년 임진왜란 때 가토 기요마사의 좌선봉장이 되어 3천의 군사를 이끌고 내침했다가 귀화한 사성 김해 김씨인 충선은 사야가이다.91) 이렇게 외국인을 수용한 것은 우리뿐만 아니라 세계를 인식한 동아시아형 혹은 세계형 공동체의 삶을 영위하고자 한 것이다. 이러한 개방성과 더불어 세계 공동체는 우리가 중요하게 여겼던 덕목이다. 최근에 동남아 사람들이 산업 전선에 유입되면서 이제야 다문화적 관점을 강조하며 학계나 역사교육 현장에서 적극 나서고 있으나 이것은 본래

---

84) 『고려사』 권124, 왕삼석 열전 부 최노성.
85) 『고려사절요』 권19, 충렬왕 3년(1277) 1월.
86) 『고려사』 권112, 설손 열전.
87) 위와 같음.
88) 『고려사』 권33, 충선왕세가 2년 10월.
89) 『고려사』 권123, 장순용 열전 부 노영.
90) 『旌善李氏族譜』; 판 후이 레, 「정선이씨, 12세기 이래 고려에 정착한 베트남 출신의 이씨」, 한국 베트남 관계사 심포지움, 하노이 대우호텔 그랜드볼륨, 2007.8.20.
91) 『승정원일기』 인조 6년 2월 2일(갑오), '降倭將金忠善'; 『慕夏堂文集』 권1 ; 한문종, 「임진왜란시의 降倭將 金忠善과 『慕夏堂文集』」, 『한일관계사연구』 24, 2006.

우리의 공동체 정신의 소산이었던 것이다.

또한 공동체 발현의 정신으로 볼 수 있는 대목이 언론과 상소이다. 상소문은 왕에게 올리는 진언으로, 과거의 관례와 격식을 모범으로 삼아 진술한 것이다. 상소를 통해 임금에게 문제를 제기하여 역사 발전에 크게 공헌을 하였다고 생각된다. 중앙 관리로서 언론을 담당하는 대간이 지켜야 할 자세로는 순지 거부와 지부 극간, 원의 간쟁과 피혐 등이 있다. 그 가운데 고려말 성리학자 우탁(1263~1342),[92] 임진왜란 때 조헌(1544~1592),[93] 강화도 조약에 반대한 최익현(1833~1906)[94] 등이 지부상소를 한 대표적 인물이다. 이러한 상소를 받아들이는 군주의 자세로 납간과 종간 여류, 대간 불가죄와 불문 언근이 있다. 다양한 의견을 수렴하고 올곧은 의견을 반영하여 정치를 하여야 한다는 공론정치야 말로 공동체 정신의 소중한 자산이었다.[95] 대부분의 교과서에서 고려초 최승로의 상서문을 중요하게 다루고 있지만, 필자가 강조하는 것은 그러한 것보다 사류(士類)들의 자발적인 상소를 지칭하는 것이다. 또한 대간과 삼사 등의 언관을 정부 시스템이라는 관점에서 설명하고 있을 뿐이며, 언론 정신에 대해서는 간과하고 있다.[96] 사류들의 상소에 대해서는 개항기 이후의 것만을 서술하고 있을 뿐이며, 전근대의 것은 실리지 않고 있다. 이렇듯 공동체의 삶을 다루는 역사와 역사교육에서 무엇이 가장 소중한 것인가 되돌아보아야 할 것이다.

또한 이러한 공동체 정신을 선양하기 위하여 성현을 추념하였다. 공자를 비롯한 유학자의 위패와 초상화가 국자감과 향교의 문묘에 봉안되었지만 부처와 고승은 소상이나 영정으로 조성되어 사원에 적지 않이 안치되었

---

92) 『고려사절요』 권23, 충렬왕 10월 기유, '監察糾正禹倬, 白衣持斧東藁'; 金宗直, 「過禮安有懷禹諫議倬」, 『佔畢齋集』 詩集 卷3, 詩 ; 李瀷, 「白衣持斧」, 『星湖全集』 卷8, 海東樂府.
93) 『국조 인물고』 조헌.
94) 崔益鉉, 「持斧伏闕斥和議疏(丙子正月二十二日)」, 『勉菴集』 卷3, 疏.
95) 이규완, 「조선왕조의 언론윤리 체계에 관한 시론」, 『한국언론학보』 53-1, 2009, 391~411쪽.
96) 『고등학교 국사』, 83쪽 ; http://contents.history.go.kr

다.⁹⁷⁾ 예컨대 983년(성종 2) 공자와 그의 제자 72현이 문묘에 종사된 이래 1022년(현종 13) 1월 설총이 홍유후로, 그 이듬해에 최치원을 문창후로 추봉하였다.⁹⁸⁾ 그리고 고승의 경우 숙종조에 원효와 의상을 추증하고 추념 사업을 전개하였던 사실이 주목된다. 이렇듯 전시대의 인물인 원효를 화쟁 국사로, 의상은 원교국사로 추증하여 대성인으로 받들어 존경해 마지 않았다.⁹⁹⁾ 원 간섭기 충렬왕대에도 한재가 계속되자 최치원과 설총과 더불어 도선에게 봉작을 추가하였다.¹⁰⁰⁾ 이에 앞서 명종시 진표의 비가 세워지는 등 추념 사업을 전개하여¹⁰¹⁾ 고려중기 원효·의상·진표·도선을 4대 성인(사성)으로 추념하였다.¹⁰²⁾ 조선시대에도 국가에서 성현을 추념하였다. 청허 휴정의 공을 인정하여 국가에서 사당을 짓도록 하였는데 그것이 바로 해남의 표충사, 갑사 표충원, 영변 보현사의 수충사 그리고 밀양의 표충사이다.¹⁰³⁾ 아울러 표충사와 수충사의 사례에 따라 조선 건국의 개국 원훈인 무학 자초가 머물렀던 석왕사에도 사당을 지어 춘추로 제향하였다.¹⁰⁴⁾ 그럼에도 관우를 사당(관왕묘)으로 배향¹⁰⁵⁾한 것은 모화주의 정신의 소산이

---

97) 허흥식,「고려중기 사성의 추념과 선각국사비의 건립」,『도선연구』, 민족사, 1999, 191쪽.
98)『고려사』권5, 현종세가 14년(1023) 2월 병오 ;『고려사』권4, 현종세가 13년(1022) 정월 갑오.
99)『고려사』권11, 숙종세가 6년(1101) 8월 계사.
100)『고려사』권29, 충렬왕세가 8년(1282) 5월 경신.
101) 瑩岑,「關東 楓岳山 鉢淵藪 開創祖 眞表律師 眞身骨藏立石碑銘」, 李智冠,『校勘譯註 歷代高僧碑文』(고려편4), 伽山文庫, 1997.
102) 慣拭,「鰲山記」,『鏡巖集』卷下,『한국불교전서』10, 441쪽 ; 황인규, 앞의 논문, 『불교사상과 문화』1, 2009.
103) 李德守,「有明 朝鮮國 嶺南密州 靈鷲山 表忠祠 事蹟碑」; 李德壽,「表忠祠 事蹟記」, 『西堂私載』卷4, 記 ; 李雨臣(1670~1744),「밀양 표충사 서산대사비명」,『조선불교통사』상.
104)『정조실록』권34, 16년(1792) 윤4월 24일(임진) ;『정조실록』권34, 16년 윤4월 24일(임진) ; 황인규, 上揭書, 혜안, 1999, 134쪽.
105) 임진왜란 때에 명의 군사들에 의해 關王廟가 건립되어 제사도 지냈다. 1598년(선조 31) 한성 숭례문 밖에 남관왕묘가 건립되었고 동관왕묘와 북관왕묘가 세워졌으며, 지방에도 관왕묘가 건립되었다.『고종실록』권42, 39년(1902) 10월 4일 ; 장장식,

라는 사실을 한국 사학계와 역사교육계가 바로 알아야 한다.

이와 같이 우리의 삶의 모습을 제대로 조명하지 못한 것은 일차적으로 역사학계의 책임이다. 내용적인 측면을 소홀히 하고 방법적인 측면을 앞세운 역사교육학계도 이러한 점을 반성해야 할 것이다. 결국 역사학계나 역사교육계가 가장 중요하게 여겨야 할 것은 역사의 본령인 역사 사실에 더욱 충실해야 한다는 것이다. 그것이 양자간의 협력으로 역사학은 역사교육 측면에서 사실 발굴과 해석을 하고 역사교육계는 이러한 것을 적극 받아들여 가장 소통을 잘할 수 있는 통로인 개설서와 교과서 만들기에 이것을 공유하는 것이 무엇보다 시급한 과제이다.

5. 나가는 말

한국사는 우리가 걸어온 삶의 모습이며 이야기다. 진정 어떻게 살아왔으며, 가장 소중히 여겨야 할 것은 무엇인가, 그것은 바로 우리의 역사이며, 역사는 오늘을 살고 있는 우리가 앞으로 어떻게 나아가야 할 것인가를 제시해 주어야 할 것이다. 그것이 흔히 이야기하는 역사는 현재와 과거와의 대화이며, 미래일 것이다. 이것은 역사가 인류에게 가르쳐 준 '시간' 개념이다. 오늘을 살아가는 우리는 과거의 시간으로부터 출발해 오늘에 와 있으며, 미래를 향해 나아가려고 하고 있다. 베네데토 크로체(Benedetto Croce, 1866~1952)나 콜링우드(Robin George Collingwood, 1889~1943)가 지적했듯이 모든 역사는 현대사(當代史 : contemporary history)이며, 로빈슨(James Harvey Robinson)이나 카를 베커(Carl Heinrich Becker, 1876~1933)가 말했듯이 모든 사람은 역사가이다. 역사는 무엇인가 하는 물음은 역사는 왜 배워야 하는가 하는 명제와 다르지 않기 때문에 모든 사람은 역사를 배우는 자다.

「서울의 관왕묘 건치와 관우신앙의 양상」, 『민속학연구』 14, 2004 ; 황인규, 앞의 논문, 『불교사상과 문화』 1, 2009 참조.

이와 같이 역사는 시간을 기본 개념으로 어떻게 변화되었는가를 다루는 학문이며, 이를 배우는 역사교육 영역도 역시 역사학의 범주에 있다. 그러므로 역사학과 역사교육은 같은 역사 영역을 공유하여야 할 것이다. 이를 연구하는 역사가도 역시 역사교육자가 되어야 함은 물론이다.

언제부터인가 역사학과 역사교육간에 간극이 생겨났다. 이미 선학의 연구에서 지적한 바와 같이 근대 역사학의 흐름 속에, 현대 역사학이 처한 국내외적 환경에 따라 그 간극은 더욱 심해졌다. 물론 근대 신민족주의 역사가로 알려진 손진태를 비롯해 선학이 국사 교육을 제창하고 역사교육 관련 학회를 태동시키는 등 발전을 해오고 있었다. 특히 역사교육 관련 학술 저서류의 간행은 괄목할 만하지만 그 거리를 좁히기엔 아직도 방해 요소가 적지 않다. 역사학은 역사교육에 무관심하고 역사교육은 서구의 교육학 또는 역사교육 이론을 도입해 방법론적인 면만 진전을 이루고 있다. 특히 역사교육 영역이 이론적 정착과 발전을 더해 갈수록 역사학과의 거리는 더 멀어져 가는 느낌이 든다. 심지어 교과서 파동이나 일본의 역사 왜곡, 중국의 동북공정 등이 현안으로 떠오를 때조차 양자간의 긴밀한 협력이 장기간에 걸쳐 제대로 이루어진 적이 없는 듯하다. 특히 역사 교과서의 국정화로 인하여 역사학과 역사교육이 학문적인 측면에서 소통을 해야 할 필요성이 제기되고 있다.

이러한 시점에서 역사학이나 역사교육의 본질이 시간을 다루는 학문이라는 사실과 앞으로 우리가 가장 소중히 여겨야 할 역사 이야기는 무엇인가 진지하게 고민해야 할 때다.

본고에서는 그러한 것 가운데 가장 대표적인 주제로 정체성과 역동성, 그리고 공동체 정신을 들었다. 이와 같이 역사가는 우리의 삶의 이야기를 더욱 발굴하고 역사교육계에서는 이러한 이야기를 모두에게 가르치고 나누어야 할 것이다. 쉬우면서 재밌게 그리고 진실이 담긴 우리 모두가 공감하는 이야기, 그것이 우리 모두의 역사일 것이다.

Ⅳ. 4차 산업혁명시대의 한국사 교육

1. 들어가는 말

　우리는 4차 산업혁명시기라는 오늘을 살고 있다고 한다. 3차 산업혁명시대라고 부르기 시작한 것이 얼마 되지 않은 듯한데 또 다른 시기라는 것이다. 세계경제포럼(WEF) 회장 클라우스 슈밥(Klaus Schwab, 1938~)이 제시한 바와 같이 오늘날 우리는 삶과 일, 인간관계의 방식을 근본적으로 변화시키는 혁명의 문 앞에 서 있다. 그 규모, 범위, 그리고 복잡성을 미루어 볼 때 '4차 산업혁명'은 과거 인류가 겪은 그 무엇과도 다르다고 규정하였다.[1]
　얼마 전 미국 전기차 회사 테슬라(Tesla)의 CEO 일론 머스크(Elon Musk, 1971~)는 2016년 뇌컴퓨터 인터페이스 기술(BCI, Brain Computer Interface)을 개발하는 신경과학 스타트업 뉴럴링크(Neuralink)를 설립했다. 그는 돼지에 이어 원숭이 뇌에 무선 컴퓨터 칩을 심어 비디오게임을 할 수 있는 원숭이를 공개한 바 있다.[2] 오늘날 4차 산업혁명이 진행되고 있는 상황에 대해 우리의 생존과 관련이 있는 일자리나 기후 변화, 저탄소 중립, 저출산과 초고령 등의 문제의 사회라는 사실보다는 그리 체감하지 못하고 있는 듯하다. 예컨대 2016년 구글의 딥마인드(DeepMind Technologies Limited)가 개발한 인공지능 바둑 프로그램 알파고(AlphaGo)와 바둑의 신 이세돌(1983~)의 격돌에서 인간이 패배한 것에 자못 충격을 받았지만

---

[1] 클라우스 슈밥(Klaus Schwab), 송경진 옮김, 『클라우스 슈밥의 제4차 산업혁명(The Four Industrial Revolution)』, 새로운 현재, 2016, 10쪽.
[2] '뇌에 칩 심은 원숭이 … 생각만으로 비디오게임', SBS뉴스, https://news.sbs.co.kr/news/, 2021.4.10.

일부 혁신산업계 인물들을 제외하고는 그러한 충격을 잠시 잊고 있는 것이다.

산업계에 이어 정부도 인공지능기술이 지배하는 4차 산업혁명에 대비하고 있다. 특히 교육부에서도 2016년 대응 지침을 발표하였지만, 대부분의 학교 현장에서는 제대로 실시되지 않고 있다.[3] 4차 산업혁명이 진행 중인 현재는 물론이고 앞으로 펼쳐질 미래의 교육에 대하여 진지하게 고민하여 대책을 세울 때이다.

본고에서는 오늘날의 4차 산업혁명시대 및 미래에 펼쳐져야 할 역사연구와 역사교육의 학습은 어떠해야 하는가 하는 문제의식에서 작성되었다.[4] 이를 위해 4차 산업혁명시대의 역사학의 유용성과 미래의 역사교육의 방향에 대하여 제시하고자 한다. 특히 4차 산업혁명 및 미래 교육에 걸맞는 인재를 양성하기 위한 역량, 특히 핵심 역량[5]뿐만 아니라 전통적으로 중요시

---

[3] 4차 산업혁명과 미래 교육에 관한 연구 성과는 산업 및 공학계의 반응은 긍정적인데 반하여 대부분의 교육학계는 회의적이다. 교육계의 대표적인 연구성과를 소개하면 다음과 같다. 정제영, 『디지털 시대와 4차 산업혁명에 대비한 교육의 시대』, 박영스토리, 2018 ; 조상식, 「제4차 산업혁명과 미래 교육의 과제」, 『미디어와 교육』6(2), 2016 ; 조상식, 「4차 산업혁명과 교육 : 적응이냐 종속이냐」, 『교육비평』39, 2017. 정제영처럼 긍정적인 경우도 있지만 조상식처럼 대체로 회의적인 시각을 견지하고 있는 듯하다. 최근에 2021역사교육연합 학술대회에서 4차 산업혁명을 다룬 것도 고무적이다. 이에 앞서 한국교육철학회에서 2021 춘계 학술대회에서 '언택트' 사회와 교육학의 응전(https://eduphil.jams.or.k)이란 대주제로 4차 산업혁명을 일부 다루었지만 그 내용도 회의적인 듯하다.

[4] 역사와 역사교육에서 4차 산업혁명에 대한 본격적인 논의는 거의 없는 실정이다. 다음과 같은 시도가 거의 전부다. 박혜정, 「4차 산업혁명시대의 역사교육-대학 역사교육에서 '역사하기(Doing History)' 컨셉 활용하기」, 『역사교육논집』 74, 2020. 주목되는 것은 고려대 한국사연구소에서 2019년 4차 산업혁명시대에 대비하여 한국사연구와 디지털 인문학 교육을 위해 세미나를 개최하여 『4차 산업혁명과 한국사 연구』(역사인, 2019)라는 성과를 낸 바 있다. 여기에서 한국사를 중심으로 문화유산과 역사학 등의 주제로 천착을 하였으나 4차 산업혁명시대의 근본적인 내용을 본격적으로 다루지는 않았다.

[5] 사회과와 역사교육학계에서 역량 교육에 대한 긍정적인 연구 성과는 나름대로 긍정적이라고 하겠다. 역사과목의 핵심 역량 연구 성과를 소개하면 다음과 같다. 정희영·정윤, 「핵심역량 관련 교육에 대한 연구동향-학교교육을 중심으로」, 『한국

했던 지식 기반의 중요 역사 사실이라고 할 핵심 주제6)도 중요하게 간주하여 연구되고 교육 학습해야 한다고 주장하고자 한다.

2. 역사학과 역사교육의 방향

산업혁명(the Industrial Revolution)은 2015년에 개최된 제46회 세계경제포럼(WEF, World Economic Forum)에서 클라우스 슈밥이 4차 산업혁명(Fourth Industrial Revolution)이라고 해야 한다고 주장하면서 본격 시작되었다.7) 18세기 1차 산업혁명은 '증기기관 기반의 기계화 혁명'이며 19~20세기 초의 2차 산업혁명은 '전기에너지 기반의 대량생산 혁명'이라고 한다. 20세기 후반 3차 산업혁명은 '컴퓨터와 지식정보 혁명'이며, 21세기 초반의 4차 산업혁명은 'Big Data, AI, IoT 등의 정보기술 기반의 초연결 혁명'시기라고 하며,8) 지능정보기술인 인공지능(AI)과 ICBM9)의 결합을 특징으로 하고 있다.

『교원교육연구』32(3), 2015 ; 이종경·이승실, 「역사과 핵심역량 중심의 창의·인성 교육 수업 모델 개발 : 추체험을 통한 의사소통형」, 『역사교육』128, 2013 ; 백은진, 「2015개정 교육과정에 도입된 역사과 핵심역량 설정의 현황과 모순」, 『사총』86, 2015 ; 최선아, 「역량 중심 역사교육을 통한 역사학습부진 극복 연구」, 『역사와 교육』26, 2018 ; 허은철, 「역사교과서 재생산의 기제인 단일성과 그 대안으로서 핵심역량」, 『인문사회 21』9(6), 2018 ; 허은철, 「핵심역량 중심의 역사교육과 역사교과서 개발」, 『역사와실학』67, 2018 ; 박주현, 「역사과 교과 역량 설정과 평가의 과제」, 『역사와교육』31, 2020. 향후 4차 산업혁명 시기 미래교육과 관련한 정밀한 천착이 이루어져야 할 것이다.
6) 본고에서 사용하는 '핵심주제'라는 용어는 핵심역량과 대비되는 전통적인 지식기반의 교육에서 중요시 하는 지식 전달 학습 내용, 즉 중요 역사적 사실을 의미한다.
7) 한국개발연구원, 『(정책연구 2019) 4차 산업혁명의 사회-경제적 맥락 연구 -글로벌 및 한국의 관점에서』, 2019, 5쪽.
8) 위의 책, 4·6쪽.
9) ICBM은 사물인터넷(Internet of Things : IoT) 센서(sensor)가 수집한 데이터를 클라우드(Cloud)에 저장하고, 축적된 빅데이터(Big data)를 분석해서, 적절한 서비스를 모바일 기기 서비스 형태로 제공하는 것이다.

그런데 4차 산업혁명을 본격 제안한 슈밥조차 4차 산업혁명의 명확한 실체에 대한 충분한 논거를 제시하지 못하고 있다.10) 제레미 리프킨(Jeremy Rifkin, 1945~)은 4차 산업혁명은 3차 산업혁명의 연장일 뿐이라고 하였다.

그리고 1, 2차 혹은 3차 산업혁명은 역사적 사건으로 간주할 수 있지만, 21세기에 시작된 4차 산업혁명은 진행 중이거나 아직 일어나지 않은 것이기 때문에 미래의 추측적인 것에 불과하다는 견해도 있다. 그 때문에 우리나라와 일본에서는 4차 산업혁명이라고 부르고 있지만 미국과 유럽에서는 4차 산업혁명이란 말 대신에 '디지털 변혁(digital transformation)'이라고 지칭한다.11) 다만 정치권과 언론의 강조로 인하여 한국 사회 전반의 위기를 타개해줄 혁신으로 4차 산업혁명이 언급되고 있는 실정이다. 학계에서도 대체적으로 4차 산업혁명의 핵심이라고 할 빅 데이터(big data)와 인공지능기술(AI) 등이 사물을 연결시키고 생산 시스템 전반으로 확대해 나가는 사회적 변화 정도로 이해되고 있는 실정이다.12) 이렇듯 학술적 차원에서는 '4차 산업혁명'이라는 용어는 그 정당성을 확보하지 못하고 있는 듯하며, 그 때문인지 4차 산업혁명 및 미래 교육을 주도하고 책임져야 할 역사와 역사교육학자, 교육학자들 대부분이 자의반 타의반 외면하고 있는 듯하다. 특히 현행 2015개정 교육과정 교과서에서 4차 산업혁명 및 미래 교육에 대비하기 위한 역량 중심 교육을 실시하도록 하고 있지만 관련 학계나 현장 교사들도 대부분 무관심연하며 이를 방기하고 있는 실정이다.

현재 우리가 실용하고 있는 지능정보기술인 인공지능(AI)과 ICBM 등의 4차 산업혁명시대의 도구 기술이 펼쳐져 있으므로 적극적으로 수용 개발하여야 할 것이다. 베네데토 크로체(Benedetto Croce, 1866~1952)가 말한 것처럼 '모든 역사는 현재사(contemporary history)'이다.13) 우리가 살고

---

10) 윤정현, 「제6장 4차 산업혁명의 한국적 담론과 대응전략 진단」, 서울대학교 국제문제연구소 편, 『4차 산업혁명론의 국제정치학』, 사회평론아카데미, 2018, 239쪽.
11) 신동엽 외, 『4차 산업혁명, 일과 경영을 바꾸다』, 삼성경제연구소, 2018, 14쪽.
12) 윤정현, 앞의 논문, 230~231쪽.

있는 현재의 역사도 중요하지만 미래의 역사도 중요하다. 역사의 본질은 과거의 역사를 통해 현재의 좌표를 설정할 뿐만 아니라 미래의 방향도 전망할 수 있어야 하기 때문이다. 역사학계뿐만 아니라 일반인들에게도 널리 알려져 있는 에드워드 카(Edward Hallett Carr, 1892~1982)가 '과거와 현재와의 끊임없는 대화(an unending dialogue between the present and the past)'라는 글귀는 과거뿐만 아니라 현재와 미래도 중요시한 것임을 알아야 한다. 카는 '과거의 사건들과 서서히 등장하고 있는 미래의 목적들 사이의 대화라고 말했어야 했을 것'이라고 토로하여 과거와 현재와의 대화를 통해 역사에 대한 양극의 입장을 해소하고자 노력했으며, 카의 궁극적인 전망은 과거가 아니라 미래에 있었던 것이다.14) 일찍이 붓다도 '꿈은 여기 현재의 일을 가져야 할 것이니 이루고자 하는 뜻에 확고부동하여 흔들림이 없이 자신의 능력을 계발하여야 한다. 오로지 오늘 해야 할 일에 최선을 다해 땀을 흘려 노력해라.'15)고 하였다. 그러므로 우리가 살고 있는 현재는 미래와 과거가 만나고 있는 지평이므로 '역사는 미래'라고 하겠다. 이러한 인식은 모두에게 적용되어야 하지만 역사학과 역사교육 학계에서도 필히 현재 및 미래에 펼쳐지고 있는 4차 산업혁명시대를 제대로 인식해야 할 것이다.

주지하다시피 1차, 2차 산업혁명은 그것이 진행된 지 수 십년 뒤에 산업혁명이라고 불렸다. 1차 산업혁명은 봉건주의체제에서 자본주의체제로 사회

---

13) 크로체는 '모든 진전한 역사는 현재의 역사이다(Jede wahre Geschichte ist Geschichte der Gegenwart)'라고 하였다. 베네데토 크로체, 이상신 역, 『역사의 이론과 역사』, 삼영사, 1978, 11쪽.

14) Edward Hallett Carr, What is History?, Macmllan, 1961, 'History is a continuous process of interaction between the historian and his facts, an unending dialogue between the present and the past' ; 조지형, 『역사의 진실을 찾아서 07 랑케&카』, 김영사, 2007, 162쪽.

15) 『中阿含經』 권43, 「根本分別品」(T1, 698b8쪽). '愼莫念過去 亦勿願未來 過去事已滅 未來復未至 現在所有法 彼亦當爲思 念無有堅强 慧者覺如是 若學聖人行 孰知愁於死 我要不會彼 大苦災患終 如是行精勤 晝夜無懈怠.'

체제가 완전히 바뀐 대사건이었다. 2차 산업혁명도 자본체제를 더욱 강화하게 되었다. 2차 산업혁명은 산업혁명의 두 번째 단계를 표현하기 위해 역사학자에 의해 사용되는 단어이다.16) 그런 측면에서 산업혁명의 효시가 된 1차 산업혁명, 현대 산업사회를 탄생시킨 2차 산업혁명, 세계화를 몰고 온 3차 산업혁명을 살피는 것은 역사로부터 배운다는 점에서 의미가 있다. 4차 산업혁명의 시기에도 인간의 삶과 역사의 변화를 알 수 있어야 4차 산업혁명의 도래까지의 경로와 그 의의를 이해할 수 있을 것이다. 이러한 인식은 역사학은 본래의 영역이며 책무에 가깝다. 사실 역사는 '우리는 어디서 왔고, 무엇이며, 어디로 가는가?'라는 '인문학 3문(問)'을 가장 중요하게 다루는 학문이다.17) 따라서 오늘날 4차 산업혁명 시기에도 역사학은 1~3차 산업혁명을 다루었듯이 현재 진행되고 미래에 펼쳐질 산업혁명시대에 역사 연구의 대상에 포함해야 하며 미래 세대를 대비하는 역사교육에서도 마찬가지다.

　이렇듯 역사학이나 역사교육에서 4차 산업혁명 시기에 대비할 때 다음과 같은 점도 유의해야 한다. 4차 산업혁명에 관한 논의는 교육학자의 모임에서 나온 질문이 아닌 경제협력개발기구(OECD) 교육장관회의와 아시아태평양경제협력체(APEC) 교육장관회의 등 국제기구, 미국 상무부(United States Department of Commerce)와 같은 행정가의 입에서 나온 것이라는 사실이다.18) 그 때문에 앞서 언급한 것처럼 대부분의 사람들이 무관심연하기도 한 듯하다. 오늘날 4차 산업혁명시대에 이르기까지 진보를 이루게 한 인류의 역사를 가장 잘 성찰할 학문은 역사학이며 미래의 역사를 대비하기 위해 가르쳐야 하는 것이 바로 역사교육이다. 그렇다고 해도 4차 산업혁명이라는 이론도 서양의 지식 또는 서양의 학자가 주장하는 것이기 때문에 서양

---

16) 변영계 외, 『교육방법 및 교육정책』 3판, 학지사, 2009, 395쪽.
17) 김기봉, 「인공지능시대 빅 히스토리의 인문학적 전환」, 『인간환경미래』 22, 인제대 인간환경미래연구원, 2019, 82쪽.
18) 변영계 외, 앞의 책, 388쪽.

위주나 한 가지 철학적 관점만으로 미래를 조망하기보다 더욱 다양한 철학적 관점과 문화사적 관점을 지녀야 할 것이다.[19]

이와 관련하여 1960년 등장한 글로벌 히스토리(Global History), 1990년대 이후 널리 사용하게 된 새로운 세계사인 '빅히스토리(Big History)'[20]나 '깊은 역사(Deep History)'와 같은 학문도 역시 마찬가지라고 할 수 있다. 인간의 역사를 태초까지 소급하여 세계화를 넘어서 지구화 나아가 우주의 역사까지 포함하고 있어서 어떤 시사점이나 교훈을 얻을 수도 있을 것이다.[21]

인류의 역사가 진보하여 4차 산업혁명시대로 도달하게 된 가장 중요한 언어와 불, 도구 기술 등이다. 이와 아울러 집단 정착생활을 하게 되면서 농업과 가축을 하면서 신석기 농업혁명(Agricultural Revolution)이 발생하였다. 그 후 19세기에 기술의 발전으로 대량생산이 가능하게 되어 1, 2차 산업혁명이 비교적 짧은 기간에 3차 산업혁명을 거쳐 4차 산업혁명이 진행 중인 듯하다. 이러한 인류의 역사를 비약적으로 발전시킨 것 중의 하나가 도구이자 기술 덕분이다. 상좌 불교에서 호주(paritta)로 널리 암송되고 있는『망갈라 숫따(吉祥經, Maha-mangala Sutta)』에 의하면, 일찍이 불교의 창시자 싯다르타(Siddhārtha Gautama)도 '널리 학문을 닦고 뛰어난 기술을 연마하라 … 최상의 행복이다.'[22]라고 하였다. 학문과 더불어 기술의 연마가 최상의 행복이라고 하여 기술의 중요성을 강조하였던 것이다.

일찍이 그리스 철학자 플라톤(Platon, 기원전 427~347)은 아테네에 대학의 원형이라 할 수 있는 세계 최초의 고등교육기관인 아카데메이아(Ἀκαδημ(ε)ια, Academy)를 세웠는데 그 정문 현판에 '기학을 모르는 자, 이 문을

---

19) 변영계 외, 앞의 책, 396쪽.
20) 김기봉, 앞의 논문 ; 남철호, 「글로벌 히스토리(Global History)와 세계사」, 『역사교육논집』 49, 2012, 445~449쪽.
21) 박혜정, 「21세기 교양교육의 융합학문적 지도 그리기 - 빅히스토리의 인문학적 전환을 통하여」, 『교양교육연구』 14(6), 2020, 31~33쪽.
22) 『망갈라 숫따(吉祥經, Maha-mangala Sutta)』「Sn. p.42」, 'Bâhu saccam ca sippan ca vinayo ca susikkhito Subhasitâcayâvâcâêtammangalamuttamam' ; 성열 편역, 『부처님 말씀(Buddhavcana)』 개정증보판, 현암사, 2002, 568쪽.

들어서지 말지어다.(ἀγεωμέτρητος μηδεὶς εἰσίτω. : Let no one untrained in geometry enter.)'라고 써 붙였다. 플라톤은 이 세계를 구성하는 근본 요소들이 기학적 도형으로 생각했기 때문에 기하학을 배운 사람은 감각이 아닌 관념의 세계를 이해할 수 있게 된다고 생각하였다.23) 이처럼 기하학을 배워야 인문학도 이해할 수 있다는 사실을 알아야 할 것이다.

웰(The Well) 같은 인터넷 공동체를 통해 사회와 문화의 혁신운동을 주도하고 있는 케빈 켈리(Kevin Kelly)가 언급한 바와 같이 기술이 어디로 향하는지 알려면, 그것이 어디서 왔는지 알아야 한다고 하였다.24) 이런 점에서 4차 산업혁명시대에도 이러한 역사학의 인식 또는 책무는 필요해 보이며 미래 세대를 위한 역사교육도 그런 시각에서 이루어져야 함은 물론이다.

그런데 여기서 문명의 발전을 이룩하는 데 기여한 기술 도구의 한계 또는 위해성을 경계하여야 한다. 매년 유망 IT기술 트렌드를 예측하는 미국 정보기술연구회사 가트너(Gartner)는 '디지털 휴머니즘(digital humanism)시대가 도래한다'고 하였다. 디지털 휴머니즘은 기술이 인류 문명을 선도해서는 안 되며, '사람의, 사람에 의한, 사람을 위한' 기술문명이 되어야 한다는 것을 전제로 하고 있다.25) 나아가 로봇과 인공지능(AI)이 루틴(Routine)화된 일자리를 점점 더 많이 차지하고 있을 뿐만 아니라 심지어 로봇들도 더 깊이 '사고'하기 시작했다.26) 따라서 4차 산업혁명시대의 역사학과 역사교육은 인간뿐만 아니라 자연, 사물, 로봇 등 기계도 함께 공존 공생하여야 한다는 사실도 포함하여 강조되어야 할 것이다.

---

23) 김태호, 『아리스토텔레스 & 이븐 루시드 : 자연철학의 조각그림 맞추기』, 김영사, 2013, 44~45쪽.
24) 케빈 켈리, 이한음 옮김, 『기술의 충격(What Technology Wants)』, 민음사, 2011, 31쪽.
25) 김호연, 앞의 논문, 279쪽.
26) 로베르타 골린코프(Roberta M. Golinkoff)·캐시 허시-파섹(Kath Hirsh-Pasesk), 김선아 옮김, 『4차 산업혁명 시대 미래형 인재를 만드는 최고의 교육』, 예문아카이브, 2018, 165쪽.

아울러 도구인 기계의 발전으로 4차 산업혁명이 인간의 고유 가치를 위협할 수 있다는 사실도 역사교육에서 중요하게 간주해야 할 것이다. 인류 역사가 시작된 이래 기계의 발전은 거듭되어 오늘날 인간을 닮은 기계인 로봇 등이 등장하더니, 3차 산업혁명을 거쳐 4차 산업혁명이 진행되는 시기에 이르러서는 기계에 예속될지 모르는 상황이 초래할지 모를 우려를 낳고 있다. 이에 미국의 건축 비평가이자 역사학자 루이스 멈퍼드(Lewis Mumford, 1895~1990)는 『기계의 신화(The Myth of the Machine : Technics and Human Development)』에서 컴퓨터가 우리의 자유를 잠식하고 '삶의 질을 높이는 가치들'을 파괴할 것이라고 경고하였다.27)

사실 인류의 역사 이래 현 인류인 사피엔스(Sapiens)는 지금까지 만물의 영장이자 지구상의 주인으로서 인간 중심의 지나친 개발(cultivation)을 문화(culture)라는 명분하에 합리화해 왔다. 심지어는 인간 아래 모든 것을 두고 착취하고 거리낌없이 죽이는 만행을 서슴지 않았다. 정도의 차이는 있을지라도 서양은 물론이고 동양도 물론 예외가 아니다. 현대에 들어와 그에 대한 반성으로 탈인간화의 경향도 있었지만 구극적으로는 인간만을 위한 세계가 아니었는지 되돌아보아야 한다.

이러한 점에서 일찍이 인류의 역사에 대하여 근본적인 반성을 한 학자들의 견해를 상기할 필요가 있다. 18세기 프랑스의 사상가 장 자크 루소(Jean-Jacques Rousseau, 1712~1778)가 바로 그런 견해를 제시했던 대표적인 인물이다. 그는 자연을 단순한 자원만으로 생각하는 사람들의 견해에 대하여 근본적인 질문을 하였다.28) 그는 '인간의 행복을 얻으려면 근대 테크놀로지(technology)가 초래한 끝없는 소비의 확대, 그리고 그것이 창출한 궁핍과 충족의 무한한 반복으로부터 탈피하여 자연의 때 묻지 않은 인간성을 회복할 필요가 있다.'29)고 하였다.

---

27) 월터 아이작슨(Walter Isaacson), 안진환 옮김, 『Steve Jobs』, 민음사, 2012, 106쪽.
28) 프랜시스 후쿠야마(Francis Fukuyama), 이상훈 옮김, 『역사의 종말(The End of History and The Last Man)』, 한마음사, 1992, 141쪽.

루소보다 매우 앞선 시기의 장자에서 그 원형을 찾아볼 수 있다. 장자는 다음과 같이 주장하였다. 그는 '기계를 가진 자는 반드시 기계를 쓸 일이 있게 되고, 기계를 쓴 일이 있는 사람은 반드시 기계에 관한 마음 쓰임이 있게 된다. 기계에 관한 마음 쓰임이 가슴속에 차 있으면 순수함과 깨끗함이 갖추어지지 않게 되고, 순수함과 깨끗함이 갖추어지지 않게 되면 정신과 성격이 불안정하게 된다. 정신과 성격이 불안정한 사람에게는 도가 깃들지 않게 된다.'30)라고 하였다. 이러한 장자의 물음에 대하여 공자(기원전 551~479)의 제자 자공(기원전 520~456)은 다음과 같이 말하였다. 즉, '도를 지키는 사람은 덕이 완전해야 하며, 덕이 완전한 사람은 몸이 완전해야 되고, 몸이 완전한 사람은 정신이 완전해야 된다. 정신이 완전한 것이 성인의 도다. 삶을 타고 나서 사람들과 나란히 행동하면서도 가는 곳을 알지 못하고 망연하면서도 순수하고 완전해야 한다. 공로와 이익과 기교 같은 것은 반드시 사람의 마음에서 잊혀야만 한다.'31)라고 하였다. 도구인 기계에 대하여 한층 거리를 두고 도를 지켜 완전한 정신을 가져야 한다는 것이다.

『중용』에 '하늘이 부여한 것을 일러 성이라 하고 그 성을 따르는 것을 도라하고 도를 닦는 것을 교라고 한다.'32)고 하였다. 여기서 하늘이 부여한 성이며 그것을 따르는 것이 가르침, 즉 교육이다. 기원전 4세기에 제작된 곽점죽간에서도 '학습을 거친 후에 비로소 그 지향성은 안정된 틀을 갖게 된다.'33)고 하였던 것도 마찬가지다.

---

29) 프랜시스 후쿠야마, 이상훈 옮김, 위의 책, 140~141쪽.
30) 『莊子』 外篇 天地, '吳聞之吾師 有機械者必有機事 有機事者必有機心 機心存於胸中 則純白不備 純白不備 則神生不定 神生不定者 道之所不載也.'
31) 『莊子』 外篇 天地, '執道者德全 德全者形全 形全者神全 神全者 聖人之道也 託生與民並立 而不知其所之 沕乎淳備哉 功利機巧 必忘夫人心.'
32) 『中庸』 1章 天命, '天命之謂性 率性之謂道 修道之謂教 道也者不可須臾離也 可離? 非道也 是故君子 戒愼 乎其所不睹 恐懼乎其所不聞 莫見乎隱 莫顯乎微 故君子愼其獨也 喜怒哀樂之未發 爲之中 發而皆中節 爲之和 中也者 天下之大本也 和也者 天下之達道也 致中和 天之位焉 萬物育焉.'
33) 郭店竹簡 性自命出(기원전 4세기) 김용옥, 『중용 인간의 맛』, 통나무, 2011, '凡人雖有

지식을 배우는 것이 교육이며 지식을 습득하는 것은 사물을 탐구하는데 있다(致知在格物). 이것이 바로『대학』의 조목에 '그 생각을 채우고자 한 자는 먼저 그 앎을 지극하게 하였으니, 앎을 지극하게 함은 사물에 도달함에 있다(欲誠其意者 先致其知 致知在格物).'라고 하여 처음으로 보이는 '격물치지(格物致知)'이다. 격물치지설은 주자(1130~1200)에 의해 사물의 리(理)를 궁구하여 그 사물의 리에 이른 것'으로 체계화되었으며(『대학장구』), 조선의 대표적인 유학자 이황(1501~1570)과 이이(1536~1584)도 이를 받아들였다. 인식의 대상은 마음 밖에 있는 사물의 리가 되며 인식의 주체는 나의 마음이다.34) 현대 독일 철학자 마르틴 하이데거(Martin Heidegger, 1889~1976)는 '인간의 삶이 다시 무게와 가치를 회복하고 진정한 의미에서 자유로운 삶이 되기 위해서는 사물들과 전적으로 새로운 관계를 회복하여야 한다.'35) 라고 하였다. 사물들과의 전적으로 새로운 관계를 갖기 위하여 노력해야 한다는 것이다.

4차 산업혁명시대에 새롭게 출현하는 사물들에 대한 이해와 학습이 더욱 깊게 이루어져야 한다. 나아가 역사학의 연구나 역사교육도 당연히 이러한 방향에서 이루어져야 할 것이다. 앞서 언급한 바와 같이 무엇보다도 인간뿐만 아니라 자연과 우주를 포함하는 깊이 있는 학습내용이 필요하다.

3. 역사교육의 핵심역량·주제와 역사교육

현재 해외에서는 4차 산업혁명시대에 대비하기 위한 미래교육이 시도되고 있는 중이다. 최근의 UN보고서에 의하면 2030년에는 전 세계 대학교의

性 心亡定志 待物而後作 待悅而後行 待習而後定 喜怒哀樂之氣 性也.'
34) 김용헌, 「유교의 진리탐구방법론 : 격물치지론」, 한양대학교 과학철학교육위원회 편,『과학기술의 철학적 이해』1, 한양대학교출판부, 2017, 255~257쪽.
35) 박찬국,『원효와 하이데거의 비교연구 - 인간관을 중심으로』, 서강대출판부, 2010, 313쪽.

절반이 문을 닫고 대학의 온라인 무료과정이 보편화된다고 한다.36) 4차 산업혁명이 몰고 온 지능정보(AI)와 ICBM 중심체제로의 변화는 교육 체계에도 일부 활용되기 시작하면서 모든 사람이 필요에 따라 언제 어디서나 원하는 교육을 받을 수 있게 되었다.37)

4차 산업혁명시대의 교육 혁신을 위해서는 ICT기반의 Soft Ware 중심 사회가 이루어져야 하며 초생산의 생산혁명, 초연결의 연결혁명, 초통합의 가치혁명이 이루어져야 한다고 한다. 이에 따라 교육목표는 창의력과 협동력이, 교육방식은 문제 해결과 협동학습, 교육형식은 비정규의 맞춤형으로 온라인 가상현실의 교육환경이 조성되는, 패러다임(paradigm)의 구조적 변화가 이루어져야 한다.

20세기 유대계 폴란드 교육학자 야누쉬 코르착(Janusz Korczak, 본명 : 헨릭 골드쉬미트(Henryk Goldszmit))가 '세계를 개혁하는 것은 교육을 개혁하는 것이다.'38)라고 한 것처럼 역사교육도 역사의 세계를 개혁해야 할 것이다. 그에 대한 대안으로 4차 산업혁명 및 미래 교육의 화두가 된 핵심역량과 핵심주제에 대하여 살펴보기로 한다.

4차 산업혁명시대의 교육도 그것에 부합하는 '창의 융합형' 인재를 육성해야 한다고 한다. 하지만 '창의 융합형'의 용어조차도 적합한 것인지 회의적이다. 후술하는 바와 같이 그러한 인재상의 설정이나 역량중심의 교육은 산업계의 요구에 맞추어 교육 현장이 역량을 개발하는 취업 준비기관으로 전락될 수 있다. 그럼에도 정부와 산업계, 그리고 정부의 촉탁을 받은 일부 교육계 학자들이 미래에 대응하기 위한 역량을 키워야 한다고 선도하고 있다.39) 이러한 역량 중심의 교육, 역사교육이 과연 타당한가 근본적으로

---

36) 박영숙·제롬 글랜·테드 고든·엘리자베스 플로레스큐, 앞의 책, 23쪽.
37) 윤종혁 외, 「글로벌 교류협력을 통한 한국교육 혁신방안 연구 : 한국교육 성과와 미래전망」, 2014, 88~96·140쪽.
38) 송순재, 「야누쉬 코르착」, 연대 교육철학연구회 편, 『위대한 교육사상가들』 Ⅶ, 교육과학사, 2008, 244쪽.
39) 역량이라는 용어는 ILO, OECD, UNESCO에서는 생애기술(life skills), 영국은 핵심

되돌아볼 필요가 있다.

　앞서 언급했듯이 역량 교육을 학교 교육에 강화하자고 앞장을 선 것은 교육계가 아닌, 미국의 기업가들이며 OECD도 가세를 하여 전 세계로 확산되고 있다.40) 역량41)이란 용어는 대체로 기능(skill)과 역량(competence)이라고 한다. 기능은 과제를 수행하고 문제를 해결하는 능력이며, 역량은 학습한 결과를 개인 혹은 전문적인 능력 개발·직업 교육 등에서 활용하는 능력이다. OECD DeSeCo 프로젝트(정식명칭 : The Future of Education and Skills 2030)에서 역량을 competencies라고 하였다가 2015년 시작된 Education 2030 프로젝트에서는 skills라고 하여 역량에 관한 용어 표기조차 각기 다르게 사용되고 있다. 이처럼 역량이란 용어뿐만 아니라 개념도 개인이나 사회의 속성인지, 행동인지, 행위의 결과인지 모호하다.

　여하튼 DeSeCo 프로젝트는 Spencer&Spencer와 더불어 Rychen&Salganik의 영향을 받아 '역량이란 인간의 심리사회적인 특성을 활용하여 복잡한 사회적 요구들에 적절히 대처해 나가는 능력이다.'라고 규정하였다. 나아가 핵심역량은 경제적·사회적 목적에 부합하는 혜택을 제공하고, 삶의 다양한 맥락에 적용되며, 모든 사람에게 필요한 역량이라고 규정하였다. DeSeCo는 2001년 3대 핵심역량을 미래 사회에서 개인이 반드시 갖춰야 도구의 지적 활용(Use tools interactively, Interact in heterogeneous groups), 자율적 행동(Act autonomously)이라고 하였다. 하지만 DeSeCo프로젝트는 역량이 어떻게 형성 발전되는가, 학생 발달과정과 역량 형성이 어떻게 관계를 가지는지에 대해서 언급하지 않고 성인이 되었을 때 도달하여야 할 역량만을 제시한

　　기술(core skills, key skills, common skills), 뉴질랜드에서는 핵심기술(essential skills, DeSeCo), 호주에서는 핵심능력(key competencies), 미국에서는 일반기술(generic skills), 독일에서는 핵심자질(key qualification), 스코틀랜드에서는 능력(capacity)이라고 부른다.
40) 로베르타 골린코프(Roberta M. Golinkoff)·캐시 허시-파섹(Kath Hirsh-Paseck), 김선아 옮김, 앞의 책, 66~69쪽.
41) 강현석, 「역량중심 교육의 새로운 접근」, 『한국교육신문』, 2019.1.2.

한계가 있다. 때문에 미래 사회에 대한 규정 여부에 따라 핵심역량이 정해지게 되어 역량 중심의 교육은 산업계에 종속시키게 될 위험이 다분하다.[42]

한편 OECD도 역시 역량을 교육에 초점을 맞추어 2015년 4월에 제17차 교육정책위원회(EDPC) 회의에서 앞서 언급한 Education 2030에 대하여 발표하였다. 2030이란 글자에서 알 수 있듯이 2018년 초등학교 입학생이 취업하게 되는 2030년 성인이 될 학생들을 대상으로 한 미래 교육정책이었다. DeSeCo에서는 교육과정 측면에 초점을 둔 행동주의적 관점으로 '성공'을 목적으로 모든 사람을 위한 '핵심역량'을 제시했던 것에 비하여 Education 2030에서는 개인뿐만 아니라 사회의 '웰빙(well-being)'을 목적으로 삶의 질과 관련된 '포용적 성장(inclusive growth)'을 추구하여 인본주의를 강조하였다.[43] 나아가 '학생 행위 주체성(Learner agency)'을 초점에 두고 '새로운 가치 창출하기', '긴장과 딜레마 해소하기', '책임감 가지기'라는 변혁적 역량(transformative competencies)을 중요하게 간주하여[44] 역량 교육이 좀 더 의미있게 진전된 것은 매우 다행스럽다.

그리고 4차 산업혁명의 화두를 처음으로 널리 전파하였던 WEF도 2015년과 2016년 '교육을 위한 새로운 비전(New Vision for Education)'이라는 주제로 '새로운 교육의 비전 : 기술의 잠재력 발현(New Vision for Education : Unlocking the Potential of Technology)'과 '새로운 교육의 비전 : 기술을 통한 사회 정서 학습 기술의 촉진(New Vision for Education : Fostering Social and Emotional Learning through Technology)'이라는 두 문건을 발표하였다. 여기서 역량을 사회정서학습기술(SEL, Social and Emotion Learning

---

42) 소경희, 「학교교육의 맥락에서 본 '역량(competency)'의 의미와 교육과정적 함의」, 『교육과정연구』 25, 2007, 4~6쪽.
43) 한국교육개발원, 「OECD '교육 2030 : 미래 교육과 역량'을 위한 현황분석과 향후과제 (OR2016-10)」, 2016 ; 한국교육과정평가원, 「21세기 역량기반 교육과정 개발방향연구-OECD Education 2030」, 2016. 12~16쪽.
44) 설연경, 「'변혁적 역량기반(Transformative Competencies)' 미래지향적 교육설계방안」, 『교양교육연구』 14(3), 2020. 29쪽.

Skill)이라고 명명하고 핵심역량을 제시하였다.45) 그 이듬해인 2017년에 세계경제포럼은 다시 21세기의 학생들에게 필요한 자질로 호기심, 주도성, 일관성, 도전 정신, 적응력, 리더십, 사회 문화 의식을 내세우면서 역량은 문제해결 역량, 평화감수성 역량, 민주시민 역량, 공감 역량, 글로컬(Glocal) 역량, 학생자치 역량, 인성 역량, 진로개발 역량, 디지털 리터러시(Digital Literacy) 역량이라고 재규정하였다.

  이렇듯 WEF이나 OECD와 UNESCO 등에서 미래의 역량을 정제하여 교육적인 측면을 강조하는 등 좀 더 바람직한 방향으로 설정하였다. 특히 주목되는 것은 21세기 바람직한 교육을 실현하기 위해 버니 트릴링(Bernie Trilling)·찰스 파델(Charles Fadel) 등의 학자들도 2002년에 설립한 미국의 P21(Partnership for the 21st Century Skills)역량연구연합체가 제시한 21세기의 학생들에게 필요한 핵심역량은 DeSeCo의 역량 설정에서 한 걸음 나아가 정의하였다. 즉, 창의력(Creativity), 비판적 사고력(Critical thinking), 의사소통 능력(Communication), 협업 능력(Collaboration)46)으로 설정하여 인본적이고 교육적인 측면을 더욱 강조하였다. 즉, 21세기 교육의 역할은 직장과 사회에 대한 기여, 개인재능의 실현, 시민의 임무 완수, 전통과 가치 전달 등을 중요시하고 있는 것이다.47) 이러한 21세기 역량 또는 핵심역량의 내용은 교육계나 역사교육의 학습내용에도 일부 포함되는 것도 있으나 급변하는 미래 사회에 대비하기 위한 시도이다.

  우리나라도 교육계 일부에서 이러한 흐름에 맞추고자 미래 인재가 갖추어야 할 기본 소양 또는 전문적 역량을 제시하기도 하였다.48) 이러한 국내외적 흐름 속에 우리나라 교육 관련 국책기관에서도 4차 산업혁명에 대비하는

---

45) 김명자, 『산업혁명으로 세계사를 읽다』, 까치글방, 2019, 531쪽.
46) 버니 트릴링(Bernie Trilling)·찰스 파델(Charles Fadel), 한국개발원 옮김, 『21세기 핵심역량』, 학지사, 2012, 223~229쪽.
47) 버니 트릴링·찰스 파델, 한국개발원 옮김, 위의 책, 57~60쪽.
48) 정제영, 「디지털 시대와 4차 산업혁명에 대비한 교육의 시대」, 박영스토리, 2018, 66~70쪽 ; 류청산, 『인류의 미래와 교육』, 강현출판사, 2011, 166쪽.

역량기반 미래교육과정에 관한 연구 논의가 이루어진 바 있다. 즉, 교육부의 교육개발원(KEDI)이나 교육과정평가원(KICE)은 2015개정 교육과정에서 4차 산업혁명시대에 발맞추어 국가교육과정 포럼이 2013년부터 네 차례에 걸쳐 진행되었다. 2015개정 교육과정 총론에서 제시한 핵심역량은 자기관리, 심미적 감성, 갈등관리, 의사소통, 공동체의 역량이다. 역사과목의 핵심역량은 역사 사실의 이해, 역사자료 분석과 해석, 역사정보 활용 및 의사소통, 역사적 판단력과 문제 해결, 정체성과 상호 존중의 역량이다. 위에서 자세하게 제시된 WEF와 OECD, UNESCO, DeSeCo, P21 등의 대표적인 역량에 대한 견해를 반영한 것이겠지만 우리 역사의 특성이나 우리의 교육 실정에 맞는 것인지, 외국의 경우처럼 역사학계와 교육계, 학생과 학부모 등 사회적 합의소통으로 이루어진 것인지 매우 의구심이 든다. 실제 대부분의 역사 연구자들은 지식과 관심의 부족으로 4차 산업혁명이라는 시대적 흐름에 대해서 외면하고 있다. 이는 교육학계나 역사교육계도 그리 다를 바 없다. 앞서 언급한 바와 같이 교육부의 수탁을 받은 일부 교육학자만의 연구를 바탕으로 입안된 미흡함이 있던 것이다. 그 때문인지 교육과정의 교육과정 총론과 각 교과목인 역사과목의 핵심역량과는 위계성이나 관련성이 불일치하거나 교육 현장에서 실현성의 부족으로 역량 중심의 교육이 전반적으로 '골디락스 조건(Goldilocks conditions)'에 부합되지 않는 실정이다.[49]

더 근본적인 문제는, 현재 역량 중심의 역사교육이 과연 타당한 것인지 비판적인 견해가 있었음에도 거의 주목하지 못하였다는 것이다. 이러한 점이 본고에서 특히 제기하고 하는 부분이다. 4차 산업혁명대의 교육에 대하여 완전히 부정하지 않지만 일부 교육학자나 역사교육자들의 4차 산업혁명시대의 역량 중심의 교육이 전통적인 교육 학습에 포함되어 있으므로 그러한 교육 자체는 별로 유용하지 않다는 입장은 그나마 다행이다. 즉,

---

[49] 중등학교의 역사, 특히 한국사의 역량 교육에 대해서는 각주 6)에서 제시된 논고에서 다루어지고 있다.

교육계에서도 산업계에서 주창하는 역량이 대부분 포함되어 있으며 '역량'은 전혀 새로운 것이 아니며 지식의 활용을 강조하는 것과 크게 다를 바 없다. 다만 21세기 들어 마주하는 도전적 과제들을 해결하기 위해서는 특정 역량이 더 강조될 필요는 있다는 것이다. 그리하여 기존의 교육이나 역사교육의 이론에서 역량 교육이 가능하다고 주장하기에 이르기도 한다. 즉, 전통적 핵심 지식을 바탕으로 한 교육은 블룸(J.S. Bloom)이 주장한 바와 같이 교육목표는 교육학습에 의하여 학생들이 변화되어야 한다는 사고, 감정, 행동의 변화 방향을 분명하고 간결하게 서술해야 한다고 했는데, 이것이 역량 교육에 포함된다고 할 수 있다고 한다. 블룸이 제시한 인지영역은 복잡성의 원칙에 따라 위계, 즉 절차적 지식에 따라 이루어지는데 기초 정신 과정인 지식과 이해 그리고 고등 정신 과정인 적용과 분석, 종합, 평가로 이루어지게 된다.[50] 나아가 인간의 적응과 발달을 인지적 측면에서 강조한 피아제(J. Piajet, 1896~1980)의 개인인지발달이론, 특히 비고츠키(L. Vygotsky, 1896~1934)의 사회문화적 구성주의학습에 의해 가능하다고 할 수 있다는 것이다.[51] 구체적으로 1990년대 만들어진 영국의 국가교육과정(national curriculum)이나 미국의 역사표준서(national History Standard)에서 역사교육의 사례에서 보듯이 지식 목표 못지않게 기능(skill)이나 능력 목표가 강조되고 있다고 하는데, 이 역시 역량 교육과 관계된다고 하여 소극적으로 수용하기도 하였다.[52]

이러한 주장도 매우 일부에 지나지 않으며 따라서 4차 산업혁명과 미래교육에 별도로 역량 중심의 교육이 본격적으로 이루어질 필요는 없다고

---

50) 이병기, 「교육목표분류학에 의한 정보활용과정모형의 재구조화에 관한 연구」, 『한국도서관·정보학회지』 41(2), 2010. 8쪽.
51) 김애경, 「인지발달에 관한 Piaget 이론의 고찰과 Vygotsky 와의 관점에 대한 비교연구」, 『역사와 사회』 21, 국제문화학회, 1998 ; 이혜경·권오영·이영, 「인지발달에 대한 삐아제 이론과 비고츠키 이론 비교」, 『사회과학연구』 20(1), 경상대 사회과학연구원, 2002, 14~16쪽.
52) 김한종·송상헌, 「중·고등학교 국사교육목표의 설정 방안」, 『역사교육』 63, 1997. 5~7쪽.

한다. 필자는 이러한 입장이나 견해에 일부 동의하면서도 오늘날 그리고 다가올 미래에 절실한 교육 내용이 역량기반 중심교육인가 학문적인 체계에서 근본적으로 진지하게 고민하여 정작 그리해도 될 것인지 논리적 이론 정립이 필요하다고 생각한다.

이미 역량기반 교육이 중요하다고 강조하던 시기에도 이미 이에 대해 비판적인 시각을 가진 학자들의 견해들도 있었던 사실을 알아야 한다. 그 대표적인 학자가 영국의 사회학자 마이클 영(Michael Young, 1915~2002)과 미국의 교육학자 에릭 도널드 허시 2세(Eric Donald Hirsch, Jr, 1928~) 등이다. 특히 영국의 사회학자인 영은 1958년 『The Rise Of The Meritocracy』에서 능력주의(Meritocracy)라는 단어를 처음 만들면서 능력(merit)을 지능(IQ)과 노력(effort)이 합쳐진 것이라고 규정했다. 이 '능력'이 지배하는 사회가 바로 우리가 알고 있는 '능력주의' 사회이다.[53] 특히 『학교교육 제4의 길(The Fourth Way)』의 저자 엔디 하그리브스(Andy Hargreeves)는 21세기 역량을 다룬 책 『21st Century Skills』(2013)에서 신경제가 요구하는 고도의 역량에 대한 필요성이 과장되어 있을 수 있다고 하였다.[54] 그리고 최근 우리나라 교육 방송으로 학교 교육의 일부도 담당하고 있는 EBS의 다큐 프라임(docuprime) '교육대기획'에서 소개된 영국 교육평가연구소 No More Marking 교육본부장인 데이지 크리스토둘루(Daisy Christodoulou)도 그러한 류의 학자이다. 그가 지은 『아무도 의심하지 않는 일곱 가지 교육 미신(Seven Myths about Education)』에서 교육에서 7가지 미신 가운데 첫 번째로 '지식이 역량보다 더 중요하다.'는 것을 반박하였다.[55] 그는 역량도 경제적 도구주의 성격이 너무 강하며, 학교교육은 전통적인 지식을

---

[53] 성열관, 「메리토크라시에서 데모크라시로 : 마이클 영(Michael Young)의 논의를 중심으로」, 『교육학연구』 53(2), 2015, 58~70쪽.
[54] 이찬승, 「학교교육의 목표=핵심역량 함양에 대한 긴급 문제제기」, 교육을 바꾸는 사람들, https://21erick.org/column/590/, 2018.1.18.
[55] 데이지 크리스토둘루(Daisy Christodoulou), 김승호 옮김, 『아무도 의심하지 않는 일곱 가지 교육 미신』, 페이퍼로드, 2018, 26·29~56쪽.

경시해서는 안 된다는 것이다.56) 즉, 역량을 중심으로 교육을 전환하게 되면 미래 사회에서 요구하는 특정 역량에 맞추게 되면서 학습자를 도구화할 위험성이 있다고 경고하였다. 특정 구체적인 특정 역량은 다른 상황에서는 그 역량이 발휘되기 어려울 뿐만 아니라 사고, 이해, 성찰, 가치 판단 등은 소홀히 해질 수 있기 때문이다.57) 결국 교육의 목표를 '지식의 습득과 활용'으로 보느냐 '역량의 함양'으로 보느냐 하는 교육의 목표에 관련이 되는 것이다.58)

대부분의 역사학자나 역사교육자들이 고수해오고 있는, 지금까지 인류가 발전시켜 온 지식을 배우고 전수하는 역사교육의 기능은 매우 중요하며 현재 사회는 지식 기반으로 이루어지고 있기 때문에 지식은 여전히 매우 중요하다. 그래서 앞서 언급한 바 있는 미국의 교육학자 에릭 도널드 허시 2세(Eric Donald Hirsch, Jr., 1928~)는 『The Cambridge Handbook of Expertise and Expert Performance, 2006』에서 skills 대신 '전문적 지식과 역량 및 전문적 수행(expertise and expert performance)'이 중요하다고 강조하였다. 따라서 핵심 역량의 함양은 핀란드, 싱가포르, 미국, 일본 등 세계 주요국들처럼 지식 교육을 보완하는 학습 디자인의 한 수단으로 활용할 필요가 있다.59)

이렇듯 지식과 역량은 뗄 수 없는 관계이며 지식도 여전히 중요하다. 따라서 역량을 구성하는 요소에 전통적인 핵심 교과 지식을 주요 역량으로 포함시킬 필요가 있으며,60) 필자가 본고에서 말하는 핵심주제이다.

---

56) 성열관, 앞의 논문, 73~74쪽.
57) 박민정, 「역량기반 교육과정의 특징과 비판적 쟁점 분석 : 내재된 가능성과 딜레마를 중심으로」, 『교육과정연구』 27(4), 2009, 71~94쪽.
58) 소경희, 앞의 논문, 2~3쪽.
59) 이찬승, 앞의 글, https://21erick.org/column/590/, 2018.1.18.
60) 이찬승, 「2015 개정교육과정의 핵심역량, 심각한 문제 있다!」, 교육을 바꾸는 사람들, https://21erick.org/column/356/, 2015.08.04 ; 김한종, 「역사과 국가교육과정 내용구성 쟁점의 비판적 검토」, 『역사교육논집』 76, 2021, 5~13쪽.

필자는 4차 산업혁명과 미래 교육에서 향후 주목해야 할 교육이 메타학습(learning how to learn)이라고 제시하고자 한다. 창의성, 소통, 협업, 비판적 사고 4C 스킬을 제시했던 『21세기 핵심 역량』의 저자들이 OECD Eduction 2030 프로젝트와 협업을 통해 전 세계 32개 프레임워크를 분석하고 통합한 미국의 교육과정설계센터(CCR, Center for Curriculum Redesign)의 프레임워크(framework)에서 지식, 스킬, 인성, 메타학습으로 교육을 해야 한다고 한다.[61] 메타학습은 학교생활뿐만 아니라 삶의 모든 영역에서 중요할 뿐만 아니라 지식, 스킬, 인성 등을 학습한 맥락을 넘어 광범위한 영역에 적용할 수 있는 능력을 키워준다. 메타학습은 학생들이 현재와 미래의 다양한 과제를 더 잘 수행하게 해주며, 나아가 일생동안 내려야 할 직업적 및 개인적 의사결정을 돕는 네 번째 차원의 교육이라고 하였다.[62]

결국 지식을 올바르게 가르치는 것, 학생 스스로가 절차적 지식을 형성하는 과정에서 수많은 시행착오를 경험하고 실패로부터 배울 때 역량이 축적될 것이다. 자기 지식, 자기 상식을 확장하고 쌓아가는 과정이 역량교육의 핵심인 것이다.[63] 따라서 현재까지 인류가 발전시켜 온 지식을 배우고 전수하는 역사교육의 기능을 해야 하고, 또 현재는 지식기반 사회이기 때문에 지식은 여전히 매우 중요하며, 미래 사회에서 요구한 특정의 역량교육도 필요하다. 다시 말해서 지식 교육을 대체하는 것이 아니라 보완해야 하며 미래 교육에 대비하는 차원에서 역량이 강조되어야 할 것이다.

4차 산업혁명시대를 맞이하여 이제 세계 역사의 중요한 전환점에서 점진적인 변화가 아닌 대담하고 급진적인 개혁을 단행해야 한다. 하지만 과거 역사의 모든 전통과 가치까지 폐기해서는 안 된다. 문제를 하나하나

---

61) 찰스 파델(Charles Fadel)·마야 비알릭(Maya Bialik)·버니 트릴링(Bernie Trilling), 『4차원 교육 4차원 미래역량 21세기 무엇을 가르치고 배워야 하는가?(Four-Dimensional Education)』, 새로온 봄, 2016, 100~101쪽.
62) 찰스 파델·마야 비알릭·버니 트릴링, 앞의 책, 200·210쪽.
63) 손민호, 「역량중심교육과정의 가능성과 한계」, 『교육실천연구』 10(1), 한국교육실천연구학회, 2011. 115~116쪽.

해결하는 가운데 우리는 위로부터의 방향 제시를 분명하게 하는 방법, 그리고 알맞은 때에 내려놓는 방법에 대해서도 배워야 할 것이다.64) 이러한 것은 역사학과 역사교육에 그대 적용되어야 할 것이다.

4. 나가는 말

이상으로 4차 산업혁명시대 역사학과 미래 교육의 방향, 그리고 4차 산업혁명시대에 강조되어야 할 역사교육의 핵심 역량과 핵심 주제를 살펴보았다. 4차 산업혁명시대에 미래의 인재가 갖추어야 할 핵심 역량과 더불어 전통적인 역사 사실도 중요한데 본고에서는 이를 '핵심 주제'로 지칭하였다. 본고에서 논의된 주요 내용을 제시 전망하면 다음과 같다.

오늘날 4차 산업혁명(Fourth Industrial Revolution)시대라고 하지만 4차 산업혁명시대라고 명명하였던 슈밥(Schwab)조차도 그 명확한 실체에 대한 충분한 논거를 제시하지 못하고 있으며, 제레미 리프킨(Jeremy Rifkin)이 제시했듯이 오늘날은 3차 산업혁명의 연장일 뿐이라는 견해도 있다. 하지만 지능정보기술인 인공지능(AI)과 ICBM 등이 실용되고 있으므로 4차 산업혁명시대인 것은 분명해 보인다. 4차 산업혁명을 강조한 것은 학계가 아닌 산업계와 일부 교육정책 기안자에 의해 주창되고 있으며, 역량 중심의 교육내용이 교과서에 편성되어 있으나 대부분 교사와 학생들에게 외면받고 있는 실정이다. 이는 역사학이나 역사교육, 교육학계에서도 마찬가지다.

역사학은 지난 역사를 다루기 때문에 1~3차 산업혁명을 살피는 것이 당연하며 현재와 다가올 미래에 펼쳐질 4차 산업혁명 및 미래 교육에 관심을 가지고 역사교육을 해야 한다. 4차 산업혁명이 도래하게 한 가장

---

64) 앤디 하그리브스(Andy Hargreave)·데니스 셜리(Dennis Shirley), 이찬승·김은영 옮김, 『학교교육 제4의 길. 1 : 학교교육 변화의 역사와 미래방향(The Fourth Way)』, 21세기교육연구소, 2015, 250쪽.

중요한 것 중의 하나인 도구 기술을 포함 역사에 주목해야 할 것이다. 붓다(Buddha)도 널리 학문을 닦고 뛰어난 기술을 연마해야 한다고 하였다. 인터넷 공동체 설립자 케빈 켈리가 말한 것처럼 기술이 어디로 향하는지 알려면, 그것이 어디서 왔는지 알아야 하기 때문이다. 현대 독일 철학자 마르틴 하이데거(Martin Heidegger)도 인간의 자유로운 삶이 되기 위해서는 사물들과 전적으로 새로운 관계를 회복하여야 한다고 했던 것이다. 따라서 4차 산업혁명시대에도 1~3차 산업혁명의 역사적 의의와 전망을 통해서 4차 산업혁명시대 및 미래의 세대를 위한 역사교육은 당연히 이루어져야 한다.

4차 산업혁명시대의 역사학은 인류 인간의 본성에 탐구가 이루어져야 하는 것은 물론이고 유교 등의 동양철학뿐만 아니라 도교, 특히 불교의 자연 우주 만물과 함께 하는 연기적 정신이 필요하다. 현재 4차 산업혁명시대 인공지능(AI)과 ICBM 중심체제를 지속적으로 교육에 활용해야 할 것이다. 이처럼 4차 산업혁명 시기에도 인간 본위의 중심을 넘어 자연과 우주 차원의 인문학, 특히 역사와 역사교육을 연구 및 교육해야 할 것이다.

현재 WEF와 OECD, UNESCO, DeSeCo, P21 등에서 제시하듯이 4차 산업혁명시대에 교육에서도 창의적 능력을 개발하는 교육을 더욱 중시해야 한다면서 역량 중심의 교육만을 강조하고 있다. 하지만 역량이 어떻게 형성 발전되는가, 학생 발달과정과 역량 형성이 어떻게 관계를 가지는지에 대해서 언급하지 않은 한계가 있다. 이는 미래 사회에 대한 규정 여부에 따라 핵심 역량이 정해지게 된다면 역량 교육은 이에 종속시키게 될 위험성이 다분히 있을 것이므로 매우 경계할 일이다.

필자는 4차 산업혁명과 미래 교육에서 향후 주목해야 할 교육이 메타학습이라고 제시하고자 한다. 역량학자 찰스 파델(Charles Fadel) 등 『21세기 핵심역량』의 저자들은 지식, 스킬, 인성, 메타학습(learning how to learn)으로 교육을 해야 한다고 주장하였다. 그 가운데 메타학습은 학교생활 및 삶의 모든 영역에서 중요할 뿐만 아니라 지식, 스킬(skill), 인성 등을 학습한 맥락을 넘어 광범위한 영역에 적용할 수 있는 능력을 키워줄 수 있다는 점에서 주목된다. 이러한 메타학습을 하기 위하여 전통적 지식 기반도 필요하며, 이 지식 기반이 바로 필자가 말하는 전통적인 역사지식인 핵심주제이다.

결국 역사교육도 미래가 요구하는 교육 이념과 인간상을 바탕으로 미래 사회가 요구하는 핵심역량뿐만 아니라 기존의 지식 기반의 전통적 주요 역사 사실인 핵심주제도 함께 학습 교육되어야 하는 것이다. 2015개정에서 요구하는 인간상에 따른 핵심역량의 체계화 및 현실화가 되어야 하며, 향후 교육과정에서는 이러한 핵심역량뿐만 아니라 핵심주제도 선정되어 역사교육이 이루어져야 한다. 이를 위해 역사과목의 핵심역량과 핵심주제를 면밀하게 선정하기 위한 역사학과 교육학계, 역사교육계, 나아가 인문사회 과학학계와의 상호 융합적 연구가 이루어져야 할 것이다.

찾아보기

ㄱ

가관 23
가무백희도(歌舞百戱圖) 449
가지산문 21, 22, 23
가토 기요마사 363, 369
각성 88, 147, 257, 290, 292, 296, 297, 299, 312, 424, 430
각운 30, 56, 58, 60
각훈 186
간폐석교소 313, 316, 337
감군승 375, 382
강수 454
개심사 473
개운산 동화사 329
개인인지발달이론 522
개현사 405
겐닌지(建仁寺) 372
겐소 363, 364, 373, 376
격물치지(格物致知) 516
결사운동 206, 217, 220
경일 301
경초 117
경한 61, 111, 229
계승 361
계원 407, 409
계정 297
계징 302

고니시 유키나가 362, 363, 369
고담 117
골디락스 조건 521
공동체 127, 132, 133, 134
공림사 393
곽여 171
관정도량 42
광암사 274
광해군 347, 358, 368
교관겸수 157, 177
교넨 360
『교장』 155, 181
교장도감 181
교토 5산 372
교화승 478
9산(九山) 17, 19, 21, 80, 131, 157, 158
구산사 104, 105
국가 불교 140, 169
국녕사 433
국무당 239
국사 146
국선도 473
『국조오례의』 248
국중 대회 449, 494
국청사 215
국행 수륙재 249
권단 114
귀법사 149, 173, 174, 447

귀진 132
균여 22, 41, 45, 174
극락암 영각 331
글로벌 히스토리(Global History) 512
금산사 311, 335
금산사 대법회 329, 334
금산성 전투 381, 382
기계의 신화(The Myth of the Machine) 514
기로회 471
기신재 249, 253
기허 영규 351, 355, 368
김변의 처 허씨 115
김유신 454
김윤후 97, 98, 99, 419
김춘추 444

_ㄴ

나옹 110, 163, 270, 271, 278
난젠지(南禪寺) 372
남귀여가혼 457
남승 298
남오사 426
남한산성 312, 424, 425
낭총 332
내도량 36, 37, 70
내불당 37, 38, 70
내원 39
내원당 36, 37, 43, 70
뇌묵 처영 352, 355, 378, 401
능긍 77, 78, 105
능력주의사회 523
능운 407, 410, 412
능인 400, 401, 415
능침 사찰 252
니치렌(日蓮) 365
닛신(日眞) 375, 376

_ㄷ

달온 110

담선 법회 80, 81
담진 22, 23
당취(黨聚) 479
『대각등계집』 288, 295
대국제 239
대둔사 414
대둔산 승려 387
대암암 323
대우 332
대원사 97
대자암 254
대장경판 161, 225
대장도감 187, 188
대장소 393
대흥사 325
덕인 303
DeSeCo프로젝트 518
덴류지(天龍寺) 372
도개부곡 466
도교 237
도선(道宣) 128
도선(道詵) 134
도솔가 450
도안 337
도영 339
도의 34
도중(道衆) 479
도현 381, 385, 406
『도화견문지』 493
도후쿠지(東福寺) 372
돈유 53
동사주 경 132, 469
동서 대비원 240
동성동본 460
두레 475, 499
등계 66
디지털 변혁(digital transformation) 509

_ㅁ

마이클 영(Michael Young) 523
마후라 104, 105, 106

만우 251
만쥬지(萬壽寺) 372
만항 28
매골승 267
맹승 241
명본 114, 373
명승 243
명옥진 243
명조 258, 306, 426
명통사 240, 241
모란봉 전투 357
모운 진언 323
묘각왕사 282
묘덕 109
묘청 198
무극 115, 117
무량사 411, 412
무선사 112, 115
무애가·무애무 451, 496
무차 수륙회 149
무학 30, 110, 276, 277, 278
문도 중심 34
『문소만록』 408
문해 243
문화의 주체성 492
미륵사초혼기 380
미수 268
민보 501

― ㅂ

박문수 332
박춘무 393
반공(反拱) 448
방색(方色) 494
백곡 257
『백곡집』 303
백련결사 132, 160, 498
백련사 206, 218, 469
범일 34
법계 145
법언 95

법왕사 149
법융 361
법주사 308, 394
법화종 365
벽송사 336
벽제관전투 358
별무반 90, 92
별사전 169
병천사 403
보각국존비 361
보광사 254, 358, 433
보국사 433
보문사 115
보우(普愚) 30, 188, 189, 228, 265, 266, 267, 269
보우 허응 257
복구 28, 29, 263, 264
복원관 237
봉선사 294, 314
봉영사 254
봉은사 149, 294, 314
봉인사 부도암 368
부왕사 433
부휴 선수 147, 353
북사사 426
북한산성 427, 428
『북한지』 430
분사 187
분암(墳庵) 254
분조 348, 358, 368
분할봉사 457
분황종 49
불교 사관 231
불당 467
블룸(J.S.Bloom) 522
비구니원 314
비보사찰 468
비보사찰설 75
비보사탑설 74
빅 데이터(big data) 509
빅히스토리(Big History) 512

ㅅ

사굴산문 21, 22, 23, 25
4대 성인 74, 134
사덕(史德) 490
사명 유정 352, 355, 368, 378, 421
사식(史識) 490
사야가 501
사원경제 162, 163
사장(寺莊) 468
사장(社長) 478
사재(史才) 490
4차 산업혁명 507, 508
산대잡극 453
산문 중심 34
산문간 융합 31
산신각 467
『삼국유사』 229
3보 73
3차 산업혁명 508
삼혜 356, 422
삼화상 도량 298
상두꾼 252, 475, 499
상봉 321
상운사 433
상총 77
새봉 335
색목인 500
서공 30, 267
서암사 434
『석문가례초』 305
『석문상의초』 257, 293, 295, 304
『석씨원류』 307
석옹 121
석왕사 134
선교 대립 213
선교일치 206
선근 56
『선무원종공신녹권』 378
『선문오종강요』 319
선적종 19
선진 67, 68
선현 267
선희 47
설미 407, 412
설손 501
설제 322, 339
성능 430
성민 68
성수청 238
성정 402, 403
성총 292
성택 372, 381, 383
성현 추념 502
세스뻬데스 362, 369, 376
세염(원진) 281, 282
소격서 237, 238
소경 112
소녕원 254
소림 장로 112
소 요시토시(宗義智) 373
소재도량 83
『속고승전』 491
속리새법주새 397
속장경 180
손진태 487
솔서가족 456
송광사 292
송광사보조국사비 309
송유진의 난 404
쇼코큐지(相國寺) 372
수미 281, 282, 283
수선결사 132, 184, 498
수연 292
수원승도 90, 91, 93, 95, 419, 477, 479
수윤 120
수인 422
수초 302
수행승 478
숙창원비 114
순안 법흥사 421
숭복사 119
숭인문 274
슈밥(Klaus Schwab) 506

『승가예의문(僧家禮儀文)』 258, 304
승과 145, 169, 197, 211
승군 95
승군 800명 384
승도 92, 476
승병(僧兵) 147
승역 423
승영사찰 425, 431, 434
시사회(詩社會) 472
식영암 31
신돈 199, 267
신미 282
신앙결사 132
신익성 289, 292, 296
신조 77, 419
실리바일라 105, 106, 107
『심법요초』 306
11사 2암 431
13대 강사 325
14산문 18

― ㅇ

안동권씨성화보 458
안봉사 361
안심사 293, 308, 309, 384, 396, 447
「안심사 사적비명 병서」 309
안흥사 467
야운 114
에드워드 카(Edward Hallett Carr) 510
에케이(惠瓊) 382
여만 251
여찬 114
여철 22, 105
여환빈주몽중문답 304
연등회 148, 149, 170, 452
연복사 탑 274
연사기로회 499
연온 58
연초 332
연홍 332
연화승 91

염불 만일결사 470
영무 121
영보도량 42
영해 336
5교9산 157
5교 양종(五敎兩宗) 157
오천축국도 104
온돌문화 448
왕사 146, 275
외손봉사 457
요세 470
『용사일기』 360
용화향도 473
우본 97, 419
우종주 96, 97
운룡사 255
운밀 322
운부 479
운일 381, 383, 402
웅정필 367
원각사 433
원교국사 134
원규 63
원당 212
원장 114
원효 74, 134
유가종(법상종) 216
유격전 357, 358
유교식 제사 462
유성룡 489
유정 88
6산문 22
윤장 339, 340
윤회봉사 457
응상 426
응준 425
의균 407
의눌 322
의능 356, 422
의병소 393
의상 74, 134
의승군 423

의승 방번제 434
의승장 293
의승 800명 395
의엄 352, 401, 415
의천 22, 77, 155, 157, 177, 212, 303
의초 246
의침 251
의통 150, 173
의현 289, 296, 300
이몽학의 난 404, 411
이슬람 242, 243
이슬람식 송축 예의법 243
이영창(李榮昌) 338
이용상 501
이인좌 340
이차돈 466
이현 501
인공지능(AI)과 ICBM의 결합 508
인공지능기술(AI) 509
인문학 3문 511
인수원 294
인수원(인수궁) 315
인왕경 83
인왕불 245
인후 501
일련종 365, 369
일목 115
일연 29
일현 405
임제종 188
임천 보광사 413, 414
임해군 장남 일연 365

_ ㅈ

자수원(자수궁) 294, 315
자운 310
자장 444
장길산 479
장명사 474
장승 467
장육금신상 308

재가화상 91, 477, 479
재승(연화승) 91, 478
재조 대장경 160, 187, 188, 198
전곡사 246
정만억 381, 408, 409
정시한 323
정양사 328
정업원 315
정오 77
정체성 127
정토사 264
정혜결사문 223
정혜쌍수 183
제의초(祭儀抄) 250
조계종 19, 22, 24, 160, 182
조구 278, 279, 280
조영 300
조원 25
조응 22, 25
조헌 355, 387
종군승 375
종린 47, 48
종용사 380
종파 206
주성암 393
『주자가례』 250, 306, 462
주진소 393
중관 해안 352
중궁 56
『중용』 515
중흥사 431, 433, 434
중흥산성 428
지겸 50
지공 108, 110, 188, 278
지눌 26, 160, 184, 185, 217, 220, 470
지례 173
지습 303, 307
지종 105, 107
지천 277, 281
지혜 비구니 131
『직지』 229
직지사 322, 323

진국사 433
진신사리 367
진언 337
진일 305
진전사원 212, 252
진화(陳華) 492
징엄 48

_ ㅊ

찬영 60, 273, 274, 280
찬유 381
찬희 372
참회부 268
창의융합형 인재 517
처능 337
처용가·처용무 450, 496
처일 408, 422
천기 52
천영 28
천주사 38
천책 185
천태종 22, 177, 206, 213, 279
천호 62
천희 265, 268, 269
철산 115
청주성 전투 381
청평사 326
청허 휴정 88, 306, 352, 355, 368, 420
체관 150, 173
초언(楚彦) 399, 400
초조 대장경 153
최노성 500
최눌 292
최초의 사학 446
최충 446
최치원 17
추석 450
축첩 463
충감 28, 113
충지 55
친영제 460

칠거지악 461
7곳 가람 터 466

_ ㅋ

켈리(Kevin Kelly) 513
쿠쉬나메(Kushnameh) 104

_ ㅌ

탄문 46, 173
탄연 22, 23
태고 163
태고사 431, 433
통도사 330
「통도사 견역복구비서」 331
통도사 백련암 333
통도사 백련암 강설루 329
통합 운동 213

_ ㅍ

팔관회 148, 149, 170, 174, 452
8도 도총섭 313, 425
평양성 전투 421
표충사 134
풍월도 447
프로이스 360, 363
피아제 522

_ ㅎ

하과 447
학교현장 485
학불(學佛) 20
학일 22, 23, 29
학종(學宗) 20
한국적 인간관 456
한천정사 256
항마군 86, 88, 89, 90, 92, 147, 419
해귀 367
『해동고승전』 186, 229

해동 기로회 470, 471, 499
해동의 공자 446
해인사 418
핵심역량 518, 521
향도 133, 224, 252
향도(鄕徒) 474
향도 결사체 472
향직 500
향화사 251
허월 39, 44
현기 65
현린 65, 78
현세 구복 140, 168
현재사 509
현화사 174, 216
혜근 110, 229
혜수좌 53
혜심 27, 76, 104, 185
혜원 469
혜초 103
호국 불교 140, 149, 168, 199
혼구 29, 54, 55, 266
혼묘지(本妙寺) 376
혼원 28, 263
홍변 119
홍익인간 127, 128, 129, 491
홍정 402, 403

홍지 99, 100
화계사 253
화엄 10찰 131
화엄 산림법회 311
화엄사 313, 430
화엄10찰 467
화엄종단 216
화쟁 178
화쟁국사 74, 134
확운 41, 51
『환성시집』 319
환암 31, 62, 273, 280
활쏘기 454
활인원 240
황령사 100, 393
회수 433
회암사 278, 362, 452
효돈 25
훈요10조 142, 197, 443, 492
흑인 366
흥국사 244, 253
흥륜사 466
흥왕사 144, 155, 174, 181, 216
희릉 113
희묵 381
희양산문 21
희옥 425

출 전

제1부 고려 불교와 역사교육

제1장 고려시대의 불교
Ⅰ. 고려시대 조계종의 역사(「고려시대 조계종의 성립과 전개」, 『역사와 교육』 17, 2013.)
Ⅱ. 고려시대 내원당과 고승(「고려시대 내원당과 고승-제 기록에 나타난 기사 검토 시고」, 『보조사상』 37, 2012.)
Ⅲ. 고려시대 불교의 대외 항쟁(「고려시대 국가불교와 대외항쟁」, 『한국의 호국불교』, 조계종출판사, 2012.)
Ⅳ. 고려를 찾은 동아시아 고승(「고려를 찾은 동아시아 고승」, 『동양고전연구』 80, 2020.)

제2장 『중등국사』 고려 불교사 서술
Ⅰ. 불교역사 교육의 중요성과 의의(「한국 불교 역사교육의 중요성」, 조계종 세미나 2018.12.)
Ⅱ. 제2차 『고등국사』 고려 불교사 서술(「제2차 검인정 고등국사 고려시대 불교사 서술」, 『역사와교육』 29. 2019.)
Ⅲ. 제3차~제7차 『고등국사』 고려 불교사 서술(「제3차-7차 교육과정기 국정·1종 고등국사 고려시대 불교사 서술」, 『역사교육연구』 36, 2020.)
Ⅳ. 제7차~2009개정 『중학역사』 고려 불교사 서술(「중학교 『역사』(한국사) 교과서에 나타난 불교사 서술 체재와 내용-제 7차 교육과정에서 현행 교육과정까지」, 『전법학연구』 4, 2013.)

제2부 조선 불교와 의승

제3장 조선 불교와 탄압
Ⅰ. 조선시대 사상 문화의 탄압과 불교(「조선시대 사상문화의 탄압시책과 불교문화」, 『동양고전연구』 77, 2019.)
Ⅱ. 여말선초 마지막 왕사와 국사의 책봉(「한국의 마지막 왕사·국사 책봉과 의의」, 『상월 원각 대조사 탄신100주년기념 불학논총』 1 사상과 역사, 대한불교천태종 총무원 원각불교사상연구원, 2012.)
Ⅲ. 조선후기 백곡 처능의 불교계 수호(「백곡처능의 생애와 호법활동」, 『불교와 사회』 10-4, 중앙승가대 불교학연구원, 2018.)
Ⅳ. 조선후기 환성 지안의 순교와 불교(「조선후기 순교승 환성 지안」, 『선학』 62, 2022.)

제4장 조선 불교 의승
Ⅰ. 임진왜란 의승군의 봉기와 충격(「임진왜란 의승군의 봉기와 전란의 충격」, 『한국불교사연구』 2, 2013.)
Ⅱ. 의승장 기허 영규와 의승의 봉기(「의승장 기허 영규와 의승의 봉기-특히 일본 종군승과 의승의 실체를 중심으로」, 『동양고전연구』 66, 2017.)
Ⅲ. 임진왜란기 충청지역 의승의 참전(「임진왜란기 충청지역의 의승의 참전」, 『한국불교사연구』 26, 2004.)
Ⅳ. 의승의 남·북한산성 축조와 승영사찰(「조선후기 의승군과 북한산성 승영사찰」, 『북한산성연구논문집』, 경기문화재단 경기학연구센터, 2016.)

제3부 한국 전통사회와 한국사 교육

Ⅰ. 한국 전통사회의 특성과 의의(「한국전통사회의 특성-우리는 전통사회에서 어떻게 살았을까?」, 『경주사학』 27, 2008.)
Ⅱ. 한국 전통시대 불교 공동체(「전통시대 한국사회의 불교공동체」, 한국불교학회 2008년도 여름 워크숖 발표문, 조계사 국제회의장, 2008.7.)
Ⅲ. 한국사 연구와 역사교육의 의미(「정체성과 역동성 공동체 정신 함양을 위한 한국사 연구와 역사교육」, 『역사교육』 138, 역사교육연구회, 2016.)
Ⅳ. 4차 산업혁명시대의 한국사 교육(「4차 산업혁명시대 한국사 교육의 핵심주제와 핵심역량」, 『역사교육』 159, 역사교육연구회, 2021.)

지은이 **황 인 규**

1960년 3월 충남 온양 출생. 동국대 역사교육과를 나온 후 대학원 사학과에서 석·박사학위를 취득하고 2005년 동국대 역사교육과 교수로 부임하였다. 동대90년지 간행위원회 간사와 동대 100년사 편찬위원으로 활약하였다. 역사교과서연구소 개소에 일익을 담당하며 초대 소장을 지냈고, 역사와교육학회 회장을 역임하였다. 대한불교조계종 불교사연구위원, 문화관광부 전통사찰지정 자문위원, 교육부 교육과정 심의회 역사소위원회 위원, 한국교육과정평가원 교과용도서 역사검정심의 위원, 서울시 전통사찰보존협회 위원, 화성시향토문화재위원회 위원, 한국불교학회 이사 및 감사, 대만 중앙연구원 문철연구소 방문연구원, 일본 불교대학 객원연구원으로 활동하는 등 불교사학계와 역사교육학계를 넘나들며 불교역사 교육의 정립을 위하여 노력을 하였다.

저서로는 『무학대사연구-여말선초 불교계의 혁신과 대응』(혜안, 1999), 『고려후기 조선초 불교사 연구』(혜안, 2003), 『고려말 조선전기 불교계와 고승연구』(혜안, 2005), 『고려시대 불교계와 불교문화』(국학자료원, 2011), 『조선시대 불교계 고승과 비구니』(혜안, 2011), 『역사와 선을 접목한 사학자 황의돈』(동국대 출판문화원, 2023) 등이 있다. 공저로는 『조계종사-고중세편』(조계종출판사, 2004), 『선각국사 도선』(영암군, 월출산 도선국사연구소, 2007), 『한국천태종사』(천태종, 2010), 『보각국사 일연』(군위군, 2012) 등이 있다.

한국 중세불교와 역사교육

황인규 지음

초판 1쇄 발행 2025년 11월 15일

펴낸이 오일주
펴낸곳 도서출판 혜안

등록번호 제22-471호
등록일자 1993년 7월 30일

주소 04052 서울시 마포구 와우산로 35길 3(서교동) 102호
전화 02-3141-3711~2 / **팩스** 02-3141-3710
이메일 hyeanpub@daum.net

ISBN 978-89-8494-757-3 93220

값 40,000 원